经以俭七
建行简朴
贺教育部
重大项目
成果出版

二〇〇八

教育部哲学社会科学研究重大课题攻关项目
"十三五"国家重点出版物出版规划项目

中国女性高层次人才发展规律及发展对策研究

RESEARCH ON CAREER PATTERNS AND
POLICIES OF FEMALE LEADERS IN CHINA

佟 新 等著

中国财经出版传媒集团
经济科学出版社
Economic Science Press

图书在版编目（CIP）数据

中国女性高层次人才发展规律及发展对策研究/佟新等著.
—北京：经济科学出版社，2017.6
教育部哲学社会科学研究重大课题攻关项目
ISBN 978 - 7 - 5141 - 8026 - 8

Ⅰ.①中… Ⅱ.①佟… Ⅲ.①女性 - 人才 - 发展战略 - 研究 - 中国　Ⅳ.①C964.2

中国版本图书馆 CIP 数据核字（2017）第 107480 号

责任编辑：刘新颖
责任校对：王肖楠
责任印制：邱　天

中国女性高层次人才发展规律及发展对策研究

佟　新　等著

经济科学出版社出版、发行　新华书店经销
社址：北京市海淀区阜成路甲 28 号　邮编：100142
总编部电话：010 - 88191217　发行部电话：010 - 88191522
网址：www.esp.com.cn
电子邮件：esp@esp.com.cn
天猫网店：经济科学出版社旗舰店
网址：http://jjkxcbs.tmall.com
北京季蜂印刷有限公司印装
787×1092　16 开　33.25 印张　610000 字
2017 年 8 月第 1 版　2017 年 8 月第 1 次印刷
ISBN 978 - 7 - 5141 - 8026 - 8　定价：80.00 元
（图书出现印装问题，本社负责调换。电话：010 - 88191510）
（版权所有　侵权必究　举报电话：010 - 88191586
电子邮箱：dbts@esp.com.cn）

课题组主要成员

首席专家 佟 新
项目成员 刘爱玉 石 彤 张丽琍 马冬玲
 周旅军 杭苏红 李 娜 田志鹏
 李乐旋 李 洁

编审委员会成员

主　任　周法兴

委　员　郭兆旭　吕　萍　唐俊南　刘明晖
　　　　　刘　茜　樊曙华　解　丹　刘新颖

总　序

哲学社会科学是人们认识世界、改造世界的重要工具,是推动历史发展和社会进步的重要力量,其发展水平反映了一个民族的思维能力、精神品格、文明素质,体现了一个国家的综合国力和国际竞争力。一个国家的发展水平,既取决于自然科学发展水平,也取决于哲学社会科学发展水平。

党和国家高度重视哲学社会科学。党的十八大提出要建设哲学社会科学创新体系,推进马克思主义中国化、时代化、大众化,坚持不懈用中国特色社会主义理论体系武装全党、教育人民。2016年5月17日,习近平总书记亲自主持召开哲学社会科学工作座谈会并发表重要讲话。讲话从坚持和发展中国特色社会主义事业全局的高度,深刻阐释了哲学社会科学的战略地位,全面分析了哲学社会科学面临的新形势,明确了加快构建中国特色哲学社会科学的新目标,对哲学社会科学工作者提出了新期待,体现了我们党对哲学社会科学发展规律的认识达到了一个新高度,是一篇新形势下繁荣发展我国哲学社会科学事业的纲领性文献,为哲学社会科学事业提供了强大精神动力,指明了前进方向。

高校是我国哲学社会科学事业的主力军。贯彻落实习近平总书记哲学社会科学座谈会重要讲话精神,加快构建中国特色哲学社会科学,高校应需发挥重要作用:要坚持和巩固马克思主义的指导地位,用中国化的马克思主义指导哲学社会科学;要实施以育人育才为中心的哲学社会科学整体发展战略,构筑学生、学术、学科一体的综合发展体系;要以人为本,从人抓起,积极实施人才工程,构建种类齐全、梯队衔接的高校哲学社会科学人才体系；要深化科研管理体制改革，发挥高校人才、智力和学科优势，提升学术原创能力，激发创新创造活力，建设中国特色新型高校智库；要加强组织领导、做好统筹规划、营造良好学术生态，形成统筹推进高校哲学社会科学发展新格局。

哲学社会科学研究重大课题攻关项目计划是教育部贯彻落实党中央决策部署的一项重大举措，是实施"高校哲学社会科学繁荣计划"的重要内容。重大攻关项目采取招投标的组织方式，按照"公平竞争，择优立项，严格管理，铸造精品"的要求进行，每年评审立项约40个项目。项目研究实行首席专家负责制，鼓励跨学科、跨学校、跨地区的联合研究，协同创新。重大攻关项目以解决国家现代化建设过程中重大理论和实际问题为主攻方向，以提升为党和政府咨询决策服务能力和推动哲学社会科学发展为战略目标，集合优秀研究团队和顶尖人才联合攻关。自2003年以来，项目开展取得了丰硕成果，形成了特色品牌。一大批标志性成果纷纷涌现，一大批科研名家脱颖而出，高校哲学社会科学整体实力和社会影响力快速提升。国务院副总理刘延东同志做出重要批示，指出重大攻关项目有效调动各方面的积极性，产生了一批重要成果，影响广泛，成效显著；要总结经验，再接再厉，紧密服务国家需求，更好地优化资源，突出重点，多出精品，多出人才，为经济社会发展做出新的贡献。

作为教育部社科研究项目中的拳头产品，我们始终秉持以管理创新服务学术创新的理念，坚持科学管理、民主管理、依法管理，切实增强服务意识，不断创新管理模式，健全管理制度，加强对重大攻关项目的选题遴选、评审立项、组织开题、中期检查到最终成果鉴定的全过程管理，逐渐探索并形成一套成熟有效、符合学术研究规律的管理办法，努力将重大攻关项目打造成学术精品工程。我们将项目最终成果汇编成"教育部哲学社会科学研究重大课题攻关项目成果文库"统一组织出版。经济科学出版社倾全社之力，精心组织编辑力量，努力铸造出版精品。国学大师季羡林先生为本文库题词："经时济世　继往开来——贺教育部重大攻关项目成果出版"；欧阳中石先生题写了"教育部哲学社会科学研究重大课题攻关项目"的书名，充分体现了他们对繁荣发展高校哲学社会科学的深切勉励和由衷期望。

伟大的时代呼唤伟大的理论，伟大的理论推动伟大的实践。高校哲学社会科学将不忘初心，继续前进。深入贯彻落实习近平总书记系列重要讲话精神，坚持道路自信、理论自信、制度自信、文化自信，立足中国、借鉴国外，挖掘历史、把握当代，关怀人类、面向未来，立时代之潮头、发思想之先声，为加快构建中国特色哲学社会科学，实现中华民族伟大复兴的中国梦做出新的更大贡献！

教育部社会科学司

序

女性高层次人才状况是妇女社会地位的重要表征。我国党和政府历来高度重视女性人才成长,出台了一系列相关法律政策,为女性人才成长提供有力保障。各层次女性人才的成长和积累为女性高层次人才脱颖而出奠定了基础。女性高层次人才的职业活动和社会参与不仅证明了她们职业发展的高度,而且显示了中国男女平等的程度。

《中国女性高层次人才发展规律及发展对策研究》一书是有关我国女性高层次人才研究的重要成果。该研究使用最新一期中国妇女社会地位调查数据,特别是其中的女性高层次人才专卷,获得了4 324份有关副处级以上党政人才、副教授以上专业技术人才和部门经理和总经理的高层人才样本,资料十分珍贵。

该研究基于中国国情,创新性地发展了"女性职业地位获得理论",从女性在人力资本、经济资本和社会资本方面的高积累;具有现代的性别平等意识,打破了传统性别分工;组织的性别友好型环境,即组织中领导班子的女性比例达到1/3;具有平衡工作和家庭的能力,用劳动和智慧处理好工作和家庭的双重角色四个方面探讨了女性成为高层次人才所需要的条件和有效减少性别歧视现象的组织环境。

尤为可贵的是,该研究针对不同的人才类型提出促进女性人才成长的支持性政策。女性党政人才的发展应侧重于组织友好型环境和选拔制度建设。女性专业技术人才的发展应着重于专业技能的可持续性积累,为生育期女性提供社会支持;改变专业领域的性别隔离。女性经营管理人才的发展应提供更多的资金支持和平等的市场机会。女性后备人才的成长需要在高等教育中明确促进性别平等的教学体系。

我相信，这一力作一定会在推动我国女性人才研究更加深化的同时，为制定有利于女性人才发展的法律政策提供参考依据。我更相信，在实现中华民族伟大复兴中国梦的道路上，会有越来越多的女性人才在更宽广的领域大展宏图、攀登高峰。

谭　琳

前　言

中国共产党和政府将男女平等作为基本国策，重视女性人才的培养和开发。为了客观认识当代我国高层次女性人才的发展状况与特点，建立对策促进女性人才的成长，课题组完成了教育部哲学社会科学重大攻关项目《女性高层次人才成长规律及发展对策研究》。最终研究成果汇集本书，是课题组全体成员的智慧结晶。

女性是重要的人力资源，女性高层次人才是我国人才结构中不可缺少的部分。女性在高层人才结构中的比例标志着我国妇女政治和社会地位的发展状况。中国共产党和中央政府一直重视女性高层次人才的成长，并出台了一系列的政策保障女性人才得以产生。在市场经济条件下，女性高层次人才具有了更强的能力和水平，以知识型人才的特征进入各公共领域，成为社会发展和社会建设的重要力量。总结她们的成功经验将推动更多的女性人才进入高层，发出声音，参与决策。女性高层次人才代表女性职业发展的高度，她们的职业活动、政治参与、社会贡献是男女平等的重要体现。女性人才有多种类型，为了更简单明了地分析女性高层次人才发展的规律，课题组将研究定位放在党政人才、专业技术人才和企业管理人才上，关注女性后备人才的发展状况和对策研究。重点研究的问题包括：女性高层次人才的基本特点；促进女性高层次人才成长的关键性因素；促进女性高层次人才发展的公共政策等。

研究使用了三种研究方法：一是问卷调查法；二是深入访谈法（通过150个案访谈和3个焦点小组，汇集女性高层次人才的主体经验）；三是参与观察法。本书集中的是问卷调查方法的研究成果。研究进行了两个大型问卷调查：一是2010年在全国范围（不包含港澳台地区的数据，全书同）内进行的女性高层次人才状况调查（简称"2010年全国女性高层次人才调查"）。在2010年全国妇女社会地位问卷调查中加入高层人才专卷，由此获得了4 324份有关副处级以上党政人才、副教授以上专业技术人才和部门经理与总经理的高层管理人才样本，其中男性为2 335人，占54.0%，女性为1 989人，占46.0%。二是"2010年全国女性高层次后备人才调查"，共收集5 031份本科生、硕士生和博士生的问卷，调查地点包括北京、南京、兰州、武汉、西安五个城市中不同层次的高等院校。研究经过对调查数据进行了进一步的整理，使用各类统计方式进行分析，如对两性党政人才使用Mlogistic模型分析以寻找人才发展规律；对专业技术人才使用事件史的模型寻找生命周期与职业发展的关系等。

　　研究的重要发现在于认识到女性高层次人才的发展的确具有金字塔特征，越往高层女性所占比例越低。这不仅需要认识女性高层次人才发展的规律，更需要国家在政策上给予高度重视。研究发现的女性高层次人才发展的特殊规律是对那些已经成为高层次人才的女性的研究基础上的研究，它无法说明那些没有进入高层位置的女性是否受到过性别歧视。我们从女性高层次人才的身上看到了成功女性所拥有的特质。本书创新性地发展了"女性职业地位获得理论"：女性高层次人才拥有很高的人力资本、经济资本和社会资本。女性高层次人才发展的轨迹存在内在差异，女性党政人才、专业技术人才和经营管理人才的成长规律略有不同，她们成才的共性是：第一，良好的成长基础。受到良好的教育、父母文化程度较高、良好的经济条件和较完善的社会支持网。第二，具有现代性别平等意识和自我职业期望。特别是在对待劳动性别分工的态度上更为开放；打破了传统的、具有刻板规定的男主外、女主内的性别分工格局；女性高层次人才向顶端发展特别要拥有"男女都一样"的坚定信念。第三，她们的成长依赖于性别友好型的组织环境。按照联合国倡导的女性至少应在权力层占到1/3规模的规定，组织中领导班子中的女性比例达到30%的组织环境称为性别友好型组织环境。这样的组织环境能有效减少性别歧视现象，其效应在政治、经济和研究领域均有作用；但体制内外有差异。第四，她们具有平衡工作和家庭的能力，能用自己的劳动和智慧诠释好工作和家庭的双重角色。女性高层次人才以"角色—时间分配模式"智慧和辛劳平衡工作和家庭关系。她们能明确地划分工作时间和休息时间，工作时承担工作角色；休息时承担家务劳动，实现工作和家庭两不误。具有这四种特点的女性易于在事业上成功，进入高层次的职业位置。

女性党政人才的成长需要更为明确的性别平等意识和性别友好型的组织环境；女性专业技术人才的成长需要更好平衡工作和家庭的能力；女性经营管理人才需要更广泛的社会支持网。女性后备人才是指青年女性，她们是未来女性人才发展的核心力量，要为其提供更为明确的激励政策。促进女性高层次人才成长需要制度创新，特别是建立性别友好型的组织环境是女性人才全面发展的关键性因素。

党政人才向高层晋升权力关系的再生产具有作用。家庭出身在女性向顶端晋升中有显著作用，且这种作用的显著性高于男性。女性党政人才发展受性别因素的影响最为明显，女性晋升要有比男性更为优越的家庭背景、人力资本和社会资本；同时她们还需要有平衡工作和家庭的能力。因此，女性党政人才的每一步晋升需要女性有着"男女都一样"的职业抱负和性别友好型的组织环境的支持。但总体上女性的职务晋升比男性缓慢，这主要是文化上女性不敢主动争取，以及"有一个女性就够了"的制度对女性晋升不公平。

女性高层次专业技术人才的发展更多地服从于专业技术人才发展的规律，人力资本和社会资本的积累有显著作用；但能较好地平衡工作和家庭角色对女性专业技术人才的发展至关重要。在出成绩的黄金年龄正是她们承担母职的开始，家庭角色和专业角色间的冲突明显。专业技术领域长期以来是个男性世界，存在明显的性别隔离，这对女性专业技术人才发展有明显的负向作用，不利于她们组建学术团队和建立专业自信。

女性企业经营管理人才分为女性企业高管人才、女性创业人才和女企业家。女性企业高管人才的发展有赖于较好家庭出身和自身努力，市场要求她们像男性一样拼搏、奋斗，用遵循市场的竞争规律来超越性别规范的桎梏。但传统的性别规范和性别文化依然通过女性的社会支持网络的相对有限性阻碍其发展。女企业家有比男性更为现代的性别分工观念,能够突破传统规范的束缚进行创业,其创业动机、工作态度、独立性、进取性、自信等方面与男性并无二致。在经营企业的过程中,其不管是获取人力资本、社会资本和政治资源的行为,还是平衡工作—家庭冲突的能力,皆受市场形塑,表现得比男性创业者更为主动,但目前的市场环境迫使女性以依附的策略来适应市场竞争。

在校女性本科生、硕士生和博士生作为"女性高层次后备人才",是教育程度高、思维活跃、意识超前的青年群体,她们的成长和发展预示着中国女性高层次人才发展的未来和前景。(1)在高层次女性后备人才的发展过程中,物质和功利性的刺激因素往往不像在男性群体中那么重要,高校女生成长动力更多地建立在情感纽带和亲密关系之上。(2)父母的性别观念会影响高校女生的自我定位,独立自主的价值观念不仅是高校女生追求事业发展的重要动力,也是其创新实践能力的重要基础。(3)女性成功人士的榜样对高校女生的人才发展道路具有重要的引导作用。

促进各类女性人才成长的政策要有针对性,不同的人才类型应出台各异的促进女性人才成长的关键性支持政策。一方面,要充分了解国际社会促进女性人才成长的政策;另一方面,要对我国现有的国家政策进行分析,提出切实可用的促进女性人才成长的政策。女性党政人才的发展应侧重于组织友好型环境建设和定额选拔制度的落实。女性专业技术人才的发展对策应着重于帮助其持续性的研究经验和成果的积累,对生育期女性的特殊的社会支持和发展机会支持;对专业领域的性别隔离应具有明确的改进政策。女性经营管理人才的发展应提供更多的资金支持和平等的市场机会。女性后备人才的成长应在高等教育体系中加入促进性别平等的课程体系、教师性别意识培训等。

研究取得了前沿性成果。包括:第一,整体评估了现有的女性高层次人才队伍,她们是新一代女性有强烈的职业发展动力和发展潜能的女性。(1)她们是"知识型"人才,具有较高的学历和积极的职业抱负。(2)她们具有明确的内源性发展动力和性别平等观念。(3)她们拥有丰厚的人力资本、经济资本和社会资本。第二,发现了影响女性人才发展的关键性因素:(1)性别友好型的组织环境。建立性别友好型的组织环境和制度,即建立领导班子中女性占1/3以上和组织成员中女性成员占 1/3 以上的组织环境。（2）鼓励女性具有远大的职业抱负和性别平等观念。（3）建立解决人们工作和家庭平衡的制度设施。第三，创新性地将女性后备人才纳入研究，从源头建立起培养和支持女性高层次人才成长的教育环境。

　　本书的特色和学术价值在于：第一，资料丰富。全国范围内大规模的问卷调查是研究的亮点之一，这批数据是宝贵的资料。第二，全面梳理了我国近年来女性高层次人才的研究成果。第三，发展出"女性职业地位获得理论"。从个体角度看，女性职业发展除了要服从于人才发展的积累人力资本和社会资本的规律外，还服从于特定的性别规律，特别是向顶端发展的女性，要依赖性别友好型的组织环境、强大的"男女皆一样"的职业抱负和平衡工作与家庭角色的智慧。第四，女性后备人才研究表明，建立女性独立自主的价值观念既成为高校女性追求事业发展的重要动力，也是其创新实践能力的重要基础；要关注高等教育中女教授的比例，女性成功人士的榜样作用是女生人才发展道路上的重要引导，既是专业和学术上的引导，又是人生发展方向的引领。第五，在公共政策上，组织的性别友好环境是促使女性高层次人才成长的关键。这需要从组织权威构成上改变性别结构，促进更多的女性进入高层会带来女性成长的良好的再生产体制。

　　本书研究的应用价值是政策研究。在研究过程中，及时将研究报告报送全国妇联和教育部，以求对促进性别平等的公共政策产生影响。参与的政策建议有：第一，"女性高层次人才成长规律与政策建议"报告，在 2012 年 6 月 25 日以全国妇联名义报刘延东同志。第二，完成了"促进科技领域女性后备人才成长的政策建议"，报送全国妇联和教育部。第三，笔者作为北京市政协委员提交了"在北京市换届过程中提升女性参政比例"的提案，得到了北京市委组织部的重视，与北京市委组织部的相关部门领导讨论了"提升女性参政比例"的议题。

　　研究得到了教育部、全国妇联、科技部、中组部等部门的重视，并直接作用制度建设和政策出台。研究团队集中了北京大学社会学系、全国妇联妇女研究所、中国社会科学院社会学所和中华女子学院的专家和青年学生，大家展开热烈的讨论和深入的研究，这一过程是思想交流和汇集智慧和远见的过程。全国妇联妇女研究所的谭琳所长给予课题重要的支持，研究所的研究员蒋永萍、马冬玲、贾云竹等；北京大学的刘爱玉教授、博士生周旅军、李娜、杭苏红、田志鹏、硕士生杨易、高笑楠、叶如诗、焦悦等；中华女子学院的张丽俐教授、石彤教授、李乐旋副教授、李洁副教授等；中国社会科学院社会学所的石秀印研究员等参加了课题的调研和写作。本书作者如下：

佟新　第一章　论研究人才性别结构均衡发展的战略意义

贾云竹　第二章　我国女性高层次人才的总体概况

佟新、马冬玲、李乐旋等　第三章　女性高层人才发展规律的研究综述

佟新　刘爱玉等　第四章　理论框架和研究方法

佟新　马冬玲　第五章　女性高层次人才的资本积累

佟新　刘爱玉　第六章　性别平等观推动女性向顶层发展

马冬玲　周旅军　第七章　性别友好型组织环境保障女性人才成长

佟新　周旅军　第八章　女性高层次人才拥有平衡工作和家庭的智慧

佟新　刘爱玉　第九章　影响女性党政人才成长的因素分析

佟新　刘爱玉　第十章　女性人才发展的政党参政机制

李娜　第十一章　转型社会与女性党政人才成长

李娜　第十二章　生命历程视角下女性厅级干部的职业晋升

李乐旋　马冬玲　佟新　第十三章　女性专业技术人才发展状况

刘爱玉　田志鹏　第十四章　女性专业人员的晋升路径及影响因素

李乐旋　第十五章　专业技术领域的性别隔离和组织歧视

佟新　叶如诗　第十六章　对女企业家的话语建构

周旅军　第十七章　女性企业高管成长规律研究

周旅军　第十八章　两性企业家的政治嵌入和性别观念

佟新　周旅军　马冬玲　第十九章　投资女性——中国发展的新引擎

石秀印　佟新　马冬玲等　第二十章　促进女性党政人才发展的对策研究

李乐旋　第二十一章　促进女性专业技术人才发展的对策研究

佟新　周旅军　第二十二章　促进女性经营管理人才发展对策

石彤　李洁　第二十三章　我国女性后备人才现状

石彤　李洁　第二十四章　我国女性后备人才发展规律

石彤　王宏亮　李洁　第二十五章　促进我国女性后备人才发展的对策研究

另外，本研究所讲我国的情况均不包含港澳台地区。随着我国政治民主化程度的提高、不断增长的性别平等意识、倡导性别平等的公共舆论和各类平衡人才性别结构的行动战略，我国人才性别结构失调的状况会得以改善，优秀女性人才将在更多的领域大展鸿图。

佟　新

2017.6.12

摘　要

　　本书为教育部哲学社会科学研究重大课题攻关项目《女性高层次人才成长规律及发展对策研究》的研究成果，研究主要使用2010年全国妇女地位调查中的女性高层次人才状况调查专卷进行分析，它是全体课题组成员的智慧结晶。

　　发现和总结女性高层次人才的成功经验，并推动更多的女性人才进入高层，发出自己的声音，参与决策的全过程，从权力结构上改变女性社会地位。

　　本书是以男女平权的理论框架分析女性在党政人才、专业技术人才和企业管理人才中的状况、特点、职业发展动力、成才规律和相应的组织与国家政策，并加入了对女性后备人才的研究以及促进女性后备人才成长的公共政策。

　　研究创新性地发现：女性高层次人才结构具有金字塔特征，越往上高层女性比例越低，由此研究发展出"女性职业地位获得理论"。第一，女性高层次人才拥有很高的人力资本、经济资本和社会资本。她们受到较好教育、父母文化程度较高、收入水平高，拥有良好的社会支持网。第二，她们拥有现代的性别平等意识，职业发展理念开放积极。第三，她们多处于性别友好型的组织环境，这样的组织环境有效地减少了性别歧视。第四，她们具有平衡工作和家庭的能力，用劳动和智慧处理好工作和家庭的双重角色。第五，青年女性是未来女性人才发展的核心，她们需要平等的激励和待遇。第六，国家政策应采取积极促进女性职业发展的政策，特别是建立性别友好型的组织环境。

Abstract

This book is the research on the career patterns and policies of female leaders in China that is the Philosophy and Social Science Major Project of National Ministry of Education. The data came from the investigation of a part of the National Women's Social Status in 2010 in China. It is intelligence of all the members of the research group.

Discovering and summarizing the experience of successful female leaders would promote more ofher women to get inta advanced level in career, to have their own voice and participate decision-making. Finally, it would change the status of women in the power structure.

The theoretical framework of this research bases on equal rights between men and women, which analyzing the characteristics and career of leader women in the party and government, professional and technical, and business management spheres, and aim to promote women's powers in public spheres.

This Study innovatively finds that: female leaders have the structure of pyramidal pattern that means the lower the proportion of female, the higher of occupational level. Firstly, the leader females have great amount of advantages of human capital, economic capital and social capital. Secondly, leader females have gender equality awareness, their ideal of career is open and active. Thirdly, most of them are working in gender-friendly organizational environments, which effectively reduces gender discrimination. Fourthly, they have the abilities to balance work and family; and be good at dealing with the dual roles by their labor and wisdom. Fifthly, young women are the crueial group of future female leaders development who need equal incentives and treatment. Sixthly, the public policies would take active measures to female leader's career, and would establish the gender-friendly organizational environment.

目录

第一篇

绪论 1

第一章 ▶ 理论框架和研究方法　3

第二章 ▶ 人才性别结构均衡发展的战略意义　22

第三章 ▶ 我国女性高层次人才的总体概况
　　　　——以人口普查数据为基础的分析　33

第四章 ▶ 女性高层次人才发展规律的研究综述　59

第二篇

影响女性高层次人才成长的关键因素　91

第五章 ▶ 女性高层次人才的资本积累　93

第六章 ▶ 性别平等观推动女性向顶层发展　113

第七章 ▶ 性别友好型组织环境保障女性人才成长　127

第八章 ▶ 女性高层次人才拥有平衡工作和家庭的智慧　146

第三篇

女性党政人才发展规律研究　163

第九章 ▶ 影响女性党政人才成长的因素分析　165

第十章 ▶ 女性人才发展的政党参政机制　177

第十一章 ▶ 转型社会与女性党政人才成长　190

第十二章 ▶ 生命历程视角下女性厅级干部的职业晋升　209

第四篇

女性专业技术人才成长规律研究　221

第十三章 ▶ 女性专业技术人才发展状况　223

第十四章 ▶ 女性专业人员的晋升路径及影响因素　234

第十五章 ▶ 专业技术领域的性别隔离和组织歧视　247

第五篇

女性企业家和女性企业高管成长规律研究　265

第十六章 ▶ 对女性企业家的话语建构　267

第十七章 ▶ 女性企业高管成长规律研究　285

第十八章 ▶ 女企业家成长规律研究　319

第六篇

女性高层次人才发展对策研究　343

第十九章 ▶ 投资女性

——中国发展的新引擎　345

第二十章 ▶ 促进女性党政人才发展的对策研究　359

第二十一章 ▶ 促进女性专业技术人才发展的对策研究　373

第二十二章 ▶ 促进女性经营管理人才发展的对策研究　392

第七篇

女性高层次后备人才　401

第二十三章 ▶ 女性高层次后备人才状况　403

第二十四章 ▶ 女性高层次后备人才成长规律　443

第二十五章 ▶ 促进我国女性高层次后备人才发展的对策研究　461

参考文献　476

后记　493

Contents

Part I Introduction   1

Chapter 1   The Research Framework and Methods   3

Chapter 2   Significance of Balanced Patterns for Leaders in Gender Structure   22

Chapter 3   A Brief Introduction of Female leaders: Analysis Based on Census Data   33

Chapter 4   Research Review in Domestic or Abroad of Female Leaders   59

Part II The Key Factors Affecting Female Leaders   91

Chapter 5   Accumulation of Human Capital and Social Capital   93

Chapter 6   The Ideology of Gender Equity Encourage Women into Leaders   113

Chapter 7   Gender Friendly Workforce is Essential   127

Chapter 8   The Wisdom on the Balance of Family and Work   146

Part III Career of Female Leaders in Politics   163

Chapter 9 The Facetors Affecting Female Leaders in Politics   165

Chapter 10 The Party Machanism of Politcal Participation of Female Leaders Politics   177

Chapter 11 The Characteristics of Female Leaders in Different Stages of Social Transformation   190

Chapter 12 Career Paths for Women in Bureau Level in Life Course Prespective   209

Part IV Career Patterns of Professional Women   221

Chapter 13 Situation and Characteristics of Professional Women   223

Chapter 14 Career Paths of Professional Women   234

Chapter 15 Gender Policies and Discrimination in the Professional Areas   247

Part V Career Patterns of Female Leaders in Enterprise Management   265

Chapter 16 Discourse Construction of Women Entrepreneurs   267

Chapter 17 Career Paths of Women Senior Management in Enterprise   285

Chapter 18 Career Paths of Women Entrepreneurs   319

Part VI Policies for Promoting Career of Female Leaders   343

Chapter 19 Investment Women: a New Mechanism for China's development   345

Chapter 20 Policies for Promoting Women in Politics   359

Chapter 21　　Policies for Promoting Women in Professional　　373

Chapter 22　　Policies for Promoting Women in Enterprise Management　　392

Part VII　　Career Patterns of Reserved Female Leaders　　401

Chapter 23　　Situation of Reserved Female Leaders in China　　403

Chapter 24　　Patterns of Reserved Female Leaders　　443

Chapter 25　　Policies for Promoting Reserve Female Leaders　　461

References　　476

Postscript　　493

第一篇

绪　　论

第一篇共有四章，对女性高层次人才发展规律研究的基本情况进行介绍。

第一章阐释了研究的理论框架和研究方法。研究以社会性别理论和职业地位获得理论为基础，提出职业地位获得的性别理论，论述不同于男性的女性人才成长规律和内在机制。这种性别差异不是人才理论的差异，而是性别不平等带来的对女性人才成长的严峻挑战和战略需求。

第二章论述了研究的战略意义，强调中国共产党和政府将男女平等作为基本国策，重视女性人才的培养和开发。人才结构的均衡有多重内容，性别均衡是其重要内容之一。第一，女性高层次人才数量的提升是实现我国男女平等基本国策的重要体现。女性高层次人才的规模、结构和发展状况反映国家的妇女地位，体现妇女参与国家政治、经济、社会、科技等各个领域的广度和深度。女性高层次人才的现状反映了我国男女平等得以实现的伟大成就。第二，促进女性人才脱颖而出有利于实现中共中央、国务院《国家中长期人才发展规划纲要（2010~2020年）》（以下简称《纲要》）提出的"在2020年实现人才的分布和层次、类型、性别等结构趋于合理"的目标。第三，女性高层次人才的成长有着各级妇联组织的积极作用，这一研究将有效地提升妇联这一利益群体组织在促进女性人才中的作用。第四，女性高层次人才的成功经验是一笔重要的财富，为年轻女性的成长开辟道路，激励女性后备人才更好、更多和更快地发展。本书研究有助于分析、呼吁和制定提高妇女政治地位的政策与措施。

第三章用2010年和2000年全国人口普查的数据资料和相关部委的统计数据说明我国女性高层次人才的基本情况，特别是分析女性党政负责人、企业负责人和专业技术人员的基本规模、性别年龄结构、职业分布等状况，以了解女性高层次人才群体的基本情况和特点。从结构上说明，近年来我国的女性高层次人才略有增长，但总体结构依然失衡。

第四章收集和评述了现当代国内外有关女性高层次人才状况和成长规律的研究。对传统人才理论的本质主义进行了批评。女权主义的理论虽有多种视角，但一致强调社会性别环境和文化对女性不利的社会地位的生产和再生产作用，女性高层次人才的发展是打破传统男性控制生产活动和社会生活中的传统。历史研究表明，我国第一代女性革命家和国家领导人是女性高层次人才发展的榜样。同时分别对女性党政人才、专业技术人才、企业经营管理人才和后备人才（女大学生）的已有研究进行了述评。

第一章

理论框架和研究方法

研究以社会性别理论和职业地位获得理论为基础，提出职业地位获得的性别理论，论述不同于男性的女性人才成长规律和内在机制。这种性别差异不是人才理论的差异，而是性别不平等带来的对女性人才成长的严峻挑战和战略需求。

一、女性高层次人才研究的理论框架

从经典的职业地位获得理论出发会发现女性人才的成长难以被纳入这一理论框架，需要发展新的理论来应对女性这一不断被"他者化"群体的人才成长的规律。

经典职业地位获得理论。职业地位获得理论具有结构主义的特点，研究影响人们获得其职业地位的因素，它强调先赋性因素——与个人出身背景相关的各种因素和自致性因素——靠个人努力所获得的一些个人社会地位特征平等，社会的开放程度的差异使先赋性因素和自致性因素有不同的作用。布劳—邓肯模型的基本假设有两点：第一，职业地位的获得会带来社会地位；第二，美国作为一个开放民主的社会，个人所受教育和最初的职业等这些自致性因素对个人的社会地位的影响远比父辈职业和家庭阶级状况等先赋性因素要大得多。地位获得理论提出以下四个观点：（1）家庭社会地位决定人们的受教育程度；（2）个体认知水平决定学习能力；（3）社会心理过程是职业发展的核心；（4）受教育程度决定职业层次和收入水平。这一模型指出影响职业地位的决定性因素是劳动者的受教育程度、最初职业以及父辈的教育程度与职业。①

传统职业地位获得理论关心人们通过什么样的机制能够获得其职业地位。首先，现代化理论认为，在现代工业社会中，影响个人职业地位获得的将主要是个人教育水平／人力资本等后致性因素，而诸如父亲教育水平和父亲职业地位等先赋性因素的作用将越来越小②。其次，与现代化理论相结合的人力资本理论强调个人的努力。人力资本加社会资本的理论强调了社会关系网络对个人职业地位获得的作用③。

我国正处于从计划经济体制向市场经济体制的转型过程中，职业地位获得的机制也在发生变化。计划经济体制下，城镇劳动者区分为干部身份和工人身份两种，具有干部身份的群体范围较大，除了政府部门的工作人员外，更涉及党务、事业和企业系统的人员，几乎包括了所有国家控制的部门中有一定层次的人员。这些具有干部身份者，其级别与其工资及福利待遇挂钩，构成了排他性的身份权利。在计划经济体制下，干部是公权力的代理人和国家资源再分配的决策者与执行者。在改革开放后的社会主义市场经济体制中，因政治制度的连续性和公有经济的主导地位，干部依然能在生成的新机会结构中占有优势地位，享有更多的生活机会，在"放权让利"的市场化过程中获得了新特权。

上述诸多研究对认识职业发展有重要贡献，但是如果将其套用在女性身上就显出不适用，因为女性面临着传统性别分工的挑战，缺少社会性别视角是难以对其做出解释的。

二、理论创新：性别视角下的女性成才理论

人是有性别的人，两性所处的社会条件不同，其成才轨迹也不同。在男权社会下，女性的职业发展要冲破层层社会压力，因此女性成才理论需要加入性别视角和男女平权主义的理念。

女性成才的理论创新是加入了性别意识、工作和家庭之平衡关系、组织的性别友好环境和女性的支持网络，两性视为有性别理念、生命周期和有家庭、有组织、有社会网络的有性别的社会人。从男女平权的理论出发，女性成长的发展路径嵌入在特定的性别文化和性别制度中。在男权社会下，女性常常被期望承担传

---

① Blau P. M. & Duncan, O. D. *The American Occupational Structure*. New York: Wiley. 1967.
② Sewell, W., and R. M. Hauser. Education, Occupation and Earnings: Achievement in the Early Career. New York: Academic Press. 1975.
③ 边燕杰、张文宏：《经济体制、社会网络与职业流动》，载于《中国社会科学》2001年第2期。

统女性角色、担负更多的家庭责任,家庭角色限制了女性的发展空间。这具有职业发展梦想的女性要努力平衡工作和家庭角色;这需要公共政策提供有利于女性减少家庭负担的社会支持。组织的性别友好环境是国际社会积极倡导的性别平等的组织条件。女性成才理论如图1-1所示。

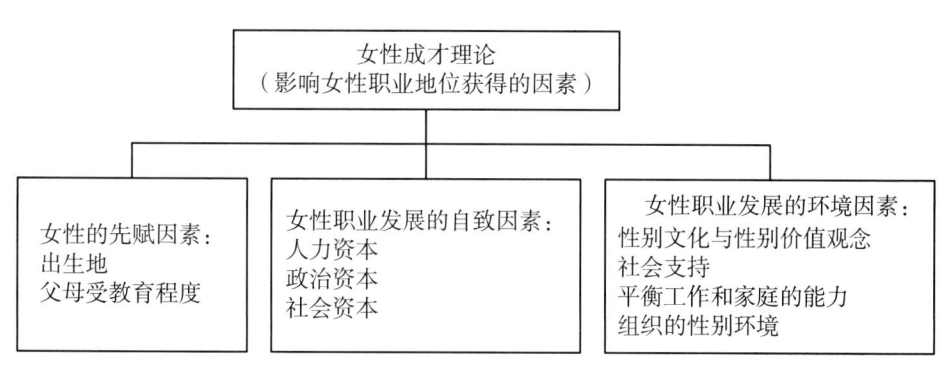

```
                    女性成才理论
              （影响女性职业地位获得的因素）
    ┌───────────────────┼───────────────────┐
女性的先赋因素:      女性职业发展的自致因素:    女性职业发展的环境因素:
出生地                人力资本                 性别文化与性别价值观念
父母受教育程度        政治资本                 社会支持
                      社会资本                 平衡工作和家庭的能力
                                                组织的性别环境
```

图1-1 女性成才理论框架

社会越开放,女性越有可能通过努力获得社会地位和职业晋升,因为她们打破了传统的社会刻板印象和性别分工。

(一) 女性高层次人才的成长需要其自身的多种努力

1967年美国社会学家布劳和邓肯发表了关于地位获得的经典研究[①],此后斯威尔和豪瑟对此进行了拓展研究[②]。他们研究发现,影响职业成就的决定性因素是本人的教育水平、第一个职业以及父亲的教育水平与职业。教育水平和职业皆是个体自致的结果,而父亲的教育水平与职业则是先赋因素。对中国的研究表明,家庭出身起作用的方式可能在不同的历史阶段有所不同[③]。

首先,女性高层次人才的成长需要打破传统的诸多性别限制。研究将户籍制度(出生地)、父母文化水平和职业作为影响女性地位获得的先赋因素。假设先天因素对女性人才发展起限制作用的话,就是我国依然是传统国家,女性职业发展比男性更艰难,阻碍因素具有传统性。

其次,人力资本、政治资本与社会资本是影响人们职业地位获得的自致因素,这些因素深刻地影响着女性高层次人才的成长。

---

① Blau P. M. &Duncan, O. D. *The American Occupational Structure*. New York: Wiley. 1967.
② Sewell, W., and R. M. Hauser. Education, *Occupation and Earnings; Achievement in the Early Career*, New York: Academic Press, 1975.
③ Walder, Andrew G., Hu Songhua, *Revolution, Reform, and Status Inheritance: Urban China, 1949 - 1996, American Journal of Sociology*, 2009, 114, 1395 - 1427.

人力资本可包括人们受教育的程度、工作经验、对工作的时间投入和精力投入等，这里有两个问题需要讨论：一是女性的人力资本因各种原因其投入弱于男性，女性必须投入更多的人力资本才可以在职场得到发展；二是女性即使投入了与男性相同的人力资本，但其在工作权威层的比例依然低于男性，这说明可能有限制女性晋升的因素。分析两性在职业晋升上人力资本之差有怎样的效益。

政治资本是指可以发挥自己权力和发声的能力。一般包括党员身份和民主党派身份，党员身份表明是一种政治资格，是能力或资源的符号。民主党派作为一种特殊政治身份，截至2011年底时各民主党派成员总数为80多万人①，其中不乏中高级知识分子和专业技术人员，其对女性成才的影响需要加以讨论。

社会资本是指个人通过占有体制化关系网络而获取的实际或潜在的资源。社会资本可分为两个要素：（1）社会关系本身；（2）社会关系资源的数量和质量。不同类型的资本可以转换的，但只有在特定的"场"内才是有效的。经济资本向社会资本转换较为容易，而社会资本向经济资本转换较为复杂，且带有一定风险性。总之，社会资本的投资是有利可图的。从这个意义上讲，将大量的时间、精力和金钱花费在与他人的交往上都是社会资本投资，其利润终将以物质或象征的形式表现出来。社会资本理论认为，人力资本理论分析的基本前提是理性的行动者在完全竞争的劳动力市场上，以价格（工资）为指引进行选择。但实际上完全竞争的劳动力市场并不存在，经济生活深深地/嵌入于社会网络和社会关系之中。社会资本是一种镶嵌在社会结构/网络之中并且可以通过有目的的行动来获得或流动的资源②。考察两性在社会交往上时间和精力的付出，假设职业女性的社会资本状况会影响到晋升。

社会支持是指人们从社会中得到的来自他人的各种帮助，可分为两类：一是正式的社会支持，指来自政府、社会正式组织的各种制度性支持；二是非正式的社会支持，主要指来自家庭、亲友、邻里、同事和非正式组织等的非制度性支持。研究假设：两性在职业发展中的社会支持有差异，女性获得更多的来自亲属和非正式组织的支持；男性获得更多的正式组织支持。即假设：社会资本的数量与质量直接作用于两性人才成长，但作用方式因性别而差异。

（二）女性高层次人才的成长需要性别友好型的社会环境

性别文化/性别观念、工作和家庭的关系、组织的性别程度和公共政策皆是

---

① 参见新华网新华资料"民主党派"，http：//news.xinhuanet.com/ziliao/2002－01/28/content_256326.htm，2013年3月4日，14：58。
② 林南著，张磊译：《社会资本关于社会结构与行动的理论》，上海人民出版社2005年版。

影响女性职业发展的社会环境因素。

第一，性别文化通过性别角色观念表现出来，性别角色观念也称性别意识形态或性别信仰，指人们的有关男女应当遵从怎样的社会规范、社会角色分工、性别关系模式及其行为模式等观念。有四方面的理论对此进行讨论。一是性别观念的现代性理论。强调人们的性别观念会随着平等意识和民主化进程而从传统向现代转变。所谓传统性别观念是以一系列的性别刻板印象为基础，持有传统性别观念的人多习惯性地认为两性间存在稳定的、固化的和对立的性别气质与社会分工。其又包括三方面内容：首先，相信男性的性别气质为坚强、有责任感，并与女性温柔、有依赖性的性别气质对立；其次，相信性别角色的公私领域分工，即男性主要以在公共领域的发展为主，而女性以家庭为中心；最后，相信在两性关系上男性为主、女性为辅；有关性别角色分工观念是性别观念中的核心要素①。随着现代化的发展，传统性别观念向现代性别观念转变；现代性别观念强调男女平等，打破性别传统分工，女性进入公共领域，两性共同承担社会与家庭责任。二是性别观念的社会建构理论。这一理论认为，人们在社会化过程中学习、接纳或反抗各种性别观念。一方面，人们的先赋因素，如性别、城乡地位、父母的文化及其种族等因素，会通过社会化的机构——家庭、学校和职业影响人们的性别观念；另一方面，人们在婚姻、教育、经济、政治等领域的社会实践也作用于人们的性别观念②。三是性别观念变化与否受到人们内在利益的驱动。即只有当支持性别平等的收益大于成本时，个体才会选择支持或认可现代两性平等的观念；反之则否。女性从两性平等的观念变革中获益。四是个体能动理论，强调个体是积极的社会行动者。在日常生活中，每人都在"表演"着性别，人们不同的经历和角色实践会使其产生多元的性别观念和行动③。

国内研究认为，首先，传统的"男主外、女主内"性别分工观念依然根深蒂固；其次，我国社会主义实践对人们的性别观念有着深刻影响，即社会主义对男女平等理念的倡导促使我国的性别观念普遍趋于现代④。有研究认为，女性工作和家庭的双重角色反映在社会对女性的双重评判中。社会对男性成就的评价尺度是事业，对成功女性的要求则是事业和家庭双丰收。这种双重标准增加了女性的

---

① A. Thornton, Linda Young-DeMarco, *Four Decades of Trends in Attitudes Toward Family Issues in the United States: The 1960s through the 1990s*, Journal of Marriage and Family, 2001, Vol. 63, 1009-1037.

② Catherine Bolzendahl, Daniel J. Myers, *Feminist Attitudes and Support for Gender Equality: Opinion Change in Women and Men, 1974-1998*, Social Forces, 2004, Vol. 83, 759-779.

③ Karin L. Brewster and Irene Padavic, *Change in Gender Ideology, 1977-1996: The Contributions of Intra-cohort Change and Population Turnover*, Journal of Marriage and Family, 2000, Vol. 62, 477-487.

④ 畅引婷：《高校教职工的性别角色定位及其影响——对山西师范大学教职工性别意识的调查与分析》，载于《山西师范大学学报》2005年第3期。

身心压力。研究假设：女性是否具有平等的性别观念与其职业晋升有正向关系；其职场抱负直接影响其职业生涯。

第二，女性平衡工作和家庭的能力与获得的支持对其职业生涯有作用。无论男女都承担着子女抚养、家人照顾和日常家务劳动等责任，这影响其工作时间和工作精力。研究显示，中国妇女更多地承担了子女抚养、家人照顾和日常家务劳动等责任，并形成"劣势累积"，对女性拥有工作权威产生负面影响①。家庭经济学认为，家庭是一个生产单位，家庭成员在做出与从事有酬工作、家务劳动有关的决策时，通常都要考虑其他家庭成员的主要活动及收入状况。即家庭内存在联合决策，家庭成员依其重要性达成协商与妥协。这种决策结果通常是男性更多地参与市场工作，女性更多地做家务。受传统性别分工的影响，女性人员更多地承担了子女抚养、家人照顾和日常家务劳动等责任，并形成"劣势累积"。研究假设：女性高层次人才在公私两个领域的角色相互影响，女性整合工作和家庭角色的能力及其获得的社会支持作用于其职业生涯。

第三，组织的性别环境直接影响女性职业生涯。联合国倡导在组织中女性至少应在权力层占到1/3规模。组织中领导班子中的女性比例达到30%的组织环境可称为性别友好型组织环境。近年来，世界各国在职人员的组织环境呈现出女性普遍增长的趋势，许多组织有意识地增加女性参与，以获得性别多样性带来的积极影响。研究假设：性别友好的组织环境为女性的职业晋升提供了重要的组织保障，呈现正向关系。

三、女性高层次人才发展规律的类型

（一）三类人才类型

将职业特性纳入研究是强调女性高层次人才并非整体，其发展规律有职业特点。2010年6月，党中央、国务院颁布了《国家中长期人才发展规划纲要（2010～2020年）》（以下简称《纲要》），"人才是指具有一定的专业知识或专门技能，进行创造性劳动并对社会做出贡献的人，是人力资源中能力和素质较高的劳动者。人才是我国经济社会发展的第一资源。"其中高端人才即高层次人才包括善于治国理政的领导人才，经营管理水平高、市场开拓能力强的优秀企业家，世界水平的科学家、科技领军人才、工程师和高水平的哲学社会科学专家、文学家、艺术家、教育家，技艺精湛的高技能人才，社会主义新农村建设带头人，职

---

① 李忠路：《工作权威层的性别差距及影响因素监管权威的视角》，载于《社会》2011年第2期。

业化、专业化的高级社会工作人才。为了简化研究，重点对女性党政人才、专业技术人才和经营管理人才进行分析。假设每类人才具有特定的职业发展规律。

第一，女性党政人才发展的独特性。党政高层次人才是在党政机关和政府部门工作并担任一定职务的人员，本书将担任处级以上职务的人员定为高层次人才。女性党政人才的培养和选拔受到性别配额制和两性退休年龄差异的制度影响。理论上是重点分析女性党政人才的性别友好型组织环境的作用。

第二，女性专业技术人才的发展的独特性。专业技术人员是指从事专业性工作的人，具有高级职业证书、依靠知识承担特定的责任、从事服务性工作。专业技术成果的产生需要长期的积累，高质量的人力资本、持之以恒的专业精神和特定的晋升阶梯是影响女性专业技术人才发展的重要因素，因此强调专业权威对女性专业人员的作用。

第三，女性企业经营管理人才的独特性。高层次经营管理人才，是指包括了创业成为企业家和在大型企业组织的部门经理们。经营管理人才的发展与市场竞争和理性相关，考察市场竞争中的性别逻辑则是分析女性管理人才成长规律的重要方面。

每个人都是时代的产物，将社会转型与变迁纳入分析框架有助分析社会主义时期的女性人才与市场化时期的女性人才的成长特点。毛泽东时代的男女平等实践经验需要知识论式的分析。

（二）女性后备人才的发展规律

将现当代女大学生作为后备人才进行研究是拓展女性人才发展的知识和理论。女性获得高等教育是其成为人才的重要基础和关键性因素。重点研究高校女性本科生、硕士生和博士生。她们作为思维活跃和性别平等的一代人，高等教育阶段正处于人力资本和社会资本快速积累与价值观形成的时期，这时的性别教育将激励其职业抱负，建立成才目标。

研究进行多层面的比较，如女大学生与一般女性、女大学生中的贫困女生以及性别比较。考察两性的学习、发展和工作状况，强调考察其过去的成长背景和未来可能的发展道路，最大程度地再现"高层次女性人才"的成长轨迹和路径。理论上，分析高校女生群体的学习、政治和社会参与、身心健康、婚恋状况等方面，同时也考察高校女生群体的成长环境和背景，以及作为她们未来发展重要基础的社会资本的建立和职业发展准备状况。理论框架是：第一，寻找女性高层次后备人才的成长动力，将物质性和功利性的刺激因素和情感纽带和亲密关系做出考察。第二，假设家庭，特别是父母的性别观念会对高校女生的自我定位、独立自主的价值观念产生影响，由此奠定高校女生追求事业发展的动力和创新实践的能力。第三，假设女性成功人士对高校女生未来人才发展有重要的榜样作用和重要引导作用，这种榜样作用不仅是专业和学术上的引导，更是一种人生发展方向的确立和引领。

四、女性高层次人才成长规律的研究方法

研究"女性高层次人才发展规律和发展对策"有方法论挑战。首先，"有没有女性人才发展规律？"就是个问题。在性别平等的社会，不会存在女性人才发展规律，只有人才发展。因此，本书就是建立在对现阶段性别不平等的认识上，社会存在着性别等级制度使男性垄断了大部分的社会权力，女性不得不克服重重阻碍才能取得事业成就。分析女性在社会经济发展中获得平等的发展机会就是实践推动性别平等的社会运动。研究要回应的方法论问题就是要为女性的职业发展/职业晋升提供更为具体的实用性策略。

社会性别视角的定量研究。社会性别视角是强调女性的职业地位的状况是嵌入在特定的性别体制中的。女性高层次人才成长的状态与其自身的角色期望和家庭角色密切相关。促进女性高层次人才的成长并不是简单地解决女性工作和家庭双重负担的问题，而是要改变社会规定的两性角色分工，促进女性成才的同时也促进男性更多地承担家庭责任，公共政策则要更多地支持家庭责任的社会化。

实用性的性别研究策略强调，在承认现阶段两性的等级关系基础上寻找女性职业发展路径。采取男女平权而非价值无涉的方案分析两性差异的社会性和迈向性别平等的路径。

具体研究方法是调查问卷和访谈，本书以调查问卷为主。2010年的第三期中国妇女社会地位调查增加了女性高层次人才专卷。高层次人才分为：（1）副处级及以上党政干部[①]；（2）具有副高及以上职称的专业技术人员[②]；（3）企业高层管理人员。这三类人才具有广泛的代表性，易于获得。根据高层次人才的分布特点，调查分为两个阶段进行样本的抽选与问卷调查：一是在第三期中国妇女社会地位调查的入户调查中，按照随机抽样的原则，让符合条件的调查对象在填答主问卷的基础上回答高层次人才附卷，采用此种方法得到1 020个有效高层次人才样本；二是采取立意配额抽样方法，在全国31个省市区补充抽取一定数量的上述三类人才，每省区市补充样本126个，三类人才大致按照1∶1∶1的比例抽

---

① 在我国，高层党政人才常常是指副局以上干部，本书为了更好地研究人才成长规律将女性高层党政人才扩大至副处级以上干部。另全书各部分因具体需要，可能交叉使用党政干部、行政管理人才等名词。

② 全书各部分因具体需要会交叉使用专业技术人员、专业技术人才等名词。

取,即每类人才分别增加抽取 42 人左右,性别比例为 1∶1,通过此种方法得到 3 626 个有效高层次人才样本。两部分样本相加,共得到 4 646 个高层次人才有效样本。经过对职业和收入两变量的严格检测,筛选不合格样本,共得到高层次人才样本 4 324 份,其中男性为 2 335 人,占 54.0%,女性为 1 989 人,占 46.0%。具体如表 1-1 所示。

表 1-1　　　　　　　　　　样本基本情况[①]

各类指标		城镇从业者		高层人才	
		男	女	男	女
		平均数/比例	平均数/比例	平均数/比例	平均数/比例
地区分布[②]					
	东部	41.80	38.00	30.00	30.30
	中部	39.10	39.50	34.60	34.40
	西部	19.10	22.50	35.40	35.40
年龄		42.33	39.22	46.255	45.77
年龄分类-10 岁组					
	29 岁及以下	7.50	10.10	0.60	1.00
	30~39 岁	31.70	41.30	17.70	18.30
	40~49 岁	37.90	41.80	49.80	51.90
	50~59 岁	22.00	6.10	30.20	27.60
	60 岁及以上	0.90	0.70	1.70	1.10
不包括成人教育,您共上了几年学[③]		10.92	11	13.99	13.85
受教育程度					
	不识字或识字很少	0.50	1.30	0.00	0.00
	小学	4.20	4.60	0.00	0.10
	初中	25.80	23.10	0.40	0.30
	高中	23.60	20.90	2.10	1.60
	中专/中技	10.80	11.70	2.40	1.60
	大学专科	19.60	22.60	15.80	11.80
	大学本科	14.20	14.90	47.60	48.70
	研究生	1.20	1.00	31.50	35.80

续表

各类指标	城镇从业者		高层人才	
	男	女	男	女
	平均数/比例	平均数/比例	平均数/比例	平均数/比例
人才类型				
管理	—	—	25.00	21.70
专业技术	—	—	38.20	42.00
行政	—	—	36.70	36.30

注：①在实际分析时，对于不同变量而言，其具有缺失值的个案数并不相同。

②参照第二期中国妇女社会地位调查的划分，东部地区包括北京、天津、上海、辽宁、山东、江苏、浙江、福建、广东；中部地区包括黑龙江、吉林、河北、河南、山西、安徽、江西、湖北、湖南、广西、海南；西部地区包括内蒙古、陕西、宁夏、甘肃、青海、新疆、重庆、四川、云南、贵州和西藏。

③上学年数指的是调查对象接受正规学校教育的年数，不包括成人教育和休学时间，但包括留级和复读年数。不足 1 年时按 1 年算。

研究使用比较研究的方法。有三个比较框架。一是性别比较；二是女性高层次人才与一般职业女性比较；三是女性高层次人才的职业类型比较。在问卷调查时，主问卷与高层人才专门问卷分类为城镇从业者（调查时劳动适龄人口中正在工作的人，不含退休人员）和高层人才。

对"女性高层次后备人才"的研究中对在校女性本科生、硕士生和博士生的问卷调查，还做了访谈 40 份，焦点小组 2 个。调查地点有：北京、南京、兰州、武汉、西安 5 个城市不同层次的高等院校，以求最大限度地代表我国不同地区和领域的人才发展水平。调查共回收有效问卷 5 031 份，其中男性 2 487 人（49.4%），女性 2 544 人（50.6%）。本科生 2 822 人（56.1%），硕士生 1 543 人（30.7%），博士生 666 人（13.2%）。本次调查涵盖了除军事学之外教育部颁布的 11 大学科门类。其中，工学背景的应答者占 23.7%，理学背景的占 20.1%，管理学占 12.6%，文学占 11.7%，法学占 11.1%，经济学占 6.8%，教育学占 4.5%，医学占 3.1%，历史学占 3.0%，哲学占 2.3%，农学占 0.9%。通过将高校女生和高层次女性人才、一般女性及高校男性等相关人群的比较分析，以期深入把握这一人群的成长规律和特点。并通过比较研究，分析女大学生与一般女性、女研究生和贫困女生等的异同，为培养更多的女性人才寻找方法。

五、促进女性高层次人才成长的对策研究

对策研究是力求提出可操作性的公共政策建议。其研究立场表现在以下方面。

（一）促进女性高层次人才成长的政策具有战略性

促进女性高层次人才成长的政策是性别发展计划之一。它是把社会性别的概念和理论纳入各项与发展相关的国家政策的一系列努力。本研究中的政策研究的性别明确，强调女性不仅是利益群体，更是社会关系和权力关系。

一般来说有两种女性人才成长的策略。一是参与策略，是使妇女摆脱长期被排斥在社会发展进程之外的努力，通过提高女性劳动生产率、提高收入、提高管理社会和家务的能力，由此将女性纳入发展进程。二是赋权策略，是使女性在不平等的性别权力关系得到权力，实现妇女充分参与政治、经济和文化发展，实现女性与男性共同决策、分享权力的可持续性发展。前者是基础，后者是目标。联合国在促进女性发展时的组织策略有三种：第一，建立或指定一个妇女参与发展的单位，在现有组织机构内实现妇女参与的机制化和制度化。如我国的妇联组织应成为促进女性高层次人才发展的重要推动力量。第二，依靠妇女参与发展的专业社会性别专家，使性别视角纳入一般工作中。第三，对更多的性别专家参与到管理和监督工作中。这些做法需要大量的培训工作，以加强社会性别意识为前提。

（二）促进女性人才发展需要在多个层面对社会政策进行性别评估

社会政策的性别评估是分析看似性别无关的政策可能潜在的性别歧视。这意味着对所有的社会政策，而不仅仅是我们熟悉的男女退休政策进行性别评估；还包括对与专业人士发展的各种科研激励政策的性别评估；对经济人士的各类贷款制度等的性别评估。政策评估要包括以下几个方面。第一，社会政策的性别诊断。分析各类社会政策和法规的性别影响，如人们对有关抚育和抚育的公共政策的需求和政策制定的性别诊断。第二，确定性别目标。确定性别目标应当是一个系统目标，有最初目标和最终目标，还要有具体目标。政策性别评估的核心概念是"性别意识纳入决策的主流"。

（三）可操作性的政策建议

在发现女性高层次人才发展规律的基础上，有的放矢地提出对策建议。

倡导制度建设。以贯彻落实男女平等基本国策和国家中长期人才发展纲要为基础，就有关女性高层次人才的退休政策、配额政策和有关在职称、职务晋升、资源分配等方面的政策进行考察。

倡导组织的性别环境。高度重视女性高层次人才发展的组织环境，明确要求各类机关、事业单位及国有大中型企业提高领导班子成员中的女性比例，特别要采取各种措施提高各级各类单位"一把手"的女性比例，提高女性在决策中的话语权和影响力。鼓励各级各类单位在录用、培训、晋升等人才开发和配置环节采取同等条件下女性优先的倾斜性政策，大力促进女性人才成长。

倡导对中青年女性人才的社会支持。女性不可避免地要承担更多人类再生产的责任，要尊重女性人才成长的这一特殊需求，通过提供更多面向家庭的公共服务支持女性人才发展。同时，应鼓励更多的单位营造家庭友好的环境，并鼓励男性与女性共同承担家庭责任，使女性人才能够更好地平衡工作和家庭。

倡导在全社会范围内的性别平等的宣传，坚持不懈地倡导性别平等的思想。采取多种形式、利用多种渠道宣传政治、经济及科学技术等领域女性高层次人才的积极正面形象，充分肯定她们为社会做出的积极贡献，积极宣传其丰富的生活方式与和谐的婚姻家庭，营造有利于女性高层次人才成长的社会文化环境。

强调监督机制，特别对公共政策的性别评估机制。加强政治、经济及科学技术各领域、各层次人才的分性别统计，特别是在录用、培训、晋升、退休等方面的分性别统计及监测评估，以便有关部门及时掌握女性高层次人才成长的动态，制定有针对性的政策措施，促进女性高层次人才成长。

六、全书写作框架

全书共七篇，分二十五章。

（一）女性高层次人才发展规律研究的基本情况

第一篇介绍女性高层次人才发展规律研究的基本情况。共有四章。

第一章阐释了研究的理论框架和研究方法。研究以社会性别理论和职业地位获得理论为基础，提出职业地位获得的性别理论，论述不同于男性的女性人才成长规律和内在机制。这种性别差异不是人才理论的差异，而是性别不平等带来的对女性人才成长的严峻挑战和战略需求。

第二章论述了研究的战略意义，强调党和政府将男女平等作为基本国策，重视女性人才的培养和开发。人才结构的均衡有多重内容，性别均衡是其重要内容之一。第一，女性高层次人才数量的提升是实现我国男女平等基本国策的重要体现。女性高层次人才的规模、结构和发展状况反映国家的妇女地位，体现妇女参与国家政治、经济、社会、科技等各个领域的广度和深度。女性高层次人才的现状反映了我国男女平等得以实现的伟大成就。第二，促进女性人才脱颖而出有利于实现《纲要》提出的"在2020年实现人才的分布和层次、类型、性别等结构趋于合理"的目标。第三，女性高层次人才的成长有着各级妇联组织的积极作用，这一研究将有效地提升妇联这一利益群体组织在促进女性人才中的作用。第四，女性高层次人才的成功经验是一笔重要的财富，为年轻女性的成长开辟道路，激励女性后备人才更好、更多和更快地发展。本书有助于分析、呼吁和制定提高妇女政治地位的政策与措施。

第三章用2010年和2000年全国人口普查的数据资料和相关部委的统计数据说明我国女性高层次人才的基本情况，特别是分析女性党政负责人、企业负责人和专业技术人员的基本规模、性别年龄结构、职业分布等状况，以了解女性高层次人才群体的基本情况和特点。从结构上说明，近年来我国的女性高层次人才略有增长，但总体结构依然失衡。

第四章收集和评述了现当代国内外有关女性高层次人才状况和成长规律的研究。对传统人才理论的本质主义进行了批评。女权主义的理论虽有多种视角，但一致强调社会性别环境和文化对女性不利的社会地位的生产和再生产作用，女性高层次人才的发展是打破传统男性控制生产活动和社会生活中的传统。历史研究表明，我国一代女性革命家和国家领导人是女性高层次人才发展的榜样。同时分别对女性党政人才、专业技术人才、企业经营管理人才和后备人才（女大学生）的已有研究进行了述评。

（二）女性高层次人才成长的基本规律

第二篇共分四章，是本书的重要和核心的研究成果。研究认为，女性高层次人才成长的关键因素主要有以下有四个方面。

第一，女性高层次人才要有人力资本、经济资本、社会资本和身心资本的长期和优质的积累。第五章论述了女性高层次人才的各类资本的情况，特别是在人力资本方面尤其突出，有四成高层女性"一肩多挑"，女性专业技术人才更易向党政人才和经营管理人才发展。女性高层次人才拥有重要的人力资本、经济资本和社会资本，在身心健康和自信等方面高于一般职业女性，多与男性高层次人才比肩。

第二，女性高层次人才区别于一般职业女性的优秀品质在于她们拥有现代的性别平等意识，以自信的心态驰骋职场。第六章论述了女性高层次人才比男性高层人才和一般女性具有更为现代的性别平等意识，特别是其家庭性别角色分工的意识更现代和平等。女性高层次人才出生的时代、党员身份和职业经历对其性别观念的形成有重要影响;两性高层人才性别观念的差异不受教育程度和父母教育程度的影响;而更多地受到其现实性别角色实践的影响。女性高层次人才虽然承担照顾孩子的责任,但她们比那些观念传统的女性更能积极地寻找父母、市场和组织的支持,较好地平衡工作和家庭的关系。

第三,性别友好型的组织环境,即女性领导和女性成员至少占到1/3的性别组织环境是女性高层次人才成长的基础。第七章的研究表明,当单位领导班子中女性比例达到30%及以上的时候,单位性别歧视现象显著少于没有女性领导的情况,也显著少于女性领导比例不足30%的情况。这表明,30%作为组织的性别环境的临界规模对减少单位性别歧视现象的有效性,它在经济、政治和研究领域中均有作用,在体制内外也有影响,但存在程度上的差异。这一发现验证了临界规模理论,为在政策设计中增加领导班子中的女性比例提供了支持。

第四,女性高层次人才具有平衡工作和家庭的能力和智慧。第八章论述了女性高层次人才具有的兼顾事业和家庭的能力与智慧,她们是工作和家务时间付出最多的人。女性高层次人才采用"智慧的角色—时间分配模式",用自身劳动和智慧平衡工作和家庭关系。这表明,传统的对女性家庭角色的要求依然在限制女性发展,女性要在职场上发展需要找到平衡工作和家庭角色的办法。家务劳动依然限制女性职业发展,女性高层次人才只有采用智慧方法是划清工作和休闲、工作和家庭的时间与角色边界,做到工作和家庭两不误。

(三) 女性党政人才成长规律研究

第三篇集中讨论女性党政人才的发展现状和特点,总结规律,共有四章。

第九章讨论了影响我国女性党政人才成长的因素,与男性相比这些因素有共性也有差异。其共性是:人力资本和社会资本对晋升有显著影响,表达了党政人才成长具有一般规律。而性别的差异性表现为:女性党政人才地位的获得更多地受惠于父母的社会经济地位、自身的性别平等观念和平衡工作和家庭的能力。这表明,现当代中国依然存有传统身份社会的特点,女性不仅要有与男性相同的人力资本和社会资本,还有赖于父母的社会经济地位、个人的性别平等观和平衡工作和家庭的能力。

第十章讨论了我国重要的政党机制对女性高层次人才发展的作用。研究发现,各民主党派中女性参与率都较高,皆超过1/3,达到了国际要求的性别平等的初步标准。这表明民主党派的制度建设为女性参与公共政治事务提供了重要的空间。高层次人才中具有民主党派身份的女性,她们有五大特点:(1) 有良好的文化资本,在学历上具有资源优势,她们绝大多数接受过高等教育,一半左右具有硕士以上学位。(2) 女性专业技术人才通过加入民主党派可能能够更好地发挥参政议政的优势。(3) 进入到行政管理职务的女性因为参加了民主党派具有了更多的参政机会，但在代表身份方面存在"多重身份困扰"。(4) 她们具有自信和自强的职业素质。(5) 她们具有开放和平等的性别观念。

第十一章分析转型社会女性高层次党政人才的发展规律，强调女性党政人才的发展受到时代的影响。改革中期，女干部的地位获得主要受教育程度和党员身份等自致因素的影响；平等的社会性别观念也有助于女性政治精英的地位获得；但先赋性因素对女性晋升作用有限；而领导特质和高成就期望则在很大程度上阻碍了女性干部的向上流动。改革深化期，先赋因素对女性政治精英地位获得的作用大大增强，父辈的政治文化资本有助于女性干部晋升；党员身份等自致因素的作用有所下降；领导特质、性别平等观念和职业成就期望对女性政治精英地位获得有促进作用。两性政治精英地位获得模式的变化正是社会流动机制变迁的反映。现阶段女性政治精英地位获得呈现出一幅复杂的图景：一方面，女性政治精英地位获得对家庭背景依赖程度加深，反映了女性政治精英阶层再生产的扩大和固化；另一方面，领导特质、性别平等观念和成就期望等个人心理因素对精英地位获得的作用日益显著，表明女性的主体意识正在解放，是女性主动参与竞争的表现。

第十二章用生命历程的视角，分析女性厅级干部的生活和成长轨迹，探析其晋升特点和规律。从生命周期的视角看，多数女性厅级干部参加工作后7年左右进入生育期，此时正是职业发展的关键时期。对两性厅级干部年龄层级模型的性别比较发现，两性副厅级干部和正厅级干部的年龄层级模型都高度相似。年龄、参加工作时年龄、入党年龄、生育年龄、升至正处级年龄、升至副厅级年龄的平均值一致性很高。但女性由副厅级升至正厅级时的年龄与男性相比偏大。这表明，在厅局级干部职业生涯的竞争中，优秀的女性政治精英打破了生育期带来不利影响，冲破了传统性别观念和性别角色的种种束缚，获得了与男性同等的行政级别。这意味着，女性政治精英在职务起步的早期打下良好的基础十分关键，这会抵消生育期对女性职业生涯发展带来的不利影响。反之，如果不能在最佳年龄及时得到晋升，女性就会丧失宝贵的发展机会。我国推行的女性参与决策的性别保障政策对现任女性厅级干部的成长起到了积极的促进作用。坚持男女两性领导干部同年龄退休有重要意义；女性退休年龄早于男性直接影响女性政治精英的晋升。

（四）女性专业技术人才成长规律研究

第四篇是对女性专业技术人才成长规律的研究，共有三章。

第十三章是对我国女性专业技术人才成长的状况进行描述。研究发现，女性专业技术人才呈现出女性精英的一般特征，以高学历、城市出身、父母较高的受教育程度为主。在职业发展上，女性专业技术人才多数能够感受到性别歧视。家庭责任在一定程度上影响其职业发展，虽然她们在家务方面能够得到家人的支持，但她们依然是家庭责任的主要承担者。相对于女性党政人才，专业技术女性在职业生涯中面临更多的性别障碍，整个职业生涯被贴上了"性别"标签。在专业技术领域的进入阶段，她们会遇到"只招男性或同等条件下优先招用男性"的情况；进入专业技术领域后，她们又很少会被安排到"技术要求高/有发展前途的岗位"。同时，在技术能力发展的关键时期，生育和家庭负担加重，工作和家庭的双重责任突出，会遇到"同等条件下男性晋升比女性快"的问题。

第十四章是采用事件史的分析方法，在性别比较中分析影响女性专业人员职称晋升的主要因素。研究发现：（1）女性专业人员在副高和正高的职称晋升轨迹上与男性相近。（2）自致性因素比先赋性因素对女性专业人员的职称晋升有更大作用。（3）政治资本对女性专业人员职称晋升的影响较弱，对男性专业人员的正面影响比女性显著。（4）社会支持对各类专业人员职称具有显著正面影响。（5）用更少时间成功晋升到正高级职称的女性专业人员具有更为明显的现代的性别角色意识。

第十五章采用模型分析的方法，分析性别隔离程度对女性专业技术人才的影响。研究发现，在性别隔离程度高的组织中，女性专业技术人员交流沟通就减少，经由交流沟通贡献的职业发展也减少。女性比男性交流沟通、公开表达的愿望较低，而交流能够带来更多的社会资源、扩大个人的社会网络，女性想在男性霸权的科研领域发展必须积极建立自己的社会支持网络。

（五）女企业家和女高管成长规律研究

第五篇是对女企业家和女性企业高管成长状况、特点和规律的研究，共有三章。

第十六章采用文本分析法对1994～2011年《中国企业家》杂志中216篇有关女企业家的报道进行分析。社会转型过程中，对女企业家的描述发生话语转型。具有计划经济时代特色的女企业家形象体现在典型人物形象优于女性形象以及精英特质优于性别特质；市场经济时代的话语向女性气质回归，女企业家形象成为家庭中的"超贤妻良母"和企业中的"女二号"角色。这种话语展示了媒体对女企业家女性气质的建构和男权中心价值观的长期影响；促进女性企业家的成长需要打破鼓吹女性气质的话语。

第十七章对女性企业高管的成长规律进行分析。研究发现，在职业进入方面，她们多在20岁左右开始工作，第一份工作多为体制内，其进入多依靠亲友帮助。她们多数拥有专业技术职称；从业的企业规模有一定的性别差异，女性多来自中小企业，男性多来自大中企业；在单位所有制上，六成来自国有企业，性别差异不大。多数女高管满意自己的职业成就，工作满意度较高。职业成就使女企业高管在很多方面与自己的女性同胞拉开了距离，更接近男性同行。从成长规律总结看，女性企业高管更多出生于环境较好的家庭，父母多为城镇人和较高的受教育水平。在人力资本上，女性企业高管学历起点高，继续学习的意愿比男性更强；在学期间担任干部从事社会实践的比例也比男性更多。在社会资本上，女性企业高管有很好的建构能力和主动性。从工作和家庭的平衡看，女性企业高管虽面临挑战，但有更好的平衡工作家庭的能力。从组织环境看，女性企业高管多处于性别友好型的组织中，同时她们有开放的性别观念和自信。总之，女性企业高管比女性同胞和男性同行有更好的出身，加之在市场上的拼搏，促成了她们的成就。但传统的性别规范和家庭角色依然阻碍其发展。

第十八章对女企业家的成长规律进行研究。在分析女企业家拥有多元资本的背景下，着重对其政治嵌入进行分析，研究发现，女企业家成为人大代表或政协委员会的可能性是男性的2.4倍。女企业家比男性有更多的成为政治代表人物的机会，但企业规模比性别因素更有影响力。同时，研究还发现，没有现代的平等的性别角色观念和自信，女性难以进入属于男人的竞技场的创业领域，并取得成功。一旦进入市场，女性的成就更多地受制于市场环境。

（六）促进女性高层次人才发展对策研究

第六篇讨论促进女性高层次人才发展的对策。共有四章。

第十九章从中国的社会经济发展的角度指出，投资女性具有战略意义，是中国发展的新引擎。我国经济持续高速增长30多年，其中有女性的重要贡献。我国女性劳动力一直是重要的人力资源，是社会经济建设的重要贡献者。投资女性教育、女性创业、鼓励女性参与社会经济发展、重估女性家务劳动的价值和倡导女性进入高层次的职业领域是既有利于女性发展，又有利于我国经济增长和社会稳定。在中国新型城镇化的过程中，投资女性会成为我国经济发展模式转型的重要内容，也是我国经济增长的重要动力和我国社会稳定的重要保障，投资女性能够带来女性从可持续生计到可持续发展的模式转换。

第二十章讨论女性党政人才发展对策。研究指出，第一，要建立女性党政人才成长的适配模型，这包括政德适配、工作适配、社会适配、文化适配、家庭适配五个方面。倡导女性党政人才发展的主要对策就是在一个男性垄断的权力领域提升和丰富女性的政德资源、工作资源、社会资源、文化资源和家庭资源。第二，完善妇女参政比例政策，循序渐进地提高妇女参政比例的目标；力争从

30%增长到50%。要动员更多的组织力量推动配额制发展,通过辩论、倡导和调查研究让更多的人了解和推动配额制的实施。

第二十一章讨论女性专业技术人才发展对策。研究收集和分析了美国、英国、欧盟、德国、瑞典、韩国、日本等国家在促进女性专业技术人才方面的激励政策。并在此基础上提出中国促进女性专业技术人才成长的对策。包括:在法律上,通过立法来提升女性在高等教育、科研机构、科研职位、科研资金和科研决策等方面的地位。在现代人力资源管理上,通过入职与晋升的透明化、接受培训等方面的机会均等化,确立新的科学成果评价体系。在新的科学教育和评价价格中要吸纳女性,并改变教学方法和内容。在生活上,要解决女性专业技术人员有关生育和抚养子女的劳动负担;在工作机会上,为女性专业技术人员生育后返岗提供学习机会等。

第二十二章讨论女性经营管理人才的发展对策。女性经营管理人才的发展更多地服从于市场发展规律,因此促进其成长的对策应透过市场使女性获得更多和更好的发展机会。第一,这需要全社会合力促进女性经营管理人才的成长,要通过立法和社会宣传激励更多的女性进入企业管理高层。第二,出台激励女性创业的公共政策和项目支持。一方面要为女性创业者提供融资渠道;另一方面要提供培训增加女性创业者的创新能力。第三,提升女性企业经营管理者的组织化程度,帮助其建立相互的社会支持;特别是发挥妇联组织的积极作用和网络资源。第四,建立"伙伴关系"的管理理念,促使更多女性管理者成才。

(七) 女性高层次后备人才发展规律研究

第七篇专门讨论女性高层次后备人才的状况,共分三章。

第二十三章分析了女性高层次后备人才的基本状况,"女性高层次后备人才"是指目前在校的女性本科生、硕士生和博士生。作为发展过程中的一个群体,高校女生未来社会地位的获得受到多重因素的影响,既包括其目前学业能力、政治和社会事务参与、身心健康;也包括职业准备和社会纽带建立等影响其未来地位获得的因素;还包括恋爱、婚姻和家庭问题上的自主权、决策权和社会性别观念水平等多个方面。高校女生群体是一支蓬勃向上、健康发展的青年群体,近十年来社会经济的发展以及国家相应教育、就业政策的出台为这一群体的地位发展奠定了良好的外部基础。但是现实环境中仍然或多或少地存在着一些针对高学历女性的怀疑和歧视,高校女生中也存在着一些困惑和迷茫的情绪,女生的社会性别观念的成熟和开放。但高校男生的社会性别观念显示出相对保守和传统的特点。

第二十四章对在校本科生、硕士生和博士生在内的高校女生群体的成长规律进行研究。研究发现:(1)与男性强调个体竞争和物质激励不同,情感纽带和亲密关系是激励女性高层次人才发展的重要动力源泉。(2) 家庭是个体社会化过程的第一个主体，成熟理性的父母观念在影响和塑造子女的性别观念和价值伦理上能起到至关重要的作用。(3) 女性高层次后备人才对传统性别观念持更加批判的态度。无论是和高校男生相比，还是和社会上的一般女性相比，新时期的高校女生都更多的反对传统的社会性别观念。更多的新时期高校女生开始认识到事业成功对女性地位的重要价值，并且这样一种独立自主、自强不息的人格特征成为推进女性高层次后备人才持续追求事业发展和自我实现的内部驱动。(4) 实践创新能力会在指引女性高层次人才发展的道路上起到引领性的突破作用：女研究生的社会性别观念越是先进，在实践创新能力上也越强。(5) 女性导师对女性高层次后备人才的成长和发展起到至关重要的影响作用。这种影响不仅是专业发展上的，更是一种人生发展目标和方向的确立和引领。

第二十五章是对女性高层次后备人才发展的对策研究。研究指出：(1) 全社会性别平等意识的提高对女性高层次后备人才的发展仍然是最重要的环境变量之一。(2) 鼓励女性高层次后备人才更深入和广泛地参与各种社会活动和职业活动。(3) 改变党政人才选拔机制，鼓励女性后备人才参与各种类型的政治活动。(4) 加强对特殊女性后备人才的关注。贫困女性群体和基层优秀女性后备人才应成为关注重点。国家应建立基层女性后备人才发展基金。(5) 实施多样的女性人才工程计划，为各行各业的优秀女性后备人才提供经济支持和发展机会。

第二章

人才性别结构均衡发展的战略意义

中国共产党和政府将男女平等作为基本国策,重视女性人才的培养和开发。2010年中共中央、国务院在《纲要》中指出:"人才是中国经济社会发展的第一资源"。有大批的优秀女性人才成为各行各业的骨干和中坚,为国家政治、经济、文化和社会的发展和科学技术的创新做出了卓越贡献,是我国人力资源中不可缺少的组成部分。① 2010年的第六次全国人口普查数据显示,党政机关、企事业单位负责人和各类专业技术人员在内的女性人才为2 819万人,占总量的45.8%。与2000年相比,女性人才增长了659万人,10年提高了1.9个百分点,高于同期男性571万人的增幅。

我国人才发展战略强调要形成我国人才竞争比较优势,逐步实现由人力资源大国向人才强国的转变。一个不容忽视的问题是我国人才性别结构失调状况:一是女性人才存在"金字塔"式的发展特征,随着职业地位等级的提高,女性所占比例减少;二是我国人才结构存在较严重的性别比失调状况,多数情况下女性人才不足30%,高层女性人才多不足20%,女性人才成长形势严峻。大力推进我国女性人才成长具有重要的政治意义和学术意义。全球民主化运动、相关性别知识的变化和女性领导的组织实践成为推动女性人才成长的重要力量。同时,也迫切需要广泛且深入的女性人才状况和成长规律的研究。

2010年6月,党中央、国务院颁布了《纲要》,《纲要》指出,"人才是指

---

① 陈至立:《在新中国60年优秀女性人才社会影响力论坛开幕式上的致辞(2009年12月12日)》,载于《中国妇女报》2009年12月14日第A01版。

具有一定的专业知识或专门技能，进行创造性劳动并对社会做出贡献的人，是人力资源中能力和素质较高的劳动者。人才是我国经济社会发展的第一资源。"[①] 其中的高端人才即高层次人才包括：善于治国理政的领导人才，经营管理水平高、市场开拓能力强的优秀企业家，世界水平的科学家、科技领军人才、工程师和高水平的哲学社会科学专家、文学家、艺术家、教育家，技艺精湛的高技能人才，社会主义新农村建设带头人，职业化、专业化的高级社会工作人才。

现阶段推进我国人才发展的意义在于"形成我国人才竞争比较优势，逐步实现由人力资源大国向人才强国的转变"。不容忽视的是，我国的人才结构存在人才的性别结构失调现象，迫切需要大力推进女性人才的成长。从研究意义上，我们需要重申：第一，发现我国人才的性别失衡现象；第二，论证推进我国女性人才成长的现实意义和学术意义。女性人才成长应是一项利国利民和提升我国国际地位的大事。第三，推动我国人才性别结构平衡发展面临的挑战。

一、女性人才是我国人才发展规划中重要的组成部分

透过对我国人才发展过程的回顾，《纲要》指出，"当前我国人才发展的总体水平同世界先进国家相比仍存在较大差距，与我国经济社会发展需要相比还有许多不相称的地方，主要是：高层次创新型人才匮乏，人才创新创业能力不强，人才结构和布局不尽合理，人才发展体制机制障碍尚未消除，人才资源开发投入不足等"。我国人才结构的失调包括了性别结构的不合理。《纲要》指出，人才发展战略是到 2020 年实现"人才的分布和层次、类型、性别等结构趋于合理"。虽然《纲要》没有明确提出合理的人才发展的性别结构，但现阶段我们女性人才发展离国际水平的要求还有相当长的距离。对现阶段人才的性别结构要有清醒和充分的认识。只有如此，才能创建有效的女性人才发展战略。

按照《纲要》的提法，各类人才队伍包括"党政人才、企业经营管理人才、专业技术人才、高技能人才、农村实用人才和社会工作人才"。本书对女性人才的前三类状况进行梳理，分析其人才性别结构的状况。

第一，党政人才。从党政人才的性别结构看，女性比例较低，越往高层比例越低。2008 年十一届全国人大一次会议通过的国务院 27 个部委部长人选中，女

---

① 《国家中长期人才发展规划纲要（2010~2020 年）》，人民出版社 2010 年版。

部长 3 人①，占 11.1%。同年，省级人大、政府、政协领导班子成员中，女干部 106 人，占干部总数的 13.0%，其中，在任省级正职女干部 6 人，占同级干部总数的 6.5%。② 2007 年，我国地（厅）级女干部的比例为 13.7%；县（处）级女干部的比例为 17.7%。③④

第二，企业管理人才。目前还没有全面的统计资料。全国工商联的调查表明，2008 年，女性私营企业家占比近 16%⑤；联合国开发署的数据表明，中国女性企业家为 17%。

第三，专业技术人才。在专业技术人才中，女性的基数较大，但高层人才奇缺。2008 年"第二次全国科技工作者状况调查"显示，从事基础研究的人员中女性占 36%，其中 35 岁及以下的青年女性科技工作者占 41.4%，36 ~ 49 岁的中年人员占 33.0%，50 岁及以上的占 28.2%。但高层拔尖人才女性比例很低，长期徘徊在 5% 左右：2009 年，中科院和工程院两院院士中女性仅占 5.6%⑥。

我国女性人才的发展存在两大特征：一是女性人才自身存在"金字塔"式的发展特征，即随着职业地位等级的提高，女性所占比例减少。二是我国人才性别结构失调，女性人才不足 30%，高层女性人才不足 20%。无疑我国人才性别结构失调，女性人才成长形势严峻。

从国际角度看，联合国计划开发署 1995 年在《人类发展报告》中使用了性别发展指数（GDI）和性别权能指数（GEM），这两个指数既倡导和显示了国际社会致力于推进性别平等的总趋势，也体现各国妇女发展中所面临的种种问题。性别发展指数是通过测定两性预期寿命、受教育程度和实际收入的性别差异来说明一个国家的性别发展状况。性别权能指数则是以两性在就业、专业岗位、管理岗位和议会席位上所占的份额来测量女性在权力上的平等状况。性别权能指数更能够说明女性高层次人才的发展状况。

据测算，1995 年中国的性别发展指数（GDI）排序为世界第 71 位，性别权能指数（GEM）排序为世界第 23 位，显示中国妇女在公共事务参与方面处于世界中上水平。1997 年，性别发展指数提高到 58 位，但性别权能指数排位下降到第 28 位。其后的几年，因各类管理、决策高层中女性比例下降，致使中国的性

---

① 新华社：《国务院 27 个部委新任领导人名单》，新华网，2008 年 3 月 17 日。
② 全国妇联妇女研究所：《妇女研究内参》2008 年第 1 期。
③ 国家统计局人口和社会科技统计司：《中国社会中的女人和男人——事实和数据（2004）》，中国统计出版社 2004 年版；国家统计局和社会科技统计司：《中国妇女儿童状况统计资料》，中国统计出版社 2008 年版。
④ 国务院新闻办公室：《中国性别平等和妇女发展状况》，2005 年 8 月。
⑤ 佟新：《要做得比男人更好》，载于《中国社会科学报（第 012 版）》2010 年 3 月 9 日。
⑥ 根据中国科学院网站和中国工程院网站数据计算得出。

别权能指数（GEM）在世界排序中又有所下降。2002年联合国报告显示，中国的性别发展指数（GDI）排序下降了6名，为64位。2009年联合国的报告显示，中国GEM下降到72位，女性高级法官和高级管理者只占17%，专业和技术人员中女性比例为52%，女性收入为男性收入的0.68，部长级女性只占9%。[①]

上述数据表明：第一，我国两性在经济增长的过程并没有同等地分享到好处。女性，特别是女大学生、女研究生在就业上遇到困难；男女实际收入差距持续拉大；女性进入各类管理和决策层的比例下降。第二，一些国家以更快的速度加大对女性的赋权，以更快的速度实现了两性平等的发展。第三，如果有些国家能够快速提升女性人才的比例，就意味着只要出台相应的公共政策，女性人才是可以脱颖而出的，因为优秀的女性人才已经存在于工作岗位上，只是机会不足。因此，我国缺少的不是女性人才，而是使女性人才脱颖而出的机制和公共政策。《纲要》在"人才发展战略"中指出，2020年"人才素质大幅度提高，结构进一步优化。主要劳动年龄人口受过高等教育的比例达到20%。"2005年，我国入校女大学生比例就占到了33%。相关调查表明，女博士比例达37%[②]。这些女性是未来我国重要的女性人才，只要这些女性人才能够顺利发展则能有效实现我国《纲要》提出的目标。只有将女性人才视为我国人才发展战略中重要的组成部分，才能更加有效地促进女性人才成长的公共政策。

二、推进女性人才成长具有重要的战略意义

大力推进我国女性人才成长具有重要的政治和社会意义，也具有重要的理论意义。从政治的角度看，人才的性别构成或性别失调代表了一个国家的民主化程度；从学术的角度看，意味着对传统意义上的成才理论的挑战。因为已经存在的成才理论仅仅是以男性精英为主体的研究，缺少了女性的经验，对人类重要的另一半——女性的经验和智慧的研究将是填补理论空白的大事情。女性人才研究具有跨学科、跨专业和跨领域的多重价值。它不仅涉及社会学的权力理论、职业发展、公私领域的理论，更涉及各种流派的女权主义理论，它必须将女性学、社会学、政治学、教育学、经济学、管理学等学科相结合，重新来解释女性职业发展中的问题。我国依然是一个男性占据权力和权威的主要位置的社会，只有创新知识才能迎来一个女性人才快速成长的春天。

从政治角度看，女性人才已经是我国重要的人力资源，其高层次人才是妇女

---

① 联合国开发署："Human Development Report（2009）", Gender empowerment measure and its components.
② 博士学位获得者职业取向调查课题组：《博士学位获得者职业取向》，中国科学技术出版社2009年版。

界的杰出代表。一个国家女性高层次人才的规模、结构和发展境况，反映了该国妇女的地位，体现了妇女参与国家政治、经济、社会、科技等各个领域的广度和深度。其次，女性人才发展状况和其潜在规律是衡量一个国家现代化和民主化的程度，因为女性人才的产生方式体现了女性受教育程度、工作机会、发展机会等性别平等状况的结果，是一把衡量社会性别平等状况的重要标尺。最后，女性人才，特别是高层次的女性人才具有重要的社会影响力，她们是广大妇女的旗帜和榜样，是提高妇女社会地位的重要推动力量，是维护妇女合法权益的有力呼吁者。发现女性高层次人才的成长规律，并对其采取相应的鼓励性政策，使更多的女性得以发展，并强化政府政策的性别意识。对女性人才的研究体现了我国对男女平等基本国策的重视，是建设社会主义和谐社会的必要，也是我国人才发展战略的重要组成部分。

从学术角度看，对女性人才的研究具有重要的学术意义。可以提高各类人才研究的理论水平。目前，我国人才研究大致有四种理论视角：一是人才学；二是人力资源理论；三是精英理论；四是领导力理论。

人才学曾经在我国活跃一时，主要研究人才开发、培训、管理、使用和人才成长的规律及其在人才发展实践中的应用。其研究目的是，通过发现人才成长规律来更好地发现、培养、推荐、使用人才。从1979年至1989年底，新华社报道"全国已成立了25个人才研究所和17个专门性的人才研究实体机构，已有100多所大学开设了人才学必修课。"这对当时的年轻人的自我设计具有重要影响。相应的女性人才研究有《女性人才学概论》（叶忠海，1987）和《妇女人才学论稿》（刘翠兰，1990）出版，强调发挥女性潜能和女性成才意识。虽然现在人才学很少提了，但是女性人才的概念还是源自人才学。

20世纪90年代，人才学基本上被人力资源理论所替代，人才研究会也隶属中国人力资源开发研究会，其理论取向更加理论化。人力资源理论有多个层面，有国家层面、组织层面和个人层面。在国家层面，人力资源是与国家能力相关，全民素质和教育水平的提升都会提升国家的人力资源，并为国家的整体发展打下基础。从组织层面看，强调组织通过有效的制度设计将个人的潜能得到最大限度的发挥，并有此提升组织效率。从个人层面看，个人的教育水平和工作经验是累积的过程，它能够为其发展积累资本。对女性人力资源的研究常常关注的是女性人力资源的提升对于下一代人的意义，过多地强调了女性作为母亲的作用。有研究指出，人力资源政策可能无意中妨碍女性的发展。例如，遴选高潜力雇员的内部流程往往把目光集中在28～35岁的经理身上，这样就忽略了那些休产假的、符合条件的女性。① 从女性人才发展的角度，女权主义学者对人力资源理论有不

---

① 欧高敦总编：《女性与领导力》，经济科学出版社2008年版，第21页。

少批判，强调人力资源理论只看到理性的个体，没有看到人所具有的关怀精神以及在关怀工作带来的效益，而这些关怀工作是在生活领域的各个方面，包括家庭、社区、企业和政府，这些工作能够带来重要的经济价值。人力资源理论应更多地看到女性带来的关怀经济，并建立伙伴关系的经济理论。[①] 透过对女性人才成长的研究可以拓展人力资源理论，并建构本土的关怀经济学。

精英理论曾经是社会学研究中的重要内容，近年来多被社会分层理论替代。从国际社会看，一些社会学家关注我国转型社会中的精英生产，这些理论强调党员身份、大学文凭等在市场转型中对社会流动的意义，但这些研究毫无性别视角[②]，似乎精英就是男性，即使有女性精英也是可以忽略不计的。因此，增加对精英女性的研究可以更加深入地理解中国社会流动的机制，也由此能够更有效地理解中国社会性别分层的机制。

女性领导力研究近年来有重要的创新性发展。领导力（leadership）研究认为，领导是一种能力，这些能力包括：问题解决的能力、判断是非的能力和知识的储备量。[③] 越来越多的学者看到，女性拥有更好的与人沟通和合作的能力。在领导力方面，女性有自身的优势。对女性领导力的认识多与全球女权主义运动联系在一起的，在"联合国妇女十年"期间，女性成为国际大会的主要组织者，她们主持大型公共论坛，对社会发展发表见解，对冲突进行协调；同时还有许多女性创办的组织，表现出女性有能力承担传统意义上男性承担的领导角色。

有研究认为，有些女性有意识地以创新的方式担当领导角色，促进了分享的或集体的领导，力行多元化和关怀，而不是等级制（Basu, 1995）。[④] 玫琳凯·艾施女士在全球建立了一支现已拥有180万女性的销售队伍，她在1963年创建了玫琳凯公司，成为美国最伟大的女性企业家之一，资产高达数十亿美元。她在管理上的"黄金法则"不是以竞争法则为基础，而是通过"赞美"和"三明治策略"（夹在两大赞美中的小批评）。所谓的黄金法则是非常简单的原则，源于《圣经》第七章，意思是："你们愿意别人怎样待你们，你们也要怎样待别人。"不管你多忙，你都必须花时间让别人感觉他是重要的。[⑤] 这样的管理法则不是竞争型的，她的领导角色的创新在于从人性出发，对人的需求加以重视。

---

① 理安·艾斯勒著，高铦、汐汐译：《国家的真正财富——创建关怀经济学》（原版2007年），社会科学文献出版社2009年版。

② 边燕杰、吴晓刚、李路路：《社会分层与祥云——国外学者对中国研究的新进展》，中国人民大学出版社2008年版。

③ Northouse, P. G. Leadership: Theory and practice. Thousand Oaks, CA: Sage, 2004.

④ Basu, Amrita. The Challenge of local feminisms: Women's movements in global perspective. Boulder, Col.: Westview, 1995.

⑤ 玫琳凯·艾施：《玫琳凯谈人的管理》，中信出版社2009年版。

近年来，我国学术界越来越明确地认识到人才性别结构失调的严重性，虽然没有形成明确的有关女性人才学、女性人力资源理论、女性精英理论和女性领导力的研究成果，但跨学科研究已有所启动，特别是在女性高层次科技人才、政治人才和管理人才的研究方面取得了丰富成果，但这些成果需要进一步系统化和理论化，并把握我国本土化的女性人才成长规律，将我国经验向世界推广。作为具有社会主义传统、经历了市场经济转型国家的女性人才的经验研究会因其独特性成为国际女性人才发展研究的重要内容。

从长远看，总结女性成才的经验，可以为新一代女性的成长开辟道路，激励女性后备人才更好地成长。时任国务委员、全国妇联主席陈至立指出，近年来，各个领域涌现出大批优秀女性人才，成为各行各业的骨干和中坚，为国家政治、经济、文化和社会的发展和科学技术的创新做出了卓越贡献，是人力资源中不可缺少的组成部分（陈至立，2009）[①]。

三、借助多种力量推动人才性别结构的平衡发展

进入 21 世纪，各国、政府和企业组织越来越清醒地认识到实现人才性别结构的平衡发展是有利于国家、社会和组织发展的。以企业为例，性别多样性除了有助于企业解决人才短缺问题以外，还可以让企业吸引并留住人才以实现其他商业目标。越来越多的企业认识到多样性的重要意义，并意识到种种偏见对决策产生的影响。以摩根大通为例，他们通过培训，在高层团队中致力于留住并晋升女性，建立起了有力的人才通道，2008 年，女性经理在公司经理中的比重达到 48%，在最资深的经理中占到了 27%，而 1996 年这一比例为 19%。[②]

从全球看，目前至少有三种力量推动女性人才的发展，人才性别结构正向均衡状态变化。

第一种力量是全球民主化运动带来的治理民主化，这使更多女性进入政治领域的高层，并显示出不凡的领袖魅力。从世界范围内看，出现了诸多的女性领袖，如德国总理默克尔、美国希拉里、西班牙前任国防大臣卡梅·查孔等。查孔带孕统领西班牙军队，乌克兰前任女总理季莫申科被喻为"带刺的玫瑰"，挪威、芬兰和瑞典等北欧国家成为女性参政率最高的一类国家。在挪威政府的 19 个内阁部长中，有 10 名女性；而瑞典议会中，女性议员的比例达 47%，居欧洲之首。

[①] 陈至立：《在新中国 60 年优秀女性人才社会影响力论坛开幕式上的致辞》，载于《中国妇女报》（第 A01 版）2009 年 12 月 14 日。

[②] 欧高敦总编：《女性与领导力》，经济科学出版社 2008 年版，第 20~21 页。

西班牙政府 17 名内阁成员有 9 名女性；法国政府 15 名内阁成员有 7 名女性。她们的政治活动深深影响着国家政策。

物理学博士出身的德国总理默克尔，当记者问她：为什么办公桌上摆的不是丈夫的照片呢？默克尔回应说"是的，在这种情况下不摆丈夫的照片，而是别人送给我的叶卡捷琳娜女皇肖像，这样可以展示出，在历史上还是有杰出女性存在的。如今政权形式和政治特色已经发生了转变，感谢上帝的是，妇女们越来越在历史上起到重要作用，而不仅仅只是个摆设。"默克尔在 2009 年年中接受女权主义杂志《艾玛》的访问时强调，男女收入差距"确实是个问题"，虽然目前政府还不会介入干预，但"我建议每位做相同的工作却赚得比男同事少的女员工，自信地去找老板要求改变"。她保证，"政治人物也会施加压力。"由于默克尔手下一位女性部长的提案，现在德国的工薪父母可以享受一年的休假去带孩子，还可以拿到原工资 2/3 的薪水。2011 年 1 月 1 日，联合国妇女署正式开始运行，其行动宗旨是与联合国各会员国共同制定衡量性别平等的国际化标准和行动目标，以促进两性平等和增加妇女权能。

第二种力量是对人才、人力资源或精英的学术认知或知识领域的变化，"人才"一词具有了多重含义，打破了传统的"精英""领袖""领导"的局限。传统上，精英、领导是指组织中的高层职位和权力。知识领域的革命在于，平等和民权理念的推广，成为"人才"和具有"领导力"意味着人的一种能力和秉性，是那些具有一定的专业知识或专门技能、具有较高人力资本和素质较高的劳动者。这样的人才观不仅强调创新，更重要的是强调对社会经济发展的推动力量。女性因其成长环境、丰富的人生经验和情感体验，使其在秉性上更具有魅力，其领导风格也成为创新组织环境等重要内容，这推动了对女性人才和领导力的认识。社会学家康奈尔指出，西方社会正在经历一场"性别危机"。其挑战的力量来自三个方面：一是"制度化危机"（crisis of institutionalization），即传统上支持男性权力的制度受到挑战。例如，家庭和国家正在逐步瓦解，离婚、家庭暴力、强奸方面的立法以及税收和养老金等问题，男性支配女性的合法性正在减弱。二是"性关系危机"（crisis of sexuality），异性恋的主导地位在减弱，女性和同性恋的力量在不断增长。三是"利益形成的危机"（crisis of interest formation）。社会利益出现了新的基础，不同于现存的性别秩序，已婚妇女的权力、同性恋运动和男性中反性别歧视的态度等威胁了现有的性别秩序。[1] 这意味着女性作为重要的社会力量，其提供的关怀的价值正变得越来越重要。

---

[1] Connell, R. W. Gender and Power: Society, the Person and Sexual Politics. Cambridge: Polity, 1987; 康纳尔：《男性气质》，中国社会科学出版社 2003 年版。

第三种力量是一批由女性领导的社会组织的实践。在全球女权主义的学术思潮下，一批女性以反传统的精神出现，有意识地以开创性的方式担当领导角色，并积极实践分享型和集体型的领导，用多元的、赞赏的方式而不是等级制的方式进行领导。这种具有实践意义的活动，促使学术界和公共政策关注女性问题，使社会治理向着更为民主的方向发展。

上述三种在全球范围内推进女性人才发展的力量也影响和推动了中国女性人才的产生和国家政策的变化。

回顾历史，毛泽东时代的女性人才发展战略在很大程度上确保了我们人才结构的性别平衡，其相关的思想和制度是建设我们人才性别结构的重要思想库。同时，从代际视角看，毛泽东时代的性别平等观念也深入地影响着当代女性，赋予了女性成才发展更多的自主性和能动性。

可以展望，随着我国民主化程度的提高、不断增长的性别平等意识的公共舆论和各类以平衡人才性别结构的社会行动战略，如性别配额制度，我国人才性别结构失调的状况将会得以改善。

四、推进我国女性人才发展迫切需要研究的理论问题

解决我国人才发展中的性别结构失调问题的关键就是大力推进女性人才发展，这与国家政策、不同类型人才发展规律、女性人才发展的特殊性、女性教育、工作机遇与晋升、个体职业规划、工作和家庭的友好发展等理论问题相关，只有对此进行深入的理论研究才能更好地制定政策和激励女性人才发展。本书以开放的态度提出相关理论应面对的关键性问题。

第一，历史研究。这包括两个方面：一是女性人才发展史，由此理解我国女性人才规模发展的历史过程，这一历史过程是与我国现代化进程和社会主义革命的进程联系在一起的。从早期女性留学和进入高等学府到新中国成立的女干部培养，为女性人才发展积累了重要的资源和基础。二是有关女性人才发展的思想史和政策史。任何社会政策背后都有其思想支撑，女性人才发展的思想涉及思想史中的性别价值观，它与国家的现代化、马克思主义的妇女观和女性人才自身的能动性联系在一起。

第二，国际比较研究。发达资本主义国家、社会主义国家和新兴发展中国家都在女性人才发展方面积累了大量的经验，特别是在公共政策的制定方面的社会实践是我国女性人才发展需要学习和借鉴的。要特别关注相关女性友好型的福利政策；关注亚洲国家女性人才发展政策，因为同属儒家文化圈，其性别文化与公共政策的关系有其共性。

第三，女性人才成长状况和规律的类型学研究。人才是具有不同类型，至少要对企业家和企业管理人才、科研人才、干部和各种公益组织人才等进行研究，发现女性成才的共性和特殊性，关注女性个体能动性、组织的性别环境、个人与家庭以及国家等相互关系。

第四，人才成长规律的性别比较研究，分析两性遇到的机遇和资源状况，以及能动性的状况，包括分析两性人才在政治资源、经济资源、社会关系网络和文化资源等方面的差异，从地位获得机制、个人职业生涯设计、组织的性别环境、自我认同以及政策影响和政策需求方面进行研究。

第五，工作和家庭之平衡关系的研究。这一方面的研究较为复杂，人们常常将其纳入工作的性别比较研究，本书认为，这是两性都将面临的问题，应当更多地从共性出发，寻找相关的政策支持，建立工作和家庭平衡的关系。

第六，以教育为基础，分析两性人才成长的教育规律。特别关注两性大学生的成长，将男女大学生在学习表现、成就动机、参与社会活动等各方面的校园生活进行性别比较，分析大众媒体、校园文化、学校资源分配、教师性别观念与培养方式等诸因素对人才培养的意义。关注两性大学生的人生发展规划，为未来大学生的发展提供可行的帮助。

第七，女性人才成长的方法论研究与讨论。这涉及一系列的知识更新，从女权主义理论出发，创新观念和挖掘我国本土的性别经验，特别是总结现有女性人才成长的经验，从中归纳出我国女性人才成长的知识，并使其具有理论性是非常重要的。

第八，女性人才成长的公共政策研究。要全面评估我国有关女性人才成长的各种政策，国家人才发展战略、各种激励机制和相关政策的效应。以科技人才和行政人才的选拔政策为例，分析已有经验，总结正反两方面的作用，建立起积极的女性人才成长的国家政策。

形成我国均衡的人才性别结构是女性人才成长状况和成才规律研究的最终目标，实现均衡的人才性别结构具有国家战略意义，完善雇用、留住和提升女性员工的方法对于我国人才性别结构的均衡以及我国政治、经济和社会可持续发展意义重大。

对女性高层次人才发展规律及发展对策进行研究具有重要的理论意义和现实意义。第一，女性高层次人才数量的提升是实现我国男女平等基本国策的重要体现。女性高层次人才的规模、结构和发展状况反映国家的妇女地位，体现妇女参与国家政治、经济、社会、科技等各个领域的广度和深度。女性高层次人才的现状反映了我国男女平等得以实现的伟大成就。第二，有利于促进女性人才脱颖而出的公共政策得以有效运行，有利于实现《纲要》提出的"在 2020 年实现人才的分布和层次、类型、性别等结构趋于合理"的目标。第三，女性高层次人才的成长有着各级妇联组织的积极作用，这一研究将有效地促进更多女性人才的成长。第四，女性高层次人才的成功经验和职业发展遇到的问题是一笔重要的财富，为年轻女性的成长开辟道路，激励女性后备人才更好、更多和更快地发展。这一研究有助于分析、呼吁和制定提高妇女政治地位的政策与措施。

第三章

我国女性高层次人才的总体概况

——以人口普查数据为基础的分析

这一章使用2000年和2010年我国全国人口普查的数据资料及相关部委的统计数据资料,揭示我国女性党政负责人、企业负责人及专业技术人员队伍中这三大类型人才的规模、性别年龄结构、职业分布等基本状况,以期能够对女性负责人及专业技术人员群体有一个相对全面和宏观的了解和把握。

各级各类负责人(包括党政机关负责人和企业负责人)和专业技术人员是我国人才队伍中的重要组成部分,也是高层人才最为集中的职业领域。受到社会性别文化的影响,与男性负责人和专业技术人员相比,女性负责人和专业技术人员具有自身的成长特点和群体特征,也面临着一些特殊的问题。认识和掌握女性负责人和专业技术人员群体的数量、结构、分布及其变动特点,对于国家制定相关的人才政策和实施人才培训计划具有现实意义与重要性。但是由于各种主、客观原因,迄今国内对女性负责人和专业技术人员群体的了解仍非常欠缺和薄弱,现有的认知还主要停留在主观、定性和理论层面上,极少数建立在数据基础上的定量分析结果十分零散且整体代表性不足,特别是对女性负责人和专业技术人员群体结构性特征的认识几近空白。

一、女性负责人及专业技术人员总体概况

(一)总体规模和结构

1. 总体规模增长,男女差距缩小

2010年,女性负责人及专业技术人员的总规模为2 819万人左右,占负责人及

专业技术人员总体的 45.8%，分别比 2000 年增长了 659 万人和 1.9 个百分点，高于男性同期 571 万人的增幅。但不同类别的增减不一：其中女性党政负责人约为 69 万人，在 2000 年的基础上减少了 10 万人；而企业负责人规模增长到了 250 万人，比 2000 年增加了 143 万人；专业技术人员总体规模达到了 2 500 万人，比 2000 年增长了 527 万人，略低于同期男性的增幅（550 万人）。2010 年女性专业技术人员的规模比男性多出 109 万人左右，比 2000 年的 132 万人的差距有所减少（见图 3-1）。

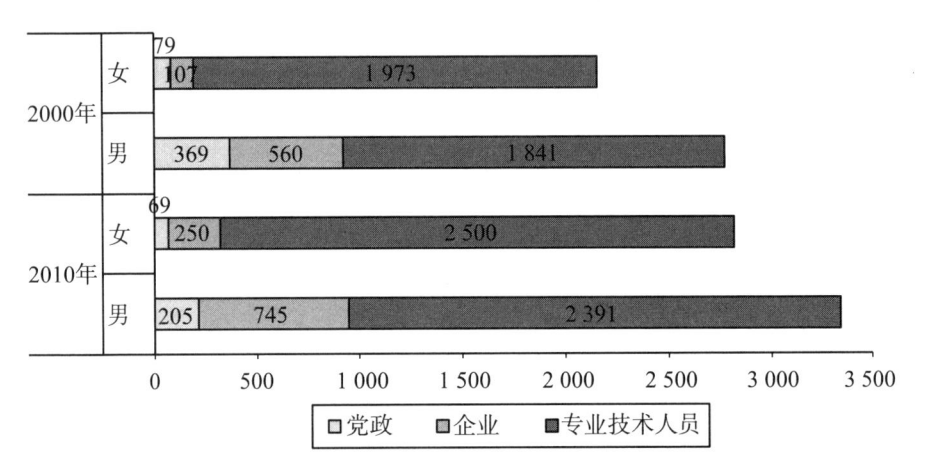

图 3-1　2000 年和 2010 年我国分性别人才规模（万人）

资料来源：国家统计局，第六次人口普查"表 4-7 各地区分性别、职业中类的就业人口"；第五次人口普查"表 4-2 省、自治区、直辖市分性别、按各职业大、中类分的人口"。

2. 专业技术人员占主体，负责人份额增大

2000~2010 年，在女性负责人及专业技术人员队伍中，女性专业技术人员所占比例从 2000 年的 91.3% 降到了 2010 年的 88.7%，对应的女性各级各类负责人的份额在 10 年间增长了 2.7 个百分点；而男性专业技术人员在男性负责人及专业技术人员队伍中的相应比例则是从 2000 年的 66.5% 增长到了 2010 年的 71.6%，男性单位负责人所占份额则缩减了 5.1 个百分点。男女负责人及专业技术人员群体的结构差异有所缩小，但在女性群体中，专业技术人员所占的比例明显高于男性相应比例的格局没有改变。

3. 女性负责人及专业技术人员在专业人口中比例小幅增长

2010 年，女性负责人及专业技术人员占女性专业人口的 8.8%，比 2000 年提高了 1.7 个百分点，略高于男性的相应比例（8.4%）；其中各级各类负责人占 1.0%，专业技术人员占 7.8%，分别比 2000 年的相应比例提高了 0.4 个和 1.3 个百分点；而男性负责人及专业技术人员在男性专业人员中所占比例则较 2000 年提高了 0.9 个百分点，其中各级各类负责人下降了 0.1 个百分点，而专业技术人员上升了 1.0 个百分点。这使得男女负责人及专业技术人员在相应专业人口中所占比例从 2000 年的男高女低，变为 2010 年的女高男低（见图 3-2）。

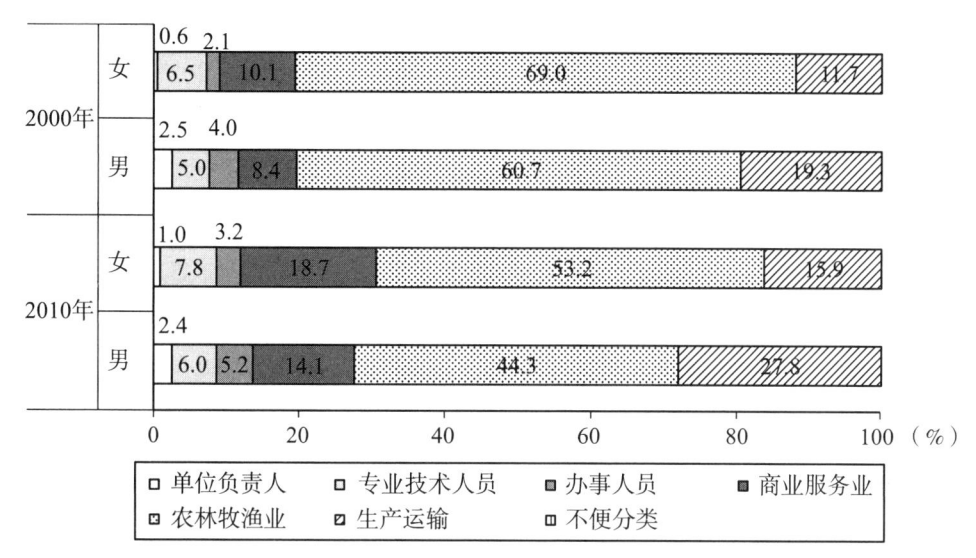

图 3-2　2000 年和 2010 年分性别专业人员的职业分布

资料来源：同图 3-1。

（二）性别结构

负责人女性比例显著提高，专业技术人员女性比例略降。无论是 2000 年还是 2010 年，女性在专业技术人员及商业服务业中所占比例都在 50% 以上，显著高于其他职业类别中的女性比例；而各级各类负责人中的女性比例尽管在这 10 年间有较明显的增长，但依然是所有职业类别中最低的（见图 3-3）。

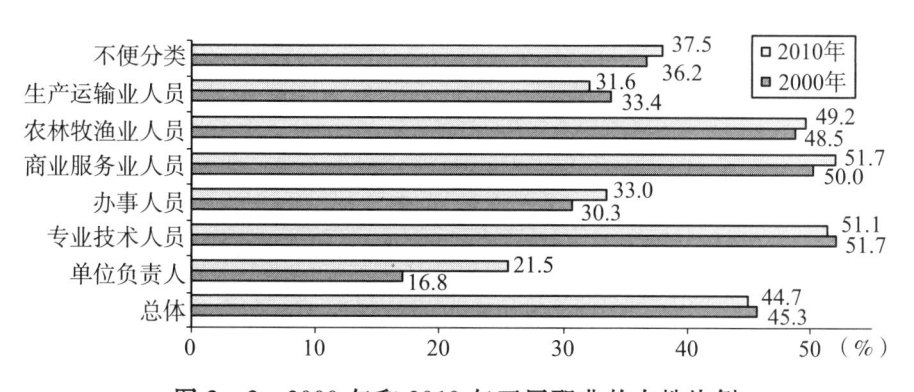

图 3-3　2000 年和 2010 年不同职业的女性比例

资料来源：同图 3-1。

从两个普查年度的数据来看，女性在整个从业人口中所占比例小幅度下降了0.6个百分点，而在不同职业类别中所占比例则呈现出不同的涨跌态势：增幅最明显的是各级各类负责人，10年间增加了8.3个百分点，其次是办事人员提高了2.7个百分点，此外商业服务业人员、农林牧渔业和不便分类的从业者也有小幅提高；而在专业技术人员和生产运输业人员中，女性比例则呈下降的态势，分别下降了0.6个和1.8个百分点。

（三）城乡分布

1. 城市聚集度进一步提高，高于男性及其他职业专业者的相应比例

与2000年相比，2010年我国男女负责人及专业技术人员在城市的聚集程度都有较大幅度的提高，女性负责人及专业技术人员在城市的聚集程度达到了64.3%，接近2/3，10年提高了6.8个百分点；相对男性而言，女性负责人及专业技术人员在城市的聚集程度更高，2010年比男性高出4.9个百分点，但由于男性负责人及专业技术人员10年间在城市的聚集程度提升幅度更大，2010年性别差距有所缩小。相应的女性负责人及专业技术人员在乡村的比例则进一步缩减，2010年为11.7%，比男性同期的相应比例低4.7个百分点，比2000年下降了6.3个百分点；而在镇一级的比例则基本保持稳定，为24.0%，无论与10年前还是与男性的相应比例均变化不大（见图3-4）。

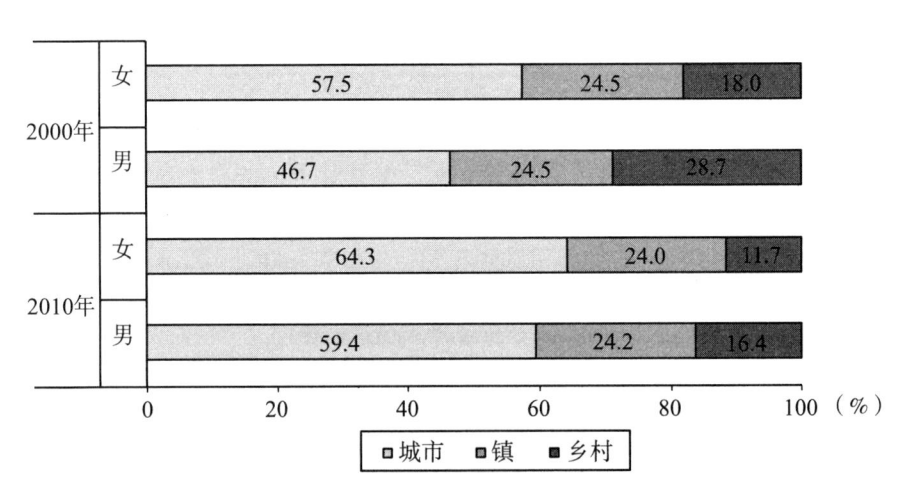

图3-4　2000年和2010年分性别负责人及专业技术人员的城乡分布

资料来源：国家统计局2000年、2010年人口普查数据。

2010年的数据显示，女性负责人及专业技术人员在城市的聚集度远高于其他职业从业者的城市集聚度（见图3-5）。

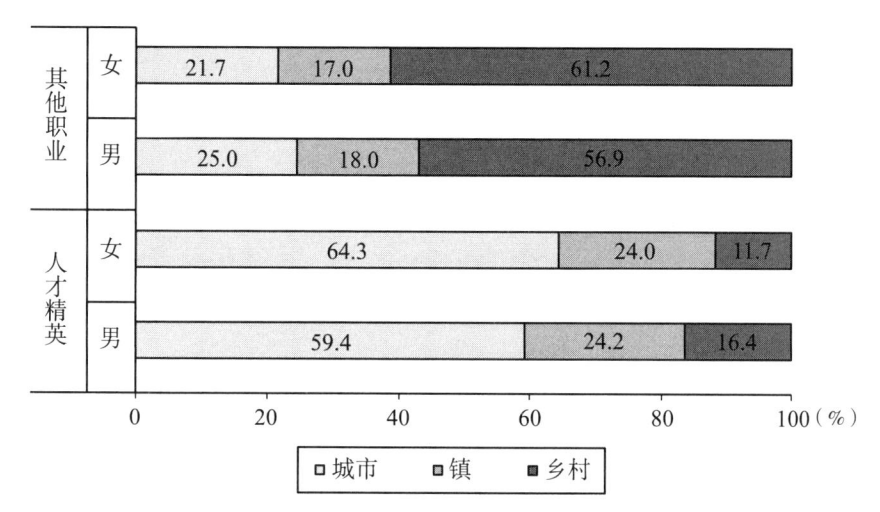

		城市	镇	乡村
其他职业	女	21.7	17.0	61.2
其他职业	男	25.0	18.0	56.9
人才精英	女	64.3	24.0	11.7
人才精英	男	59.4	24.2	16.4

图 3-5　2010 年分性别负责人及专业技术人员与其他职业从业者的城乡分布比较
资料来源：国家统计局 2010 年人口普查数据。

2. 各类女性负责人及专业技术人员在城市的聚集度均高于男性，女企业负责人在城市聚集度最高，党政负责人最低

从三类负责人及专业技术人员的分性别的城乡分布来看，无论哪一类型中，女性负责人及专业技术人员在城市的聚集程度均明显高于同类男性，其中性别差距最大的是党政负责人（8.8 个百分点），企业负责人其次（6.5 个百分点），差距最小的专业技术人员中女性在城市的聚集度也比男性高出 5.1 个百分点。

女企业负责人在城市的聚集程度（72.1）显著高于其他两类女性负责人及专业技术人员，也比男性企业负责人的相应比例高出 6.5 个百分点；相应的女企业负责人在镇及乡村的比例则明显偏低。在女性负责人及专业技术人员中，女党政负责人在城市的聚集程度最低，她们在镇及乡村的比例明显高于其他两类女性负责人及专业技术人员（见图 3-6）。

（四）婚姻状况

未婚率高，有偶率下降，较男性略低。相比 2000 年，2010 年女性负责人及专业技术人员的未婚比例有较明显的增加，有配偶的比例相应有所下降。无论 2000 年还是 2010 年，相对男性负责人而言，女性负责人有配偶的比例均相对较低（见图 3-7）。

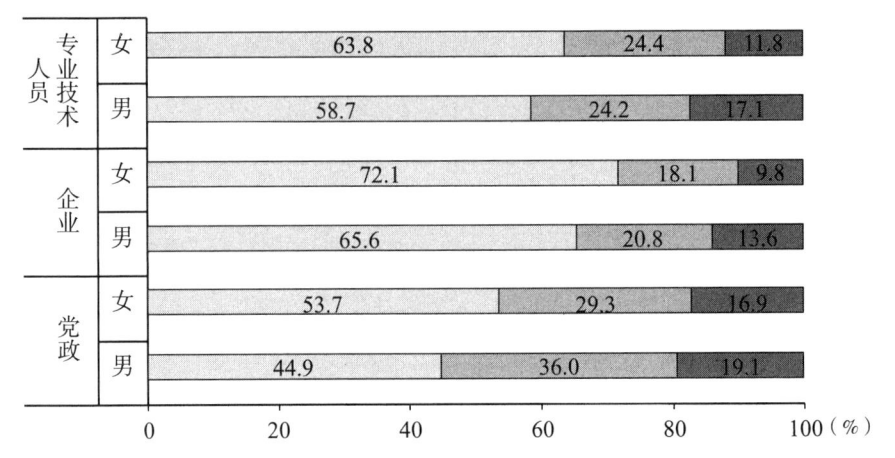

图 3-6　2010 年分性别和类别负责人及专业技术人员的城乡分布

资料来源：国家统计局 2010 年人口普查数据。

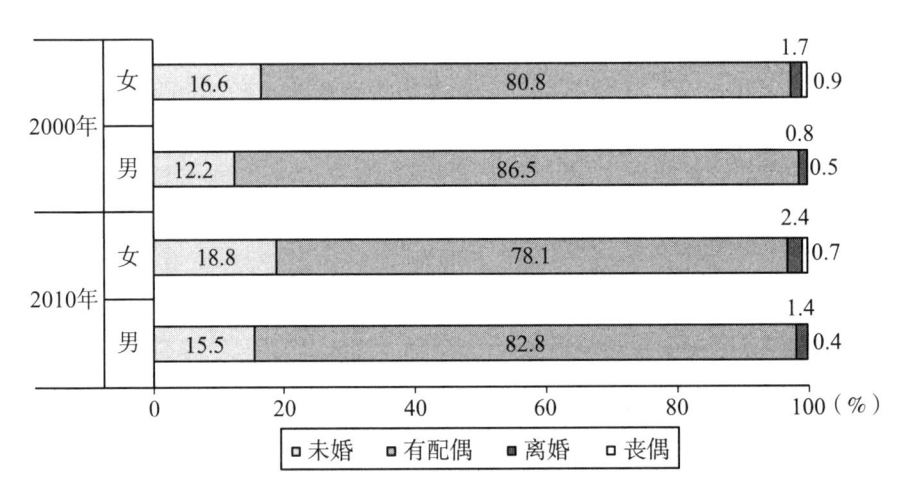

图 3-7　2000 年和 2010 年分性别负责人及专业技术人员的婚姻状况

资料来源：同图 3-1。

从负责人及专业技术人员与从事其他职业专业人口的婚姻状况比较可以看到，女性负责人及专业技术人员的未婚率和离婚率都是最高的（见图 3-8）。这在一方面可能是由于女性负责人及专业技术人员自身素质高、独立性更强、对婚姻有更高的要求等积极的原因所致，同时也在一定程度上折射出了传统文化所强调的"男主外，女主内"性别角色观念的影响，女性负责人及专业技术人员可能面临着比男性负责人及专业技术人员更大的平衡工作与家庭的矛盾和冲突，也反映出社会文化对女性负责人及专业技术人员这类典型的所谓"女强人"缺乏接纳和包容的一面。

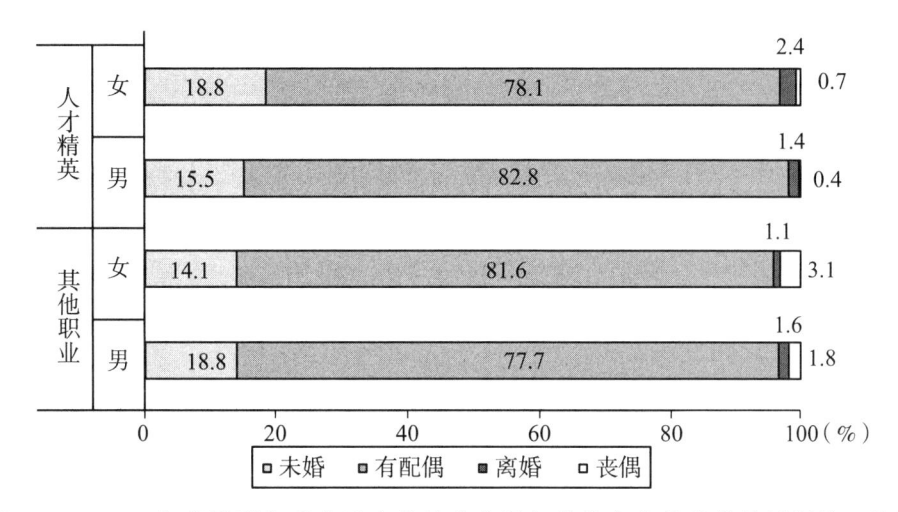

人才精英	女	18.8	78.1	2.4	0.7
	男	15.5	82.8	1.4	0.4
其他职业	女	14.1	81.6	1.1	3.1
	男	18.8	77.7	1.6	1.8

□ 未婚　□ 有配偶　□ 离婚　□ 丧偶

图3-8　2010年分性别负责人及专业技术人员与其他职业从业者的婚姻状况比较

资料来源：同图3-1。

（五）周平均工作时间

周平均工作时间男多女少，负责人偏高、专业技术人员偏低。从业者的周平均工作时间是衡量职业工作强度和劳动负荷的重要指标，受到"男主外，女主内"等传统社会性别观念的影响，女性往往比男性会承担更多的家庭事务，而在工作上的时间分配相对偏少些。我国女性负责人及专业技术人员在工作时间的分配上也同样存在较为显著的男多女少的性别差异。第六次人口普查数据显示，2010年女性负责人的周平均工作时间为47.2小时，显著高于我国女性从业者的平均周工作时间43.6小时，而与男性负责人基本相当，性别差异显著低于总体从业者的性别差异（男性从业者的周平均工作时间为46.4小时，比女性从业者高出2.8小时）。女性专业技术人员的周平均工作时间则相对较少，为42.9小时，低于女性从业者的平均值，比男性同行低1.0小时（见图3-9）。专业技术人员的工作时间相对偏低和灵活，使她们能够更好地平衡工作与家庭，可能也是素质相对较高的女性趋向于在专业技术领域积聚的一个重要原因。

二、女性担任各级各类负责人的状况

（一）总体规模及结构

总体规模增大，企业增幅最高。各级各类负责人作为社会精英，是高层人才的重要组成。2000～2010年的10年间，我国女性担任各级各类负责人的规模有

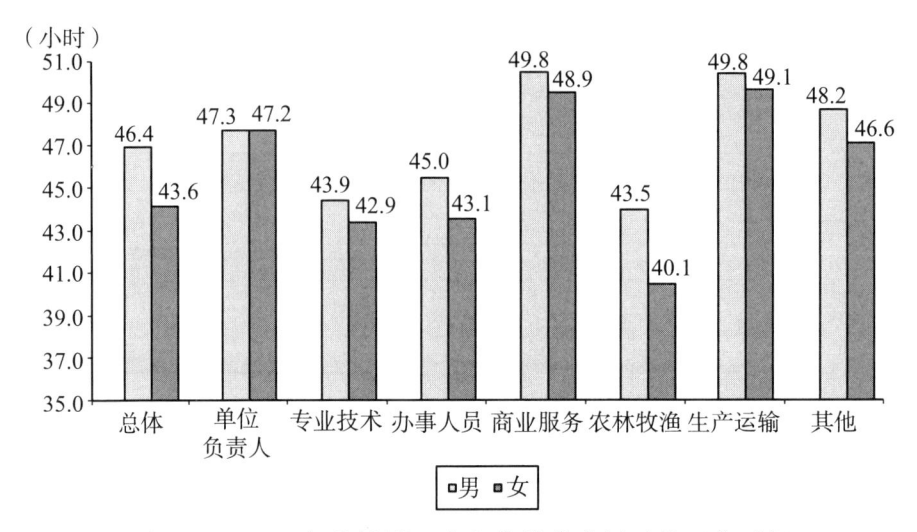

```
（小时）
51.0
49.0   49.8        49.8
       48.9        49.1
47.0  46.4  47.3 47.2              48.2
      43.6               45.0           46.6
45.0         43.9        43.1   43.5
             42.9
43.0
41.0                                    40.1
39.0
37.0
35.0
      总体  单位  专业技术 办事人员 商业服务 农林牧渔 生产运输 其他
            负责人
                      □男 ■女
```

图 3-9　2010 年分性别、分职业从业者周平均工作时间

资料来源：国家统计局，中国 2010 年人口普查资料，据"表 4-13 全国分性别、职业小类、周工作时间的正在工作人口"数据绘制。

了较大的提升。第六次人口普查数据显示，2010 年我国有女性国家机关、党群组织、企业、事业单位负责人 319 万左右，相比 2000 年，10 年间我国女性担任各级各类负责人的规模增长了近 131 多万人，高于男性 21 万人的增长规模，增幅达到 70.6%[①]（见表 3-1）。

表 3-1　2000 年和 2010 年各级各类负责人规模及变化　　单位：万人、%

	2000 年		2010 年		2000~2010 年		增幅	
	男	女	男	女	男	女	男	女
总计	929	187	950	319	21	132	2.3	70.6
各级党组织	48	5	9	2	-39	-3	-81.4	-65.9
国家机关、机构	137	20	85	22	-52	2	-37.8	7.8
民主党派和社会团体	86	33	50	24	-36	-9	-41.6	-26.8
事业	97	21	60	22	-36	0	-37.7	1.8
企业	560	107	745	250	185	142	33.0	132.3

注：人口普查有关就业状况的信息均采集自 10% 的长表抽样样本，本表使用的是长表统计的数据，按 10% 的抽样比例进行了粗略的调整，未考虑数据漏报率，故仅为一个参考。

资料来源：同图 3-1。

---

① 因人口普查分职业的数据信息均为 10% 长表收集的数据，故在推估总体规模时应该在其基础上放大 10 倍。本报告在推估时没有考虑人口普查的漏报率，故仅为一个参考数据。

从表 3-1 可以看到，在 2000~2010 年的 10 年间，女性除了在各级党组织和民主党派和社会团体 2 个领域呈现缩减外，在其他 3 个领域都有不同幅度的增长，其中增幅最大的是在企业；相对而言男性则除了在企业领域有大幅度增长外，在其他的 4 个领域均呈现出较大幅度的缩减。这在一定程度上说明女性精英获得了相对更多的发展空间，2010 年，女性各级各类负责人占女性在业人口的 1.0% 左右，比同年男性的相应比例低 1.4 个百分点，比 2000 年女性的相应比例提高了 0.6 个百分点。

男、女两性在各级各类单位类型中规模的变换也与 10 年间我国社会经济改革所进行的国家党政机关、事业单位结构改革、大幅度裁员等关系密切，更多的精英人才选择进入社会经济发展的第一线，在企业发挥自己的才华。

图 3-10 更为直观地展示出了 2000~2010 年的 10 年间，我国男女各级各类负责人在各类单位分布的结构变化。相比 2000 年，2010 年我国女性各级各类负责人更显著地集中在企业，在其他领域的份额则都呈现出缩小的态势；无论 2000 年还是 2010 年，女性负责人在民主党派和社会团体及事业单位的比例略高于男性，而在各级党组织和国家机关、机构的比例则低于男性。

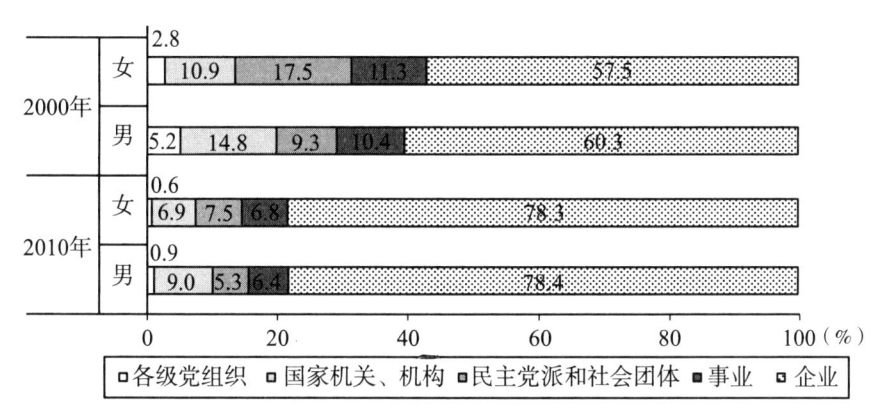

图 3-10　2000 年和 2010 年分性别各级各类负责人的单位类型结构

资料来源：同图 3-1。

（二）性别结构

1. 女性负责人比例均显著提高，进展不一

2010 年女性负责人占各类负责人的 25.1%，在 2000 年的基础上提高了 8.3%（见图 3-11）。从不同单位类型来看，2010 年，女性所占比例从低到高依次为各级党组织（16.5%），国家机关及其工作机构（20.9%），企业（25.1%），事业（26.3%），最高的是民主党派和社会团体，达到了 32.2%。相比 2000 年，各个单位类型的女性负责人比例均有明显的提升，其中提升幅度最大的是企业，达到了 9.0 个百分点，而提升幅度最小的则是原本比例就很高的民主党派和社会团体领域，提高了 4.7 个百分点。从 2000 年和 2010 年各级各类负责人女性比例排序的基本格局没有变化。

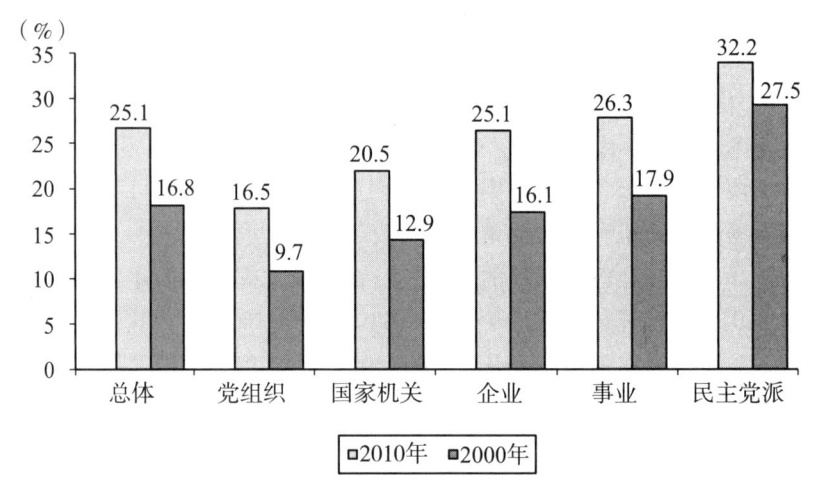

图 3-11　2000 年和 2010 年各类负责人中的女性比例

资料来源：同表 3-1。

处级及以上各级党政领导是我国女性高层次人才的重要组成，客观来看，我国各级党政领导中女性比例长期相对偏低，且级别越高比例越低。但情况也在逐步改善，以 2000~2010 年的这 10 年的变换来看，我国各级党政领导中处级以上干部的女性比例呈稳步小幅提高趋势：相比 2000 年，县/处级干部中的女性比例提高了 1.5 个百分点，地/厅级 2.1 个百分点，省部级 3.0 个百分点（见图 3-12）。

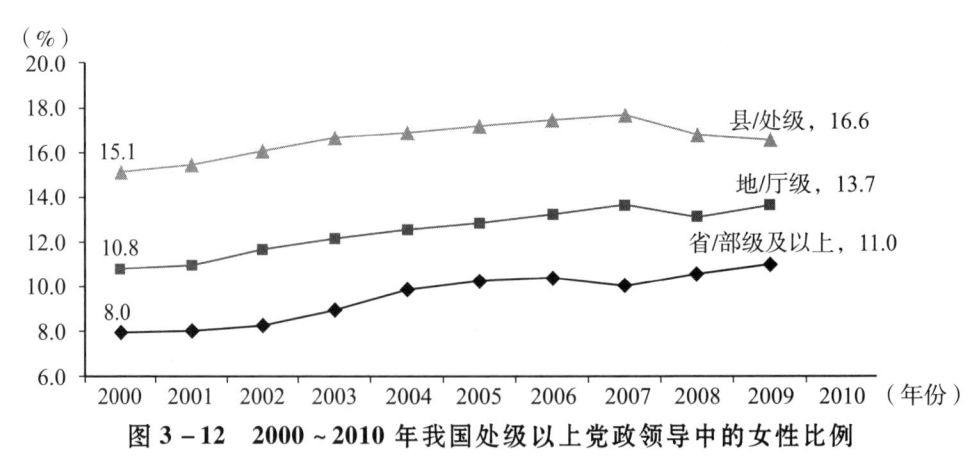

图 3-12　2000~2010 年我国处级以上党政领导中的女性比例

资料来源：国家统计局：中国社会的发展和进步（2011）。

2. 低年龄组女性比例显著高于高年龄组

数据显示，2010 年，各级各类负责人的女性比例呈明显的随年龄增长而逐步下降的走势，且绝大多数年龄段各级各类负责人中的女性比例均高于 2000 年的水平（见图 3-13）。这说明近 10 年间，女性各级各类负责人的成长发展空间比有了一定的改善，但如何推动和激励女性精英继续保持年轻时期的活力和竞争能力，减缓其随年龄增长而逐步被淘汰的概率，依然是一个非常值得引起重视的重要议题。

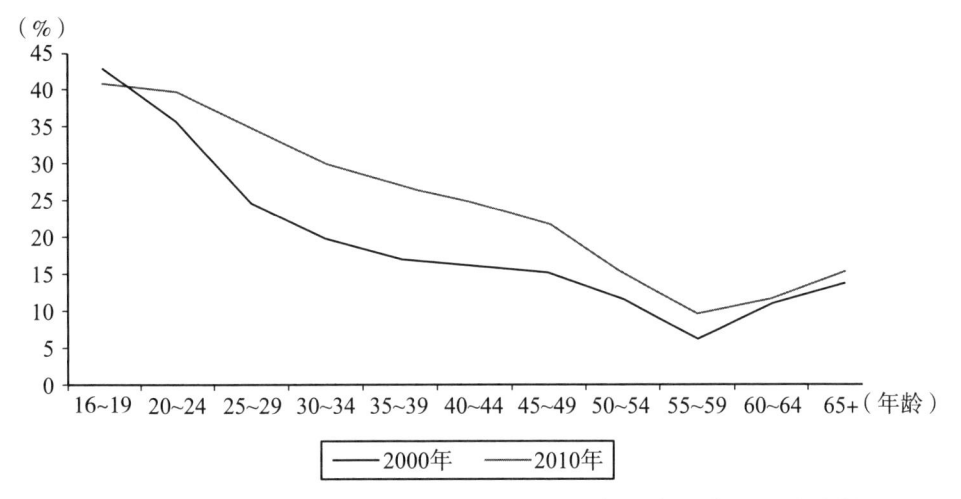

图 3-13　2000 年和 2010 年分年龄各级各类负责人中的女性比例

资料来源：国家统计局 2000 年、2010 年人口普查数据。

从分单位类型的情况来看，也都呈现出明显的女性比例随年龄的提高而下降的走势，且均在 55~59 岁组降到了低谷。其中各级党组织负责人中女性比例在不同年龄组上的差异最突出：在 20~24 岁的群体中，女性所占比例达到了 50.3%，之后一路下滑，在 55~59 岁这一年龄段则降到了 8.3% 的最低，相差 42.1 个百分点；差距最小的是企业，16~19 岁组的女性比例最高到达 40.0%，50~59 岁组最低为 9.5%，相差 30.5 个百分点（见图 3-14）。

（三）平均年龄

年龄趋于年轻化、平均年龄低于男性。2010 年，我国女性各级各类负责人的平均年龄为 38.1 岁，比 2000 年降低了 0.5 岁，而男性各级各类负责人的平均年龄则基本维持在 41.8 岁的水平，女性各级各类负责人的年龄总体较男性年轻 3.7 岁，且男高女低的年龄差异在各个单位类型中均如此（见图 3-15）。

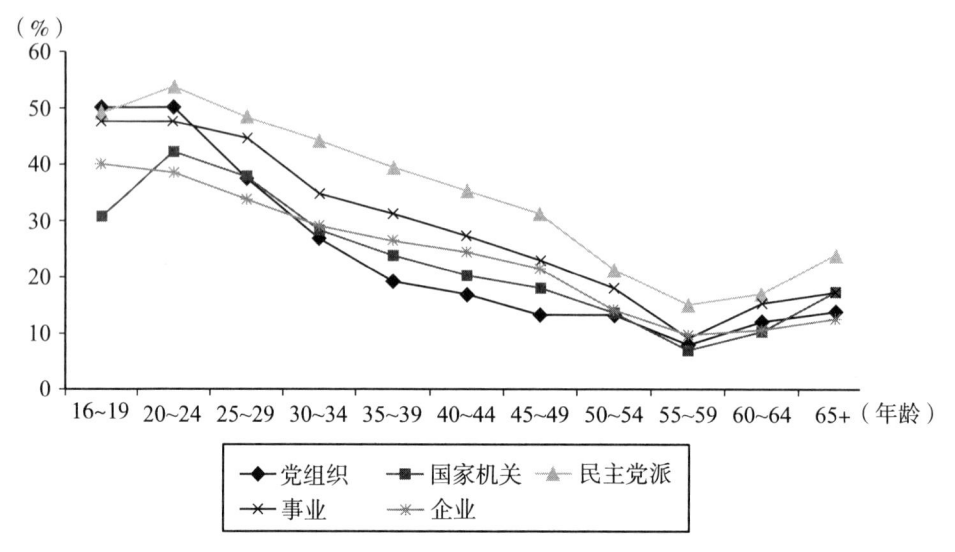

图 3-14 2010 年分年龄、分单位类型负责人中的女性比例

资料来源：国家统计局 2000 年、2010 年人口普查数据。

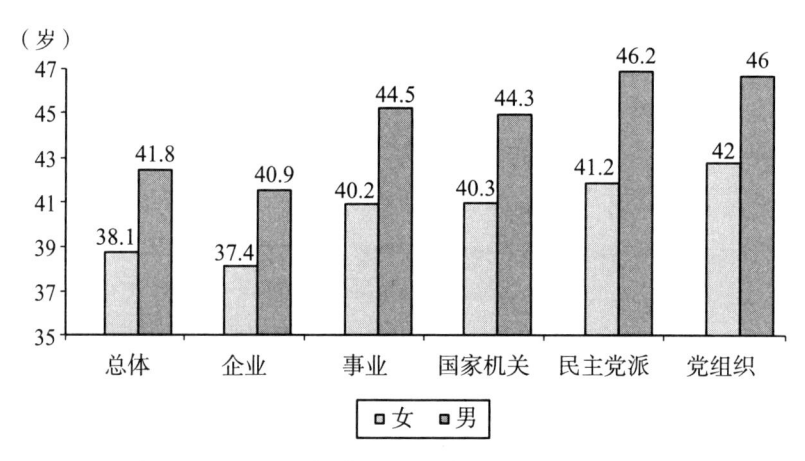

图 3-15 2010 年分性别各类负责人的平均年龄

资料来源：国家统计局 2010 年人口普查数据。

从分单位类型来看，女性企业负责人的平均年龄最低为 37.4 岁，而各级党组织女负责人的平均年龄最高为 42.0 岁。从各级各类负责人男女平均年龄的差异来看，最小的是企业，男性比女性高 3.5 岁，差距最大的是民主党派和社会团体及其机构，男性比女性高出 5.0 岁。

考察男女负责人的年龄分布状况可以看到，女性各级各类负责人无论在哪个年龄段的规模均明显小于同龄的男性，2010 年女性各级各类负责人的峰值出现在 35～39 岁年龄段，比男性早一个年龄组；与 2000 年相比，女性负责人在各个年龄段的规模均呈现出不同幅度的增长，其中 40~44 岁年龄段的增幅最显著。从各级各类负责人的年龄"金字塔"可以看到，无论男女，都在 50 岁上呈现出一个显著的塌陷（见图 3-16），这可能与"文革"对我国精英发展的冲击所导致的人才中断有关，同时对女性而言，还在一定程度上受到比男性早 5 年退休的退休政策等的影响有关，这使得 50 岁及以上年龄段的女性负责人规模急剧缩减。

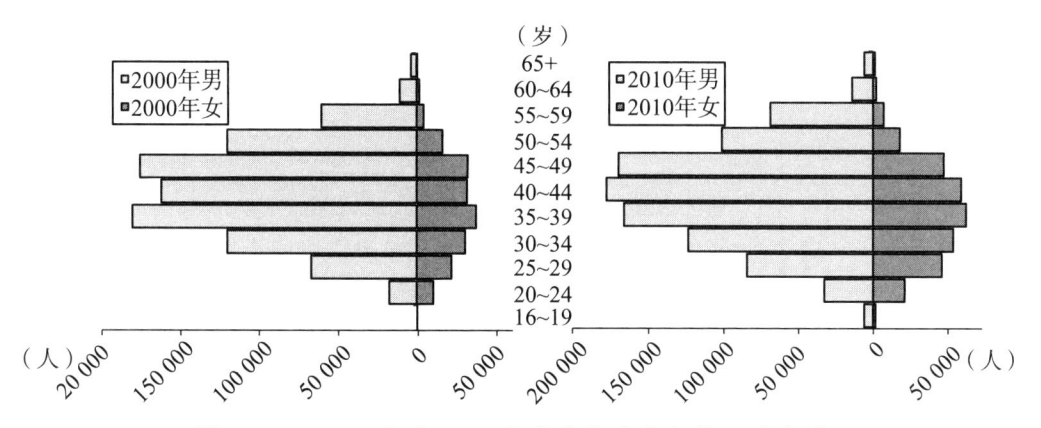

图 3-16 2000 年和 2010 年单位负责人年龄"金字塔"

资料来源：国家统计局 2000 年、2010 年人口普查数据。

（四）婚姻状况

女性有偶率偏低、面临更多平衡工作和家庭的矛盾冲突。相比 2000 年，2010 年各级各类女性负责人的未婚比例有明显增加，有配偶的比例相应下降。无论是 2000 年还是 2010 年，相对男性负责人而言，女性负责人有配偶的比例均相对较低（见图 3-17）。这反映出传统文化强调的"男主外，女主内"性别角色观念的影响，女性负责人可能面临着比男性负责人更大的工作与家庭的矛盾和冲突，也反映出社会文化对女性负责人这类典型的所谓"女强人"缺乏接纳和包容的一面。

（五）周平均工作时间

周平均工作时间性别差异相对较小，女企业负责人显著偏高。从分类型的情况来看，女性企业负责人的周平均工作时间最长，为 48.7 小时，略高于男性企业负责人；而各级国家机关及其工作机构女性负责人的周平均工作时间最短，为 41.4 小时，其他各个单位类型的周平均工作时间都在 42.0 小时左右，略低于全国女性从业者的周平均劳动时间。周平均工作时间性别差异最大的是民主党派和社会团体及其机构，男性比女性高出 2.3 小时，其次是各级党组织为 1.1 小时，性别差异最小的是事业单位负责人，男性仅比女性多出 0.1 小时（见图 3-18）。

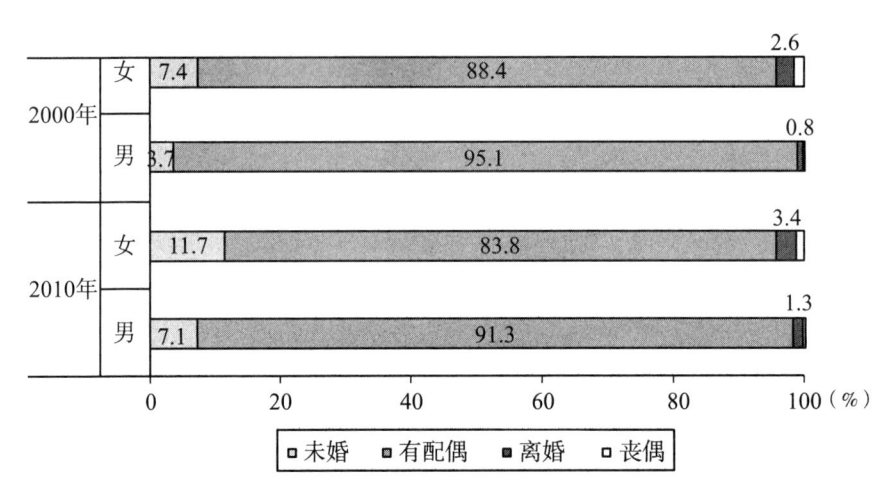

```
          2.6
女  7.4    88.4
2000年
男  3.7    95.1    0.8

女  11.7   83.8    3.4
2010年
男  7.1    91.3    1.3

   0    20    40    60    80   100(%)
        □未婚 ■有配偶 ■离婚 □丧偶
```

图 3-17　2000 年和 2010 年分性别负责人婚姻状况

资料来源：国家统计局 2000 年、2010 年人口普查数据。

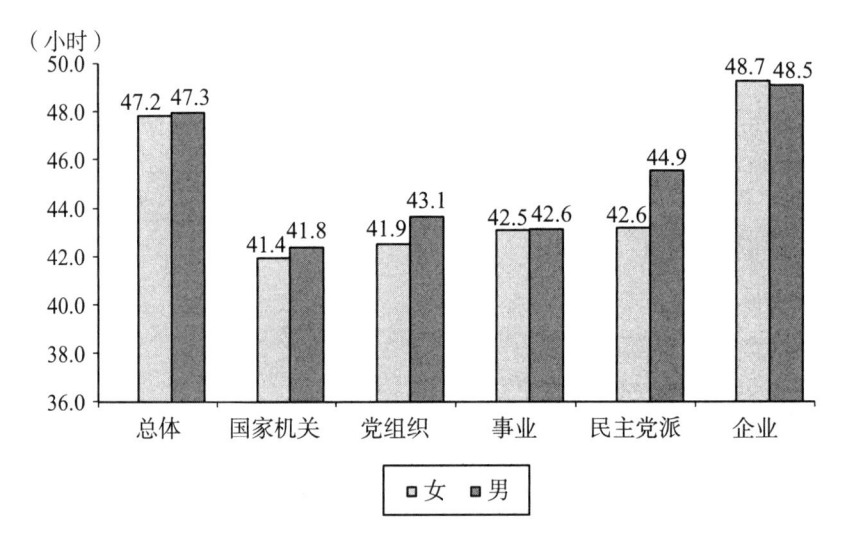

```
(小时)
50.0
       47.2 47.3                              48.7 48.5
48.0
                              43.1      44.9
46.0                 41.4 41.8    41.9    42.5 42.6  42.6
44.0
42.0
40.0
38.0
36.0
      总体   国家机关  党组织   事业   民主党派  企业
              □女 ■男
```

图 3-18　2010 年分性别单位负责人周平均工作时间

资料来源：同图 3-4。

三、女性专业技术人员

(一) 规模及增幅

2010 年我国各类女性专业技术人员总规模为 2 500 万人左右，比 2000 年增长了 527 万人左右，增幅为 26.7%，略低于同期男性 550 万人的增长规模和

29.9%的增幅。但2010年女性专业技术人员的总规模依然比男性多出108.9万人左右,相比2000年的132.0万人的差距有所减少。

2000~2010年的10年间,女性专业技术人员在各个领域均呈现出不同幅度的增长,其中增长规模最高的是工程技术人员和教学人员,分别达到了131万人和130万人,其次是金融业务人员和卫生技术人员,分别增长了87万人和82万人,同时这些领域除工程技术外,也是女性专业技术人员相对聚集的领域。

从不同领域的增幅来看,除其他专业技术人员外,10年间增幅最高的是原来女性专业技术人员很少进入的飞机和船舶技术领域,这一领域的增幅达到了204.9%,其次是文艺工作(144.8%)和工程技术(111.6%),此外金融业务及科研领域的增幅也非常突出,分别达到了97.1%和90.5%,增幅相对较小的是经济业务和文化工作两个领域,仅为4.7%和9.0%(见表3-2)。

表3-2　　2000年和2010年分性别各类专业技术人员规模及变化

单位:万人、%

	2000年		2010年		2000~2010年		增幅	
	男	女	男	女	男	女	男	女
总体	1 841	1 973	2 391	2 500	550	527	29.9	26.7
科学研究人员	17	10	29	20	12	9	68.4	90.5
工程技术人员	369	118	790	249	421	131	114.2	111.6
农业技术人员	42	15	41	24	0	9	-0.5	63.2
飞机和船舶技术人员	10	1	12	3	2	2	22.0	204.9
卫生技术人员	243	335	262	416	19	82	8.0	24.4
经济业务人员	317	629	275	658	-42	30	-13.2	4.7
金融业务人员	96	90	170	177	74	87	77.3	97.1
法律专业人员	37	13	42	21	5	8	13.3	65.6
教学人员	631	695	621	825	-10	130	-1.6	18.7
文艺工作人员	28	17	67	41	39	24	137.4	144.8
体育工作人员	3	1	3	1	0	0	2.3	16.7
文化工作人员	33	44	40	48	7	4	22.0	9.0
宗教职业者	9	2	10	3	1	1	10.9	28.2
其他专业技术人员	7	3	28	12	22	8	333.5	244.7

资料来源:同图3-1。

2000~2010年间男性专业技术人员在不同领域的增长变化情况与女性专业技术人员存在较大差异：男性专业技术人的增长更突出地集中在工程技术领域，10年间增加了421万人，增幅高达114.2%；同时除在工程技术、文化工作和其他专业技术人员领域的增幅略高于女性外，男性在其他领域的增幅均明显低于女性，并且男性在经济业务和教学人员两个领域呈现出负增长的情况。

（二）职业结构

职业是社会分层的重要指标，而某一从业人员群体的职业结构是反映这一群体社会地位特别是就业质量和层次的重要风向标。专业技术人员作为一个整体在我国的社会分层中处于中间的位置，但在各个不同专业技术领域之间也存在社会资源及发展空间等的差异。社会性别文化和制度对男女两性社会角色和地位的不同价值期望，往往会导致男女两性分别在特定的一些职业领域中的集中化，而形成的单一性别在某职业中占主体的现象，形成所谓的"男性工作"或"女性工作"，这也就是通常所说的职业性别隔离，一旦这样的职业性别隔离被制度或社会所强化，而男女平等又还依然是一种社会理想而非现实的情况下，往往会导致"女性工作"的价值被严重低估的社会现象，这是不利于社会的和谐和男女平等的实现的。

2000~2010年间，男女专业技术人员在不同领域规模变动的差异也导致了男女专业技术人员队伍的职业结构相应的有所改变。我们分别计算了2000年和2010年男性和女性专业技术人员在各专业技术领域的从业比例，以此来衡量男女专业技术人员的职业聚集程度，并按从高到低的方式对其进行排序比较，以揭示2000~2010年间男女专业技术人员在职业结构分布上的变动特点（见表3-3）。

表3-3　2000年和2010年分性别专业技术人员职业结构比较

	女				男			
	2000年		2010年		2000年		2010年	
	%	排序	%	排序	%	排序	%	排序
教学人员	35.2	1	33.0	1	34.3	1	26.0	2
经济业务人员	31.9	2	26.3	2	17.2	3	11.5	3
卫生技术人员	17.0	3	16.7	3	13.2	4	11.0	4
工程技术人员	6.0	4	9.9	4	20.0	2	33.0	1

续表

	女				男			
	2000年		2010年		2000年		2010年	
	%	排序	%	排序	%	排序	%	排序
金融业务人员	4.6	5	7.1	5	5.2	5	7.1	5
文化工作人员	2.3	6	1.9	6	1.8	8	1.7	9
文艺工作人员	0.9	7	1.7	7	1.5	9	2.8	6
农业技术人员	0.8	8	1.0	8	2.3	6	1.7	8
法律专业人员	0.6	9	0.8	9	2.0	7	1.8	7
科学研究人员	0.5	10	0.8	10	0.9	10	1.2	10
其他专业技术人员	0.2	11	0.5	11	0.4	13	1.2	11
飞机和船舶技术人员	0.1	14	0.1	12	0.6	11	0.5	12
宗教职业者	0.1	12	0.1	13	0.5	12	0.4	13
体育工作人员	0.1	13	0.1	14	0.2	14	0.1	14

资料来源：同图3-1。

1. 整体分布格局稳定

从两个普查年份的职业构成看，女性专业技术人员的职业结构总体上相对稳定，各领域份额的排序没有大的变动和调整，相对2000年各领域的分布格局，2010年女性专业技术人员在14个专业技术领域份额的排序仅在飞机和船舶技术人员、宗教职业者和体育工作人员这三个排名最后的领域有小幅的调整，其他均保持2000年的排序格局。相对而言，男性专业技术人员在10年间的职业分布格局变动则要剧烈得多，2000年排名第一是教学人员，而2010年则是工程技术人员遥遥领先，教学人员降到了第二，在14个领域中，除经济业务人员、卫生技术人员、金融业务人员、农业技术人员和科学研究人员这5个领域的排序与2000年一致外，其他9个领域均有不同程度的调整。

2. 职业聚集程度较高，程度有所下降，职业分布趋于分散化

教学、经济业务和卫生技术是女性专业技术人员高度聚集的三个领域，2010年在这三个领域分别聚集了33.0%、26.3%和16.7%的女性专业技术人员，占总体的76.0%，较2000年的84.1%下降了8.1个百分点，且这三个领域的聚集程度均有不同程度的下降。相对而言，2010年，男性专业技术人员则相对集中在工程技术（33.0%）、教学（26.0%）、经济业务（11.5%）和卫生技术（11.0%）这四个领域，与2000年相比，男性专业技术人员在工程技术领域的聚集度大幅度提高，而其他三个领域的聚集度则呈下降的态势。

与2000年相比，除了上述三个领域及文化工作领域这四个领域的聚集有所下降外,女性专业技术人员在工程技术、金融业务等八个领域的份额有不同程度的增长,显示出女性专业技术人员职业分布的空间有逐步扩展的态势。相对而言,男性专业技术人员的职业分布相对分散些,聚集度要略低于女性。与2000年相比,男性专业技术人员的职业分布也呈现出进一步分散的态势,他们在工程技术等五个领域的聚集度有不同程度的提高,同时在教育、经济业务等七个领域则相应有所降低。

(三) 性别结构

对不同职业领域中女性从业人员所占比例,也即职业的性别结构的分析,是衡量不同职业性别隔离状况的一个常用指标。女性在某一职业领域所占比例过高或过低,都意味着该职业存在不同性质/方向的性别隔离状况,意味着在该领域可能存在一些妨碍男性或女性平等就业的机制或阻碍,职业领域的性别隔离也可以折射出男女在社会资源分享上的差异,是洞悉男女社会参与状况的一个重要指标。同样基于2000年和2010年人口普查数据提供数据资料,我们对专业技术人员在不同职业领域的性别结构进行比较,以揭示出这10年间男女专业技术人员在不同职业领域的性别隔离状况及变化特点;同时也考察了女性专业技术人员所占比例的年龄分布特点,了解不同年龄阶段的女性专业技术人员群体的发展空间情况,以期能为进一步改善这一领域的性别平等提供客观的信息。

1. 总体的性别结构趋于平衡,11类职业的女性比例提高

从表3-4的数据来看,2010年我国专业技术人员的女性比例为51.1%,比2000年下降了0.6个百分点,性别结构总体更趋于平衡。这主要是女性专业技术人员在工程技术和其他专业技术领域的增幅显著低于男性,致使这10年间女性专业人员的总体增幅小于男性所致。相比2000年,经济业务等11个职业领域女性从业人员所占比例有不同程度的提高,增幅最大的是飞机和船舶专业(11.6个百分点)和农业技术(10.6个百分点)两个职业,法律专业也提高了7.9个百分点,增幅也颇为可观;仅在文化工作、工程技术和其他专业技术三个领域女性从业人员所占比例有所下降。

表3-4　　2000年和2010年各类专业技术人员的女性比例及排序

	2000年		2010年		2000~2010年	
	%	排序	%	排序	%	排序
总体	51.7		51.1		-0.6	
经济业务人员	66.5	1	70.5	1	4.0	0
卫生技术人员	58.0	2	61.4	2	3.4	0

续表

	2000 年		2010 年		2000~2010 年	
	%	排序	%	排序	%	排序
教学人员	52.4	4	57.1	3	4.7	-1
文化工作人员	57.4	3	54.6	4	-2.8	1
金融业务人员	48.4	5	51.1	5	2.6	0
科学研究人员	37.0	7	39.9	6	2.9	-1
文艺工作人员	37.6	6	38.3	7	0.7	1
农业技术人员	26.3	10	36.9	8	10.6	-2
法律专业人员	25.6	11	33.5	9	7.9	-2
体育工作人员	30.5	9	33.4	10	2.9	1
其他专业技术人员	34.5	8	29.6	11	-5.0	3
工程技术人员	24.2	12	23.9	12	-0.2	0
宗教职业者	20.8	13	23.2	13	2.5	0
飞机和船舶技术人员	9.8	14	21.4	14	11.6	0

资料来源：根据国家统计局：2000 年、2010 年人口普查数据资料计算。

2. 9 个职业的性别隔离状态有所改善

以某一职业中男女两性的参与机会趋向平等作为其性别隔离状态改善的核心表征，则在 2010 年，在专业技术人员从业的 14 类职业中，有 9 个职业的性别隔离状况相比 2000 年有所改善。其中包括 8 个是在 2000 年时女性从业人员比例低于 50% 的领域，金融业务、科学研究、文艺工作、农业技术、法律专业、体育工作、宗教职业及飞机和船舶技术，这些领域的女性从业人员比例在 2010 年有了不同程度的增加，这意味着女性在这些领域获得了相对更多的参与机会和发展空间。与此同时，在文化工作领域中 2000 年女性比例高达 57.4%，在 2010 年降到了 54.6%，也意味着男性在这个领域的发展空间和机会得到了一定程度的开展，这一职业的性别隔离程度也有所改善。

3. 5 个职业的性别隔离进一步加深，其中 3 个为女性优势职业

相比 2000 年，经济业务、卫生技术、教学、工程技术和其他专业技术这 5 个职业领域的性别隔离状况进一步加深，其中经济业务、卫生技术、教学这 3 个女性从业人员比例在 2000 年就超过 50% 的所谓的女性优势职业中，2010 年分别达到了 70.5%、61.4% 和 57.1%，女性在这些领域的绝对主导地位进一步强化，男性专业技术人员在这些领域的参与进一步缩减；而在工程技术和其他专业技术中，则是男性的主导地位被进一步强化，女性的参与机会进一步被压缩。

4. 女性比例随年龄增长而下降，50岁后下降幅度加剧

我国低年龄组的专业技术人员队伍中的女性比例显著高于高年龄组的相应比例，女性专业技术人员所占比例的分布呈现出明显的随年龄增长而下降的特点，从总体来看，50岁后下降的幅度明显增大，55岁达到谷底（见图3-19）。数据显示，2000年和2010年，我国女性专业技术人员所占比例在大多数年龄段的分布状况高度一致性，相对而言，2010年我国50岁以上专业技术人员队伍中的女性比例较2000年有小幅提高。

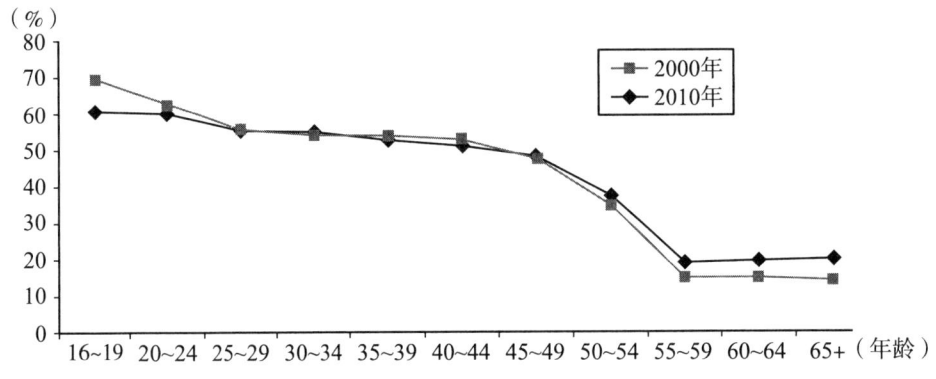

图3-19　2000年和2010年分年龄专业技术人员中的女性比例

资料来源：同图3-1。

我们选取了专业技术人员聚集最高的5个职业来观察其中女性专业技术人员比例与年龄分布的特点。从图3-20中可以看到，在这5类职业中无一例外的，低年龄组的女性专业技术人员的比例均显著高于高年龄组的女性比例，女性专业技术人员在各领域中的比例均呈现出随年龄组的增长而下降的特点，且均在55~59岁组降到最低。其中教学、经济业务和卫生技术是女性专业技术人员高度集聚的3类职业，在50岁以前这些职业领域中女性所占比例均在50%以上，且相对而言，经济业务领域女性比例随年龄增长而下降的势头相对和缓，而教学领域女性比例随年龄增长而下降的幅度则相对最大（见图3-20）。

女性专业技术人员所占比例随年龄增长而下降的这一分布特点，在一定程度上映射出女性专业技术人员在其职业领域的发展空间随着年龄增长而逐步缩小的残酷现实，也意味着随着年龄的增长，女性专业技术人员在各自职业领域的流逝率要显著高于同龄的男性同行，且这一特点在任何一个职业领域都同样存在，只是流逝或减少的幅度有所差异。

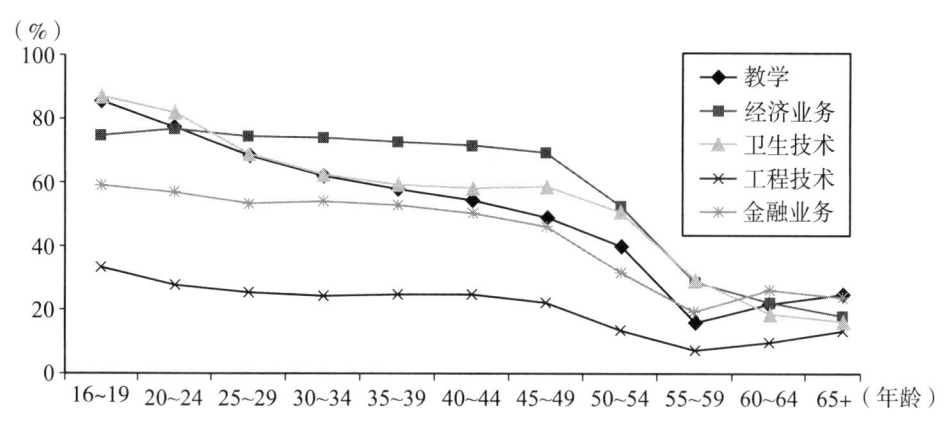

图 3-20　2010 年分年龄、分职业专业技术人员中的女性比例

资料来源：同图 3-1。

(四) 年龄分布状况

1. 平均年龄较低，趋于成熟化

2010 年我国女性专业技术人员的平均年龄仅为 35.4 岁，较各级各类女性单位负责人的平均年龄低 2.7 岁，是一个相对年轻的人才队伍。与 2000 年 34.1 岁的平均年龄相比，2010 年我国女性专业技术人员队伍平均年龄提高了 1.4 岁，相对更为成熟。而 2010 年，我国男性专业技术人员的平均年龄为 38.6 岁，较 2000 年提高了 0.6 岁；男性比女性高出 3.2 岁，性别差距较 2000 年的 3.9 岁有所下降。

2. 男高女低格局为主，各领域相差程度不同

除在宗教工作人员中是女性的平均年龄高于男性外，在其他 13 个领域均是男高女低的年龄差异格局。女性文艺工作者的平均年龄最低为 31.0 岁，宗教职业者的平均年龄最高为 44.1 岁。从各领域专业技术人员男女平均年龄的差异来看，工程技术、金融业务和科研工作领域相对最小，为 2.1 岁；而飞机和船舶技术 (6.2 岁)、卫生技术 (5.8 岁)、法律业务 (5.7 岁) 和教学领域 (5.2 岁) 男女的平均年龄差异均相对较大 (见表 3-5)。

表 3-5　　2010 年分性别、分领域专业技术人员的平均年龄　　单位：岁

	男	女	男—女
总体	38.6	35.4	3.2
文艺工作人员	33.5	31.0	2.5
体育工作人员	35.9	33.5	2.4
飞机和船舶技术人员	39.6	33.5	6.2
其他专业技术人员	36.3	33.9	3.3

续表

	男	女	男—女
工程技术人员	36.2	34.1	2.1
文化工作人员	37.5	34.2	3.3
金融业务人员	37.2	35.1	2.1
法律业务人员	41.0	35.3	5.7
卫生技术人员	41.2	35.4	5.8
经济业务人员	39.3	35.7	3.5
教学人员	41.0	35.8	5.2
科研工作人员	39.8	37.7	2.1
农业技术人员	43.0	40.6	2.4
宗教职业者	39.8	44.1	-4.3

资料来源：根据国家统计局：中国2010人口普查数据资料计算。

对比2000年和2010年专业技术人员的年龄"金字塔"形态可以看到，2010年，男女专业技术人员在25岁以上各年龄段均有不同程度的扩张，2010年的专业技术人员的人口年龄"金字塔"形状较2000年更为饱满，其中女性专业技术人员在35～49岁之间的增幅最为突出。相对男性专业技术人员的年龄分布来看，女性专业技术人员更多分布在偏低的年龄、"金字塔"斜边的坡度相对也更和缓，说明女性专业技术人随年龄增长递减的速度要比男性更快、幅度更大（见图3-21）。与单位负责人的"金字塔"类似，在专业技术人员队伍中无论男女，都在50岁上呈现出一个显著的塌陷，这可能与"文革"对我国精英发展的冲击所导致的人才中断有关，同时对女性而言，还在一定程度上受到比男性早5年退休的退休政策等的影响有关，这使得50岁及以上年龄段的女性专业技术人员规模急剧缩减。

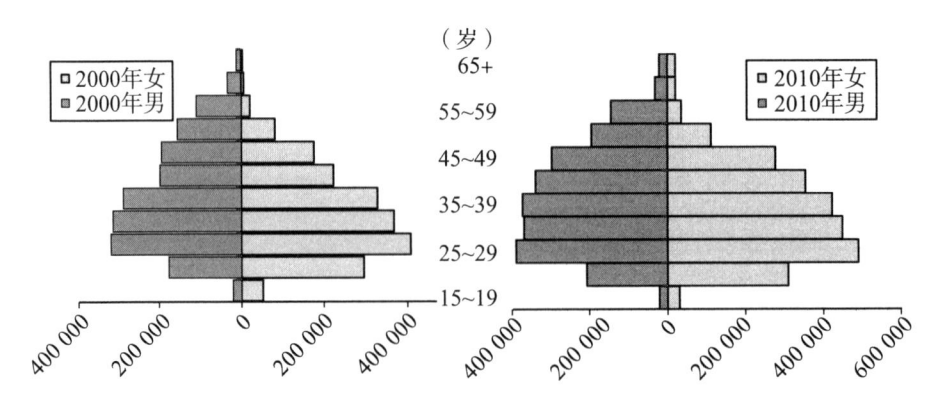

图3-21 2000年和2010年专业技术人员年龄"金字塔"

资料来源：同图3-1。

(五) 婚姻状况

2010 年，女性专业技术人员中有 19.7% 的人处于未婚状态，比 2000 年提高了 2.3 个百分点，略高于男性同行 0.9 个百分点；女性专业技术人员离婚的比例也比 2000 年上升了 0.7 个百分点，也略高于男性的相应比例；相应的女性专业技术人员有配偶的比例较 2000 年下降了 2.9 个百分点，低于男性 2.1 个百分点；2010 年，相比女性单位负责人而言，女性专业技术人员的未婚比例更高，这与这一人才队伍的年龄结构相对更年轻有关（见图 3-22）。

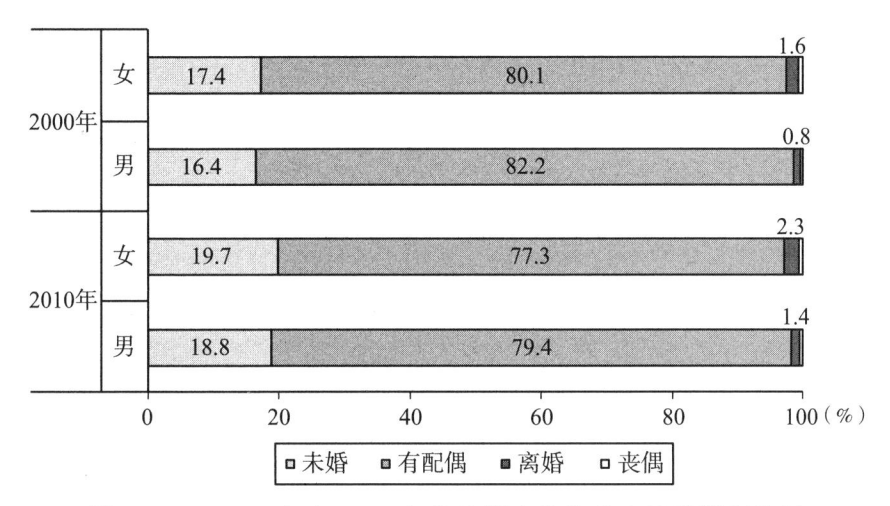

	未婚	有配偶	离婚	丧偶
2000年 女	17.4	80.1		1.6
2000年 男	16.4	82.2		0.8
2010年 女	19.7	77.3		2.3
2010年 男	18.8	79.4		1.4

图 3-22 2000 年和 2010 年分性别专业技术人员的婚姻状况

资料来源：国家统计局：1990 年、2000 年人口普查数据。

男女专业技术人员的婚姻状态结构与单位负责人呈现出相似的变化特点。这在一定程度上折射出了传统文化所强调的"男主外，女主内"性别角色观念的影响，女性专业技术人员可能面临着比男性同行更大的平衡工作与家庭的矛盾和冲突。

(六) 周工作时间

2010 年我国女性专业技术人员的周平均工作时间为 42.9 小时，比男性同行低 1 个小时，显著低于女性单位负责人 (47.8 小时)，也低于女性从业者的周平均工作时间 (43.6 小时)。相对单位负责人而言，专业技术人员周平均工作时间的相比差距更为明显，在所有的职业分类中，均是呈现男性每周工作时间高于女性的格局（见表 3-6）。

表 3-6　　　　　分性别专业技术人员周平均工作时间　　　　单位：小时

	女	男	男—女
总体	42.9	43.9	1.0
飞机和船舶技术人员	45.4	48.8	3.4
其他专业技术人员	45.4	46.6	1.2
工程技术人员	44.1	45.3	1.2
卫生专业技术人员	43.8	45.4	1.7
文学艺术工作人员	43.8	45.1	1.3
经济业务人员	43.8	44.2	0.4
农业技术人员	42.7	44.4	1.7
金融业务人员	42.4	42.6	0.1
新闻出版、文化工作人员	41.8	42.4	0.6
教学人员	41.7	41.9	0.2
体育工作人员	41.5	42.4	0.9
法律专业人员	41.4	41.7	0.2
科学研究人员	41.1	42.5	1.4
宗教职业者	38.0	40.2	2.3

资料来源：同图 3-4。

从分领域的情况来看，飞机和船舶技术、其他专业技术及工程技术这 3 个男性聚集度相对偏高的职业分类中，男女专业技术人员的周平均工作时间均明显较长，劳动负荷相对较大，且飞机和船舶技术领域男女专业技术人员周平均工作时间的差距也是各领域中最大的，达到了 3.4 小时。而女性聚集度相对最高的教学人员队伍中，女性的周平均工作时间相对较低，为 41.7 小时，同时也是与男性差距也最小的职业之一，仅为 0.2 小时。

（七）受教育程度及职称分布

2000~2005 年，女性专业技术人员的受教育程度在不断提高。高中（中专）及以下，受教育层次较低的女性人数比例不断下降；有较高教育背景，即大学（大专）及以上的女性比例不断上升。2000 年拥有大学（大专）学历的这一类学历的女性比例为 36.1%，2005 年则达到了 52.4%，超过了男性的相应比例。研究生学历的女性专业技术人员也呈现增长，但还略低于男性的相应比例。总体而言，女性专业技术人员的受教育程度要略高于男性（见图 3-23）。

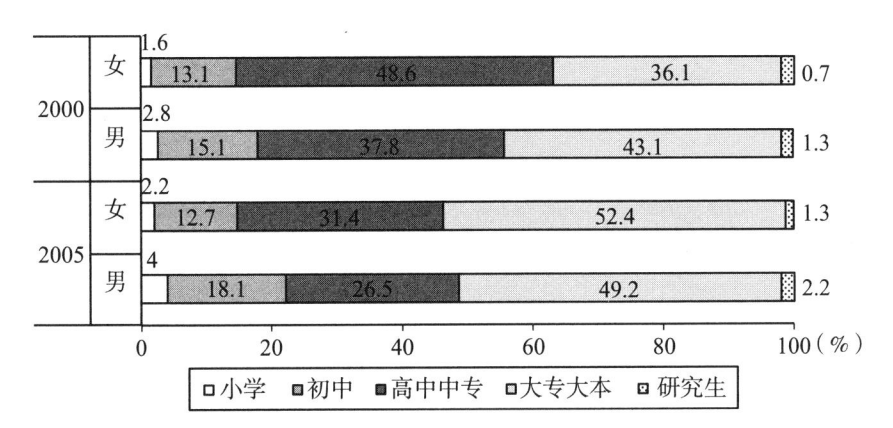

2000	女	1.6	13.1	48.6	36.1	0.7
	男	2.8	15.1	37.8	43.1	1.3
2005	女	2.2	12.7	31.4	52.4	1.3
	男	4	18.1	26.5	49.2	2.2

□小学 ■初中 ■高中中专 ▨大专大本 ▨研究生

图 3-23　2000 年和 2005 年分性别专业技术人员的受教育程度

资料来源：国家统计局 2000 年人口普查、2005 年 1% 人口抽样调查数据资料。

相对男性专业技术人员的职称分布而言，女性专业技术人员的职称在初级的比例相对较大，而高级以上比例偏低：以 2010 年为例，女性专业技术人员中拥有正高和副高职称的比例仅为 0.6% 和 7.2%，分别比男性低 0.6 个和 4.0 个百分点；而拥有初级职称的比例则达到 45.9%，比男性的 40.4% 多出 5.5 个百分点（见图 3-24）。

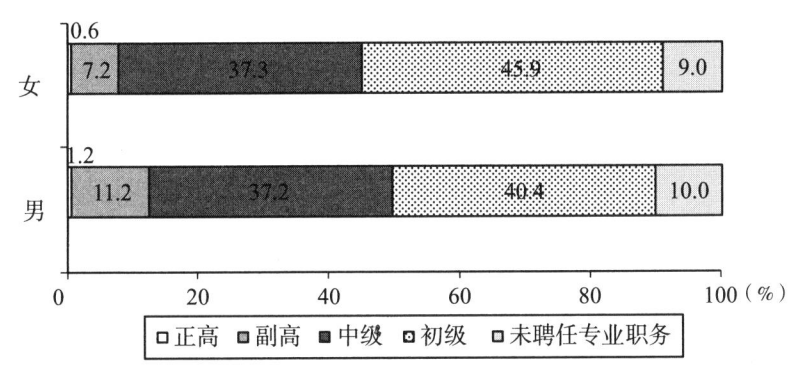

女	0.6	7.2	37.3	45.9	9.0
男	1.2	11.2	37.2	40.4	10.0

□正高 ■副高 ■中级 ▨初级 ▨未聘任专业职务

图 3-24　2010 年分性别专业技术人员的职称分布

资料来源：国家统计局，中国社会的发展和进步（2011）。

在专业技术人员中，随着职称级别的提高，女性所占比例呈现出明显下降的态势：在初级职称的专业技术人中，女性所占比例为 48.3%，略低于男性，而在中级职称，男女两性的差距便开始逐步拉大，副高和正高职称中，女性比例更是显著低于男性，分别为 34.7% 和 28.5%（见图 3-25），女性专业技术人员在高级职称中的严重缺失与专业技术人员中女性所占比例高于男性的情况形成了强烈的反差，是非常值得深思的。

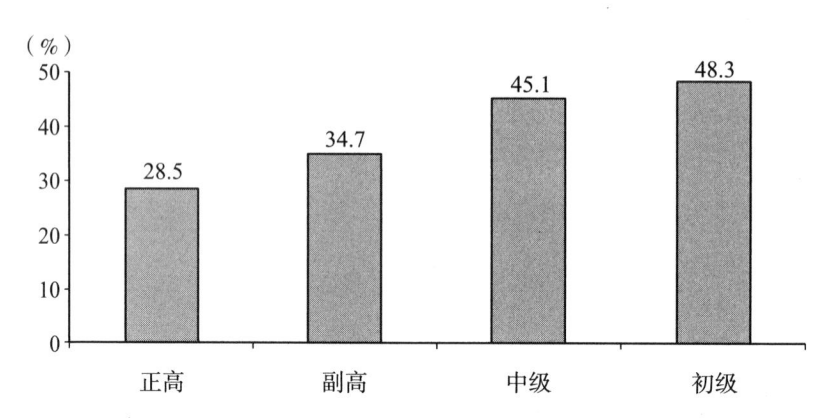

图 3-25　不同层级职称专业技术人员中的女性比例

资料来源：国家统计局，中国社会的发展和进步（2011）。

总之，人口普查数据为我们更好地认识我国女性高层次人才的基本状况奠定了基本，其后的研究也将以这些数据为基础，以更有说服力的模型分析来说明我国女性高层次人才的成长规律。

第四章

女性高层次人才发展规律的研究综述

本章全面回顾现当代国内外女性高层次人才研究,分析已有的女性高层次人才发展规律研究的贡献,借鉴其成果,寻找理论对话的空间。

对女性高层人才发展规律的研究有诸多视角,我们的研究关注从女权主义视角出发进行的理论研究。传统的人才理论面对两性人才的成长差异时,会轻易就陷入了本质主义的泥潭,不自觉地论述两性因生理差异导致的心理和文化的差异。女权主义理论虽然有诸多派别,其内在的一致性是强调社会环境因素对女性不利的社会地位的生产及再生产作用。女性高层人才的发展是强调女性在公共领域的发展,要打破传统男性控制的生产活动和社会生活中的权威。历史研究表明,我国一代女性革命家和国家领导人是女性高层次人才发展的榜样。为了清楚地研究现当代女性高层次人才的发展,文献回顾集中于近20年的研究。按照本书研究的分类,我们重点对女性党政人才、专业技术人才、企业经营管理人才和后备人才(女大学生)的已有研究进行述评。

一、女性人才研究的理论视角

随着女性受教育水平的普遍上升,各行各业中的女性高层人才明显增多,对其研究也日益增加。据中国知网"人文与社科文献总汇"中的主题词频统计,截至2011年底,"女性人才"研究有132篇,"女干部"研究有284篇,"女性科学家"研究有10篇,"女性管理者"研究有51篇。学界对该问题的探讨研究有了一定的积累。截止到2016年2月1日,在知网"哲学与人文科学""社会科学Ⅰ辑""社会科学Ⅱ辑"中,题名含"女性人才"的有489篇,其中271篇为本课题开展之后出现的(2010年至今)。这表明女性人才研究在近几年逐渐升温。

女性人才研究大致有四种视角:一是人才学;二是人力资源理论;三是领导力理论;四是职业地位获得理论。

(一)人才学与成功学视角

1. 男性本位视角下的女性人才研究

对女性能否成功的研究多从其"成就取向"或"成就动机"入手,将女性在事业成就上比男性低归因于"女性的成就取向较低",缺少自信;或认为"女性成就动机复杂",既有追求成功、避免失败的动机,又有成功恐惧(FOS),而成功恐惧在男性中是罕见的。激发女性的成就动机被视为挖掘女性潜力、提高女性地位、开发企业效能的重要途径[①]。更有学者指出,较低的成就动机是不良的,必须加以改正[②]。这一评判女性成功的标准沿用了男性为本的成就标准,将"经济收入、社会地位、权力大小"等男性成就标准来研究女性,有明显的性别刻板印象。将女性成就动机低、成就恐惧、性别角色冲突及"未能在有效时间内获得较大发展和较高提升"判定为"不成功",并以此分析女性为何没有"上进心"、不能更好地胜任更高的职位和更难的挑战,这是将女性的成就与否做了"男性化"处理。这一理论的缺陷是预设了"成就标准"是无性别差异的,在这一标准下,女性成就动机较男性低,所以不易成功。问题是应当分析:何为成功?为什么两性有不同的"成就与成功"的标准。

性别刻板印象的研究认为,女性政治精英较男性存在明显弱势,遇事不够沉着、果断,理论思维水平、系统决策能力不足,宏观决策能力、创新开拓能力,心理素质不够坚强、封闭、自抑等,或缺乏组织决策能力。[③]

---

① 景怀斌:《中国人成就动机性别差异研究》,载于《心理科学》1995年第2期;强海燕:《关于女性"成功恐惧"心理倾向的研究》,载于《妇女研究论丛》1999年第3期;刘志玲:《基于社会性别的女性心理劣势》,载于《女性文化研究》2005年第12期;买月霞、闻素霞:《女性成就动机的特点及其成因分析》,载于《吉林省教育学院学报》2009年第11期;张清涛:《企业女性成就动机的维度研究》,载于《东南亚纵横》2009年第4期;朱运清、侯立华:《高职高专大学生成功恐惧性别差异研究》,载于《职业技术教育》2009年第16期;刘慧、徐朝亮、黄三生:《女大学生的职业生涯阻碍因素及对策分析》,载于《华东交通大学学报》2009年第2期。

② 钱素华:《浅议成功女性领导者应具备的心理素质》,载于《创造》2005年第3期。

③ 刘华锋:《跨世纪女领导干部面临的挑战》,载于《妇女学苑》1992年第2期;宋捷:《女领导干部亟待提高组织决策能力》,载于《领导科学》1989年第11期;陈瑞生等:《当代中国政坛女杰》,中共中央党校出版社2005年版。

2. 女性本位视角

以女性为主体的研究认为，女性对成功有自己的定义和标准。曹爱华使用"成就价值观"分析两性对成功的界定，女性的成就价值观具有多元化、奉献性和社会性，注重个体内心感受、寻求各领域平衡发展以及内在矛盾性等特征。①

国内从"男女对成功的定义不同"研究女性及成功的文献有限，国外学者在这方面有很多论述。有学者提出"为何女性的创业意向低于男性？""为何女性更偏好小规模、缓发展的创业？"研究使用非经济标准（non-financial criteria）衡量创业成就，如员工和客户满意度、家庭和事业的平衡等。有学者发现，与男性相比，小型企业的女创业者更关注挑战欲的满足、智识的增长、创业过程的个人享受及事业与其生活的平衡②。男性则更多通过经济目标，如利润增长和规模扩大来衡量成功③。

对湖南省女性乡镇党政"一把手"进行的问卷调查发现，99.5%的人认为自己能"胜任现在的职务"或"基本胜任"，69.35%的人认为自己"有能力担负更高层次领导职务"，这说明她们拥有自信、坚强与进取的精神。83.9%的被调查者感觉班子成员对自己的态度"认可"或"主动接纳"。很多女性领导都经历了干部群众从心存疑虑到认同、佩服直至自觉地服从其领导的过程④。

基于女性的主体立场，话语分析和建构主义理论重塑了女性成就动机和成功恐惧的研究，明确了女性的成就动机、成就归因都与男性本位的解读不同。

（二）人力资源视角

20世纪90年代，人力资源理论替代了人才学，女性作为人力资源被赋予了更多的母亲职责。从这一角度看，人力资源理论及政策可能无意妨碍了女性的职业发展。例如，对高潜力雇员识别的内部流程多关注28~35岁的男性经理，忽

---

① 曹爱华：《当代女性研究生成就价值观的扎根理论研究》，载于《高教探索》2008年第1期。
② Brush, C. G., & Vanderwerf, P., *A comparison of methods and sources for obtaining estimates of new venture performance*, Journal of Business Venturing, 1992; Buttner, E. H., & Moore, D. P., *Women's organizational exodus to entrepreneurship: Self-reported motivations and correlates with success*. Journal of Small Business Management, 1997; DeMartino, R., & Barbato, R. J. *Differences among women and men MBA entrepreneurs: Exploring family flexibility and wealth creation as career motivators.* Journal of Business Venturing, 2003; Moore, D. P. An, *examination of present research on the female entrepreneur: Suggested research strategies for the 1990s. Journal of BusinessEthics*, 1990.
③ Kent, C. A., Sexton, D. L. & Vesper, K. H., *Encyclopedia of entrepreneurship.* Englewood Cliffs, NJ: Prentice‐Hall, 1982; Stevenson, H. H. & Gumpert, D. E., *The heart of entrepreneurship*, Harvard Business Review, 1985.
④ 冯湘保：《关于乡镇党政女领导干部现状的调查》，载于《中国妇运》2001年第5期。

略了那些可能正在休产假的女性。① 女权主义学者认为,人力资源理论只看到了理性的个体,没有看到人所具有的关怀精神和关怀工作的效益。女权主义者们强调女性的关怀经济和建立伙伴关系的经济理论。②

女性作为人力资源,其职业发展研究围绕三个方面:一是规划职业生涯,包括确定职业生涯规划,找到障碍性因素,制订克服障碍因素的方案,组织激励对女性实现职业规划的意义等;二是人力资本积累,关注性别培训和经验积累;三是内在心智开发,用成功职业女性的案例,探索职业女性发展的关键性因素。

人力资源理论看重的是女性作为人力资源能够给组织带来的绩效。如女性进入董事会对于提升企业绩效的显著正向影响③。从性别研究的角度,我们可以借此提升女性上层参与比例;并说明性别结构的均衡发展是有利于企业绩效的。

(三) 女性领导力理论

领导力(leadership)研究认为,领导是一种能力,包括解决问题的能力、判断是非的能力和知识储备的能力④。女性领导拥有与人沟通和合作的能力,有其自身优势。

女性有意识地以创新方式担当领导角色,促进了分享和集体领导,力行多元化和关怀,而不是等级制⑤。玫琳凯·艾施女士在全球建立了一支拥有180万女性的销售队伍,她管理的"黄金法则"不是以竞争为基础,而是通过"赞美"和"三明治策略"(夹在两大赞美中的小批评)⑥为原则,其领导力是从人性出发,重视人的需求。

女性领导力研究强调女性的领导风格以"关系"为基础,对被领导者充满平等、友爱关系的,充分承认对方的自主性、个体性。对我国123家上市公司高管团队的性别结构和公司绩效的研究发现,增加高管团队中女性数量和提高性别比有利于公司绩效⑦。值得警惕的是,对女性领导风格的强调,可能隐藏性别刻板

---

① 欧高敦总编:《女性与领导力》,经济科学出版社2008年版。
② 理安·艾斯勒著,高铦、汐汐译:《国家的真正财富——创建关怀经济学》,社会科学文献出版社2009年版。
③ 张娜:《女性董事对企业绩效影响的实证研究》,载于《妇女研究论丛》2013年第4期。
④ Northouse, P. G. Leadership: Theory and practice. Thousand Oaks, CA: Sage, 2004.
⑤ Basu, Amrita, The Challenge of local feminisms: Women's movements in global perspective. Boulder, Col.: Westview, 1995.
⑥ 艾施著,王吉美等译:《玫琳凯谈人的管理》,中信出版社2009年版。
⑦ 赵慧军:《企业人力资源多样化——女性发展问题研究》,首都经济贸易大学出版社2011年版。

印象，对女性领导力研究更应关注女性领域所处的性别文化环境和组织环境，关注其权力的发挥，而非其女性气质。

（四）职业地位获得理论

职业地位获得理论认为，女性职业地位的获得有先赋因素和自致因素的作用，特别是人力资本和社会资本的重要性。对福建省省级党校 808 名学员的问卷调查发现，女干部的社会关系网与男性差异不大，但她们在工具性的职位升迁过程中比男性更少使用社会网络，其结果就是两性相似的社会网络在职位升迁过程中发挥了迥然不同的作用。个人先赋条件、政治资本、人力资本、接触的社会网络资源、动员的社会网络资源等多种因素对男性干部的现职地位获得的影响具有显著性，而女性干部的现职地位获得仅受到年龄和单位主管部门等少数变量的影响。这意味着可能确实存在女性职业发展的路径。

以女性创业看，女性社会资本的获得受到各种结构性因素制约，社会资本的两性差别使女性在诸多创业领域不仅是少数，而且处于一种边缘地位。[①] 女性"高位缺席"、"劣势积累"、"结构性障碍"或"社会网络缺失"等理论皆说明女性在晋升之路上的社会资本缺失。在科技领域，传统理论认为，一个人从其接受科学教育的知识积累和科学研究方法的训练到最终成为科学研究者是一种"管道效应"，只要人们能够进入管道，加之努力就会得到升迁。但女性科技人才难以进入到高层，形成女性"高位缺席"，女性科技人员处在职业发展的"金字塔"的底层，使"科学管道模式的失效"[②]。

从社会资本的角度来看女性的职业地位获得会发现先赋因素和自致因素对女性有复杂的影响，社会的性别文化可能使两性的社会资本发挥不同的效能，对此我们将在研究中着重加以考察。

二、影响女性人才发展的要素分析

影响女性人才发展的因素分析是定量研究关注的主题，使用模型分析形成了重要的研究成果。两性的教育、生命周期、社会性别角色、性别文化等因素纳入分析框架，其模型不断精细化。

[①] 刘中起、凤笑天：《社会资本视阈下的现代女性创业研究：一个嵌入性视角》，载于《山西师大学报（社会科学版）》2010 年第 1 期。
[②] 杨书卷：《女科学家高端人才缺位的深层探讨》，载于《科技导报》2009 年第 21 期。

（一）教育与职场的连续性理论

这一视角的研究认为，职场的性别隔离和分化不仅发生于职场，而是在前职场——高等教育中就存在了。高等教育中的性别隔离对女性人才发展有极大的阻碍作用。大学教育存在明显的性别隔离现象，专业训练的过程多由男性主导。自然科学更被视为"男人的事业"。女性科技人员占科技人员总数的比例偏低；女性科技人员更多地集中于应用性、操作性比较强的领域，从事自然科学理论研究和技术工程研究的女性寥寥无几[①]。专业技术领域中的性别歧视在高等教育时代就出现了。对博士毕业生在学术研究兴趣、科研能力、工作抱负上三个方面的分析表明，女博士对学术研究的兴趣低于男博士，她们的科研能力和工作抱负也低于男博士，这些差距有可能在今后的工作中积累和扩大，从而影响女性的科研地位和成就[②]。与这种学校教育中的阻碍因素类似，有学者注意到，媒介宣传这种社会性教育方式具有明显的性别刻板印象[③]。

职业的性别隔离（sex segregation）是指某一性别在某一个或几个职业中的集中化，导致单一性别占主导的现象。由于职业的性别隔离，使女性的就业领域和范围受到很大限制，她们常常集中在某些所谓的"适合于女性"的就业领域[④]。高职业声望、高技术要求和高收入的职业将女性排斥在外[⑤]。我国女性领导多处于副职和后勤性质的岗位，具有"最终决定权"的领导群体则多出自技术岗位。研究指出，妇女参与国家和社会事务决策的承付仍然偏低，对此，77.8%的人认为是"社会对女性有偏见"，59.1%的人认为是"培养选拔不力"。人才培养中的社会偏见和培养选拔机制导致女性参政比例偏低[⑥]。

在科技职业发展的性别差异分析中提出了"缺损模式"模式，认为科技职业给予女性的机会和机遇太少，缺少女性榜样、女性在工作机会、工作评价标准、工作报酬上存在明显的性别不平等[⑦]。

[①] 张今杰、张冬烁：《科学研究中的女性"相对不在场"现象——自然科学中的性别不平等问题研究》，载于《科技进步与对策》2008年第1期。

[②] 马缨：《博士毕业生的性别差异与职业成就》，载于《妇女研究论丛》2009年第6期。

[③] 向晶：《女性科技工作者的媒介形象》，载于《青年记者》2009年第4期；马缨：《博士毕业生的性别差异与职业成就》，载于《妇女研究论丛》2009年第6期。

[④] 林聚任、赵萍：《行业与职业中的性别隔离状况分析——以山东省为例》，载于《妇女研究论丛》2000年第4期；林聚任：《论中国科学界的性别分化与性别隔离》，载于《科学学研究》2000年第1期。

[⑤] 赵瑞美：《职业性别隔离歧视理论小议》，载于《中华女子学院学报》2003年第6期。

[⑥] 第二期中国妇女社会地位调查课题组：《第二期中国妇女社会地位抽样调查主要数据报告》，载于《妇女研究论丛》2001年第5期。

[⑦] Zuckerman, J. Cole, J. Bruer. (Eds.) The Outer Circle: Women in the Scientific Community. New York: Norton, 1991: 1171–1187.

工作场域是一种男性文化，如烟酒文化等非正式的交往方式影响了女性获得信息和资源，使其丧失了这些发展人际网络的渠道①。

（二）工作—家庭冲突与支持性家庭环境缺失的理论

1. 女性双重角色与工作—家庭冲突的理论

双重角色是指劳动力既承担有酬劳动中的职业角色，又承担家务劳动中的家庭角色②。虽然法律倡导男女两性在家庭责任上的平权，但家务和子女照顾的责任仍主要落在女性身上，这种"双重负担"限制了女性的闲暇时间并影响到她们受训和提升的可能性。男女两性在社会生活和政治生活中仍然存在不平等③。

精英女性承担的角色压力与冲突更重。造成角色冲突的原因主要有三种：基于时间的冲突、基于精神的冲突和基于情感的冲突。对女性工作—家庭角色冲突研究多为归因研究，其观点包括：传统社会的男性中心主义文化观，使社会性别意识薄弱，强调了传统的性别分工；女性家务劳动的价值未被认可；职业女性追求完美主义等。职业期望的理论认为，对男性成员的社会地位和权力的期望激励其发展，而对女性无职业晋升期望，更多是母爱建构，这加剧了女性的角色冲突④。

家庭是女性政治精英职业发展的主要阻力，主要是繁重的家务劳动妨碍了女干部的进一步发展⑤。女性政治领导扮演着"领导者"与"家庭主妇"的双重角色，社会也使用双重标准来衡量女性的成功，即她们既要成为事业上的强者，又要成为家庭中的贤妻良母。但是时间和精力的限制使这种"完美"形象很难达成。大多女性政治领导都用双重标准要求自己，致使她们产生一种内疚心理，由于传统观念的阻力，社会支持的缺乏以及自身角色调适的不足，几乎所有进入领导岗位的女性领导都面临着社会角色（领导角色）和家庭角色（妻子角色、母亲角色）等双重角色的矛盾与冲突，承受很大的心理压力。有研究表明，我国女干部中有35.3%的人表示，一旦有空就多干家务，以补偿负

---

① 全国妇联女性高层人才成长状况研究与政策推动项目课题组：《科技领域女性高层人才成长状况与发展对策——基于五省市定性调查研究报告》，载于《妇女研究论丛》2011年第3期；马缨：《博士毕业生的性别差异与职业成就》，载于《妇女研究论丛》2009年第6期。
② 佟新：《社会性别研究导论》，北京大学出版社2005年版。
③ 第二期中国妇女社会地位调查课题组：《第二期中国妇女社会地位抽样调查主要数据报告》，载于《妇女研究论丛》2001年第5期。
④ 佟新：《社会性别研究导论》，北京大学出版社2005年版。
⑤ 陈瑞生等：《当代中国政坛女杰》，中共中央党校出版社2005年版。

疚心理①。

两性平衡家庭和工作双重角色的问题是世界性的，总体情况是妻子承担较多劳动②。Xie 和 Kimberlee 把女性研究人员已婚无子女与已婚有子女进行对比研究发现，婚姻对女性科技事业发展没有影响，已婚女性只有有了孩子才会产生发展劣势。③

2. 家庭支持的理论

在应对角色冲突的策略上，除了政府和社会增强性别意识，进行合理的社会分工，提高家务劳动社会化程度外，家庭成员的支持也是缓解冲突的重要办法。支持性家庭环境对女性职业发展具有重要作用④⑤⑥。一是，家庭对女性个体成长的过程、方向、难易程度产生着直接和间接的影响：家长鼓励女性挑战传统性别角色，追求卓越，在成长中没有被灌输传统的性别角色观念，而是被培养出两性平等、女性也要承担社会责任、追求卓越和个人成就、实现个人价值的意识，并且在专业和职业选择中受到家长的正确引导。二是家人理解和支持女性的发展需求，帮其分担子女照顾责任和家务负担，支持事业发展。家人支持弥补了公共服务在数量和质量方面的不尽如人意。

（三）女性组织网络缺乏的理论

高层人才结构的性别失衡对两性职业发展起到了再生产的作用，现有决策层女性缺位导致女性的能力与成就难以得到认可，在资源分配中处于劣势⑦⑧。

加强女性高层人才的组织建设是改善的重要内容。对女企业家协会的研究表明，联谊型妇女 NGO 不仅建立女性群体的信任关系，还能够通过培训与教育促进女性群体社会资源动员能力的提升、通过学习与交流推动女性群体互助合作的社会关系网络建设，还能通过榜样及宣传实现女性群体自我规范的形成⑨。

---

① 陈瑞生等：《当代中国政坛女杰》，中共中央党校出版社 2005 年版。
② 徐安琪：《家庭性别角色态度：刻板化倾向的经验分析》，载于《妇女研究论丛》2010 年第 3 期。
③ Xie, Yu, Kimberlee A. Shauman. *Women in Science: Career Processes and Outcomes*, Cambridge, MA: Harvard University Press, 2003.
④ 全国妇联妇女研究所：《妇女研究内参》2008 年第 1 期。
⑤ 阮莉珠：《女性领军人才成才有规律可循》，载于《上海科技报》2009 年 7 月 8 日。
⑥ 全国妇联女性高层人才成长状况研究与政策推动项目课题组：《科技领域女性高层人才成长状况与发展对策——基于五省市定性调查研究报告》，载于《妇女研究论丛》2011 年第 3 期。
⑦ 全国妇联课题组：《新时期女干部成长规律和培养方式研究》，载于《妇女研究内参》2008 年第 3 期。
⑧ 王卉、陈欢欢、王莉萍：《给女性科技人员平等发展权——访"我国女性从事科技工作现状的研究"课题组组长赵兰香》，载于《科学时报》2007 年 3 月 8 日第 A02 版。
⑨ 汪忠杰、柯燕：《联谊型妇女 NGO 与女性社会资本的建构——以女企业家协会为例》，载于《中华女子学院山东分院学报》2010 年第 1 期。

三、女性人才类型的研究综述

（一）女性党政人才研究综述

女性党政人才（或女性行政人才、女干部）的研究近年来有长足进展。

1. 现状研究

据官方统计数据，近些年来，女领导干部队伍不断壮大，在各级公务员中数量和比例均有所提高。同时，各级党政领导班子女干部配备率有所提高。但是，女性党政人才仍具有如下特点：

一是结构不合理。高层参政女性比例偏低；女干部副职多、正职少。以1990年国家机关、党群组织和企事业单位负责人性别分布为例，当年全国总人口中女性占48%，而女性就业人口占到总就业人口的44.7%，但在国家机关、党群组织和企事业单位负责人中女性只占7.9%[①]。

二是研究更多地集中在教科文卫、群团等传统被认为更适合女性的部门而非经济、金融、政法等领域[②]。研究沿着已有的职业的性别隔离（sex segregation）而发展，职业性别隔离是指某一性别在某一个或几个职业中的集中化，导致单一性别占主导的现象。由于职业的性别隔离，使女性的就业领域和范围受到很大限制，她们常常集中在某些所谓的"适合于女性"的优先的就业领域[③]。职业的性别隔离分为横向隔离，即行业间的性别隔离；纵向隔离，即职别和职位的性别隔离。高职业声望、高技术要求和高收入的职业将女性排斥在外[④]。这一现象在党政机关中尤为严重。

三是女性党政人才的能力和自我认知方面，她们对自我的认可度很高。还有学者认为，在能力方面，女性具有更多的知识储备和更强的学习能力，重视知识的学习与更新，以保持在激烈竞争中的创造性和优势[⑤]。女干部对自身素质有更高的要求，她们必须具有更强的成就动机、事业心和良好的心理素质，必须在危

---

① 赵瑞美、王乾亮：《职业性别隔离与歧视：理论、问题、对策》，载于《山东医科大学学报（社会科学版）》2000年第2期。

② 刘伯红、王萌萍、张学斌：《中国女市长调查》，载于《妇女研究论丛》2001年第S1期；全国妇联课题组：《新时期女干部成长规律和培养方式研究》，载于《妇女研究内参》2008年第3期。

③ 林聚任、赵萍：《行业与职业中的性别隔离状况分析——以山东省为例》，载于《妇女研究论丛》2000年第4期；林聚任：《论中国科学界的性别分化与性别隔离》，载于《科学学研究》2000年第1期。

④ 赵瑞美：《职业性别隔离歧视理论小议》，载于《中华女子学院学报》2003年第6期。

⑤ 刘伯红、王萌萍、张学斌：《中国女市长调查》，载于《妇女研究论丛》2001年第S1期；全国妇联课题组：《新时期女干部成长规律和培养方式研究》，载于《妇女研究内参》2008年第3期。

机面前更加坚定和自信①。在职业发展上，很多女性领导都经历了干部群众从心存疑虑到认同、佩服直至自觉地服从其领导的过程②。但也有研究认为，女性政治精英较男性政治精英存在着一些明显的弱势，如遇事不够沉着、果断，理论思维水平、系统决策能力不足，宏观决策能力、创新开拓能力、心理素质不够坚强、封闭、自抑等，或缺乏组织决策能力③。

四是她们面临更多压力。女性政治精英的工作性质使她们易受到人们的非议，来自男干部的压力，来自家庭的压力使她们在这种特殊身份下面临比一般男性领导和职业女性更大的生活和工作压力。

2. 女性党政人才成长和发展的规律研究

研究表明，女干部的成长需要更多支持和自身努力，其主要观点有以下方面。

第一，女干部的成长需要国家政策支持。2008年北京市党政人才调查发现，"女性领导人才成长最依赖于政策的支持力度"，政策的起伏直接影响着女性领导人才成长的数量、速度和质量④。全国妇联课题组（2008）发现，女干部要克服各种不利因素，必须借助倾斜政策，用政策扫清女干部成长的阻碍，她们才能脱颖而出⑤。也有研究者认为，女干部配比分析看似是对女性干部的保护政策，却在执行中演变为职数限制，限制了女性的竞争力⑥。

第二，支持性的家庭环境对女性更为重要⑦。

第三，女性成功往往需要"做得比男性更好"，这意味着女性要有成就意识和坚持不懈的努力。一是要有更开放平等的性别观念，研究表明，性别观念与女性职业发展水平有着极其密切的联系，性别观念越趋向现代和平等的女性，越可能获取较高的职业成就，越符合传统的性别刻板印象模式的女性，越可能抑制其成就动机和进取行为⑧。2001年的女市长调查发现，市长具有较强的社会责任感

---

① 全国妇联课题组：《新时期女干部成长规律和培养方式研究》，载于《妇女研究内参》2008年第3期。
② 冯湘保：《关于乡镇党政女领导干部现状的调查》，载于《中国妇运》2001年第5期。
③ 刘华锋：《跨世纪女领导干部面临的挑战》，载于《妇女学苑》1992年第4期；宋捷：《女领导干部亟待提高组织决策能力》，载于《领导科学》1989年第11期；陈瑞生等：《当代中国政坛女杰》，中共中央党校出版社2005年版。
④ 由北京市妇联组织，未发表稿。
⑤ 全国妇联课题组：《新时期女干部成长规律和培养方式研究》，载于《妇女研究内参》2008年第3期。
⑥ 裴亚岚、刘筱红：《女性参与公共事务管理困境探析——以20位县级女干部为例》，载于《南京人口管理干部学院学报》2010年第3期。
⑦ 全国妇联课题组：《新时期女干部成长规律和培养方式研究》，载于《妇女研究内参》2008年第3期；全国妇联女性高层人才成长状况研究与政策推动项目课题组：《科技领域女高层人才成长状况与发展对策——基于五省市定性调查研究报告》，载于《妇女研究论丛》2011年第3期；阮莉珠：《女性领军人才成才有规律可循》，载于《上海科技报》2009年4月1日第B01版。
⑧ 李春玲：《性别观念与中国社会科学院女性的职业发展》，载于《社会学研究》1996年第2期；阮莉珠：《女性领军人才成才有规律可循》，载于《上海科技报》2009年4月1日第B01版。

和政治抱负，有充分的自信和主动性，乐于挑战，重视实现自身价值，有一定的性别平等意识①。其次是在能力方面，女性往往必须具有更多的知识储备和更强的学习能力，重视知识的学习与更新，以保持在激烈竞争中的创造性和优势②。全国妇联课题组发现，对女干部自身素质有更高的要求，她们必须具有更强的成就动机、事业心和良好的心理素质，必须在危机面前更加坚定和自信③。同时，女性要更积极主动地发挥能动性。

3. 女性党政人才成长的制约性因素研究

女性党政人才的成长和发展面临的制约因素可划分为文化因素和制度因素。

2010年对20位女县长的深入访谈发现，她们通过努力工作证明自己能力，但依然能够感受到传统的性别歧视④。家务和生育给女性干部带来一些阶段性困难，妨碍了女干部的进一步发展⑤，一些女干部不得不做出非此即彼的选择⑥。

体制障碍成为阻碍女性领导发展的主要因素之一。通过公共政策来改进高层人才的性别结构失衡问题几乎是所有相关研究的最终结论。中国共产党和政府一直通过改善法律确立家庭、政治、经济中的性别平等，其中的配额制度、公开选拔制度和退休制度是最为重要的政策性因素。

女性参政中的配额制度是其中重点研究的内容。联合国于1990年提出，到1995年底将担任领导职务的妇女比例至少提高到30%⑦。有研究认为，这一政策具有积极作用。2008年北京市党政人才调查发现，"女性领导人才成长最依赖于政策的支持力度"，政策的起伏直接影响着女性领导人才成长的数量、速度和质量⑧。全国妇联课题组（2008）发现，女干部要克服各种不利因素，必须借助倾斜政策，扫清阻碍，使她们脱颖而出。但也有研究者认为，这一指标的制定是比

---

① 刘伯红、王萤萍、张学斌：《中国女市长调查》，载于《妇女研究论丛》2001年第S1期。
②③ 全国妇联课题组：《新时期女干部成长规律和培养方式研究》，载于《妇女研究内参》2008年第3期。
④ 裴亚岚、刘筱红：《女性参与公共事务管理困境探析——以20位县级女干部为例》，载于《南京人口管理干部学院学报》2010年第3期。
⑤ 刘兰芬：《领导干部成长因素分析》，载于《当代贵州》2004年第5期。
⑥ 唐玉萍：《浅谈影响女领导干部成长的原因及对策》，载于《学习导报》1998年第Z1期。
⑦ 联合国在1985年第三次世界妇女大会通过的《到2000年提高妇女地位前瞻性战略》（简称《内罗毕战略》），在"政治参与和决策中的平等"一节中没有明确提出妇女参政和决策上取得平等的数量指标。1990年，联合国经济和社会理事会在第一次审查和评估《内罗毕战略》之行情况时，针对"各国妇女都处于一种共同的情况，她们对影响自己生活的公共选择，未能充分参与"，从而提出建议："各国政府、政党、工会、专业及其他代表性团体应各自制定指标，努力将担任领导职务的妇女比例到1995年底至少提高到30%，以期2000年达到男女比例平等"。（联合国，1995）
⑧ 由北京市妇联开展的调研，未发表稿。

较乐观和超前的①，甚至认为这一做法有负面作用，强化了其"弱者"形象②。对女干部的保护政策却造成了职数限制，限制了女性的竞争力③。

在人才选拔方面，20世纪80年代初我国在领导干部选拔制度上实现了公开选拔制度。公开选拔制度遵循"公开、平等、竞争、择优"的原则。有研究认为，这一制度是女性参政的重要保障。2001年的调查发现，从制度背景上看，女市长们的当选有明显的"女干部选拔和任用"的机制保障④。但也有学者认为，在实际运作过程中，这一制度有内在限制，存在性别盲点。如以广西自治区公开选拔干部为例，女干部公选比例与总体比例有较大的差距；这种现象在基层更为明显。公选领导干部女性比例严重偏低的原因比较复杂，主要是受"男尊女卑、男主女从"的传统性别文化对女性个体的意识和社会舆论导向发挥作用。因而，要将社会性别纳入公选制度设计中，考虑女干部的特殊性⑤。

对男女两性行政人员不同的退休年龄制度的研究和分析是研究女性高层人才发展的重要内容。研究表明，国家制度规定的退休制度对女性人才成长产生了特定的约束。对男女两性行政人员不同的退休年龄制度的研究和分析是这一领域研究的重点，这直接影响到两性在年龄和学历影响下的职业晋升轨迹。从人力资源、权利和政策制定等角度对两性享有不同的退休年龄有诸多讨论，是学术热点问题。研究认为，女性早于男性的退休制度直接影响到两性在年龄和学历影响下的职业晋升轨迹。虽然相关政府对高层专业技术人员和处级以上女性党政人才给予了特殊政策，但在退休政策的实际执行过程中，相关政策（141号、142号和5号文件）并未得到有效落实，部分县处级女性领导和高级技术人员利益受损，打击了她们的工作积极性、造成了女性人才的浪费⑥⑦。

（二）女性专业技术人才研究综述

1. 女性专业技术人才研究的基本问题

我国十分重视研究技术人才的成长规律，中国科学院的《中国科学院科技人

---

① 刘伯红：《国际妇女参政运动的新趋势》，载于《云南民族大学学报（哲学社会科学版）》2006年第5期。
② 赵慧珠：《"回家"是否是女性发展的合理模式?》，载于《社会学研究》1995年第3期。
③ 裴亚岚、刘筱红：《女性参与公共事务管理困境探析——以20位县级女干部为例》，载于《南京人口管理干部学院学报》2010年第3期。
④ 刘伯红、王荫萍、张学斌：《中国女市长调查》，载于《妇女研究论丛》2001年第S1期。
⑤ 何龙群、陈媛：《公选任用领导干部制度的社会性别思考——以广西公开选拔厅级领导干部为例》，载于《广西民族大学学报（哲学社会科学版）》2010年第2期。
⑥ 全国妇联女性高层人才成长状况研究与政策推动项目课题组：《科技领域女性高层人才成长状况与发展对策——基于五省市定性调查研究报告》，载于《妇女研究论丛》2011年第3期。
⑦ 张廷君、张再生：《女性科技工作者职业生涯发展模式与对策研究——基于天津的调查》，载于《妇女研究论丛》2009年第5期。

才成长规律研究》（2006）和中国科学技术协会的《2008 年中国科技工作者状况调查》等研究都加入了对现当代女性专业技术人才的研究。

国际社会对女性专业技术人员的研究主要集中在以下几个问题上：（1）从事科技职业的女性数量偏少[1][2][3][4][5][6]；（2）职务职称低于男性[7][8][9]；（3）研究成果少于男性[10]；（4）报酬比男性少[11]。这四个特点也反映在我国女性专业技术人才身上。第一、第四点是大家比较公认的，在此，就第二、第三点略作详述。就第二点的"玻璃天花板效应"来说，最高端的女性专业人才比例极低。我国女性科技人员约占全部科技人员总数的 1/3，参与科技活动的数量和比例并不低，但

---

[1] Ware, N. C. and V. E. Lee, *Sex Differences in Choice of College Science Majors*. American Educational Research Journal, 1988, 25, 593–614.

[2] Oakes, J., *Multiplying Inequalities: The Effects of Race, Social Class, and Tracking on Opportunities to Learn Mathematics and Science*, 1990.

[3] Xie, Yu, Kimberlee A. Shauman., *Women in Science: Career Processes and Outcomes*. Cambridge, MA: Harvard University Press, 2003.

[4] Seymour, E., *The Loss of Women from Science, Mathematics, and Engineering Undergraduate Majors: An Explanatory Account*. Science Education, 1995, 79, 437–473.

[5] Lips, H. M. *Gender-and Science – Related Attitudes as Predictors of College Students' Academic Choices*. Journal of Vocational Behavior, 1992, 40, 62–81.

[6] Etzkowitz H, Kemelgor C. *Gender inequality in science: a universal condition?* Minerva, 2001, 39, 153–174.

[7] Steinke J, Lapinski MK, Crocker N et al. *Assessing media influences on middle school-aged children's perceptions of women in science using the Draw – A – Scientist Test*, Science Communication, 2007, 29, 35–64.

[8] Kalev, A., Kelly, E., Dobbin, F., *Best practices or best guesses? assessing the efficacy of corporate affirmative action and diversity policies*, American Sociological Review, 2006, 71, 589–617.

[9] Reskin, B. F., P. A. Roos. Job Queues, *Gender Queues: Explaining Women's Inroad into Male Occupations*, Philadelphia: Temple University Press, 1990.

[10] Cole, J. R., Cole, S, *Social stratification in science*, Chicago: University of Chicago Press, 1973; Cole, S. *Age and Scientific Performance*, The American Journal of Sociology, 1979, 84, 958–977; Fox, Mary Frank. Publication *Productivity Among Scientists. Social Studies of Science*, 1983, 13, 285–305; Zuckerman, H. *Persistence and change in the careers of men and women scientists and engineers*. In Linda S. Dix (Ed.), *Women: Their underrepresentation and career differentials in science and engineering*, Washington, DC: National Academy Press, 1987; Levin SG, Stephan PE. *Gender Differences in the Rewards to Publishing in Academe: Science in the 1970s*. Sex Roles, 1998, 38; Prpić K. *Gender and productivity differentials in science*. Scientometrics, 2002, 55, 32.

[11] Barbezat, D. A. *Salary differentials by sex in the academic labor market. Journal of Human Resources*, 1987, 22, 422–428; Bayer, A. E. Astin? H. S. *Sex differentials in the academic reward system*. Science, 1975, 796–802; Ferber, M. A. and B. Kordick. *Sex Differentials in the Earnings of Ph. Ds*. Industrial and Labor Relations Review, 1978, 31 (2), 227–238; Haberfeld, Y., Shenhav, Y. *Are women and blacks crossing the gap? Salary discrimination in American science during the 1970s and 1980s*. Industrial and Labor Relations Review, 1990, 44, 68–82; Hoffman. Lois. *Fear of Success in Males and Females: 1965 and 1971. Journal of Consulting and Clinical Psychology*, 1974, 42, 353–358; Johnson, G. E., & Stafford, F. P. *The earnings and promotion of women faculty*. American Economic Review, 1974, 64, 888–903; Umbach PD. *Gender Equity in the Academic Labor Market: An Analysis of Academic Disciplines*. In: the 2006 Annual Meeting of the American Educational Research Association. San Francisco, CA, 2006.

在职业内部存在垂直的性别分层现象①，女性比例呈现"5%现象"，即女性比例不超过5%。对高等教育中的性别分化的研究表明，高校的正副教授中，女性分别为10.5%和21%②。同时存在结构性差异，不同学科领域有不同性别分布。自然科学被视为"男人的事业"，女性科技人员占科技人员总数的比例偏低，并且更多地集中于应用性、操作性比较强的领域，从事自然科学理论研究和技术工程研究的女性寥寥无几③。从事科学和工程专业的女性更多地集中在高校和公共组织而非企业和产业研究机构④。第三点，女性人才的科研成果与影响的劣势积累问题。1997~2001年，获得国家自然科学奖、国家技术创新奖、国家科技进步奖的女性占获奖总人数的16%⑤。女性参与科学研究的程度以及女性科研产出量（包括发表的成果数量）不如男性，引用率和引用频次均低于男性，科研成果得不到重视，形成"劣势积累"⑥⑦。

对上述问题的解释主要有两个方面：注重内因的差异模式（the difference model）和注重外因（社会结构性因素）的缺损模式（thedeficit model）⑧。前者主要从女性自身条件，后者则重视外部环境，下面从这两个方面做分析。

2. 性别"差异模式"与环境"缺损模式"

（1）性别"差异模式"。所谓"差异模式"是把造成科技领域职业发展性别差异的原因归结为男女内在能力差异，按其观点，科技女性职业发展的障碍因素主要是内在的，或者是性别角色社会化和文化传统影响的结果。这些因素包括：教育背景、能力、创造力、职业动机和责任心等⑨⑩⑪⑫。

一是传统文化影响。受到科学研究中的男性话语权威及父权制文化制度的影

---

① 赵兰香、李乐旋：《女性主观偏好对我国科技界性别分层的影响》，载于《科学学研究》2008年第6期。
② 覃明兴：《女性在科学中的相对缺席现象探析》，载于《甘肃社会科学》2006年第4期。
③ 张今杰、张冬烁：《科学研究中的女性"相对不在场"现象——自然科学中的性别不平等问题研究》，载于《科技进步与对策》2008年第25卷第1期；徐飞、陶爱民：《中国工程院女性院士特征状况的计量分析》，载于《科技进步与对策》2009年第22期。
④ 金瑶、孔寒冰：《女性参与科学和工程教育及研究之现状》，载于《高等工程教育研究》2008年第5期。
⑤ 陈劲、贾丽娜：《中外女科学家成功因素分析》，载于《科学学研究》2006年第2期。
⑥ 张今杰、张冬烁：《科学研究中的女性"相对不在场"现象——自然科学中的性别不平等问题研究》，载于《科技进步与对策》2008年第25卷第1期。
⑦ 刘艳：《从引文角度透视生态学领域科学承认中的性别差异——以〈生态学报〉为例》，河南师范大学硕士论文，2010年。
⑧ Sonnert. G. *Who succeeds in science? The gender dimension*. New Brunswick, NJ: Rutgers University Press, 1995.
⑨ Cole, S. and R. Fiorentine. *Discrimination against Women in Science: The Confusion of Outcome with Process. The Outer Circle: Women in the Scientific Community*, 1991, 205-226.
⑩ Cole J, Singer B. *A theory of limited differences: explaining the productivity puzzle in science*. In: H Zuckerman, JR Cole, JT Bruer, eds. *The Outer Circle: Women in the Scientific Community*. New York: W W Norton, 1991.
⑪ Long, S. *Measures of Sex Difference in Scientific Productivity. Social Forces*, 1992, 71, 159-178.
⑫ Reskin, B. F. *Sex Differentiation and the Social Organization of Science*, 1978.

响，女性科学研究工作得不到应有的重视。以高校为例，女教师的工作价值通常被贬低或忽视，参与高校管理和决策中声音过弱，高校管理制度及政策中具有男性化倾向①。女性面对自己喜爱的科学事业，往往只有三个选择：第一，远离科学的主流，在做好一个家庭主妇的同时保留对科学的兴趣；第二，从事科学的辅助工作；第三，强行进入科研堡垒（侵占男人的领地），成为一位科学家，即便如此，她们仍时时面临着从事研究与照顾家庭两大任务的纠缠②。由于这些观念的影响，已有的女性科技人才成长研究发现，女性普遍显得成就动机不足。女性职业发展动机弱于男性，女性则更倾向于稳定的工作③。与普通女性相比，知识女性的职业效能感较高，但与知识男性相比来自各方面的冲突较多，压力较大④。

二是生物决定论的影响。性别生物决定论也被称为基因决定论，认为男女两性的生理性别差异在男女两性的社会角色、社会分工、社会期待上都起着决定作用，是不可替代的因素。他们一般从男女先天的基因、智力特征和生理结构的差异来解释男女在科研成就方面的差异。例如，美国的社会生物学家 Wilson⑤ 说男女在基因方面的差异决定了两性在行为上的不同表现。女性的生理特征带来了女性气质，女性气质是"主观的"，喜欢感情用事的，她们缺乏理性和逻辑思维，擅长于直觉思维。男性气质是"客观的"，科学研究必须拥有理性思维和客观中立的立场，摆脱主观情感的干扰，因而科学也被认定为是"客观的"，这样"科学 = 客观的 = 男性"，女性就与科学研究相冲突。因此，科学是男人的事业，女人不适合在科学界工作。

但生物决定论遭到了大量的批判：Blinkhorn⑥ 认为很多结果显示高校男生的智商显著高于女生测试，其方法论上就是错误的。Williams⑦ 和 Faulkner⑧ 认为如果按照生物决定论的理论，因为数学能力强，所以男性就在科学占主导地位，那么女性的阅读和写作能力强，就应该占据人文、医学和法律的主导地位。但事实

---

① 王晓亚：《高校女教师学术职业发展的社会学分析》，载于《医学教育探索》2007 年第 4 期。
② 张今杰、张冬烁：《科学研究中的女性"相对不在场"现象——自然科学中的性别不平等问题研究》，载于《科技进步与对策》2008 年第 1 期。
③ 冯海波、叶青、刘肖勇、符王润：《搞科研，谁说女性不如男？》，载于《广东科技报》2010 年 3 月 5 日第 002 版。
④ 赵娥君、吕军：《高校女教师科研动力与信心分析》，载于《高校教育研究》2008 年第 7 期。
⑤ Wilson, E. O. *What Is Sociobiology? Society*, 1978, 15 (6), 10 – 14.
⑥ Blinkhorn S. A Gender Bender, *Nature*, 2005, 438, 2.
⑦ JC Williams. *Unbending gender: Why work and family conflict and what to do about it*. New York: Oxford University Press, 2000.
⑧ Wendy Faulkner. Dualisms, *Hierarchies and Gender in Engineering*, Social Studies of Science, 2000, 30 (5), 759 – 792.

上,这些学科仍然是男性在主导。虽然女性在各个学科的受教育时期都占有很大比例,但工作领域的比例却急剧减小,这显然不是一个天资问题,而是一个工作问题。另外,有研究表明,智商无性别差异,女性内部差异大于男性。① 生物决定论忽略了环境的影响,而且针对男女天生科学素质存在差异的研究结果也不能令人信服。

三是性别刻板印象。所谓性别刻板印象,是针对不同性别群体的简单概括表征,常常表现为人们对男性或女性角色特征固定的、僵化的看法。性别刻板印象抹杀了男女两性个体的多样性特征和个性,主要表现在三个方面:第一,刻板的人格和心理特征:认为男性"独立、积极进取、自信、果断、勇敢、支配性、操作能力强",女性"依赖人、情绪化、脆弱、细心、敏感、善解人意";第二,刻板的行为特征:女性应该照顾家庭,做各种家务,男性应该是家庭的保护者,保障家庭的收入,但可以不承担家务;第三,刻板的职业特征:科技职业是男性的职业②③。从刻板印象的概念能够看出,它不是描述性的,而是指示性的。它不是说女性是什么样子,而是说女性应该是什么样子,如果女性行为与这个规定不符,就要受到惩罚④。

Sayer认为,组织理想的科技工作人员的身体构造是男性的(他们不会因为生孩子而耽误工作),生活方式是男性的(典型的男性不应该照顾孩子,而美国女性仍然有65%~80%负责养育孩子),其结果就是在专业规范和日常接触中,性别刻板印象还在影响着人们。如果女性参与并获得良好的发展,就会被称为"女强人",被认为是不够温柔、不顾家庭并具有男性特征的。在组织内部,男女科技工作者很容易陷入"性别刻板行为",这使女性无意识地处于较低位置⑤。Bielby对实验室的内部性别互动情况进行研究发现,同组人员如果有女性,男性会在没有询问女性同事意见的情况下,给自己多选择操作性的事务,而让女性承担"女性"任务,比如记录、整理等。⑥

---

① Al–Shahomee, A. A., R. Lynn, *IQs of Men and Women and of Arts and Science Students in Libya*, Mankind Quarterly, 2010, 51 (2), 153–157.
② 吴小英:《科技发展的性别分析》,载于《科学技术与辩证法》1996年第8期。
③ Xie, Yu and Kimberlee A. Shauman., *Women in Science: Career Processes and Outcomes*. Cambridge, MA: Harvard University Press, 2003.
④ Fiske, S. T. *What We Know Now About Bias and Intergroup Conflict*, the Problem of the Century, Current Directions in Psychological Science, 2002, 11 (4), 123–128.
⑤ Sayer, L. C., *Time use, gender and inequality: Differences in men's and women's market, nonmarket, and leisure time*. Unpublished doctoral dissertation, Department of Sociology, University of Maryland, College Park, 2001.
⑥ Bielby, W. *Sex Differences in Careers: Is Science a Special Case?* In H. Zuckerman, J. Cole, and J. Bruer, (Eds.) *The Outer Circle: Women in the Scientific Community*. New York: Norton, 1991, 171–187.

心理学家还发现了两个重要特点：一是性别刻板印象的存在非常普遍；二是男女在性别角色刻板印象上一致认为男性气质比女性气质优越。性别角色刻板印象对男女的心理差异、发展水平等产生着广泛、深远的影响，尤其对于女性的制约与限制更大。Hyde 和 Kling[1]、Beyer 和 Bowden[2]、Eccles、Wigfield 和 Schiefele[3] 的研究都表明，在能力方面女性比男性更加的不自信。Hyde 和 Kling 补充认为，女孩并不是生下来就认为她们和男孩不平等，而是通过在学校和社会不断的强化才形成这一印象。中学生对科学家的刻板印象的产生受媒体宣传影响最多[4]。Spencer、Steel 和 Quinn[5] 的研究表明，性别刻板印象模式对女性的发展产生威胁。Fiske 等[6]发现，刻板印象与"女性"标签联系的都是负面的。Good 等人[7]研究发现，即使是在大学数学专业里成绩非常优秀而且对数学很执着的女性，性别刻板印象威胁都会抑制其考试的表现。性别刻板印象削弱女生应试及评价能力，也就是说刻板印象威胁不仅损害个体自身的能力发挥，而且会减少培养这种能力的行为[8]。

（2）环境"缺损模式"。"缺损模式"是把问题归因于女性受到待遇的差异，认为科技职业给予女性的机会和机遇太少，从而导致女性职业发展不顺畅。该模式把焦点集中在社会因素上，比如无形阻碍、缺少女性榜样等。

一是性别歧视的存在。性别歧视意味着对某种性别的个人或由个人组成的团体有不公正的态度甚至不公平的对待，其根源是两性间的不平等。女性职业发展中的性别歧视是指女性在职业职位获得、工作、晋升和待遇上因为性别而被区别对待。性别歧视主要从两方面影响女性往更高职位晋升：第一，认为女性没有竞争力；第二，对太有能力的女性进行压制。一般行业的绩效评估会以占支配地位

---

[1] Hyde, J. S., K. C. Kling. *Women, Motivation, and Achievement*, Psychology of women quarterly, 2001, 25 (4), 364 – 378.

[2] Beyer, S. and E. M. Bowden. *Gender Differences in Seff – Perceptions: Convergent Evidence from Three Measures of Accuracy and Bias*, Personality and Social Psychology Bulletin, 1997, 23 (2), 157 – 172.

[3] Eccles, JS, Wigfield, A., & Schiefele. *Motivation to succeed*. In W. Damon (Series Ed.) and N. Eisenberg (Vol. Ed.), Handbook of child psychology (5th ed., Vol. Ⅲ), New York, Wiley, 1998, 1017 – 1095.

[4] Steinke J, Lapinski MK, Crocker N et al. *Assessing media influences on middle school-aged children's perceptions of women in science using the Draw – A – Scientist Test*, Science Communication, 2007, 29 (1), 35 – 64.

[5] Spencer, S. J., Steele, C. M., & Quinn, D. M. *Stereotype Threat and Women's Math Performance*, Journal of Experimental Social Psychology, 1999, 35, 4 – 28.

[6] Fiske, S. T. *What We Know Now About Bias and Intergroup Conflict, the Problem of the Century*, Current Directions in Psychological Science, 2002, 11 (4), 123 – 128.

[7] Good C, Aronson J, Harder JA. *Problems in the pipeline: Stereotype threat and women's achievement in Advancedmath courses*. Journal of Applied Developmental Psychology, 2008, 29 (1), 17 – 28.

[8] Appel, M., N. Kronberger, et al. *Stereotype threat impairs ability building: Effects on test preparation among women in science and technology*, European Journal of Social Psychology, 2011, 41 (7), 904 – 913.

的群体特征为标准,这样,女性科技人员和少数群体的男性科技人员(美国学者把非白人归为少数群体)就处于劣势地位。在小型科技组织内,评估标准和对"能力"的判断都是与领导的特征一致的,而领导又是男性居多。科技工作对科技人员的要求是可以全职工作,并可以随时加班,身后有一个美满的家庭给予全力支持,而这正是以男性的标准来设置的。女性想要证明自己,就必须在有限的条件下比男性做得更多、更好才可能有晋升的机会。同时,性别歧视还使女性获得资源更加困难,这又增加了晋升中的障碍。

二是二元劳动力市场的职业性别隔离。"二元劳动力市场"理论假设劳动力市场是不统一的,竞争是不完全的,而两性就业与收入的差异来源于市场现有结构。不同企业内部也存在着核心性职位(或核心性员工)和边缘性职位(或边缘性员工),二者相互隔离。女性容易集中于边缘性职位的劳动力市场且很少能获得向核心企业、核心职位转移的机会,这造成了劳动力市场的职业性别隔离[1]。男女比例严重不均衡的职业、工作,被认为是存在性别隔离的。大量统计资料表明,在科技领域中存在着明显的性别隔离,包括垂直隔离和水平隔离。欧洲 EN-WISE 的报告指出:女性被"挤出"竞争性的研发体系,分配到艰苦的环境中被当作"支撑"资源,女性构成高校教师队伍的54%,但只是集中在低水平的学术职位上。Anderson[2]、Reskin 和 Padavic[3]、Reskin 和 Roos[4] 等人研究发现美国的科技工作领域存在"性别隔离"。Martin[5] 认为"当女性开始成为一种威胁,男性时常会阻止女性",因此,部分"有权力的男性高层管理者总是积极限制女性取得管理职位以减少对男性本身高层管理职位的竞争"[6]。这样,在性别隔离造成高层男性比例偏多的情况下,女性的晋升受到人为阻止的可能性就会加大。而女性工作者与女性领导之间最默契,好像她们都能对对方"放下防备"[7]。

还有研究认为,现有科技政策看似是性别平等的,但却忽视了两性差异的现

---

[1] Waddoups, J. Assane, D. *Mobility and gender in segmented labor marker*: *A closer look*, American Journal of Economics and Sociology, 1993, 52, 299 – 411.

[2] Anderson, K. *A History of Women's Work in the United States*, Women working: theories and facts in perspective, 1988, 25 – 41.

[3] Reskin, B. F. and I. Padavic. *Men and Women at Work*, Thousand Oaks, CA: Pine Forge Press, 1994.

[4] Reskin, B. F. and P. A. Roos. Job Queues. *Gender Queues*: Explaining Women's Inroad into Male Occupations, Philadelphia: Temple University Press, 1990.

[5] Martin, J. Deconstructing Organizational Taboos: *The Suppression of Gender Conflict in Organizations*, Organization Science, 1990, 1 (4), 339 – 359.

[6] Izraeli, D. N. & Adler, N. J. *Competitive Frontiers*: Women Managers in a Global Economy, in N. J. Adler and D. N. Izraeli (eds.) *Competitive Frontiers*: Women Managers in a Global Economy. Cambridge, MA, 1994.

[7] CRA – DMP. *Third Party Evaluation of the CRA Distributed Mentor Project*: Year1, CRA – DMP Evaluation Report #1ftp://ftp.cs.wisc.edu/cra-mentor/evalreport/toc.html 1999. 检索日:2012 – 11 – 2.

实,按照主流社会的男性标准要求女性,没有给予女性平等实现发展的机会①,需要对政策进行性别评估。

(三) 女性企业经营管理人才研究综述

近 20 年来,女性在企业管理中的作用日益明显。在一些中小企业中,女性作为企业经理已占中基层经理的 50%②。然而,女性在企业中的管理地位仍然较低,尤其是高层领导中女性所占比例远远低于男性。随着女性人才的数量增加,越来越多的知识女性展示了自身的管理才能,而且有些女性获得了管理职位;然而,笼罩在女性管理者头顶的玻璃天花板依旧牢不可破。当前企业女性管理者的研究主题大致包括性别角色认同、职业发展和领导力与管理绩效等方面。性别角色认同研究关注女性管理者的性别身份认知,职业发展研究关注女性管理者的职业晋升及其影响因素,领导力与管理绩效研究关注女性管理者的管理能力、模式以及管理效果等。

1. 基本状况

一般将女性企业管理人才分为两大类:一是企业中的女性高级管理人员(下简称"高管");二是女性创业者或女企业家。女性高管是指企业高级管理团队中的女性成员,包括:总经理、首席执行官或者总裁等高级决策者,也包括副总经理、副总裁、总会计师或者首席财务总监等职务的高级管理人才③,多存在于大型国有企业、跨国公司、上市公司等。女性创业者或女企业家是指那些以自有或自我筹措资金来创业的人,其构成具有多元化的特征,她们一般拥有人力资本、社会资本或文化资本④;也包括在国家各种优惠政策鼓励下进行创业的女性,如下岗女工、刚毕业的女大学生、进城务工女性、失地妇女和残疾女性⑤。

女性高层企业管理人员比较少,同其他国家相同,越是企业高层,女性所占比重越低。2005 年全国 1% 人口抽样调查,各类企业负责人中的女性比例为 21.79%。到 2008 年底,企业董事会中女职工董事比重从 2005 年的 43.0% 下降为 2008 年的 39.3%;企业监事会中女职工监事比重从 2005 年的 46.8% 下降到

---

① 章梅芳、刘兵:《我国科技发展中性别问题的现状与对策》,载于《哈尔滨工业大学学报(社会科学版)》2006 年第 3 期。

② 李六珍:《企业女性经理人性别角色认同和领导效能感之实证研究》,华东师范大学博士学位论文,2011 年。

③ 赵慧军:《企业人力资源多样化——女性发展问题研究》,首都经济贸易大学出版社 2011 年版,第 39~40 页。

④ 佟新:《女性私营企业家状况与企业家精神》,载于《云南民族大学学报(哲学社会科学版)》2010 年第 5 期。

⑤ 蒋美华:《转型期中国女性职业变动研究》,天津人民出版社 2010 年版,第 187 页。

2008 年的 39.2%①。对 2004 年深沪两市的 278 家上市公司进行系统抽样，调查分析了这些上市公司中女性董事、监事和高管的比例及任职状况，以总结其中的性别差异。研究结果显示，在这些上市公司中，女性在高层的任职比例为 13.52%，在董事会成员中的比例为 10.73%。女性在关键职位上的任职比例偏低，且依然没有改变"副职多、正职少"的传统状况。女性高管的平均学历水平与男性高管基本相当，而平均年龄较高层男性偏低②。

女性创业或女企业家的比例也偏低。到 2005 年，上海私营企业中法定代表人及负责人中女性占总人数的 28%，比 2000 年提高近 10 个百分点（上海市妇女联合会，2010 年，《上海市女企业家群体特质及发展状况研究》《社会性别视角下的公共决策》，上海社会科学院出版社：90）。20 世纪 80 年代，女企业家占中国民营企业家总数的 10%，2002 年初，上升至 20% 左右。2008 年底，女性私营企业主的比例近 16%，大体估算女性企业家比例（不含个体工商户）占总体的 11%~20%③。

分析上海高科技企业女企业家和中小私营企业女企业家的生存情况发现，两种企业的女性领导在创业年龄上相似，但高科技企业女企业家的学历高于男性，且企业的生存率明显好于男性；而中小私营企业女企业家的学历低于男性，且企业生存率较差④。

2008 年全国工商联第八次私营企业和企业主抽样调查数据依万分之七比例抽样，女性占 15.8%。研究表明，两性私营企业家在年龄、受教育程度、创业规模、企业员工规模、经营的行业、经营状况等多方面存在差异，但在创业资金来源、公司类型、资本增值率和资本负债率以及管理模式等方面存在共性。与男性私营企业家相比，女性私营企业家以中青年为主体；女性私营企业家多从业于服务业，经营规模不大，员工规模也较小；女性私营企业家的收入水平高于社会平均水平，但与男性有极大差距。女性私营企业家在职业生涯中表现出积极的能动精神，拥有一定的政治资源和参与政治活动的热情⑤。

2. 女性企业管理人才的绩效分析

女性参与高层管理能为企业带来更好的业绩。麦肯锡的调查报告以全球 231 家私营及上市企业为基础，指出，高管团队中有三名或三名以上女性的企业，在多项组织标准考核上的得分超过没有女性高管的企业。更高比例的女性担任高级

---

① 国家统计局社会和科技统计司：《中国妇女儿童状况统计资料（2009）》，中国统计出版社 2009 年版，第 48 页。
② 康宛竹：《中国上市公司女性高层任职状况调查研究》，载于《妇女研究论丛》2007 年第 2 期。
③⑤ 佟新：《女性私营企业家状况与企业家精神》，载于《云南民族大学学报（哲学社会科学版）》2010 年第 5 期。
④ 吴冰、王重鸣：《女性领导创业实践比较研究》，载于《中国浦东干部学院学报》2008 年第 3 期。

管理职务会带来更好的公司质量和业绩①。我国上市公司也有同样的结果②。

女性创业者为社会做出了巨大贡献。这些贡献表现为：纳税额高、经营利润高、提供大批女性就业岗位和参与慈善事业等。上海数据显示，113家女企业家创办的企业2007年纳税总额高达172 145.64万元，经常参加慈善事业的占调查企业总数的45.1%，截至2007年，有88家企业共向社会累计捐款7 653万元。上海市女企业家企业平均利润额在2005～2007年间增幅高达62%③。就全国范围来看，中国女企业家领导的企业盈利面在95%以上，比男企业家高7.8个百分点。部分女企业家创办的企业特别关注和支持女性就业，有63%的女企业家企业中女性职工人数占职工总数的一半以上④。

女性企业管理者的增长对企业公民行为有积极作用。对北京和上海两所高校的在职MBA学员和北京、浙江、湖北、山西等14家企业的员工进行的大样本调研发现，高管团队性别多样化（男女比例均衡化）能够在一定程度上降低员工在职位晋升中的"玻璃天花板"知觉，对男女员工的组织公民行为具有积极作用⑤。

3. 女性创业和女性管理类型研究

对中国期刊网自1992年到2005年6月收录的各类女性创业个案研究指出，女性从无到有创立和经营一个企业的过程是创业，有机会驱动型和生存驱动型创业。机会驱动型创业的女性有较高的社会资本和人力资本要求，动机激励是创业的关键因素。生存驱动型的创业是我国女性创业的主导模式，创业者拥有的社会资本和人力资本很少，创业的关键因素是创业者的自身素质，这些创业者的个人禀赋很高，她们身上体现的某些特质已经远离了传统认同的女性标准。

女性创业的动机不同。首先，出于自主和对灵活时间安排的需要，希望争取更加自主而灵活的时间表来解决个人与工作的矛盾（或是家庭与工作之间的平衡），故将创业作为最佳途径。其次，出于"控制"的目的选择创业。虽然创业女性相对男性的功利心更弱，但她们更倾向于通过自身努力来实现对生命和生活的更大控制力。想突破"玻璃天花板"而实现自我控制的目的，也有可能让她们

---

① 欧高敦总编：《女性与领导力》，经济科学出版社2008年版。
② 赵慧军：《企业人力资源多样化——女性发展问题研究》，首都经济贸易大学出版社2011年版，第39页。
③ 上海市妇女联合会：《上海市女企业家群体特质及发展状况研究》，载于《社会性别视角下的公共决策》，上海社会科学院出版社2010年版，第91页。
④ 李薇薇：《21%中国妇女自主创业，比例接近男性水平》，载于《市场报》2005年8月31日第1版。
⑤ 赵慧军：《企业人力资源多样化——女性发展问题研究》，首都经济贸易大学出版社2011年版，第73～75页。

走上创业之路。最后,出于实现自我价值而创业。女性创业是为了"与众不同"①:一类是期望在经营中保留自己的女性特质,即注重人情味,强调人际关系和谐,可称其为"家庭式管理精神"。另一类女性企业家期望在管理和经营中努力保持竞争、理性和制度化的管理风格,希望做得"比男人更好",可称其为"去女性化的管理精神"②。

对女性私营企业家的研究则区分了四种类型的女性企业家:一是"心中有梦肯干努力型",这类女企业家具有创新和发展的志向,并为实现梦想而努力。二是继承式的女性私营企业家,她们多是因为血缘或姻缘关系继承了父辈或丈夫企业的女性企业家。三是转型类女性私营企业家,是从计划经济向市场经济转型的过程中,利用原有资源创业的,这类女性企业家一般年龄在40岁以上,有过在国家机关或国有企业的经历,且这些经历成为她们企业发展的重要资源、经济资源、社会关系资源。四是混合型的女性私营企业家,她们具有上述类型的两种以上优势的结合,是起点较高的女性私营企业家③。

一项用非随机抽取样本进行的女性企业家领导模式研究认为,我国女性企业家具有人本型领导模式、变革型领导模式、转换型领导模式、和谐型领导模式和交易型领导模式五种④。

4. 女性创业动机及其影响女性创业的因素分析

第一,女性创业是自身选择和比较的结果。只有当女性自身条件和环境状态都有利于创业时,创业才是女性就业策略决策博弈的最优解⑤。第二,环境因素和无形资本影响女性创业。有研究发现9个创业环境因素,其中最影响女性创业的有文化与社会规范、有形基础设施和商务环境3个因素⑥。根据2007~2009年对上市公司中15位女企业家所领导企业的跟踪研究发现,无形资本(包括经营性无形资产、社会性无形资产)对女性经营有重要作用,对企业绩效的提高有明

---

① 李薇薇:《21%中国妇女自主创业,比例接近男性水平》,载于《市场报》2005年8月31日第1版。
② 佟新:《要做得比男人更好——改革时代的女性企业家》,载于《中国社会科学报》2010年3月9日第012版。
③ 佟新:《女性私营企业家状况与企业家精神》,载于《云南民族大学学报(哲学社会科学版)》2010年第5期。
④ 胡剑影、蒋勤峰、王重鸣:《女性企业家领导力模式实证研究》,载于《上海交通大学学报(哲学社会科学版)》2008年第6期。
⑤ 莫寰、黄小军、杨建锋:《女性创业动机的演化博弈模型》,载于《广州大学学报(社会科学版)》2009年第12期。
⑥ 祝延霞、刘渐和、陈忠卫:《创业环境对女性创业的影响——以安徽省为例》,载于《科技与管理》2009年第4期。

显的正相关性①。第三，社会资本决定女性创业。由于结构等诸多因素的制约，女性获得社会资本的机会受到极大的限制，社会资本的两性差别使女性在诸多创业领域不仅是少数，而且处于一种边缘地位②。第四，融资是影响女性创业的核心因素。个人储蓄、银行贷款和家人朋友集资是女性创业资金的主要来源。女性创业资金和发展本来就"先天不足"，而运用民间借贷及政策性贷款等渠道集资的优势又明显低于男性，而且她们的能力往往会被质疑，成为筹集资金的重要阻力③。女性创业者比男性创业者更难获得银行及投资公司等金融机构的外部融资，大部分女性创业者依赖自我积累的融资战略缓慢的发展④。第五，性别歧视和对性别歧视的知觉。性别歧视知觉（perceived sex discrimination）是女性企业家知觉到的在获取信用、融入社会商业网络、技能训练等方面所遭受不平等待遇的程度，她们的性别歧视知觉会对其创业活动产生重要的负面影响，主要体现在创业态度、创业压力感受与工作和家庭冲突等方面⑤。第六，社会期望。有关社会期望的理论认为，男女两性的创业动机可能非常不一样，女性创业起作用更多的是"拉动因素"⑥，而男性则是"推动因素"。但男女都是那些偏爱创业并且认为创业会带来诸多附加价值，如货币收入、独立性等，同时对创业成功的期望值高的个体才会选择创业行动⑦。第七，在工作和家庭关系平衡方面，女性企业管理人才呈现出复杂的状况。对上海女性高管的研究表明，工作和家庭间冲突并不非常显著。在工作压力较大情况下，女企业家获得家庭理解和支持的力度也相对较大。研究还发现，时间冲突也是上海女企业家面临的一大挑战，但目前造成的负面影响并不明显；相反，转型经济引起的对女性劳动力需求的提高及女企业家较高的个人收入和人力资本投入等因素，有利于提高女性参与经济生活的能力，部分抵消了工作家庭冲突⑧。

通过对 262 位企业家，其中有 94 位是女性企业家的调查表明，工作家庭处

---

① 马传兵：《无形资本与女企业家经营绩效的关系研究》，载于《中华女子学院学报》2009 年第 4 期。
② 刘中起、风笑天：《社会资本视阈下的现代女性创业研究：一个嵌入性视角》，载于《山西师大学报（社会科学版）》2010 年第 1 期。
③ 彭捷：《女性创业及其融资问题探讨》，载于《经济研究导刊》2009 年第 4 期。
④ 罗东霞、关培兰：《经济转型期中国女性创业者社会资本与融资战略研究》，载于《科技进步与对策》2008 年第 11 期。
⑤ 李生校、王华锋：《女性创业中的性别歧视根源及其影响》，载于《丽水学院学报》2009 年第 6 期。
⑥ 所谓"推拉理论"是西方学者受到物理学的启发，从而发现相关事物间的因果关系都有其双向性，即推力与拉力同时存在。这一理论后来被衍生运用到诸多领域，尤其是经济学、人口学、社会学。拉动因素一般是指吸引人们改变现状，从而创造新的形势的动机，如自我实现、有兴趣等因素，而推动因素一般是指与当前不利形势有关的，使得人们不得不改变现状的动机，如被解雇、迫于生计等因素。
⑦ 陶明、毛晓龙：《期望信念、性别差异与创业选择》，载于《生产力研究》2008 年第 15 期。
⑧ 沈开艳、徐美芳：《上海女企业家工作家庭冲突关系的实证分析》，载于《上海经济研究》2009 年第 6 期。

理策略对创业绩效有积极的影响，企业家的性别差异不仅会影响处理策略选择，而且还会影响处理策略的有效性。具体而言，在使用工作家庭处理策略上，首先，与女性相比，男性企业家使用寻求支持策略更加频繁；其次，与男性相比，女性企业家使用压力减轻策略更加频繁。在工作家庭处理策略的有效性上，首先，与女性相比，男性企业家使用认知重构策略的效果会更好些；其次，与女性相比，男性企业家使用角色管理策略的效果会更好些[①]。

四、女性后备人才/女大学生研究综述

女大学生作为我国人才的后备军，越来越受到重视。

（一）国际研究

美国教育学家埃斯丁（Astin，A. W.）对 1966～1996 年美国高等教育发展趋势的研究表明：从 1982 年以来，美国在校女大学生的数量首次超过了男性，并一直保持着这种趋势[②]。近 30 年来，西方女性主义者和教育学者一直在对高等教育过程中的女性发展和性别差异的问题展开深入的研究。

1. 女性主义理论中关于女性发展问题的研究

现代教育理论将人的发展理解为个人从生命开始到生命结束的全部人生中，不断发生的身心两方面的变化过程。但是包括弗洛伊德、皮亚杰、科尔伯格等传统的男性中心主义的学者在其理论中只是假设了一个人的线性发展的简单路径：人在发展过程中需要逐渐摆脱家庭，进入社会，自主性（autonomy）、独立性（separation）和个体化（individualization）是人的发展的必经阶段，高一层次的发展阶段势必意味着更复杂的智识能力和更强的自主性。传统理论并没有承认基于社会性别因素所导致的人的发展道路的多样性，甚或只是肯定了男性发展的可能，而贬低了女性在人类文明发展过程中的意义[③]。

而在以吉利根（Gilligan）为代表的女性主义学者看来，女性的发展则是始终和她们与家庭及他人的"联系感"、责任感和关怀相联系[④]。女性个体同一

---

① 王华锋：《企业家的工作与家庭处理策略及其有效性研究》，载于《绍兴文理学院学报（自然科学版）》2009 年第 3 期。

② Astin, Alexander, W. The Changing American College Student: Thirty - Year Trends, 1966 - 1996. The Review of Higher Education, 1998, 21.

③ [奥] 弗洛伊德著，傅雅芳译：《文明与缺憾》，安徽文艺出版社 1996 年版，第 48 页。

④ [美] 吉列根著，肖巍译：《不同的声音——心理学理论与妇女发展》，中央编译出版社 1999 年版，第 14 页。

性的发展恰恰不是她们在多大程度上通过竞争获得了"独立性",而是取决于她们对"社会联系"和"生命意义"的看重①。研究发现,在大学阶段,尽管男女两性都经历了认识论上的重大改变,即认识到真理是相对的,是被建构的结果,而非绝对真理,但对女性的智识发展而言,人际互动、合作和共识的形成则显得更为重要②。女性的认同发展和职业期望更多地受到家庭、同龄群体和浪漫关系的影响③。她们是在和他人的交往关系中逐渐形成了自我认同——而非在和他人的边界划分和竞争性关系的基础上。

米勒等人发现,和男性往往在竞争性环境中获得优异表现的动机来源不同,这些优秀女本科生的学术动力恰恰来自帮助他人④。由此,贝克斯特提出,有必要注意到社会性别因素在人的认知发展过程中的影响。例如,相比于那些需要"思考"(thinking)的学习方式,需要"感受/体会"(feeling)的学习方式更能激发女性的亲切感和投入度⑤。因此我们有必要提出某种"性别相关的"认知模式("gender-related" patterns of knowing)⑥。这种认知模式的提出可以帮助我们注意到女性发展过程不同于传统男性主流模式的特点,从而更好地推进女性人才的培养。

2. 高等教育过程中的性别差异研究

在上述理论研究的影响下,大量实证研究开始关注高等教育对性别角色和性别观念的影响,以及高等教育过程中存在的性别差异。研究者们发现,高等教育机构的发展在一定程度上推进了性别平等,但是各种潜在和微妙的性别差异仍然存在于高等教育的过程之中,甚至在有些领域,性别差异的影响不容忽视,而造成这些性别差异原因则是多方面的。

一是高等教育过程中的性别差异。有研究者认为高等教育机构在一定程度上推进了社会性别意识和两性平等发展⑦⑧。另一些研究者则提醒我们注意那些高

---

① Beutel, Ann M., & Marini, M. *Mooney. Gender and Value. Ameirican Sociology Review*, 1995, Vol. 60 (3).

② Baxter Magolda, M. B. *Knowing and Reasoning in College: Gender-related Patterns in Student's Intellectual Development.* San Francisco: Jossey Bass, 1992.

③ Komarovsky, M. *Women in College: Shaping New Feminine Identities.* New York: Basic Books, 1985.

④ Miller, P. H. et al. *A Desire to Help Others: Goals of High - Achieving Female Science Undergraduate. Women's Studies Quarterly*, 2000, Vol. 28 (1\2).

⑤ Salter, D. W. & Persaud, *A Women's Views of the Factors that Encourage and Discourage Classroom Participation*, Journal of College Student Development, 2004 (44).

⑥ Baxter Magolda, M. B. *Knowing and Reasoning in College: Gender-related Patterns in Student's Intellectual Development.* San Francisco: Jossey Bass, 1992.

⑦ Astin, Alexander, W. *The Changing American College Student: Thirty - Year Trends, 1966 - 1996.* The Review of Higher Education, 1998, Vol. 21.

⑧ Bressler, Marvin & Wendell, Peter. *The Sex Composition of Selective Colleges and Gender Differences in Career Aspiration. Journal of Higher Education*, 1980, Vol. 51 (6).

等教育过程中微妙的性别差异①②③。还有一些研究者则进一步发现了男性主导专业领域中女性所处的不利地位④，以及在对导致专业学习成功和失败的归因上，男大学生会将成功归因为自己的能力，将失败归因为不够努力，或是受到了不公平的对待。而女性更多地将成功归因于外人的帮助，将失败归因于自己能力不够⑤。

　　二是性别差异的校园影响因素。萨克斯认为造成高等教育过程中男女分化和差异的因素是多方面的⑥。其中在教师影响方面，良好的师生关系有助于提高女性的自信和学术抱负，但教师本人的性别观念至关重要。有研究者认识到课堂上那种微妙的，甚至是公然的性别偏见，即"冷漠的氛围"⑦，科内弗雷、贝拉、塞托斯等人的研究认为广泛出现在科学课堂和实验室中的"冷漠的氛围"导致了女性在学习和研究过程中的负面情绪，甚至最终退出了科学研究领域⑧⑨⑩。大学里女教师的比例可能会为女大学生的成长树立榜样，而教师的性别也会影响课堂氛围影响学生的参与情况⑪。还有研究表明，男教师指导的女学生比所有其他类型的学生更少感觉到自己获得老师的肯定和青睐⑫。

　　同龄群体环境包含了一所大学中学生群体的主流价值体系、信念、态度和期望。霍兰和埃森哈特（Holland & Eisenhart）发现，在大学校园中，女性同伴之

---

　　① Jocabs, J. A. Gender Inequality and Higher Education. Annual Review of Sociology, 1996, Vol. 22.

　　② Sax, Linda J. The Gender Gap in College: Maximizing the Developmental Potential of Women and Men. San Francisco: Jossey–Bass, 2008.

　　③ Danziger, N. & Eden, Y. Gender-related Differences in the Occupational Aspirations and Career-style Preferences of Accounting Student, . Career Development International, 2007, Vol. 12 (2).

　　④ Zhao, C., Carini, R., & Kuh, G. D. Searching for the Peach Blossom Shangri–La: Student Engagement of Men and Women SMET Majors, Review of Higher Education, 2005, 28 (4).

　　⑤ Felder, Richard M. et al. A Longitudinal Study of Engineering Student Performance and Retention. III. Gender Differences in Student Performance and Attitudes. Journal of Engineering Education, 1995, 84 (2).

　　⑥ Sax, Linda J. The Gender Gap in College: Maximizing the Developmental Potential of Women and Men. San Francisco: Jossey–Bass, 2008.

　　⑦ Hall, R. M., & Sandler, B. R. The Classroom Climate: A Chilly One for Women? Washington D. C.: Association of American Colleges, 1982.

　　⑧ Conefrey, T. Gender. Culture and Authority in a University Life Science Laboratory. Discourse Society, 1997, Vol. 8 (3).

　　⑨ Belle, D. Swimming Against the Tide: African American Girls and Science Education. Contemporary Sociology: A journal of Reviews, 2008, Vol. 39 (1).

　　⑩ Settles, I. H. et al. Voice Matters: Buffering the Impact of a Negative Climate for Women in Science, Psychology of Women Quarterly, 2007, Vol. 31 (3).

　　⑪ Fassinger, P. A. Understanding Classroom Interaction: Students' and Professors' Contribution to Students' Science. Journal of Higher Education, 1995, Vol. 66.

　　⑫ Crombie et al. Students Perception of Their Classroom Participation and Instructor as a Function of Gender and Context. Journal of Higher Education, 2003, Vol. 74.

间的交往多半围绕着她们对各自恋情的讨论，这导致女性在发展浪漫关系上投入了过多的时间和精力，而降低了她们的职业期望和学术投入[1]。时隔 15 年之后，吉尔马丁的研究仍然继续支持霍兰等人的发现[2]。但是马丁内兹（Martinez Aleman）对大学中女性群体交往的观察，却发现了一群在学校走道、宿舍之间自由交换学术和政治意见的一群女大学生[3][4]，这对她们的认同至关重要。

学生个体对校园生活的参与程度——包括学术和非学术领域的参与程度——也会影响其个人发展和性别差异。汤姆林森认为对大学生生活的投入程度可能是大学女生社会适应最重要的预测指标[5]。较高的学习投入度对男、女两性学生都有一系列正面影响，但男女生在学习投入的方式上还存在差别：从中学开始，女性用于学习的时间就更长，学习投入度更高，参加体育运动、社会交往、电子游戏等娱乐活动的时间更短。这在一方面导致女性取得了较好的学习成绩，但是也导致她们没有更多缓解压力和平衡生活的方式，从而在情绪健康水平的得分上更低，在学习过程中的压力更大。另一方面，男性在学习过程中，伴随着学习的深入，更多地将课本知识的学习和更大的政治文化背景联系起来，并对现实周遭世界发生兴趣，但这种情形似乎较少发生在女性身上[6]。参与其他类型的学校活动也会对学生造成不同影响。例如，女性参与社团活动并担任领导者，接触多样化的文化群体等行为，会影响其人文主义价值观和社会政治观点[7]，参加领导力课程能较好地提高女生的领导力、演说能力、影响他人的能力和社会自信[8]，工作相关的经历也会对学生的成长和发展产生影响[9]。

近年来，参与女性研究课程有利于提高大学生对性别角色、传统性别分工模

---

[1] Holland, D. C. & Eisenhart, M. A. *Educated in Romance*：*Women, Achievement, and College Culture*. Chicago：University of Chicago Press, 1990.

[2] Gilmartin, S. K. *The Centrality and Costs of Heterosexual Romantic Love among First-year College Women*. The Journal of Higher Education, 2005, Vol. 76 (6).

[3] Martinez Aleman, A. M. *Understanding and Investigating Female Friendship's Educative Value*. Journal of Higher Education, 1997, Vol. 68.

[4] Martinez Aleman, A. M. *Race Talk*：*Undergraduate Women of Color and Female Friendships*. The Review of Higher Education, 2000, Vol. 23 (2).

[5] Tomlinson-Clark, S., & Clark, D. *Predicting Social Adjustment and Academic Achievement for College Women with and without pre-college Leadership*, Journal of College Student Development, 1994, 35 (2).

[6] Sax, Linda J. *The Gender Gap in College*：*Maximizing the Developmental Potential of Women and Men*. San Francisco：Jossey-Bass, 2008.

[7] Astin, Alexander, W., & Kent, L. *Gender Roles in Transition*：*Research and Policy Implication for Higher Education*, Journal of Higher Education, 1983, Vol (54).

[8][9] Kezar, A., & Moriarty, D. *Expanding our Understanding of Student Leadership Development*：*A Study Exploring Gender and Ethnic Identity*, Journal of College Student Development, 2000, Vol. 41 (1).

式和歧视认识①的提高、提高女大学生学历抱负②③。此外，有研究者认为应当把性别和其他社会不平等因素放在一起加以考察，分析诸如性别、种族、阶级等社会文化背景产生下所产生的"叠加的影响"（conditional effect）④。

（二）国内研究

国内关于高校女生的研究主要集中在中国女性高等教育的发展和在校大学生发展状况的研究。在下述内容中，我们将分别从以上两个方面展开文献综述。

1. 女性高等教育发展现状

伴随着经济、文化事业的发展，女性接受高等教育的比例也快速提高，并且开始向更高层次的研究型水平发展。但是，安树芬等人⑤对在校大学生的调查发现，男女大学生在生源背景上存在着较为明显的差异，女大学生更多地来自城市家庭，来自农村地区的男大学生显著多于来自农村地区的女大学生。

此外，在各专业领域内仍然不同程度地存在着性别隔离的现象，在有些传统的"男性主导"专业中，女性人才仍然是少数⑥⑦。对此，越来越多研究者开始从如何打破传统的知识分界，激励女性从事传统的男性行业领域，以更好地实现女性人才培养的多样化的目标，做出积极尝试和努力⑧。

2. 高校女生人才培养具体状况

国内目前缺少对女大学生人才培养现状的综合性研究，大部分研究都是从某一方面关注女大学生的发展状况。

一是女大学生就业发展状况。这是女大学生研究的重点。多项研究发现，生

---

① Reuben, E., & Strauss. *Women's Studies Graduates.* Washington D. C.：US Department of Education，1980.

② Astin, Alexander, W. *What Matters in College? Four Critical Years Revisited.* San Francisco：Jossey Bass，1993.

③ Tsui, L. *Boosting Female Ambition：How College Diversity Impact Graduate Degree Aspirations of Women.* Paper Presented at the Annual Meeting of the Association for the Study of Higher Education 20th，Orlando，1995.

④ Grant, Carl A. & Sleeter，*Christine E. Race. Class，and Gender in Education Research：An Argument for Integrative Analysis. Review of Educational Research*，1986，Vol. 56.

⑤ 安树芬：《中国女性高等教育的历史与现状研究》，高等教育出版社 2002 年版。

⑥ 刘云杉、王志明：《女性进入精英集体——有限的进步》，载于《高等教育研究》2008 年第 2 期。

⑦ 陆根书等：《高等教育需求及专业选择中的性别差异及其影响因素分析》，载于《高等教育研究》2009 年第 10 期，第 20~21 页。

⑧ 张丽俐、侯典牧、高秀娟、李乐旋：《科技领域女性后备人才成长现状及对策研究》，载于《中国人力资本开发》2010 年第 3 期。

理因素对女大学生就业的成本、结果、起薪及初次工作搜寻时间等均有不利影响。①②③④ 一般认为，传统性别差异思想、我国整体就业形势严峻造成的就业需求岗位矛盾、专业选择过于集中、狭隘的用工成本核算、女工孕期的补偿费用、法律对于女性就业和女性劳动权益保护不力等是女生就业难的客观原因，而性别差异造成女性生理劣势、就业的传统思维方式、女生能力指标与市场需求存在差距、女大学生本身的择业偏好、不良个性心理等是女生就业难的主观原因⑤⑥⑦⑧。胡安荣（2004）⑨ 认为"自然附着成本"（包括生育及相关成本、补偿性工资差别、预期劳动生产率和转岗成本培训成本等）是用人单位拒招女大学生的根本原因。潘锦棠（2004）⑩ 提出的性别人力资本理论把女生就业难的原因归结为女大学生的综合劳动能力低于男大学生。

二是女大学生享受高等教育资源和在校发展状况研究。女性在高等教育中的参与率逐年上升，学习成绩并不低于男生，而且在参加社会活动和担任学生干部等方面，也与男性不相上下⑪⑫⑬。但是，表面的教育平等背后仍存在着大量性别不公平的潜在现象，如学科性别分布的不均、学术发展中的性别歧视、职场上女性的弱势地位等，且女大学生自信心和未来发展的成就动机尚弱于男性⑭⑮⑯。

---

① 岳昌君、文东茅、丁小浩：《求职与起薪：高校毕业生就业竞争力的实证分析》，载于《管理世界》2004 年第 11 期。
② 叶文振、刘建华、夏怡然、杜娟：《女大学生的"同民同工"——2002 年大学本科毕业生就业调查的启示》，载于《中国人口科学》2002 年第 6 期。
③ 纪月梅、秦蓓：《性别工资差别与人力资本——来自大学毕业生的经验分析》，载于《世界经济文汇》2004 年第 6 期。
④ 范元伟、郑继国、吴常虹：《初次就业搜寻时间的因素分析——来自上海部分高校的经验证据》，载于《清华大学教育评论》2005 年第 2 期。
⑤ 戴明清、王克黎：《大学生就业的性别差异及对策研究》，载于《黑龙江高教研究》2002 年第 6 期。
⑥ 李文胜：《关于"女性就业难"问题的经济学思考》，载于《江汉论坛》1999 年第 5 期。
⑦ 陆方文：《职业性别歧视：原因和对策——谈女大学生、女研究生为何找工作难》，载于《妇女研究论丛》2000 年第 4 期。
⑧ 张军民：《略论女大学生就业歧视的原因及对策》，载于《当代经理人》2006 年第 8 期。
⑨ 胡安荣：《企业拒绝女大学生的经济学分析——贝克尔歧视理论的拓展和运用》，载于《财经科学》2004 年第 4 期。
⑩ 潘锦棠：《性别人力资本理论》，载于《中国人民大学学报》2003 年第 3 期，第 94～104 页。
⑪ 张建奇：《我国女性参与高等教育的制约因素与发展趋势》，载于《高等教育研究》1997 年第 4 期。
⑫ 苟振芳：《普通本专科教育发展性别分析报告》，载于《中国社会科学前沿报告》1998 年版。
⑬⑮ 安树芬：《中国女性高等教育的历史与现状研究》，高等教育出版社 2002 年版。
⑭ 张建奇：《我国女性参与高等教育的制约因素与发展趋势》，载于《高等教育研究》1997 年第 4 期。
⑯ 吴媛媛、张晓鹏：《高等教育潜在的性别不公平分析与教育政策思考》，载于《新课程研究（中旬刊）》2010 年第 8 期。

三是女大学生的政治参与研究。胡肖华、谢忠华（2010）[①]在研究中指出，在高校，女生党员比例甚至超过男生。但是，高雅（2012）注意到部分女大学生漠视政治现象、不愿接受思想政治教育、消极被动参与政治活动[②]。

四是女大学生的身心健康状况。研究发现，女大学生心理问题高于男大学生，特别是贫困生和生源地为农村的学生心理问题更为严重[③]。运动群体的女大学生人际关系、自我效能感和心理健康水平显著好于非运动群体[④]，但是女大学生对体育健康教育的总体认识不高，参与意识差，体育行为、素质、能力、习惯与健康教育的要求有相当差距[⑤]。

五是女大学生的社会性别观念研究。有研究者发现，大多数女大学生对传统性别观念表现出认同，如就高不就低的择偶观，担心自己缺乏女性气质等[⑥]。

六是女大学生的婚恋观。多项研究表明，当前大学生恋爱动机呈现出多元化趋势[⑦][⑧]，女大学生的婚姻观是较为理性和成熟的[⑨]。"80"后在婚姻生活中更崇尚民主和平等，追求个人在婚姻生活中的独立地位和自主发展成为主流[⑩]。

七是女大学生法制观念和自我保护能力研究。杨星灿（2006）认为：目前女大学生法律意识水平不高，并且不能自觉地以法律来捍卫自己的正当利益[⑪]。蒋梅（2006）[⑫]、廉启国等人（2012）发现，性骚扰已经成为危害女大学生的生活和身心健康的一个重要因素[⑬]。

总之，上述研究为认识现当代中国高层次女性人才成长规律提供了重要的理论基础和现实材料。

第一，对现状的客观认识依然十分必要，对高层女性人才发展的现状及制约

---

① 胡肖华、谢忠华：《2010 当代女大学生参政意识现状及重构》，载于《辽宁行政学院学报》2010 年第 4 期。
② 高雅：《浅析当代中国女大学生的政治冷漠现象》，载于《法制与社会》2012 年第 12 期。
③ 张晓玲、赵霞、朱庆成：《女大学生心理健康状况调查结果分析》，载于《中国妇幼保健》2007 年第 4 期。
④ 刘海燕、童昭岗、颜军：《运动对女大学生人际关系、自我效能感与心理健康影响的研究》，载于《南京体育学院学报（社会科学版）》2009 年第 4 期。
⑤ 李学武：《重视高校女大学生体育健康教育及培养》，载于《教育与职业》2006 年第 5 期。
⑥ 万琼华：《当代女大学生社会性别意识探析》，载于《邵阳学院学报》2002 年第 5 期。
⑦ 袁瑞宁：《大学生婚恋观现状调查分析——以河北大学为例》，载于《科教文汇（中旬刊）》2009 年第 10 期。
⑧ 武秀杰：《高学历人口婚恋观的对比研究》，浙江大学人口学硕士论文，2009 年。
⑨ 杨艳玲：《当代大学生的婚恋观及其影响因素》，东北师范大学硕士论文，2007 年。
⑩ 陈方：《中国"80"后婚恋价值观研究》，西南交通大学硕士论文，2009 年。
⑪ 杨星灿：《论女大学生法律意识的培养》，载于《当代教育论坛》2006 年第 11 期。
⑫ 蒋梅：《湖南高校女大学生遭受性骚扰现状与对策研究》，载于《妇女研究论丛》2006 年第 4 期。
⑬ 廉启国、左霞云、楼超华：《大学生遭受言语性骚扰及其与健康危险行为的关系》，载于《中国学校卫生》2012 年第 4 期。

因素认识还不够全面，还需要细化。例如，一项对外企白领女性的调查显示，这些女性更受到资本主义工作模式的影响，因为资本主义的工作伦理强调主动性和奋进能力，卓越的领导才能，与男性同事在职业能力要求上没有差别。两性间传统性别角色的要求被淡化，而企业在人员选用上也没有明显的性别歧视，而是对智力型劳动力的理性选择。在这种职业领域，因性别角色没有背负过多的责任感和社会压力，女性与男性实现了某种"平等"，有学者将其称为"性别淹没"，白领女性已经不再关心传统观念中的"好女人"形象，转而关心的是如何实现自我（朱健刚，2001）。

第二，要充分认识影响女性成才因素的复杂性。例如，在工作和家庭关系平衡方面，女性企业管理人才呈现出复杂的状况。对上海女性高管的研究表明，工作和家庭间存在一定冲突，但冲突并不非常显著。在工作压力较大的情况下，女企业家获得家庭理解和支持的力度也相对较大。研究还发现，时间冲突也是上海女企业家面临的一大挑战，但目前造成的负面影响并不明显；相反，转型经济引起的对女性劳动力需求的提高及女企业家较高的个人收入和人力资本投入等因素，有利于提高女性参与经济生活的能力，部分抵消了工作与家庭之间的冲突①。

第三，要充分理解研究成果可能存在的局限性。已有研究方法上多以小样本且方便抽样所得，且往往在某一区域或某一行业取样，得出的结论无法推论。或者因缺少大规模的实证数据，已有的一些研究成果间可能会出现具有矛盾性的结论，这种矛盾性主要是由于样本的局限性所致。在研究方法上，应当运用问卷调查、深度访谈；还要运用包括事件史分析、叙事研究、话语分析和民族志在内的方法，更全面深入把握女性高层人才的成长规律。

第四，我国正处于转型社会，不少研究停留在单向因果关系上，缺少多变量和动态研究。因此要加入变迁的视角，强调过程性和可变性。

第五，对性别比较研究要加入批判性，避免照搬以男权为主的分析模式。性别批判的视角不仅是看到两性间的差异，更加阐释导致差异的内在机制，探寻其何以发生和演进的路径。

本书力图在前人研究基础上提出更具综合性和跨学科的理论解释。

---

① 沈开艳、徐美芳：《上海女企业家工作家庭冲突关系的实证分析》，载于《上海经济研究》2009年第6期。

第二篇

影响女性高层次人才成长的关键因素

第二篇共分四章,是本书的重要和核心的研究成果。研究认为,女性高层次人才成长的关键因素主要有以下四个方面。

第一,女性高层次人才要有人力资本、经济资本、社会资本和身心资本的长期和优质的积累。第五章论述了女性高层次人才各类资本的情况,特别是在人力资本方面尤其突出,有四成高层女性"一肩多挑",女性专业技术人才更易向党政人才和经营管理人才发展。女性高层次人才拥有重要的人力资本、经济资本和社会资本,在身心健康和自信等方面高于一般职业女性,多与男性高层次人才比肩。

第二,女性高层次人才区别于一般职业女性的优秀品质在于她们拥有现代的性别平等意识,以自信的心态驰骋职场。第六章论述了女性高层次人才比男性高层人才和一般女性具有更为现代的性别平等意识,特别是其家庭性别角色分工的意识更现代和平等。女性高层次人才出生的时代、党员身份和职业经历对其性别观念的形成有重要影响;两性高层人才性别观念的差异不受教育程度和父母教育程度的影响;而更多地受到其现实性别角色实践的影响。女性高层次人才虽然承担照顾孩子的责任,但她们比那些观念传统的女性更能积极地寻找父母、市场和组织的支持,较好地平衡工作和家庭的关系。

第三，性别友好型的组织环境，即女性领导和女性成员至少占到1/3的性别组织环境是女性高层次人才成长的基础。第七章的研究表明，当单位领导班子中女性比例达到30％及以上的时候，单位性别歧视现象显著少于没有女性领导的情况，也显著少于女性领导比例不足30％的情况。这表明，30％作为组织的性别环境的临界规模对减少单位性别歧视现象的有效性，它在经济、政治和研究领域中均有作用，在体制内外也有影响，但存在程度上的差异。这一发现验证了临界规模理论，为在政策设计中增加领导班子中的女性比例提供了支持。

第四，女性高层次人才具有平衡工作和家庭的能力与智慧。第八章论述了女性高层次人才具有的兼顾事业和家庭的能力与智慧，她们是工作和家务时间付出最多的人。女性高层次人才采用"智慧的角色—时间分配模式"，用自身劳动和智慧平衡工作和家庭关系。这表明，传统的对女性家庭角色的要求依然在限制女性发展，女性要在职场上发展需要找到平衡工作和家庭角色的办法。家务劳动依然限制女性职业发展，女性高层次人才只有采用智慧方法划清工作和休闲、工作和家庭的时间与角色边界，做到工作和家庭两不误。

第五章

女性高层次人才的资本积累

高层人才在诸多资本方面有重要积累,其人力资本、经济资本、社会资本和身心状态等具有明显优势,这些优质资本与女性的职业成长互为因果。使用问卷数据分析女性高层次人才拥有的诸多资本的状况,并通过性别、人才类型和一般职业女性的比较分析了女性高层次人才在资本积累形成上具有的优势。

一、女性高层次人才具有多种人才优势

(一)女性高层次人才具有"一肩多挑"的能力

数据表明,四成高层女性"一肩多挑",女性专业技术人才更易向党政人才和经营管理人才发展。女性人才具有三重职业身份的占9.5%。"双肩挑"女性人才为587人,占29.5%,单一型人才为61%。这说明有近40%的高层女性人才集政治、经济或文化精英于一身(见表5-1)。

表5-1　　　　　样本高层人才类型分布和性别分布　　　　单位:%

人才类型	男性	女性	合计
企业经营管理人才	25.9	22.5	24.3
专业技术人才	37.3	42.6	39.7

续表

人才类型	男性	女性	合计
党政人才	36.8	34.9	35.9
总计（人）	2 335	1 989	4 324

从人才结构看，专业技术领域的女性人才具有更多的发展机会。

从调查时的职务看，在党政人才中，具有副县处级及以上行政职务的970人，占45.6%；具有高级专业技术职称的1 174人，占55.1%；企业负责人或大中型企业高中层管理人员551人，占25.9%。女性高层次人才中有不少人具有双重或三重身份：其中354人具有副县处级及以上职务和副高级以上专业技术职称，占16.7%；117人具有副县处级及以上职务和企业高管的身份，占5.5%；169名企业高管具有副高级以上专业技术职称，占7.9%；有74人同时兼具三类高层人才身份，占3.4%。

（二）女性高层次人才相对年轻

在年龄分布方面，女性高层次人才平均年龄为45.8岁，55岁以上者比例低于男性。高层女性的平均年龄为45.8岁，其中，29岁以下占2.9%，30~39岁占20.0%，40~49岁占37.1%，50~54岁占28.6%，55岁以上占11.4%。分性别高层人才年龄分布显示（见图5-1），相对男性，高层女性的年龄结构相对偏低，特别是55岁以后，高层女性的比例明显下降，这与高层女性的退休年龄早于男性有关。

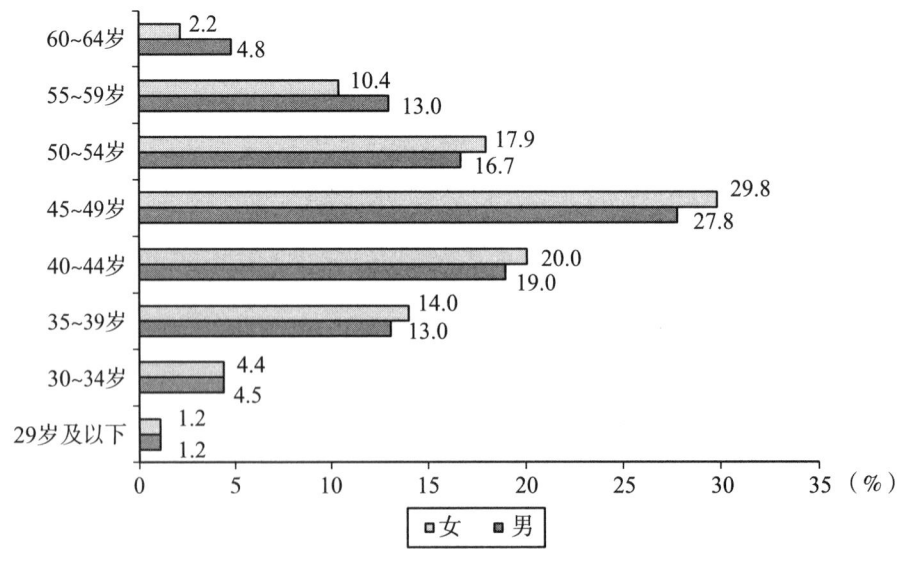

图 5-1 分性别高层人才年龄分布

（三）女性高层次人才中的民族分布接近平均状况

女性高层次人才的民族分布基本与人口中少数民族比例持平。在 1988 个高层女性中，少数民族占 8.5%；汉族占 91.5%。调查显示，在 236 名担任副地市级及以上职务的女性中，有 31 人是少数民族，占 13.1%，略高于女性人才中的少数民族比例。高层男性中少数民族的比例为 9.5%。非高层女性中少数民族的比例为 9.1%。

（四）女性高层次人才的职业生涯起点较高

职业生涯（occupational career 或 work career）研究也称为工作史（work history）研究，它是对社会行动者通过职业所占有的一系列社会地位的连续性考察。从过程上看，它包括了职业发展计划、职业策略、职业进入、职业流动与升迁及最终的职业位置。以专业技术人才和党政干部人才为主要研究对象，侧重考察其职业进入（初职获得）、职业流动与最终职业位置间的关系，并通过两性职业生涯特点的比较，探讨影响两类人才目前地位获得的各类因素，并进一步总结影响女性高层次人才成长的主要因素。

1. 初始职业的状况

统计表明，不同性别的专业技术人才和党政人才在其进入的第一个职业上具有显著差异（交互分析卡方检验结果的显著性 Sig. 均小于 0.01）。专业技术人才的初职，77.9% 为专业人员，其初职与目前的职业身份相比具有很高的稳定性，即只有 22.1% 的人是从其他职业转换或流动而来。相比于男性，女性专业技术人才初始职业为专业人员的比例更高，达到了 82.0%。

党政人才的初职为专业人员的比例最高，占 32.7%；其次是办事人员，占 28.8%；再次是管理人员，占 17.2%，为工人和农业劳动者的比例合起来占 12.2%；还有 8.4% 为军人。两性比较而言，男性中有相对较大比例的人初职为军人，占男性党政人才的 12.6%，而女性初始职业为专业人员和管理人员的比例则显著高于男性（见表 5-2）。

2. 初始职业获得方式

专业技术人才与党政人才的初始职业获得方式有着显著不同（$p = 0.000$），68.9% 的党政人才初始职业获得是通过劳动/人事/组织部门的安排，比专业技术人才依靠此方式获得初职的比例高 24.6%。从进一步的分析看，男性党政人才和女性党政人才在初职获得方式上看并没有显著差异，同样，专业技术人才的初职获得也没有性别差异（见表 5-3）。

表5-2　　　　分性别专业技术人才与党政人才初始职业结构　　　　单位：%

人才类型	性别	管理人员	专业人员	办事人员	工人	农业劳动者	军人	说不清	合计
专业技术人才 （N=1 678）	男	7.2	73.9	6.6	5.9	4.1	2.2	0.1	100
	女	5.3	82.0	4.4	4.5	3.5	0.2	0.1	100
	小计	6.3	77.9	5.5	5.2	3.8	1.3	0.1	100
党政人才 （N=1 516）	男	15.4	30.0	30.2	7.3	3.8	12.6	0.7	100
	女	19.5	36.1	27.1	6.3	7.2	3.4	0.4	100
	小计	17.2	32.7	28.8	6.9	5.3	8.4	0.6	100
合计		11.5	56.5	16.6	6.0	4.5	4.7	0.2	100

表5-3　　　　分性别高层人才初始职业获得方式　　　　单位：%

人才类型	性别	劳动/人事/组织部门安排/调动	求职/应征/应聘/竞聘	自己创业	亲友介绍/帮助安置	参军入伍	其他	合计
专业技术人才 （N=1 678）	男	44.3	7.3	0.4	0.7	0.2	47.1	100.0
	女	40.2	6.2	0.2	0.7	0.5	52.2	100.0
	小计	42.3	6.8	0.3	0.7	0.4	49.6	100.0
党政人才 （N=1 516）	男	68.4	13.9	0	0.5	1.2	16.1	100.0
	女	69.4	10.7	0	1.2	1.8	17.0	100.0
	小计	68.9	12.4	0	0.8	1.4	16.5	100.0
合计		55.0	9.5	0.2	0.8	0.9	33.8	100.0

3. 初始职业的年龄

党政人才开始第一个工作时的年龄平均为20.1岁，比专业技术人才早工作一年半左右，两者具有显著差异（t=15.18，Sig.=0.000）。进一步数据分析显示，不同性别的专业技术人才初始职业的年龄没有差异（t=1.57，Sig.=0.06），但是女性党政人才相比于男性而言，其开始工作的年龄显著早一些（t=3.15，Sig.=0.001）。

如果将初始职业的平均年龄与初婚年龄进行比较，则发现高层人才基本上遵循的是"先工作、后结婚"的原则，大约在工作4年后初婚（见表5-4）。

表 5-4　　　　　　　分性别高层人才初始职业年龄与初婚年龄

人才类型	性别	开始初职时年龄（岁）	有效样本（人）	初婚年龄（岁）	有效样本（人）
专业技术人才（N=1 678）	男	21.7	855	26.8	856
	女	21.5	834	25.5	812
党政人才（N=1 516）	男	20.3	848	26.3	851
	女	19.9	683	25.3	683
合计		20.1	1 531	25.9	1 534

4. 初始职业的教育经历

从开始初职时接受正规学校教育的时间看，两性之间没有显著差异，但是两类人才之间有显著不同，专业技术人才开始初职时的平均受教育年数（15.1 年）比党政人才（13.1 年）高两年。

从求学各个时期担任班干部的经历看，在小学、初中和高中阶段，两性之间、两类人才之间都存在显著差异。表现为：（1）在小学、初中和高中阶段，无论是专业技术人才还是党政人才，女性担任班干部的比例高于男性；（2）大学阶段，对于专业技术人才而言，男性担任过班干部的比例显著高于女性，对于党政人才而言，女性担任过班干部的比例显著高于男性。

工作之后，两类高层人才都接受过不同形式的在职教育，那些接受过在职教育的高层人才，其在职教育的时间并没有表现出性别化的差异，不过，相比较而言，党政人才工作后接受在职教育者的比例显著高于专业技术人才（见表 5-5）。

表 5-5　　　　　　　分性别高层人才开始初职时教育经历

人才类型	性别	有效样本（人）	平均受教育年数（年）	担任班干部经历（%）				工作后在职教育	
				小学	初中	高中	大学	占比（%）	年数
专业技术人才（N=1 678）	男	870	15.1	60.1	68.9	60.8	53.7	53.89	1.1
	女	845	15.0	72.2	74.1	67.1	32.6	53.66	1.2
	小计	1 715	15.1	66.0	71.5	63.9	46.1	53.80	1.1
党政人才（N=1 516）	男	856	13.2	65.5	70.7	64.8	46.6	71.4	1.2
	女	691	13.1	71.5	77.5	70.5	63.6	73.9	0.9
	小计	1 715	15.1	68.2	73.7	67.3	49.3	71.79	1.1
合计		1 547	13.1	67.1	72.5	65.5	53.3	62.7	1.1

(五) 女性高层次人才的职业晋升

1. 女性党政人才的晋升略快于男性

从晋升来看，女性高层次人才得到晋升的时间与男性基本相同，但党政人才与专业技术人才在晋升时间上有一定差异。在党政人才中，女性高层次人才晋升时间略快于男性，女性行政人员每一层级的晋升时间平均为6.51年，标准差为3.76年，男性平均为6.93年，标准差大于女性为4.12年。从正科级向副处级的晋升上时间比男性约快了1年。但从处级向正司局级的晋升上，男性比女性快了1年（见表5-6）。

表5-6 不同性别党政人才由上个级别晋升到目前行政级别时间

行政级别	性别	均值（年）	样本（人）	标准差（年）
副科级	男	7.70	57	4.17
	女	7.36	14	5.98
	总计	7.63	71	4.54
正科级	男	6.70	105	4.63
	女	5.70	20	3.95
	总计	6.54	125	4.53
副县处级	男	6.61	273	4.35
	女	5.80	255	3.35
	总计	6.22	528	3.92
正县处级	男	7.12	189	4.33
	女	6.48	174	3.32
	总计	6.81	363	3.89
副地市局级	男	6.75	102	2.93
	女	6.57	104	3.11
	总计	6.66	206	3.02
正地市局级及以上	男	7.52	95	3.41
	女	8.45	97	4.94
	总计	7.99	192	4.27
总计	男	6.94	821	4.13
	女	6.52	664	3.76
	总计	6.75	1 485	3.97

女性党政人才（有效样本 785 人）目前各行政级别分布为：副科级 10.2%，正科级 6.8%，副县处级 34.1%，正县处级 22.7%，副地市局级 13.8%，正地市局级 12.4%。由低一级行政级别晋升到上述行政级别所花的时间及晋升时的平均年龄依次为：副科级 7.2 年，35.3 岁；正科级 6.4 年，39.6 岁；副县处级 5.8 年，39.4 岁；正县处级 6.5 年，43.9 岁；副地市局级 6.6 年，45.3 岁；正地市局级 8.5 年；51.0 岁。

男性党政人才（有效样本 1 085 人）目前行政级别情况如下，副科级 19.2%，正科级 19.9%，副县处级 24.9%，正县处级 17.4%，副地市局级 9.7%，正地市局级 8.9%。由低一级行政级别晋升到上述行政级别所花的时间及晋升时的平均年龄依次为：副科级 8.2 年，37.1 岁；正科级 6.2 年，39.4 岁；副县处级 6.5 年，40.4 岁；正县处级 7.1 年，44.7 岁；副地市局级 6.8 年，45.8 岁；正地市局级 7.4 年，49.8 岁。

2. 女性专业技术人才的职称晋升略慢于男性

从专业技术人才的职称晋升看，女性平均晋升一级的时间为 6.8 年，略长于男性，也略长于女性行政人才的晋升时间；男性为 6.75 年，略快于男性行政人才晋升的时间。分析发现，女性在中级职称和正高级职的晋升上所用时间比男性略短，在这两个级别上，女性间的标准差远比男性间的标准差小。而在副高级职称上，女性与男性的标准差相似，这种均值"两头快，中间慢"、女性标准差"两头小"的现象提示出可能女性能否进入副高级职称是晋升的"瓶颈"（见表 5-7）。

表 5-7　分性别专业技术人才从上次到目前职称的晋升时间

职称级别	性别	均值（年）	样本（人）	标准差（年）
中级职称	男	6.58	24	4.22
	女	6.33	12	3.73
	总计	6.50	36	4.01
副高级职称	男	6.72	529	3.27
	女	6.85	520	3.21
	总计	6.78	1 049	3.24
正高级职称	男	6.82	255	3.72
	女	6.74	242	2.64
	总计	6.78	497	3.24
总计	男	6.75	808	3.44
	女	6.81	774	3.05
	总计	6.78	1 582	3.25

如果将样本中少量的具有中级职称的专业人才和科级及以下行政级别者看作是高层人才的后备力量，可以发现女性专业技术人才（有效样本1 304人）开始工作的平均年龄为21岁，其时平均受教育程度为14.2年，初婚时平均年龄25.2岁，一年后（即26.2岁）第一个孩子出生。观察期内，全部案例中25%的人在13年内晋升到副高级职称，50%的人在18年内晋升为副高级职称，75%的人在26年内晋升到副高级职称。25%的人在28年内晋升到正高级职称。女性专业技术人才目前的职称分布状况是：中级28.2%，副高级49.8%，正高级22.3%。

男性专业技术人才（有效样本1 319人）开始工作的平均年龄为22岁，其时平均受教育程度为14.5年，初婚时平均年龄26.6岁。观察期内，25%的人在13年内晋升到副高级职称，50%的人在工作后19年内晋升为副高级职称，大多数人（75%）在工作27年内晋升到副高级职称。25%的人在27年内从副高级职称晋升到正高级职称。男性专业技术人才目前的职称分布状况是：中级28.5%，副高级48.1%，正高级23.5%。

二、女性高层次人才具有高水平的多元资本

（一）高水平的人力资本

女性高层次人才具有教育精英的特点，她们在教育方面呈现出受过良好教育，并善于学习的特征。

女性高层次人才中80%以上具有大学本科及以上学历。不包括成人教育，女性高层次人才平均受教育年限为13.8年；具有大学本科及以上教育程度的比例为82.4%，高于男性高层次人才6.3个百分点，并明显高于其他职业女性（见图5-2）。

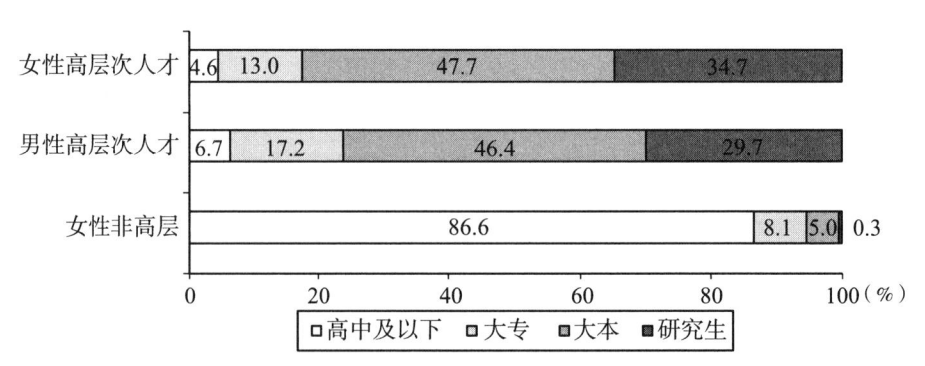

图5-2 女性高层次人才、男性高层次人才与女性非高层教育状况分布

女性高层次人才中有过两次及以上海外访问经历的占26.4%，有过一次海外访问经历的占19.9%，均高于男性的相应比例（20.9%和19.2%）。

女性高层次人才善于利用各种机会学习。她们中有96.4%的人表示具有主动进行知识、技能更新和学习的特点。她们中25.1%的人参加工作以来最长一次培训、进修机会是自己主动争取的，高于男性的20.3%。在毕业后深造方面，有56.9%的女性高层次人才的最后学历/学位是工作以后获得的，略低于男性的62.3%，但远高于女性非高层的13.7%。

超过九成的女性高层次人才希望能够不断学习新的知识技能。在目前最想学的知识或技能类别中，有49.3%的女性高层次人才希望学习"实用技术/职业技能/专业知识"，高于女性非高层的28.8%（见表5-8）。而"什么都不想学"的比例不仅低于男性高层次人才的4.5%，更远低于女性非高层。女性高层次人才具有强烈的学习意识和上进心。

表5-8　　　　　　　目前最想学的知识或技能　　　　　　　单位：%

	女性高层次人才	男性高层次人才	女性非高层
实用技术/职业技能/专业知识	49.3	60.0	28.8
生活知识	15.2	8.2	19.2
子女教育知识	6.5	5.5	14.4
发展兴趣，提高修养	23.7	17.9	6.0
什么都不想学	1.8	4.5	28.9
其他/说不清楚	3.6	3.9	2.8
合计	100.0	100.0	100.0

女性专业技术人才的人力资本优势更突出地表现为学历高（见图5-3）。

（二）女性高层次人才拥有高水平的经济资本

首先，女性高层次人才拥有高水平的职业收入。无论是中位值还是平均值，女性高层次人才的收入略高于男性，这与职业群体的两性收入差明显的状况形成鲜明特点。本次调查显示，同期城乡在业女性的年均劳动收入仅为男性的67.3%和56.0%。女性高层次人才的高收入说明：其一，性别收入差是可以打破的，只有女性的职业地位在结构上达到与男性相当时，性别收入差会明显改观。其二，这表明具有较高职业地位的女性其工作业绩绝不逊于男性。

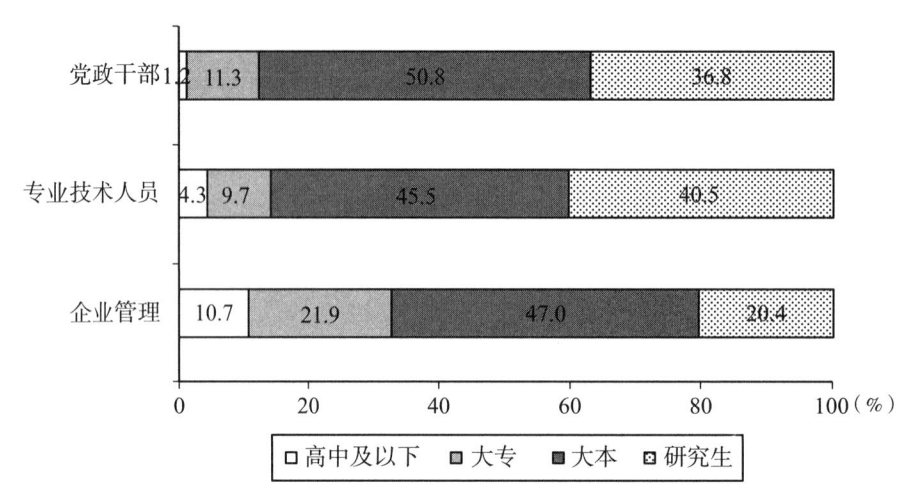

```
党政干部  1.2 | 11.3 |    50.8    | 36.8
专业技术人员 4.3 | 9.7 |   45.5    | 40.5
企业管理     10.7 | 21.9 |   47.0   | 20.4
```

□ 高中及以下　■ 大专　■ 大本　▨ 研究生

图 5 - 3　分人才类型高层女性的教育结构

表 5 - 9　分性别高层人才年平均收入

性别	样本数（人）	年平均收入（元）	标准差（元）	中位值（元）
男	2 068	100 471.3	347 382.8	50 200
女	1 769	101 134.3	370 557.3	56 000

注：数据在计算时去除了收入填写为 0 的数据，下同。

从人才类型看，女性经济管理人才的收入水平最高，其次是专业技术人才，再次是党政人才，企业管理人才的年平均收入远高于其他两类人才群体，而且人才类型间的收入差远大于性别间的收入差。专业技术人才和党政人才的年平均收入的中位值几乎相同，女性党政人才略高于男性。女性专业技术人员的收入低于男性。可以说，女性高层次人才获得了与其职业位置相匹配的经济收入，这意味着只要女性能够进入男性权力垄断的职业，性别间的收入差会被打破（见表 5 - 10）。

表 5 - 10　分类型、分性别高层次人才年平均收入

	总体		党政人才		专业技术人才		企业管理人才	
	女	男	女	男	女	男	女	男
年均收入（元）	101 134	100 471	59 800	56 951	62 110	60 043	247 849	224 626
标准差（元）	370 557	347 383	26 245	271 674	135 275	55 620	759 721	673 032
中位值（元）	56 000	50 200	56 300	50 000	50 000	50 000	100 000	100 000
女/男（均值）	1.0		1.1		1.0		1.1	
N	1 769	2 068	670	693	719	854	380	521

其次，女性高层次人才的收入在家庭收入中占重要位置。

女性高层次人才具有独立的经济地位。她们拥有名下房产的比例达56.6%，比女性非高层高出39.8个百分点；名下有存款的比例达84.1%，比非高层女性高出33.4个百分点；名下有机动车的比例为27.3%，比非高层女性高18.7个百分点（见表5-11）。

表5-11 分性别、分职业地位财产状况 单位：%

	有自己名下房产	有自己名下存款	有自己名下机动车
女性高层次人才	56.6	84.1	27.3
男性高层次人才	61.7	87.4	34.6
女性非高层	16.8	50.7	8.6

她们对家庭的经济贡献很大。表5-12显示，在女性高层次人才的家庭中，认为双方对家庭经济贡献差不多的比例超过一半，远高于男性高层次人才的家庭和女性非高层的家庭。而认为妻子对家庭经济贡献大的比例也达到近两成，远高于其他两类应答者。

表5-12 谁对家庭经济贡献大 单位：%

	丈夫	妻子	差不多	说不清
女性高层次人才	27.0	19.7	52.2	1.1
男性高层次人才	54.5	7.5	37.0	1.0
女性非高层	64.5	7.7	27.3	0.5

（三）女性高层次人才积极地建构社会资本

女性高层次人才不仅在职场拥有人力资本和经济资本，她们拥有更为丰富的社会资本，在参与社会公共事务和社会交往中拥有和建构自身的社会资本。

女性高层次人才在社会公共事务的参与中积累社会资本。

第一，女性高层次人才参加政党的比例较高。高层次女性人才中有近八成是共产党员或民主党派人士。与男性高层次人才的党员比例低了10个百分点；但女性参与民主党派的比例为6.7%，高出男性高层人才3.5个百分点（见图5-4）。

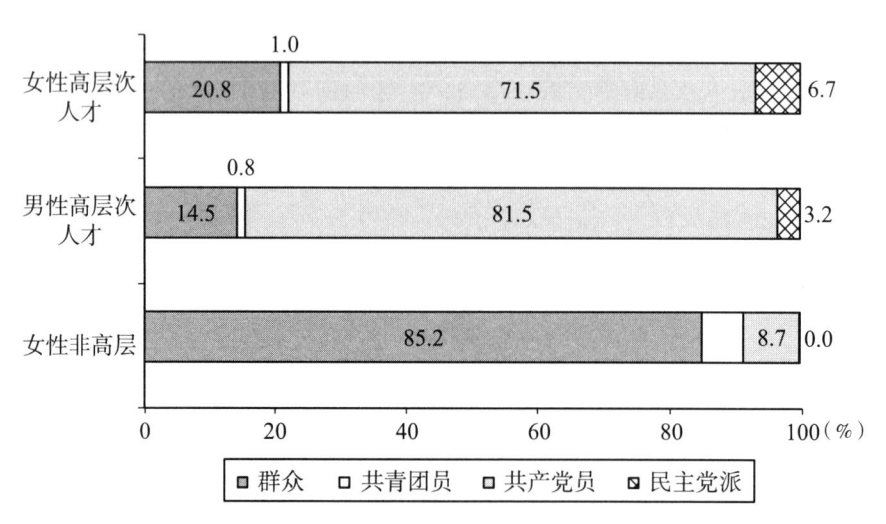

[图表：女性高层次人才、男性高层次人才与女性非高层政治面貌的横向堆叠条形图]

类别	群众	共青团员	共产党员	民主党派
女性高层次人才	20.8	1.0	71.5	6.7
男性高层次人才	14.5	0.8	81.5	3.2
女性非高层	85.2		8.7	0.0

图5-4　女性高层次人才、男性高层次人才与女性非高层政治面貌

第二，女性高层次人才担任人大代表或政协委员比例高。女性高层次人才中有23.3%曾经担任或正在担任人大代表或政协委员，略高于男性。从三类人才来看，党政人才的政治参与率最高，其中女性担任和曾担任人大代表或政协委员会的比例达36.4%，男性则达38.3%。这种状况与党政人才的工作性质有关，说明现当代党政人才兼任人大代表或政协委员会的比例较高。管理人才中两性参与政治事务的比例有一定差异，女性比男性高1倍。专业技术人才的政治参与率最低，女性为9.6%，男性为8.0%（见图5-5）。

[图表：分类型高层次人才参与人大代表或政协委员的性别比较柱状图]

	总体		党政人才		高层专业人才		企业管理人才	
	女	男	女	男	女	男	女	男
正在任期	16.8	12.1	2.2	21.5	5.9	4.3	21.3	10.3
曾经担任	6.5	8.6	9.2	16.8	3.7	3.7	7.6	4.1

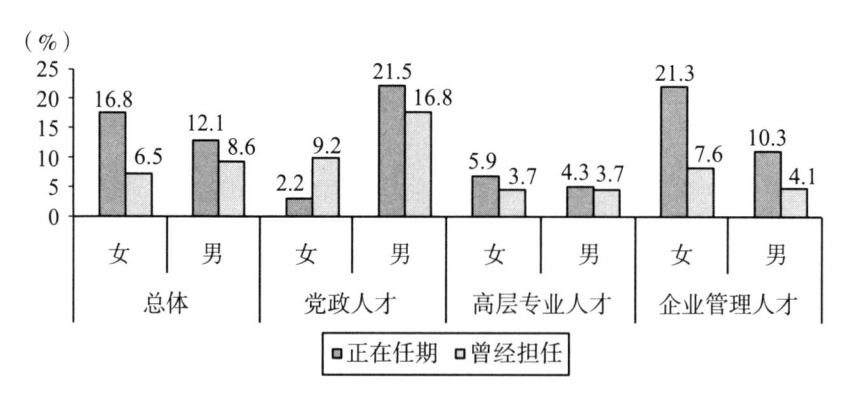

图5-5　分类型高层次人才参与人大代表或政协委员的性别比较

第三，女性高层次人才参与社会事务比例高。人们对社会事务的参与机会和参与程度是发挥公民权，也是社会地位的表征。女性高层次人才积极参与社会事务和公民活动，给所在单位/社区提过建议、通过各种方式向政府有关部门反映情况/提出政策建议、在网上就国家事务/社会事件等发表评论或参与讨论以及主动参与捐款/无偿献血/志愿者活动的比例分别为 67.0%、52.1%、29.2% 和 86.3%，均高于男性，并远高于男性高层次者，后者的相应比例分别是 18.1%、6.4%、4.0% 和 47.5%。女性高层次人才比一般职业女性有更高的政治参与热情（见图 5-6）。

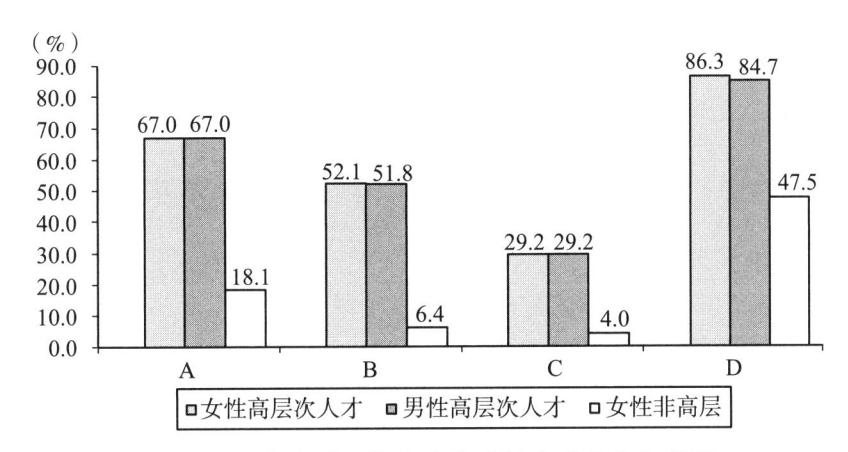

图 5-6 分性别、分人才类型社会事务参与情况

A. 给所在单位/社区提建议；B. 通过各种方式向政府有关部门反映情况/提出政策建议；C. 在网上就国家事务、社会事件等发表评论，参与讨论；D. 主动参与捐款、无偿献血、志愿者活动等。

女性高层次人才中有 27.1% 和 20.2% 的人参与联谊组织和社会公益组织，高于男性，也远高于女性非高层。47.9% 的女性高层次人才参加了相关的专业/行业组织，高于男性的 41.9%，更远高于女性非高层的 1.1%。这些社会参与活动体现了女性高层次人才对社会事务的关注和建立社会支持网络的能力。

第四，女性高层次人才获得荣誉/奖项比例高。女性高层次人才的成就与贡献得到了社会的认可和激励。女性高层次人才工作后得到过各类荣誉/奖项的为 74.7%，比男性高 2.8 个百分点，其中获得国际/国家级的比例高于男性 3.6 个百分点。三类人才存在分化：女性党政人才获奖比例最高；除专业技术领域外，其他两个领域都是女性获得奖励的情况高于男性；女性企业管理人才中获得省部级及以上奖励的比例高于男性 9.6 个百分点。这些说明女性的职业成就不逊于男性，同时说明女性只有干得更出色才能成为精英（见图 5-7）。

（四）女性高层次人才拥有较高的家庭社会资本

从社会分层的角度看，女性高层次人才的出身多为城市，成长环境和社会交往具有一定的社会精英化特点。

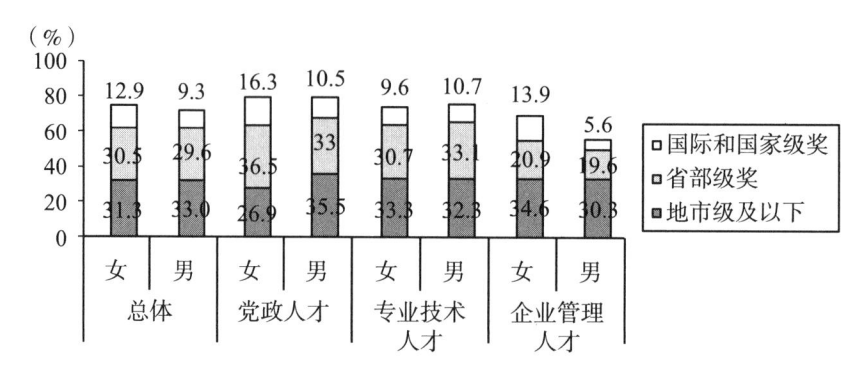

图 5-7　分性别、分人才类型高层次人才获得荣誉/奖项状况

第一，女性高层次人才大多拥有城市的成长环境。女性高层次人才更多地出生于城市，她们中出生地是农村的比例为 20.2%。男性人才出生地是农村的占 42.2%。非高层女性中 67.5% 的出生地是农村（见图 5-8）。

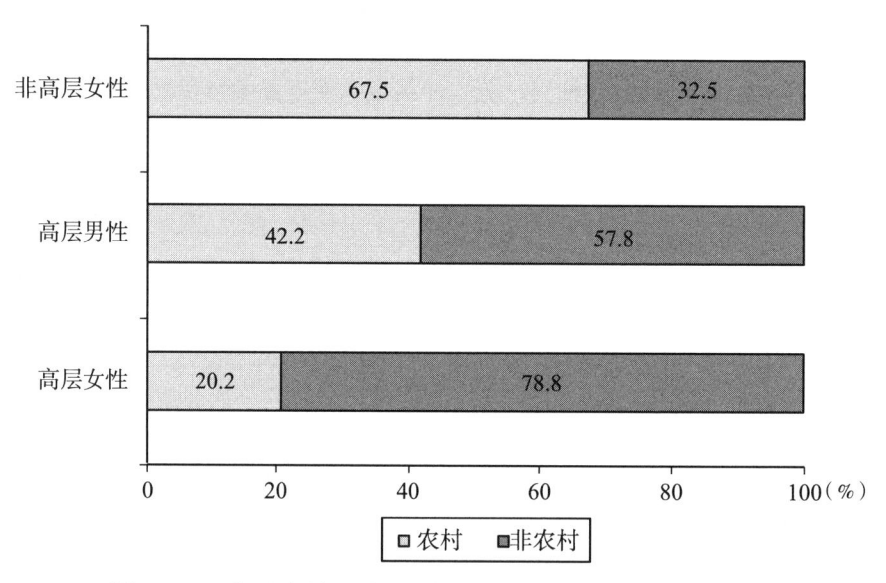

图 5-8　高层女性、高层男性与非高层女性出生地分布

第二，女性高层次人才的父亲文化程度较高。女性高层次人才中父亲文化程度在高中及以上的比例达 55%，高于男性人才 17 个百分点。女性间比较发现，女性高层次人才父亲受教育程度在小学及以下的占 26.6%；非高层女性的父亲受教育程度在小学及以下的达到 64.9%；女性高层次人才父亲受教育程度在大专及以上的达到 27.7%。而非高层女性人才父亲的教育程度在大专及以上的为 3.6%。父亲学历的提升可能有效地作用于女儿的职业发展（见表 5-13）。

表 5–13　高层女性人才、高层男性人才与非高层女性人才父亲的文化程度　　　　单位：%

	高层女性	高层男性	非高层女性
文盲	5.9	14.3	27.9
小学	20.7	29.7	37.0
初中	18.3	18.8	21.2
高中	16.7	12.5	7.9
中专/中技	10.7	8.9	2.4
大学专科	10.7	7.6	2.1
大学本科	16.4	7.8	1.4
研究生	0.6	0.4	0.1
合计	100	100	100

高层次女性人才的成长环境较好。这或许意味着社会对底层女性有较多排斥，那些出身于农村、父母文化程度较低的女性很难晋升；而成长环境较好的女性获得了相对于其他女性更多的机会。

三、女性高层次人才积极的社会交往

第一，社会交往圈与男性差异不大。用"2010年春节前后看望的人中是否有以下人员"来测量高层次人才的社会交往圈。数据显示，女性高层次人才看望的人中有企业主/企业高管、处级干部和高级职称专业技术人员的比例分别比男性高层次人才低 3.9 个、2.2 个和 4.5 个百分点，看望的人中有厅局级及以上干部的比例比男性高层次人才高 0.1 个百分点。具体如表 5–14 所示。

表 5–14　分性别高层次人才 2010 年春节前后看望的人中有下列人员的比例　　　　单位：%

	企业主/企业高管	厅局级及以上干部	处级干部	高级职称专业技术人员
女性高层次人才	26.0	30.5	45.2	48.6
男性高层次人才	29.9	30.4	47.4	53.1

女性高层次人才中有 94.3% 经常与同事、同行交流对工作、专业的想法，与

男性差异不大（95.7%）；84.7%经常把工作中认识的人变成朋友，略低于男性（88.2%）。具体如表5-15所示。

表5-15　　　　　分性别高层次人才工作中交往情况　　　　单位：%

	经常与同事/同行交流对工作/专业的想法				经常把工作中认识的人变成朋友			
	非常符合	比较符合	不太符合	很不符合	非常符合	比较符合	不太符合	很不符合
女性高层次人才	39.1	55.2	5.2	0.5	32.4	52.3	14.6	0.7
男性高层次人才	43.2	52.5	4.0	0.3	33.8	54.4	11.1	0.7

两性交往圈的类型和交往层次的高度相似性说明，高层次人才无性别差异地重视人际间交往，能动地建立社会支持网络。

第二，社会交往圈质量无性别差异。用"需要时能得到下列人员帮助"来测量高层次人才的社会交往圈的质量表明，女性需要帮助时能得到企业主/企业高管、厅局级及以上干部、处级干部和高级职称专业技术人员帮助的比例比男性略低，但差异不大。具体如表5-16所示。

表5-16　　　　　需要时能得到下列人员帮助的比例

	企业主/企业高管	厅局级及以上干部	处级干部	高级职称专业技术人员
女性高层次人才	31.3	30.4	44.2	44.8
男性高层次人才	34.3	32.7	46.6	50.2

第三，私人交往的主动性略逊于男性。女性高层次人才"主动联络看望"领导、同事、客户/合作伙伴的情况不如男性高层次人才高（见表5-17）。

表5-17　　　　　主动联络看望以下各类人员的情况　　　　单位：%

	领导				同事				客户/合作伙伴			
	从不	偶尔	有时	经常	从不	偶尔	有时	经常	从不	偶尔	有时	经常
女性高层次人才	23.4	44.0	25.0	7.6	4.3	24.1	38.6	33.0	28.0	23.6	28.8	19.6
男性高层次人才	19.1	41.1	**26.8**	13.0	3.8	22.9	36.7	36.6	25.1	23.0	27.3	24.7

总之，两性高层次人才在社会交往上具有积极建构社会关系网络的能力，其

社会关系网络的质量较高；两性差异不大。但在建构私人关系上，女性高层次人才的主动性稍逊于男性。

四、女性高层次人才拥有健康和自信

职业发展需要健康的身心，即"身体是革命的本钱"。女性高层次人才的身体状况良好，但承受较多的心理压力。

（一）女性高层次人才身体健康状况良好，但心理压力较大

第一，女性高层次人才对身体健康状况的自评为良好的占71.3%，略低于男性高层次人才，但高于一般职业女性（见图5-9）。

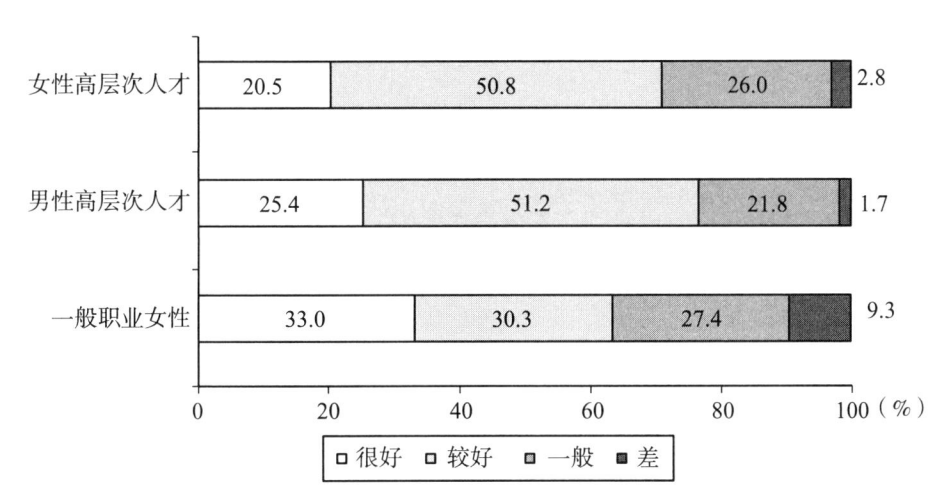

	很好	较好	一般	差
女性高层次人才	20.5	50.8	26.0	2.8
男性高层次人才	25.4	51.2	21.8	1.7
一般职业女性	33.0	30.3	27.4	9.3

图5-9 女性高层次人才、男性高层次人才与一般职业女性的健康自评状况

但是，42.6%的女性高层次人才在最近3年内有身体有病拖着不去看医生的情况，明显高于男性的30.4%，更远高于一般职业女性的17.5%。"工作忙没时间去"是她们不及时就医的主要原因（68.2%），高于男性的61.8%，更远高于一般职业女性的9.1%。

第二，女性高层次人才的心理健康状况相对男性较差。自评的心理健康状况有8道题，包括：最近一个月您是否有过下列情况：A. 睡不着觉（失眠）、B. 觉得身心疲惫、C. 烦躁易怒、D. 容易哭泣或想哭、E. 对什么都不感兴趣、F. 感到很孤独、G. 觉得自己没有用、H. 觉得活着没意思。每个问题提供了四项选择：没有、偶尔、有时、经常。将上述各选项的评分依次定为0分、1分、2分、3分，分数越高说明越不健康。数据表明，女性高层次人才的心理健康

平均得分为 4.1 分，显著高于男性高层次人才（2.9 分），与一般职业女性（4.0 分）接近。

第三，女性高层次人才享有较好的健康保障。女性高层次人才具有较好的医疗条件和健康理念。她们的全面健康体检费用有近八成是全部免费/报销，与男性高层次人才相差不大，远高于一般职业女性（见表 5-18）。即女性高层次人才的医疗福利较好。

表 5-18　　　　最近一次全面的健康体检费用来源情况　　　　单位：%

	全部免费/报销	部分自费	全部自费	记不清
女性高层次人才	77.9	11.5	9.2	1.4
男性高层次人才	79.7	8.8	10.5	1.0
一般职业女性	40.8	14.5	37.4	7.4

当遇到疾病时，她们中的 83.9% 选择到正规医院就诊，比一般职业女性高 30.6 个百分点，也比男性高层次人才高出 22.8 个百分点（见表 5-19）。

表 5-19　　　　　　　　疾病治疗场所　　　　　　　　单位：%

	正规医院	私人诊所、村/社区/单位卫生室	自己到药店买药治	没去治疗
女性高层次人才	83.9	0.0	12.9	3.2
男性高层次人才	61.1	5.6	33.3	0.0
一般职业女性	53.3	16.3	19.8	10.6

（二）女性高层次人才具有较高的自我评价

女性高层次人才的自我评价较高。她们中"对自己的能力有信心"、"很少依赖他人，主要靠自己"的比例均显著高于一般职业女性，与男性高层次人才差别不大。"经常觉得自己很失败"的比例虽略高于男性高层次人才，但远低于一般职业女性。女性高层次人才中认为"女人的能力不比男人差"的比例也高于女性非高层和男性高层次人才。这些对自我的积极和肯定性评价显示女性高层次人才在职业成就中获得了自信。具体如表 5-20 所示。

表 5-20　　　　　　　　自我与自己性别的评价　　　　　　　单位：%

	对自己的 能力有信心	很少依赖他人， 主要靠自己	经常觉得自己 很失败	女人的能力 不比男人差
女性高层次人才	94.9	93.7	9.0	91.7
男性高层次人才	97.3	93.3	7.3	85.4
女性非高层	86.8	88.7	18.5	84.5

（三）女性高层次人才深感工作压力

最近3个月女性高层次人才感到"压力较大"和"压力很大"的比例为46.0%和9.9%，要高于男性高层次人才（见图5-10）。

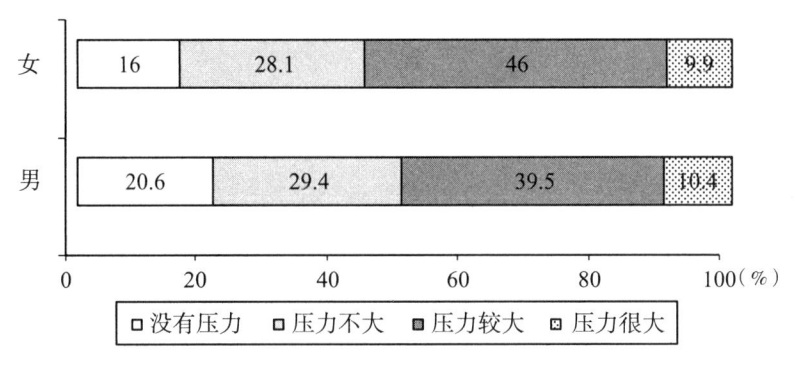

女　| 16 | 28.1 | 46 | 9.9 |
男　| 20.6 | 29.4 | 39.5 | 10.4 |

□没有压力　□压力不大　■压力较大　□压力很大

图5-10　分性别高层次人才压力感

两性压力源不同。男性高层人才更多承受经济压力，女性高层次人才更多承受来自家庭与工作之冲突的压力。即两性的压力有社会性别角色的符号意义。具体如表5-21所示。

表 5-21　　　　　　　　压力来源的性别差异　　　　　　　　单位：%

	男	女
工作量太大或工作难度大	52.5	47.5
工作没有发展前途	50.4	49.6
单位人际关系复杂	41.1	58.9
家庭关系紧张	63.6	36.4
工作家庭冲突	29.8	70.2

续表

	男	女
身体不好	48.6	51.4
家庭经济压力大	68.0	32.0
其他	35.7	64.3

总之，女性高层次人才拥有重要的人力资本、经济资本和社会资本，在身心健康和自信等方面高于一般职业女性，多与男性高层次人才比肩。

第六章

性别平等观推动女性向顶层发展

本章指出，拥有了各类高水平资本的女性具有更好的职业发展，但其重要的基础是拥有性别平等的观念。女性高层人才比男性高层人才和一般职业女性具有更为现代的性别平等意识，特别是其家庭性别角色分工的意识更现代和平等。女性高层人才出生的时代、党员身份和职业经历对其性别观念的形成有重要影响；两性高层人才性别观念的差异不受教育程度和父母教育程度的影响；而更多地受到其现实性别角色实践的影响。女性高层人才虽然承担照顾孩子的责任，但她们比那些观念传统的女性更能积极地寻找父母、市场和组织的支持，较好地平衡工作和家庭的关系。

性别观念也称为性别角色观念（gender role attitudes）或性别意识形态（gender ideology），它是人们价值观的一部分，是人们有关男人和女人应当有怎样的社会规范、扮演什么样的社会角色以及有怎样的相互关系的信仰和看法。性别观念决定着人们如何看待男人和女人在家庭和工作间的时间、情感和责任的分配。传统性别角色观念建立在公私领域二元分隔的文化上，将工作的责任和义务更多地分配给了男性，将家庭的责任和义务更多地分配给了女性，导致了人们在观念上认为男性应更多地将时间、情感和责任投入到工作中，而女性则更应当关注家庭，将时间、情感和责任投入到家庭中。这种公私二元分隔的性别观念导致了在工作领域男性被赋予了优先性，而女性则自然地被划归到家庭，其工作成就变得不那么重要了。现代性别观念是打破传统的、公私领域二元分隔界限的、男女平等的理念，是相信女性同样可以在事业上大展宏图，男性也同样要分担家庭责任，这才能够保障两性在家庭和事业上均衡发展。

性别观念深入地影响着人们的行为。研究发现，人们的性别观念对人们的劳动参与和收入有影响，且这种影响是性别分化的，女性而非男性的性别观念对其参与有酬劳动和收入水平有显著影响[1]。一项28个国家的调查研究发现，已婚男女的性别平等意识对其收入皆有正向影响；同时，女性之间存在差异，有性别平等意识的女性比观念传统的女性有更高的收入[2]。我国的情况怎样呢？我国对性别观念的研究多是对性别平等认知的介绍[3][4]，或侧重对某一范围内对性别观念的统计描述[5][6][7][8]，缺少具体的性别观念与行为间关系的性别比较研究。

一、研究假设和数据说明

（一）研究假设

通过高层次人才性别间和职业地位间的比较研究，分析女性高层人才的性别观念对其事业成功的影响。高层人才，是指那些在职业领域拥有权威的人。2010年，胡锦涛总书记在全国人才工作会议上强调要统筹党政人才、企业经营管理人才、专业技术人才、高技能人才、农村实用人才、社会工作人才等人才队伍建设。选取了党政人才、企业经营管理人才和专业技术人才。党政人才是副处（县）级及以上干部；企业经营管理人才是民营企业家和大中型企业部门以上经理等；专业技术人才是具有副高级以上技术职称的人员。

假设1：性别观念与人才成长有正向关系；

假设2：女性高层人才是最具现代平等性别观念的群体，平等的性别观念支持女性的职业发展；

---

[1] Corrigall EA. & Konrad AM, *Gender role attitudes and careers: a longitudinal study*, Sex Roles, 2007, 56, 847 – 855.

[2] Stickney LT. & Konrad AM., *Gender role attitudes and earnings: a multinational study of married women and men*, Sex Roles, 2007, 57, 801 – 811.

[3] 李国华：《人类性别意识的演变及趋势》，载于《中华女子学院学报》1999年第3期。

[4] 张利利：《家庭事务分配与女性性别意识研究》，载于《社会心理科学》2008年第2期。

[5] 畅引婷：《高校教职工的性别角色定位及其影响——对山西师范大学教职工性别意识的调查与分析》，载于《山西师范大学学报》2005年第3期。

[6] Shu Xiao ling, *Education and Gender Egalitarianism: The Case of China*, Sociology of Education, 2004, 77 (4): 311 – 336.

[7] 石红梅、叶文振、刘建华：《女性性别意识及其影响因素——以福建省为例》，载于《人口学刊》2003年第2期。

[8] 左志香：《当代女高中生的性别意识探析——对武汉市400名高中生的调查》，载于《青年研究》2007年第9期。

假设3：具有现代平等的性别观念的女性能够更好地平衡工作和家庭的关系。

（二）调查和数据说明

研究以两个调查问卷的数据为基础，两份问卷使用了相同的性别观念的内容。一是高层人才调查问卷，称为"高层人才卷"。这一调研从2010年初进行问卷设计，2010年12月1日开始调查。调查了党政人才、专业技术人才和企业经营管理人才，并依此三类进行抽样，抽样分为两部分：一是按定比抽取原则，在全国31个省市对三类人才进行调查，抽样方案为：三类人才男女各按照1:1:1的比例抽取，每省抽126人，每类人才42人，其性别比例为1:1，各类人才的性别比例也是1:1。按此种方法在全国得到了3 626个样本。二是在第三期中国社会妇女地位调查的入户调查中，按照随机抽样的原则，让符合高层人才条件的调查对象在填写主问卷的同时填写"高层人才卷"，用这一方法得到高层人才1 020个样本。两种方法加总后，经过对职业和收入变量的严格检测，剔除了不合格样本713个。共得到高层人才样本4 324人，其中男性为2 336人，占54.02%，女性为1 988人，占45.98%。此外还使用了第三期中国妇女地位调查数据用于比较。

（三）性别观念的测量

对性别观念的测量集中分析人们对私人领域性别分工的态度，即对家庭性别角色分工的态度，测量的问题有："男人应该以社会为主，女人应该以家庭为主"、"挣钱养家主要是男人的事情"、"丈夫的发展比妻子的发展更重要"3题。问卷中每个问题提供了5项选择：非常同意、比较同意、说不清楚、不太同意、很不同意。我们将上述各选项的评分依次定为5分、4分、3分、2分和1分，其顺序和分数代表了从传统观念即性别不平等的观念到现代观念即性别平等观的打分，分值高低反映了性别角色观念由传统到现代的变化。得分最高为5分，分数越接近5，就越代表着传统性别观念；得分越低，越代表着现代平等的性别观念。

二、女性高层人才更多地具有现代的平等性别观念

（一）高层人才性别观念的性别比较

对两性高层人才的家庭内性别角色分工的态度的比较分析发现，不同意"男人应该以社会为主，女人应该以家庭为主"说法的女性高层人才为76.8%，比

男性高层人才多出了 18.6%（见表 6-1）。

表 6-1　"男人应该以社会为主，女人应该以家庭为主"

态度	女性	男性
非常同意	4.0	8.9
比较同意	17.9	31.3
说不清楚	1.3	1.6
不太同意	53.2	47.5
很不同意	23.6	10.7
总数（人）	1 985	2 328

注：统计检验的卡方 = 230.54，显著性 = 0.000。

男性高层人才更加认同"挣钱养家主要是男人的事情"，认同率达 40.4%，而女性仅为 19.3%（见表 6-2）。而女性高层人才有 79.3% 的人反对这一说法的比例比男性高层人才多出 20.6%。

表 6-2　"挣钱养家主要是男人的事情"

态度	女性	男性
非常同意	4.2	10.2
比较同意	15.1	30.2
说不清楚	1.4	1.0
不太同意	57.1	48.2
很不同意	22.2	10.5
总数（人）	1 982	2 326

注：统计检验卡方 = 265.34，显著性 = 0.000。

"丈夫的发展比妻子的发展更重要"的观念是有关性别比较的，是比较尖锐的问题。女性高层人才约有 1/3 同意这一观念；但依然有 63.5% 反对这一观念（见表 6-3），比男性高出 8.1%，但比前两种态度反对的声音要少一些。

表 6-3　两性高层人才与"丈夫的发展比妻子的发展更重要"

态度	女性	男性
非常同意	7.2	11
比较同意	27.4	31.4

续表

态度	女性	男性
说不清楚	1.9	2.2
不太同意	47.2	45.6
很不同意	16.3	9.8
总数（人）	1 982	2 326

注：统计检验卡方 = 59.734，显著性 = 0.000。

从表6-1~表6-3可以看出，高层人才中女性在家庭内性别角色分工的观念上反对"男主外，女主内"的传统思想，具有现代的平等性别意识。将表6-1~表6-3的"家庭内性别角色分工观念"加以汇总和标准化，以0.5为分界线，分数在0.5以上的为传统性别角色分工的观念，分数越高说明观念越传统；0.5以下为现代性别角色分工的观念，分数越低说明观念越现代。结果表明，女性高层人才的家庭内性别角色分工观念的分数为0.4；男性为0.5；虽然高层人才的性别角色分工观念都趋于现代，但女性高层人才的性别观念更具有平等意识。

（二）女性间性别角色分工观念的职业比较差异

第三期中国妇女社会地位调查范围是18~64岁的中国公民，对女性高层人才和一般女性职业者进行比较，关注女性高层人才性别观念与非高层人才的公民[①]之异同。

研究发现，非高层女性认同传统性别分工的比例高达54.9%；反对的比例为43.6%；而高层女性则有76.8%的反对比例，高出了33.2%（见表6-4、表6-5）。

表6-4　　对"男人应该以社会为主，女人应该以家庭为主"观念的认识

单位：%

态度	高层女性	高层男性	非高层女性	非高层男性
非常同意	4.0	8.9	16.2	18.7
比较同意	17.9	31.3	38.7	42.4
说不清楚	1.3	1.6	1.6	1.5

[①] 非高层人才的公民不含高层人才，我们将这一样本中的高层人才归于高层人才的样本中。

续表

态度	高层女性	高层男性	非高层女性	非高层男性
不太同意	53.2	47.5	34.2	30.9
很不同意	23.6	10.7	9.4	6.5
总数（人）	1 985	2 328	13 124	12 321

表6-5　简化"男人应该以社会为主，女人应该以家庭为主"观念的认识　　单位：%

态度	高层女性	高层男性	非高层女性	非高层男性
认同的	21.9	40.2	54.9	61.1
说不清的	1.3	1.6	1.6	1.5
反对的	76.8	58.2	43.6	37.4
总数（人）	1 985	2 328	13 124	12 321

对"挣钱养家主要是男人的事情"这一观念，非高层女性的认同比例为52.8%；反对的比例为46.1%；高层女性反对的比例达79.3%，高出33.2%。具体如表6-6所示。

表6-6　对"挣钱养家主要是男人的事情"观念的认识

态度	高层女性	高层男性	非高层女性	非高层男性
非常同意	4.2	10.2	18.7	21.4
比较同意	15.1	30.2	34.1	38.1
说不清楚	1.4	1.0	1.2	1.1
不太同意	57.1	48.2	37.5	32.9
很不同意	22.2	10.5	8.6	6.5
总数（人）	1 982	2 326	13 124	12 312

在非高层群体中，女性比男性更传统的性别观念，其认同率达到57.9%（见表6-7）；而反对的比例在女性高层人才中达63.5%；而非高层女性则为39.2%。

表6-7　　对"丈夫的发展比妻子的发展更重要"观念的认识

态度	高层女性	高层男性	非高层女性	非高层男性
非常同意	7.2	11.0	19.2	18.8
比较同意	27.4	31.4	38.7	38.0
说不清楚	1.9	2.2	2.9	2.2
不太同意	47.2	45.6	32.2	34.1
很不同意	16.3	9.8	7.0	6.2
总数（人）	1 982	2 326	13 124	12 312

女性高层人才的性别观念比起一般职业女性更具现代平等意识和独立精神。

（三）女性高层人才具有现代平等的性别角色分工的观念

将上述表6-1~表6-7的内容汇总和标准化，得出有关家庭内性别角色分工观念的分数，分数越高表明观念越传统。

以系数0.5为传统与现代家庭内传统与现代性别角色分工观念的分界线。研究发现，第一，女性高层人才的家庭内性别角色分工观念是最为现代平等的观念，其得分低于男性高层人才，并远低于一般人群。第二，男性高层人才的家庭内性别角色观念虽然略比女性高层人才显得传统些，但依然是具有现代平等趋向的。第三，在一般人群中，男性有关家庭内性别角色分工的观念最为传统。第四，同为女性，女性高层人才与女性人般人群相比，其观念要平等得多，高于0.2个百分点。具体如表6-8所示。

表6-8　　不同群体的家庭内性别角色分工观念的均值　　　　　　单位：%

家庭内性别角色分工观念	高层人才均值	一般人群均值
女性	0.4	0.6
男性	0.5	0.6
总体	0.4	0.6
总数（人）	4 324	25 463
检验	方差齐，t=12.0，Sig.=0.000	方差不齐，t=8.4，Sig.=0.000

（四）高层人才有关工作和家庭平衡的观念

两性人才皆看重工作和家庭的平衡。女性表达了更多的对传统的家庭内性别角色分工观念的拒绝。第一，在关于"只有事业成功了，家庭才能幸福"的看法上，女性比男性更反对"事业成功为家庭幸福的前提"的观念。党政、专业和企业管理人才对此没有显著差异。第二，有关"对于女人来说，事业和家庭往往很难兼顾"的说法，一半以上的男性高层人才都认同这种看法，而女性表达了更多的反对；女性党政人才认为"女性难以兼顾家庭和事业"的比例最低，为38.3%（见表6-9）。这意味着女性更努力地兼顾事业和家庭，并认为这种努力是可行的。

表6-9　两性不同人才类型对工作和家庭平衡的看法

	事业成功了，家庭才能幸福（%）	对女人来说，事业和家庭很难兼顾（%）	总量
高层人才总体	62.4	55.0	4 309
女性高层人才	58.0	46.9	1 983
男性高层人才	66.2	61.8	2 326
高层管理人才	62.5	57.6	1 048
女性高层管理人才	54.7	50.5	444
男性高层管理人才	67.2	62.9	604
高层专业技术人才	64.1	57.9	1 714
女性高层技术人才	61.0	52.1	845
男性高层技术人才	67.2	63.4	869
高层党政人才	60.5	50.0	1 547
女性高层党政人才	56.5	38.3	694
男性高层党政人才	63.8	59.5	853

注：表中的百分比为回答"非常同意"和"比较同意"的比例。

高层人才的性别观念皆具有现代平等意识，但存在性别差异。女性更具有现代性别平等意识。

三、性别比较：影响高层人才性别观念的因素

用双变量的方法对不同年龄、受教育程度、家庭出身、职业类别、政治身份的性别观念进行分析，以期寻找影响高层人才性别角色分观念的因素。

（一）同期群与家庭内性别角色分工的观念

按5岁一个间隔对年龄分组，比较分析分性别、分年龄的高层人才具有怎样的家庭内性别角色分工的观念。具体如表6-10所示。

表 6-10　两性高层人才分年龄的"家庭内性别角色分工观念"均值

年龄	女性	男性
29 岁及以下	0.340	0.446
30~34 岁	0.397	0.472
35~39 岁	0.379	0.464
40~44 岁	0.376	0.470
45~49 岁	0.366	0.455
50~54 岁	0.345	0.410
55~59 岁	0.291	0.461
60~64 岁	0.313	0.442
检验	方差不齐，F=3.6，显著性=0.001，	方差齐，F=2.0，显著性=0.057

数据显示，人们的性别角色分工观念的年龄间的差异因性别而分化。女性高层人才呈现出的年龄差异具有显著性；最具有现代平等意识的人年龄在 55 岁以上，这意味着这代人是毛泽东时代的"孩子们"，她们更具有现代平等的性别意识。而男性高层人才性别观念的年龄差异略微显著，50~54 岁年龄组的人与其他年龄有稍许差异，但总体上，男性高层人才的观念的均值接近，这意味着毛泽东时代倡导的"男女都一样，妇女能顶半边天"的性别平等的公共宣传，对女性影响远大于男性。

女性间性别观念的年龄差异表现出同期群的作用，即时代的变化对同期群体有作用。有研究指出，美国"婴儿热"时代后出生的人，比之前出生的人性别观念更少传统[1]。有研究认为，20 世纪 80 年代至 90 年代人们性别角色观念的变化大约有 55% 来自同期群的作用[2]。对英国 18~34 岁的男女进行两次大规模的研究发现，年轻女性的观念发生重大变化，这一年龄组的价值观与英国老辈人的价值观形成了鲜明对比。年轻女性信奉"家庭工作两不误"，追求自主自立与自我实现的愿望。从这一角度看，男性的传统价值观和女性新兴的价值观正在逐渐趋

---

[1] Ciabattari T., *Changes in men's conservative gender ideologies-cohort and period influences*, Gender & Society. 2001, 15, 574-591.

[2] Brooks, C. and C. Bolzendahl. *The Transformation of US Gender Role Attitudes: Cohort Replacement, Social-Structural Change, and Ideological Learning*, Social Science Research, 2004, 33, 106-133.

同①②。我国女性高层人才性别观念表现出来的年龄差异反映了时代变迁及其变迁的复杂性。这既表明毛泽东时代倡导的男女平等的理念产生了现实影响，又表明市场经济以新自由主义为主导的价值理念对性别平等观有负面作用。

（二）职业类型与家庭内性别角色分工的观念

研究分辨出三类人才或职业类型，即企业经营管理人才、专业技术人才和党政人才，这三类人才的性别观念有显著差异（见表6-11）。

表6-11 两性高层人才的职业类型与家庭内性别角色观念均值比较

职业类型	女性	男性
企业经营管理	0.365	0.490
专业技术	0.400	0.463
党政工作	0.303	0.414
检验	F = 30.4，显著性 = 0.000	F = 15.9，显著性 = 0.000

数据表明：（1）女性各类人才的性别观念都比男性高层人才更为现代和平等；（2）无论男女，党政人才性别观念的均值都表明从事党政工作的领导具有更为现代和平等的性别理念。（3）女性高层人才中的专业技术人才的性别观念显得更为传统；男性高层人才中的企业经营管理人才的性别观念显得更为传统。

（三）受教育程度与性别观念

受教育程度是人力资本高低的重要内容，教育是改变人生的重要动力。

数据分析表明，在高层人才中，性别观念没有因为受教育程度之差异而呈现显著分化（见表6-12）。这可能意味着教育对高层人才性别观念的作用具有惰性或发生钝化。有相关研究表明，教育程度对人们的性别平等意识和反对性别刻板印象有显著的影响③。趋势和追踪研究也表明，增加受教育程度会增加人们的性别平等意识④。有报告指出，进入大学的四年，无论男女都变得更少传统而更

---

① Wilkinson, H, *No Turning Back*, London: Demos, 1994.
② Wilkinson H. and G. Mulgan, *Freedom's Children Work, Relationships and Politics, fgr 18 – 34 Year Olds in Britain Today*. London: Demos, 1995.
③ Cassidy ML. & Warren BO, *Family employment status and gender role attitude-a comparison of women and men college graduates*, Gender and Society, 1996, 10, 312 – 329.
④ Moore LM & Vanneman R, *Context matters: effects of the proportion of fundamentalists on attitudes*, Social forces, 2003, 82, 115 – 139.

接受平等意识，这种变化两性是相同的①。但本书是针对高层人才的，数据表明两性间存在差异，但不同受教育程度之性别观念的差异没有显著性。这提示力求以提升教育来实现人们性别观念从传统向现代的转变在我国是远远不够的。

表 6-12　　　　不同受教育程度的两性高层人才与家庭内性别角色分工的观念均值

受教育程度	女性	男性
初中	0.318	0.457
高中/技校	0.370	0.491
大学专科及以上	0.358	0.450
检验	方差齐性，F=0.211，不显著	方差齐性，F=0.745，不显著

（四）政治身份与性别观念

党员身份既是政治忠诚的表现，又是先进性的标志。不同政治身份者的男性高层人才间的性别观念无显著差异，女性高层次人才却因政治身份的不同呈现显著差异（见表 6-13），女性党员的性别观念更加平等和现代。

表 6-13　　　两性政治身份与家庭内性别角色分工的观念均值

政治	女性	男性
群众	0.373	0.492
共青团员	0.412	0.592
共产党员	0.352	0.442
民主党派	0.371	0.492
检验	方差不齐，F=5.848，显著性=0.001	方差齐，F=1.214，显著性=0.303

（五）家庭文化背景与性别观念

按照父母受教育程度最高者为家庭文化背景，一般研究认为，父母受教育程度越高，其子女的性别观念会越平等。表 6-14 显示，父母受教育程度之高低并没有显著地影响到人们的性别角色分工的态度。

---

① Bryant A. N., *Changes in attitudes toward women's roles: Predicting gender-role traditionalism among college students*, Sex Roles 2003, 48, 131–142.

表 6 – 14　　两性父母受教育程度与家庭内性别角色分工的观念均值

父母受教育程度	女性	男性
小学及以下	0.353	0.457
初中	0.347	0.448
高中/中专/中技	0.349	0.452
大专及以上	0.376	0.436
检验	方差齐，F = 1.572，显著性 = 0.194	方差不齐，F = 0.633，显著性 = 0.594

总之，形成女性高层人才具有现代平等的家庭内性别角色分工观念的因素可能很多，但与相关研究成果表示不同的是，父母的文化程度和自身受教育的程度都不会对高层人才的性别观念产生显著的影响。父母的文化程度和自身受教育的程度这些传统上认为对观念有显著影响的因素，在高层人才的性别观念上的影响并没有显著性。这可能意味着我国并没有明确的性别平等意识教育。因此，倡导增加和普及性别平等观的教育。人们出生的时代、党员身份和差异性的职业经历对观念的影响是显著的。出生和成长在毛泽东时代、党员身份，从事党政工作的女性高层人才具有最为现代的性别平等意识。这说明性别平等的实践具有双重意义：积极的性别平等的经历有利于女性形成性别平等观；而具有性别平等观则成为激励女性事业有成的动力机制。

四、工作与家庭的平衡——现代性别观念的积极后果

平衡工作和家庭是两性高层人才皆要面临的挑战。那么具有现代平等性别观念的女性在职业发展和平衡家庭方面是否具有积极的经验呢？传统家庭内性别角色分工的观念要求女性比男性更多地将时间和精力投入到家庭中，这一方面阻碍了女性的事业发展；另一方面也使事业有所成就的女性承受巨大的身心压力。研究发现，女性高层人才普遍处于在婚状态（见表 6 – 15），并在职业发展中得到了配偶支持，她们努力做到工作和家庭两不误。

表 6 – 15　　　　　　两性高层人才婚姻状况比较

婚姻状况	未婚	已婚	离婚	丧偶	N
女性高层人才	2.7	90.8	5.2	1.3	1 978
男性高层人才	1.5	96.2	2.0	0.3	2 327
高层人才总计	2.0	93.7	3.5	0.8	4 305

从高层人才的婚姻、生育和幼儿抚养状况看，女性高层人才面临较大的家庭压力。女性高层人才的离婚、丧偶和未婚状况比男性略高，在婚者比男性低了5.4%。第三期中国社会妇女地位调查数据显示，18~64岁女性在婚者为85.0%；男性为83.5%；而女性高层人才的在婚状况为90.8%；男性达96.02%；其婚姻家庭生活较为稳定。对有过婚姻的高层人才初婚年龄的调查表明，女性高层人才平均初婚年龄在25.3岁；男性高层人才的平均初婚年龄在26.4岁，与社会上18~64岁女性和男性平均初婚年龄（分别为22.8岁和24.6岁）相比，晚约2.5年。

有关孩子的照顾问题，问卷设计了"最后一个/孩子3岁前，白天主要由谁照顾"的问题，选项分别有自己、家人（配偶、女方父母、男方父母和其他家人）、市场（雇人）和机构（托儿所）的选项。表6-16显示：(1) 女性高层人才依然较多地承担了照顾孩子的责任。女性有近15%是自己带孩子，而男性则有24.2%是由配偶照顾孩子。(2) 高层人才在幼儿照顾方面以父母照顾为主，皆达到一半以上，说明我国代际互助是支持人才成长的重要因素。特别值得注意的是，来自女方父母的支持已经占有较大比重。(3) 幼儿照顾上存在性别差异，女性高层人才除了自己带或由父母来带孩子外，还更多地依赖市场和组织的力量。

表6-16　　两性高层人才最后一个/孩子3岁前，白天主要由谁照顾

	本人	配偶	本人父母	配偶父母	雇人	托儿所	总数（人）
女性	14.9	1.4	30.4	25.5	16.1	11.3	1 804
男性	4.3	24.2	32.5	22.6	8.6	7.7	2 172
合计	9.1	13.9	31.7	24.0	12.0	9.4	3 976

五、研究发现和理论讨论

性别比较发现，女性性别观念的平等程度对其职业发展起核心作用，是重要的动力机制。

第一，高层人才的性别观念呈现出现代平等化的特征，但有性别差异，女性具有更为平等性别意识。她们不仅获得了劳动收入，实现了经济自立；还具有了"女性也应该以社会为主"、"挣钱养家也是女人的事"和"妻子的事业发展和丈夫的事业发展一样重要"的观念。第二，女性高层人才的性别平等观念的形成有赖于她们出生的时代、党员身份、职业类型的经历。第三，高层人才性别观念没有因文化程度差异和父母受教育程度的差异而呈现显著差异。第四，女性高层人

才依然要承担照顾孩子的责任，但与一般人群相比，她们更能够接受父母特别是原生家庭父母的支持，理性地寻找市场和组织力量的支持。

待讨论的问题有：第一，毛泽东时代的男女平等观的实践和文化遗产需要更深入研究，分析性别平等的实践的经验意义以及现当代公共政策的潜能。第二，党员身份与性别平等观之间有正向关系，其内在机制有待研究，它是实践政治的结果？还是表达政治的表象？回应这些问题有益于认识公共政策与性别平等观念教育之间的关系和未来公正政策的制定。

第七章

性别友好型组织环境保障女性人才成长

本章重点分析女性人才成长的组织环境的重要作用,性别友好型的组织环境为女性人才成长提供了重要的条件。研究认为,组织性别结构如单位"一把手"的性别、单位领导班子中的女性比例以及单位工作人员中的女性比例对单位内部的性别歧视现象和女性的成长有影响。本章分析了组织性别结构特征对组织内部性别歧视现象和组织内部两性人才的成长的发展感受之间的关系。

一、配额制和组织的性别环境

如何促进弱势群体(如少数族裔、女性、老人、残疾人等)在社会中的参与、贡献和受益?这是一个关切到社会平等、社会公正与社会融合的重要议题。为改善弱势群体由于历史、文化、生理、地理等因素造成的不利处境,配额制作为一种临时特别措施得到了广泛应用。[1]

但是针对配额制仍存在两个主要争议:一是合法性问题,即它是否符合民主原则(在政治领域)、市场原则(在经济领域)或能力原则(在研究领域)等;二是有效性问题[2]。第一个问题争议较大,主要涉及立场、对公平正义的理解以

---

[1] 例如,2012年,巴西批准涉及教育平等与公正的法案——"社会与种族配额法"规定,该国公立大专院校须将其一半招生名额专门用于招收最贫困家庭的子女,而对于其中黑人、混血人和印第安人的招生比例,则依据各院校所在地的种族比例而确定(刘彤:巴西总统批涉及教育平等与公正的"配额法",载于新华网,http://news.xinhuanet.com/world/2012-8/30/c_112904479.htm,2012年8月30日)。

[2] 实际上对配额制还有关于其作用机制的问题,但这一问题实际上隐含在第二个问题中,以对第二个问题的肯定回答为前提。

及对民主、市场等的认识，①②③ 不在本书的讨论范围中。对于诸多学者和政策的制定者与执行者来说，配额制的有效性即这些通过积极措施进入某些位置特别是权力位置的少数群体能否切实发挥作用、带来改变，同样是一个需要迫切得到回答的问题。④ 考虑到妇女运动中配额制的实践比较积极，讨论相对激烈，本书以性别配额制为例，探讨配额制的有效性，并对其背后的理论基础进行检验。

1995 年于北京召开的联合国第四次世界妇女大会通过的《行动纲领》，倡导各国在立法机构和决策职位中实现女性占 30% 的目标，认为这是推动出台有利于性别平等和妇女发展的政策法律的有效举措。目前，世界上有超过 100 个国家和地区在政治领域采用了配额制（Krook，2009）⑤。近些年，一些国家为了提高妇女进入企业等私人部门决策和管理层的比例，在经济领域也引进了配额措施⑥。在研究领域，类似的性别配额制也并不鲜见。⑦

在中国，倡导和推动性别配额制的呼声越来越高。一方面，一些研究者梳理并介绍国际、国内有关配额制的历史沿革与经验效果，为配额制鼓与呼⑧⑨⑩⑪⑫⑬⑭；

---

① Glazer, Nathan, *Affirmative Discrimination*, New York: Basic, 1976.
② 曾一璇：《肯定性行动的合法性争论：赞成与反对》，硕士学位论文，2010 年。
③ 李娜：《中国用人单位实施就业性别配额制的法律思考》，载于《西北大学学报（哲学社会科学版）》2011 年第 2 期。
④ 需要指出的是，有研究者对配额制有效性的讨论关注该措施能否切实提高少数群体在群体内的比例，这与本研究对有效性的定义不同。
⑤ Krook, Mona Lena, *Quotas for Women in Politics: Gender and Candidate Selection Reform Worldwide*, Oxford University Press, 2009.
⑥ 如芬兰和挪威制定的配额要求将国家和公共有限公司董事会中的妇女比例增加至 40%，挪威估计有 600 家公司受到该规定的影响；丹麦、爱沙尼亚、希腊和瑞典也开展了旨在确保妇女在私营公司董事会中至少占有 40% 比例的"妇女升至最高职位"项目（联合国经济及社会理事会. 2006. 妇女地位委员会第五十届会议关于妇女和男子平等参与各级决策过程的秘书长报告［Z］. E/CN. 6/2006/13）。
⑦ 例如，欧盟在其科技政策工具框架计划（六）中规定各个学术委员会中女性必须达到 40%（European Commission. 2008. Gender Equality Report Sixth Framework Programme）；韩国政府计划到 2012 年将女性科技人员的录用比例提高到 30%（NIS – WIST. http://www. wist. re. kr/engindex. jsp 上网日期：2013 年 8 月 23 日）；日本第三期科学技术基本计划（2006 ~ 2010）要求各大学和研究机构在女性较少的科技领域设置博士在读生的女性比例，最好是 25%（Government of Japan. 2006. Science and Technology Basic Plan. http://www8. cao. go. jp/cstp/english/basic/3rd – Basic – Plan-rev. pdf，检索日期：2013 年 8 月 23 日）。
⑧ 吴菁：《国际妇女参政的政策与措施》，载于《妇女研究论丛》2001 年（增刊）。
⑨ 妇女研究所课题组（张永英执笔）：《世界妇女参政配额制及对中国的启示》，见陈至立：《女性高层次人才成长状况研究与政策推动》，中国妇女出版社 2013 年版，第 380 ~ 392 页。
⑩ 张迎红：《"最低比例制"对妇女参政的影响》，载于《中华女子学院学报》2003 年第 6 期。
⑪ 张迎红：《试析女性参政配额制在欧盟国家中的运用和发展》，载于《中华女子学院学报》2008 年第 4 期。
⑫ 张永英：《国内外有关妇女参政比例的规定及争论研究》，载于《妇女研究论丛》2005 年（增刊）。
⑬ 张永英：《中国共产党成立后关于妇女参政的理论认识与实践经验》，载于《妇女研究论丛》2001 年（增刊）。
⑭ 赵云：《国外妇女参政政策及对我国的启示》，载于《学理论》2011 年第 14 期。

另一方面，部分研究者、政策制定者、执行者和受影响群体对配额制的效果仍疑虑重重，担心女性精英不一定会代表女性大众等①②③。对此，一些研究者和行动者认为，女代表在权力结构中的比例对其代表性具有重要意义，如果人数或比例太低就无法有效发挥作用④。参政领域中配额制的具体"额"因各种现实考量而存在从数量（如一位）到比例（20%、22%、30%、1/3 等）的差异⑤。不过，30%（或 1/3）仍是主流，且被国内外绝大多数支持者认可为促进改变的最低比例，或者说临界量⑥。

联合国发展署的一份报告指出："能影响局面的临界量——30% 或者更多——这个概念对于治理中妇女能动性的发挥来说是非常重要的"，"达到一个临界量，以实现广泛的参与和更好的代表性，这对保持运动的动力至关重要，是实现更快更大进步的前提条件"⑦。国内研究者认为："临界量就是能影响全局的数量，达到这个数量后，才会形成影响全局的力量。妇女参政需要 30% 这个临界

---

① 闵冬潮：《关注配额，超越数字：比较中印两国妇女参政中的配额制》，载于《妇女研究论丛》2012 年第 1 期。

② 曲宏歌：《政治机构选举中的性别配额制及其有效性分析》，载于《科学社会主义》2012 年第 6 期。

③ 李琴：《社会性别与政治代表意愿：女性代表能代表女性吗?》，载于《妇女研究论丛》2013 年第 2 期。

④ 高小贤：《合阳县 20 名女村官是如何选出来的？——陕西妇女研究会"促进农村妇女参政项目"介绍》，见王金玲、高小贤：《中国妇女发展报告 No.4：妇女与农村基层治理》，社会科学文献出版社 2012 年版，第 185～204 页。

⑤ 例如，2003 年 7 月至 2004 年底，民政部在天津市塘沽区实施的"提高农村妇女当选村委会成员比例政策创新示范项目"就对村委会选举程序和结果中的女性比例和数量进行了不同的规定："至少要保证 1 名以上妇女进入村民选举委员会"，"女性候选人人数应当占候选人总数的 1/3 以上"，村民代表中，"妇女代表应不少于代表总数的 20%"（范瑜：《以保护性政策为核心，有效提高农村妇女当选村委会成员比例——民政部"塘沽项目"介绍与思考》，见王金玲、高小贤《中国妇女发展报告 No.4：妇女与农村基层治理》，社会科学文献出版社 2010 年版，第 157～184 页）。在陕西某促进农村妇女参政的项目中，提出了"在选举村民代表时，女村民代表的比例不少于 25%"的规定（高小贤：《合阳县 20 名女村官是如何选出来的？——陕西妇女研究会"促进农村妇女参政项目"介绍》，见王金玲、高小贤：《中国妇女发展报告 No.4：妇女与农村基层治理》，社会科学文献出版社 2012 年版，第 190 页）。2006 年《湖南省实施〈中华人民共和国妇女权益保障法〉办法》第八条规定，人大代表"候选人中妇女的比例一般应当占 30% 以上："第十一条规定："村民代表会议、居民代表会议中妇女代表的比例应当占 30% 以上。"（中国网，湖南省实施《中华人民共和国妇女权益保障法》办法（2006）. 中国网，http://www.china.com.cn/law/flfg/txt/2006-09/27/content_7197757.htm，2006 年 9 月 26 日。上网时间：2013 年 8 月 26 日）2007 年，提请十届全国人大五次会议审议的十一届全国人大代表名额和选举问题的决定草案中规定，2008 年 1 月产生的中国十一届全国人大代表中，妇女代表的比例将不低于 22%。这是中国首次对女性占全国人大代表的比例做出明确规定（吴晶晶、张宗堂：《明确规定全国人大代表中女性比例不低于 22%》，载于新华网，http://news.qq.com/a/20070308/003472.htm，2007 年 3 月 8 日，上网时间：2013 年 8 月 20 日）。这些数字和比例的差异可以看作是在中国具体情境下对联合国倡导的 30% 这一比例的弹性适应。

⑥ 目前国际上有提出 50：50 的均衡比例观点，但同一性别不低于 40%、不超过 60% 的配额建议也被广为认同。

⑦ 联合国平等机会委员会：《联合国就提高妇女担任领导及决策职位比例所定下的目标》，2003 年。

量,一方面是因为只有达到这个临界量时,妇女对政策的影响力才能显现出来;另一方面是只有达到这个临界量,处于决策层中的妇女的能动性才能得到更好的发挥"①。

提出30% (或1/3) 的配额是基于"临界规模理论"(the critical mass theory,又称"临界值理论")。该理论认为,导致改变的集体行动往往依赖于与主流群体成员行动相异的"临界规模"②群体。在妇女参政领域,"临界规模"指的是女性进入立法机构/团队的必要临界数目或比例,一旦达到,就能使有利于女性的政策从不太可能出台变为有较大可能形成③。

对配额制有效性的讨论实质上是对临界规模理论的验证问题。配额制倡导者的辩护理据往往停留在规范层面,游说力有限。而定量研究尤其是基于中国现实状况进行的实证检验尚属空白。因此,有必要结合最新的大范围调查数据对临界规模理论的有效性,特别是在中国情境中的适用性进行探讨,以满足学术界和实践者深入了解配额制背后的理论基础和机制的迫切需求。

二、有关配额制和组织的性别环境的相关研究

妇女与政治学研究中对"临界规模"的讨论始于 Rosabeth Moss Kanter 1977 年的两篇文章和 Drude Dahlerup 1988 年的一篇文章。这三篇文章分析了女性在公司领域和政治领域作为少数群体的经验,发现随着女性数量的上升,其边缘化体验将会改变。后续研究者对此加以验证和发展,形成了临界规模理论。

社会学对临界规模的分析可以追溯到对群体规模和结构问题的探讨。齐美尔 (Georg Simmel, 1950) 在对社会生活中数量之重要性的分析中认为,数量的变动将给群体内部互动带来质的影响。但她未对相对数量、互动中社会类别的比例进行检视④。Kanter (1977a) 则认为,一个群体里具有社会和文化差异(如性别、

---

① 高小贤:《合阳县20名女村官是如何选出来的?——陕西妇女研究会"促进农村妇女参政项目"介绍》,见王金玲、高小贤:《中国妇女发展报告 No.4:妇女与农村基层治理》,社会科学文献出版社 2012 年版,第 200 页。

② 在物理学中,"临界规模"指的是核裂变爆炸发生所必需的一种放射性元素的量。社会运动家和学者对该术语的使用往往是一种比较宽松的比喻,指的是社会运动要想发生必须跨越的参与者或是行动阈值 (Pamela Oliver, Gerald Marwell & Ruy Teixeira, Theory of the Critical Mass. I. Interdependence, Group Heterogeneity, and the Production of Collective, The American Journal of Sociology, 1985 (91):522 – 556)。

③ Editor. Do Women Represent Women? Rethinking the "Critical Mass" Debate, Politics & Gender, 2, 2006:491 – 530.

④ Simmel, Georg, The Sociology of Georg Simmel, Translated by Kurt H. Wolff Glencoe, III: Free Press, 1950.

种族、民族等）的子群体的相对数对于型塑群体内部互动至关重要①。

按照相对数的不同，她划分了四种群体类型：在连续谱的一端，是仅由"一种类型的人、一种重要的社会类别的人"组成的"同质群体"（uniform groups），主要类别与其他类别的数量比为100∶0；另一端则是由数量均衡的所有社会类别的人组成的"平衡群体"（balanced groups），多数/少数比例为60∶40或50∶50。此外还有多数/少数比例大约为65∶35的"倾斜群体"（tilted groups）以及比例大约为85∶15的"扭曲群体"（skewed groups）。少数族群的成就受她/他们在群体中是少数群体这一明显事实的负面影响。Kanter假设，在代表性不足的情况下（如在扭曲群体中），少数成员会在可见性（该群体往往被不成比例地关注）、极化（该群体和优势群体之间的差异被强化）以及濡化（该群体的特征被扭曲以符合之前对其社会类别的刻板印象）的共同作用下表现不佳或成就被贬低：可见性会造成表现的压力，极化导致优势群体强调群体界限，而濡化引向少数群体的角色陷阱。但是，少数成员在群体中的比例若能提高，就更可能获得成功。她对一家公司的田野研究发现，在多数/少数群体的人数比例达到65∶35的倾斜群体中，少数族群成员有更大机会表现自己②③。

在少数族群比例偏低时（如在扭曲群体中），少数族群成员应对边缘化机制的策略之一是放弃对自己所属社会类别的认同，而视自己为优势群体成员④。当然，这要求其本身的一些特质或成就使其能够融入优势群体。赛多（Theodore，1986）也指出，将未得到充分代表的群体成员纳入决策层未必能确保过程或结果公平：首先，作为象征性代表（token）的"蜂后"⑤热衷于向男性同事倡导非女权主义甚至是反女权主义的观点，从而巩固自身的权力位置；其次，（作为符号的）少数派为交换利益和特权，可能在自身行为受到歧视性质疑时进行防护，更加远离自己的社会类别（如"铁娘子"的做法）；最后，符号们往往只是管理上政治正确的保护罩，而非意在为女性（或少数群体）代言的团队⑥。

这些后果归根结底是由她们的符号地位所决定。但是，当她们的数量达到一定程度的时候，即形成临界规模，改变为倾斜群体甚至平衡群体，情况就会发生

---

①② Kanter, R. Moss, *Some Effects of Proportions on Group Life*, American Journal of Sociology, 1977 (82): 965 – 990.

③ Spangler, Eve, Marsha A. Gordon & Ronald M. Pipkin, *Token women: An Empirical Test of Kanter's Hypothesis*, The American Journal of Sociology, 1978, 84, 160 – 170.

④ Kanter, R. Moss. *Men and Women of the Corporation*, New York: Basic Books, 1977.

⑤ 蜂后（queen bee）是蜜蜂群体中唯一能正常产卵的雌性蜂。1973年，斯泰恩斯、贾亚拉特纳和塔佛瑞斯将处于领导地位的女性对女下属更为严苛的现象定义为"蜂后综合征"（queen bee syndrome）。

⑥ Theodore, Athena, *The Campus Trouble Makers: Academic Women in Protest*, Houston: Cap and Gown Press, 1986: 201 – 203.

有利于少数族群的变化。Dahlerup（1988：280）指出："当少数群体占据15%～40%时，就变得强大到足以影响群体文化，少数族群成员之间的联盟变得可能。"而15%～40%正是Kanter所定义的从倾斜群体（85：15）到平衡群体（60：40）之间的所有范围。随着女性数量上升到15%～40%，形成支持性联盟的机会也就大增。此外，她将30%确定为可将北欧政治体系中妇女的影响测量出来的关键点（Dahlerup，1988：276－296）①。

形成临界量的少数群体不仅能对抗Kanter所说的困境，而且其社会同质性有利于在她们之间达成共识。组织机构经常表现出社会同质性再生产（homosocial reproduction，或社会相似性复制）的特征，也就是类似于"惺惺相惜"②。Kanter将这一概念定义为公司经理选择那些与她/他们自己具有社会相似性的人加以雇用和提升的遴选过程。③ 经理们更愿意与那些和自己相似的、"合群的"员工相处。同质性再生产是系统性、累积性成见的结果。④ 有研究者对此的解释是，同一个社会类别的成员在有关本群体利益的议题关注（concern）与沟通（communication）——即意愿和能力两方面具有优势（Mansbridge，2005）。⑤

如今，临界值或者临界规模的概念逐渐延伸到各种类型的未得到充分代表的群体，成为妇女运动（以及其他社会运动）推动配额制的理论依据，用于解释为什么女性进入政治体系后并不一定代表女性。妇女（或其他任何未能得到有效代表的群体成员）的数量需要增加到足够的程度以对抗出于政治正确而装点门面的表面文章做法（可称为符号主义，tokenism）。社会运动者和倡导者据此建议，社会政策在理解少数族群的行为来源、压力原因、现状改变可能性等方面时应当考虑比例的问题。

在过去的20年里，"临界规模"理论在政治家、媒体、国家组织中得到广泛认可，被看作是将更多女性带入权力体系的合法原因。对经济领域的研究也表明，企业管理层性别多样化对员工态度和行为具有积极影响。对北京和上海两所高校的在职MBA学员和北京、浙江、湖北、山西等14家企业的员工进行的调研发现，高管团队性别多样化（男女比例均衡化）能够在一定程度上降低员工在职

---

① Dahlerup, Drude, *From a Small to a Large Minority: Women in Scandinavian Politics*, Scandinavian Political Studies, 11, 1988：275－297.

② Lipman - Blumen, Jean, *Towards a homosocial theory of sex roles: An explanation of the sex segregation of social institutions*, Martha Blaxall and Barbara Reagan, eds. , *Women and the workplace: The implications of occupational segregation*, University of Chicago Press, 1976.

③ Kanter, R. Moss, *Men and Women of the Corporation*, New York, Basic Books, 1977.

④ Paula Dressel, Bernadette Weston Hartfield & Ruby L. Gooley, *The Dynamics of Homosocial Reproduction in Academic Institutions*, Journal of Gender & the Law, 1993, Vol. 2, 37.

⑤ Mansbridge, Jane, *Quota Problems: combating the Dangers of Essentialism*, Gender Quotas I. Politics & Gender, 2005, 1, 621－638.

位晋升中的"玻璃天花板"知觉（赵慧军，2011：73 – 75）[①]。

但是，也有研究者对临界规模这一概念表示怀疑。例如，当女性形成一个相对小的少数群体时，反而可能带来更大的变化；[②] 女性比例的增加实际上降低了女性立法者个体代表女性群体的可能性；[③] 对临界规模的乐观看法忽视了女性人数的增加也可能导致内部分化；[④] 在能否出台女性友好的政策方面，制度环境（如选举体系等）可能比决策层女性比例更重要[⑤][⑥]。这些发现导致一些人质疑"临界规模"理论的效果和意义，甚至倡导放弃这一概念[⑦][⑧]。

这些争议表明，尽管配额制在不同国家、在政治和经济等不同领域得到应用和倡导，对临界规模理论的适用性仍未达成共识。"临界规模"是自然科学中的概念，将其应用于对社会现象的理解固然有启发性，但要得到社会科学领域和决策者的普遍认可，还需要经过反复的实证检验。遗憾的是，上述争议均非建立在大样本的实证研究基础上。在中国，对临界规模理论的"应然"论证较多，对"实然"与"何然"层面的回应较少；实践多，反思少。这导致配额制的推广遭遇质疑。对包括妇女运动在内的社会运动而言，对临界规模理论加以验证，澄清认识，并与国际研究进行对话有其理论和实践意义。

本书不仅通过对大样本实证数据的分析回应有关临界规模理论的争议，还力图辨析该理论对中国的适用性，这包括将对临界规模理论的验证扩展到社会生活的政治、经济和研究三个主要领域，扩展到体制内外这一中国的特殊情境。我们假设，对处于不同领域、不同体制身份的组织来说，临界规模对减少组织中的性别歧视现象都有作用，但在程度上存在差异。

之所以划分三个领域：一是要扩展现有的研究对象领域，以增加对理论普适

---

① 赵慧军：《企业人力资源多样化女性发展问题研究》，首都经济贸易大学出版社 2011 年版，第 73 ~ 75 页。

② Crowley, Jocelyn Elise, *When Tokens Matter*, *Legislative Studies Quarterly*, 2004, 29, 109 – 136.

③ Carroll, Susan. J. (ed.), *The Impact of Women in Public Office*, Bloomington IN：Indiana University Press, 2001.

④ Childs, Sarah & Mona Lena Krook, *Critical Mass Theory and Women's Political Representation*, *Political Studies*, 2008, 56, 725 – 736.

⑤ Dahlerup, Drude, *The Story of the Theory of Critical Mass*, *Do Women Represent Women? Rethinking the "Critical Mass" Debate*, *Politics & Gender*, 2006, 2, 491 – 530.

⑥ Tremblay, Manon. *The Substantive Representation of Women and PR：Some reflections on the Role of Surrogate Representation and Critical Mass*, *Do Women Represent Women? Rethinking the "Critical Mass" Debate*, *Politics & Gender*, 2006, 2, 491 – 530.

⑦ Sawer, Marian, Manon Tremblay & Linda Trimble (eds), *Representing Women in Parliament：A Comparative Study*, New York：Routledge, 2006.

⑧ Childs, Sarah & Mona Lena Krook. *Should Feminists Give Up on Critical Mass? A Contingent Yes*, *Politics & Gender*, 2006, 2, 522 – 530.

性的认识。虽然政治、经济和研究这三个领域是涵盖社会组织发挥作用的主要范围，但以往的实证研究主要集中于公司治理、议会代表制政治领域内的单一研究，缺乏对多个领域的比较分析，而且对中国的特殊情境缺乏讨论。二是由于分处不同领域的组织在其组织特性（如组织目标和运行原则等）上存在差异，对社会平等、社会公正与社会融合的追求也就存在重视程度和实践能力上的差异，以致有可能影响临界规模发挥作用的程度。三是因为此差异作为中国这一转型国家市场化过程的重要特点，在相当大的程度上塑造了劳动力市场的格局，给不同体制身份的组织带来不同的境遇和可能性。例如，传统社会文化因素对组织成员职位晋升的影响是普遍的，但在不同体制类型的组织中，这种传统文化的作用有不同的机制和后果①。

三、数据说明

研究使用 2010 年第三期中国妇女社会地位调查②数据。本次调查将女性高层次人才作为重点人群进行专门调查。在这项调查中，高层次人才主要包括三类：（1）副处级及以上党政干部；（2）具有副高级及以上职称的专业技术人员；（3）企业中担任负责人和企业的中高层管理人员。

根据高层次人才的分布特点，调查分为两个阶段进行样本的抽选与问卷调查：一是在第三期中国妇女社会地位调查的入户调查中，按照随机抽样的原则，请符合条件的调查对象在填答主问卷的基础上回答高层次人才附卷，采用此种方法得到 1 020 个有效高层次人才样本；二是采取立意配额抽样方法，在全国除港、澳、台、西藏外的 30 个省区市及新疆建设兵团补充抽取一定数量的上述三类人才，每省区市补充样本 126 个，三类人才大致按照 1∶1∶1 的比例抽取，即每类人才分别抽取 42 人左右，性别比例为 1∶1，通过此种方法得到 3 626 个有效高层次人才样本。两部分样本相加，共得到 4 646 个高层次人才有效样本。经过对职业和收入两变量的严格检测，筛选不合格样本，同时仅保留有效汇报了单位性别歧视现象的受访者，最终得到高层次人才样本 3 601 个，其中男性为 1 969 人，占 54.7%；女性为 1 632 人，占 45.3%。

---

① 武中哲：《职业地位的性别差异与形成机制——体制内与体制外的比较》，载于《上海行政学院学报》2007 年第 4 期。

② 中国妇女社会地位调查由中华全国妇女联合会和国家统计局主持开展，自 1990 年开始每十年进行一次，以全国除港澳台以外居住在家庭户内的 18~64 周岁的中国男女公民作为个人问卷调查的对象，对各项反映经济和社会地位现状的资料进行了全面系统的搜集。第三期中国妇女社会地位调查标准时点为 2010 年 12 月 1 日。个人问卷包括个人基本情况、受教育经历、工作和职业经历、婚姻家庭情况、健康、生活方式、认知与态度等部分。

四、研究假设与模型设定

有关配额制/临界规模效果的讨论可以细化为若干问题,其中最重要的问题是配额制即少数群体达到 30% 是否能显著地带来改变?还有其他需要关注的议题,如临界规模在不同的领域(政治、经济或研究等)、不同的体制类型(体制内、体制外)中,是否同样有效?综合而言,本书的研究问题是:组织领导班子女性比例的提高是否有利于减少组织内的性别歧视现象?相应的三个研究假设分别是:

研究假设 1:单位领导班子中女性比例超过 30% 能显著降低单位的性别歧视指数。

研究假设 1a:单位领导班子中女性比例超过 30% 能显著减少单位的性别歧视现象:"只招男性或同等条件下优先招用男性"。

研究假设 1b:单位领导班子中女性比例超过 30% 能显著减少单位的性别歧视现象:"同等条件下男性晋升比女性快"。

研究假设 1c:单位领导班子中女性比例超过 30% 能显著减少单位的性别歧视现象:"在技术要求高/有发展前途的岗位上男性比女性多"。

研究假设 1d:单位领导班子中女性比例超过 30% 能显著减少单位的性别歧视现象:"同职级女性比男性退休早"。

研究假设 1e:单位领导班子中女性比例超过 30% 能显著减少单位的性别歧视现象:"重要部门或业务没有女性主管"。

研究假设 2:从三个领域(经济、研究和政治领域)看,单位领导班子女性比例超过 30% 均能显著降低单位的性别歧视指数。

研究假设 3:在体制内外的组织中,单位领导班子女性比例超过 30% 均能显著降低单位的性别歧视指数。

因变量:研究假设 1、研究假设 2、研究假设 3 中的因变量是单位的性别歧视指数,由性别歧视现象在职业发展的五个方面发生与否组合而成。这五个方面的问题包括:招聘(最近 3 年您所在的单位有"只招男性或同等条件下优先招用男性"的情况吗)、晋升(近 3 年您所在的单位有"同等条件下男性晋升比女性快"的情况吗)、岗位安排(最近 3 年您所在的单位有"在技术要求高/有发展前途的岗位上男性比女性多"的情况吗)、退休(最近 3 年您所在的单位有"同职级女性比男性退休早"的情况吗)和重要部门主管(最近 3 年您所在的单位有"重要部门或业务由女性主管"的情况吗)。每道题有两个回答选项,其中 0 表示没有发生,1 表示存在此现象。我们将上述五项情况的汇报组合为单位性别歧视指数，即每存在一种歧视现象就累加一分，最小值0分，表示没有歧视现象，最大值为5分，表示存在所有的歧视现象①。

针对研究假设1a、研究假设1b、研究假设1c、研究假设1d、研究假设1e，模型中的因变量分别为五种具体性别歧视现象的发生与否，使用二元Logistic回归进行分析。

解释变量：组织领导班子的性别结构（单位领导班子的女性比例包括没有女性、不足30%、30%~50%以及超过50%）。尽管问卷中对女性比例的划分具有理论意涵，参考了Kanter的四个群体类别（如没有女性与其他类别的分立显示了从无到有的质上的差异，超过50%则是从性别平衡的角度来考虑），但鉴于本研究的关注点是30%这样一个临界值，因此操作中将"30%~50%"和"超过50%"进行了合并，重新编码为"大于等于30%"，以集中于所关注的问题。参照类设为"没有女性"。

控制变量：

（1）人口学变量：受访者性别，参照类为女性。我们认为，由于存在职业、行业的性别隔离，不同性别高层人才所在的单位之间可能有未被观测到的系统性差异，会影响性别歧视现象的发生；同时，两性对单位的性别歧视现象的敏感程度有差异，使其汇报的信息对实际情况有不同的偏离水平，因而需要加以控制。

（2）组织所在领域：按照组织所从事工作的主要业务或主要产品分为政治、经济和研究领域。以政治领域为参照类。市场化的过程使国家的性别平等话语和控制力度在不同领域产生分化，使它们在性别歧视状况上存在差异。

（3）地区经济发展程度，按2010年GDP排名分为三均等分，分别为：人均GDP前十位、人均GDP中十位和人均GDP后十一位，以人均GDP后十一位为参照类。一般认为，在现代化程度上的进步会有利于推进性别平等进程，从而减少性别歧视现象。

（4）单位一把手性别：男和女，参照类为女性。如前所述，单位一把手对组织内性别歧视现象的发生也有正面或负面的影响。

（5）单位员工女性比例：问卷中分为没有女性、不足30%、30%~50%和超过50%四类。由于"没有女性"的样本数量过少，将它与"不足30%"合并为"没有或不足30%"，以之为参照类。单位中女性员工的比例如果较高，那么，一方面，这可能意味着组织对女性更为友好；另一方面，出于群体压力，也

---

① 在第五题原题中，1表示对女性的重视，但在指数构建时，我们将选项值反向以在计算时保持意义上的一致。

会使不利于女性的歧视现象减少。

此外，我们还划分了体制类型：体制内组织包括党政机关/人民团体、社会团体、事业单位、国有（含国有控股）/集体企业；体制外组织包括民办非企业、个体工商户和私营/个体、港澳台投资/外商投资企业。表7-1为样本的基本情况。

表7-1　　　　　　　　样本基本情况　　　　　　　　单位：%

单位性别歧视指数[a]	
0	9.3
1	26.9
2	25.3
3	17.8
4	14.4
5	6.4
领导班子女性比例	
没有女性	20.4
不足30%	49.7
大于等于30%	28.4
组织所在领域	
经济	29.7
研究	34.5
政治	35.8
地区经济发展程度	
人均GDP前十位	32.6
人均GDP中十位	34.0
人均GDP后十一位	33.4
单位一把手性别	
男	78.3
女	21.5
单位员工女性比例	
没有或不足30%	24.9
30%~50%	42.3
超过50%	30.6

续表

单位性别歧视指数[a]	
体制类型	
体制外	12.3
体制内	87.4
总样本数	3 601

注：a. 单位性别歧视指数的均值为 2.20，标准差为 1.389。由于存在缺失值，各分类变量的比例小计未必等于 100%。

表 7-2 呈现的是领导班子女性比例不同的单位所对应的性别歧视状况，包括对差异显著性的统计检验。从具体歧视现象来看，对于所有的歧视现象，当领导班子中的女性比例增加时，相应的发生比例也会下降，特别是在女性领导比例大于等于 30% 的单位中，最大降幅可达到半数以上。如招聘歧视，最近 3 年所在单位有"只招男性或同等条件下优先招用男性"的情况的比例，在"没有女性"领导的单位达到 25%，而在女性领导比例"大于等于 30%"的单位中仅有 12% 的发生比例。

表 7-2 女领导比例不同的单位的性别歧视状况与差异显著性检验

	没有女性		不足 30%		大于等于 30%		方差分析
	样本数	均值	样本数	均值	样本数	均值	F^b
具体歧视现象[c]							
招聘歧视	735	0.25	1 790	0.22	1 022	0.12	29.868*
晋升歧视	735	0.38	1 790	0.37	1 022	0.17	77.291*
岗位安排歧视	735	0.57	1 790	0.53	1 022	0.27	116.337*
退休歧视	735	0.71	1 790	0.72	1 022	0.58	33.382*
重要部门主管歧视	735	0.67	1 790	0.59	1 022	0.40	71.064*
性别歧视指数							
总样本	735	2.57	1 790	2.43	1 022	1.54	186.156*
按领域划分样本							
经济领域	240	2.88	521	2.59	294	1.46	98.578*
研究领域	294	2.64	601	2.56	322	1.93	28.499*
政治领域	201	2.11	668	2.20	406	1.28	70.328*
按体制内外划分样本							
体制外组织	62	2.89	194	2.28	179	1.31	45.056*
体制内组织	670	2.55	1 590	2.45	841	1.59	140.993*

注：b. * 表示 Sig. = 0.000。c. 歧视现象的均值是指该歧视现象发生的比例。

从表 7-2 中的数据可以发现，随着领导班子中女性比例的增加，尤其是在比例达到 30% 以后，不管是在总样本、经济、研究还是政治领域中，单位的性别歧视指数均值都有下降甚至是大幅下降。如在经济领域中，没有女性领导的单位在性别歧视指数上的均值为 2.88，而领导班子中女性比例大于等于 30% 的单位的性别歧视指数均值仅为 1.46。在体制内外的组织中也有类似情形。在体制外，没有女性领导的单位在性别歧视指数上的均值为 2.89，而领导班子中女性比例大于等于 30% 的单位的性别歧视指数均值仅为 1.31。综合而言，这些领导班子中女性比例不同的单位在性别歧视状况上的程度差异在统计上高度显著（Sig. = 0.000）。

五、研究发现：性别友好的组织环境保障女性高层次人才的成长

以上初步的分析表明，女性领导比例在 30% 上为一转折点，能够大幅降低职场中的性别歧视程度。但更严谨的分析需要控制其他有可能产生混杂作用的变量，为此我们针对不同性别歧视指标分别进行普通最小二乘法回归和二元 Logistic 分析。

（一）单位领导班子中女性比例超过 30% 能显著减少单位的性别歧视现象

从表 7-3 的性别歧视指数 OLS 模型参数可以看出，在控制了其他变量的情况下，与领导班子中"没有女性"的单位相比，女性领导比例"大于等于 30%"的单位有显著更低的歧视指数，而女性领导不足 30% 的单位并无改善。这说明 30% 确实是一个关键的比例，能够显著减少歧视。也就是说，研究假设 1 得到支持。

在解释具体性别歧视现象是否发生的各 Logistic 模型中，参数结果也无一例外地说明，女性领导比例"大于等于 30%"的单位比领导班子中"没有女性"的单位在各种具体歧视现象上都显著地有更少的发生可能性，即研究假设 1a、研究假设 1b、研究假设 1c、研究假设 1d、研究假设 1e 均得到数据的支持。以研究假设 1a 为例，与领导班子中"没有女性"的单位相比，在女性领导比例"大于等于 30%"的单位中出现歧视现象"只招男性或同等条件下优先招用男性"的发生比只有前者的 61.6%，女性领导不足 30% 的单位却几无改进。

表 7-3　单位领导班子女性比例对性别歧视状况的影响

	性别歧视指数 OLS 模型	具体的性别歧视现象 Logistic 模型				
	假设 1	假设 1a	假设 1b	假设 1c	假设 1d	假设 1e
领导班子女性比例						
不足 30%	-0.047	0.958	1.013	0.986	1.128	0.797*
	(0.057)	(0.107)	(0.099)	(0.093)	(0.114)	(0.077)
大于等于 30%	-0.560***	0.616**	0.510***	0.460***	0.671**	0.615***
	(0.072)	(0.095)	(0.068)	(0.056)	(0.083)	(0.074)
受访者性别						
男	-0.380***	0.634***	0.484***	0.735***	0.747***	0.869
	(0.045)	(0.059)	(0.040)	(0.057)	(0.060)	(0.066)
组织所在领域						
经济	0.457***	2.654***	1.895***	2.658***	1.295**	0.746***
	(0.053)	(0.312)	(0.185)	(0.244)	(0.116)	(0.066)
研究	0.600***	2.846***	1.843***	1.952***	1.831***	1.389***
	(0.053)	(0.345)	(0.184)	(0.180)	(0.173)	(0.126)
地区经济发展程度						
人均 GDP 前十位	-0.046	1.523***	0.858	0.865	0.922	0.876
	(0.052)	(0.174)	(0.083)	(0.078)	(0.085)	(0.077)
人均 GDP 中十位	0.033	1.683***	0.993	1.068	0.820*	0.941
	(0.052)	(0.187)	(0.092)	(0.094)	(0.074)	(0.082)
单位一把手性别						
男	0.523***	1.381*	2.181***	1.576***	1.557***	2.052***
	(0.061)	(0.191)	(0.268)	(0.168)	(0.160)	(0.208)
单位员工女性比例						
30% ~ 50%	-0.410***	0.509***	0.593***	0.725***	1.089	0.566***
	(0.055)	(0.054)	(0.056)	(0.066)	(0.104)	(0.053)

续表

	性别歧视指数 OLS 模型	具体的性别歧视现象 Logistic 模型				
	假设 1	假设 1a	假设 1b	假设 1c	假设 1d	假设 1e
单位员工女性比例						
超过 50%	−0.789***	0.342***	0.369***	0.377***	1.012	0.395***
	(0.065)	(0.046)	(0.043)	(0.042)	(0.114)	(0.043)
R^2/Pseudo R^2	0.185	0.075	0.087	0.092	0.034	0.066
有效样本数	3 491					

注：* 表示 $p<0.05$，** 表示 $p<0.01$，*** 表示 $p<0.001$。括号内为标准误。假设 1 模型为 OLS 回归，对其汇报 R^2，因变量为单位的性别歧视指数；表中其余模型为 Logistic 回归，对它们汇报 Pseudo R^2，因变量为具体歧视现象发生与否，单元格内系数为 Exp（B）。领导班子女性比例的参照类为"没有女性"，受访者性别的参照类为女性，组织所在领域的参照类为政治领域，地区经济发展程度的参照类为"人均 GDP 后十一位"，单位一把手性别的参照类为女性，单位员工女性比例的参照类为"没有或不足 30%"。

（二）从三个领域（经济、研究和政治领域）看，单位领导班子女性比例超过 30% 均能显著降低单位的性别歧视指数

表 7 - 4 的 OLS 模型结果说明，在控制了其他变量的情况下，在经济、研究和政治领域中，与领导班子中"没有女性"的单位相比，女性领导比例"大于等于 30%"的单位有显著更低的性别歧视指数，而女性领导不足 30% 的单位几无改善，尤其是在研究领域和政治领域。这说明 30% 确实是一个关键的比例，能够显著减少歧视。另外，在经济领域，女性领导比例大于等于 30% 的后果比在其他领域更积极。按 Chow 检验方式对不同领域间模型参数差异进行统计检验的结果表明，经济领域与政治领域相比，女性领导比例大于等于 30% 的作用显著不同（F = 18.04，Sig. = 0.00）。

表 7 - 4　单位领导班子女性比例对性别歧视指数的影响（分领域）

	性别歧视指数 OLS 模型		
	经济领域	研究领域	政治领域
领导班子女性比例			
不足 30%	−0.264*	0.049	0.070
	(0.102)	(0.095)	(0.100)

续表

	性别歧视指数 OLS 模型		
	经济领域	研究领域	政治领域
领导班子女性比例			
大于等于30%	-1.101***	-0.292*	-0.319*
	(0.129)	(0.118)	(0.127)
受访者性别			
男	-0.387***	-0.362***	-0.387***
	(0.085)	(0.076)	(0.076)
地区经济发展程度			
人均GDP前十位	0.059	-0.126	-0.105
	(0.096)	(0.093)	(0.084)
人均GDP中十位	0.057	0.125	-0.098
	(0.097)	(0.090)	(0.082)
单位一把手性别			
男	0.281**	0.765***	0.526***
	(0.107)	(0.111)	(0.103)
单位员工女性比例			
30%~50%	-0.375***	-0.301*	-0.462***
	(0.096)	(0.120)	(0.079)
超过50%	-0.826***	-0.619***	-0.882***
	(0.110)	(0.124)	(0.115)
Adjusted R^2	0.210	0.121	0.174
有效样本数	1 047	1 188	1 256

注：* 表示 $p<0.05$，** 表示 $p<0.01$，*** 表示 $p<0.001$。括号内为标准误。领导班子女性比例的参照类为"没有女性"，受访者性别的参照类为女性，地区经济发展程度的参照类为"人均GDP后十一位"，单位一把手性别的参照类为女性，单位员工女性比例的参照类为"没有或不足30%"。

（三）在体制内外的组织中，单位领导班子女性比例超过30%均能显著降低单位的性别歧视指数

表7-5的模型结果说明，在控制了其他变量的情况下，无论体制内外，与领导班子中"没有女性"的单位相比，女性领导比例"大于等于30%"的单位有显著更低的性别歧视指数，改善效果超过女性领导不足30%的单位，后者在

体制内组织中并无显著的积极作用。这说明30%确实是一个关键的比例，能够显著减少歧视。另外，在体制外组织中，女性领导比例大于等于30%的后果比在体制内组织中更积极。按Chow检验方式对体制内外模型参数差异进行统计检验的结果表明，体制外与体制内相比，女性领导比例大于等于30%的作用显著不同（F=6.13，Sig.=0.01）。

表7-5　单位领导班子女性比例对性别歧视指数的影响（体制内外）

	性别歧视指数 OLS 模型	
	体制外	体制内
领导班子女性比例		
不足30%	-0.520**	-0.072
	(0.192)	(0.061)
大于等于30%	-1.184***	-0.581***
	(0.228)	(0.078)
受访者性别		
男	-0.103	-0.433***
	(0.147)	(0.049)
地区经济发展程度		
人均GDP前十位	-0.229	-0.014
	(0.149)	(0.057)
人均GDP中十位	-0.055	0.043
	(0.154)	(0.056)
单位一把手性别		
男	0.145	0.698***
	(0.149)	(0.069)
单位员工女性比例		
30%~50%	-0.353*	-0.323***
	(0.164)	(0.058)
超过50%	-0.811***	-0.548***
	(0.174)	(0.068)
Adjusted R^2	0.207	0.146
有效样本数	435	3 046

注：*表示 $p<0.05$，**表示 $p<0.01$，***表示 $p<0.001$。括号内为标准误。领导班子女性比例的参照类为"没有女性"，受访者性别的参照类为女性，组织所在领域的参照类为政治领域，地区经济发展程度的参照类为"人均GDP后十一位"，单位一把手性别的参照类为女性，单位员工女性比例的参照类为"没有或不足30%"。

六、结论与讨论

研究表明,当单位领导班子中女性比例达到30%及以上的时候,单位性别歧视现象显著少于没有女性领导的情况,也显著少于女性领导比例不足30%的情况。这表明,30%作为组织的性别环境的临界规模对减少单位性别歧视现象的有效性,它在经济、政治和研究领域中均有作用,在体制内外也有影响,但存在程度上的差异。这一发现验证了临界规模理论,为在政策设计中增加领导班子中的女性比例提供了支持。

探讨发现,当具有统一意识形态的国家不再对单位人事权和决策权加以过多干预时,性别歧视程度就显现出分化:经济领域中,领导层的女性比例小于30%时,与领导层女性比例超过30%的单位相比,性别歧视的程度约为后者的两倍。而在国家力量能够有效作用的政治领域中,性别歧视现象即使在女性领导较少的情况下,也能保持在相对较低的水平。研究领域的情况则居中。这表明,国家推行的性别平等意识形态仍在政治领域中发挥着最强的作用,政治组织追求社会平等、社会公正、社会融合的意愿和能力可能更强。

从体制内外的差异来看,在中国当前的转型情境中,由于体制外组织更少受国家男女平等政策的影响,临界规模的作用比在体制内更为明显。这种分化进一步表明了国家干预对促进性别平等的有效性。中国的女性主义运动与党的领导和政府的介入密切相关,在市场经济背景下,对这一社会主义新传统的价值有必要再认识。

本研究不仅以调查数据检验了临界规模理论在不同领域、在中国情境下的适用性,发现在市场经济转型社会中,源于西方市场经济国家的临界规模理论同样能够应用于对体制内外组织中配额制效果的理解,而且从性别视角推进了组织社会学研究。但需要说明的是:在方法上,一方面,由于使用的样本并非随机样本,因而在结论的推广上需要谨慎对待;另一方面,受限于问卷的提问方式,对单位领导班子中女性比例的操作化是使用分类变量而非定距变量,导致无法细致定位最优临界点。不过,这也降低了受访者回答的困难程度,保证了对单位情况汇报的有效性。

尽管有研究者认为"关键行动"(critical acts)[1][2]、"关键行动者"(critical

---

[1] Dahlerup, Drude, *From a Small to a Large Minority: Women in Scandinavian Politics*, Scandinavian Political Studies, 1988, 11, 275–297.

[2] Lovenduski, Joni, *Women and Politics*, P. Norris (ed.), *Britain Votes* 2001, Oxford University, 2001.

actor)① 或 "安全空间"（safe spaces）②、比 "临界规模" 更重要，领导层中性别比例的提升能起到积极作用这一理论和经验判断仍能够支持配额制的必要性。此外，存在反向因果关系（simultaneity bias）的可能性也需要在将来的研究中通过收集适当的工具变量或采取追踪调查的方式来更准确地判断临界规模的作用程度。

在进一步的研究方向上，一些具有指导实践作用的应用议题值得深入的探索，它们包括：不同水平的配额/临界值的"值"效果存在何种差异③？在一个组织或团队中，不同权力位置的配额（如领导层的女性比例与员工的女性比例）是否起到同样的作用？在领导层中，是为领导班子配备达到临界规模（critical mass）的少数群体成员更重要，还是配备关键一人（一把手，称作 critical one）更重要？如果要取得优势群体（如男性）的合作或至少容忍，什么样的配额是最平衡的？对这些问题的解答会有利于澄清有关配额制的认识，助于采取更加有针对性和更有效的政策措施，促进包括性别平等在内的社会平等的实现。

---

① Childs, Sarah & Mona Lena Krook, *Should Feminists Give Up on Critical Mass? A Contingent Yes*, Politics & Gender, 2006, 2 (4), 522–530.

② Childs, Sarah, *New Labour's Women MPs: Women Representing Women*. New York: Routledge, 2004.

③ 对此问题，Sandra Grey 曾认为，政治体系中15%的比例可能使女政治家能够改变政治议题，而可能需要40%的比例才能促成对妇女有利的政策出台（Grey, Sandra & Victoria University. 2006. "Numbers and Beyond: The Relevance of Critical Mass in Gender Research." In Do Women Represent Women? Rethinking the "Critical Mass" Debate, Politics & Gender, 2006 (2): 491–530）。但这一判断依然是宏观的。

第八章

女性高层次人才拥有平衡工作和家庭的智慧

本章分析女性高层次人才具有的兼顾事业和家庭的能力与智慧,她们是工作和家务时间付出最多的人。女性高层次人才采用"智慧的角色—时间分配模式",用自身劳动和智慧平衡工作和家庭关系。这表明,传统的对女性家庭角色的要求依然在限制女性发展,女性要在职场上发展需要找到平衡工作和家庭角色的办法。家务劳动依然限制女性职业发展,女性高层次人才只有采用智慧方法划清工作和休闲、工作和家庭的时间与角色边界,做到工作和家庭两不误。

一、工作和家庭平衡的问题考验女性人才

工作和家庭的平衡(balance of work and family)是一个世界性问题,是每个人都会遇到并要做出选择的问题。在我国,有关工作和家庭的平衡,需要从三个方面加以研究。(1)转型视角。计划经济体制下,我国形成了一整套以单位制为主的支持人们工作和家庭的制度,城镇中的双职工家庭是普遍的生活方式。但市场化给国人的工作和家庭带来了重要变化,需要研究当前人们平衡工作和家庭的状况。(2)性别视角。工作和家庭平衡的问题有性别差异,因为"男性挣钱养家、女性照顾家庭"曾是传统社会家庭的生存模式,当女性也开始进入"挣钱养家"的行列中,呈现出两性各异的行为策略。从三个方面考察:一是工作,两性如何承担有关加班、出差、异地工作等压力,如何处理内在的晋升需求和积极回应工作安排。二是人们要承担起家庭责任,必须照顾年老的父母、生病的爱人、年幼的孩子以及一定要参加的家长会、生日聚会等,两性的家庭承诺与时间安排

是怎样的？三是人们要担当起因无法有效地分配时间和情感而产生的压力、焦虑和无力感，要为处理自身的不良情绪做出积极的情感努力。（3）从公共政策的角度，倡导组织机构和国家出台"家庭友好型工作场所和家庭友好型公共政策"（family-friendly workplace and family-friendly policy）。平衡工作和家庭的任务应当通过个人、家庭、组织和国家的努力来共同承担。

国外社会学界对此已有重要成果①。人们越来越清楚地认识到，两性的平等发展和共同承担责任是解决问题的关键。一项以89个国家的数据为基础的研究表明："当妇女地位与权力较高时，一国总的生活质量也较高；当她们的地位与权力较低时，所有人的生活质量也较低。"②

我国学界也对相关问题有研究积累。第一，在概念上，要分清"抚养"和"就业"的不同。"抚养"与经济收入分不开，城镇大部分家庭的固定经济收入是通过就业获得，但就业同时具有多重目的，如追求事业、实现自我价值、扩大社会圈子等。只有承担了"抚养"的家庭经济责任才算是扮演了"抚养"角色③。在中国传统农业社会，无论男女都在承担抚养的角色，分工主要是空间的，是屋里屋外的差异；而不是类别的即抚养与持家的差异④。第二，要从理解国家与家庭和个人的关系入手理解计划经济时代的工作和家庭。计划经济体制建构了国家与家庭的同构，国家建构了一个重要的概念"国家人"，这个国家人的概念是"去性别"的，无论男女都是国家的人，都在工作，都在"为人民服务"，这是两性共有的、首要的社会角色。第三，男人是以社会为主的人，女人是以家庭为主的人，因此女性具有"国家人"和家庭中的"性别人"的双重身份。这一建构较好地保证了国家和家庭利益的一致性，总的社会效益比较高。城镇已婚妇女的付薪劳动和家务劳动都比较繁重，但她们的角色冲突和角色紧张并不明显。这主要是因为计划体制下实施了男女平等的原则，同时在政策层面对城镇妇女的职业角色进行塑造，包括：安置性就业，保障城镇女性毕业后就有工作；男女同工同酬的政策；协调两种生产，推进家务劳动社会化，如托儿所的建设；与工作相关联的保险福利和对职工生活的全方位统管⑤。第四，性别视角的研究。"资源理论"认为，夫妻就业对妻子经济资源的影响是两方面的。一方面，妻子的经济资源受"男主外，女主内"的传统观念的制约被打了折扣；但同样的观念也使

---

① 佟新：《平衡工作和家庭的个人、家庭和国家策略》，载于《江苏社会科学》2012年第2期。
② ［美］理安·艾斯勒（Riane Eisler）著，高铦、汐汐译：《国家的真正财富——创建关怀经济学》（原版2007年），社会科学文献出版社2009年版，第200页。
③ 左际平：《改革中城市"家庭抚养"的性别建构》，载于《清华社会学评论》2000年第2期。
④ 罗丽莎、黄新译：《另类的现代性——改革开放时代中国性别化的渴望》，江苏人民出版社2006年版。
⑤ 左际平、蒋永萍：《社会转型中城镇妇女的工作和家庭》，当代中国出版社2009年版。

其不必像丈夫一样为了抚养在工作、事业上拼搏。家务和就业两个劳动领域中的劳动同工不同酬的现象说明资源是性别化的。丈夫的资源主要来源于经济地位，妻子的资源更多的是从家务中提取。没有恪守传统观念的丈夫和妻子会受到配偶或社会的惩罚。事业型的女性会被认为"不顾家"、"没有女人味"。而事业上不如愿的丈夫也会被指是"没能耐"、"没出息"，从而鼓励妻子、丈夫向不同的劳动领域投资。当然，这是在夫妻双方信奉传统文化的背景下[①]。第五，社会主义的男女平等的文化和宣传赋予了女性新的社会位置和社会角色，女性实践了角色转型，产生了女性去性别化的工作者形象——"铁姑娘"[②]。第六，市场转型的研究。市场体制的发育过程中，单位体制被打破，集体主义的抚养观被个人主义的抚养观取代，生育、养育成为纯私人的、需要由每个家庭自我承担的责任。随着市场经济的发展，学龄前儿童的抚育模式转向以市场理性选择为主的家庭和个人责任，独生子女政策更进一步强化了母亲与孩子成长优劣间的关系，工作着的母亲深感压力，母亲角色与职业角色间的冲突加剧[③]。第七，倡导政府出台积极的公共政策来支持家庭。目前，我国政府对为有家庭责任的男女工人提供平等就业机会和平等待遇问题的认识不足，实施基本公共服务的内容没有深入到家庭照顾的层面，在解决工作与家庭冲突中没有承担起应有的责任，传统的性别观念影响了政府有关制度的设计，我国相关的公共服务和公共政策存在明显不足[④]。

上述文献为本书奠定了重要理论基础，但缺少实证资料。本书使用调查数据来分析我国城镇现阶段人们平衡工作和家庭关系的状况、时间分配等，回应以下问题：（1）分析现阶段城镇从业者的时间分配状况，其工作时间和家务时间是怎样的？（2）通过性别比较，分析传统的"男性应该以社会为主，女性以家庭为主"的性别分工模式发生了怎样的改变。（3）通过对城镇从业者与具有较高职业地位的高层人才的比较，理解高层人才在处理工作和家务劳动的状况，特别是女性高层次人才面临的工作和家庭的挑战及其应对策略。（4）分析人们在处理工作和家庭关系上具有的支持系统，并提出相关公共政策的建议。

使用"2010年全国女性高层次人才调查"数据，研究所做的性别和职业位置的比较研究就是建立在主问卷与高层人才专门问卷基础上，分类为城镇从业者（指

---

① 左际平：《从多元视角分析中国城市的夫妻不平等》，载于《妇女研究论丛》2002年第1期。
② 金一虹：《"铁姑娘"再思考——中国"文化大革命"期间的社会性别与劳动》，载于《社会学研究》2006年第1期。
③ 佟新、杭苏红：《学龄前儿童抚育模式的转型与工作者的母亲》，载于《中华女子学院学报》2011年第1期。
④ 刘伯红、张永英、李亚妮：《工作和家庭的平衡：中国的问题与政策研究报告（2008）》，国际劳工组织课题，2008年，http：//www.wsic.ac.cn/researchproject/66411.htm。

调查时劳动适龄人口中正在工作的人,不含退休人员)和高层人才(精英)。为了清楚地分析工作和家庭的关系,从全国随机样本中挑选出城镇人口(本户常住,城市户口)中的"从业者"(不包括退休后继续工作)和"已婚者",是"城镇已婚从业者"。符合条件的城镇样本数为 6 027 人,其中男性 3 337 名,占 55.4%;女性 2 690 名,占 44.6%。对高层人才样本也进行了同样的选择,即"已婚高层人才",其样本数为 3 871 人,其中男性 2 120 名,占 54.8%;女性 1 751 名,占 45.2%。

二、女性高层次人才多是工作和家庭"双肩挑"

女性高层次人才的婚姻家庭状况

1. 晚婚为主

女性高层次人才多处于已婚状况,晚婚晚育。女性高层次人才中 90.8% 处于已婚状态;未婚、离婚及丧偶的比例分别为 2.7%、5.2% 和 1.3%,比男性略高;离婚比例也略高于女性非高层的 2.8%(见图 8-1)。女性高层次人才平均初婚年龄为 25.2 岁,比我国女性平均初婚年龄约晚两年。

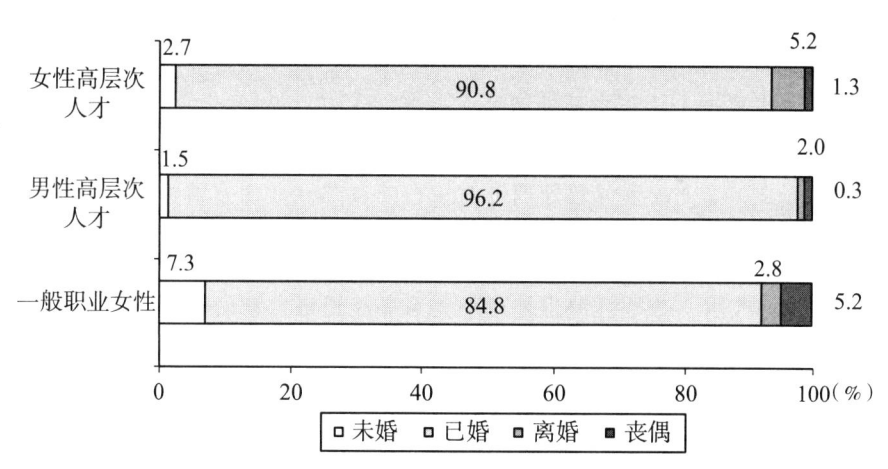

图 8-1 女性高层次人才、男性高层次人才与一般职业女性的婚姻状况

女性高层次人才中 95.9% 有孩子,初育年龄为 27.2 岁,比我国女性平均初育年龄晚两岁左右。

2. 女性高层次人才家庭夫妻关系相对平等

女性高层次人才有接近 2/3 认为夫妻对家庭事务的影响是相当的,其平等程度明显高于男性高层次人才和一般职业女性的家庭(见表 8-1)。

表 8-1　　　　　　　　　谁在家庭中更有实权　　　　　　　单位:%

	丈夫	妻子	差不多	说不清
女性高层次人才	12.2	20.7	65.1	2.1
男性高层次人才	21.6	22.2	54.3	1.9
一般职业女性	34.4	17.4	47.4	0.6

女性高层次人才家庭更倾向于夫妻共同承担家务劳动。表 8-2 显示，她们认为"妻子"承担的家务劳动更多的比例比一般职业女性低近 21 个百分点；认为夫妻双方差不多的比一般职业女性高 1 倍；认为丈夫承担的更多的比例也略高于一般职业女性。

表 8-2　　　　分性别、分职业地位的谁承担的家务更多　　　　单位:%

	丈夫	妻子	差不多	说不清
女性高层次人才	9.7	52.9	36.4	0.9
男性高层次人才	6.0	65.1	28.4	0.5
一般职业女性	7.8	73.8	18.1	0.2

3. 女性高层次人才自主地处理个人事务

女性高层次人才在"购买自己用的贵重物品"、"自己外出学习/工作"、"资助自己的父母"等个人事务的处理上有较高的自主权，几方面均高于一般职业女性，与男性高层次人才相差无几（见表 8-3）。

表 8-3　分性别、分职业地位处理个人事务能否以自己的意见为主　单位:%

	购买自己用的贵重物品	自己外出学习/工作	资助自己的父母
女性高层次人才	98.7	97.5	99.2
男性高层次人才	97.3	97.7	98.2
一般职业女性	93.0	89.0	94.6

女性高层次人才中有 92.5% 的人对家庭地位感到满意，比一般职业女性高 7.3 个百分点。调查数据显示出女性高层次人才在其家庭中的地位要显著高于一般职业女性，夫妻关系更趋平等。这颠覆了社会中流行的"女强人"生活不幸福的刻板印象，她们的婚姻和家庭生活质量高于一般职业女性。

三、女性高层次人才的时间分配

承担抚养子女、照顾家人和日常家务劳动等责任时,人们投入工作的时间和精力必然会受到影响,并可能阻碍其向更高层次发展。传统性别角色观念认为,性别有分工,男性负责政治、经济等公共领域的事务,女性负责家庭这一私人领域的事务。公私领域的划分会阻碍女性参与政治。[①] 关于中国的研究显示,中国妇女更多地承担了抚养子女、照顾家人和日常家务劳动等责任,并形成"劣势累积",对女性拥有工作权威产生重要负面影响。[②] 家庭经济学则认为,家庭成员在做出与从事有酬工作、家务劳动有关的决策时,其结果通常是男性更多地参与市场工作,女性更多地做家务。家庭内部的分工导致男性和女性在劳动力市场上产生基于工作经验的人力资本的不同,进而产生地位分化。那么作为高层次人才的女性,其职业生涯发展是否也因此受到影响,并影响到目前地位的获得呢?

从两个方面测量家庭责任。一是性别角色分工认知,根据被调查者对 4 项问题的回答构建量表,分别是"男人应该以社会为主,女人应该以家庭为主""挣钱养家主要是男人的事情""丈夫的发展比妻子的发展更重要""更重要的是帮助丈夫成就事业"。量表的信度系数为 0.80,得分最高为 20 分,最低为 4 分,得分由高而低反映了性别角色分工观念由传统到现代的连续统。性别角色观念的平均得分为:男性党政人才 11.0 分,女性党政人才 8.9 分,男性专业技术人才 11.5 分,女性专业技术人才 10.1 分。女性高层次人才的性别角色观念(平均得分 9.6 分)相比于男性(平均得分 11.2 分)更趋向现代。二是家务劳动。问卷询问了被调查对象最近一年在做饭、洗碗、洗衣服/做卫生、日常家庭采购、照料孩子生活、辅导孩子功课、照料老人等七个方面承担家务劳动的情况,其选项为"从不、很少、约一半、大部分、全部",将其分别赋值为 0 分、1 分、2 分、3 分、4 分,七个项目的得分相加,最小值为 0 分,最大值为 28 分,分值越低,承担家务劳动越少。各类人才家务劳动的得分依次为:男性党政人才 11.5 分,女性党政人才 15.6 分,男性专业技术人才 10.6 分,女性专业技术人才 16.9 分。女性高层次人才承担的家务劳动(平均得分 16.3 分)远高于男性(平均得分 11.1 分)。

现代社会,随着工业化的发展,工作场所与家庭分离,形成了人们有关时间

---

① Farida Jalalzai, Mona Lena Krook, Beyond Hillary, Benazir, *Women's Political Leadership Worldwide*, *International Political Science Revie*, Vol. 31, 2010, 5 – 21.

② 李忠路:《工作权威层的性别差距及影响因素监管权威的视角》,载于《社会》2011 年第 2 期。

的规划和安排。时间规制表现为时间的标准化、规律性和协调性的高度结合，即在时空路径上人们被规定了要保持一致、有重复的程序并相互连接①（Glennie and Thrift，1996）。现代社会，时间有了如下特性：第一，时间具有不可替代性，由此产生了时间成本问题。"时间成本"是指在同一时间内能完成的事是以该时间内不能完成的另一件事为代价。生育的代价是生育和养育时间内失去的学习或晋升的可能性。加班收益以减少休闲或陪伴家人为代价。第二，时间是有不同效率的，产生了"有效时间"（time availability 或 available time）的概念，即人们在单位时间内所做的事有效率或价格差异，如工作时间是有价的、家务劳动时间是不值钱的、学习时间有利于未来。夫妻间的时间价格可能是不同的，配偶工资的潜在效率影响其做家务的时间安排。第三，时间是可安排和计划的。平衡工作和家庭的关系成为如何来分配时间的问题，现代社会，当工作时间和非工作时间产生竞争时，工作占据优先位置。

目前，家务劳动的形式和时间分配是与职场分离的，对工资收入的依赖使得家务劳动常常处于"不可见"的状况。家庭劳动分工是家庭成员分享家庭责任的方式，与人类的生产和再生产紧密相关。对此，至少存在四种纯粹的模式：一是传统模式，即家务劳动由女性承担，男性挣工资来照顾家庭。二是现代伙伴模式，夫妻都是挣工资的人，家务劳动也由夫妻共同承担。三是家庭内的代际支持模式，年轻夫妻是挣工资的人，家中事务由夫妻一方的家长照顾，特别是由年轻夫妻的父母来照顾下一代的孩子，形成隔代照顾模式。四是市场模式，夫妻皆为挣工资的人，雇用他人承担家务劳动，或主要需求都在市场购买，包括子女入托、快餐食品等。事实上，大部分人的家庭生活是多种模式共存的。

女性高层次人才家务劳动的状况有以下特点：

第一，女性高层次人才的家务劳动主要由妻子承担，夫妻合作模式也占有一定比例（见表8－4）。

表8－4　　　　　　分职业位置的家务劳动分工现状　　　　　　单位：%

		城镇从业者（N=6 008）	高层人才（N=3 830）
		比例	比例
谁承担的家务劳动更多	丈夫	8.6	7.6
	妻子	67.2	59.9
	差不多	24.2	32.4

---

① Glennie, P., Thrift, N., *Reworking E. P. Thompson's "Time, Work - Discipline and Industrial Capitalism"*. Time and Society, 5/3, 1996, 275-299.

城镇已婚从业者中，有67.2%的家庭的家务劳动是由妻子承担的，伙伴式合作模式占了约1/4，传统家务劳动的分工格局没有改变。从高层人才来看，情况有所改变，尽管仍有近60%的家庭是女性更多地从事家务劳动，但夫妻合作模式有所增加，占到了1/3（见表8-5）。

表8-5　　　　　分性别和分职业位置的家务劳动分工的现状

	昨天是工作/学习日还是休息日？	性别	城镇从业者平均值（分钟）	高层人才平均值（分钟）
昨天用于家务劳动的时间	工作/学习日	男	46.7	45.39
		女	107.18	85.35
	休息日	男	104.79	103.13
		女	177.67	176.72

注：根据第三期中国妇女社会地位调查调查员手册，家务劳动包括做饭、洗碗、家庭清扫、洗衣、照料家人、处理家庭其他事务等的所有家务劳动。其中照料孩子既包括对孩子的生活照料（为孩子穿衣、整理文具、喂饭、洗澡、喂药、医疗护理等），也包括教育孩子和辅导功课，同时还包括看护孩子和陪孩子外出活动等。照料老人既包括对老人的生活照料、医疗护理、陪老人去医院、户外，同时也包括陪老人聊天等。

第二，女性高层次人才用"角色—时间分配模式"智慧地处理工作和家庭压力。在工作日，女性高层次人才家务劳动时间远低于一般职业女性，为平均85分钟，但又远高于男性高层次人才的家务劳动时间。在休息日，女性高层次人才的家务劳动时间几乎等同于一般职业女性，接近3小时。对女性高层次人才的访谈发现，几乎所有受访者都强调自己平时工作忙，无暇顾及家庭，一旦有时间，她们就会亲自下厨为家人做饭，有些人雇用了"阿姨"，但是在休息日她喜欢亲自劳作，这时的劳动有重要的情感色彩和对家庭角色的强调。美国社会学家霍克希尔德深入讨论了商品化过程中性别、工作、家庭和时间的复杂关系，提出了情感劳动和情感规则的概念。她认为，社会对于情感有一整套规则，这些规则是一个系统，它涉及一系列人们在私人生活与公共生活间的交换关系[①]。女性高层次人才虽然在职场上拥有了较高的职业位置，但在家庭内，女性自觉实践传统的情感规则的要求。

第三，女性高层次人才花在交通上的时间最长。调查使用"前一天中，分别花费在有收入的工作/劳动/经营活动、学习（含专业培训和借助媒体的学习等）和工作/劳动/学习往返路途的时间"来了解人们的时间分配（见表8-6）。

---

① Hochschild, A. R.. *Emotion Work, Feeling Rules, and Social Structure*, The American Journal of Sociology, Vol. 85, 1979: 551-575.

表 8-6　　分性别和分职业位置的工作时间分配状况

	昨天是工作/学习日还是休息日？	性别	城镇从业者平均值（分钟）	高层人才平均值（分钟）
昨天用于有收入的工作/劳动/经营活动的时间	工作/学习日	男	491.93	464.22
		女	473.6	464.06
	休息日	男	51.23	85.78
		女	63.07	88.67
昨天用于学习（含专业培训和借助媒体的学习等）的时间	工作/学习日	男	22.04	76.06
		女	20.58	73.06
	休息日	男	23.55	75.78
		女	22.52	69.18
昨天用于工作/劳动/学习往返路途的时间	工作/学习日	男	48.00	68.04
		女	43.66	75.41
	休息日	男	10.26	37.05
		女	10.47	39.71

休息日，高层人才无论男女都要比城镇从业者的工作时间长。从学习时间看，高层人才无论是在工作日还是在休息日都要投入 1 个多小时的时间（70 分钟以上）学习，从交通时间看，无论是工作日还是休息日，高层人才都要花更多的时间在路上。从工作日看，高层人才花在路上的时间在 1 小时以上，女性高层次人才花在路上的时间为 1 小时 15 分钟。

第四，女性高层次人才用于工作的时间最长，但两性差异不大。将工作时间、学习时间和路途时间视为与工作相关的时间，三项加总其时间使用最多的排序为：女性高层次人才、男性高层人才、城镇男性从业者和城镇女性从业者。女性高层次人才用于与工作相关的时间最长，约合 10 小时 9 分钟，男性高层人才约为 10 小时 7 分钟，这说明高层人才在工作时间上几乎无性别差异。

在问及"在解决家务负担上帮助最大的人员或机构"是什么，发现两性间有明显差异。男性高层人才首先提到的是配偶，占 74.2%，其次是母亲，占 8.2%，依靠社会服务机构的比例仅为 1.8%。高层女性首先提到的是配偶，有 43.3%，其次是母亲，占 23.6%，而社会服务机构仅占 7.1%，"没有"（主要是靠自己）的占 10.5%。这表明，男性高层人才主要是透过妻子的帮助来解决家务压力的；而女性高层次人才则难以有同样的比例（差 1/3）获得配偶在家务压力上的帮助。

总之，女性高层次人才在工作日与工作相关的时间是 9~10 小时，家务时间是1~2小时，合计在11小时左右。男性高层人才，其工作日与工作相关的时间是9个半小时至10个小时，家务时间不足50分钟，合计也在11个小时左右。女性压力是双重的，传统家庭角色有一定改变，但家务劳动依然要求女性更多的时间付出；在事业上，女性的时间付出并不逊于男性。女性高层次人才为工作和家务付出的时间最多。

四、女性高层次人才平衡工作和家庭角色的状况

工作和家庭的平衡是指职业人士在无法兼顾劳动力市场和家庭事务时所遭遇到的角色紧张，为了兼顾工作和家庭，人们要付出更多的情感和劳动。关注的问题是：在工作和家庭冲突时，人们如何进行选择？是以工作为主，还是以家庭为主？这种选择是否具有性别的差异性。传统社会的工作与家庭冲突是通过性别分工来解决，形成了"男主外、女主内"的性别分工格局；那在现代，当女性也要职业发展时，家务劳动又是如何分工和作用于人们的职业发展的？

第三期妇女地位调查问卷问了以下问题："近年来，下列情况在您身上发生过吗？（1）因为工作太忙，很少管家里的事；（2）为了家庭而放弃个人的发展机会"（选项包括经常、有时、偶尔、从不），希望借此了解当工作和家庭相冲突时，人们作何选择（见表8-7）。

表8-7　　分性别和分职业位置的工作和家庭平衡的现状　　　　单位：%

因为工作太忙，很少管家里的事		从不	偶尔	有时	经常
城镇从业者	男	25.30	32.70	21.40	20.50
	女	30.00	35.10	21.50	13.40
	小计	27.40	33.80	21.50	17.30
高层人才	男	12.50	32.20	27.90	27.40
	女	14.30	36.20	28.60	20.80
	小计	13.30	34.00	28.20	24.40
为了家庭而放弃个人的发展机会		从不	偶尔	有时	经常
城镇从业者	男	67.7	20.5	9.8	2.0
	女	59.0	22.5	13.6	5.0
	小计	63.8	21.4	11.5	3.3
高层人才	男	59.2	28.3	11.0	1.4
	女	49.9	30.8	16.5	2.8
	小计	55.0	29.4	13.5	2.1

从"因为工作太忙,很少管家里的事"的状况看,存在性别与职业位置间的差异。(1)从性别看,41.9%的城镇男性从业者因忙于工作而无暇顾及家庭,其比例高出女性7个百分点。① (2)从职业位置看,55.3%的男性高层人才会为工作而无暇顾及家庭,比城镇男性从业者高出13个百分点;而女性高层次人才这一比例也达49.4%,更高出城镇女性从业者约15个百分点。

从"为了家庭而放弃个人的发展机会"看,存在性别与职业位置上的差异。(1)职业位置的差异在于城镇从业者比高层人才有更高的比例"从不"为了家庭而放弃个人的工作发展,高8.8个百分点;在"偶尔"会"为了家庭而放弃个人发展机会"的比例,高层人才高于城镇从业者8个百分点,存在职业间的程度差异。(2)存在性别差异。在各类职业位置上,男性大约有比女性多10个百分点的"从不会为了家庭而放弃个人的发展机会",但也应当看到,各类职业位置上有一半以上的女性也"从不会为了家庭而放弃个人的发展"。

在高层人才专卷中问及有关"最后一次更换工作单位的原因"。发现,22.2%的女性和14.3%的男性高层人才是因为"想更多地跟家人在一起",女性比男性有更高的可能会为了关照家庭而发生工作的变动。

总之,现当代城镇从业者打破了传统的"男外女内"的分工格局,男女从业者同在职场打拼;高层人才更可能因工作忙而顾不上家庭。

五、抚育孩子的分工和支持

从个人生命周期和家庭生命周期的角度看,生育和养育阶段,即孩子0~3岁是家务劳动量剧增的阶段。计划经济体制下,城镇以单位制的方式通过具有福利性质的托儿所、幼儿园来帮助双职工家庭实现养育的社会化。随着单位制的解体,养育责任更多地成为个人的事情。而生育和养育是最可能使母亲中断工作的原因,这种工作中断直接影响到女性的职业发展。英国的研究表明,一些女性管理者即使有能力雇用家庭佣人,但她们比其男性伴侣有更多的责任来对养育的事情进行安排和监督。② 一项对第一个孩子出生后,重新从事工作的560名英国母亲的调查表明,超过1/3的母亲在两年内放弃了全职工作,其原因是雇主缺乏灵活性,他们不考虑重返工作的母亲对婴儿负有额外责任的事实。③

---

① 卡方检验(Pearson Chi-Square = 57.371,p = 0.000,说明性别间有显著差异,其关系强度为Cramer's V = 0.098。

② Wajcman, Judy. 1998. Managing like a Man: Women and Men in Corporate Management. Combridge: Policy. 152.

③ 吉登斯:《社会学(第4版)》,北京大学出版社2003年版,第385页。

我国城镇从业者家庭平均每家有 1.13 个孩子，高层人才家庭平均有 1.06 个孩子。具体如表 8-8 所示。

表 8-8 分职业位置的孩子 3 岁前的照顾 单位：%

		城镇从业者比例	高层人才比例
最后一个/这个孩子3岁以前白天主要由谁照顾	本人	21.9	8.8
	配偶	21.5	13.6
	本人父母	27.6	30.1
	配偶父母	20.9	22.5
	其他亲戚	1.1	3.2
	保姆/家政工	3.2	12
	托儿所/幼儿园	3.4	9.4
	家人共同照顾	0.2	0.4
	其他	0.1	0.0
最后一个/这个孩子3岁以后上过幼儿园吗	没有上过	8.7	2.6
	只上过学前班	2.4	2.2
	上过幼儿园	88.9	95.1
3岁以后没有上过幼儿园的主要是因为	不需要，家里有人照顾	53.00	25.5
	附近没有合适幼儿园	36.2	68.6
	负担不起费用	10.1	3.9
	服务质量差	0.7	2
能否享受子女入托、入园补贴或支持	不能	89.3	83.0
	能	9.3	13.8
	不清楚	1.4	3.3

从"孩子 3 岁前主要由谁照顾"来看：（1）代际间的抚育支持成为最主要的形式，城镇从业者家庭中，由夫妻一方的父母来照顾的比例达 48.5%，近一半；高层人才家庭中，由夫妻一方父母的比例达 52.6%。来自父母的支持打破了传统的只依赖父系家庭网络的状况，双系父母支持变得格外重要。（2）存在职业位置的差异。城镇从业者，主要由丈夫照顾的比例占 4.47%，由妻子负责照顾的比例为 38.89%，合计由夫妻一方面照顾的比例达 43.4%；高层人才家庭中，由夫妻一方面照顾的比例为 22.4%，比城镇从业者家庭少了 21%。（3）高层人才家庭更多地依靠市场力量，借助保姆/家政工和托儿所/幼儿园的比例达

21.4%，比城镇从业者家庭高出14.8%。（4）从社会福利角度看，超过80%的人没有享受任何与入托相关的儿童福利，高层人才中有13%的人享受到这一福利。

女性高层次人才对家庭的经济贡献很大，因此支持其使用市场的力量来解放家务劳动。在女性高层次人才的家庭中，认为双方对家庭经济贡献差不多的比例超过一半，远高于男性高层次人才的家庭和一般职业女性的家庭。认为妻子对家庭经济贡献大的比例达到近两成，远高于其他两类应答者。具体如表8-9所示。

表8-9　　　　　　　谁对家庭经济贡献大　　　　　　单位：%

	丈夫	妻子	差不多	说不清楚
女性高层次人才	27.0	19.7	52.2	1.1
男性高层次人才	54.5	7.5	37.0	1.0
一般职业女性	64.5	7.7	27.3	0.5

目前抚育问题主要由家庭解决，代际间的支持作用重大；高层人才更可能选择市场支持。

六、结论——理论讨论和政策建议

（一）结论

研究证实，不论男女，家庭责任承担得越多，越是不利于党政干部更高行政级别（尤其是局级及以上）地位的获得和专业技术人才高级职称的晋升；性别角色认知越是趋向于现代，越是有利于更高行政级别地位或者职称地位的获得。在既有文化价值理念影响下，虽然女性的性别角色认知相比男性更趋现代，但在家务劳动的承担上依然要多于男性，因此家庭责任对于女性党政干部更高行政级别地位获得的影响要甚于相应男性干部的影响，对于女性更高职称地位的晋升的影响要大于相应的男性专业技术人才。

数据分析表明，第一，在时间分配上，女性高层次人才兼顾事业和家庭，是工作和家务时间付出最多的人。第二，在平衡工作和家庭关系上，女性高层次人才将工作时间和休息日时间分割，在休息日完成自己的家务劳动。第三，对0~3岁孩子的抚育上，来自配偶双方的父母成为最重要的支持力量，是家庭内部的支持网络帮助有孩子的父母们继续工作，得以替代单位制解体后抚育福利的缺失。

有些女性高层次人才在抚育子女上依靠市场力量，雇用家政工来帮助抚育后代。

在工作和家庭责任的分担上，依然呈现"延迟"状况，即女性与男性共同参与有报酬劳动；但男性并非以同样的比例参与到家务劳动中，但情况有所改善。无疑，两性的变化是共同发生的事，但变化的程度不同，在双向变化的过程中女性进入有酬劳动的变化快于男性进入家务劳动的变化。

女性高层次人才面临严重的工作和家庭的冲突。调查问卷问及了"最近3年，是否有过身体有病拖着不去看医生的情况"，城镇已婚从业者中有942的人回答有此情形，占15.6%。在高层人才有1419人，占37%有此情形。进一步询问了首要原因和次要原因。具体如表8－10所示。

表8－10 分性别、分职业位置的"因工作忙没有时间看病"作为首要原因

	工作/学习忙没有时间看病作为首要原因（%）	
城镇从业者（N=936）	男（n=503）	26.4
	女（n=433）	25.6
	小计	26.1
高层人才（N=1 360）	男（n=623）	63.2
	女（n=737）	68.4
	小计	66.0

女性高层次人才因工作忙而没有时间看病的比例高达68.4%，占2/3多，这一状况令人担忧。迫切需要建立"家庭友好型"的公共政策。

（二）政策建议

由工作组织和政府制定的、有利于"工作和家庭的平衡"的政策被称为"家庭友好型工作场所和家庭友好型公共政策"（family-friendly workplace and family friendly policy）。

斯堪的纳维亚国家显示出低水平的工作与家庭冲突，而英国和美国则有最高的工作和家庭冲突，这种冲突是源于工作时间过长和以市场为主获得支持[①]。瑞典的公共政策是促进全民就业、男女平等和全民社会保障。工会不仅代表高工资的产业工人的利益，还努力追求缩小工人间的收入差距，有效地平衡了工作和家

---

① Crompton, Rosemary, *Employment and the Family. The Reconfiguration of Work and Family Life in Contemporary Societies*, Cambridge University Press, 2006.

庭的冲突[①]。

平衡工作和家庭的问题需要政府在助老、托幼和子女教育等方面给予政策支持（见表8-11）。

表 8-11　　分性别和分职业位置的对公共政策的需求　　　　　　单位：%

目前最需要的帮助或支持（第一）		助老服务	公共托幼服务	子女教育指导	减轻家务负担
城镇从业者	男	0.60	0.30	3.40	0.30
	女	0.60	0.30	5.90	0.60
	小计	0.60	0.30	4.50	0.40
高层人才	男	2.40	0.30	7.90	0.40
	女	3.50	0.60	10.30	4.40
	小计	2.90	0.40	9.00	2.20
目前最需要的帮助或支持（第二）		助老服务	公共托幼服务	子女教育指导	减轻家务负担
城镇从业者	男	2.30	0.50	7.70	0.70
	女	2.60	0.60	12.90	2.40
	小计	2.40	0.60	10.00	1.40
高层人才	男	5.00	0.90	13.30	2.30
	女	7.20	0.70	11.90	6.30
	小计	6.00	0.80	12.70	4.10
目前最需要的帮助或支持（第三）		助老服务	公共托幼服务	子女教育指导	减轻家务负担
城镇从业者	男	7.60	1.10	16.20	3.10
	女	5.40	1.50	18.00	6.50
	小计	6.60	1.30	17.00	4.60
高层人才	男	11.00	1.20	13.10	5.40
	女	12.50	0.90	9.70	10.80
	小计	11.70	1.10	11.50	7.80

在公共政策的支持方面，在第一需求中，"减轻家务负担"上，女性高层次

[①] Wallen, Jacqueline. *Balancing Work and Family: The Role of the Workplace*, New York: Allen & Bacon, 2003.

人才的比例是城镇从业女性的7倍，在"助老服务"亦达到6倍，反映出高层女性在工作—家庭冲突上的处理上机动性不如城镇女性从业者，她们迫切需要政府和组织给予社会性支持。

（1）进一步加大宣传，使更多的男性加入到家务劳动中，建立起合作式的劳务劳动分享模式。（2）组织给予工作着的父母们，特别是0~3岁的父母们以婴幼儿福利支持。（3）政府加大力度建立公立托儿所和幼儿园，将幼儿园教育（3~6岁教育）纳入国家公共教育的范畴。

第三篇

女性党政人才发展规律研究

第三篇集中讨论女性党政人才的发展现状和特点，总结规律，共有四章。

第九章讨论了影响我国女性党政人才成长的因素，与男性相比，这些因素有共性也有差异。其共性是：人力资本和社会资本对晋升有显著影响，表达了党政人才成长具有一般规律。而性别的差异性表现为：女性党政人才地位的获得更多地受惠于父母的社会经济地位、自身的性别平等观与平衡工作和家庭的能力。这表明，现当代中国依然存有传统身份社会的特点，女性不仅要有与男性相同的人力资本和社会资本，还有赖于父母的社会经济地位、个人的性别平等观与平衡工作和家庭的能力。

第十章讨论了我国重要的政党机制对女性高层次人才发展的作用。研究发现，各民主党派中女性参与率都较高，皆超过1/3，达到了国际要求的性别平等的初步标准。这表明，民主党派的制度建设为女性参与公共政治事务提供了重要的空间。高层次人才中具有民主党派身份的女性，她们有五大特点：（1）有良好的文化资本，在学历上具有资源优势，她们绝大多数接受过高等教育，一半左右具有硕士以上学位。（2）女性专业技术人才透过加入民主党派可能能够更好地发挥参政议政的优势。（3）进入行政管理职务的女性因为参加了民主党派具有了更多的参政机会，但在代表身份方面存在"多重身份困扰"。(4)她们具有自信和自强的职业素质。(5)她们具有开放和平等的性别观念。

第十一章分析转型社会女性高层次党政人才的发展规律,强调女性党政人才的发展受到时代的影响。改革中期,女干部的地位获得主要受教育程度和党员身份等自致因素的影响;平等的社会性别观念也有助于女性政治精英的地位获得;但先赋性因素对女性晋升作用有限;而领导特质和高成就期望则在很大程度上阻碍了女性干部的向上流动。改革深化期,先赋因素对女性政治精英地位获得的作用大大增强,父辈的政治文化资本有助于女性干部晋升;党员身份等自致因素的作用有所下降;领导特质、性别平等观念和职业成就期望对女性政治精英地位获得有促进作用。两性政治精英地位获得模式的变化正是社会流动机制变迁的反映。现阶段女性政治精英地位获得呈现出一幅复杂的图景:一方面,女性政治精英地位获得对家庭背景依赖程度加深,反映了女性政治精英阶层再生产的扩大和固化;另一方面,领导特质、性别平等观念和成就期望等个人心理因素对精英地位获得的作用日益显著,表明女性的主体意识正在解放,是女性主动参与竞争的表现。

第十二章用生命历程的视角,分析女性厅级干部的生活和成长轨迹,探析其晋升特点和规律。从生命周期的视角看,多数女性厅级干部参加工作后7年左右进入生育期,此时正是职业发展的关键时期。对两性厅级干部年龄层级模型的性别比较发现,两性副厅级干部和正厅级干部的年龄层级模型都高度相似。年龄、参加工作时年龄、入党年龄、生育年龄、升至正处级年龄、升至副厅级年龄的平均值一致性很高。但女性由副厅级升至正厅级时的年龄与男性相比偏大。这表明,在厅局级干部职业生涯的竞争中,优秀的女性政治精英打破了生育期带来的不利影响,冲破了传统性别观念和性别角色的种种束缚,获得了与男性同等的行政级别。这意味着,女性政治精英在职务起步的早期打下良好的基础十分关键,这会抵消生育期给女性职业生涯发展带来的不利影响。反之,如果不能在最佳年龄及时得到晋升,女性就会丧失宝贵的发展机会。我国推行的女性参与决策的性别保障政策对现任女性厅级干部的成长起到了积极的促进作用。坚持男女两性领导干部同年龄退休有重要意义;女性退休年龄早于男性直接影响女性政治精英的晋升。

第九章

影响女性党政人才成长的因素分析

本章以2010年获得的全国1870位科级及以上党政人才的资料,分析了影响两性党政人才地位获得的因素。研究发现,党政人才的成长规律具有共性是:大专以上的受教育程度和社会资本对其晋升有显著影响。性别的差异性表现为:女性党政人才地位的获得更多地受惠于父母的社会经济地位、自身的性别平等观念与平衡工作和家庭的能力。男性高层次党政人才的晋升同样要具有平等的性别观念与平衡工作和家庭的能力。现当代中国依然具有身份社会的特点,男性通过提升人力资本和建构社会资本便能获得进入党政人才成长的道路;女性要有大专以上的受教育程度和社会资本,还要有赖于父母的社会经济地位、个人的性别平等观与平衡工作和家庭的能力。

一、数据说明和理论假设

(一) 数据说明

第三期中国妇女社会地位调查将女性高层次人才作为重点人群进行调查。在这项调查中,人才主要包括三类:(1) 副科级及以上党政干部;(2) 具有中级及以上职称的专业技术人员;(3) 企业高层管理人员。[①] 选择这三类人才进行研

[①] 在我国,高层党政人才常常是指副局以上干部,本章为了更好地研究人才成长规律将党政人才扩大至副科级以上干部。

究的原因是他们作为社会中的精英，在政治、经济和专业领域发挥了重要作用，占据了女性高层次人才中的多数。

本章所使用的数据资料来自两个调查：一是 2010 年教育部哲学社会科学研究重大课题攻关项目《女性高层次人才成长规律及发展对策研究》进行的"高层人才卷"，这一调查按定比抽取原则，在全国 31 个省市对上述三类人才进行调查，抽样方案为：三类人才男女各按照 1∶1∶1 的比例抽取，每省抽 126 人，每部分为 42 人，其性别比为 1∶1。调查于 2011 年 6 月在全国范围内进行，按此种方法在全国得到了 3 626 个样本。二是在 2010 年 12 月进行的第三期中国社会妇女地位调查的入户调查中，按照随机抽样的原则，让符合人才条件的调查对象在填写主问卷的同时填写"高层人才附卷"，用这一方法得到高层人才样本 1 020 个，中层人才样本 2 193 个。两种方法加总后，经过对职业和收入变量的严格检测，剔除了不合格样本 713 个，最终获得具有中级及以上职称、科级及以上行政级别、中层及以上管理人员特性的专业人员、行政人员和管理人员有效样本 6 126 人。

本章研究党政人才的晋升。党政人才包括了在政府、党委和群团部门，在国有事业、企业单位担任实职、具有副科级及以上行政级别、未退休的干部。样本总数为 1 870 人，其中女性样本 785 人，占 42%；男性样本 1 085 人，占总样本数的 58%。女性样本的平均年龄为 46.7 岁，标准差为 7.4 岁；男性的平均年龄为 46.5 岁，标准差为 7.4 岁，两性年龄相当，基本无差异。女性样本中，目前行政级别为科级的占 17.0%，处级的占 56.8%，局级及以上的占 26.2%。男性样本相应行政级别分别为：39.1%、42.3% 和 18.6%。两性样本的级别状况有一定差异，女性高层次党政人才所占比例高于男性。这与样本以配额方式获得有关，虽然样本并不太理想，无法做到全部随机，但本章的追求是对分性别的影响两性党政人才晋升的要素进行分析，其对结构性关系的阐释应当具有解释力。特别值得注意的是，因数据的局限性，本研究无法解释现在处于科级以上位置的党政人才是如何进入其行政职业的，而是解释什么样的因素可能影响其职位晋升。

（二）理论假设

从经典职业地位获得的理论看，影响党政人才地位获得的因素很多，包括先赋性因素和自致性因素；社会资本或社会关系网络的作用。本章加入了三个性别视角来分析党政人才的晋升：一是性别观念因素；二是工作和家庭平衡的因素；三是组织的性别环境的因素。先赋性因素和自致性因素对党政人才的晋升有可能同时起作用。

1. 先赋因素

中国是个身份社会，那么家庭出身，如城乡身份和父母的受教育程度都会作用于子代的晋升。在先赋性地位中，性别身份也是重要的身份，女性的晋升更可能会受惠于来自家庭的正向作用。由此有两个假设：

（1）党政人才的晋升受到先赋性因素的影响。

（2）女性党政人才的晋升更多地受惠于父母的出身与教育程度。

2. 自致因素——人力资本

人力资本因素对党政人才的晋升有重要影响。已有经验研究中，人力资本多被操作化为受教育年数（学历）、在职培训和工作经验。随着我国高等教育的普及，学历的含金量会降低。有研究指出，学校级别对大学生职业地位获得有显著影响[1]。因此，加入了"是否是重点大学"的变量，对高等教育的质量加以考察。从性别视角看，人力资本理论认为工作权威上的性别差距主要是两性拥有的人力资本的差异造成的，女性的人力资本投入通常不如男性，所以她们在工作权威层的比例就会低于男性[2]。但有观点认为，即使在相同的人力资本条件下，女性工作权威的层级依然低于男性，人力资本因素只能解释工作权威层级之性别差异的很小一部分[3]。关于人力资本与晋升的关系提出了三个假设：

（1）人力资本因素对党政人才的晋升有重要影响。

（2）相比于人力资本数量，人力资本质量对向更高层的晋升有重要作用，即越向更高层的晋升，对人力资本的质量就要求越高。

（3）女性拥有比男性更多、更好的人力资本是女性在相应行政等级阶梯上顺利晋升的必要条件。

3. 自致因素——社会资本

社会资本理论认为，人力资本理论的基本前提是理性行动者在完全竞争的劳动力市场上，以价格（工资）为指引进行选择。但实际上并不存在完全竞争的劳动力市场，经济生活深深地嵌入（embedded）在于社会网络和社会关系中。社会资本是一种镶嵌在社会结构/网络之中并可以通过有目的的行动来获得或流动的资源，那些拥有更多、更好社会网络资源的个体，其社会资源的使用将提高其劳动力市场回报。有研究指出，社会资本对干部的地位获得有显著影响，但两性存在差异。女干部拥有与男性相差不大的社会关系网络，社会关系网络对男性地位获得有显著的

---

[1] 李黎明、李卫东：《阶层背景对本科毕业生职业地位获得的影响》，载于《社会》2009年第5期，第200页。

[2] Wolf Wendy C. and Neil D. Fligstein, *Sex and Authority in the Workplace: The Causes of Sexual Inequality*, American Sociological Review, 1979, 2, 235–252.

[3] Huffman Matt L. and PhilipN. Cohen, *Occupational Segregation and the Gender Gap in Workplace Authority: National versus Local Labor Markets*. Sociological Forum, 2004: 121–147.

正向影响，对女干部的地位获得则无显著影响①（周玉，2006）。党政人才的社会资本对其晋升有重要作用，建立了两个党政人才晋升与社会资本间关系的假设：

（1）党政人才的社会资本对其晋升有正面影响。

（2）女性党政人才的社会资本对其晋升同样具有正向影响。

4. 平衡工作和家庭的能力

在生活世界中，每个人的生活都离不开工作和家庭。人们要平衡工作和家庭的关系，以既能够承担抚养子女、照顾家人和日常家务劳动的责任，又能够尽职尽责地做好工作。如果人们不能很好地平衡工作和家庭的关系，就会阻碍其晋升。家庭经济学的观念认为，家庭是一个生产单位，家庭成员要在考虑其他家庭成员的活动和收入状况下决定自己的工作和家务时间的安排，这是家庭内部联合决策的问题。决策的结果常常是男性更多地从事有报酬劳动，女性更多地做家务。贝克尔将这种性别分工归因于男性和女性的生理差异。家庭内部的分工导致了两性在劳动力市场上的工作经验和精力差异，进而产生收入分化②。有研究指出，一个已婚、有6岁以下子女、家务劳动时间以及丈夫或家庭的收入对女性是否参与工作有显著影响（England et al., 1988）。一种文化的观点认为，传统劳动性别分工要求女性更多地承担家庭责任，并从观念形态上将家庭责任划归为女性。社会对男性的评价是以事业为重，对女性的评价是家庭为重；而工作机构对女性的角色期望是工作（Centra、Gaubatz，2000），这导致了对女性的双重标准。传统性别角色观念认为，不同性别应该有不同分工，男性负责政治、经济等公共领域的事务，而女性则负责家庭这一私人领域的事务。因此，公私领域的划分阻碍了女性参与政治（Farida、Mona，2010）。有研究指出，影响女性成为党政人才的主要原因是社会心理因素，它建立在两种刻板印象上：一是性别与职业的刻板印象；二是有关精英的刻板印象（Oakley，2000）。对我国的研究显示，女性更多地承担了抚养子女、照顾家人和日常家务劳动等责任，并形成"劣势累积"，对女性拥有工作权威产生重要的负面影响（马缨，2009；李忠路，2011）。据此，提出党政人才有关家庭和工作平衡与晋升之关系的两个假设：

（1）党政人才的家庭责任越多越重，则越是不利于其晋升；

（2）在性别观念作用下，女性是否认同传统的性别观念会对其晋升产生影响，认同传统观念减少了女性党政人才晋升的机会。

5. 组织的性别环境与晋升

在组织中，是否有女性作为领导会构成不同的组织之性别环境。有研究表

---

① 周玉：《社会网络资本与干部职业地位获得》，载于《社会》2006年第1期。

② Becker, Gary, *A Treatise on the Family*. Enlarged Edition, Cambridge: Harvard University Press, 1991 (First Edition, 1981).

明,女性更容易被聘用或晋升到已有较多女性的那些工作层级(Cohen et al.,1998)。将女性在领导层占有 1/3 以上比例的组织环境称为性别友好型组织环境,按照联合国倡导的女性应在权力层至少占到 1/3 规模的说法,意味着在这样的组织环境中女性作为一种利益群体,其相关利益能够有一定的表达和受到关注。组织中性别歧视状况是组织性别环境的另一个非常重要的层面,也是以往量化研究中被忽略的因素。组织中的性别歧视是指在组织中可以被当事人感受到隐性的性别歧视。因此,我们以当事人感受到是否存在性别歧视为自变量,来考察组织的性别环境。由此提出了有关党政人才晋升的组织性别环境的两个假设。

(1) 性别友好型组织环境有利于女性党政人才的晋升;

(2) 性别歧视被党政人才感受到的越多,其组织环境越不利于女性党政人才的晋升。

二、研究模型

本书采用因变量超过 2 个类别的 Mlogistic 模型。模型中的因变量为党政人才的行政级别,区分为三个类型:科级、处级、局级及以上。分析从科级到处级和从处级向局级的晋升中起作用的原因。

(一) 变量说明

(1) 关于先赋性地位的测量用了父母教育程度和本人出生地。一般研究者多使用父亲职业和父亲教育来测量出身的作用。本书以父母文化程度来测量,其取值是父亲或母亲文化程度最高者,纳入模型时区分为小学及以下、初中、高中/中专/中技、大专及以上四个类别。这一处理的优点是:①可以避免以父亲职业作为测量指标时面临的职业群体内异质性过大的问题;②可以避免因单纯考察父亲地位而忽略母亲地位的贡献问题;③可以避免因父亲职业与父亲教育间的高度相关而导致的模型偏误问题。关于本人出生地,我们以出生的户籍来分析城乡身份。

(2) 人力资本各要素的测量从四方面入手:一是工作前受教育程度,即第一学历,指个人开始第一个工作之前接受教育的状况,区分为三种类别:高中/中专/中技及以下、大学专科、本科及以上。二是在职教育年数,指开始工作后通过培训或在职研读而获得的教育状况,以年数测量。三是所接受教育的质量,指最高学历是否是重点大学。四是工龄。

(3) 社会资本的测量。社会资本可分为两类,一是"摄取的社会资本",即嵌入社会网络中、能为个体所获取的社会资本,也称为社会网络资源;二是动员的社会资本,是地位获得过程中实际利用的社会资本,也称为社会关系资源。以"需要时可以获得的帮助"测量社会网络资源和实际使用的社会资本,"需要时可以获得的帮助"是一个由多个变量建构的量表。问卷中有一个问题询问了"需要时下列人员能否帮你",涉及的人员对象包括企业主/企业主管、厅局级及以上干部、处级干部、高级职称专业技术人员。量表的信度系数为0.823,量表的得分在模型分析中进行了标准化。女性党政人才的平均得分为0.55分,男性党政人才的平均得分为0.51分。女性得分还略高于男性。

(4) 工作和家庭的平衡,分两部分测量。一是党政人才对性别角色分工的看法,根据被调查者对6项问题的回答构建量表,分别是"男人应该以社会为主,女人应该以家庭为主"、"挣钱养家主要是男人的事情"、"丈夫的发展比妻子的发展更重要"、"更重要的是帮助丈夫成就事业"、"事业成功的女人往往没有女人味"、"男人比女人更胜任领导的角色"。量表的信度系数为0.806,最高得分为30分,最低得分为6分,得分的高低反映了性别角色分工观念由传统到现代的连续统。因为得分越高代表越传统,因此它与精英晋升之间的关系是负向的,人们的观念越现代,得分越少,越有可能得到晋升。二是家务劳动。问卷询问了被调查对象最近一年在做饭、洗碗、洗衣服/做卫生、日常家庭采购、照料孩子生活、辅导孩子功课、照料老人七个方面承担家务劳动的情况,其选项为"从不、很少、约一半、大部分、全部",我们将其分别赋值为0分、1分、2分、3分、4分,七个项目的得分相加,最小值为0分,最大值为28分,分值越低,承担家务劳动越少。女性家务劳动的平均得分为15.7分,男性的平均得分为10.6分。女性党政人才承担的劳务劳动要比男性多。

(5) 组织的性别环境状况从两个方面来测量。一是组织领导层的性别比例,分为三类情况:没有女性领导、女性领导不足1/3、女性领导超过1/3。二是组织内的性别歧视,问卷中询问了三个有关组织内性别歧视方面的问题,"同等条件下男性晋升比女性快"、"在技术要求高/有发展前途的岗位上男性比女性多"、"同职级女性比男性退休早",量表的信度系数为0.56,最低分数为0分,最高分数为3分,经标准化后,最小值为0,最大值为1,男性的均值为0.33,女性的均值为0.34。两性党政人才对性别歧视的感受接近。

(二) 样本的基本情况

本章分析变量的基本情况如表9-1所示。

表 9 – 1　　　　　　　　两性党政人才基本情况及比较

变量		女性 n = 785		男性 n = 1 085	
		平均值	标准差	平均值	标准差
工作前受教育年数		13.04	2.52	13.10	2.66
工作后受教育年数		3.72	2.57	3.18	2.42
工龄		26.61	8.69	25.98	8.56
需要时可以得到的支持		0.55	0.30	0.51	0.32
性别角色分工认知		0.32	0.21	0.45	0.24
家务劳动		15.73	4.59	10.57	3.94
组织中的歧视		0.34	0.27	0.33	0.26
变量		频次	有效百分比	频次	有效百分比
父母文化程度	小学及以下	190	24.2	497	45.81
	初中	128	16.31	183	16.87
	高中/中专/中技	244	31.08	217	20
	大专及以上	220	28.03	171	15.76
	缺失值	3	0.38	17	1.57
户籍出身	不是农村户籍出身	573	72.99	534	49.22
	农村户籍出身	210	26.75	549	50.6
	缺失值	2	0.25	2	0.18
工作前文化程度	高中及以下	383	48.79	533	49.12
	大专	262	33.38	348	32.07
	本科及以上	136	17.32	200	18.43
	缺失值	4	0.51	4	0.37
最高学历是否是重点大学	不是	442	56.31	624	57.51
	是	343	43.69	461	42.49
组织领导性	性别比例：没有女性领导	49	6.24	286	26.36
	女性领导不足 1/3	535	68.15	741	68.29
	女性领导超过 1/3	190	24.2	44	4.06
	缺失值	11	1.4	14	1.29
组织女性员工比例	不足 1/3	209	26.62	434	40
	不足一半	330	42.04	508	46.82
	超过一半	226	28.79	118	10.88
	缺失值	20	2.55	25	2.3

（三）模型

以党政人才的行政级别为因变量，以家庭背景、人力资本、社会资本、工作和家庭的平衡和组织的性别环境要素为自变量，使用 Stata10 软件分别对男性精英和女性精英的晋升之影响因素建立了 Mlogistic 回归模型，其结果见表 9-2。

表 9-2　女性和男性党政人才晋升之影响因素的 Mlogistic 模型

		女性（n = 738）		男性（n = 1 011）	
		处级 （模型1）	局级及以上 （模型2）	处级 （模型3）	局级及以上 （模型4）
父母受教育程度	初中	0.902*	1.198*	0.410	0.158
	高中/中专/中技	1.013**	1.341**	0.763**	0.632
	大专及以上	1.629***	2.119***	1.071**	1.069**
户籍身份	农村户籍出身	-0.045	-0.023	0.684***	0.560*
人力资本	工作前受教育程度是大专	2.301***	3.873***	1.799***	3.596***
	工作前受教育程度是本科及以上	3.627***	5.877***	2.572***	5.304***
	在职教育年数	0.513***	0.667***	0.330***	0.522***
	最高学历是重点大学	0.636*	1.216**	0.500**	0.704**
	工龄	0.236**	0.236	0.080	0.157
	工龄平方	-0.002	0.001	0.000	0.001
社会资本	需要时可以获得的帮助	1.608***	3.227***	2.007***	3.216***
家庭责任	性别角色认知	-1.394*	-2.860***	-0.800	-2.082**
	家务劳动	-0.068*	-0.216**	0.011	-0.113**
组织性别环境	女性领导不足30%	0.345	4.151**	0.324	0.258
	女性领导超过30%	1.388**	4.757***	1.399**	0.731
	歧视	-0.063	-1.351*	-0.851*	-0.686
	常数项	-6.458***	-14.206***	-5.564***	-10.502***
	Pseudo R^2	0.373		0.283	
	-2log	-448.287		-759.539	

注：（1）参照类：父母受教育程度：小学及以下；户籍身份：城镇户籍出身；工作前受教育程度：大专及以下；组织女性领导比例：没有女性领导。（2）* 表示 $p < 0.05$，** 表示 $p < 0.01$，*** 表示 $p < 0.001$。关于显著性水平的选择，本书以 0.05 作为接受研究假设的基准，以避免过于宽松的显著性水平可能导致的推断的甲种误差。

三、研究发现和理论讨论

通过对党政人才从科级向处级、从处级向局级及以上行政级别的晋升之影响因素的分性别模型分析，有以下发现值得深入讨论。

(一) 影响党政人才晋升因素的性别比较

第一，先赋性因素依然在党政人才的晋升中起作用，但其作用方式有性别差异。(1) 城乡身份，依然对男性精英的晋升起作用，但对女性的晋升无影响。而且非常有意思的是，出身为农村的男性，在从科级向处级的晋升中，获得了更多的可能性。这一结论与吴晓刚和 Treiman 利用 1996 年的数据所揭示的情况类似，他们认为户籍制度以及由此产生的高度选择性是造成这种现象的原因（Wu & Treiman, 2004）。本书基本上认同吴晓刚和 Treiman 的解释，调查数据显示，农村户籍出身但目前已经进入行政等级系列的男性党政人才，在各个方面都有突出的优势，以最高学历是重点大学的比例看，行政级别科级者为 35.8%，行政级别处级者为 48.7%，行政级别为局级及以上者为 51.1%，城镇户籍出身者，上述三个行政级别者最高学历是重点大学者的百分比分别为 29.1%、43.9% 和 58.9%。(2) 父母的受教育程度反映了党政人才的来源，具有一定的精英再生产的意涵。研究显示，随着父母文化程度的提高，其对地位晋升的作用也在增强，父母有文化对女性的政治成长皆有帮助，不过父母文化程度在大专以上的女性党政人才，其受惠于家庭程度更高，且随着晋升层级的提高，家庭的作用更为明显。女性党政人才的晋升更具有精英再生产的意义。对男性而言，只有父母教育程度在高中、大专及以上者显示出与其晋升的正向关系。

第二，人力资本对男女党政人才的晋升都有显著影响，几乎无性别差异；从程度上看，女性党政人才的晋升受到人力资本的影响要大于男性。(1) 第一学历和最高学历是否是重点大学对女性行政干部向更高行政级别地位的晋升有显著作用。第一学历是本科及以上者在更高行政级别地位的获得上具有显著的优势，对于女性而言，相比于第一学历是高中及以下者，其是处级而非科级的概率比为 37.4，其是局级而非科级的概率比为 375。对于男性而言，相比于第一学历是高中及以下者，其是处级而非科级的概率比为 14.1，其是局级而非科级的概率比为 212.7。(2) 最高学历是重点大学的女性，其是处级而非科级的概率比是 1.9，是局级而非科级的概率比是 3.4。最高学历是重点大学的男性，其是处级而非科级的概率比是 1.6，是局级而非科级的概率比是 2.0。(3) 人力资本变量唯一的性别差异出现在从科级向处级的晋升中，女性的工龄长短，工龄对女性在这一层级的晋升有明显的正向作用,这意味着一些女性从科级向处级的晋升是"熬年头"得来的。工龄每增加一年,其是处级而非科级的概率增加27%。

第三,社会资本对两性党政人才的晋升有同样显著的正向作用。对女性而言,需要时可以获得的帮助每增加一个单位,其是处级而非科级的概率比为5,是局级而非科级的概率比为23.9,对于男性而言,需要时可以获得的帮助每增加一个单位,其是处级而非科级的概率比为6.9,是局级而非科级的概率比为23.9。社会资本尤其对于两性更高地位如局级及以上地位晋升的影响更为显著。

第四,党政人才在工作和家庭的平衡的因素上有明显的性别差异,这一因素对男性从科级向处级的晋升毫无关联,但对女性的影响却是显著负面的。(1)从性别角色分工的观念看,女性党政人才的性别角色分工观念越是趋于传统,其向更高层级的晋升可能性越低;而那些打破性别角色分工观念的女性精英则有更好的向上晋升的机会。女性党政人才的性别角色观念得分每增加一个单位,即趋向传统性别角色观念的分值每增加一个单位,其为处级而非科级的可能性降低75%,其为局级而非科级的可能性降低94%。男性党政人才的性别角色观念也对其处于局级位置的可能性有影响,其趋向传统性别角色观念的分值每增加一个单位,其为处级而非科级的可能性降低55%,其为局级而非科级的可能性降低88%。(2)家务劳动的承担对女性党政人才的晋升有显著的负向作用;对男性局级及以上党政人才也有负面影响,但对女性的负面影响要大于男性。女性党政人才的家务劳动每增加一个单位,其是处级而非科级的概率下降6.5%,是局级及以上而非科级的概率下降20%。男性党政人才承担家务的状况对其向中级行政地位的晋升没有显著影响,但对其向局级及以上地位晋升有负向影响,家务劳动每增加1个单位,其是局级及以上而非科级的概率下降11%。平衡工作和家庭间的关系是两性行政干部在地位晋升时都要面对的问题,对女性更为明显。

第五,组织的性别环境对于两性党政人才晋升存在影响。(1)性别友好型的组织环境,即女性领导占1/3以上者,明显地有利于女性党政人才的晋升,特别是对女性局级及以上者的晋升更为明显。组织中女性领导比例大于30%与没有女性领导的相比,女性精英是处级而非科级的可能性增加3倍,是局级及以上而非科级的可能性增加115倍。改变组织的性别环境将有助于女性党政人才的职业发展。(2)对组织的性别环境中女性领导不足30%的状况下,女性精英处于局级或以上的可能性增加。这是一个非常有意思的发现,这可能意味着我们选拔女干部的公共政策在发挥作用,当组织中女性领导达不到30%的标准时,身为"女性"便获得了更多的晋升机会,这种"性别点缀"或政策需求的作用对女性的晋升是正向作用的。(3)当事人感知的组织中存在的性别歧视的影响方式非常有意思,对女性党政人才来说,在局级而非科级的概率因为其性别歧视下降

74%。但这种状况对男性向局级及以上地位的晋升没有显著影响。

(二) 两性党政人才晋升之路的比较研究

从模型分析看，我们可以分辨出四种党政人才的晋升之路。

1. 影响女性处级党政人才晋升的因素

分析模型 1 展示的数据发现，影响女性处级党政人才晋升最为显著的因素包括：父母受教育程度在大专及以上、自身受教育程度在大专及以上、工作后的继续学习、社会资本。有一定影响的因素是：父母受教育程度为高中的、工龄和组织环境中女性领导超过 30%。有弱影响的因素是：父母是初中文化、重点大学毕业、性别角色观念现代、家务劳动的承担。这说明，女性处级党政人才的晋升重点受到其个人人力资本、社会资本和父母社会经济地位的影响；性别因素对其有影响，但处于相对次要的位置。

2. 女性局级及以上党政人才得以晋升的影响因素

从模型 2 的数据分析发现，影响女性局级及以上地位的党政人才的晋升最为显著的因素包括：父母受教育程度为大专及以上、自身受教育程度为大专及以上、继续在职学习、社会资本、性别观念、家务劳动和组织的性别环境。而次要影响的因素有：最高学历是重点大学和组织的性别环境。有弱影响的因素是：组织中存在的性别歧视。这说明，处于局级以上的女性党政人才其晋升受到的影响非常广泛，家庭出身的先赋性因素、个人受教育的程度、社会资本、个人的性别观念、组织的性别环境皆对其有非常显著的影响，这意味着一位高层女性党政人才的晋升不仅聚集了人时、地利和人和（先赋地位、人力资本、社会资本和组织环境）的优势，还要具有平等的性别意识及平衡工作和家庭的能力。

3. 男性处级党政人才的晋升

从模型 3 可以发现，影响男性处级党政人才的晋升最为显著的因素包括：父母为大专及以上教育程度、出生户籍为农村、个人为大专及以上学历、工作后继续学业习、社会资本；次级影响因素有：父母文化程度为高中者、最高学历为重点大学、组织的性别环境为女性领导超过 30%；弱影响的因素有：个人感受到的性别歧视。这说明，社会对于男性党政人才的成长还是相当开放的，其晋升基本是沿着传统的职业生涯之路。传统的性别分工观念和家庭责任对其地位的获得皆无影响。

4. 男性局级及以上的党政人才的晋升

从模型 4 可以发现，影响男性局级及以上的党政人才的晋升最为显著的因素包括：父母受教育程度在大专和大本及以上、在职学习、社会资本、现代的性别观念。次级的影响因素包括：父母文化程度为大专及以上、重点大学、家务劳动。弱影响的因素有：农村出身。而组织的性别环境对其晋升皆无关系。这说明，在高层次男性党政人才的晋升中传统的因素，如先赋性的、个人人力资本、社会资本起重要作用，但性别观念和家务劳动因素也起到作用，这意味着高层次男性党政人才的成长也需要其具有平等的性别观念。

总结上述四个模型，我们发现，两性党政人才晋升共同具有的显著性影响因素有：在教育方面都有很高的人力资本和有人脉（社会资本）；差异性重点表现为在性别方面，女性党政人才地位的获得会更多地受惠于父母较高的社会经济地位、自身具有的性别平等观念与平衡工作和家庭的能力。同时，男性高层次党政人才的晋升同样需要具有平等的性别观念与平衡工作和家庭的能力。

回到前述我们对中国社会结构具有的"身份社会"的认识和理论关怀。帕金的"社会排斥"理论认为，各种社会集团都会通过一定的程序，将获得某种资源和机会的可能性限定在具备某种资格的小群体内部。Parkin（1979）对党政人才晋升的分析，我们尝试做以下推测。第一，现当代，我国党政人才的晋升深受人力资本和社会资本的作用，那些没有接受大专及以上教育和不具有社会资本的人将无法进入党政人才的圈子中，由学历和社会关系构成的社会壁垒已经形成。第二，男性党政人才的晋升具有了一定的开放度，那些拥有了大专及以上教育、出身为农村户籍、具有社会资本的男性有可能将其农村出身作为政治资本加以使用，获得其政治位置。第三，女性党政人才的晋升受惠于父母的社会经济地位，那些父母文化在小学及以下的女性被排除在党政人才之外。而女性要想成为党政人才，获得晋升的可能不仅要拥有与男性相同的人力资本和社会资本，还要拥有平等的性别观念、平衡工作和家庭关系的能力以及特有的组织性别环境。可以说，现当代中国依然具有身份社会的特点，男性通过提升人力资本和建构社会资本便能够具有纳入党政人才成长的路径；而女性不仅要提升人力资本和建构社会资本，还要有赖于父母的社会经济地位、个人的性别平等观与平衡工作和家庭的能力，才能够在党政人才的晋升上有所收获。

研究在传统职业地位获得的理论上加入了三个重要变量：一是有关对性别角色分工的观念，这一观念直接作用于人们的职业抱负，具有职业抱负的人具有更好的人才成长之路。由于两性在传统社会中具有不同的性别角色，只有那些具有了性别平等观念的女性才能够有更好的职业发展。二是有关人们平衡工作和家庭的能力。因为传统性别角色要求职业女性担当起家庭重任，因此那些能够处理好工作和家庭关系的女性能够有更好的职业发展之路。三是有关组织的性别环境。性别友好型的组织环境，即女性领导占 1/3 以上者，明显地有利于女性人才的发展；组织中女性领导的比例也会作用于女性职业发展。

第十章

女性人才发展的政党参政机制

民主党派是指在中华人民共和国的政党,除了执政党中国共产党以外还有 8 个参政党的统称,它们是:中国国民党革命委员会、中国民主同盟、中国民主建国会、中国民主促进会、中国农工民主党、中国致公党、九三学社、台湾民主自治同盟。中国共产党与各民主党派合作的基本方针是"长期共存、互相监督、肝胆相照、荣辱与共"。合作方式为中国共产党领导的多党合作和政治协商制度,也称中国共产党领导的多党合作制或一党领导的多党合作制。1989 年中共中央的 14 号文件《中共中央关于坚持和完善中国共产党领导的多党合作和政治协商制度的意见》将各民主党派明确定位为参政党,并于 1993 年将民主党派的地位写入《宪法》,各民主党派的政党意识增强。

民主党派成员是我国政治生活中重要的组成部分,他们在参政议政的过程中不断成熟。民主党派成员的政治成长是我国人才队伍建设的重要组成部分,这其中大量的女性党派成员是我国人才的重要储备。论述民主党派人才的制度建设以及其中女性人才的成长,以推动和实现男女平等的基本国策。

一、民主党派干部成才的制度设置

2005 年"中央 5 号文件"提出"把选拔任用党外干部纳入干部队伍建设、人才工作的总规划";"各级后备干部队伍中应有适当数量的党外干部";特别提到,"符合条件的可以担任正职"。后一种说法被解读为具有"破冰意义"。2006 年 11 月 29 日,《人民日报》发文首次提出"照顾同盟者利益",并逐步建立了一整套对党外干部培养、选拔和任用的机制。这是我国人才培养的重要之路。所谓的"党外干部"包括两个部分：一是民主党派干部；二是无党派人士，即没有参加任何党派、对社会有积极贡献和一定影响的人士，其主体是知识分子。本书重点讨论的是民主党派干部成才的制度建设。这些制度建设包括人才库制度建设：

第一，各民主党派建立后备人才库制度。2006年7月，全国第20次统战工作会议召开，原中央统战部部长刘延东提出要"加强党外代表人士培养教育"，"加大对重点人物培养的力度，下大力气培养出一批各领域的代表性人物"。对党外干部培养、选拔和任用的制度的建设是一项系统工程，要与整个共产党的干部人事制度相衔接。由此，各民主党派都建立了相关的"后备人才库"，并对后备干部进行培养。这些后备人才库多是有着任实职经验的人才，即"建立担任副处级以上和副局级以上人员信息库，为及时向政府部门推荐实职做好了准备"①。

第二，各民主党派建立党员干部学习制度。目前，全国各地建立有"社会主义学院"，对党外干部进行培训。以中央社会主义学院为例，该学院定期开办"进修班"和"培训班"，"培训班"一般为3个月，一个月学习基本理论，包括马列主义、毛泽东思想、邓小平理论、"三个代表"重要思想以及科学发展观；其余两个月学习"重点特色课"，包括"三论"——统战理论、中外政党制度理论和参政党建设理论；"两史"——多党合作史和民主党派史；"两观"——马克思主义民族观和宗教观。领导能力的培训包括领导艺术和行政管理等课程。

第三，民主党派干部的"挂职锻炼"制度。"挂职锻炼"是特指政府相关单位有计划地选派在职国家公务员在一定时间内到下级机关或者上级机关、其他地区机关以及国有企业事业单位担任一定职务，进行锻炼。这既是对实践能力的锻炼，也是对从政履历的完善，是政府及组织部门考察人才的重要机制。从2006年起，各地政府每年开始选派党外代表人士到区级政府部门、街道、企业挂职锻炼。以北京市为例，将选派党外代表人士挂职锻炼制度"纳入全市党政干部挂职锻炼的统一渠道"。

第四，激励民主党派干部竞争性地参与各种政治安排。按照中央有关政策，地方配备党外干部是现在和将来一段时期内需要加强的工作。根据中共中央文件关于"中共中央关于加强新形势下党外代表人士队伍建设的意见"，所谓的党外人士，是与中国共产党团结合作、做出较大贡献、有一定社会影响的非中共人士，包括民主党派代表人士、无党派代表人士、少数民族代表人士、宗教界代表人士、非公有制经济代表人士、港澳台海外代表人士等。主要是人大代表、政协委员中的党外人士，在人大、政府及政府工作部门、政协、司法机关、国有企事

---

① 叶晓楠：《非中共人士担任领导职务增多》，载于《人民日报》2007年1月24日第10版。

业单位担任县处级（或相对于县处级）以上职务的党外干部、民主党派各级组织领导班子成员、工商联各级组织领导班子成员中的党外人士，在有关社会团体担任一定职务并发挥较大作用的党外人士。

在公开选拔干部的机制中纳入了选拔党外干部的要求。以北京市为例，2006年的公开选拔中，有16个岗位公开招聘，其中的10个岗位要求参选者必须是非中共党员，大幅度地对党外人士倾斜。当年，笔试、面试过后，有26人进入职位考察，其中14人获得任命，8名党外干部中有5位为民主党派人士，民盟、民进、民建各有一人入选；九三学社有两人获得任命。2006年10月，《北京日报》消息称，全市有局级党外领导干部98名，处级领导干部2 064名，党外代表人士的实职安排"达到了历史最好水平"。各地政府有组织地任用党外干部在政治组织或者群众团体中担任一定职务，如担任人大代表和政协委员，或被聘任为政府参事、文史馆馆员等。

上述种种制度对民主党派干部的成才具有培养性和竞争性；这些竞争使民主党派成员积极的参政议政显示自身具有政治参与的实力。

二、我国民主党派女性人才的参政状况和政治意义

2009年12月，时任国务委员和妇联主席的陈至立在"新中国60年优秀女性人才社会影响力论坛"开幕式上致辞，指出："中国政府将男女平等作为基本国策，重视女性人才的培养和开发。有大批的优秀女性人才成为各行各业的骨干和中坚，为国家政治、经济、文化和社会的发展和科学技术的创新做出了卓越贡献，是我国人力资源中不可缺少的组成部分"[①]。我国《人才发展纲要》的目标是：要实现我国"人才的分布和层次、类型、性别等结构趋于合理"。

2010年的第六次全国人口普查数据显示，党政机关、企事业单位负责人和各类专业技术人员在内的女性人才为2 819万人，占人才总量的45.8%。与2000年相比，女性人才增长了659万人，10年期间提高了1.9个百分点，高于同期男性571万人的增幅。但在性别结构方面依然存在女性人才发展不足的问题。根据国家统计局社会科技和科技统计司2010年统计，2009年，我国省（部）级及以上女干部的比例为11.0%，地（厅）级女干部的比例为13.7%，县（处）级女干部比例为16.6%。2013年，第十二届全国人大代表中女代表比例为23.4%，在各国议会联盟中的性别平等排名为第54位。

---

① 陈至立：《在新中国60年优秀女性人才社会影响力论坛开幕式上的致辞》，载于《中国妇女报》2009年12月14日。

各民主党派重视女性人才的培养和成员，民主党派成员中有一批杰出的女性领导者。历史上，宋庆龄、何香凝、史良、许广平、雷洁琼、冰心、谢雪红等老一代女性领导人；改革开放时代的何鲁丽和现任女性领导人严隽琪、林文漪等；她们既是民主党派的领导人，还担任重要的国家领导职务。目前，各民主党派都至少有一位女性副主席，同时，民主党派的女性成员也积极参与到各级政府的领导工作中，在政治岗位上发挥重要作用。

截至2008年，我国各民主党派成员达77.5万人，其中女性为33.1万人，占42.7%，成为我国重要的人力资源。从表10-1可以看出，2008年各民主党派及党派中央委员的性别分布。

表10-1　　2008年各民主党派及各党派中央委员的性别分布

党派	人数（万人）	女性人数（万人）	女性所占比例（%）	中央委员数	其中女性人数	女性所占比例（%）
中国国民党革命委员会	8.9	3.3	37.1	209	49	23.4
中国民主同盟	19.7	8.3	42.1	265	50	18.9
中国民主建国会	11.8	4.0	33.9	200	43	21.5
中国民主促进会	11.3	5.6	49.6	197	41	20.8
中国农工民主党	10.9	5.6	51.4	200	37	18.5
中国致公党	3.2	1.6	50.0	110	27	24.5
九三学社	11.5	4.6	40.0	225	46	20.4
台湾民主自治同盟	0.2	0.1	50.0	63	25	39.7
总计	77.5	33.1	42.7			

注：国家统计局社会科技和科技统计司：《中国妇女儿童状况统计资料（2010）》，中国统计出版社，第58页。

各民主党派的女性参与率都非常高，皆超过1/3；在性别平等方面达到了国际水平。这表明民主党派的制度建设为女性参与公共政治事务提供了重要的空间。我国的民主党派成员多是具有高等学历的知识分子，这是我国民主党派准入制度的要求，也是知识分子群体能动地参与政治事务的表现。这充分表达了我国女性知识分子通过加入民主党派参与国家政治事务的能动性和自主性。

我国多党合作的政治格局为女性特别是女性知识分子的政治参与提供了更多的空间，是我国"男女平等"国策得以实现的重要渠道。的确，我国还存在诸多不利于民主党派女性成员参政的因素，呈现出：副职多，正职少；虚职多，实职少；发达地区多，贫困地区少等问题；但依然可以肯定地说，民主党派是积极推动女性参政议政的重要力量和主要渠道。

三、具有民主党派身份的女性高层次人才的特点

为了更好地分析民主党派成员中女性人才的状况和特点，我们特别对第三期中国妇女社会地位调查将女性高层次人才中的民主党派人士作了专门的数据分析，这些高层次人才包括副处级及以上干部、具有副高级及以上职称的专业技术人员和企业高层管理人员，有效样本 4 324 份，其中是民主党派成员的有 208 人，女性有 134 人，男性有 74 人。这 134 个样本是指那些具有民主党派成员身份，并担任着高层次职位的女性。我们重点对 134 位民主党派成员中的女性高层次人才的成长途径、现状和特点进行分析。

（一）具有民主党派身份的女性高层次人才多为高学历精英

民主党派身份的女性高层次人才皆具有高学历，98.5% 的人具有大学专科以上学历，研究生及以上学历者占到近一半（46.5%），比同样身份的男性高出 14 个百分点。这表明兼具党派身份的高层次人才是一批具有文化资本的女性（见表 10-2）。

表 10-2 分性别具有民主党派身份的高层人才的学历分布   单位：%

学历		高中	大学专科	大学本科	研究生
性别	男性	2.41	12.05	51.81	32.53
	女性	1.39	2.78	6.25	46.53

（二）具有民主党派身份的女性高层次人才主要为专业技术人才

在政府行政管理人才、企业管理人才和专业技术人才（三类基本人才）中，民主党派成员的女性多为高层次的专业技术人才，占 72%。这表明了两种可能性，一方面的可能性是专业技术人才中的优秀女性更多地通过加入民主党派来参政议政；另一方面的可能性是专业技术人才中的女性更多地被吸纳到民主党派中。民主党派女性成员进入高层职位的女性只有 15.9% 在党政机关工作，68.9% 在事业单位工作，15.2% 在企业工作（见表 10-3、表 10-4）。

表 10 - 3　　具有民主党派身份的女性高层次人才的类型分布　　单位：%

	非民主党派	民主党派	合计
党政人才	24.9	13.5	24.3
专业技术人才	38.1	72.1	39.7
企业管理人才	37.0	14.4	36.0
总计	100.0	100.0	100.0

表 10 - 4　　分性别具有民主党派身份的高层人才就职单位类型

	党政机关	社会团体	事业单位	企业	民办非企业
非民主党派男性	34.0	0.8	35.7	28.8	0.7
非民主党派女性	33.4	1.6	38.3	26.4	0.4
民主党派男性	9.5	0.0	71.6	18.9	0.0
民主党派女性	15.9	0.0	68.9	15.2	0.0

（三）具有民主党派身份的高层次女性人才参政机会多

在女性高层次人才中，具有党派成员身份的女性有更多的参政机会，她们当中曾经或正在担任人大代表或政协委员的人占38.1%，略高于同样身份的男性（为37.8%）；这一比例远高于非民主党派的女性高层次人才的22.1%的比例。数据显示，女性高层人才中具有民主党派身份且有行政职务的人参政的机会最高，她们担任和曾经担任人大代表或政协委员会的比例高达80%；其次是企业管理人才，为57.1%，最后是专业技术人才，为25.8%。这种状况表明了两种可能的能动性：一是女性个体的能动性，即具有了一定行政职务的女性通过加入民主党派来提升自身的参政机会；二是民主党派的能动性，即党派组织积极发展具有一定职位的女性行政人员，并积极推荐其进入政协、人大或相关领导岗位，提升党派组织的参政比率。

这一现象与社会流传的"无知少女"现象有一定的吻合。我国的政治参与制度强调参政者身份代表性，特别是对那些政治上的"弱势者"的参政提供制度保障，即对于女性、少数民族、无党派（民主党派）、知识分子的人给予了更多的参政保障，以希望不同身份的人表达各自的政治利益，是我国民主政治的重要方面。但事实上，对弱势者的政治参与的保障制度形成了一人"多重代表"的现象，那些集知识分子、党派成员、少数民族于一体的女性易被"选中"，成为一人"多重代表者"。被选中的女性多处于多重身份压力中，在行使参政权利时，多重利益代表者的身份使各种利益诉求难以表达，使这一政治制度具有了符号意义,却失去了其政治参与的意涵。

(四) 具有民主党派身份的女性高层次人才有自强和自信的职业素质

当问及在工作岗位上"对自己的能力有信心""很少依赖他人,主要靠自己"的正向自我评价时,高层人才中具有民主党派身份的女性分别为95.5%和93.2%,显示出了高度的自信心和自强意识。在"女人的能力不比男人差"上,具有党派身份的女性高层次人才显示出最高的93.3%的比例;在"很少依赖他人,主要靠自己"上也显示出最高的94.7%的比例。这说明这些女性力求向人们展示作为女性的努力和能力(见表10-5)。

表10-5　　分性别、分党派身份的人对工作的自我评价　　单位:%

	对自己的能力有信心	很少依赖他人,主要靠自己	经常觉得自己很失败	女人的能力不比男人差
非民主党派男性	97.2	93.3	7.3	85.2
非民主党派女性	94.9	93.7	9.1	91.6
民主党派男性	100	93.2	5.8	90.5
民主党派女性	95.5	94.7	9.2	93.3

(五) 具有民主党派身份的女性高层次人才具有平等的性别观念

具有平等的性别观念是女性成才的决定性因素,它通过改变自我认知和成就意识等方式来影响女性的职业发展。通过对劳动性别分工的认识来进行分析。具有民主党派身份的女性高层次人才对"男人应该以社会为主,女人应该以家庭为主"的说法有77.7%的比例是不同意的;对"挣钱养家主要是男人的事情"有73.8%不同意;对"丈夫的发展比妻子的发展更重要"有65.7%的人不同意。这意味着她们反对传统性别分工,力求做一个负责任的女性。对女性高层次人才来说,能否挑战传统的性别观念和性别分,对自身发展提出"去性别化"的要求是作用其职业成长的重要动力(见表10-6~表10-8)。

表10-6　　对"男人应该以社会为主,女人应该以家庭为主"的认识　　单位:%

	非常同意	比较同意	不太同意	很不同意	说不清楚
非民主党派男性	9.0	31.0	47.6	10.8	1.6
非民主党派女性	3.9	18.0	53.4	23.3	1.4

续表

	非常同意	比较同意	不太同意	很不同意	说不清楚
民主党派男性	8.1	39.2	44.6	6.8	1.4
民主党派女性	5.2	16.4	50.8	26.9	0.8
女性非高层	9.8	29.1	46.6	13.8	0.7

表 10-7 对"挣钱养家主要是男人的事情"的认识　　单位：%

	非常同意	比较同意	不太同意	很不同意	说不清楚
非民主党派男性	10.2	29.8	48.4	10.6	1.0
非民主党派女性	4.0	15.0	57.4	22.3	1.4
民主党派男性	9.5	41.9	40.5	6.8	1.4
民主党派女性	7.5	17.2	52.2	21.6	1.5
女性非高层	11.7	25.7	49.7	12.2	0.6

表 10-8 对"丈夫的发展比妻子的发展更重要"的认识　　单位：%

	非常同意	比较同意	不太同意	很不同意	说不清楚
非民主党派男性	11.1	31.1	45.7	10.0	2.1
非民主党派女性	7.3	27.5	47.2	16.1	1.8
民主党派男性	8.1	40.5	41.9	5.4	4.1
民主党派女性	5.2	25.4	46.3	19.4	3.7
一般职业女性	14.8	33.7	40.7	9.3	1.5

以上述3题的测量，我们做了标准化处理，将上述各选项的评分依次定为1~5分（总分数区间为3~15分），其顺序和分数代表了从传统理念即性别不平等到现代理念即性别平等观的打分，分数越高，说明观念越传统。

问卷对自信和独立进行了测量，问题包括"对自己的能力有信心""经常觉得自己很失败"和"很少依赖他人，主要靠自己"3题。每个问题提供了五项选择：非常同意、比较同意、说不清楚、不太同意、很不同意。我们将上述各选项的评分依次定为1~5分（总分数区间为3~15分①），并将由三项构建的测度进行标准化，其分数值为0~1，分数越高，说明越自信和独立。

问卷对高层次人才的成就意识进行了测量，问题包括"对自己的发展有明确

---

① 其中对"经常觉得自己很失败"的选项进行了逆转。

规划"和"始终坚持自己的职业理想"2题。每个问题提供了四项选择：非常同意、比较同意、不太同意、很不同意。我们将上述各选项的评分依次定为1~4分（总分数区间为2~8分），由此两个题项构建的测度总分经极差标准化后，其取值为0~1，分数越高，说明越有成就意识。

数据显示，性别观念传统程度从高到低排序为：男性非高层、女性非高层、男性高层次人才和女性高层次人才。从自信独立程度看，女性相比于男性略高，从成就意识看，民主党派成员相对于非民主党派的成就意识略高（见表10-9）。

表10-9　　　　分性别、分职业地位的量表分数状况（均值/标准差）

	性别观念	自信独立	成就意识
非民主党派男性	0.451	0.844	0.763
非民主党派女性	0.357	0.816	0.731
民主党派男性	0.492	0.844	0.798
民主党派女性	0.371	0.822	0.782
女性非高层	0.560	0.757	—

性别观念与自信独立、成就意识间都呈反向关系，民主党派女性高层的性别观念与自信独立间的相关系数绝对值最大，其次是非民主党派女性高层（见表10-10）。性别观念越传统，越缺乏自信独立和成就意识。在男性高层次人才中，性别观念与成就意识并无关联。

表10-10　　　　性别观念量表与其他量表的相关系数

	性别观念与自信独立的相关系数	性别观念与成就意识的相关系数
非民主党派男性	0.019	-0.011
非民主党派女性	-0.175	-0.093
民主党派男性	-0.117	-0.086
民主党派女性	-0.231	-0.067
女性非高层	-0.174	—

总之，高层次人才中具有民主党派身份的女性，有五大特点：第一，具有良好文化资本，学历上具有资源优势，她们绝大多数接受过高等教育，一半左右具有硕士以上学位。第二，女性专业技术人才加入民主党派可能会更好地发挥参政议政的作用。第三，具有行政管理职务的女性因加入了民主党派有了更多的参政机会，但在身份代表性方面有"多重身份困扰"。第四，她们具有自信和自强的职业素质。第五，她们具有开放和平等的性别观念，这对其成才具有积极作用。

四、党派身份对女性在领导岗位较少的制度与社会归因

分析高层次人才对领导岗位的性别比例以及对女性领导缺失的原因的看法时显示,具有党派身份的女性高层次人才对相关问题有自身看法。

第一,具有民主党派身份的女性高层次人才更加渴望"在领导岗位上男女比例应大致相等",其同意的比例达77.6%;非常同意的达30.6%。然而,同为党派成员对此问题的看法却存在明显性别差异,女性表示非常同意的比例比男性高22.5个百分点(见表10-11)。这显示出民主党派中的女性高层次人才的参政意识比男性具有更为现代和平等的意识。

表10-11　　　　高层人才对"在领导岗位上男女比例应大致相等"的看法　　　单位:%

	非常同意	比较同意	不太同意	很不同意	说不清楚
非民主党派男性	12.8	44.0	33.9	2.4	7.0
非民主党派女性	22.0	49.8	20.1	1.4	6.7
民主党派男性	8.1	47.3	32.4	2.7	9.5
民主党派女性	30.6	44.0	15.7	0.8	9.0
女性非高层	25.8	49.4	12.4	1.6	10.8

第二,具有民主党派身份的女性高层次人才对高层人才队伍中女性比例较低的看法多归因于"培养和选拔不利"的制度性因素和"社会偏见"的社会因素;而非女性能力和家庭分工的原因(见表10-12)。

表10-12　　　　分性别、分职业地位对女性领导少的原因认识:回答"是"的比例　　　单位:%

	女性能力比男性差	女性不愿当领导	女性不适合当领导	家人不支持女性当领导	女性家务负担重	社会对女性有偏见	对女性培养、选拔不力
非民主党派男性	11.5	8.2	8.7	20.6	50.1	54.1	62.8
非民主党派女性	4.3	10.8	4.1	20.2	53.1	74.1	79.6
民主党派男性	11.0	12.3	16.4	24.7	50.7	56.2	56.8
民主党派女性	4.6	8.3	3.0	17.6	52.7	71.8	74.2
女性非高层	16.1	12.5	9.7	27.0	70.4	60.8	60.8

第三，对"总体而言，男人比女人更胜任领导的角色"的看法，具有民主党派身份的女性高层人才不同意此看法的比例为 54.3%，比具有民主党派男性高层人才回答的相应百分比高出 27.3 个百分点（见表 10-13）。

表 10-13　　　　对"总体而言，男人比女人更胜任领导的角色"的看法　　　　单位：%

	非常同意	比较同意	不太同意	很不同意	说不清楚
非民主党派男性	13.1	45.3	34.0	4.2	3.4
非民主党派女性	9.0	32.4	45.1	10.2	3.2
民主党派男性	9.5	56.8	24.3	2.7	6.8
民主党派女性	9.0	35.8	42.5	11.9	0.8

具有民主党派身份的女性高层次人才更多地将现存的领导岗位女性缺失归因为社会偏见和制度缺失，而非个人能力和家庭性别角色。同时，她们对女性领导力的看法更为积极，且与女性高层人才总体认知相同；与男性高层人才的看法有差异。

五、政策建议

民主党派中的女性人才是我国人才队伍中的重要组成部分。对具有民主党派身份的女性高层次人才的分析表明，高层次人才中具有民主党派身份的女性至少有五大特点。第一，具有良好的文化资本，在学历上具有资源优势，她们绝大多数接受过高等教育，一半左右具有硕士以上学位。第二，女性专业技术人才透过加入民主党派可能能够更好地发挥参政议政的优势。第三，具有行政管理职务的女性因为参加了民主党派具有了更多的参政机会，但在扎根生方面存在"多重身份困扰"。第四，她们具有自信和自强的职业素质。第五，她们具有开放和平等的性别观念，这对于她们的成才具有积极的作用。

女性高层次人才的成长是关系到国家形象、男女平等基本国策和人才战略的要事，公共政策应更加注重女性高层次人才得以产生的社会机制和政策保障。国家的公共政策要大力支持女性人才的成长，我们建议有以下几个方面。

第一，持之以恒地宣传男女平等的基本国策。男女平等作为基本国策当是尽人皆知的事，但研究表明，不平等的性别观念依然是阻碍女性成长的重要因素，特别是在男性高层次人才中。在作为决策者的党政和企业管理人才中，三成左右的人赞同"男人应该以社会为主，女人应该以家庭为主"、"挣钱养家主要是男人的事情"和"丈夫的发展比妻子的发展更重要"。可以说，男性的传统性别观念并没有明显的改变。我们特别建议应在各类的培训中，加强对男女平等是基本国策的学习。质性研究表明，女性领导干部的学习多有性别平等相关的课程；但男性领导则欠缺相关学习，应将性别培训纳入正式的学习内容中。同时，应当在媒体和各类教育体系中加强性别敏感的监测，使女性能够在各类宣传中坚定性别平等观，拥有更为坚定的职业抱负和自强自立的人生理想。民主党派在培训中应当加强对性别平等观的宣传。

第二，各级党政组织部门应高度重视决策层的女性比例问题，采取各种措施增加各级领导班子特别是"一把手"的女性比例，提高女性在决策中的话语权和影响力。目前，政府权力部门在一定程度上实现了女性领导的比例要求，但是在许多非政府部门的事业单位中，如教育部门并没有实现女性领导（如至少有一位女性领导）的要求。建议要推动在领导岗位上，女性领导达到至少占1/3的国际水平。"男女平等不会自然而然实现，需要积极推动"的高认同率表明，积极肯定的性别政策是必要的也是可行的，应在全面推进性别主流化的同时，采取更多诸如配额制、同等优先的倾斜性政策。同时，在倾斜性政策的执行过程中，应避免多重身份集于一体的情况，以给更多优秀女性提供发展潜能、贡献于社会的机会，特别是在配额制中加入民主党派成员的比例。

第三，加强对优秀高层次人才中民主党派女性的宣传力度。采取多种形式、利用多种渠道宣传民主党女性中的优秀分子，这对于树立优秀的女性政治家形象有积极作用。在宣传中，要充分肯定她们为社会做出的积极贡献，积极宣传其丰富的生活方式与和谐的婚姻家庭，营造有利于女性高层次人才成长的社会文化环境。建议采取相应措施，通过讲座、影视作品、文学作品等多样化的方式，系统化地、制度化地对女性后备人才如大学生、中学生进行宣教。

第四，在培养、选拔和任用党外干部的过程中要增加性别平等意识，为党外女性的参政提供更加平等的政治环境。

民主党派中的女性人才是我国人才队伍中重要的组成部分。对已经进入高层人才中具有民主党派身份的女性状况的分析表明，高层次人才中具有民主党派身份的女性至少有四大特点：第一，具有良好的人力资本，在学历和资历上具有资源优势，她们绝大多数接受过高等教育，一半左右具有硕士以上学位；其职业以专业技术为主，具有一技之长。第二，她们积极的参政议政，特别是进入行政管理职务的女性，她们具有更多的参政机会，但存在"一人多职身份"的状况。第三，她们具有自信和自强的职业素质。第四，她们具有开放和平等的性别观念，这对于她们的成才具有积极的作用。

在高层人才中，具有民主党派身份的女性更多地将现有女性高层次人才的缺失归因为社会偏见和制度缺失，而非个人能力和家庭性别角色；在这类看法上，她们与其他女性高层次人才的认知基本相同；却与男性高层人才有一定差异。她们对女性领导力的看法更为积极。

第十一章

转型社会与女性党政人才成长

本章分析转型社会女性高层次党政人才的发展规律,强调女性党政人才的发展受到时代的影响,改革开放中期和改革开放深化期家庭背景,特别是父亲较高的社会地位对两性人才的发展有影响,但不同时期呈现出性别差异。

一、研究背景

布劳—邓肯模型作为地位获得研究领域的经典模型,其开创的从先赋因素和自致因素两个维度来考察个人职业地位获得的研究范式,给后来的社会流动和地位获得研究产生了深远影响。模型中"父亲教育与职业、本人自身教育程度、职业生涯起点"等用于测量先赋因素和自致因素的基本变量也在随后的研究中被广泛运用。由于布劳—邓肯模型主要是依据男性样本建构的。因此在对布劳—邓肯地位获得模型进行批判的过程中,社会性别视角成为一个强有力的挑战。研究者们逐渐意识到,性别因素是建构职业地位获得模型的一个不可或缺的重要变量。[1]

在回顾中国干部精英地位获得的研究时,我们发现对"性别"差异的探讨仅仅是非常初步的。一些研究将"性别"纳入变量体系,但多数仅仅是在考察精英地位获得时,将性别设置为控制变量,得出男性比女性成为干部精英的可能性更高,干部精英地位获得中存在显著的性别差异的结论。在地位获得研究理论及相关模型的变迁拓展中,对性别差异问题缺乏系统充分的讨论。

---

[1] 周怡:《布劳—邓肯模型之后:改造抑或挑战》,载于《社会学研究》2009年第6期,第207页。

改革开放深入推进的同时,在国家管理和决策的核心政治领域,两性的参与机会是不均衡的。女性领导干部在层级和职务上的分布特征表明,这个性别群体在政治管理和决策领域中处于结构性弱势。在中国社会转型的过程中,两性干部精英的地位获得影响因素是否不同,存在何种差异?目前学界仍存在不同观点。近20年来,随着社会转型和时代变迁,两性干部精英的地位获得模式呈现何种变化?学界尚缺乏有针对性的讨论和系统分析。本章将运用第三期妇女地位调查数据,建构两性党政干部精英地位获得模型,以探析近20年来影响两性党政干部精英地位获得的因素及变迁。

二、精英地位获得的相关理论和研究回顾

(一) 代内流动视角:自致因素与干部精英地位获得

中国与苏联东欧社会转型带来的精英转换和地位获得问题曾引起西方学术界的激烈讨论,讨论的焦点集中于党员身份、教育程度等自致因素对新中国尤其是改革开放后干部精英地位获得的影响。在与撒列尼对话的基础上,魏昂德1995年提出了通向"行政管理精英"和"专业技术精英"的二元职业路径模型,即在通往干部精英职位的路径中,党员身份是最为重要的唯一资格;在通往专业技术精英职位的路径中,教育获得是至关重要的,而党员身份却不太重要。[①] 之后,他运用来源于1996年中国城市成年人口全国抽样调查的生活史数据分析了不同历史时期的精英获得,为社会主义中国精英获得的二元路径提供了新的例证。[②] 魏昂德认为在中国,政府给不同类型的精英创设了两个分离的"市场",对于行政干部精英的地位获得而言,"能力原则并不能干涉对党忠诚的原则",政治资格而非教育资格才是至关重要的。

魏昂德注意到,教育获得在两条职业路径中的作用都在增强,而党员身份在干部地位获得中的回报则降低了。但他谨慎地认为这一变化是由于新中国成立初期高学历人才极度短缺的结果,而并未将这种变化归因于中国社会的市场化转型。沿着魏昂德的逻辑,我们很容易得出:随着高等教育的普及和高学历人才供给的增加,行政干部精英地位获得中的党员偏好仍然存在。

---

① [美] 魏昂德、李博柏、特雷曼、魏亚萍译:《中国城市精英的二元职业路径:1949~1996》,载于《国外社会学》2002年第2期,第1页。
② 李博柏、魏昂德:《政党庇护下的职位升迁:通向中国管理精英的庇护性流动之路 (1949~1996)》,见边燕杰、卢汉龙、孙立平:《社会分层与流动:国外学者对中国研究的新进展》,中国人民大学出版社2008年版。

虽然，国内外的许多学者都注意到，中国改革后教育和人力资本在地位获得中的重要性日益增加。这一变化不仅与苏联和东欧国家的社会流动和地位获得模式相似，也与工业化国家的普遍模式相似，即教育是唯一最为重要的职业获得的决定因素——也是最重要的社会再生产机制。但"二元路径模型"仍是从代内视角解释中国精英获得的最有影响力的模型。

（二）代际流动的视角：先赋因素与干部精英地位获得

在与魏昂德"二元路径模型"对话的过程中，郑辉发展了从代际流动视角解释转型中国的精英流动的模型和方法。此后，家庭背景等先赋因素在代际流动中的作用引起了国内学者的广泛关注和讨论。郑辉认为，考察精英是否是分割的，不能仅从代内流动来评判，而应进一步考察精英群体的代际流动图景，后者比前者"更能反映社会分层模式的长期趋势和内在本质"[①]。

郑辉的研究表明，在市场转型过程中的中国，家庭背景对子代精英地位获得有重要影响。精英群体通过对高等教育机会的控制实现精英阶层的再生产。张乐沿着上述思路进一步考察了精英阶层再生产的规模和阶层固化的程度。研究表明，精英阶层的再生产是有"限度"的。低级别权力职位存在一定程度的再生产，而父辈想要帮助子女获得中等级别的位置，那么他本人的行政级别要足够高。而在高级别干部地位的获得中，父辈的各类资源都不具有显著影响。孙明则对比了不同时期家庭背景对精英地位获得作用的变化。研究发现改革前后，家庭背景对于子代精英地位获得的作用是截然不同的[②]。

从代际流动视角考察精英地位获得的研究，大多证实了家庭背景对干部精英地位获得的重要作用。尤其是改革开放后，家庭所拥有的文化资本和政治资本对子代干部地位获得的作用尤为明显。但张乐的研究也表明，精英阶层的固化程度是有限的，家庭背景在青年干部地位获得中的作用只是基础性而非无限制扩大的[③]。

刘爱玉、佟新、傅春晖运用最新的统计数据（2010年第三期中国社会妇女地位调查的数据）分析发现，"随着中国工业化、现代化的推进，家庭背景等先赋因素对于行政干部地位获得的作用在减弱，而以人力资本为表征的自致因素的作用在增强"。在控制其他因素后，人力资本对干部地位获得的影响程度最大[④]。

---

① 郑辉、李路路：《中国城市的精英代际转化与阶层再生产》，载于《社会学研究》2009年第6期，第68页。
② 孙明：《家庭背景与干部地位获得：1950~2003》，载于《社会》2011年第5期，第65页。
③ 张乐、张翼：《精英阶层再生产与阶层固化程度》，载于《青年研究》2012年第1期，第11页。
④ 刘爱玉、佟新、傅春晖：《人力资本、家庭责任与行政干部地位获得研究》，载于《江苏行政学院学报》2013年第3期，第53页。

(三) 社会性别视角：性别与干部精英地位获得

当地位获得研究将"性别"作为重要变量纳入研究视野，会发现不同性别的地位获得模式存在差异。自致因素和先赋因素在两性干部地位获得中所发挥的作用是不同的。林南与边燕杰在用1985年天津的数据研究发现，女性的社会地位获得主要受自致性因素——受教育程度的影响，而男性则主要受了先赋性因素——父亲的职业地位与就业单位部门的影响。Deborah S. Davis 用1987年和1990年上海的数据研究20世纪80年代末中国城市的职业流动，发现性别对职业流动经历产生重要影响，教育对女性的职业地位获得的重要性大于男性。这个结果与边燕杰用1985年天津的数据得出的结果相似。但其认为女性的职业地位获得比男性更依赖家庭资源，则不同于边燕杰的研究结果。①

刘爱玉用最新的全国第三期妇女地位调查数据，考察了学历和家庭背景对两性干部精英地位获得的影响，得出与 Deborah S. Davis 类似的结论。即虽然人力资本是影响干部地位获得的首要因素，但对于不同性别而言，影响程度仍有差异。相对于男性干部的地位获得，高的人力资本对于女性干部地位获得更为重要。父母具有高文化程度，对于女性干部地位获得的积极作用也远远大于男性干部。

佟新、刘爱玉进一步发现，男性通过提升人力资本和建构社会资本便能够具有纳入政治精英成长的路径；而女性不仅要提升人力资本和建构社会资本，还要有赖于父母的社会经济地位、个人的性别平等观与平衡工作和家庭的能力，才能够在政治精英的晋升上有所收获。②

性别差异并非在各个级别的干部地位获得中都发挥作用。张乐运用2003年杭州和武汉两个城市的调查样本分析发现，在副科级职位获得时，性别并没有显著作用，而在其他更高级别的职位获得中，性别都具有显著影响。这暗示权力精英的性别分化不是在职业生涯一开始就出现的，而是在之后的职务晋升中逐步显现的。③

上述精英地位获得的研究取得了丰富的研究成果。但是，也留下了许多亟待解决的问题：

（1）上述许多研究所运用的数据是在21世纪初或20世纪末采集的。改革深

---

① 转引自王昕：《社会性别视角下的布劳—邓肯地位获得模型及后续研究》，载于《青海师范大学学报（哲学社会科学版）》2010年第1期，第46页。
② 佟新、刘爱玉：《我国政治精英晋升的性别比较研究》，载于《江苏社会科学》2014年第1期，第112页。
③ 张乐、张翼：《精英阶层再生产与阶层固化程度》，载于《青年研究》2012年第1期，第11页。

入推进的近 10 年来，社会流动和精英再生产是否还具有改革初期的特征，是否具有新的特点，还有待于更新的数据和分析。

（2）由于党政干部精英在人群中的比例较小，现有的研究在界定"干部"精英时，受到数据样本的限制，在标准认定上过于宽泛，（大多将"副科级及以上"均界定为干部精英）使研究结论难以真正描述掌握国家再分配核心权力的干部精英群体的地位获得机制。此外，两性党性干部在地位获得上的结构性差异集中表现为中高层领导职位上的性别不平衡，因此，本书将干部精英界定为副厅级及以上领导干部。

（3）以往的研究模型大多未充分考虑时间因素。其共同的局限在于研究模型都使用了横截面数据，只能得出不同时期的平均效应，而难以精确把握地位获得的真正机制。在地位获得研究中，研究者已开始放弃传统的在不等时间间隔状态下的静态比较（如在不确定的时间点上对父子地位的比较），而开始越来越多地考虑将随时间变化的解释变量纳入分析中来，从而使事件史分析的运用日益广泛。[①]

此外，在研究教育和早期职业获得的过程中，以塞维尔等（Swell, et al.）和豪瑟（Hauser）为代表威斯康星学派曾注意到社会心理因素对地位获得的重要影响。[②] 而这一点正是布劳—邓肯地位获得模型所忽略的，在针对中国干部精英地位获得的研究中，也大多忽视了对个人心理因素的探讨。塞维尔等集中讨论了水平（包括重要他人和自身的水平）和个人智能对地位获得的影响。本书认为，除成就期望外，领导特质有助于个人获得精英地位。此外，男女平等的社会性别观念也激励女性打破各种约束参与精英地位竞争，从而提升女性获得精英地位的概率。因此，在建构地位获得模型时，有必要纳入并探讨个人心理变量的影响。

用第三期中国妇女社会地位调查中的党政人才的数据，运用事件史的数据分析方法，对党政干部精英地位获得（晋升至副厅级别）这一事件建模，以探悉在不同时期个人自致变量、先赋变量和个人心理变量如何影响两性党政干部精英地位获得。

三、数据、变量与模型

（一）数据及样本概况

本书使用的数据来自 2010 年 12 月进行的第三期中国妇女社会地位调查。调

---

① 李强、邓建伟、晓筝：《社会变迁与个人发展：生命历程研究的范式与方法》，载于《社会学研究》1999 年第 6 期，第 9 页。

② Swell 等：《教育和早期职业地位获得过程》，载戴维·格伦斯基编，王俊等译：《社会分层》，华夏出版社 2005 年版。

查采用入户抽样调查和重点人群补充抽样调查两种方式收集数据，共获得 65 岁以下科级及以上男女两性党政管理人员、中级及以上职称专业技术人才和大中型企业中层及以上企业管理人才有效样本 6 126 个。本书从中选取两性党政管理人员样本共 2 030 个。其中女性占 40.5%，男性占 59.5%；中共党员占 92.2%，非党员占 7.8%；研究生占 24.1%，大学（含大专）学历占 68.5%，高中及以下学历占 7.4%；正厅级占 9.5%，副厅级占 11.1%，正处级占 17.7%，副处级占 26%，正科及以下占 35.7%；出生于 20 世纪 40 年代的占 3.51%，出生于 50 年代的占 32.05%，出生于 60 年代的占 42.04%，出生于 70 年代的占 20.23%，出生于 80 年代的占 2.18%。

（二）离散时间风险模型（discrete-time hazard model）

事件史分析通常用来揭示个人职业路径的一般性过程，它将分析单位由个人转换为特定时间发生的生命事件（如党员身份的获得和从非精英职位转为精英职位）。并且如教育，职业这类随时间变化的协变量，必须在个人生命的不同时点来测量它们。使用这组资料我们能够检验个人一生职业流动和不同时期职业流动，这些是横剖资料所无法实现的。所以，本书将个人的生命历程转化为多个以年为基准的时间段，并且在此基础上，记录所有的测量。

由于分析因变量晋升事件的时间单位为年，因而本研究选择离散时间风险模型进行估计。模型将某一事件发生的条件概率进行 logit 转换，然后再作为自变量的函数。

$$\log\left(\frac{P_{it}}{1-P_{it}}\right) = \alpha_t + \beta_1 x_{it1} + \cdots + \beta_k x_{itk}$$

其中 P_{it} 是在某一事件在没有在时点 t 之前发生的条件下，第 i 个人在时点 t 发生该事件的条件概率。

为了估计该模型，将数据转化为"人—年记录"（person-records）数据。风险期中的每个人在每一个时间单位都有一条记录。换句话说，在时间按年计算的情况下，假设某人 A 在数据中被观察了 3 年，那么我们需要对这个人建立 3 条独立的记录。

（三）变量及操作性定义

1. 因变量：晋升至副地厅级

本书将干部精英定义为副厅级及以上领导干部。将作为因变量的"事件"定义为"晋升至副厅级"。在 2010 年的调查样本中，剔除资料不详者之后，样本中还有 413 名副厅级及以上干部。表 11-3 中的模型 1~模型 2，主要考察男女两性在干部精英地位获得方面的性别差异。由于改革初期（1978~1992年）晋升至副厅级的样本较少，在进行性别分类时模型常常不收敛。因此在做性别差异模型时，不得不放弃改革初期，只进行改革中期和改革深化期两个时间段的比较。在剔除13个在1992年之前晋升至副厅级的样本后，共有400个副厅级及以上干部样本。

2. 自变量

父亲职业：将父亲职业划分为"中高层干部"、"专业技术人员"、"农民"和"其他职业"。目的是考察掌握的政治资本和文化资本中高层干部和专业技术人员是否对于子代干部精英的地位获得有重要影响。由于样本中"企业管理者"类别的数量太少，且考虑到调查对象的父辈所在企业大多是计划经济体制下的国有企业，与党政部门有着千丝万缕的关系。因而将其归入"中高层干部"类。此外，由于毛泽东时代的军人一直保持着较高的政治地位和声望，干部在政治排行榜上都只能让位于革命军人，因此研究也将"军人"归入"中高层干部"类。模型中以"农民"为参照组。

被访者的政治面貌：本书讨论"共产党员"身份对干部精英地位获得的影响。此变量是一个随时间变化而变化的变量。模型中以"非共产党员"为参照组。

被访者的教育程度：改革中后期，党政部门工作人员的文化程度已大幅提升，高中及以下教育程度的占比不高，因此本书将文化程度划分为"高中及以下"、"本科或专科"及"研究生"。模型中将"高中及以下"作为参照组。由于问卷设计的局限，无法获得被访者的完整教育史信息。因此，只能将被访者的教育程度设计为不随时间变化而变化的非时变量。不排除一部分调查对象是在晋升至副厅级之后才获得的最高教育程度。但由于资料所限，本书难以进行更为细致的探讨。

个人心理变量：

领导特质：本书新建"领导特质"变量，用是否"在学校学习期间担任过学生干部"来进行测量。将在学校学习分为小学、初中、高中和大学四个阶段，如在任一阶段担任过学生干部则取值为"1"，变量得分按照担任学生干部的阶段数量累加，最高取值为"4"，即在学校学习的所有阶段始终担任学生干部；最低取值为"0"，即在校学习期间从未担任过学生干部。

个人成就期望：本书新建"个人成就期望"变量，用于表示个人对在职务晋升上达致成就的期望。变量有四个取值，分别为高期望（取值为3）、中期望（取值为2）、低期望（取值为1）和说不清楚（取值为9）。本研究主要根据调查对象的级别以及对"您今天的成就与刚参加工作时自己的期望相比如何"问题的回答来计算"个人成就期望"变量的取值。例如，现任厅级（包括副厅级）的调查对象，如果回答"今天的成就与刚参加工作时的期望相比"还"远未达到"或"稍差一些"，则归为高期望类；如果现任处级（包括副处级）的调查对象，认为"今天的成就与刚参加工作时的期望相比""高出很多"或"稍高一些"，则归为低期望类；回答为"无所谓"者取值为9。相应地，"父母成就期望"变量则是按相同的原则根据调查对象的级别以及对"您今天的成就与父母对您的期望相比如何"问题的回答来计算变量取值。模型中以"低期望"作为参照组。

社会性别观念：本研究通过对一系列性别平等方面问题的态度来测量研究对象的社会性别观念。在第三期社会地位问卷调查中，设计了10个涉及性别能力观念、社会分工观念、性别职业观念等社会性别观念的问题，请被调查者进行评判。这10个问题分别是"女人的能力不比男人差""男人应该以社会为主，女人应该以家庭为主""挣钱养家主要是男人的事情""丈夫的发展比妻子的发展更重要""干得好不如嫁得好""在领导岗位上男女比例应大致相等""总体而言，男人比女人更胜任领导的角色""对妻子而言，更重要的是帮助丈夫成就事业""事业成功的女人往往没有女人味""男女应该同龄退休"。本研究按照观念是趋于男女平等（积极）还是不平等（消极），以及积极或消极的程度对问题答案进行赋值：在表现为积极性别观念的问题中，对问卷提供五项选择答案：非常同意、同意、不大同意、很不同意和说不清楚依次赋值为2分、1分、-1分、-2分和0分；在表现为消极性别观念的问题中，则依次赋分为-2分、-1分、1分、2分和0分。

每个观点上的得分为正值，且分数越高意味着越认同男女平等的性别观念，得分为负值，且分数绝对值越高，说明性别观念越传统保守，男女平等的观念越淡薄。经测量，调查样本中"社会性别观念"变量最小值为-15，最大值为19，平均值为4.9，标准差为6.24。表明调查样本的社会性别观念差异巨大，其平均值不到5，说明平均而言，研究对象对于一半的问题都持性别不平等观念，也反映出党政人员群体中性别观念的整体状况仍趋于消极保守。

3. 控制变量

研究选取性别、时期和出生组作为控制变量。时期分为改革中期（1992~2000年）和改革深化期（2001~2010年）。对改革时期的这一划分也得到大多数学者的认同。由于干部精英的地位获得与年龄和生命历程高度相关，在特定历史时期不同出生组晋升至某一级别的概率具有结构性差异。因此分析中把出生组作为控制变量，具体分为：出生于20世纪40年代［出生于新中国成立前（1945~1949年）］、出生于50年代、出生于60年代、出生于70年代、出生于80年代5个出生组。

本书剔除了资料不详者（删除在个人教育水平、成就期望、出生组等变量中数据不全的样本）之后，对自变量进行描述统计分析，结果如表11-1所示。

表11-1 模型自变量的基本描述统计

变量	均值	标准差	最小值	最大值
性别	女性		男性	
	频次	百分比	频次	百分比
父亲职业				
中高层干部（包括军人）	152	18.7	142	11.88
专业技术人员	141	17.34	152	12.72
其他职业（含未就业）	402	49.45	481	40.25
农民	118	14.51	420	35.15
父母文化程度				
小学及以下（缺失值计入此类）	384	47.23	808	67.62
初中	173	21.28	171	14.31
高中/中专/中技	168	20.66	149	12.47
大专及以上	88	10.82	67	5.61
政治面貌				
非党员	93	11.44	62	5.19
党员	720	88.56	1 133	94.81
本人教育程度				
高中及以下	28	3.44	116	9.71
本科/专科	537	66.05	840	70.29
研究生	248	30.5	239	20
心理变量	均值	标准差	均值	标准差
领导特质	2.031	1.671	1.850	1.645
社会性别观念	7.416	5.581	3.211	6.104
个人的成就期望				
低期望	208	25.58	363	30.38
中等期望	206	25.34	387	32.38
高期望	328	40.34	385	32.22
说不清楚	71	8.73	60	5.02
父亲的成就期望				
低期望	202	24.85	377	31.55

续表

变量	均值	标准差	最小值	最大值
性别	女性		男性	
	频次	百分比	频次	百分比
父亲的成就期望				
中等期望	209	25.71	358	29.96
高期望	338	41.57	369	30.88
说不清楚	64	7.87	91	7.62
出生组				
生于40年代	10	1.23	60	5.02
生于50年代	258	31.73	386	32.3
生于60年代	370	45.51	475	39.75
生于70年代	148	18.2	257	21.51
生于80年代	27	3.32	17	1.42

4. 模型选择

在进行离散时间风险回归时，需要选择合适的模型。本书采用向后选择法选择模型。把完整模型（full model）设为基准（baseline）模型，将自变量"入党""本人教育程度""同龄群组""家庭文化资本"[1]"父亲职业""母亲职业""领导特质""社会性别观念""个人成就期望""父母成就期望"纳入模型，逐步删除不显著的自变量，分别为"母亲职业""父母成就期望"和"家庭文化资本"变量。精简后的模型所有的自变量都取得显著结果，且最大限度地保持了模型的解释力。精简后的模型卡方值为503.33，显著水平为0.0000，说明该模型整体检验十分显著。

研究将"家庭背景"操作化为"父亲职业""母亲职业"和"家庭文化资本"三个变量，分别反映出生家庭父母的教育程度和职业状况。但在模型筛选过程中，"母亲职业"和"家庭文化资本"两个自变量均不显著，"父亲职业"成为影响子代干部精英地位获得的重要家庭背景变量。

需要说明的是，进行模型选择时，同时纳入"父母成就期望"和"个人成就期望"自变量时，发现"父母成就期望"变量（参照组为"低期望"）取值为"高期望"和"无所谓"时，均不同程度地表现为显著[2]。而"个人成就期望"则均不显著。当删除"父母成就期望"变量时，"个人成就期望"变量（参照组

---

[1] 比较父母文化程度，取其中的较高值作为家庭文化资本。
[2] 父母成就期望为高期望时，p值为0.005；父母成就期望为无所谓时，p值为0.016。

为"低期望")取值为"高期望"和"无所谓"时均十分显著。这说明,"父母成就期望"是影响"个人成就期望"的重要因素。然而,本研究关注的一个重要问题是,个人心理变量在干部精英地位获得中是否有作用?因此,需要考察由社会性别观念、个人成就期望和个人领导特质等变量构成的个人心理变量组在模型中是否显著。如果显著,则证实了本书的假设。因此本书在模型中保留了"个人成就期望"变量,删除了"父母成就期望"变量。

表 11-2 中的模型 3 表明,在控制父亲职业、本人政治面貌、教育程度和年龄组的情况下,个人心理变量对于干部精英地位获得有显著解释力。如领导特质的取值每增加 1 个单位,干部精英地位获得的发生比就增加 8.5%,社会性别观念的得分每增加 1 个单位,干部精英地位获得的发生比就增加 3.2%;与低职业成就期望相比,高职业成就期望的干部精英获得发生比将增加 71%。标示个人心理因素的三个变量:领导特质、社会性别观念和职业成就期望均在 $p<0.01$ 和 $p<0.001$ 的水平上显著。这表明,在以往研究关注的父亲职业、教育程度和党员变量之外,个人心理变量也成为干部精英地位获得的重要解释变量。

表 11-2　　　　对中国干部精英地位获得的离散风险模型估计

自变量	模型 1	模型 2	模型 3
父亲职业			
中高层干部	1.324 (1.52)	1.062 (0.33)	0.978 (-0.12)
专业技术人员	2.252 (4.69)***	1.859 (3.55)***	1.706 (3.04)**
其他职业	1.894 (4.48)***	1.472 (2.69)**	1.397 (2.31)*
政治面貌			
党员 = 1		4.056 (7.98)***	4.067 (7.99)***
教育程度			
本科/专科		6.390 3.65)***	4.921 (3.11)**
研究生		23.825 (6.22)***	15.691 (5.34)***
心理变量			
领导特质			1.085 (2.68)**
社会性别观念			1.032 (3.69)***
个人成就期望			
高期望			1.708 (4.26)***
中等期望			1.023 (0.14)
说不清楚			2.100 (3.92)***

续表

自变量	模型 1	模型 2	模型 3
年龄组			
生于 50 年代	3.524（3.69）***	2.027（2.05）*	1.828（1.75）*
生于 60 年代	1.567（1.29）	0.790（-0.67）	0.679（-1.09）
生于 70 年代	0.555（-1.35）	0.276（-2.94）**	0.234（-3.29）***
生于 80 年代	(empty)	(empty)	(empty)

注：* 表示在 $p<0.1$ 的水平上显著，** 表示在 $p<0.01$ 的水平上显著，*** 表示在 $p<0.001$ 的水平上显著。

四、数据分析结果

（一）改革中期干部精英地位获得的性别差异

表 11-3 显示，改革中期，两性干部精英地位获得模型的差异是显著的：这种差异在几个核心自变量中均有体现。

1. 先赋因素

改革中期，父代的政治文化资本有助于男性子代的干部地位获得，而对女性子代则并没有显著作用。父亲为中高层干部对男性精英地位获得的贡献远大于女性。对女性而言，父亲是中高层干部似乎并未对女性成为干部精英有帮助。与父亲为农民相比，父亲为中高层干部的女性成为干部精英的概率甚至更低（0.845）。而男性却显著地得益于父亲的中高层干部职业，在各种职业中，中高层干部的男性子代成为干部精英的概率最大。干部精英地位获得上的性别差异并不能仅仅从先赋因素的效能角度进行解析，可能更多地反映了中高层干部精英的子代在职业选择上的性别差异。

将表 11-3 中的模型 1 和模型 2 进行比较，发现当模型 2 纳入政治面貌和教育程度后，男性父亲职业为中高层干部、专业技术人员和其他职业的系数分别降低了 0.5、0.43 和 0.31。进一步表明教育和党员身份是父代对男性子代精英地位获得产生影响的中介变量。而对于女性而言，父代产生影响的这一机制并不明显。

2. 自致因素

表 11-3 中的模型 3 显示，改革中期，高学历对男性干部精英地位获得的贡献远远大于女性，与高中及以下教育程度的男性相比，本科/专科男性精英地位

获得的发生比为前者的 10 倍多（10.557），如果拥有研究生学历，则发生比更高达 44.6 倍；这说明，高学历能显著提升男性获得精英地位的概率，相较之下，女性的高学历则远没有带来这么显著的收益，与高中及以下学历相比，研究生学历和本科/专科学历的发生比仅为 2.61 和 6.77。

有研究表明，改革开放以来，女性受教育的机会不断增加，教育获得男女不平等也逐步缩小。数据显示，1982 年在我国所有具有高中或中专学历的人当中，女性的比例为 38% 左右，到 2000 年，这个比例上升至 42% 左右；而在同一时期，所有具有大专或以上学历的人员当中，女性的比例上升得更快，由 1982 年的 26% 上升至 1990 年的 30%，再进一步到 2000 年的 39%（上升了 13 个百分点）。这表明，自 1982 年以来，我国教育获得的性别差异大幅度缩小。

教育获得是获得职业和社会经济地位的重要决定因素。理论上来说，教育获得使性别不平等的缩小也将导致职业获得性别不平等的缩小。然而，表 11-3 中的模型 3 显示，高学历对女性政治精英地位获得的贡献远远小于男性，说明在高学历女性干部向上流动的过程中遭遇到比男性更大的阻力。

表 11-3　对改革中期（1992~2000 年）中国干部精英地位获得的离散风险模型估计

自变量	模型 1		模型 2		模型 3	
	女性	男性	女性	男性	女性	男性
父亲职业						
中高层干部	1.000 (0.00)	2.444 (2.56)**	0.863 (-0.26)	1.942 (1.88)*	0.845 (-0.3)	2.095 (2.02)*
专业技术人员	1.431 (0.65)	1.820 (1.45)	1.442 (0.66)	1.387 (0.78)	1.587 (0.82)	1.536 (1.01)
其他职业	1.883 (1.32)	1.619 (1.64)*	1.56 (0.93)	1.304 (0.90)	1.597 (0.95)	1.273 (0.80)
政治面貌						
党员 = 1			3.022 (2.09)*	1.250 (0.51)	2.602 (1.77)*	1.268 (0.53)
教育程度						
本科/专科			2.360 (0.84)	10.175 (2.28)*	2.610 (0.94)	10.557 (2.29)*
研究生			6.161 (1.77)*	42.615 (3.66)***	6.771 (1.85)*	44.649 (3.64)***

续表

自变量	模型1		模型2		模型3	
	女性	男性	女性	男性	女性	男性
心理变量						
领导特质					0.971 (-0.39)	1.082 (1.09)
社会性别观念					1.049 (1.68)*	1.021 (0.99)
个人成就期望						
高期望					0.278 (-3.31)***	0.452 (-2.47)*
中等期望					1.140 (0.42)	1.216 (0.68)
说不清楚					1.535 (1.02)	1.394 (0.75)
年龄组						
生于50年代	2.295 (0.82)	2.300 (1.60)*	1.768 (0.56)	1.294 (0.49)	1.622 (0.47)	1.391 (0.62)
生于60年代	0.094 (-2.1)*	0.240 (-2.36)**	0.074 (-2.29)*	0.108 (-3.60)***	0.072 (-2.29)*	0.117 (-3.44)***
生于70年代	0.088 (-1.71)*	(empty)	0.087 (-1.71)*	(empty)	0.086 (-1.70)*	(empty)
生于80年代		(empty)	(empty)	(empty)	(empty)	(empty)

注：* 表示在 p<0.1 的水平上显著，** 表示在 p<0.01 的水平上显著，*** 表示在 p<0.001 的水平上。

改革中期，党员身份对女性精英获得的贡献大于男性；女性党员比非党员成为干部精英的发生比要高 1.6 倍（2.602），且在 p<0.1 的水平上显著；相较之下，男性党员与非党员之间的差异则没有这么明显，在统计上也并不显著。改革深化期，党员对两性干部精英地位获得的作用均大幅下降，特别是对于男性而言，与非党员相比，党员获得精英地位的发生比仅为前者的 76%（0.759）。这一结果与我们关于女性非党员得到更多晋升机会的假设相左。这似乎表明，在"民主党派和无党派"配额席位的竞争中，女性未必像人们通常认为的那样比男性更有优势。

3. 心理变量

改革中期，个人心理因素对两性干部精英地位获得的影响既有共性又有差异。相同的是，对两性来说，平等的社会性别观念对干部精英地位获得均有积极影响。这一点与佟新和刘爱玉发现相吻合。她们发现，那些打破性别角色分工观念的女性则有更好的向上晋升的机会。男性政治精英的性别角色观念也对其处于局级位置的可能性有影响（佟新、刘爱玉，2014）。而相较于男性，女性的平等社会性别观念对其地位获得有更为显著的积极影响。心理因素对两性地位获得影响的差异还在于，领导特质对男性地位获得有正面影响，而女性的领导特质则无助于甚至阻碍精英地位获得。

此外，值得注意的是，在这一时期，高职业成就期望均不利于两性干部精英的地位获得。对男性而言，高期望的男性地位获得发生比仅为低期望的不到50%（0.452）。但同时期高期望女性所遭遇的晋升障碍则更为明显，其地位获得的发生比只有低期望女性的1/4（0.278），且更加显著。这表明，改革中期，在通向干部精英的道路中，具有高成就期望和领导特质的人并未拥有更多的上升机会，反而是受到压制的。而与男性相比，具有较高成就期望和领导特质的女性受到的阻力更大。

（二）改革深化期干部精英地位获得的性别差异

1. 先赋因素

与改革中期相比，改革深化期，中高层干部父代对子女的影响则正好相反。父亲的干部身份对女儿的地位获得产生了积极影响，而儿子成为干部精英的概率却大幅降低。改革深化期，父亲为专业技术人员对女性地位获得的促进作用大大增加，专业技术人员的女儿成为干部精英的发生比是农民女儿的7.8倍。但父亲身为专业技术人员对儿子的影响则小很多。此外，父亲为中高层干部也显著地增加了女儿成为干部精英的机会，但他们的儿子却因此更不可能成为干部精英。为什么相同的家庭背景在两性地位获得上有如此巨大的差异？一种可能的解释是，随着市场化进程的逐步深入，干部精英在资源占有方面的优势地位被商业精英所替代和超越。中高层干部精英和专业技术精英的男性子代有更多的机会主动选择并成为商业精英，而女性子代则偏重于工作的稳定性从而选择了公务员道路。

2. 自致因素

表11-3显示，在改革深化期，高学历尤其是研究生学历对干部精英地位获得的贡献仍具有显著影响，但与改革中期相比，这种贡献有所下降。一种可能的解释是，与改革中期相比，公务员队伍的整体学历层次已大幅提高，高学历的稀缺性正逐步下降。即便如此，在地位获得模型中，高学历仍是一个影响地位获得

的重要变量。此外，由于改革深化期符合相关教育程度的女性晋升为中高层干部精英的样本较少，模型得出的系数值较大，因此不便围绕教育程度对两性地位获得的差异进行比较。

改革深化期，党员身份对干部精英地位获得的作用大幅下降。党员身份对女性精英获得的仍为正影响，但影响非常小（1.047）且不显著，说明党员身份对于女性精英获得已不再是一个有效的预测变量。对于男性而言，党员身份甚至产生了负面影响，虽然并不显著，但表明在同等条件下，民主党派或无党派身份的男性有可能比党员男性获得更大的晋升为中高层干部精英的机会。

3. 心理变量

与改革中期相比，个人心理变量的作用在改革深化期呈现出令人瞩目的变化。领导特质、社会性别观念和职业成就期望都对精英地位获得产生非常显著的促进作用。对女性而言，领导特质对地位获得产生了正面影响，虽然这一影响并不显著；而对男性而言，领导特质的正向影响更大，且更加显著。高职业成就期望成为对精英地位获得具有很强的促进作用。高期望的女性比低期望的女性地位获得的发生比高出2倍多（2.323）；高期望的男性比低期望的男性地位获得的发生比高出3倍多（4.288）；且这一作用非常显著。与改革中期相比，社会性别观念的作用也更为明显，社会性别观念的得分每增加1个单位，女性地位获得发生比就增加0.079，且在 $p<0.001$ 的水平上显著。对男性而言，平等社会性别观念也同样具有显著正面作用。总体而言，与前一时期相比，具有领导特质和高成就期望的干部精英不再受到压制，而是获得更多的上升机会（见表11-4）。

表11-4 　对改革深化期（2001~2010年）中国干部精英地位获得的离散风险模型估计

自变量	模型1		模型2		模型3	
	女性	男性	女性	男性	女性	男性
父亲职业						
中高层干部	2.949 (1.94)*		2.763 (1.82)*	0.643 (-1.21)	2.664 (1.74)*	0.525 (-1.74)*
专业技术人员	7.931 (3.89)***		7.779 (3.82)***	1.321 (0.94)	7.802 (3.78)***	1.135 (0.42)
其他职业	5.584 (3.33)***		4.644 (2.95)**	1.108 (0.47)	4.674 (2.94)**	1.035 (0.16)

续表

自变量	模型1		模型2		模型3	
	女性	男性	女性	男性	女性	男性
政治面貌						
党员			0.936 (-0.24)	1.250 (0.51)	1.047 (0.16)	0.759 (-0.77)
教育程度						
本科/专科			2 173 738 (0.01)	12.569 (2.50)*	936 581.8 (0.03)	6.167 (1.77)*
研究生			1.04e (0.01)	82.137 (4.33)***	3 541 866 (0.03)	26.564 (3.16)**
心理变量						
领导特质					1.072 (1.18)	1.150 (2.39)*
社会性别观念					1.079 (4.09)***	1.034 (2.19)*
个人成就期望						
高期望					3.323 (4.45)***	4.288 (5.04)***
中等期望					1.238 (0.54)	0.658 (-0.90)
说不清楚					2.216 (2.00)*	5.676 (4.56)***
年龄组						
生于50年代	1.397 (0.45)		0.970 (-0.04)	2 769 646 (0.02)	0.862 (-0.2)	861 363.8 (0.03)
生于60年代	0.584 (-0.73)		0.266 (-1.77)*	778 362.6 (0.01)	0.235 (-1.92)*	227 295.5 (0.03)
生于70年代	0.067 (-2.93)**	(empty)	0.031 (-3.69)***	233 238.7 (0.01)	0.024 (-3.97)***	72 575.53 (0.02)
生于80年代	(empty)	(empty)	(empty)	(empty)	(empty)	(empty)

注：* 表示在 $p<0.1$ 的水平上显著，** 表示在 $p<0.01$ 的水平上显著，*** 表示在 $p<0.001$ 的水平上显著。

(三) 研究设问和理论假设

是什么因素导致这一变化的？一种可能的解释是，改革开放后干部制度变迁与干部精英流动模式的变迁。如前面所述，改革中期，在干部精英选拔晋升中，虽然竞争机制开始逐步引入并对一部分人的向上流动产生影响。但竞争机制的影响是极为有限的。干部任用的主导模式仍然是自上而下的委任制。庇护流动仍是这一时期干部精英向上流动的主要方式。在庇护流动中，当精英集团普遍以最大化个人权力和利益为趋向时，虽然人们拥有通往权力中心的潜在渠道，但不同等级的庇护者通过经常性的半制度化限制控制了这些渠道，作为恩惠仅向那些受庇护者开放，使得受庇护者拥有比其他人更多的向上流动机会。结构性的排他流动也使这些个人和其他被庇护者排除在外的群体处于相敌对的位置，从而在被排斥的大多数人群中引发消极的心理效应。此外，由于庇护者掌握了选择被庇护者构建庇护关系的主导权，在这种情况下，未被选中者向上流动的期望越高，实际晋升的概率越小。

当改革进入深化期：竞争流动成为中高层以下干部精英地位获得的主要方式。有抱负者通过自己的努力公开竞争获取精英地位。个人的升降去留以其素质能力、政绩和民意为依据，而不取决于个别领导人的主观愿望、个人好恶。精英地位成为开放性竞争的战利品。成就期望等积极的心理因素将有助于干部精英的地位获得。因此，在不同时期两种不同类型流动机制下，个人心理因素对干部地位获得的效应是截然相反的。

当然，社会心理机制对干部精英地位获得的影响随着干部精英流动模式的变迁而变化，这仅仅是一种可能的解释。这种变化发生的机制有待于进一步细致的研究考证。

五、结论与讨论

通过对改革中后期两性地位获得模型的比较，可以得到以下不同时期两性干部地位获得的基本模式：

改革中期，女性的干部地位获得主要受教育程度和党员身份等自致因素的影响，平等的社会性别观念也有助于女性政治精英的地位获得。但先赋性因素对女性晋升作用有限。领导特质和高成就期望则在很大程度上阻碍了女性干部的向上流动。

与女性不同的是，先赋因素和自致因素都对男性晋升产生积极影响，父辈的政治文化资本和自身的高学历显著促进男性干部精英的地位获得。教育程度对男性地位获得的作用也远大于女性。此外，性别平等观念和领导特质都有助于男性干部晋升。这一时期，高成就期望不利于男性干部的地位获得，但影响程度比女性小。

改革深化期，先赋因素对女性政治精英地位获得的作用大大增强，父辈的政治文化资本有助于女性干部晋升。党员身份等自致因素的作用有所下降，表明这一时期，女性政治精英的地位获得更多地受到家庭背景的影响。与此同时，领导特质、性别平等观念和职业成就期望都对女性精英地位获得具有促进作用。

改革深化期，父亲的干部身份对男性成为干部精英的促进作用大幅降低，教育程度的贡献也有所下降，非党员的政治身份在一定程度上有助于男性干部精英地位获得，领导特质、性别平等观念和职业成就期望对男性晋升产生积极影响。

改革开放以来，随着市场化改革深入推进，原有的利益格局被打破，新的社会流动机制处于深刻变化和调整之中。中高层干部是掌握核心管理资源的精英群体，两性干部精英地位获得模式的变化在一定程度上正是社会流动机制变迁的反映。现阶段女性政治精英地位获得正呈现出一幅复杂的图景：一方面，女性政治精英地位获得对家庭背景依赖程度的加深，反映了女性精英阶层再生产的扩大和固化；另一方面，领导特质、性别平等观念和成就期望等个人心理因素对精英地位获得的作用日益显著，则表明女性的主体意识正在解放。在政治领域，更多优秀女性将主动参与竞争并实现向上流动。

第十二章

生命历程视角下女性厅级干部的职业晋升

我国领导干部在层级和职务上的分布特征表明，女性群体在政治管理和决策领域中处于结构性弱势。突出表现为一般女干部多，中高级女干部少，而且越到高层，女干部越少。围绕这一现象，学者们从各种视角出发进行了研究和解释。生命历程理论关注个体生命跨度和社会历史进程的互动，为我们理解领导干部的职业晋升过程提供了新的理论视角。从生命历程的视角出发，把厅级领导干部的生活和成长轨迹放在社会转型和变迁的大背景中进行具体研究，探析两性厅级干部职业晋升的特点和规律，进而寻找促进女性领导干部成长的路径与举措。

从生命周期的视角看，多数女性厅级干部参加工作后7年左右进入生育期，此时正是职业发展的关键时期。对两性厅级干部年龄层级模型的性别比较发现，两性副厅级干部和正厅级干部的年龄层级模型都高度相似。年龄、参加工作时年龄、入党年龄、生育年龄、升至正处级年龄、升至副厅级年龄的平均值一致性很高。但女性由副厅级升至正厅级时年龄与男性相比偏大。这表明，在厅局级干部职业生涯的竞争中，优秀的女性政治精英打破了生育期带来的不利影响，冲破了传统性别观念和性别角色的种种束缚，获得了与男性同等的行政级别。这意味着，女性政治精英在职务起步的早期打下良好的基础十分关键，这会抵消生育期对女性职业生涯发展带来的不利影响。反之，如果不能在最佳年龄及时得到晋升，女性就会丧失宝贵的发展机会。我国推行的女性参与决策的性别保障政策对现任女性厅级干部的成长起到了积极的促进作用。坚持男女两性领导干部同年龄退休有重要意义；女性退休年龄早于男性直接影响女性政治精英的晋升。

一、生命历程理论与已有研究回顾

"生命历程"是指一种社会界定的并按年龄分级的事件和角色模式,这种模式受到文化和社会结构的历史性变迁的影响。托马斯(William I. Thomas)与 F. 兹纳涅茨基合著的经典著作《身处欧美的波兰农民》开创了这一研究方向。Elder 和他的同事们进一步丰富和发展了这一理论。

生命历程理论解构了生物学意义上的年龄概念,以一种崭新的方式,从社会和心理的角度对年龄进行多元化分析。从生命时间、社会时间和历史时间三个角度对年龄进行重新思考,着力关注社会文化因素、历史事件与个体生命历程发展的互动关系。通过把关系概念和以年龄为基础的区分(age-based distinction)结合在一起,再加上个人生命跨度的概念,生命历程在20世纪70年代、80年代变成了一种富有生命力并不断扩大的研究领域。①

生命历程研究历经30余年的发展,逐渐成为主流研究范式之一。国内学者将生命历程范式运用于考察中国社会历史背景下一系列政治变迁和经济改革等重大社会事件对特定人群、特定生活领域的影响,产生了一系列研究成果。

西方学术界最早将生命历程视角引入女性领导人才的成长研究。关于女性生命历程的研究视角在对性别的职业不平等进行解释时,形成了劣势累积模型。长期以来,研究者们已经认识到,劳动力市场中的不平等其实是贯穿于整个生命历程的分层过程的表现。劣势累积模型认为,性别的职业隔离是女性在求职之时所面临的障碍积累起来的结果。随着年龄的增长,女性持续性地离开男性主导的岗位,性别隔离程度将会增加。因此人们发现,当妇女年龄足够大,各种劣势随之累积起来时,两性之间的地位差异已难以逾越。劣势累积理论认识到强加在妇女身上的约束将伴随其一生。但其局限性在于,假定这些障碍对妇女机会的影响是永久而不可逆转的。

关于国内女性领导干部成长规律的已有研究也发现,与男性领导干部相比,女性领导干部的成长受到女性生理特点和生育的影响,其成长期表现出较强的阶段性。在妇女的生育高峰期25~35岁,生育和抚养孩子给女干部工作带来一些阶段性困难和影响,女性发展相对缓慢。其工作投入度显著低于男性,而男干部在这段时间则迅速成长起来,导致了两性在随后职业生涯中的差距越来越大。这

---

① 包蕾萍、桑标:《习俗还是发生?——生命历程理论视角下的毕生发展》,载于《华东师范大学学报(教育科学版)》2006年第1期,第49页。

种现象也被视为劣势累积效应。①

二、从生命历程理论看两性政治精英的职业晋升

生命历程理论为理解党政领导干部的职业晋升过程提供了丰富的理论资源和分析工具。党政领导干部的成长过程与年龄高度相关。年龄级别与职位提升的关系密切，什么年龄晋升到局级，什么年龄晋升到处级，中西方组织机构中均有类似的"玻璃天花板"。生命历程理论将年龄视为在整个生命历程中所经历的各种角色和个体历史经验的分层基础。年龄使每个人处于社会结构的不同位置上和特定的出生组之中。年龄等级（age hierarchies）规定了在某一年龄所拥有的生活机会、权力、特权和酬赏。②

李强等详细介绍了生命历程理论的两种研究传统：一种是从同龄群体及历史的视角来分析生命历程；另一种是从社会文化角度来看待生命历程。③ 里雷伊（Matilda Riley）和他的助手们在1972年提出年龄分层理论，这一理论将同龄群体和社会结构联系在一起，将个人归入一定的同龄群体，然后再估价历史进程中的社会结构对不同同龄群体的影响，并提出了反映社会变化的年龄层级生命模式（age-graded life patterns）的观点。纽加尔顿（Bernice Neugarten）提出了标准时间表（normative timetable）的概念，进一步发展了年龄分层理论。在任何现代社会中，入学、就业、结婚、生育、退休都被认为应在某一个合适的年龄发生。在生命历程的每一个生命阶段，如果偏离了标准的社会时间表，就可能产生一系列严重的社会后果，并受到社会的"惩罚和制裁"。④

生命历程研究特别关注变迁所发生的社会标准时间和角色变换的先后次序。从个人生命历程的角度看，党政领导的产生是时间过程，社会制度和结构与这一过程高度相关。虽然，对于各级职位晋升的年龄限制并没有强制性的规定，但在法定的退休年龄下，当初职年龄大体相当的情况下，党政领导干部进入和退出职业生涯的时间大体是相似的。在"金字塔"型的逐级晋升过程中，干部的年龄与其所处的层级之间具有松散却稳定的联系。这种联系是具有约束性的。因此，年龄是干部成长过程中一个重要的制约因素。

与同层次的竞争者相比，年龄上的优势也就是晋升潜力的优势。在这种背景

---

① 叶忠海：《女领导人才总体成长的若干规律性探讨》，载于《妇女研究论丛》1998年第1期，第12页。
② 包蕾萍：《生命历程理论的时间观探析》，载于《社会学研究》2005年第4期，第126页。
③ 李强、邓建伟、晓筝：《社会变迁与个人发展：生命历程研究的范式与方法》，载于《社会学研究》1999年第6期，第3页。
④ ［美］埃尔德、田禾译：《大萧条的孩子》，译林出版社2002年版。

下,使党政领导干部在最佳年龄段进入相应的任职期就有重要意义。当干部在晋升到某一层级时年龄远大于进入这一层级的平均年龄时,就会对其未来升迁至更高级别产生不利影响。而当干部在晋升到某一层级时年龄远小于进入这一层级的平均年龄时,其未来晋升至更高级别的潜力就大大增加。而且虽然在干部职业生涯的早期,不能凭借年龄预测其最终可能达到的最高级别;但在职业生涯的中期和晚期,年龄与其可能达到的层级之间的联系则更为紧密。

此外,与男性领导干部相比,女性领导干部的成长受到女性生理特点和生育的影响,其成长期表现出较强的阶段性。与此同时,在领导干部成长晋升的过程中,不同出生组在生命历程中遭遇了全然不同的社会事件,时代也赋予各出生组以不同的机会结构,作用并影响着个体的生命历程时序和发展路径。描绘不同性别、不同年龄组干部晋升的平均时间表和年龄层级模型,有助于我们深入了解两性领导干部的成长规律,尤其是认识女性领导干部职业晋升的"瓶颈"和障碍。

三、两性厅级政治精英职业晋升的实证分析

(一) 模型、方法与数据

本书以现任厅级干部生命过程中的婚育事件及职位升迁等事件的年代资料为基础,通过计算两性厅级干部生命历程中各个时间点的平均值,提出厅级干部的平均年龄层级模型和时间表。这个标志个人生命周期和职业生涯的时间表由初职、入党、生育以及晋升至处级和厅级的年龄构成,旨在描述厅级干部向上流动的年龄时序。平均年龄层级模型将厅级干部的生命历程从年代和历史背景中抽象出来,侧重个人生命跨度中生理和社会的时间,勾勒出厅级干部生涯升迁的历时性特征。本书将对男女两性和各出生组干部年龄层级模型进行比较,以期寻找性别因素和时代导致的厅级干部晋升时序的结构性差异。

生命历程理论强调历史事件对个体生命的影响,尤其关注同期群所具有的分析上的重要意义。正如赖德所指出的,"前后继替的各个同期群,由于所受正规教育内容的变化,由于在同辈群体所受的社会化,由于与众不同的历史经历,呈现出差异。"[①]

因此,把厅级干部的生命历程放置到中国社会变迁的大背景中,具体考察不同出生组厅级干部的教育、生育及职业发展,探索厅级干部职业生涯发展的代际

---

① Ryder, N. B. *The cohort as a concept in the study of social change*, American Sociological Review, 1965, 843–861.

差异面向,揭示社会变迁如何影响了不同年代厅级干部的生命历程。

本书使用的数据来自 2010 年全国妇联和国家统计局联合实施的第三期中国妇女社会地位调查。调查采用入户抽样调查和重点人群补充抽样调查两种方式收集数据,共获得 418 个副厅级及以上党政干部样本。其中正厅级及以上干部 193 个,副厅级干部 225 个;男性厅级干部 216 名,女性厅级干部 202 名。

受访的 414 名副厅级及以上干部精英中,出生于 20 世纪 40 年代的 11 名,占 2.66%,出生于 50 年代的 267 名,占 64.49%,出生于 60 年代的 123 名,占 29.71%,出生于 70 年代的 13 名,占 3.14%。这种比例结构与现实中党政干部精英的年龄结构是一致的。由于出生于 40 年代和 70 年代的党政精英样本较少,统计分析的效度不高。本书对不同出生组的比较分析将重点放在"50 后"和"60 后"两个年龄段的比较,并适当兼顾"70 后"。需要说明的是,调查对干部精英的抽样并非严格的概率抽样,因此统计分析得出的比例结果,仅能反映受访的这个干部精英群体的状况,并不能以此推论目前中国干部精英群体的整体状况。

(二) 数据分析结果

1. 厅级党政干部的年龄层级模型

下面分析将个体生命历程从年代和历史背景中抽象出来,侧重生命跨度中生理和社会的时间,探讨厅级干部个人生命周期和职业生涯的时间表。被访的副厅级干部最大的出生于 1946 年,最小的出生于 1976 年。其中,有 116 名男性,109 名女性。男性的年龄均值为 50.5 岁,女性的年龄均值为 50.7 岁。对副厅级党政干部做性别比较分析(见图 12-1)发现,男性参加工作的年龄平均为 20.4

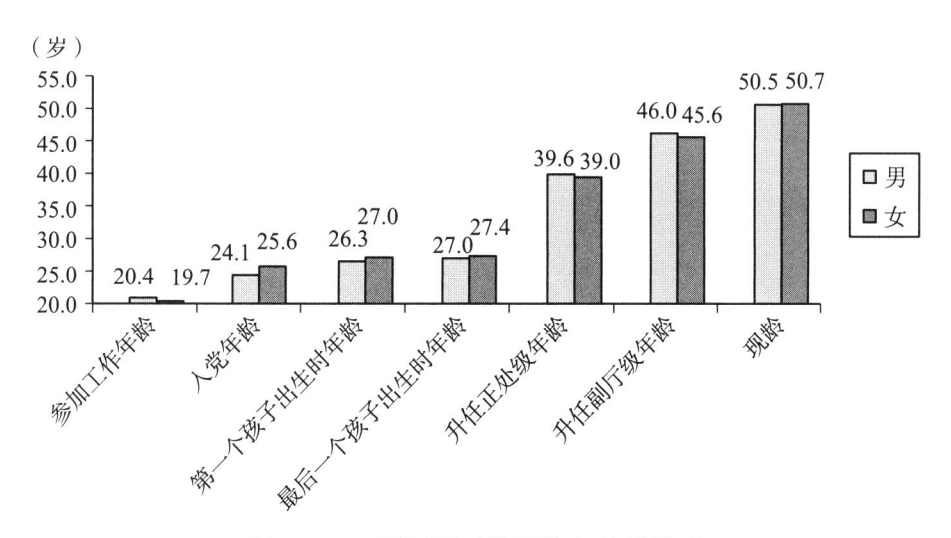

图 12-1 副厅级干部平均年龄层模型

岁，女性参加工作的年龄平均为 19.6 岁，女性参加工作略早于男性。男性入党年龄均值为 24.1 岁，女性入党年龄均值为 25.6 岁，表明男性平均工作 3 年多后入党，而女性则工作 6 年后才入党。从入党这一环节看，男性比女性具有优势。工作近 20 年后，副厅级干部升任正处级。男性升任正处级的年龄平均为 39.6 岁，女性则略早于男性为 39 岁。从两性的生育期测算，此时他们的孩子在十二三岁，女性已经过了生育和抚育任务最为繁重的时期，有更多的精力投入到工作中。在正处级岗位工作约 6 年后，副厅级干部升任副厅级。男性升任副厅级的年龄平均为 45.9 岁，女性的年龄平均为 45.6 岁。

统计表明，现任副厅级干部升任正处级的平均年龄为 39.3 岁，其中 75% 的人 43 岁升任正处级，90% 的人 46 岁时均升任正处级。升任副厅级的年龄平均为 45.8 岁，其中有 75% 的人在 50 岁升任副厅级，90% 的人 53 岁时均升任副厅级。进一步对副厅级干部升任正处级和副厅级时的年龄结构分析表明，正处级干部年龄越小于 39.3 岁，则晋升为副厅级干部的升职潜力越大；反之如果干部晋升至正处级时年龄已超过 46 岁，则其晋升为副厅级干部的概率就大大降低了。图 12-2 表明，如果目标是晋升正厅级，则需要更早晋升至副厅级。男性和女性正厅级干部升任副厅级的年龄分别为 42.5 岁和 42.8 岁，比现任副厅级干部升任副厅级的年龄小了 3.2 岁和 2.8 岁。

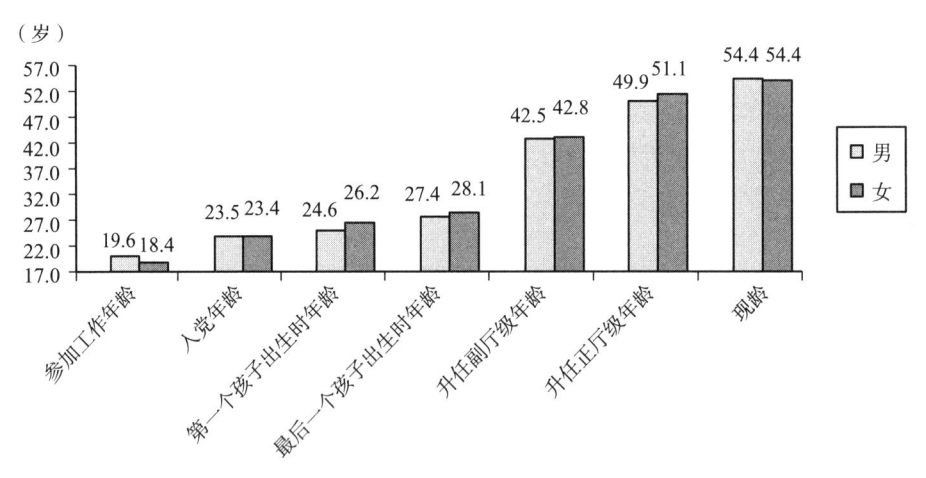

图 12-2　正厅级干部平均年龄层模型

2. 时代变迁与不同出生组党政精英年龄层级模型的差异

现任的厅级干部群体涵盖了上至"50 后"下至"70 后"的广泛群体。他们成长的年代与中国社会急速转型变革的时代相契合。下面将把厅级干部的生命历程放置到中国社会变迁的大背景中，具体考察不同出生组厅级干部的教育、生育及职业发展。

为了直观地反映新中国成立后出生的各出生组干部精英的生命历程与社会事件的互相嵌入的图景，本书制作了重大社会事件与新中国成立后出生组年龄的时间表（见表12-1），该表以出生组为横轴，以重大事件和干部政策变化的发生时间为纵轴，并用不同字体对不同性质的干部政策做了区分（宋体表示宏观干部政策，楷体则为性别参政政策）。表中的数字标志不同出生组在重大事件发生时所处的年龄阶段。数字右上角的"*"表示历史事件对处于某生命阶段的出生组产生影响，"**"则表明某一事件对出生组生命历程的影响比"*"更显著。

表12-1　　重大社会事件与新中国成立后出生组年龄的时间

年份	重大事件	出生组的年龄				
		1945~1949年出生组	1950~1959年出生组	1960~1969年出生组	1970~1979年出生组	1980~1989年出生组
1967~1977	上山下乡	19~23*	8~18	0~8		
1968~1976	"文化大革命"	19~31	8~26	8~16*	0~6	
1977	恢复高考	28~32*	17~27**	7~17	0~7	
1978~1980	知青返城；计划生育政策启动	29~35	18~30*	8~20	0~10	
1980~1990	改革开放初期，大力推行干部"三化"政策；受机构精简和差额选举影响妇女参政率大幅下降	31~45**	20~40*	10~30	0~20	0~10
1990~1995	加大"三化"干部使用力度；开始启动性别参政保障机制	41~50*	30~45**	20~35*	10~25	1~15
1995~2000	初步推行竞争性选拔干部制度；1995年世妇会召开，女性干部配额制深入推进	46~55	35~50**	25~40**	15~30	6~20
2000~2005	广泛开展竞争性选拔；女性干部配额有所提升	51~60	40~55	30~45**	20~35*	11~30
2006~2010	竞争性选拔深入推进；女性干部配额徘徊不前	56~65	45~60	35~50**	25~40*	16~36

教育经历与参加工作。图 12-2、图 12-3 显示,与生于 20 世纪 50 年代的女性副厅级干部相比,生于 60 年代和 70 年代的副厅级女性参加工作的年龄在推迟,分别为 18.6 岁、20.7 岁和 22 岁;生于 50 年代、60 年代和 70 年代的副厅级男性参加工作的年龄分别为 19.5 岁、21.5 岁和 22.75 岁,稍大于同期出生组女性副厅级干部参加工作的年龄。

将出生组工龄的推迟放在社会历史脉络中分析,我们发现,教育过程的延长直接导致参加工作年龄的推迟。50 年代出生组的教育经历受到"文化大革命"的不利影响。"文化大革命"发生的 10 年,"50 后"正处于 8~26 岁,正是他们应该接受完整基础教育的年龄。许多人从此丧失了接受良好教育的机会,进入工作岗位。但也有一部分"50 后"得以在 1977 年恢复高考后重新获得接受高等教育的机会。与"50 后"相比,60 年代出生组和 70 年代出生组的教育过程则基本没有遭受"文化大革命"的冲击,从而拥有了较为完整的教育经历。

生育与抚育子女。1978 年,计划生育政策的启动对中国女性生命历程的转变有最直接的影响。女性由从前一生中主要的时间用于生育和抚养子女,变为仅用 5 年左右的时间即可完成生育。计划生育政策启动时,50 年代出生组则正处于 18~30 岁的生育年龄。计划生育政策直接影响了"50 后",并给"50 后"女性干部精英的成长带来了更多时间和精力上的红利。

图 12-3、图 12-4 显示,随着时代变迁,两性干部的生育年龄也在推迟。生于 50 年代、60 年代和 70 年代的副厅级女性生育第一个孩子的年龄分别为 26.7 岁、27.2 岁和 29 岁,均稍晚于同出生组男性,分别为 26.5 岁、27.0 岁和 28.3 岁。说明大多数副厅级女性工作约 7 年后才开始生育。男性则一般工作约 6 年后开始生育。由于通常妻子在生育孩子时年龄更小,表明与其他女性相比,女性厅级干部在追求职业晋升的过程中不同程度地推迟了生育时间。此外,70 年代末实行计划生育政策,直接影响了女性的生命历程,缩短了女性的生育期,为她们更多地投入职业发展提供了条件。

生育和抚育子女也给领导干部带来了时间和精力投入上的压力。在这个过程中,男性干部的配偶为其分担了较多的责任和压力,而女性干部从配偶处得到的支持则低得多。对相关问题的统计分析表明,在孩子年幼时,与男性干部及其父母相比,女性干部本人及其父母更多地承担了照顾子女的责任和压力。22.1% 男性干部的妻子承担了照顾幼子的责任,相比之下,只有 1% 的女性干部精英的丈夫分担这一压力。孩子年幼时,女性干部精英更多地依赖自己的父母、保姆和幼托机构分担照顾孩子的责任。在"解决家务负担"方面,两性也存在较大差异。73.5% 的男性干部精英配偶承担了大部分家务负担。女性的配偶在家务方面给女性提供支持的比例却低很多,只占 43.1%。

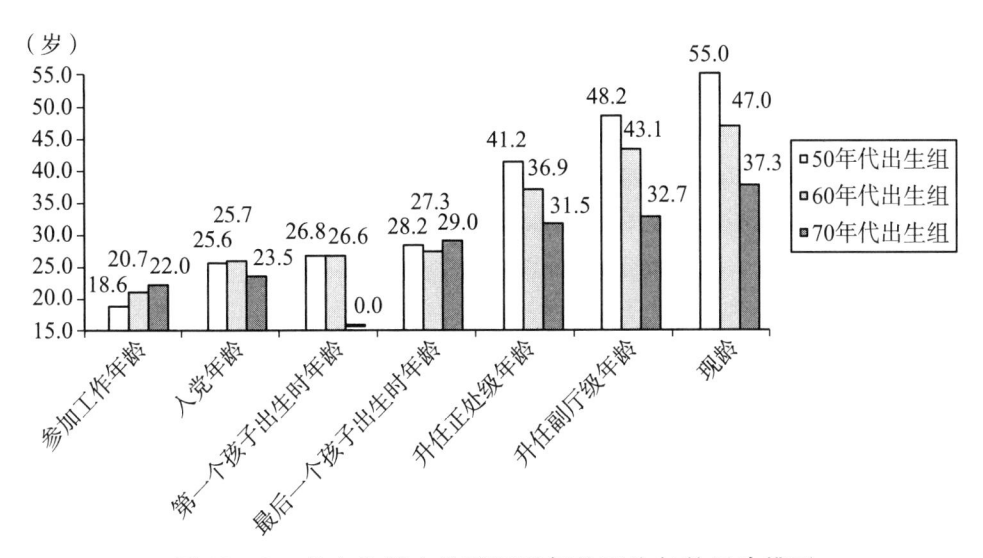

图 12 − 3 各出生组女性副厅干部的平均年龄层次模型

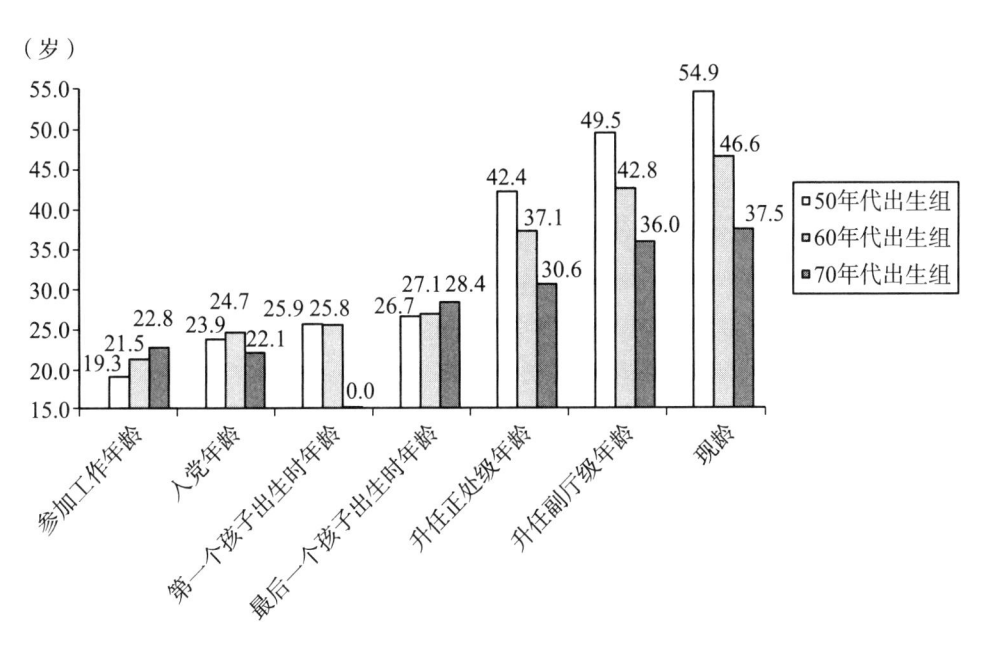

图 12 − 4 各出生组男性副厅干部的平均年龄层次模型

职业发展与晋升。如表 12 − 1 所述，改革开放初期，国家大力推进干部"年轻化、知识化、革命化"。而这一时期，20 世纪 50 年代出生组大多仍刚参加工作或处于职业的积累期，虽然也受到干部政策变化的影响，但由于大部分"50后"此时尚未走上领导岗位，所以影响有限。1990~1995 年，性别保障政策重新受到重视，女性参政配额制加快实施，为女性干部精英开辟上升通道。出生于

50 年代的女性干部都受到这一政策的积极影响。与此同时，年轻化、知识化干部的使用力度进一步加大。这一时期，正处于 30~45 岁的"50 后"知识化干部所遇到的发展机遇将比其他群体都大。1995 年世界妇女大会在北京召开。在其后的五年中，女性参政的配额制得到更广泛的执行。此时，"50 后"女性干部成为参政配额制的主要受益群体。由此，也成长了一批女性党政领导干部。

进入 21 世纪后，竞争性选拔力度加大。此时的"50 后"也逐渐进入职业生涯的中后期，一部分成功者已晋升至厅局级，另一部分则因为年龄较大在竞争性选拔中失去优势。而"60 后"干部则刚刚完成职业初期的积累，进入 40 岁左右年富力强的时期。优秀的"60 后"女性干部精英成为竞争性选拔和参政配额制度的最大受益者。后者也为她们的向上流动提供了机会和平台。

2006 年以后，竞争性选拔制度深入推进，然而女性参政配额制却徘徊不前。在较低职级的晋升中，具有较高能力和专业素质的"70 后"干部因为年龄和各方面的优势，在竞争性选拔中脱颖而出，走上政治舞台。"60 后"女干部则在有限的参政配额和更加激烈的职位竞争中争取向上流动的机会。

从副厅级干部的职业晋升上看，随着出生组年龄的减小，担任正处级和副厅级的年龄也逐级递减。生于 60 年代的女性副厅级干部提任正处级和副厅级的年龄分别为 36.9 岁和 43.1 岁，比出生于 50 年代的副厅级干部的担任年龄分别提早了 4.3 年和 5.1 年。而出生于 70 年代的女性副厅级干部提任的平均年龄均又大幅提前。各出生组男性副厅级干部提任正处级和副厅级的年龄逐级下降的趋势与女性相似。但不同年龄组两性升任某一级别存在不规律的差异，本书认为这种差异主要受取样影响，不具有统计规律，因此不做具体分析。从个人职业生涯上看，出生于 70 年代和 60 年代的副厅级干部较早地升任到厅级，为其下一步的职业发展奠定了良好的基础。其中，值得注意的是，出生于 70 年代的副厅级干部入党年龄显著低于其他两个年龄层，平均为 23.5 岁，从一个侧面说明，年轻的副厅级干部很早就显示出了较高的政治素质和领导素质，这种优势使得其在后来的职业生涯中保持领先。

四、主要结论与政策建议

（一）主要结论

从生命周期的视角看，多数女性厅级干部参加工作后 7 年左右进入生育期，而此时正是职业发展的关键时期。能否破除生育期对女性职业发展带来的不利影响，对于女性领导干部的成长至关重要。对两性厅级干部年龄层级模型的性别比较分析发现，两性副厅级干部和正厅级干部的年龄层级模型都高度相似。年龄、参加工作年龄、入党年龄、生育年龄、升至正处级年龄、升至副厅级年龄的平均值一致性很高。但女性由副厅级升至正厅级年龄与男性相比偏大。这表明，在厅局级干部职业生涯的竞争中，优秀的女性干部精英打破了生育期带来的不利影响，冲破了传统性别观念和性别角色的种种束缚，获得了与男性同等的行政级别，在年龄上稍稍落后于同层级男性。

由此可见，在最佳年龄及时起用能使得女领导干部在职务起步的早期打下很好的基础①，在一定程度上抵消生育期对女性职业生涯发展带来的不利影响。反之，如果不能在最佳年龄及时启用，女性就会在职务晋升上丧失宝贵的发展机会。而在职务晋升的过程中，我国推行的一系列女性参与决策的性别保障政策，对现任女性厅级干部的成长起到了积极的促进作用。此外，坚持男女两性领导干部同年龄退休具有重要意义。一旦女性干部退休年龄早于男性，女性干部精英必然因为职业生涯的提前结束，难以在下一轮职位的竞争中获得与男性平等的机会，因而在最后一程的赛跑中被甩在后面。这也势必会进一步加剧"越到高层，女性越少"的状况。

（二）政策建议

在中国女性政治精英成长的过程中，需要有更多既符合人才成长规律又充分考虑女性性别特征的政策支持和制度性安排。由前面所述的女性厅级干部的成长特征、挑战与障碍出发，本书提出几点政策建议。

一是积极推进实施促进女性参与决策的性别保障政策。对女性来说，良好的社会环境特别是促进女性人才成长的支持性政策和公平的人才选拔机制积极更为重要。女性高层次人才的成长特别需要积极的政策和人才选拔机制的支持。建议按照现有女性干部梯队结构，合理增加各级女性配额比例。真正发挥配额制在消除晋升中性别不平等的正向功能。并将设置女性配额比例从县处级适当延伸至乡镇一级，使女性干部在职业起步阶段就具有在重要岗位综合岗位的领导经历，为日后参与竞争和晋升到更高的领导岗位打下坚实基础。

二是"最佳年龄及时启用"打破女性劣势积累效应。随着女性教育年限和生育期的延长，女性干部培养和成长的窗口期进一步缩短。尤其需要组织加大对女性干部的培养力度，在最佳年龄及时启用，为女性领导干部"起跑冲刺"创造良好条件。

---

① 朱立言、刘兰华：《我国政治领域女性领导发展中的问题及对策》，载于《北京行政学院学报》2005年第5期，第11页。

三是建立多方面的女性支持系统。建立女性支持系统，通过创办女性专业协会，提供交流机会、完善社会服务，为女性承担家庭责任提供支持性的社会服务，鼓励女性领导干部的配偶平等地参与并分担家庭责任。

四是落实两性领导干部同龄退休制度。根据第三期中国妇女社会地位调查数据分析发现，女性处级及以上实际退休年龄明显低于政策退休年龄。处级及以上女性干部的实际退休年龄比男性低 5.61 岁。[①] 而处级及以下女性仍实行与男性不同龄退休的政策。女性工作生命周期明显比男性短，这在很大程度上缩短了女性的职业晋升生涯，压缩了女性领导干部的晋升空间。建议落实两性同龄退休制度，打破两性在职业基础制度安排上的不平等，更好地保障女性的职业权和发展权。

---

① 谭琳、杨慧：《她们缘何要求与男性同龄退休？——基于第三期中国妇女社会地位调查数据的分析》，载于《妇女研究论丛》2003 年第 3 期，第 16 页。

第四篇

女性专业技术人才成长规律研究

第四篇是对女性专业技术人才成长规律的研究，共有三章。

第十三章是对我国女性专业技术人才成长的状况进行描述。研究发现，女性专业技术人才呈现出女性精英的一般特征，以高学历、城市出身、父母较高的受教育程度为主。在职业发展上，女性专业技术人才多数能够感受到性别歧视。家庭责任在一定程度上影响其职业发展，虽然她们在家务方面能够得到家人的支持，但她们依然是家庭责任的主要承担者。相对于女性党政人才，专业技术女性在职业生涯中面临更多的性别障碍，整个职业生涯被贴上了"性别"标签。在专业技术领域的进入阶段，她们会遇到"只招男性或同等条件下优先招用男性"的情况；进入专业技术领域后，她们又很少被安排到"技术要求高/有发展前途的岗位"。同时，在技术能力发展的关键时期，生育和家庭负担加重，工作和家庭的双重责任突出，会遇到"同等条件下男性晋升比女性快"的问题。

第十四章是采用事件史的分析方法，在性别比较中分析影响女性专业人员职称晋升的主要因素。研究发现：（1）女性专业人员在副高和正高的职称晋升轨迹上与男性相近。（2）自致性因素比先赋性因素对女性专业人员的职称晋升有更大作用。（3）政治资本对女性专业人员职称晋升的影响较弱，对男性专业人员的正面影响比女性显著。（4）社会支持对各类专业人员职称具有显著正面影响。(5) 用更少时间成功晋升到正高级职称的女性专业人员具有更为明显的现代的性别角色意识。

第十五章采用模型分析的方法,分析性别隔离程度对女性专业技术人才的影响。研究发现,在性别隔离程度高的组织中,女性专业技术人员交流沟通就减少,经由交流沟通贡献的职业发展也减少。女性比男性交流沟通、公开表达的愿望较低,而交流能够带来更多的社会资源、扩大个人的社会网络,女性想在男性霸权的科研领域发展必须要积极建立自己的社会支持网络。

第十三章

女性专业技术人才发展状况

一、女性专业技术人才的基本状况

本次调查共回收专业技术人才问卷 2 626 份，其中女性问卷 1 305 份，占 49.7%。为了便于研究高层次专业技术人才[①]，样本主要选取副高级及以上专业技术职称，这部分问卷共 1 723 份，其中女性问卷 854 份，占 49.56%，另外调查部分中级职称的数据作为对比研究，其分布状况见图 13-1，由此可以看出样本中男女专业技术人员的职称分布情况大致相当[②]。

研究样本可以看到女性专业技术人才具有以下特点。

第一，城市出身为主。女性专业技术人才，尤其是正高级专业技术人员 58% 出生于城市，而男性的这一比例仅为 28.9%，更多的男性正高级专业技术人员（41%）是出生于农村。这与我国农村家庭经济收入有限和长期的重男轻女观念有关，部分家庭在经济条件受限的情况下，会让女孩放弃受教育的机会，而在条件允许的情况下又会集中全力让男孩受到最好的教育。所以农村家庭走出一位女性专业技术人员一方面需要家庭有较好的经济条件，另一方面需要父母消除重男轻女的观念。而这两个问题在城市中就很少存在，城市的女孩更容易获得平等的受教育机会，因此，城市出身成为大部分高层次专业技术人员的特征。

[①] 本书把高层次专业技术人才界定为拥有副高级职称和高级职称的专业技术人员。

[②] 因调查问卷不是完全随机抽取，样本的职称分布情况与我国女性专业技术人员总体的职称分布情况不一致，这会导致由样本推断总体时的偏差，但本研究主要是对高层次女性专业技术人员成长规律的探索研究，只关注专业技术人员成长中的影响因素，因此不受样本职称分布偏差的影响。

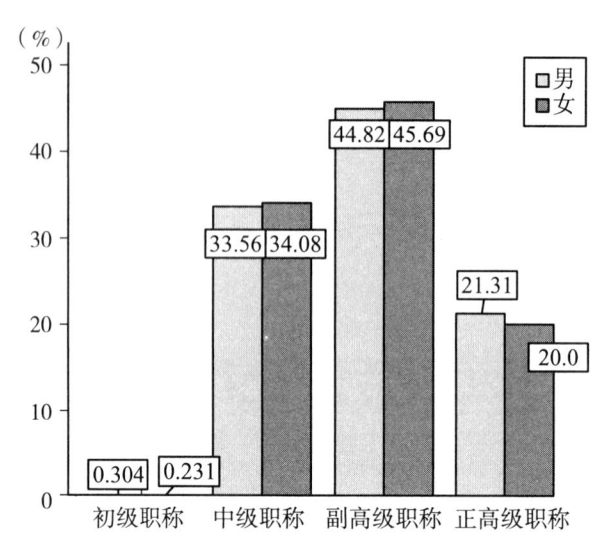

图 13-1 调查对象的职称分布情况

初级职称：男 0.304，女 0.231
中级职称：男 33.56，女 34.08
副高级职称：男 44.82，女 45.69
正高级职称：男 21.31，女 20.0

第二，受教育程度高。专业技术工作由于其特殊性，需要专业技术人员掌握大量的专业知识和技能，这主要依靠受教育来获得，因此各国的专业技术人员都普遍受到较高的教育。我国高层次专业技术人才也不例外，从样本中可以看到他们受教育程度普遍较高，至少接受过本科教育的大约占87%，其中男性略微高于女性1个百分点（见图13-2）。

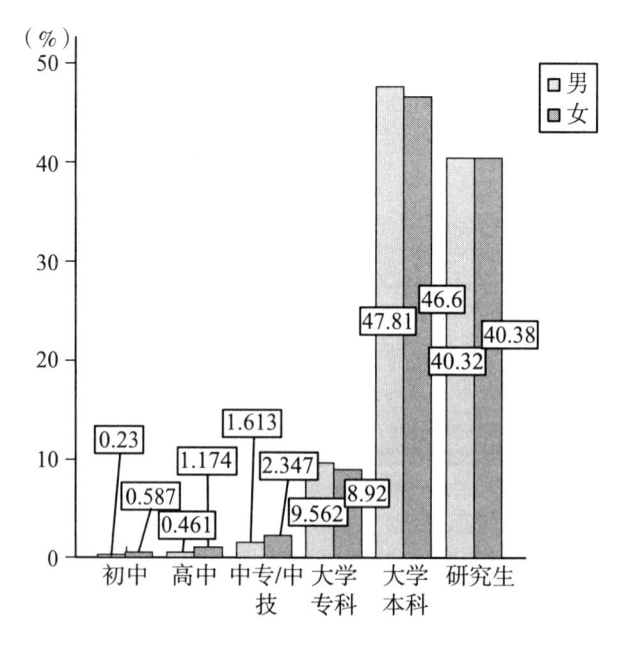

图 13-2 女性专业技术人才的受教育情况

初中：男 0.23，女 0.587
高中：男 0.461，女 1.174
中专/中技：男 1.613，女 2.347
大学专科：男 9.562，女 8.92
大学本科：男 47.81，女 46.6
研究生：男 40.32，女 40.38

第三，家庭成员受教育程度高。女性专业技术人才的父母受教育程度相对男性要高（见图13-3、图13-4），这与城市出身的特征相吻合：受过良好教育的父母才更有可能摒弃重男轻女的观念，让女儿接受良好的教育，而这种受过良好教育的父母在城市里要远多于农村。

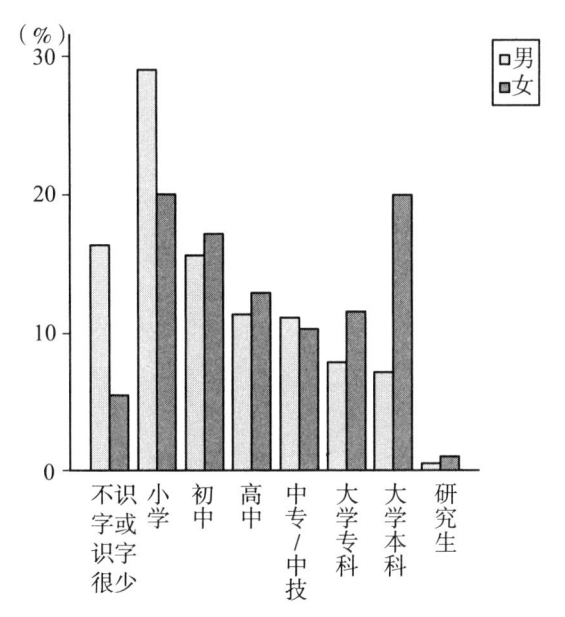

图13-3　女性专业技术人才父亲受教育状况

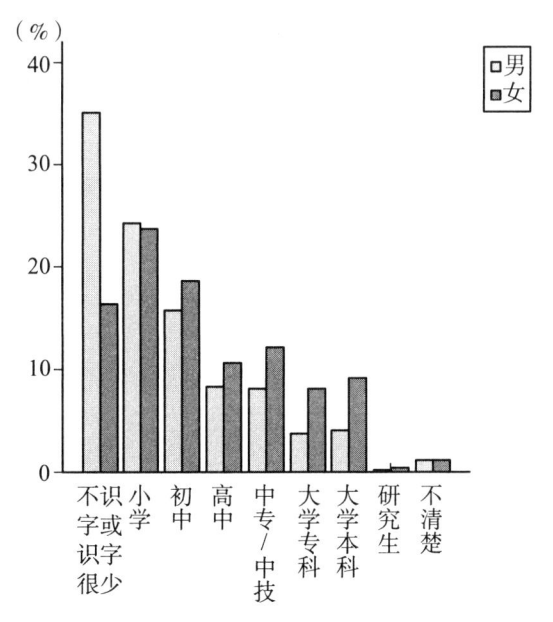

图13-4　女性专业技术人才母亲受教育状况

在其配偶方面看，78%的女性专业技术人才的配偶受过大学本科及以上教育，而她们男性同事的配偶这一数据仅有55.7%。这一方面可以用中国人传统的"男强女弱"择偶观来解释：男性作为一家之主，必须在多方面比女性要强，其中学历也被认为是一条，因此由于大部分女性专业技术人才是大学本科学历，那么大部分的配偶学历也会至少是这个水平甚至更高，而男性技术人才会倾向于选择学历水平相当甚至更低，很少有愿意选择高于自己学历水平的，这也导致社会上出现了女博士难嫁的问题；另一方面，女专业技术人员要取得事业的发展，家庭的支持是离不开的，配偶如果有相同或类似的专业背景或行业背景，在事业上能够提供帮助，为女性的职业发展增加动力。因此，部分女性专业技术人员得益于配偶的协助（见图13-5）。

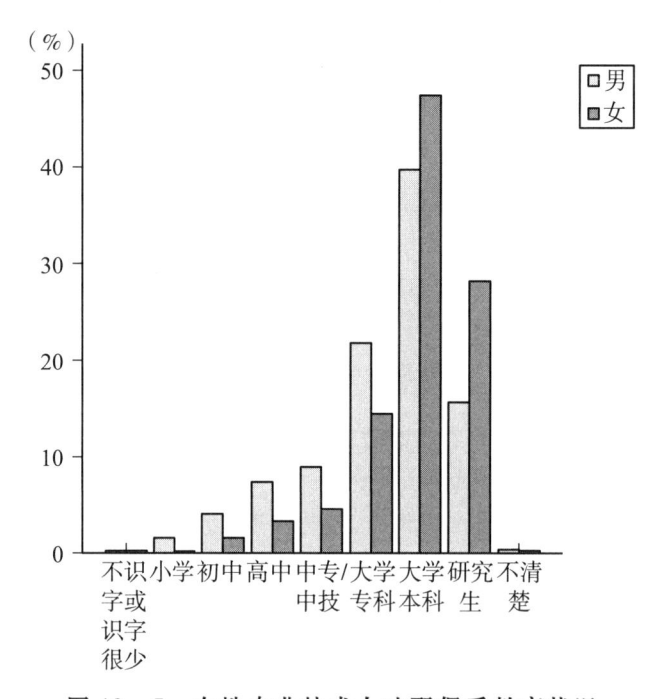

图13-5　女性专业技术人才配偶受教育状况

第四，毕业于重点院校。大部分高层次专业技术人才（61.7%）毕业于重点院校，这一点上男女无差异。一般进入重点院校的学生综合素质相对较高，加之重点院校的教学质量高，培养人才的水平高，可以为毕业生提供较全面的知识储备，提高毕业生的专业技术技能，这些对毕业生未来的职业发展起到奠基作用，因此高层次专业技术人才队伍中呈现了重点院校毕业生多的特征。

第五，具有海外经历。随着专业技术职称的提高，专业技术人才海外访学/交流/考察的经历也在增多：约25%的副高级专业技术人员有过海外经历（男女比例大致相当），而这一比例在正高级专业技术人员中达到了47%（女）和56%（男）。在实际工作中，随着专业技术职称的提高，国外交流机会也会随之增多，反之，这种经历也会提高专业技术人员的专业知识水平，又增加了专业技术职称晋升的可能性。而女性高级专业技术人员的海外经历少于男性，这很可能一方面是源于单位中的男女分工，女性更多被安排做一些内部的工作，而男性主要负责对外的技术交流；另一方面，在技术领域中，部分女性并没有很好地融入成员的社会网络，相对交流的愿望不高，可能会对导致女性对海外交流的欲望不强烈，没有积极争取。

总之，女性专业技术人才呈现出女性精英的一般特征。

二、女性专业技术人才的职业发展特点

研究发现，女性专业技术人才职业发展上有如下特点。

第一，女性专业技术人才的职业生涯具有高稳定性。女性专业技术人才相对于男性其从业稳定性较高，86%的女性至多仅换过2次工作，而男性的这一比例是74%。在各行各业中都存在男性换工作更频繁的情况，一方面因为男性有养家糊口的压力，需要寻找薪水更高的工作；另一方面，男性更需要社会对自己的认可，这个认可可以通过更换工作中职位的晋升来实现。

第二，女性专业技术人才对工作的满意度较低。问卷对工作满意度从五个方面进行考察：工作条件、劳动强度、工作稳定性、收入水平和发展前途。为研究工作满意度的这五个维度是否存在性别差异，使用两个独立样本t检验。结果显示，高层次专业技术人才对工作条件（$p=0.025$）和劳动强度（$p<0.001$）满意度上存在显著差异：女性的满意度较低。而对工作稳定性（$p=0.406$）、收入水平（$p=0.081$）和发展前途（$p=0.084$）上满意度未发现显著差异。高层次专业技术人才的工作岗位一般都达到组织内的一定级别，这种人才对组织相对比较重要，因此岗位的稳定性会比较强，这种稳定性也很少会因为性别而存在差异，所以在工作稳定性的满意度上不存在性别差异；收入水平和发展前途的满意度相当，说明被调查的女性高层次人才对自己在专业技术领域的发展及现在的经济收入与男同事相同，但这并不是说收入水平没有性别差异，因为男性有社会给予的养家的责任，他们的收入期望就会高，相比之下女性的收入期望会低，所以在收入满意度没有性别差异的情况下，一般女性的收入会偏低，这个在后续研究中有待进一步调研；女性专业技术人才的工作满意度低主要体现在对工作条件和劳动强度的满意度低于男性。

第三，女性高层次人才对专业学习有很高的积极性。女性专业技术人才相对

于男性，在工作中的培训/进修机会争取上更积极，29.1%的女性是靠自己主动争取或考取的机会，而男性中这一比例是24.6%。

第四，组织对女性人才发展的重视度略低。在培训/进修机会的分配上，男性获得了更多的机会，75.1%的男性是由单位/组织部门安排的，而女性被安排参与培训的比例是70.7%。也就是说单位/组织部门在安排人员参与培训时更倾向于男性，把更多的机会分配给了男性，女性作为专业技术领域中本就占少数的群体，在获得发展动力的环节上又被推向了劣势位置。

第五，女性专业技术人才在职业发展上存在性别歧视。组织内的性别歧视主要体现在三个方面：（1）只招收男性或同等条件下优先录用男性，男性高层次专业技术人才中19.4%的人认为本单位存在这种情况，而女性专业技术人才中的比例为28.9%；（2）同等条件下男性晋升比女性快。41.5%的女性高层次专业技术人员反映单位中存在这类问题，24.8%的男性认同这种情况；（3）在技术要求高/有发展前途的岗位上男性比女性多。50.3%的女性和46.4%的男性认为本单位存在这种情况。综合这三方面来看，女性专业技术人员在进入专业技术领域中就存在性别歧视的障碍，可能会阻止女性进入科技领域；在工作中，女性又被安排到技术性相对较低，发展前途相对差的岗位，给女性的职业发展增加了很高的困难度；在取得了成就，评定职称或竞争更高岗位的时候，单位中同等条件下男性又会优先晋升。这三重性别歧视障碍把部分女专业技术人员阻挡在了发展晋升通道之外。实际情况可能会比这一比例更糟，因为本次调查的对象是高层次专业技术人才，他们自身已经突破了部分职业发展的"瓶颈"，达到了一个较高层次，在这个位置上遇到性别歧视的可能性会大大降低，而且这时职业发展相对稳定，对性别歧视的敏感度也会降低，可能会造成对性别歧视情况存在的低估。从历次调查中也发现，反映性别歧视问题的女性会比男性比例高，因为男性本身作为科技界性别歧视的受益方，往往会忽略性别歧视问题；也就是说女性专业技术人员在发展中遇到的三重性别歧视障碍会更严重。

第六，女性专业技术人才深感工作压力大。男女高层次专业技术人员约60%都认为目前所承受的压力较大，而压力主要是来源于工作量太大或工作难度大（77.3%）。这是由专业技术工作的特征造成的，技术更新快，操作多变，需要专业技术人员随时掌握知识、技术的新发展，适应技术进步，因此这种工作压力的感知也是没有性别差异的。

第七，女性专业技术人才有可以学习的女性职业榜样。调查中64.4%的男性高层次专业技术人才有职业发展的榜样，而女性的这一数据更高，为70.2%，说明职业榜样对专业技术人员的发展可能有带动作用，尤其是同性别榜样的带动作用：有职业榜样的女性专业技术人才中91%的职业榜样是女性。

同性别职业榜样的重要性在相关文献中也有过研究，女性职业榜样的发展路径及职业发展经验可以为后来的女性专业技术人员指明发展方向，也给予发展的动力和目标。

三、女性专业技术人才肩负工作和家庭双重责任

工作家庭双重责任一直被认为是女性职业发展的一个重要阻碍，社会传统一方面要求女性承担照顾家庭的重任，另一方面又在工作中用相同的标准去要求女性，增加了女性的负担。本次研究对高层次女性专业人才处理工作家庭关系的方式进行了调查，发现虽然有部分女性（17.29%）会经常因为"工作太忙而很少管家庭的事"，也有部分女性44.69%不再会"为了家庭而放弃个人发展机会"，但相对于男性同事来说，女性对家庭的关心还是限制了她对工作的投入（见图13-6、图13-7）。家庭作为社会的最小单元，它的健康稳定关系着社会的稳定发展，构建和谐社会离不开家庭的贡献，女性对家庭的付出也应该被社会所承认，而不是简单的只去评价女性的工作表现。

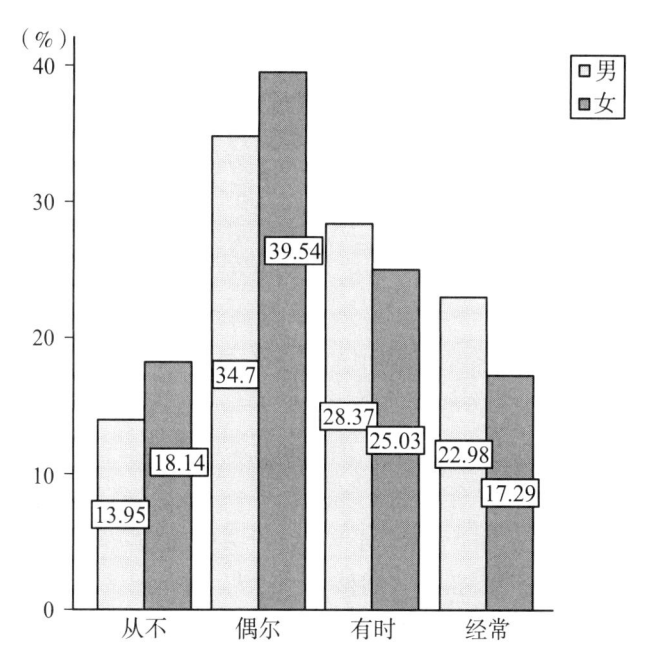

图13-6 "工作太忙而很少管家庭的事"的选择情况

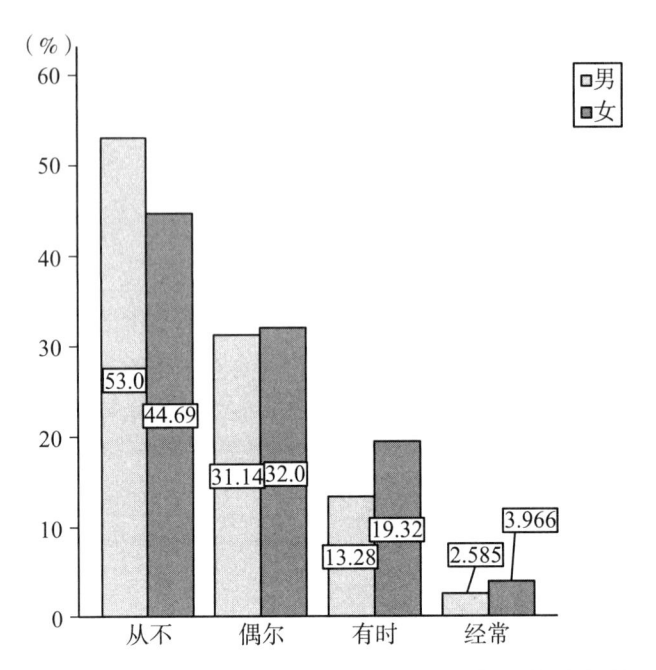

图 13-7 "为了家庭而放弃个人发展机会"的选择情况

第一，家庭责任是女性事业发展的障碍。关于家庭与事业发展之间的关系，我们的调查显示约53%的女性和64%的男性高层次专业技术人才认为"对女人来说家庭和事业很难兼顾"，而图13-6和图13-7反映了在不能兼顾的情况下女性相对于男性会更容易选择家庭，因此，目前来看，家庭责任仍是女性事业发展的障碍。

第二，女性专业技术人才仍然是承担家务劳动与子女教育的主体。孩子和家务一直被认为是女性处理家庭和事业之间关系的两个集中点。被调查者反映大约有60%的家务劳动是由女性完全承担的，而女性所承担的家务劳动中又包括那些严重牵扯精力的分工，例如，照顾孩子起居、负责孩子的教育等。有约60%的照顾孩子生活的责任是落在女性肩上的，尤其是不到6岁的孩子，对母亲的依赖程度很高，会占据绝大部分女性专业技术人才的业余时间，而6岁以上的孩子又会出现需要辅导功课的情况，而约50%以上的这类工作又是由女性负责，这种牵扯精力的家务负担可能会延续到孩子18岁。显然，女性专业技术人才仍然是承担家庭劳动和子女教育的主体。

第三，女性专业技术人才多数能够得到家庭的支持。女性看重家庭，如果女性的职业发展能够获得来自家庭的支持，这对女性是非常重要的，家庭支持中配偶的态度又特别重要。被调查者中，大约93%的女性专业技术人才的职业发展获得了配偶，虽然略低于男性的95%的配偶支持率，但已经证明这部分女性的专业技术工作获得了配偶和家庭的认可。

四、女性专业技术人才的性别观念

从性别观念看，女性专业技术人才对自身的性别身份相对敏感。

（1）认为性别为职业发展带来负面影响。23.3%的女性认为性别阻碍了自己的职业发展，而男性中有8.2%的人这样认为。要想消除性别歧视，首先需要个体意识到受到了性别歧视，部分女性能够发觉性别为其职业发展带来负面影响，这是消除歧视的第一步。

（2）认为女性要有独立性。大部分的女性专业技术人才已经能够意识到自己的职业发展与生活不是以丈夫为中心，而需要有自己的独立性。约有68.8%的女性不认同"对妻子而言，更重要的是帮助丈夫成就事业"，而男性中约有54.2%的人这样认为，可以看出，大部分女性拥有了比男性更健康的家庭观，开始重视自己的独立性。

（3）更认同女性的领导能力。49.3%的女性专业技术人才不认同"总体而言，男人比女人更胜任领导的角色"，而60.7%的男性高层次专业技术人才认同该观点，更认同男性的领导能力。迄今为止，还没有任何一项研究成果证明人类的领导能力存在性别差异。这种男性比女性领导力高的观点，无非是出自传统的性别差异文化，没有科学依据。而现实中科技领域男性领导偏多的问题不应解释为男性领导力强，而是由于科技领域是男性聚集的领域，本身女性的比例就较低，另外女性的晋升还受到传统性别偏见的影响，所以导致男性领导多。女性更多认识到了这一问题，更认同女性的领导能力。

五、女性专业技术人才发展中的问题

（一）区域发展不平衡

我国在经济和社会发展上存在着较为明显的地区差异，这种差异在一定程度上也影响着女性专业技术人才自身的发展。一方面，东部地区经济发展和社会开放程度，为女性展示自己的才华提供了较好的平台和机遇；另一方面，经济发展对女性工作状况的改善提供了一个相对较好的经济和社会发展环境。而在经济落后地区，部分女性专业技术人才仍会受到传统的女性社会角色定位的影响，被家庭劳动和子女教育所累，对自身的职业发展产生了不利的影响。因此，我们需要关注不同地区的女性专业技术人才在政策诉求上的差异，从政策层面帮助处于相对弱势的群体。

（二）"性别"标签对女性专业技术人员职业生涯的渗透

我国的专业技术女性在职业生涯中面临性别障碍，在整个职业发展过程中都被贴上了"性别"标签，"性别"阻碍了女性专业技术人员的职业发展。首先，在专业技术领域的进入阶段，会遇到"只招男性或同等条件下优先招用男性"的情况；进入专业技术领域后，女性又很少会被安排到"技术要求高/有发展前途的岗位"，这一时期女性还会面临生育，家庭的负担开始逐渐显露，而这段时间又是事业发展的关键期，双重责任的阻碍会非常突出；在通过付出比男同事更多的努力获得部分成就可以去竞争更高级职称或职位时，又会遇到"同等条件下男性晋升比女性快"的问题；最后就算能够克服种种障碍，职业发展到最后，又会遇到"相同职级女性比男性退休早"。

我国女性专业技术人员在尝试进入专业技术领域的那一刻起，"性别"标签就紧紧跟随，时时会对女性的职业发展产生阻碍。

（三）女性的双重角色问题

性别并不只是生理的差异，还是建立在社会权力结构基础上的社会性别，即男性、女性在社会中的特征与角色，表示男性及女性在社会中相互关联的、具有结构与功能的一系列关系的总和。在社会性别的概念中，男女的性别特征不完全是天生的，还取决于后天的影响，特别是社会权利结构的影响。因此，性别是一个具有社会属性的、历史的和动态的概念。

女性专业技术人员首先是处于社会中的女性，然后才是专业技术人员。作为从事专业技术工作的女性来说，既面对着家庭对女性的索取，又要应对科技领域无性别差异的要求。女专业技术人员的角色定位不可避免地出现冲突：一方面，她们要将更多的精力投入到家庭、子女教育上，担当起社会家庭中的女性责任；另一方面，又要在竞争中显示出自己的工作能力和业绩，充当一个与男性无差异的专业技术人员。这种要求对女性是不公平的，导致在工作中，男女专业技术人员并没有在同一起跑线上，增加了女性的负担。

因此，在解决女性双重角色问题时，我们要考虑的不仅是消除性别歧视，同时，还要融入"平等意识"。也就是说科技领域的组织要做的不能仅是政策的无性别化，还应该注意政策的性格敏感度，充分考虑女性在家庭中为社会所做的贡献。

（四）子女教育问题阻碍女性专业技术人员职业发展

女性的双重角色在我国女性专业技术人员职业生涯中的影响，既有着与其他国家女性专业技术人员相同的一面，又带有中国的特色。我国的独生子女政策让孩子成为家庭的核心，目前的教育体制又将子女教育问题提升到非常显著的位置，而本调查发现，子女教育主要是由家庭中的女方来承担，这一繁重的家庭劳动占据了女性大量的业余时间，使得我国的专业技术人员与其他国家相比，"母亲"的角色责任更重。在这一点上，年轻的女性专业技术人员所负担的"母亲"角色比老一辈女性专业技术人员更重。因此，无论是与其他国家的横向比较，还是与老一辈女性专业技术人员的纵向比较，目前我国女性专业技术人员所承担的子女教育责任会更重。

第十四章

女性专业人员的晋升路径及影响因素

本章采用事件史分析方法，分析影响女性专业人员职称晋升的主要因素，并进行了性别比较。研究发现：（1）女性专业人员有着不输于男性的副高和正高职称晋升及与男性相近的职称晋升轨迹。（2）相比于先赋性因素，自致性因素对专业人员职称晋升的影响更大。（3）相比其他影响因素，政治资本对专业人员职称晋升的影响减弱，对男性专业人员的正面影响比女性显著。（4）社会支持对于各类专业人员职称具有显著正面影响。（5）用更少时间成功晋升正高级职称的女性专业人员具有更趋现代的性别角色认知。

一、问题的提出

专业人员是指从事专业性工作（professional work）的人，他们多具有某种学识和职业证书、依靠知识在社会中承担特定的责任、从事服务性工作。专业性工作至少包含三个维度：一是在认知能力上，专业人员在工作中提供的知识和技能要经历特殊教育和训练；二是在规范维度上，专业人员的工作以服务为中心，有特定的职业伦理，以此获得合法性，并拥有职业特权；三是在评价维度上，有独特的自治性和权威性，并常有特定的专业组织对其自治性加以维护和监管。

对专业性工作的社会学研究可以追溯到涂尔干的专业群体和公民道德的讨论，帕森斯则将专业社会学研究引向制度化，并将职业体系区分为学术性职业和实践性职业。① 对专业人员晚近的社会学研究更关注职业地位的获得及其影响要素的分析，② 较少关注已获得专业资格者职称的晋升。故本书将重点关注哪些因素会影响到已获得专业资格者晋升高级职称（包括副高级和正高级职称）。

另外，随着对专业人员地位获得和职称晋升研究的深入，一些研究注意到两性在职称晋升上的差异。以大学为例，20 世纪 60 年代，大学中很少有女性能够成为教授。随着妇女运动的推进，情况有了很大改进，在说英语的大学中，越来越多的女性获得博士学位，并进入学术顶尖位置。80 年代有学者开始研究女性在专业工作中的职业发展。③ 但时至今日，男性依然比女性更多地获得专业地位。有研究认为，女性在经受"坚冰式的琉璃天花板"（unbreakable glass ceiling），难以到达专业精英的最高位置。④ 与西方国家不同，我国经历过倡导男女平等、"妇女能顶半边天"的社会主义时代，大学教育中女性比例越来越高，不少女性已进入专业领域，获得了重要的职业成就。因此，本书也将在性别视角下，关注两性在职称晋升上的共性和差异性。

二、调查数据说明

本章分析使用的数据来自两部分：一是《女性高层次人才成长规律及发展对策研究》2010 年在全国 31 个省区市（不含西藏和港澳台）进行的 3 626 人问卷调查；二是在 2010 年 12 月进行的第三期中国社会妇女地位调查入户调查中符合人才条件的 3 213 人填写的"高层人才附卷"。最终获得具有中级及以上职称、科级及以上行政级别、中层及以上管理人员特性的专业人员、行政人员和管理人员有效样本 6 126 人。本书分析主要针对的是在事业单位和民办非企业中工作且拥有中级及以上职称的专业人员，共 2 623 人。

女性专业人员样本共 1 304 人，其开始工作的平均年龄为 21 岁，其时平均受教育程度为 14.2 年，初婚时平均年龄 25.2 岁，一年后（即 26.2 岁）第一个孩子出生。1 135 个有效回应目前职称状况者，中级职称占 28.3%，副高级职称占 49.8%，正高级职称占 22%。观察期内，全部案例中 25% 的人在 13 年内晋升到副高级职称，有 50% 的人在 18 年内晋升到副高级职称，75% 的人在 26 年内晋升

---

① Keith Macdonald：《第十三章：专业性技术工作》，见马立克·科尔钦斯基等主编，姚伟，马永清译：《工作社会学》，中国人民大学出版社 2012 年版。
② A. G. Walder, Bobai Li and Donald J. Treiman, Politics and Life Chances in a State Socialist Regime: Dual Career Paths into the Urban Chinese Elite, 1949 to 1996, American Sociological Review, 2000, 65, 191 – 209.
③ N. E. Betz and L. F. Fitzgerald, The career psychology of women. Orlando, Academic Press, 1987.
④ K, S. Monroe, T. W. Ozyurt and A. Alexander, Gender Equality in Academia: Bad News from Trenches, and some Possible Solutions, Perspectives on Politics, 2008, 6, 215 – 233.

到副高级职称。25%的人在28年内晋升到正高级职称。

男性专业人员样本1 319人，其开始工作的平均年龄为22岁，其时平均受教育程度为14.5年，初婚时平均年龄26.6岁。1 153个回应了职称问题者，28.5%为中级职称，49.8%为副高级职称，22%为正高级职称。观察期内，25%的人在13年内晋升到副高级职称，50%的人在工作后19年内晋升到副高级职称，大多数人（75%）在工作27年内晋升到副高级职称。25%的人在27年内从副高级职称晋升到正高级职称。

三、影响专业人员晋升的因素分析

本书采用事件史分析方法对专业人员的职称晋升进行分析，重点关注影响晋升过程的要素，并充分关注两性在晋升路径和影响因素上的差异。

（一）文献对话与假设

1. 先赋因素还是自致因素

一直以来，社会学家们在研究地位获得时非常关心的一个问题是：随着工业化、现代化的推进，先赋因素与自致因素对于个体地位获得而言会产生什么样的影响。最经典的研究是美国社会学家布劳和邓肯对美国成年男性地位获得的分析，他们的研究发现，影响职业成就的决定性因素是本人的教育水平、第一个职业以及父亲的教育水平与职业，对于个体的地位获得而言，自致因素比先赋因素更为重要。① 以后的研究也发现，教育在决定个人生活际遇上起着越来越重要的作用。② 由此，要回应"谁能够获得更高级别职称的晋升"这个研究问题，需要回答"谁能获得更多教育"的问题。对教育分层的比较研究发现，"二战"后男女在教育获得上的差距明显缩小。女性在教育扩张的过程中受益良多，③ 并对女性的地位获得产生有利影响。④ 有关中国的研究也显示，教育对职业地位获得的重要性在上升。⑤ 基于上述讨论，本书提出的第一个研究假设为：

---

① P. M. Blau and O. D. Duncan. *The American Occupational Structure*. New York，Wiley，1967.

② D. J. Treiman，*Industrialization and Social Stratification*，Social Stratification：*Research and Theory for the 1970s*，edited by E. O. Laumann（ed.），Indianapolis，Bobbs‐Merrill，1970，207–234.

③ Yossi Shavit and Hans‐Peter Blossfeld. *Persistent Inequality：Changing Educational Attainment in Thirteen Countries*. Boulder：Westview Press，1993.

④ Michael Hout and T. A. DiPrete. *What We Have Learned：RC28's Contributions to Knowledge about Social Stratification*，Research in Social Stratification and Mobility，2006，24：1–20.

⑤ A. G. Walder，Bobai Li and Donald J. Treiman. *Politics and Life Chances in a State Socialist Regime：Dual Career Paths into the Urban Chinese Elite*，1949 to 1996，American Sociological Review，2000，65，191–209.

H1：对于已获得专业资格的人员，相较于先赋性因素而言，自致性因素对专业人员职称晋升影响更重要，其对女性专业人员职称晋升的影响比男性更大。

2. 政治资本还是人力资本

魏昂德在"职位流动与政治秩序"一文中指出，中国的精英流动存在二元路径，管理者精英和专业化精英在进入精英群体的途径、标准、后果等方面泾渭分明。进入管理者精英的途径需要有高学历、良好的政治素质，其职业享有相当的社会声望和权威，并有客观的物质收益。进入专业化精英的途径，需要有学历，但不要求政治资本，人力资本相较于政治资本对于专业人员的向上流动具有更重要的意义。① 由此推论，在职称的晋升上，人力资本会获得正向回报。不过，在魏昂德等学者的研究中，关于政治资本的测量主要是针对党员与群众之间的差异，且更多强调个体对组织和意识形态的忠诚，实际上，政治资本可能是一种类似于教育文凭的资格证书，是能力或诸多无法观察的品质或特征的信号，同时，党员身份类似于一种社会资本（关系）可以获得诸多资源（信息、影响力或操作力）和机会。它可以起到非正式个人信息网络的作用，确保干部在竞争中可以获得最新的、最准确的市场信息，从而在市场竞争中获胜。②③ 如果认可政治资本具有某种能力或资格凭证的作用，则市场化转型可能并不一定会弱化其在地位晋升上的作用。

民主党派作为一种特殊身份，其对于地位流动的影响一直被忽视。虽然截至2011年底时各民主党派成员总数不过80多万人，④ 但其中却不乏中高级知识分子和专业人员，因此在讨论职称晋升问题时，理应给予关注。

关于人力资本与地位流动的既往讨论，主要考察了学历、在职培训等方面，而对于人力资本的质量则较为忽视，这一方面是受限于问卷调查资料，更因为在高等教育扩招之前，能够接受更多的教育特别是上大学就足以与其他人群进行区分，但在高等教育越来越普及的时候，学历的含金量会降低，重要性日益凸显的将是获得什么样质量的教学。已有研究显示，学校级别对于大学生职业地位获得的显著影响，⑤ 对于专业人员的职称晋升，人力资本的质量相较于数量而言，何

---

① 魏昂德：《职位流动与政治秩序》，见边燕杰：《市场转型与社会分层》，生活·读书·新知三联书店2002年版。
② 宋时歌：《权力转换的延迟效应——对社会主义国家向市场转变过程中的精英再生与循环的一种解释》，载于《社会学研究》1998年第3期。
③ 刘和旺、王宇锋：《市场化与政治资本的收益》，载于《经济学季刊》2010年第9期。
④ 新华网：《新华资料"民主党派"》，http://news.xinhuanet.com/ziliao/2002-01/28/content_256326.shtml. 访问时间：2013年3月4日，14：58。
⑤ 李黎明、李卫东：《阶层背景对本科毕业生职业地位获得的影响》，载于《社会》2009年第5期，第120页。

者会更重要是一个需要讨论的问题。基于已往研究，本书的第二个假设是：

H2：市场化转型过程中，相较于政治资本而言，人力资本对于专业人员职称晋升具有更重要的意义；人力资本的质量相较于人力资本的数量对于职称晋升而言更为重要。

3. 社会支持与晋升

从一般意义上说，社会支持指人们从社会中所得到的、来自他人的各种帮助，可分为两类：一是正式的社会支持，指来自政府、社会正式组织的各种制度性支持；二是非正式的社会支持，主要指来自家庭、亲友、邻里、同事和非正式组织等的非制度性支持。本书的社会支持主要关注专业人员来自非家庭成员如邻里、同事、上级和非正式组织等的支持，称之为社会性支持。

既往研究显示，越是能得到更多社会支持的个体，其所拥有和可以运用的社会资本越丰富。但具有社会资本功效的社会支持的获得，是行为主体"有意识投资"的产物，两性因之而有差异，专业技术女性由于家庭责任或组织社交的男性网络对女性的排斥（比如：高尔夫球协会、足球协会等），[①] 导致花费在与他人交往上的时间、精力都少于男性，从而拥有较少的社会资本，获得较少的社会支持。特别是女性会因为难以融入男性占据主导地位的非正式网络，因而缺少机会，导致女性被排挤和孤立。就专业人员职称晋升而言，如果能够获得更多社会性支持，则其在地位晋升的路途上相较于那些没有获得或获得较少支持者而言，会走得更顺更远，因此本书的第三个研究假设是：

H3：越是能获得社会性支持的专业人员，越是能在职称晋升时处于有利位置。

4. 性别分工与晋升

有关社会化形塑的性别认知、家庭分工等因素对于职称晋升的影响，尚有待引起更多的关注。有研究认为女性在承担职业角色的同时，还要兼顾家庭角色，这不仅表现在女性自身的角色意识中，也反映在社会对女性的双重价值评判标准上。社会对男性的评价尺度是事业，但对女性却用事业和家庭的双重标准：社会对女性的角色期望是家庭，而工作机构对女性的角色期望是工作，[②] 这种双重标准对女性是不公正的，也超过女性能力范围，增加了女性的压力，造成职业女性的双重角色冲突。以往的研究也显示中国妇女承担了照顾家庭与抚育子女的重担。[③] 因此，受传统性别分工的影响，女性人员更多地承担了子女抚养、家人照

[①] J. Marshall. *Women Managers：Travelers in a Male World*. Chichester：Wiley & Sons, 1997.

[②] J. A. Centraand N. B. Gaubatz, Is There Gender Bias in Student Evaluations of Teaching? *The Journal of Higher Education*, 2000, 71, 17 – 33.

[③] Martin K. Whyteand William L. Parish. *Urban Life in Contemporary China*. Chicago：University of Chicago Press, 1984.

顾和日常家务劳动等责任，并形成"劣势累积"。①② 因此，本书的第四个研究假设是：

H4：性别角色认知趋向于现代，家务劳动承担更少的专业人员，在职称晋升上会走得更快。

（二）模型及分析

1. 模型因变量

本书的因变量即专业人员职称晋升，分为晋升副高级职称和正高级职称，事件史分析方法测量的是职称晋升的年数③。所讨论的职称晋升指各专业技术领域专业职称的获得，主要针对两种情况：一是副高级职称晋升（从工作开始晋升到副高级职称所用的年数）；二是正高级职称晋升（从工作开始晋升到正高级职称所用的年数）。

2. 模型核心自变量

先赋性因素以两个变量测量：一是父母文化程度，其取值是父亲或母亲文化程度最高者，分为小学及以下、初中、高中/中专/中技、大专及以上四类；二是户籍出身，分为农村户籍和城镇户籍两类。自致性因素的测量以个人人力资本为主，从三个方面进行考察：一是文化程度，指个人开始第一个工作之前接受教育的年数；二是接受教育的质量，指最高学历是否是重点大学；三是工龄，根据分析时关注副高职称和正高职称晋升的主旨，建构了两个变量：晋升副高前工龄与晋升正高前工龄。

政治资本的测量，采用的是晋升副高前政治资本和晋升正高职称前政治资本，分为群众、共产党员和民主党派三类。

社会支持是一个由多个变量建构的量表。问卷中有一个问题询问了"需要时下列人员能否帮你"，涉及的对象包括企业主/企业主管、厅局级及以上干部、初级干部、高级职称专业技术人员。根据被调查对象对上述问题的回答状况，构建一个称为"需要时可以获得的帮助"的量表，其信度系数为 0.785。

性别分工从两个方面进行考察。一是性别角色分工认知，根据被调查者对 4 项问题的回答构建量表，分别是"男人应该以社会为主，女人应该以家庭为主""挣钱养家主要是男人的事情""丈夫的发展比妻子的发展更重要""更重要的是帮助丈夫成就事业"。量表的信度系数为 0.767，得分最高为 20 分，最低为 4 分，

---

① 马缨：《博士毕业生的性别差异与职业成就》，载于《妇女研究论丛》2009 年第 6 期。
② 张廷君、张再生：《女性科技工作者职业生涯发展模式与对策研究》，载于《妇女研究论丛》2009 年第 5 期。
③ 本书所指年数为事件史分析中转化的人月。

得分的高低反映了性别角色分工观念由传统到现代的连续统。女性（10.06 分）相较于男性（11.45 分）更趋向现代。二是家务劳动承担①。各自变量的描述性统计如表 14 – 1 所示。

表 14 – 1　　　　　　　　模型分析变量基本情况

变量		女性专业人员（N = 1 304）		男性专业人员（N = 1 319）	
		平均值	标准差	平均值	标准差
工作前受教育年数		14.23	3.22	14.50	3.27
工作后受教育年数		2.25	2.11	2.12	2.12
晋升副高前工龄		17.29	7.72	17.71	8.30
晋升正高前工龄		21.59	8.32	22.25	9.12
性别角色认知		10.06	3.58	11.45	3.81
需要时可以得到的支持（社会网络资源）		0.42	0.31	0.46	0.30
家务劳动承担		17.04	4.58	11.55	4.10
变量		频次	有效百分比	频次	有效百分比
父母文化程度	小学及以下	397	30.42	610	46.18
	初中	212	16.25	190	14.38
	高中/中专/中技	298	22.84	274	20.74
	大专及以上	372	28.51	223	16.88
	缺少值	26	1.99	24	1.82
户籍出身	不是农村户籍出身	866	66.36	590	44.7
	农村户籍出身	439	33.64	731	55.3
最高学历是否是重点大学	不是	617	47.28	616	46.63
	是	688	52.72	705	53.37
晋升副高前政治资本	群众	628	48.12	472	35.73
	共产党员	617	47.28	739	55.94
	民主党派	48	3.68	22	1.67
	缺少值	12	0.92	88	6.66

---

① 问卷询问了被调查对象最近一年在做饭、洗碗、洗衣服/做卫生、日常家庭采购、照料孩子生活、辅导孩子功课、照料老人七个方面承担家务劳动的情况，其选项为"从不、很少、约一半、大部分、全部"，我们将其分别赋值为 0 分、1 分、2 分、3 分、4 分，七个项目的得分相加，最小值为 0 分，最大值为 28 分，分值越低，承担家务劳动越少。

续表

变量		女性专业人员(N=1 304)		男性专业人员(N=1 319)	
		频次	有效百分比	频次	有效百分比
晋升正高前政治资本	群众	538	41.23	412	31.19
	共产党员	665	50.96	808	61.17
	民主党派	94	7.2	46	3.48
	缺少值	8	0.61	55	4.16

3. 专业人员职称晋升模型及分析

以副高职称晋升事件和正高职称晋升事件在生存期内是否发生为因变量，以先赋因素、自致因素、人力资本、政治资本、社会支持、性别角色认知等要素为自变量，利用事件史的 Logit 模型，通过 Stata12 软件分别对不同性别专业人员职称晋升进行分析，结果如表 14-2 和表 14-3 所示。

表 14-2　　事件史分析系数的比较：专业人员晋升副高职称

发生事件		女性			男性		
		Exp	标准误	系数	Exp	标准误	系数
父母受教育程度	初中	1.013	0.124	0.013	1.043	0.115	0.042
	高中/中专/中技	1.096	0.126	0.091	1.143	0.114	0.134
	大专及以上	1.205	0.133	0.186	1.166	0.138	0.153
户籍身份	农村户籍出身	1.068	0.091	0.066	1.049	0.090	0.048
人力资本	工作前受教育年数	1.085***	0.021	0.082	1.085***	0.021	0.082
	工作后受教育年数	1.094***	0.029	0.090	1.130***	0.030	0.122
	最高学历是否是重点大学	1.080	0.088	0.077	1.092	0.091	0.088
	晋升副高职称前工龄	0.931**	0.023	-0.071	0.898***	0.019	-0.107
	晋升副高职称前工龄平方	1.000	0.001	-0.000	1.001	0.001	0.001
政治资本	晋升副高前为共产党员	1.151^	0.093	0.140	1.259**	0.108	0.231
	晋升副高前为民主党派	1.332	0.240	0.287	1.623*	0.384	0.485

续表

	发生事件	女性			男性		
		Exp	标准误	系数	Exp	标准误	系数
社会支持	需要时能获得的帮助	1.412**	0.178	0.345	1.388**	0.181	0.328
性别分工	性别角色认知	1.003	0.010	0.003	1.005	0.010	0.005
	家务劳动承担	0.998	0.008	-0.002	0.999	0.010	-0.001
	log L	-4 631.819			-4 652.218		
	N	217 651			222 955		

注：作为参照类排除的变量有：小学及以下、非农村户籍出身、最高学历非重点大学、群众；^表示 p<0.10；* 表示 p<0.05；** 表示 p<0.01；*** 表示 p<0.001。

表14-3　事件史分析系数的比较：专业人员晋升正高职称

	发生事件	女性			男性		
		Exp	标准误	系数	Exp	标准误	系数
父母受教育程度	初中	0.831	0.201	-0.185	0.863	0.168	-0.147
	高中/中专/中技	1.189	0.245	0.173	0.765	0.139	-0.267
	大专及以上	1.123	0.222	0.116	0.913	0.191	-0.091
户籍身份	农村户籍出身	0.799	0.132	-0.225	1.000	0.152	-0.003
人力资本	工作前受教育年数	1.141***	0.039	0.132	1.143***	0.039	0.133
	工作后受教育年数	1.137**	0.053	0.129	1.199***	0.055	0.181
	最高学历是重点大学	1.733***	0.275	0.550	1.256	0.192	0.228
	晋升正高职称前工龄	1.153*	0.066	0.142	0.935^	0.035	-0.067
	晋升正高职称前工龄平方	0.996***	0.001	-0.004	1.000	0.001	0.000
政治资本	晋升正高前为共产党员	1.337^	0.213	0.291	2.063***	0.383	0.724
	晋升正高前为民主党派	1.550^	0.396	0.438	2.017*	0.700	0.702
社会支持	需要时能获得的帮助	1.721*	0.395	0.543	3.114***	0.735	1.136

续表

发生事件		女性			男性		
		Exp	标准误	系数	Exp	标准误	系数
性别分工	性别角色认知	0.962*	0.019	-0.039	1.009	0.017	0.009
	家务劳动承担	0.986	0.015	-0.014	0.972	0.171	-0.029
log L		-1 709.931			-1 811.928		
N		287 623			290 201		

注：作为参照类排除的变量有：小学及以下、非农村户籍出身、最高学历非重点大学、群众；^表示 p<0.10；* 表示 p<0.05；** 表示 p<0.01；*** 表示 p<0.001。

第一，在晋升副高级职称时，有显著影响的要素为人力资本、政治资本及社会支持，且对两性有相似的影响。先赋性因素、性别角色认知和家务劳动承担对晋升副高职称无显著影响。

第二，在成功晋升正高职称的影响因素上既有相似性也表现出一定的性别差异，相似性表现为政治资本和社会支持对两性晋升的影响相近。性别差异表现为：对于女性而言，人力资本数量和质量各要素、性别角色认知等对晋升正高级职称均有显著影响。对男性而言，表征人力资本质量的"最高学历为重点大学"及性别角色认知对晋升没有显著影响。

四、结论与讨论

（一）先赋性要素与自致性要素对职称晋升的影响

先赋性要素（父母受教育程度和户籍身份）对于副高职称晋升和正高职称晋升均无显著影响，且两性之间无差别。自致性因素对两类职称晋升都有显著影响。

自致因素中的人力资本对于副高职称和正高职称的晋升都有显著影响，但其各构成要素对两种职称晋升发挥作用的程度有所差别。在控制其他变量的情况下，工作前受教育年数越多，则更有可能晋升副高职称和正高职称，这一结论也同样适用于正高职称的晋升。晋升相应职称前工龄对专业人员晋升不同职称表现出差异性影响，就晋升副高级职称而言，晋升前工龄越长，则晋升副高职称的可能性减少，没有性别上的差异。但对晋升正高级职称而言，工龄对两性有不同影响，对女性而言，晋升正高职称前工龄越长，晋升的可能性越大。

特别地，对正高职称的晋升而言，除了工作前受教育年数与晋升正高职称前的工龄因素之外，人力资本质量作用凸显，最高学历是否是重点大学对女性正高职称的晋升有显著正面影响。相对于最高学历非重点大学的女性，最高学历是重点大学者正高职称晋升的发生比是其 1.73 倍。但类似的影响对于两性副高职称晋升和男性的正高职称晋升均不存在。我们认为人力资本质量作用并未凸显的主要原因是晋升副高级职称相对容易，而其对男性晋升正高职称不显著的原因可能是因为男性在专业人员群体中仍处于优势地位，且从模型中也可以看出政治资本和社会支持对男性专业人员职称晋升有更显著的作用。

总之，利用事件史 Logit 模型对两性高级职称晋升的分析证明了本研究的第一个假设，即随着中国社会工业化、现代化的推进，相较于先赋性因素而言，自致性因素对专业人员职称晋升影响更重要，其对女性专业人员职称晋升的影响比男性更大。父母的文化程度、本人的户籍出身等先赋性因素，虽然对于个体依然重要，但是其发挥作用的方式已变得更为间接，其对于地位获得的影响程度在控制其他要素后，也退居到了次要地位。

（二）政治资本与职位晋升

在控制其他变量的情况下，政治资本对副高职称的晋升无显著影响，但对正高职称晋升的影响存在。晋升正高前是民主党派者相较于群众而言，其正高职称晋升的发生比为 1.55。共产党员相较于群众而言，其在晋升正高职称上并无明显优势。

相较于政治资本而言，人力资本对女性晋升副高级职称和正高级职称具有更重要的意义，人力资本的质量（最高学历是否是重点大学）对于职称晋升而言正在变得日趋重要，而第一学历、晋升前工龄（体现的是对专业持续的贡献时间）也同样对于日后的职称晋升具有显著正面影响。在正高职称地位的获得上，人力资本对于女性和男性的作用并无显著差别。可见，专业职称晋升更多遵循的是市场化导向的专业主义原则。

政治资本对于职称地位获得的影响表现出了性别差异。对于女性而言，晋升前共产党员的身份并没有对副高和正高职称的获得带来显著正面影响，但却给男性带来显著正面影响。晋升前为民主党派对于男性和女性的正高职称地位获得均有显著影响，但对于副高职称地位获得无显著作用。这里应该考虑到民主党派身份与晋升高级职称之间的复杂关系。中国的民主党派对于加入者有特别的要求，一般要求具有高级职称者才能加入①，因此，民主党派晋升正高职称风险率相较

---

① 民主党派发展成员非常强调候选人的综合素质，如九三学社对成员的要求中，就有以下要求：具有大专以上学历、具有中级以上职称、具有参政议政的能力。见《九三学社中央关于加强组织建设的若干规定》2005 年 5 月 22 日九三学社第十一届中央常务委员会第十一次会议通过。

于群众更高，有可能反映的是这种选择性后果。可以认为，政治资本对于男性职称晋升的影响，更多体现的是某种能力或资格凭证的作用，因此并没有因市场化转型而弱化其地位获取上的作用。

综上所述，对于专业人员的职称晋升，相较于政治资本而言，人力资本对于专业人员职称晋升具有更重要的意义；人力资本的质量相较于人力资本的数量对于职称晋升而言正在变得日益重要。

（三）社会支持与职位晋升

事件史模型分析部分证实了第三个研究假设，即不论是男性还是女性，不论是晋升副高职称还是正高职称，越是能够获得社会性支持者，越是能够在晋升高级职称时处于有利位置。具体来看，社会支持对晋升正高级职称的影响要比晋升副高级职称时更大，从模型结果可以看出，社会支持对于职称晋升的积极作用在晋升正高级职称时更加明显，特别是对于男性专业人员晋升正高级职称的积极作用两倍于女性专业人员的影响。而另一方面，我们看到重点大学的学历对于女性专业人员晋升正高职称具有显著影响，即专业人员在晋升正高级职称时，女性专业人员需要更高的人力资本，而男性专业人员则会动用更多可动用的社会支持。

（四）性别角色与职位晋升

模型分析显示，性别角色认知对女性正高级职称晋升有显著影响，越是倾向于认同传统性别角色，职称晋升发生的可能性越低。模型结果部分验证了研究假设 H4 的部分观点。我们认为晋升副高职称和正高职称影响因素的很多差异源自两种晋升难易程度的差异，因为更加激烈的竞争可能导致一些潜在的因素发挥更大的影响，性别角色认知对晋升的影响即是如此，一些时候晋升副高职称可能是熬时间的过程，但晋升正高级职称则需要更多的付出和努力，女性性别角色认知趋向于传统，简单说更顾家，承担更多家务劳动，更认同"男主外、女主内"可能致使其在晋升竞争上表现出动力不足，更难以突破"坚冰式玻璃天花板"。

（五）小结

就两性专业人员职称晋升的影响因素而言，既有共性，也有差异性。共性是：第一，人力资本相较于先赋因素对两性的职称晋升而言更为重要，先赋因素中的父母文化程度、户籍身份只对职称晋升有微弱影响，而人力资本数量（工作前受教育年数）数量和质量（最高学历是否重点大学）对两性正高职称晋升均有显著积极影响。第二，社会性支持对于两性晋升更高职称有显著积极影响。第三，民主党派身份对于两性正高职称晋升有显著积极影响。差异性是：第一，共产党员身份对男性职称晋升的影响大于其对于女性的影响。第二，人力资本质量对于女性正高职称晋升有显著积极影响，但对于男性的影响并不显著。第三，性别角色认知对女性晋升正高职称有显著影响，性别角色认知越趋向于现代，晋升机会更大，对男性专业人员则不存在这样的影响。

总结来看，影响两性专业人员职称晋升的很多共同因素具有现代社会的特征，即人力资本数量和质量的作用凸显，但社会支持同样也起到非常重要的作用。而差异性影响因素颇具性别视角，特别是性别角色观念影响反映了现代社会两性分工以及女性的性别观念对于在专业技术领域晋升的重要作用。本研究揭示了专业人员职称晋升的核心影响要素及性别上的差异，对于专业技术人员职称晋升的努力方向以及设计更合理的晋升制度具有积极意义。

第十五章

专业技术领域的性别隔离和组织歧视

本章分析专业技术这一长期由男性主导的职业领域中的性别隔离状况,认为这种状况对女性专业技术人才成长有阻碍作用。

一、研究背景

在全球化时代,科技人力资源对一国的经济发展具有高度重要性,尤其是20世纪90年代后,科技对经济的推动作用日益凸显,社会对科技人才的需求迅速扩大,科技人力资源成为国家发展最重要的战略资源之一。同时,老龄化社会和低生育率的到来,使得科技人力资源供求缺口越来越大,尤其是高级科技人力资源供应缺乏。另外,在过去十多年中,世界各国接受高等教育的女性比例普遍大幅增长,但这并没有刺激科技职业领域的女性比例相应提升,意味着女性科技人力资源造成的浪费非常严重。科技人力资源的缺乏促使人们把目标聚焦到科技人力资源的开发与利用上,尤其是对女性科技人力资源的开发利用。发达国家目前主要从发展中国家吸引专业技术人才,而发展中国家要解决此类问题,通过鼓励女性充分参与到科技领域中来是最节省成本且见效最快的方式之一,但这一过程需要多方面的支持。长期以来,男性一直在科技世界中具有明显的主导地位,女性的作用被大大低估,女性在融入科技活动过程中被区别对待,从而使她们对社会发展的潜在贡献远未得到发挥,这种对性别差异的忽视会导致许多发展实践的低效化。因此,科技的发展需要女性更多地参与,正如联合国教科文组织1996年度的《世界科技报告》中所指出的,"妇女的更大参与将会给一个基本上是男人主宰的世界注入多样性，因而会加强科学的发展"。当今世界人才竞争日益激烈，女性作为重要的人力资源，正在和将要如何参与到科技活动中来，对科技自身的发展将会产生重要影响。

女性在科技活动中的地位和作用，不仅对科技自身发展产生影响，还是构建社会主义和谐社会的重要内容。保障社会公平和正义是构建和谐社会的一个重要原则。保证男女两性平等地享有发展的权利、机会和资源，平等地分享经济社会发展的成果是全面建设小康社会、构建社会主义和谐社会的重要内容①。

女性的发展需要一定的社会文化环境，这种环境是否对女性的发展更为有利还是反之，从一个侧面也反映出社会进步的状况和程度。有时经济的增长并不必然带来社会的进步，女性的发展环境也不一定随着经济的发展而得到必然的改善，因此，改善女性发展环境，包括女性参与科技活动的环境，能够反映出一个社会进步的程度。

随着女性参与科技活动的逐渐增多，女性在科技职业领域发展所遇到的问题也越来越多，因此，女性在科技活动中的地位和作用，正在受到更多关注，国内外已开展了大量有关女性专业技术人才的研究。事实上，在科技领域，由于传统上一直是以男性为绝对主导，其职业标准的构建上也呈现出与男性一致的特征，这种刻板的职业性别认知导致女性在科技职业发展中遇到的问题多于其他领域。而对女性在科技活动中的地位和作用的认识，有一个发展过程，社会性别理论的提出取代了简单的女权主义思想，反映出社会环境、文化环境对女性自身发展具有了越来越重要的影响。伴随着我国经济的飞速发展和经济全球化对社会环境带来的冲击，处于这种变化着的环境下的女性专业技术人员，其生存和发展的价值观、工作条件、家庭条件也在变化着，面临的机遇和挑战也与以往会有所差别。为此，现阶段对女性专业技术人员的职业发展进行研究具有重要意义。我国对科技女性人力资源的研究起步较晚，女性专业技术人员的职业发展研究也处于探索阶段，缺乏相对系统的理论及实践研究。

本章研究我国女性在科技领域中的发展状况。女性专业技术人员的职业发展中是否遇到阻碍，这些阻碍是什么因素造成的，如何去破除？国外比较好的应对策略是什么，能否为我国所用等问题。

二、女性专业技术人才职业发展的组织环境研究

在专业技术领域，男女专业技术人员在成果和晋升方面的差异是显著存在

---

① 顾秀莲：《积极推动社会性别主流化和决策科学化进程》，载于《妇女研究论丛》2006 年 3 月第 2 期，第 5～6 页。

的，而且随着年龄的增长，这种差别越来越大。对造成专业技术人员男女职业发展分化原因的研究一直备受关注。组织行为学理论认为组织性别多样性会影响两性群体的行为方式和工作表现，也就是组织的性别隔离状况能够影响女性专业技术人员的社会网络构建，这种社会网络构成又会影响组织氛围，从而对组织成员的工作效率产生有性别差异的影响，给组织带来不同的运作效率。本部分主要分析组织性别多样性对专业技术人员社会网络构建的影响，研究女性专业人技术人员的成长是否会受到单位中女性比例过少的阻碍。再进一步分析，性别隔离是否会影响到专业技术人员的满意度、交流沟通的积极性以及组织的歧视情况，进而影响到个人的职业发展，并尝试探讨这种作用是否存在性别差异。

组织性别多样性对专业技术人员社会网络构建的影响研究。近年来，世界各国在职人员的性别多样性都呈现出普遍增长的趋势[1]，许多组织也在有意识地增加女性参与，以期获得性别多样性带来的积极影响[2]，使得性别多样性问题吸引了众多学者的关注。相比男性来说，女性交流沟通、公开表达的愿望较低，而交流能够带来更多的社会资源、扩大个人的社会网络，女性要想在存在"马太效应"的科技领域发展，需要积极建立活跃的社会网络。有研究[3]认为"组织的性别构成可以决定组织内部两性间的相处方式"，相处方式的改变影响着两个群体组织内的行为方式，进而影响个体的社会网络。组织是否能够通过提高性别多样性来营造对女性友好的氛围，促进女性交流沟通、使女性也拥有一个能够带来归属感的高效的社会网络？下面尝试从性别多样性的角度解读专业技术人员社会网络某些特征的两性差异问题。

1. 性别多样性

性别多样性指组织内成员的性别分布特征。组织性别多样性的研究是近 20 年才开始逐渐被关注的，主要研究性别多样性与公司运作、离职和晋升[4][5][6][7]，性别多样

---

[1] International Labour Office, *Yearbook of Labour Statistics* (6th ed.), Geneva: International Labour Office. 2006.

[2] Kalev, A., Kelly, E., Dobbin. F, *Best practices or best guesses? assessing the efficacy of corporate affirmative action and diversity policies*, American Sociological Review, 2006, 71, 589 – 617.

[3] Kanter, Rosabeth Moss, *Some Effects of Proportions on Group Life: Skewed Sex Ratios and Responses to Token Women*, American Journal of Sociology. 1977, 82, 965 – 990.

[4] Jackson, S., Brett, J., Sessa, V., Cooper, D., Julin, J., & Peyronnin, K. *Some differences make a difference: Individual dissimilarity and group heterogeneity as correlates of recruitment, promotions, and turnover.* Journal of Applied Psychology, 1991, 76, 675 – 689.

[5] Leonard, J. S. and D. I. Levine. *The effect of diversity on turnover: A large case study.* Industrial & Labor Relations Review 2006, 59, 547 – 572.

[6] Scott, Kristyn A. Joanna M. Heathcote & Jamie A. Gruman. *The Diverse Organization: Finding Gold at the End of the Rainbow.* Human Resource Management, 2011. 50, 735 – 755.

[7] Mateos de Cabo, Ruth; Ricardo Gimeno & Maria J. Nieto. *Gender Diversity on European Banks' Boards of Directors.* Journal of Business Ethics, 2012, 109, 145 – 162.

性是否影响个体、团队或组织层面的效率[1][2][3]及员工组织承诺[4]等。目前对性别多样性与个体行为方式、社会网络构建及组织效率的关系研究并没有一致性的结论[5][6]。

2. 性别多样性与网络活跃性

组织内性别比例低于20%的群体处于"装门面"（Token）地位，通常会被孤立，导致该性别成员的交流少、社会网络不活跃；而当这一性别群体比例增长到35%左右时，该群体就拥有了"少数"地位，群体内部可以形成团体，在团体内部交流互助，社交活动就会逐步增加；当组织内性别比例达到50%左右，也就是性别多样性程度最高时，性别群体内部的交流达到最大，也会激发两个性别群体之间的交流，因此网络活跃性最高[7]。另外，由同性相吸理论[8]也可得出性别多样性的提高可以提高网络活跃性，它强调组织成员个体特征的心理学效应，认为性别、年龄、文化等背景相似的个体可能会有相似的价值观或生活经历，从而容易形成彼此吸引的人际关系网[9][10]。

由此得到研究假设1

H1：组织性别多样性与网络活跃性正相关。

3. 性别多样性与网络排斥

组织内部女性比例如果低于20%，则她们很难加入男性团体，要想与男性建立关系网就会更加困难[11]。而如果女性占50%，组织就具备了均衡的结构，这

---

[1] Brouns, M. and Addis, E., *Part I-synthesis report on the workshop*, in European Commission (Ed.), *Gender and Excellence in the Making*, Office for Official Publications of the European Communities, Luxembourg, 2004, 9–32.

[2] West, Tessa V.; Madeline E. Heilman; Lindy Gullett; Corinne A. Moss–Racusin and Joe C. Magee. Building Blocks of Bias: Gender Composition Predicts Male and Female Group Members' Evaluations of Each Other and the Group. Journal of Experimental Social Psychology, 2012, 48, 1209–1212.

[3] 张燕、章振:《性别多样性对团队绩效和创造力影响的研究》，载于《科研管理》2012年第3期。

[4] 梁巧转、李树祥、伍勇:《组织性别构成多样性对员工组织承诺影响的实证分析》，载于《数理统计与管理》2009年第5期，第879~887期。

[5] Barney, J. B. *Firm resources and sustained competitive advantage. Journal of Management*, 1991 (17) 99–120.

[6] McMahan, G. C., Bell, M. P., and Virick, M. *Strategic Human Resource Management: Employee Involvement, Diversity, and International Issues*, Human Resource Management Review, 1998, 8, 193–214.

[7] Kanter, Rosabeth Moss. *Some Effects of Proportions on Group Life: Skewed Sex Ratios and Responses to Token Women*, American Journal of Sociology, 1977, 82, 965–990.

[8] Byrne, D. *The attraction paradigm*, New York: Academic Press, 1971.

[9] Byrne D. & J. H. Neuman, *The implications of attraction research for organizational issues. In K. Kelley, Issues, Theory, and Research in Industrial and Organizational Psychology*, New York, 1992.

[10] Graves, L. M. & G. N. Powell, *The effect of sex similarity on recruiters' evaluations of actual applicants: A test of the similarity attraction paradigm*, Personnel Psychology, 1995, 48 (Spring), 85–98.

[11] Beaton, A., & Tougas, F., *The Representation of Women in Management: The More, the merrier?*, Personality and Social Psychology Bulletin, 1997, 23, 7733–7782.

种组织的特征是男女两性群体相处和谐，组织更注重的是个人特质而不是男女群体的群体特质。因此不存在网络的性别排斥。网络的性别排斥是对某一性别群体的不接受，不接受的原因可以部分地归结为"性别刻板印象"和"性别歧视"。大部分的研究[1]都发现职场中存在性别刻板印象和性别歧视：认为"女性缺乏竞争力"、"女性工作表现不如男性"等。而组织中的女性比例越低，男性持有对女性消极性别刻板印象的可能性越高[2]。因此可以认为如果组织内存在性别刻板印象和性别歧视，就会引发社会网络的性别排斥。而已有的科技组织都是以男性的标准建立的，科技领域中不存在对男性的性别歧视，也不存在消极的男性"性别刻板印象"，因此不存在对男性的网络排斥。

由此得到研究假设2：

H2：性别多样性与社会网络对女性的排斥负相关。

H2a：性别多样性与组织成员性别刻板印象负相关。

H2b：性别多样性与性别歧视负相关。

三、数据与分析

（一）样本说明

因本书主要考虑在职人员的社会网络，所以剔除已退休样本，得到2 386份问卷。调查样本基本特征见表15-1。

表15-1　　　　　　　　　　样本基本特征

变量	特征
性别比例	女性49.1%
年龄分布	主要集中于30~50岁，比例76.4%
婚姻状况	在婚状态占93%
地区分布	覆盖除港澳台、西藏外所有省、自治区、直辖市，每单位样本量在60~90

---

[1] Eagly, A. H., & Karau, S. J. *Role congruity theory of prejudice toward female leaders. Psychological Review*, 2002 (109): 573–598.

[2] Konrad, A., Winter, S., & Gutek, B. *Diversity in work group sex composition.* In P. Tolbert, S. Bacharach, E. Lawler, & D. Torres (Eds.), *Research in the sociology of organizations*, 1992. Vol. 10: 115–140. Greenwich, CT: JAI Press.

续表

变量	特征
职称分布	中、副高、正高级职称比例分别为：26.7%、50.3%、20.4%
单位女性比	没有女性占 0.3%，低于 30% 占 12.9%，30%~50% 占 41.7%，高于 50% 的占 38.8%

（二）变量选择及处理

因变量的选取。本研究主要从两个方面考察专业技术人员社会网络的特征：个体在社会网络中的活跃性，来自问卷"主动联络或看望同事"以四级评分制衡量，分数越高，交流越频繁；社会网络的性别排斥，由性别刻板印象和组织性别歧视来表达；性别刻板印象，来自问卷问题"总体而言，男人比女人更胜任领导角色""对妻子而言，更重要的是帮助丈夫成就事业""对女人来说，事业和家庭很难兼顾"，以四级评分制衡量，分数越高，认同度越高。各项均值、方差及相关系数如表 15-2 所示。

表 15-2　　性别刻板印象各维度均值、方差及相关系数

维度	1	2	3
1. 胜任领导	1		
2. 协助成功	0.416**	1	
3. 事业家庭	0.343**	0.337*	1
均值	2.5899	2.3658	2.6880
方差	0.609	0.561	0.532

注：** 代表在 0.01 水平显著，* 代表 0.05 水平显著，均为双尾检验值。

由检验结果可知性别刻板印象测量维度间高度相关，为防止回归分析中的多元共线性，使用主成分分析构建发生线性重合的自变量的潜在变量（主成分）并作为新的变量，本研究中构建一个综合性别刻板印象指标。性别刻板印象测量三个维度的 KMO 值为 0.646，高于 0.6，可以使用主成分分析。使用 SPSS20.0 进行主成分抽取与检验，抽取出 1 个主成分，解释度为 57.93%。对于可接受的解释度并没有一个统一的标准，在社会科学中接近 60% 就可以使用[1]，因此该主成分可作为代表 3 个维度的网络活跃性指标。

---

[1] 杜智敏：《抽样调查与 SPSS 应用》，电子工业出版社 2011 年版，第 714 页。

性别歧视，如果组织近三年内存在"只招男性或同等条件下优先招用男性"或"同等条件下男性晋升比女性快"之一或同时存在，那么就认为组织内部存在性别歧视。据此标准建立新的变量"组织性别歧视"，1为存在歧视，0为没有歧视。样本中存在性别歧视的占41.8%。

自变量的选取。女性性别比例，本研究的自变量是组织的性别多样性。在衡量多样性上，部分学者会采用 Shannon 的熵的概念，但对于只有两种特征的多样性进行度量时，Shannon 的多样性指标值是相同的。但前述文献研究中已发现女性高于50%的组织和低于50%的组织氛围完全不同，其性别多样性指标也应不同。为体现这种差异，本书直接使用女性比例作为衡量性别多样性的指标。使用变量，"组织内部女性比例"，变量值取值：没有女性为1；不足30%为2；30%~50%为3；50%以上为4。

因组织内部均衡性别比例50%是一个特殊点，为详细研究性别比例产生的影响，在研究中把总样本分成两部分，一部分是组织内部女性比例等于0，小于30%和30%~50%的被调查者群体，用来考察组织内女性比例在向均衡发展过程中所带来的变化；另一部分是女性比例在30%~50%和50%以上的，旨在考察女性从少数群体过渡到占优群体所带来的变化。

控制变量选取。经过样本初步分析发现，年龄、学历、行政职务的差异会对专业技术人员的网络活跃性和网络性别排斥产生影响，因此本研究选取这三个变量作为控制变量（见表15-3）。

表15-3　　　　　　　　　　控制变量

控制变量	取值
年龄分组	30岁及以下=1；31~40岁=2；41~50岁=3；51~60岁=4
学历	初中及以下=1；高中/中专/中技=2；大学专科=3；大学本科=4；研究生=5
行政职务	普通职工=1；基层管理人员=2；中层管理人员=3；负责人/高层管理人员=4

（三）数据分析

本书在"性别刻板印象"变量设计时使用主成分分析法，其信度检验 Cronbach α 系数分别为0.637，系数超过0.6说明所选问题维度可靠性强。三个假设各建立1个回归模型，回归分析结果如表15-4所示。

表 15-4　　　　　　　　　　OLS 回归结果摘要

变量类型	变量	H1 男 β	H1 女 β	H2a β	H2b 男 β	H2b 女 β
控制变量	年龄	-0.011 (-0.025)	0.116* (0.005)	0.048 (0.057+)	0.000 (0.013)	-0.002 (-0.03)
	职务	0.11*** (0.084***)	0.033 (0.031)	-0.06* (-0.063***)	-0.01 (-0.13)	-0.007 (-0.012)
	学历	0.035 (0.071*)	-0.059 (-0.054)	0.078* (0.058*)	-0.12 (0.037*)	0.095*** (0.132***)
自变量	组织女性比	-0.045 (-0.024)	0.157* (-0.114*)	-0.11+ (-0.006)	-0.117*** (-0.116***)	-0.084+ (-0.14***)
	F 值	4.138*** (4.253***)	3.337** (1.766)	2.622* (2.535*)	3.064** (4.756**)	4.161** (20.364***)

注：+ 表示 0.1 水平显著，* 表示 0.05 水平显著，** 表示 0.01 水平显著，*** 表示 0.001 水平显著。括号内数字表示女性比例从 30%～50% 上升到 50% 以上，括号之上的数值表示女性比例在 50% 以内的变动。

（四）结果与讨论

研究发现：

1. 性别多样性与女性社会网络的活跃性正相关

由表 15-4 的假设 H1 结果可知，对于女性来说，当组织的女性比例从 30% 以下增大到 30% 以上且小于 50% 时（性别多样性增加），女性在社会网络中的活跃性会提高（β=0.157，$p<0.05$）；当组织的女性比例增大超过 50% 时（性别多样性减少），女性在社会网络中的活跃性会降低（β=-0.114，$p<0.05$）。综合来看，组织性别多样性与女性的社会网络活跃性正相关。而对于男性来说，组织的性别比例对网络活跃性的影响不显著。表明性别多样性对社会网络活跃性的影响存在性别差异。从这一角度来看，提高组织内性别多样性可以提高女性社会网络的活跃性，而不降低男性社会网络的活跃性，从而增进了组织成员社会网络的总体活跃度，这对于合作型的组织是非常重要的。那么，50% 就是组织的最佳性别比例。

2. 性别多样性与网络的女性排斥负相关

网络排斥从两个方面衡量：性别刻板印象和性别歧视。第一，性别刻板印象。回归中发现专业技术人员对女性的性别刻板印象不存在性别差异，或者也可以说，现实中不仅是男性专业技术人员持有对女性的偏见，女性对自己的定位也有偏见。因此 H2a 没有做性别对比。表 18-4H2a 的结果不能验证专业技术人员的性别刻板印象受其所在组织的性别多样性的影响。在组织性别多样性提高时（30%以下到 30%~50%），成员持有的女性性别刻板印象会稍有减少（$\beta = -0.11$，$p<0.1$），但显著性不足，性别多样性与性别刻板印象持有之间的负向关系还需要进一步的研究；第二，性别歧视。从数据分析结果可以看出，不论男女专业技术人员，其所在的组织女性性别比例越高，组织内存在性别歧视的可能性就越低（见表 15-4H2b 回归结果），因此我们分两部分看组织内性别多样性对组织性别歧视的影响。在女性比例小于 50%的组织内，性别多样性与组织性别歧视负相关；在女性比例大于 50%的组织内，性别多样性与组织性别歧视正相关。结合两方面来看，当组织内女性比例提高时，组织性别歧视的减少可能来自组织成员主观认识上（如性别歧视）的改善（但 H2a 还不能支持性别多样性与性别刻板印象的关联）和女性数量的增多。不管是源于哪种变动，社会网络对女性的排斥都会减少。因此性别多样化与社会网络的女性排斥负相关。

研究运用大样本回归分析验证了组织性别多样性对专业技术人员社会网络两个特征的影响，得出以下研究结论：（1）验证了性别多样性与女性社会网络的活跃性的正相关关系；（2）验证了性别多样性与网络的女性排斥之间的负相关关系。发现组织性别多样性有利于组织内部女性社会网络的构建和营造性别友好的组织氛围。

（五）政策建议

基于研究发现，有以下建议：（1）为构建高效的专业技术合作交流网络，组织应该是男女比例均衡的。（2）在组织层面要为女性专业技术人员融入社会网络提供帮助。信息化的发展要求科技工作注重合作，要想促进女性专业技术的职业发展，必须帮助她们融入以男性为标准构建的网络中。（3）仅靠组织内部性别多样性的提高来消除性别刻板印象作用并不显著，政府在制定政策条例时应注意性别敏感性，同时还应与学校、媒体等机构正确引导社会的价值观。

四、性别隔离对女性专业技术人员职业发展的影响

职业性别隔离[①]就是以性别为划分依据，男女比例严重不均衡的职业、工作，

[①] 职业的性别隔离表现为水平隔离和垂直隔离两个方面，水平隔离指在某些工作部门或学科的性别聚集；垂直隔离是指在组织内部不同等级上的性别聚集。

被认为是存在性别隔离的。长期以来,男性和女性在科技活动的参与中存在数量和质量上的差异,男性一直占据明显的主导地位。20 世纪 70 年代以后,伴随着全球女性受教育比例的提高,虽然女性专业技术人员的总数有了一定提高,但职业性别隔离问题仍较为突出。在人才竞争日益激烈的背景下,如何促使女性专业技术人员在科技活动中更好地发挥作用,成为众多政府、组织及学者关注的问题。部分世界组织、国家已经或正在采取一系列积极政策措施以促进女性专业技术人员潜力的开发及利用。

我国自成立之日起,"男女平等"就一直是社会在处理两性关系时主流的舆论导向。"两性无差异"的观念曾经深深影响了生活、成长于 20 世纪 60 年代的中国人。随着中国改革开放的深入,强调"男女差异"逐渐被社会认可,女性被塑造成需要更有"女人味"的社会角色。而与感性相联系的"女人味"和与理性相联系的科技工作显得不那么和谐,女性在专业技术领域的水平隔离和垂直隔离都比较明显:2010 年我国在读研究生中女学生比例达到 47.86%,其中硕士女性比为 50.36%,博士女性比为 35.48%,而 2009 年我国研发人员女性比仅为 24.8%[1]。国外学者[2][3]的研究发现,这样的性别隔离状况对两性专业技术人员的职业发展会产生不同程度的影响,尤其对于女性,高度的性别隔离会阻碍其职业晋升。

(一) 专业技术领域性别隔离研究综述

欧洲 ENWISE 的报告(2000)指出:女性会被"挤出"竞争性的研发体系,分配到艰苦的环境中被当作"支撑"资源,如女性构成高校教师队伍的 54%,但只是集中在低水平的学术职位上。Menges 和 Exum[4]的研究同样发现女性人员较多集中在低级别无长聘职位(non-tenure-track)或者在声望较低的机构,而男性则集中于拥有更多权力和影响力的工作岗位。Kanter[5] 和 Laws[6] 认为当组织内女性增多并开始成为一种威胁时,男性常常会阻止女性,因此,部分"有权力的男性高层管理者总是积极限制女性取得管理职位以减少对男性本身高层管理职位的竞争"[7]。

---

[1] 资料来源:中华人民共和国国家统计局编,《中国统计年鉴 2011》,中国统计出版社 2012 年版。

[2] Kanter, Rosabeth Moss. *Some Effects of Proportions on Group Life*: Skewed Sex Ratios and Responses to Token Women, American Journal of Sociology, 1977, 82, 965-990.

[3][6] Laws, Judith Long., *The Psychology of Tokenism*, Sex Roles, 1975, 1 (March), 51-67.

[4] Menges, R. J., W. H. Exum, *Barriers to the progress of women and minority faculty*. J. Higher Educ, 1983, 54 (2): 124.

[5] Kanter, Rosabeth Moss, *Some Effects of Proportions on Group Life*: Skewed Sex Ratios and Responses to Token Women, American Journal of Sociology, 1977, 82 (3): 965-990.

[7] Izraeli, D. N. & Adler, N. J., *Competitive Frontiers*: Women Managers in a Global Economy, in N. J. Adler and D. N. Izraeli (eds.) *Competitive Frontiers*: Women Managers in a Global Economy. Cambridge, MA. 1994.

这样，在垂直性别隔离造成高层男性比例偏多的情况下，女性的晋升受到人为阻止的可能性就会加大。而女性工作者与女性领导之间最默契，好像她们都能对对方"放下防备"。Crosby, Williams 和 Biernat[①] 研究认为性别隔离对男女的影响是不同的，在男性占多的群体中，组织会认为女性没有竞争力从而对女性产生歧视，而在女性占多的群体中却没有这种刻板印象存在。Kanter[②] 的研究表明，性别隔离程度可以决定内部两性间的相处方式。组织内比例低于 20% 的群体处于"装门面"（Token）地位。如果女性群体在组织内处于"装门面"地位通常就会被孤立，这时她们很难加入男性团体[③]，因此这种群体内部的女性工作交流相对较少，社交活动也会较少，容易被组织边缘化；当组织内部女性比例占 35% 左右时，女性群体就占据了少数群体地位。在这种组织内男女之间的关系建立虽然还是很困难，但女性内部可以形成团体，有助于女性之间的交流互助以及心理调节。这时组织内部的女性员工社交活动就会有所增加，心理压力也会得到一定程度的缓解。如果女性占 50%，组织就具备了均衡的结构，这种组织的特征是男女两性群体相处和谐，组织更注重的是个人特质而不是男女群体的群体特质。

国内研究者对学术共同体[④]、科技共同体[⑤]、一般组织[⑥]的性别构成多样化进行研究，发现较高的性别隔离使得女性在男性占多数组织的发展中受到负面影响。

国内外研究也都表明，性别隔离并不是直接影响个体职业发展，而是通过改变成员的情感反应、团队行为来影响组织产出，并构建多样性作用机理分析框架[⑦][⑧]，如图 15-1 所示。

[①] Crosby, F. J.; J. C. Williams and M. Biernat. *The Maternal Wall. Journal of Social Issues*, 2004, 60 (4), 675–682.

[②] Kanter, Rosabeth Moss, *Some Effects of Proportions on Group Life: Skewed Sex Ratios and Responses to Token Women, American Journal of Sociology.* 1977, 82 (3): 965–990.

[③] Beaton, A., & Tougas, F., *The Representation of Women in Management: The More, the merrier? Personality and Social Psychology Bulletin*, 1997, 23, 7733–7782.

[④] 王俊：《学术共同体的性别隔离——对一所研究型大学女教师叙说的分析》，载于《妇女研究论丛》2011 年第 2 期，第 26~31 页。

[⑤] 赵兰香、李乐旋：《女性主观偏好对我国科技界性别分层的影响》，载于《科学学研究》2008 年第 6 期，第 1157~1163 页。

[⑥] 梁巧转、李树祥、伍勇：《组织性别构成多样性对员工组织承诺影响的实证分析》，载于《数理统计与管理》2009 年第 5 期，第 879~887 页。

[⑦] Susan E. Jackson, Aparna Joshi, Niclas L. Erhardt, *Recent Research on Team and Organizational Diversity: SWOT Analysis and Implications. Journal of Management*, 2003, 29 (6): 801–830.

[⑧] 梁巧转、李树祥、伍勇：《组织性别构成多样性对员工组织承诺影响的实证分析》，载于《数理统计与管理》2009 年第 5 期，第 879~887 页。

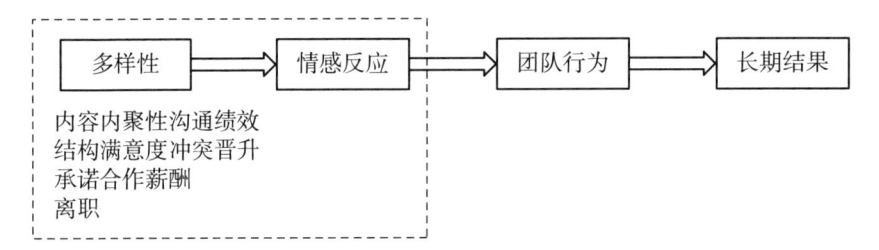

```
┌─────────────────────────────────────────────────────┐
│  多样性  →  情感反应  →  团队行为  →  长期结果      │
│  内容内聚性沟通绩效                                 │
│  结构满意度冲突晋升                                 │
│  承诺合作薪酬                                       │
│  离职                                               │
└─────────────────────────────────────────────────────┘
```

图 15-1　性别隔离影响组织产出的动力机制研究框架

（二）研究假设

根据已有研究结论及上述动力机制框架，本书尝试研究性别结构多样化（性别隔离）对职业发展的影响，研究框架如图 15-2 所示。

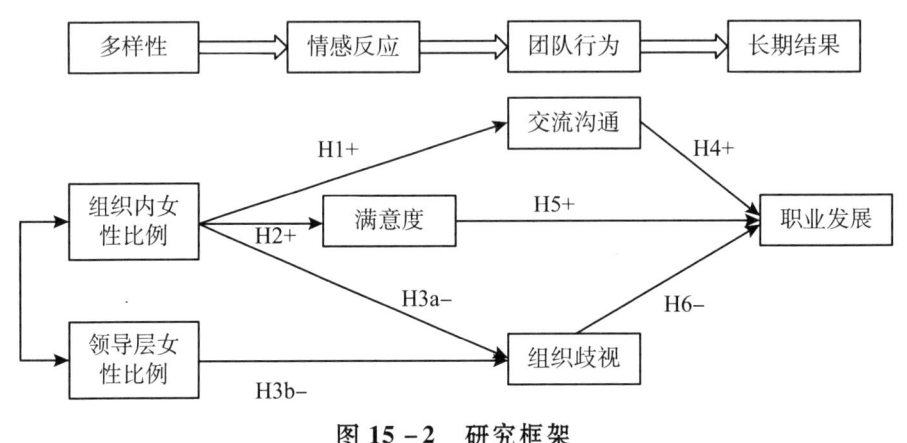

```
多样性  →  情感反应  →  团队行为  →  长期结果

组织内女   ──H1+──→ 交流沟通 ──H4+──→
性比例    ──H2+──→ 满意度   ──H5+──→  职业发展
          ──H3a-──→ 组织歧视 ──H6-──→
领导层女  ──H3b-──→
性比例
```

图 15-2　研究框架

假设 1：H1 组织内部女性比例与女性交流沟通行为正相关；

假设 2：H2 组织内部女性比例与女性的满意度正相关；

假设 3：H3a 组织内女性比例与组织的性别歧视行为负相关；
　　　　H3b 领导层女性比例与组织的性别歧视行为负相关；

假设 4：H4 交流沟通行为与职业发展正相关；

假设 5：H5 满意度与职业发展正相关；

假设 6：H6 组织歧视与职业发展负相关。

（三）数据和分析

1. 样本说明

因研究的是组织性别隔离状况对个人发展的影响，所以剔除已退休样本，得到 2 386 份问卷。调查样本基本特征如表 15-5 所示。

表 15 – 5　　　　　　　　　样本基本特征

变量	特征
性别比例	女性 49.1%
年龄分布	主要集中于 30 ~ 40 岁，比例 76.4%
婚姻状况	在婚状态占 93%
地区分布	覆盖除港澳台、西藏外所有省、自治区、直辖市，每单位样本量在 60 ~ 90
职称分布	中、副高、正高级职称比例分别为：26.7%、50.3%、20.4%
单位女性比	没有女性占 0.3%，低于 30% 占 12.9%，30% ~ 50% 占 41.7%，高于 50% 占 38.8%

2. 变量选择及处理

（1）性别多样性变量。在衡量多样性上，通常大部分学者会采用 Shannon 的熵的概念，用由 Teachman[①] 改进的熵的指标来度量：$\text{Diversity} = -\sum P_i(\ln P_i)$，$P_i$ 表示组织内部具有某特征的群体的比例。对只有两种特征的一个多样性度量时，某个特征群体的比例为 P_i 和 $1 - P_i$ 的多样性指标值是相同的。但已有研究表明女性高于 50% 的和低于 50% 的组织氛围完全不同，其性别多样性指标也应不同，因此本书直接使用女性比例作为衡量性别多样性的指标。使用两个变量，"组织内部女性比例" 和 "领导层女性比例"，变量值取值：不足 30%，30% ~ 50% 和 50% 以上。

（2）满意度变量。问卷对满意度从五个方面的测量："工作环境""劳动强度""工作稳定性""收入水平""发展前途"，评分为 5 分制，数值越高满意程度越高，各项均值、方差及相关系数如表 15 – 6 所示。

表 15 – 6　　　　满意度各维度的均值、方差及相关系数

维度	1	2	3	4	5
1. 工作环境	1				
2. 劳动强度	0.567**	1			
3. 工作稳定性	0.533**	0.459**	1		
4. 收入水平	0.499**	0.510**	0.376**	1	
5. 发展前途	0.518**	0.509**	0.454**	0.644**	1
均值	4.02	3.68	4.24	3.38	3.56
方差	0.656	0.933	0.491	1.059	0.809

注：** 代表在 0.01 水平显著，均为双尾检验值。

---

① Teachman, J. D., *Analysis of Population Diversity*. Sociological Methods and Research, 1980, 8 (3): 341 – 362.

由检验结果可知满意度测量维度间高度相关,为防止回归分析中的多元共线性,使用主成分分析构建发生线性重合的自变量的潜在变量(主成分)并作为新的变量,本研究中构建一个综合满意度变量。满意度测量五个维度的 KMO 值为 0.826,高于 0.8 比较适合进行主成分分析。使用 SPSS20.0 进行主成分抽取与检验,抽取出 1 个主成分,解释度为 60.846%。对于可接受的解释度并没有一个统一的标准,在社会科学中接近 60% 就可以使用[①],因此该主成分可作为代表 5 个维度的综合满意度指标。

(3)组织性别歧视。如果组织近三年内存在"只招男性或同等条件下优先招用男性"或"同等条件下男性晋升比女性快"之一或同时存在,那么就认为组织内部存在性别歧视。据此标准建立新的变量"组织性别歧视",1 为存在歧视,0 为没有歧视。样本中存在性别歧视的占 41.8%。不同年龄组主观判断性别歧视的比例随年龄增长而下降,如图 15-3 所示,气泡大小表示年龄组的样本量。因年龄对该指标影响较大,选择年龄作为一个控制变量。

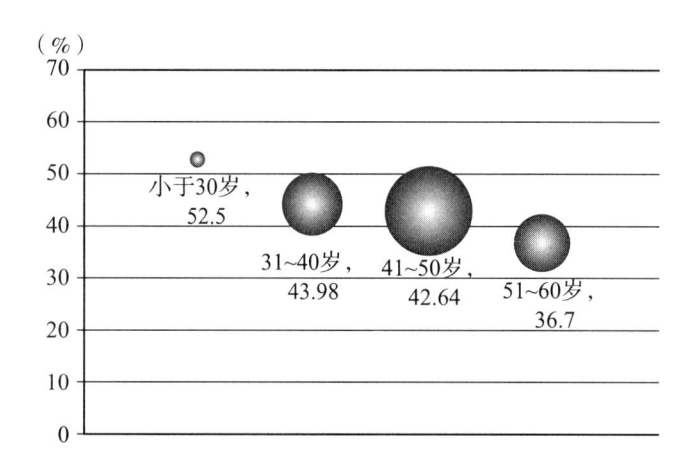

图 15-3 近三年内组织存在性别歧视的年龄分组比例

(4)沟通交流。沟通交流使用问卷中 4 分制问题"经常与同事/同行交流对工作/专业的想法"分数越高沟通越频繁。

(5)职业发展。专业技术人员的职业发展可以从"国家专业技术职称"、"行政职务""主持项目的最高级别""工作后获得的最高奖项"来综合评价。使用本部分2)中主成分分析的方法,4 个维度的 KMO 值为 0.648,高于 0.6,可以进行主成分分析,经主成分抽取得到 1 个主成分,其解释度为 57.38%,接近 60%,可以作为代表 4 个维度的职业发展指标。

---

① 杜智敏:《抽样调查与 SPSS 应用》,电子工业出版社 2011 年版,第 714 页。

3. 数据分析

本书在"职业发展"和"满意度"两个变量设计时使用主成分分析法，并进行信度效度检验，信度检验 Cronbach α 系数分别为 0.6232 和 0.835，系数超过 0.6，说明所选问卷维度可靠性强。

得到 6 个变量后，使用路径分析对图 15-2 的理论模型进行检验。该模型包括 4 个回归分析模型（模型 15-1 至模型 15-4），回归分析结果如表 15-7 所示。

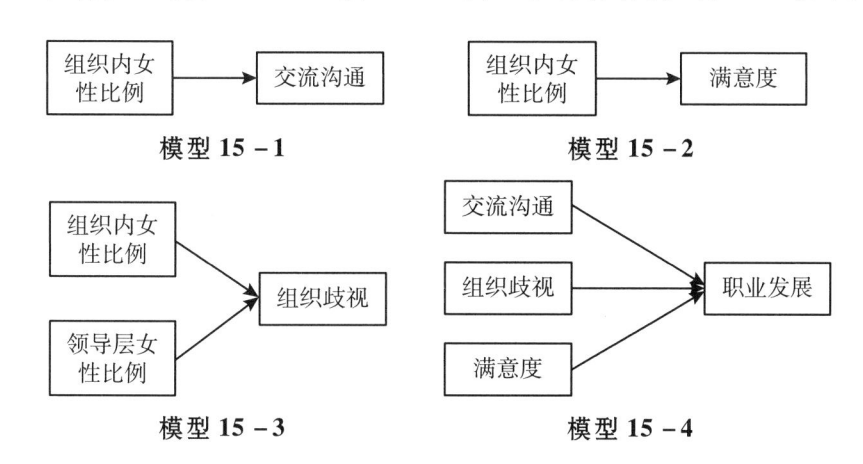

模型 15-1：组织内女性比例 → 交流沟通

模型 15-2：组织内女性比例 → 满意度

模型 15-3：组织内女性比例、领导层女性比例 → 组织歧视

模型 15-4：交流沟通、组织歧视、满意度 → 职业发展

表 15-7　　　　　路径分析模型摘要

变量类型	变量	模型 1 男 β	模型 1 女 β	模型 2 男 β	模型 2 女 β	模型 3 男 β	模型 3 女 β	模型 4 男 β	模型 4 女 β
控制变量	年龄	0.031 (0.043)	0.084** (0.076*)	0.072** (0.07*)	0.042 (0.056)	-0.033	-0.07**	0.281***	0.399***
自变量	组织女性比	-0.032 (0.011)	0.032 (0.038)	0.007 (0.043)	-0.006 (0.006)	-0.143***	-0.018		
	领导层女性比					-0.036	-0.129***		
	沟通							0.064*	0.619
	满意度							0.003	2.563**
	组织歧视							0.49	2.376**
	F 值	1.044 (0.948)	4.516** (3.534*)	2.98* (3.304*)	1.035 (1.492)	11.495***	9.189***	15.037***	30.32***

注：* 表示 0.05 水平显著，** 表示 0.01 水平显著，*** 表示 0.001 水平显著。括号内数字表示女性比例从 30%~50% 上升到 50% 以上。

因组织内部均衡性别比例50%是一个特殊点，为详细研究性别比例产生的影响，在模型15-1、模型15-2中把总样本分成两块：一部分是性别比例小于30%和30%～50%的，考察女性比例在向均衡发展时所带来的变化；另一部分是性别比例30%～50%和50%以上的，考察女性逐渐占优之后所带来的变化。模型15-3的这种差异不明显，因此没有区分考虑。

(四) 模型的分析与结果讨论

1. 模型15-1，组织内女性比例对专业技术人员交流沟通的影响

对于女性来说，模型F检验显著，虽然变量性别比例系数未通过检验，但仍可以观察其作用方向，不管组织初始的女性比例为多少，女性的交流沟通行为都是随着女性的增多而增加的，假设1成立。

对男性来说，这种关系不具备显著性，但系数值却值得关注：当组织女性比从30%以下增大到30%以上且小于50%时，男性的沟通行为随着女性比例的增加而减少，而当女性比例从30%～50%增大到比例占优势时，男性的沟通行为又开始增加。该结果可以用Kanter的研究解释，当女性比例很小时，女性不能自成团体，而又无法加入男性团体，只能部分地与男性交流；当女性比例提高到30%，可以形成小团体，内部交流增大，男性意识到女性带来的威胁，可能会有意识抵制女性，减少沟通；当女性比例与男性相当时，组织更重视个人特质而不是性别特质，这时组织内成员相处融洽交流增大。

从这一角度来看，为增进男女专业技术人员的交流沟通，50%左右的性别比例是组织的最佳比例。

2. 模型15-2，即假设2，组织内性别比例对专业技术人员满意度的影响

表18-7结果显示，对女性专业技术人员来说，性别比例影响满意度的关系不成立，即假设2不成立。同样可以分析系数的正反向关系：当组织女性比例从30%以下增长到不足50%时，女性的满意度开始降低；当组织内女性比例从30%～50%增长到50%以上时，满意度开始上升。同样可以用Kanter的研究解释，女性在所占比例很小到形成小团体再到性别均衡可能会经历男性群体压制的阶段，导致满意度出现一个先降后升的变化。

对男性专业技术人员来说，性别比例与满意度正相关。从组织内两性角度看，同样50%左右的性别比例是最佳的。

3. 模型15-3，性别比例与组织内歧视情况的关系

表18-7结果显示不论男女专业技术人员，其所在的组织内部歧视情况都与组织某层次的女性比例正相关，假设3（H3a和H3b）成立。但男女两个群体的模型变量显著系数不同，男性模型中，组织女性比是影响歧视的重要因素，而女性模型

中,领导层性别比是重要因素。理论上是不应该存在这种差异的,可能是由于现实中歧视对象被歧视的敏感度要高于非歧视对象[①],女性只有看到女性晋升为领导才能在心理上获得部分支持,而男性只要身边的女同事增多,就会认为歧视减少。

另外关注年龄变量,发现女性随着年龄增长所处组织内的性别歧视减少。这至少可以从两个方面解释:年龄增长,职位提升成为组织内决定聘用、晋升的领导,对女性较友好,较少歧视;另一方面年长的女性进行应聘、晋升的概率小,别人身上遇到的歧视她们不一定能察觉,也会导致其认为组织内性别歧视减少。

4. 模型 15-4:模型 4 包括假设 4、假设 5、假设 6,表 15-7 结果显示对专业技术人员来说模型 15-4 在 0.001 水平显著

女性专业技术人员的职业发展与交流沟通正相关,但系数不显著,假设 4 不能成立;女性专业技术人员的职业发展与满意度、组织歧视正相关,均有 $p<0.01$,假设 5 成立,假设 6 不成立。H6 不成立与以往的研究结论不符,分析样本,近三年内所在单位的晋升或录用情况,很可能只有应聘者或晋升候选人才能了解其中的歧视情况,因此感知有歧视的人可能就是三年内竞争上岗或竞争升职的人,那么这类女性的研究成果、奖项会比同级别人员多,其职业发展综合指标就会相对较高。

而男性科技工作者只有交流沟通是影响职业发展最重要的因素,进一步验证了社会资源对男性成功的重要性。

(五) 路径分析结果

综上模型分析及表 15-7 计算结果,原图 15-2 研究理论模型加入路径系数及相关统计量得图 15-4、图 15-5。由图 15-4 可知,对于女性专业技术人员,

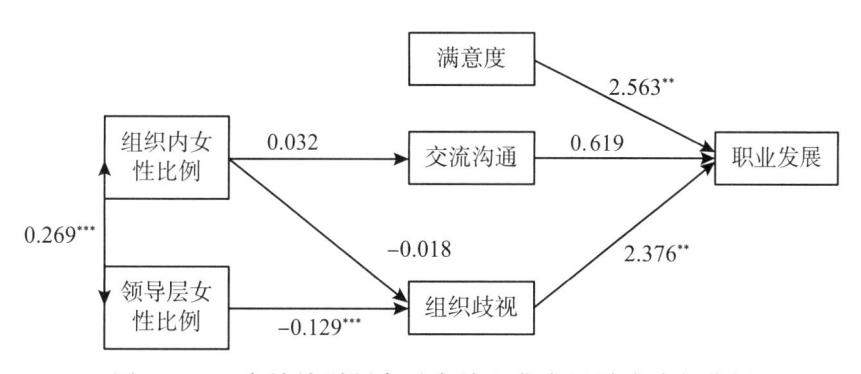

图 15-4 女性性别隔离对女性职业发展影响路径分析

注:*表示 0.05 水平显著,**代表 0.01 水平显著,***表示 0.001 水平显著。

---

① 从样本中可以得到验证:35.9%的男性认为组织内存在女性歧视,而有 48%的女性这样认为,这种差异显然不可能完全是因为男女专业技术人员所在的单位不同所带来的。

性别隔离是通过影响交流沟通及组织歧视状况来影响女性职业发展的；而对于其男性同事，女性性别隔离是通过影响男性的满意度及组织歧视来影响男性职业发展。

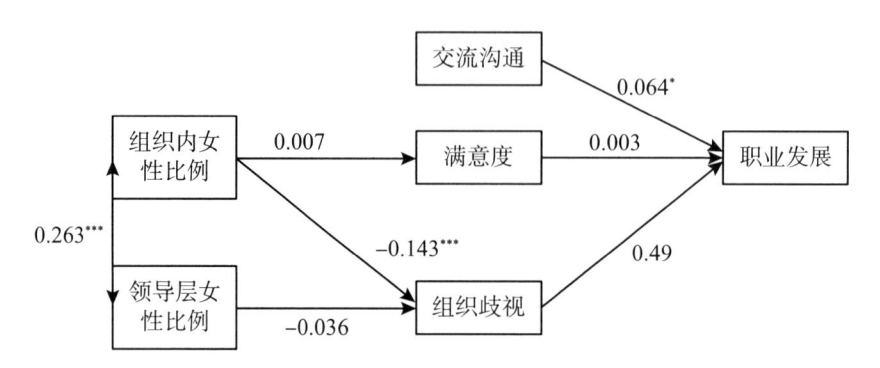

图 15-5　女性性别隔离对男性职业发展影响路径分析

注：*表示 0.05 水平显著，**代表 0.01 水平显著，***表示 0.001 水平显著。

五、结论

研究发现，性别隔离程度越高的单位，女性专业技术人员交流沟通就减少，经由交流沟通贡献的职业发展亦减少。女性比男性交流沟通、公开表达的愿望较低，而交流能够带来更多的社会资源、扩大个人的社会网络，女性要想在存在"马太效应"的科技领域发展，必须要积极建立社会网络。在另一路径上，隔离程度越高，组织歧视现象越多，反而能带来女性的职业发展，该结论不符合已有研究结论，也与现实情况有偏差，可能的解释已在前述给出。女性性别隔离主要通过影响组织歧视情况，带给男性晋升的优势，产生竞争的不平等。对职业发展影响较大的交流沟通不受女性性别隔离的影响。

综合男女专业技术人员性别隔离对职业发展的作用路径可以发现，提高女性比例，降低各层次女性专业技术人员隔离度有助于提高男性满意度、增加女性交流沟通活动、减少组织歧视，有利于构建和谐、平等的组织内竞争环境，促进男女专业技术人员的共同发展。

第五篇

女性企业家和女性企业高管成长规律研究

本篇是对女企业家和女高管成长状况、特点和规律的研究,共有三章。

第十六章采用文本分析法对1994~2011年《中国企业家》杂志中216篇有关女企业家的报道进行分析。社会转型过程中,对女企业家的描述发生话语转型。具有计划经济时代特色的女企业家形象体现在典型人物形象优于女性形象以及精英特质优于性别特质;市场经济时代的话语向女性气质回归,女企业家形象成为家庭中的"超贤妻良母"和企业中的"女二号"角色。这种话语展示了媒体对女企业家女性气质的建构和男权中心价值观的长期影响;促进女性企业家的成长需要打破鼓吹女性气质的话语。

第十七章对女性企业高管的成才规律进行分析。研究发现,在职业进入方面,她们多在20岁左右开始工作,第一份工作多为体制内,其进入多依靠亲友帮助。她们多数拥有专业技术职称;从业的企业规模有一定的性别差异,女性多来自中小企业,男性多来自大中企业;在单位所有制上,六成来自国有企业,性别差异不大。多数女高管满意自己的职业成就,工作满意度较高。职业成就使女企业高管在很多方面与自己的女性同胞拉开了距离,更接近男性同行。从成才规律总结看,女性企业高管更多出生于环境较好的家庭,父母多为城镇人和较高的受教育水平。在人力资本上,女性企业高管学历起点高,继续学习的意愿比男性更强；在学期间担任干部从事社会实践的比例也比男性更多。在社会资本上，女性企业高管有很好的建构能力和主动性。从工作和家庭的平衡看，女性企业高管虽面临挑战，但有更好的平衡工作家庭的能力。从组织环境看，女性企业高管多处于性别友好型的组织中，同时她们有开放的性别观念和自信。总之，女性企业高管比女性同胞和男性同行有更好的出身，加之在市场上的拼搏，促成了她们的成就。但传统的性别规范和家庭角色依然会阻碍其发展。

第十八章对女企业家的成长规律进行研究。在分析女企业家拥有多元资本的背景下，着重对其政治嵌入进行分析，研究发现，女企业家成为人大代表或政协委员会的可能性是男性的 2.4 倍。女企业家比男性有更多的成为政治代表人物的机会，但企业规模比性别因素更有影响力。同时，研究还发现，没有现代的平等的性别角色观念和自信，女性难以进入属于男人的竞技场的创业领域，并取得成功。一旦进入市场，女性的成就更多地受制于市场环境。

第十六章

对女性企业家的话语建构

本章采用文本分析法对 1994～2011 年《中国企业家》杂志中 216 篇有关女企业家的报道进行分析。在社会转型过程中,对女企业家的描述发生话语转型,传统话语贯彻两个阶段,具有计划经济时代特色的女企业家形象体现在典型人物形象优于女性形象以及精英特质优于性别特质;市场经济时代的话语向女性气质回归,女企业家形象成为家庭中的"超贤妻良母"和企业中的"女二号"角色,展示了媒体对女企业家性别气质的建构和男权中心价值观的长期影响。

一、研究背景与文献综述

改革后既有一些对企业家的研究[1],也有一些对女企业家的研究[2][3]。有些研究注意到媒体对女性形象的建构。大众传媒中的性别形象与性别叙事是性别意识形态发言的重要场域,在强化社会性别评价、影响受众的社会性别认识和行为方面的长期"涵化"作用不可轻视。20 世纪 90 年代以来中国复杂的政治、经济、文化格局以及大众消费文化自身的含混性,使得大众传媒中的女性呈现及其性别意识前所未有地喧嚣与庞杂,有对两性角色的社会性别色彩的描述,也有对两性

---

[1] 顾江霞、王平:《当代中国企业家研究综述》,载于《经济研究》2000 年第 12 期。
[2] 史清瑞:《中国女企业家发展报告(2001)》,地质出版社 2002 年版。
[3] 崔郁:《与时代同行的中国女企业家群体》,载于《中国妇运》2009 年第 1 期。

角色的定型化描述①。女企业家身处社会精英阶层，被认为进入传统男性主宰的商业领域开拓疆土，她们深受中国传统文化、市场经济转型和社会性别标准的多重影响，代表高层女性，树立大众榜样。大众传媒对成功女企业家的报道较少，少数见诸报纸杂志的女企业家形象又被过分拔高，她们被描绘为"金字塔尖的女人"，是高高在上、不食人间烟火的另类"铁姑娘"。女性主管被认为更适合作为副手和中层管理者；在分工方面，女性被认为更适合从事行政后勤、操作性和执行性的事务②。

1988年，《上海文论》杂志社、上海电视二台和上海妇女沙龙联合召开了"大众传播中的女性形象座谈会"，与会者肯定了相对长期"中性的"、"无性的"女性形象，改革开放后对女性形象的重视和对美的欣赏。此后，国内有关女性形象类型化的研究逐渐增多，大众传媒重点建构的女性形象基本上被归纳为贤妻良母、女强人、受害者，在商业化浪潮的推动下，女性的消费者和被消费者形象也被提出讨论。

1994年，在全国妇联妇女研究所"大众传媒中的女性形象"课题中，刘伯红和卜卫从广告类型、广告声音、职业分布、角色关系四个方面归纳出媒体广告中存在的角色定型。从传统性别角色上看，大众媒体将女性生存的空间限定在家庭内，限定在妻子和母亲的角色上。从社会分工上看，李琦在《大众媒介建构的女性形象》中将贤妻良母归为传统的品位，大众传媒总是赋予女性扮演那种从情感和心理上都只是滞留在支持丈夫和子女的角色层面。她认为，在新闻报道中，通常男性总是被归入公共领域，而女性则多被纳入家庭范围，主要塑造为温柔善良、吃苦耐劳的母亲与妻子形象，更多地强调她们对家庭的奉献与付出，建构起女性主体经验被沦丧、被殖民的"母性文化"。相对于家庭角色而言，女性一旦步入公共领域，被传媒普遍认同的成功女性一般都会被冠以"女强人"的名分，但李琦认为，在"女强人"与"女人的男性化"之间画上等号的传统社会观念正是女性主义者致力于批判的地方③。吴越民、余洁在《大众传媒中女性形象塑造的跨文化解读》中提出，媒体没有如实和充分地反映女性生活和经验的各种面貌，却一直在将女性复制为性感尤物或贤妻良母、女强人等类型化女性形象，缺乏独立意志和独立人格的传统角色④。

用社会性别意识对杂志等传媒内容的分析认为：第一，大众媒介中的女性刻

---

① 张晨阳：《当代中国大众传媒中的性别图景》，中国传媒大学出版社2010年8月版。
② 关培兰、郭云菲：《女企业家人力资源开发障碍分析》，载于《中国人力资源开发》2003年第6期。
③ 李琦：《大众媒介建构的女性形象》，载于《湖南第一师范学报》2004年第4期。
④ 吴越民、余洁：《大众传媒中女性形象塑造的跨文化解读》，载于《安徽师范大学学报》2006年第6期。

板印象是男权中心意识形态的结果①。第二，商业化与消费主义塑造女性消费者和被消费者形象②。第三，话语对女性气质有建构作用，国家话语作用于女性形象的作用。③ 风笑天通过对 1950～1990 年的《中国妇女》杂志中报道的 325 位典型人物的内容分析，展示了不同历史时期中我国女性典型形象的特征及变迁④。但由于他研究依据的《中国妇女》杂志中断了十二年，研究结果的代表性受到一定限制。

综观国内学术界对媒介中女性形象的研究，已经有较为完整的轮廓和日渐成熟的成果。已有对《中国妇女》《女友》《家庭》等杂志以及《人民日报》《申报》等报纸的实证研究，包括对杂志封面、杂志广告、杂志文本的研究。⑤ 从形式上看，有将同一时期杂志与其他几类期刊进行横向对比的研究，也有对女性报道的内容进行长时期纵向追踪的研究。从内容上看，有将女性形象划分为生理形象、职业形象、知识形象、家庭形象等进行深入的调查呈现，也有对贤妻良母、女强人、性感尤物等类型化女性形象的剖析。针对媒体呈现的女性刻板印象，学者们从男权中心意识形态、商业化和消费主义以及话语建构女性气质等方面进行探讨，体现出社会性别理论和视角的影响。近年来，媒介中的女性形象研究已经不局限于描述女性形象的基本轮廓，解释背后的文化意涵，越来越多的学者开始将媒介中女性形象放到社会发展和时代变迁的背景之下开展研究。国家和市场话语的转型及其背后隐藏的权力关系也被用来解释社会性别话语的变迁，媒体对女性形象的呈现方式被视为主流文化对性别文化影响下的结果。

但研究缺少对女企业家形象的研究。本书以 1994～2011 年的《中国企业家》杂志中有关女企业家的报道为案例，分析话语塑造了怎样的女企业家形象及其形象变化，并分析这些叙述对女性成为经济管理人才的意义。

二、《中国企业家》杂志变迁

《中国企业家》创刊于 1985 年，是中国第一本以企业家命名的杂志，2000 年变为全彩色印刷，2005 年正式改为半月刊，截止到 2011 年第 24 期，《中国企业家》杂志总共发行 399 期。杂志定位"一个阶层的生意与生活"，秉承"国力

---

① 王金礼：《女性意识缺席是女性期刊的致命伤》，载于《编辑之友》2003 年第 6 期。
② 金一虹：《"下海"的女性杂志、切勿丢掉性别意识》，载于《中国妇女报》1997 年第 2 期。
③ 王蕾：《国家话语与中国女性形象变迁》，载于《信息与决策》2012 年第 3 期。
④ 风笑天：《变迁中的女性形象——对〈中国妇女〉杂志的内容分析》，载于《社会》1992 年第 7 期。
⑤ 罗韵娟、郝晓鸣：《媒体女性形象塑造与社会变革：〈中国妇女〉杂志封面人物形象的实证研究》，载于《中国传媒报道》2005 年。

的较量在于企业，企业的较量在于企业家"的核心理念，致力于成为最具公众影响力的国际商业大刊。它被认为是中国主流商业财经杂志的领导者，与中国企业家阶层共同成长，被业界誉为"企业家的精神乐园"，在企业界的经营发展与思想进步中获得了越来越多企业家的认可与推崇。

本书选取《中国企业家》杂志的理由有：（1）它是全国发行量最多、公信力最强、影响力最大的商业杂志，由中央级党报经济日报报业集团主办，在时代变迁大背景之下深受国家话语与市场话语的影响；（2）它伴随企业家群体成长，见证了企业家从无到有的过程，提供了改革开放和市场经济转型下企业家群体发展壮大的翔实文本；（3）它较早关注女企业家群体，并从 2009 年开始推出"中国最具影响力的商界女性排行榜"，每年评选出 30 位"商界木兰"，对它的文本分析能够较有代表性地反映商业媒体中女企业家形象的变迁。具体分析《中国企业家》杂志中有关女性企业家的报道，1994~1999 年总共有 40 篇，其中 24 篇是专题人物报道，2000~2011 年相关报道有 176 篇，其中，2009 年有 22 篇，2010 年有 38 篇，2011 年有 30 篇。

从 1985 年创刊至今，《中国企业家》杂志经历了计划体制下的厂长、经理向真正的企业家转型的历史过程。1985 年，《中国企业家》的读者对象设定还是各类工商企业负责人和管理人员，经济理论界人士，管理教育培训部门以及海外关心中国现代化建设的各界人士。在当时市场经济在中国的基础还较为薄弱，《中国企业家》侧重于介绍和提倡现代企业经营管理知识、企业家精神和理念。

1992 年邓小平南方谈话后，中国市场经济迎来一轮高潮，随之经济类报刊也开始显现新的生机。1995~1998 年，是一些新生代经济类报刊集中创办、崛起的年份，自刘东华于 1996 年年中调任杂志社任主编以来，《中国企业家》杂志二次创业，提出了"国力的较量在于企业，企业的较量在于企业家"的口号，确立"国内首家，国际一流"的办刊目标，将自身定位为"一本可能改变你命运的杂志"、"一本可能影响你命运的杂志"。《中国企业家》学习美国《财富》的办刊思路，因而生产出一批批有关国内知名企业家的独家报道，此时对女性企业家的关注还不多，但大部分以个体报道形式呈现，它赢得了大量企业家和经营管理者的支持，刊物发行量及经营收入 10 倍于以前。

2000 年，《中国企业家》杂志正式变为全彩色印刷，明确了"一个阶层的生意与生活"的杂志定位，《中国企业家》对企业研究和关注的视角走向更加"术"、更富操作的层次。2001 年初，《中国企业家》推出了它的第一份排行榜"未来之星——中国最具成长性的 21 家新兴企业"，而这个"第一次"，回避了对它熟悉的中国大企业和大企业家的评价与排行，而是着眼于中小企业领域，定位为"寻找中国企业界的鲨鱼苗"，同样地，这一阶段杂志对女企业家的选取有很大一部分集中在中小企业女性管理者。2009 年，杂志推出了"商界木兰"评选活动，对女性企业家的报道数量大幅度提高，报道语言更加丰富多元。

《中国企业家》杂志的女企业家形象在 1994～1999 年和 2000～2011 年呈现出两个不同时期。前一时期女企业家形象带有计划经济时代的色彩，以奉献为基本的话语体系；后一时期女性企业家形象则具有了市场特色，理性、竞争和消费成为建构女企业家形象的基本话语体系。

三、1994～1999 年《中国企业家》杂志中的女企业家形象

从 1994～1999 年的杂志中，提取有关女企业家的报道、文章标题、关键字，归纳其女企业家的基本形象。从对这一时期女企业家形象的分析，我们可以看到女企业家被叙述为具有奉献精神的政治精英，她们总体形象具有"去性别化"特点，但并非完全是没有性别的。

（一）突出女性的奉献精神

这一时期杂志选取的女企业家多是甘于奉献的国家英雄和艰苦奋斗的劳动模范。

她们具有崇高的伦理道德，"高大全"的理想特征，在形象功能上承担着道德熏陶、榜样教育的角色。从文章标题分析，宏大、有气势，一般由主标题和副标题组成，凸显"伟大"的人物气质的主标题和人物传记式的副标题打造出"国家英雄"式的人物形象，她们通过"劳动"达到自我解放，无私奉献，不计报酬。

例如，为了体现殷广玉以集体利益为重，对个人欲望的克制，援引了跟她外出的同志的一句话："我们厂长真节省，不舍得多花厂里一分钱，我们以为跟厂长公出可以吃得好些，住得阔气些，可殷厂长出门常常带上干巴巴的烧饼，住最低价的旅馆。"党员企业家以"共产党员"身份为荣誉，以"党的需要"为行为指南，以集体主义为价值理念，有崇高的使命感和责任感。在身份归属上，她们首先以党员身份要求自己，把一切交给党安排，听从集体调度；在行为方式上，要迅速调整个人情绪，为四方百姓的幸福安宁付出艰辛；在对幸福的定义上，个人价值与集体价值必然相联系，一个幸福的人的衡量标准是"被社会需要"、"为人类福利劳动"、"为他人幸福工作"。

（二）女企业家们具有"妇女能顶半边天"的精神

这一时期媒体报道的女企业家年龄跨度为 40～60 岁，多为 20 世纪 40～50

年代生人,是共和国的一代。本溪市钢铁厂厂长殷广玉,8 岁父亲病故,15 岁又失去母亲,1968 年随老三届下乡,4 年后回城被分配到集体小厂当翻砂工。北京市医药经济技术经营公司总经理陈济生,1968 年"文革"中从深宅大院走上了黄土高坡,到山西黄河岸边的一个小村子插队,她干农活、挑水、砍柴、修铁路,还当过村里的妇女主任、铁姑娘队长。"男人能做的事女人也能做"这一时代理念依然体现在对女企业家采访记录的呈现上:"女人照样干大事"、"男同志能干的事,女同志也能办到,这就是我们女人的志气"、"难道男人能做的女人就天生落后,做不好吗?不行,咱们女性能完完全全地顶起属于我们自己的半边天"。这些叙述也体现在热情昂扬的展望、期许式结尾中,如"我们相信华丰的未来一定会更加美好,刘淑兰,愿你去创造更加灿烂的明天"。

(三) 女企业家形象具有"去性别"的特点

女企业家的个人特质更多地被叙述为"劳模",而不是"女劳模"。配图中呈现的女企业家形象基本是:齐耳短发、色彩单调、不凸显女性身材、简单的装束。媒体回避和淡化传统女性气质。《企业家杂志》中的女企业家们丝毫没有传统女性的矜持、羞涩、扭捏姿态,她们不怕苦不怕累,无怨无悔地为社会主义事业增砖添瓦,贡献自己的力量。优秀女企业家的决心和魄力被陈述为"志气""胸怀""胆魄""野心"这类传统的男性词汇。在行为方式上,她们"不服输""艰苦努力""卓越领导""带头模范""竭心尽力""百折不挠""接受挑战","为人民服务",为了"人类福利献身",在业绩上"争创一流""跻身世界前列",创造更多"社会效益";在性格特征上,她们"意志坚强""有胆识""有眼光""有志气""有追求",她们"刚强""质朴""干练""睿智""胸怀宽广""富有责任心"。这些描述是"去性别"的。

(四) 女企业家具有"舍小家顾大家"的特点

女企业家的"爱厂如家,关怀式管理"被广泛叙述。媒体习惯以"大姐""母亲"的身份报道女企业家,相较于男企业家而言,她们更容易将企业、工厂当成自己的家,将职工当成亲人,关怀职工生活的点滴,实行"亲情管理"。例如她们对员工生活起居的照顾,为员工亲自把糖、茶、汽水、水果送到车间,去年冬天,她给全体职工每人定做了一件"鸭鸭"牌羽绒服,每逢年节,厂里给职工准备好丰富的副食品。从年初开始,给全体在岗职工过生日,赠送一个食品厂特制的生日蛋糕和一份厂长送的生日贺卡,又为女职工请来了本钢妇科权威医生普查妇女病,查出的疾病一律给予优先公费医疗。甚至有女企业家到职工家查看是否安装风斗,取暖煤炉是否安全,亲自修补职工住的私房。传统女性气质和女性角色表现在女企业家"爱厂如家的大家长"形象中,体现在媒体对女企业家对于员工的关怀和生活细节的描述里。

同时,女企业家常常被叙述为因为要发展事业,对家庭的贡献较小,需要丈夫的支持。出现了一类颠覆传统"男主外,女主内"分工模式的女企业家形象。丈夫主要负责家庭事务,例如,福建保险总经理陈守云,出于大局考虑,毅然调离厦门,由老伴照顾家庭。福州棉纺织印染厂厂长郑碧漪,丈夫是一家公司的领导,但为了支持妻子的事业,承担了几乎全部家务;谢小平的丈夫是做文字工作的,经常在家,因此包揽了所有家务。另一类是有夫妻双方共享事业型,女企业家在照顾家庭方面有合理的分工。例如,中保人寿的何静芝,何静芝的丈夫端正大方、聪明善良,会理家也会疼人,他自己的事业搞得也很成功。复员后在中国银行工作,他是何静芝事业家庭双成功的保护神。

(五) 性别话语的竞争

在性别话语的构成要素中,国家、市场与传统文化是三种不可忽视的基本力量,它们时而对抗、时而分立、时而联手,在不同时期充当了社会性别建构中的不同角色(吴小英,2009)。在杂志媒体建构当代中国女企业家的过程中,始终存在着革命话语、传统性别话语、国家话语、市场话语的竞争。

女企业家是有性别革命意义的,她们打破了传统话语中性别角色分工模式,在事业上有所成就,颠覆了男性挣钱养家、女性相夫教子的制度习俗,这些女性是社会竞争的强者。20世纪90年代有魄力的"铁姑娘"形象整合了男性气质和女性气质,她们坚强、勇敢、不怕苦不怕累,没有传统女人的矜持、羞涩、顺从,但同时对集体倾注了大量的情感,将职工看作家人一样。这既是性别革命话语,也是国家话语。

四、2000~2011年《中国企业家》中的女企业家形象

(一) 女企业家成为闯入男人世界的"她者"

2000年之后的《中国企业家》杂志对女企业家的报道,不管是科学权力中心还是经济金融领域,都被认为是"男人统治的世界",是"牛仔们的地盘",女人的加入被认为是"穿裙子的走进了密室",成为"男人堆中的幽兰"。"她时代""她势力""她竞争""她意识""她管理"等词汇涌现,从报道标题开始就带有非常明显的性别指向。2009年之后,标题风格更感性、柔和、生活化,"女

人味"更足,"女人"一词出现频率极高,而 20 世纪 90 年代女企业家的"劳模"称号和"大姐""母亲"之类的头衔逐渐地演化为"女老板""女 CEO",或者"商界木兰""地产铁娘子""工业女王""能源一姐""家居女皇",随着众多"80 后"出山接手家族事业,"公主""大小姐"之类的词汇开始使用。

同时,女企业家形象更多地融入了阶层意涵。市场经济的发展使得财富成为划分社会阶层的重要标准,进入 21 世纪,企业家"国家英雄"的形象渐渐淡化,重新回到职业层面。这时媒体侧重描述的女企业家头衔和荣誉已经不是"三八红旗手""劳动模范"之类的称号,而是《财富》《福布斯》《华尔街日报》等国际媒体所评选出的"全球最有影响力商界女性""全球最有影响力的女富豪"等奖项。以《中国企业家》杂志《中国上市公司女性高管 2010 年度报告》为例,扩张的股市已成为女性财富新推手,在报告披露的 752 位 A 股上市公司的女性高管中,年薪超过 100 万元的女性有 26 人,占比 3.46%。2008 年上市公司女性薪酬榜中,高居榜首的步步高商业连锁联合创始人张海燕,2008 年的年薪接近 4 000 万元,余者皆为职业经理人,多为热门行业,但年薪最高也未能达到 500 万元。2008 年上市公司高管富豪 30 人的平均年薪是 621 万元,其中 10 强高管富豪的平均年薪为 1 000 万元。尽管上市公司高管层也存在男女同工不同酬的情况,但在女性群体中,女性高管显然是凤毛麟角。

媒体对商界女性"影响力"的定义更为复杂。以"商界木兰"评选活动为例,候选来源包括在中国 500 强企业、民企 500 强企业、部分高成长性企业、外资在华主要企业、中国境内外主要上市公司等企业担任最高管理层的女性高管。评审指标则包括影响力,即所在企业或组织的行业地位、商业运作对产业下游的带动、波及效应;领导力,即对所在企业或组织进行协调运作及卓越管理的能力;突破力:在男性主导的商业环境下,发挥女性特质、突破"天花板"的潜力;平衡力:在事业与家庭、生意与生活、内外部等各方面协调关系与平衡格局的能力;魅力:由内而外的气质、风度、性格等构成的综合吸引力。这一评选标准反映了国家意识形态承认民众对"物"的追求的合法性,个性受到尊重,企业业绩成为个人能力、财富和身份的重要证明,身份归属感从"个人属于集体"转向"公司的也是个人的"。在评选标准发展出个性化和多元女性形象之前,首先将社会性别意识注入阶层准入机制中,强调女性突破"天花板"的潜力和协调关系与平衡格局的能力。

(二) 女企业家形象中增加了传统家庭角色和女性奉献美德

不同于 20 世纪 90 年代,媒体宣传的女企业家形象不仅包含"家庭事业的平衡"的标准,还增加了女性的传统家庭角色、家庭分工也以"男一女二"的形式延伸至企业中。女企业家被叙述为"家庭事业两不误""在企业主、妻子、母亲、朋友、女儿之间获得平衡""照顾好家庭、爱人、孩子"。从2009~2011年的"商界木兰"排行榜来看，总体而言，女企业家的"平衡力"和"魅力"选项的得分要低于"影响力""领导力"和"突破力"，只有用"平衡力"压过工作、家庭各方面的压力，才能迈过35岁职场女性之坎，坐到高管的位置，或者以家庭为代价，用其他方面的能力弥补这一选项的得分，比如"领导力"。榜上"领导力"选项得分极高的是董明珠、杨绵绵、孙亚芳等被认为是女性企业家群体较为强势的那一类，被称为商界中的"女豪杰"、"国务卿"、"女皇"等。这种强势的领导力被认为是一种自我保护，在高管位置上表现出的控制能力给她领导威信，而塑造媒体视野中女企业家的完美人生，"平衡力"比其他能力重要得多。

大众对女企业家的期待是在当好管理者之前先要是一个好妻子和好母亲，但对家庭角色的履行假设却是在先当好管理者的前提下"补偿式"地履行家庭义务。张一兵认为，兼有双重角色的职业妇女可分为四种类型：工作要强生活马虎的事业型，工作马虎生活精心的生活型，工作和生活都随遇而安的综合型，工作和生活都不将就的综合型（林松乐，1994）。商界精英们正在努力成为工作和生活都不将就的综合型女性榜样。在传统语境下，女性必然地和家庭相连，她们必须对家庭的福祉负责。作为"贤妻"，一方面，贤惠和善良被作为"好女人"的必备品质，女性要操持家务，保障丈夫身体健康，营造一幅幸福的生活图景。另一方面，要展示女性魅力，用心经营婚姻。作为"良母"，一方面，必须生育儿女，照顾家庭。另一方面，要按照一定的道德规范教养孩子，使孩子成为社会所认可的人。杨澜一天的工作安排展示了一个有名女性典型的工作日程，工作——接受采访——化妆造型——参加时尚活动或商业活动，但不管工作多忙，她都要在晚饭时间回家陪孩子吃饭，丝毫不放松对孩子的教育问题。"幸福"这种个体差异明显的主观体验也被以"平衡力"的标准来衡量，尽管媒体在采访语言上有一定的引导倾向，但最终呈现的大多是女企业家极力撇清事业成功与家庭幸福之间的矛盾，塑造出公众期待的完美女人形象。

女企业家往往被叙述为"女二号"。女企业家首先是一个女人，然后才是一个管理者，权力并不能成为女人的动力，而由于从小养成的依赖心理，女性事业的成功很多时候贵人都是男性。而持这种观点的企业家中女性占多数，正如董明珠所说，国内真正的女企业家很少，大部分老板还是她们的丈夫。而在传媒的视野里，中国企业领导层还有一种独特的"男女搭配"现象，张瑞敏和杨绵绵（海尔）、周厚健和于淑珉（海信）、任正非和孙亚芳（华为）、朱江洪和董明珠（格力）、史玉柱和刘伟（巨人）、马雪征和柳传志（联想）、潘石屹和张欣

（SOHO 中国）、李国庆和俞渝（当当）等，都是中国企业领导层"男女搭配"的典型例子。

企业中的"女二号"角色似乎比女性高管角色更受赞誉，她们被视为男企业家背后很好的事业伙伴、"隐形冠军"、"幕后英雄"。原因有三：第一，她们的管理风格弥补了"男一号"存在的制度缺陷与性格弱点。感性、柔性、韧性、聪明、细腻、有激情，她们更注重细节，更宽容，对社交更感兴趣，会见陌生人更轻松。她们喜欢被信任的感觉更胜于被尊重，喜欢被授权的感觉更胜于控制，喜欢平等和谐的团队更胜于权力本身。"女二号"一般在企业中控制着人事、行政和财权，她们忠诚感强、角色定位很清晰、执行能力强、做事细致，这些特征与男企业家构成互补，形成所谓"阴阳配"的合力。第二，女性的野心小，想当领袖的欲望不那么强烈，懂得妥协。确定了一把手、二把手，企业领导层的二元结构就稳定了，在中国企业，"男男配"的组合在一定程度上都会分裂，可能的解释是"一个男人从骨子里很难认同另外一个男人，一有机会，他就绷不住自己的野心"。而对女企业家来说，男性的认可比女性的认可要重要得多，尽管女性企业家之间的关系看起来比男性企业家之间亲密。第三，女性的忠诚度高，"女二号"往往是"一把手"忠实的追随者、崇拜者，因为中国第一代创业型企业家都是个人魅力很强，具有领袖的霸气和个人英雄主义。"男一号"对"男二号"往往不能宽容，而对"女二号"非常信任，放心放权。"女二号"被认为能够在操作层面艺术化地处理老板过于偏激的思想，而每到危急关头，她就是救火队员，具有献身精神，死心塌地地帮老板堵枪眼。媒体认为，"女二号"不是天生的，是造就的，但在转型期成长起来的中国企业家身上原始的企业家精神恰恰需要女性的理性柔性，来弥补他们创新、敢于承担风险背后的缺陷。

职场中"男女搭配"现象的出现和"女二号"的提法将职场关系叙述为"类家庭关系"，将个人利益同企业利益紧密相连，同时企业利益被表述为家庭利益，家庭关系中隐性的支配与被支配的关系得以呈现。面对内外部的争执、冲突、斗争，以"男一女二"形式管理的企业借用"家庭策略"，在决策过程中表现为协作、互补和民主的特点，尽量减少"男男合作"方式引起的冲突，其中也隐藏着性别分工定型化和不平等。媒体一方面将男性置于绝对主体地位，赞美"女二号"的忠诚度，另一方面既定了男女气质差异，挖掘出感性、细腻、忠诚、善于交流等特质，从女性身上寻找出男女搭配结构稳固的解释。在被建构的过程中，女性找到了新的发展空间和定位，但同时在企业内部的发展和性别分工逐渐模式化、固定化过程中，难免掩盖了女性的利益诉求。

（三）以奢侈消费强调女性气质

传统话语规定了两性气质的划分标准和价值体系，在 20 世纪 90 年代，媒体对女性企业家的报道中，精英气质遮蔽了女性气质。而在市场化和消费文化兴起的背景下，经受国家意识形态洗礼的传统性别文化重新复出，它不失时机地与市场意识形态达成了联盟，将自己包装成一种新的性别时尚。个体化、性别化与消费主义相遇，发展出新的"女人味"意涵，女性气质与现代企业管理制度相结合被叙述成为独特的女性管理风格。

从外貌形象看，进入21世纪的媒体呈现的女企业家的妆容已经越来越有国际范和时尚感的名牌服饰，发型从原来几乎清一色的利落短发到各式各样时尚发型，大到项链、手表、耳环之类的饰品，小到口红、指甲油之类的化妆品，显示了个人的品位和商界精英地位，也展示了带有个人魅力的女性美。拍摄的场所从工厂、会场、田间地头变成办公桌前、咖啡厅、会场、家里、车旁等。相对于男企业家照片中的黑、白、灰三种主色调而言，女企业家照片中的色调丰富，而且偏向活泼的暖色调。相应地，照片展现的男企业家的表情多是在思考的严肃表情，目光深邃，望向远方，而女企业家的笑容更多，举止优雅，显得自信而亲和。裙子、旗袍、高跟鞋、口红、睫毛膏、香水，这些用来彰显女性气质的装饰物，以及香奈儿、普拉达、爱马仕等奢侈品牌，甚至办公室的布置风格，被用来表明高层女性与高端消费品的必然联系，指向"自信而崇尚自由"的生活态度和"获得挑剔世界的一席之地的资格"，同时也被媒体用于证明，在商业和时尚的交叉领域，男、女企业家各有所长。在做企业时相对稳健、保守的女人，在时尚领域则承担着引导、改变的角色，而在商业上冒进的男人，在服装和生活方式却保守且害怕改变。借助于这些被加上女性特质的物品，包括紫色、红色、粉色等所谓的女性颜色，媒体在努力渲染女企业家的"女人味"，越来越多妆容精致的商界木兰正在颠覆传统中女强人的刻板、强势、男人婆等尴尬印象，"女强人"和"女人味"被定义为两个互斥的子集。

"女人味"还体现在家庭主妇角色的扮演中。美食、美容、打扮，洗衣、做饭、打扫，宠物、鲜花、小说，这些普通人生活中的组成要素开始成为媒体采访女企业家的捕捉点。女企业家被认为需要"更多生活上的满足"，懂得"享受生活"的女企业家比那些一心工作而放弃休闲时光的女企业家更被欣赏，而牺牲过程来换取效率被认为是带来了"不完美的人生"。媒体视野里，商界女性被分为两代。第一代以董明珠、杨绵绵、王佳芬、孙亚芳为代表，她们往往强势、决断、有魄力，不够温婉，典型的"女强人"气质。第二代以张欣、俞渝、杨澜为代表，她们是突破性的一代，具有领导魅力和女性魅力兼具的个人气质。这里的"领导气质"被默许为男性领导气质，它与"女强人"气质相近，与"女人味"相悖，因此"女强人"们被称为"穿着裙子的男人"。即使是被划分为第一代商界女性的董明珠她们，也并不觉得自己女人味缺失，在媒体带有价值取向的提问下，被塑造出急于摆脱"女强人"称号，展示"女人味"的女性形象，证明事例则有打扫、做饭、逛街、美甲、打扮、绣花，甚至是看韩剧。女企业家不仅要有很高的生活质量，"小资"的生活方式，还要内外兼修，需要女性们不吝于"向外寻求心灵信念与学识的扶助"，"这个'外'既包括家人与密友，也包括书籍"，通过读书、旅行、看电影来不断提升知识水平和内在修养，通过与家人、朋友的交流、互动来获取平衡力。虽然这些女性形象体现了市场经济和消费主义下个性的施展及其带来的个体追求美和享受的权利，同时也难逃男性中心的社会性别话语对"女性美"的定义和牵引。

（四）被建构的具有女性气质的管理风格

在叙述中男、女企业家都对企业战略和企业经营有关的事务倾注了很多的关注，但前者是未来取向，更擅长思考企业的未来，后者则是当下取向，更努力经营现在的企业。在对企业竞争优势的理解上，男企业家更加注重企业的资本实力，而女企业家则更看重企业的市场份额、技术优势以及企业规模。女企业家被认为是敬业、讲诚信的，公关能力强，但缺乏对未来的预测能力，而且对自己的管理能力缺乏自信。当下的媒体话语体系对柔性领导力给予了很高的评价。女性企业家被认为会将感觉、直觉、关系、体谅等因素用于决策过程，力求全面与周到，合理又合情。女性注重人际交流、相互依存、合作成事，注重培养良好的人际关系，营造融洽的工作氛围。这些特质被认为是与女性的其他社会角色有关，她们会把做母亲和持家的技能用于职业角色上，表现出适度的灵活性与包容性；她们富于同情心，容易设身处地地为他人着想，口头表达及肢体语言的技巧高明，善于倾听对方的表述从而判断是非；她们期待合作，善于协商，既重理性又重直觉，她们管理家庭的素质和人格力量展示在职业角色中，会以教育、指导、说服、影响等方法去达到管理的目的。女企业家"以人为本"、"关怀式"管理风格是女性特有的母性优势，在人力资源上的投资显示了女性对未来的巨大包容，质疑了女性缺乏未来眼光的传统媒体观点。例如，夏华会非常强调氛围管理。在依文，电梯间和垃圾箱上永远都摆放着鲜花；员工可以享受到20多位管家提供的精心服务，他们甚至会将早餐、午餐、下午水果、下午茶推到每位员工的办公桌旁；走进依文办公楼的每位参观者都会看到大屏幕上为他们定制的欢迎词。不管是在传统还是现代话语的语境下，女性企业家在赢取员工对企业的归属感和感恩之心方面都有天赋和本能，她们善于用细腻、亲和、柔性的力量让团队有更强的凝聚力，正如史燕来所说："企业要长远发展，人的因素特别重要，人与人之间之所以能相遇相识相知，以及长远合作，最重要的就是彼此之间的吸引力。"她说，"人和人应该是被吸引，而不是被管出来的。"媒体也将此特质延伸至社会责任这一更宏大的概念上，面对媒体，女企业家们避免谈财富，更多地谈慈善和公益。

女性特质不仅体现于女高管们的关怀指向，面对危机，她们常常被塑造成擅长守业者的形象。在经济发展的不同时期，动荡期、转型期或者危机时期，媒体打破常规思维，开始关注男性主导场域里的女性领导力，商界女性被商界和媒介赋予全新意义的认可和更大的责任。在应对危机的过程中，人们开始反思，以男性为主的华尔街的贪婪可能是造成全球经济危机的重要原因之一，种种幻灭之下，女性源自安全诉求的沉稳与平衡被重新记录。女性的直觉此时也成为解释原因，她们对风险的敏感和危机意识让她们很难做大生意，有大成功，但在血淋淋、赤裸裸的资本市场，企业的扩张一旦盲目，则会有越大越接近死亡的可能，金融危机的风浪再大也难以波及女性企业家。"即使顶尖人物有女性冲在最前面，她在男人里也是25%，也就是说把前面75%男性都洗刷完了还未轮到女性呢。"相对于擅长进攻的男性企业家，她们被认为更擅长防守，坚守自己的底线，在自己可驾驭的范围内行事。坚韧、稳健、低调、细腻等特质从她们身上被提取出来，用以挽救和应对危机，谨慎、包容、专注、合作等特征使她们表现出良好的成长性和抗风险性。女性在需要的时候能显现出专属于性别的特征：可以更加自如地放下"面子"和自我，更加坚强和隐忍，自己心灵的港湾，也是全部家人心灵的栖息地，内心更加强大和包容。对于创业而言，女性特质被认为更利于守业，在家族企业二代开始接班之时，一些"公主"进入了媒体视线。娃哈哈集团"大小姐"宗馥莉、25岁就登顶内地富豪榜的碧桂园明珠杨惠妍、身家92亿元的新希望集团"新希望"刘畅、已任力帆董事的尹索微、康奈副总裁郑莱莉、通化万通总裁潘巍……新一代女企业家华丽地接过父辈们的旗帜，给予女性领导力新的诠释，这一群体年轻、有野心、有创造力、学历高，多有海外留学经历，吸收了最新的企业经营理念和管理经验，尽管如此，媒体对她们的呈现还是从性别角度切入，探索女性二代企业家身上适合守业的特质。在媒体的思维里，男性的"命令—控制型"模式似乎更适合创业型企业——创业时企业构架大多粗糙，男性的阳刚气质和"大家长"式雷厉风行的作风衍生出的敢打敢拼的闯劲、一丝不苟的执行力常常能抢占市场。而企业成熟稳定之后，则需要更多的小心谨慎、步步为营，在巩固既有市场的同时谋求新兴领域，缜密谨慎的女性思考方式或可推动架构庞大的成熟企业缓缓前行。由于盲目扩张导致资金链不足最后关门大吉的民企，似乎很少看到女性高管的身影，对于这一现象，传媒乐于将它解释为冒进并非女性的特质。

在市场经济发展过程中，经济领域的精英女性逐渐从"向男人看齐"证明自己具有同样的能力和才干转向展示女性特质在职场和成功道路上的适用性上来。

温和、谦虚、恭谨、支持、同情、温柔、直觉、敏感、无私、抚爱、怜悯,这些词汇被划归为女性气质并被指派给管理高层。传统视角下的与私领域相配套的性别角色以及家庭盛行的特殊的社会关系和价值体系被应用于并被褒扬于公领域,看似是女性的反抗和入侵,却更像是男性中心意识形态下对既定事实的事后解释。关怀指向是女性领导者的优势之一,是对女性高管过于强势的反击,但对女性由母性衍生出的,擅长守业、低调合作等特质的宣扬实际上还是强调女性作为关系性、从属性的存在。

(五) 理性与消费的市场话语叠加到女企业家形象中

中国的市场化改变将性别话语,从计划经济时代的去性别化转向了市场话语。通过放弃男女平等的"政治正确"和凸显女性身体的独特价值而达成了这种转变①。2000年之后,女企业家形象开始回避中性化打扮,从外表、妆容、办公室的布置风格到休闲活动、日常生活,都体现出"女人味"的一面。作为女性管理者,她们的"关怀式"管理风格、柔性、亲和的特征被视为母性优势,低调、细腻、野心小、忠诚感强、执行力强、擅长守业等特质被归纳为管理层的女性特质。

市场话语的核心是基于个体主义原则的素质和能力,即假设市场可以给无论是男人还是女人提供一个公平的竞争平台,素质高、有能力的就可以在这个平台上获得更好的机会和发展。这种话语承认两性之间差异与特性的存在,并认为正是这些差异和特性决定了男人和女人拥有不同的资源和能力,从而在社会上面临不同的遭遇和境况②。经过20年的改革开放,企业家队伍已成为推进我国市场经济发展的中坚力量,企业家的整体素质不断提高,知识经济的兴起也为女性提供了更为灵活的工作方式,使她们越来越多地进入高智力行业。在高新技术产业、医疗卫生行业、社会服务业和商业服务业、保险业、房地产业、教育业等,女企业家成长尤为迅速,这一群体在年轻化、知识化、专业化方面已发生结构型转变。《中国企业家》推出的《中国上市公司女性高管2010年度报告》指出,在全部A股上市公司中,已聘请女性董事长或高管的公司合计1 007家,约占67.17%,样本总体中,女性担任公司最高正职的合计有141人,副职(不含董秘)合计635人。我国上市公司女性高管的平均年龄为45.47岁,学历相对较高,八成以上高管拥有大学本科以上学历。2001年中国"入世"之后,女企业家和整个企

---

① 吴小英:《国家与市场意识形态下的女性沉浮》,http://www.sociology.cass.cn/shxw/jtyxbyj/P020031107564982961954.

② 吴小英:《市场化背景下性别话语的转型》,载于《中国社会科学》2009年第2期。

业家群体一样,重新回到职业的层面。市场话语也进入日常生活中,女企业家逐渐脱离单一劳模形象,变得生动多元,在讨论男女差异时女性之间的差异也被关注,个体的独特性逐渐受到尊重。这时的女企业家被认为是进入了男性统治的世界,从文章的标题到配图到内容,媒体极力渲染女性特质和男女差异。市场化使得女性媒介中性别话语及其塑造的女性形象的多元化成为可能,尽管企业界中女性也不一样,有"大气、冷静、战略型",也有"果断、严肃、铁腕型",还有"温柔、关怀、亲和型",但作为一个群体,女企业家被媒体讨论最多的还是与男企业家的差异。从管理风格上看,女企业家是当下取向和关怀指向的,她们会将感觉、关怀等因素运用于决策过程,注重人际关系的融洽;从社会责任感看,她们对财富不贪婪,更多地关注慈善和公益;从企业角色分工看,她们野心小,忠诚度高,更适合担任"女二号"角色;从危机公关能力看,她们源自安全诉求的沉稳和平衡特质使其成为优秀的"守业人"。

消费作为市场建构的一部分也将女性形象消费化。消费使女性的商品化和身体化具有合法性,市场话语吸收了传统话语所推崇的性别角色规范,并将传统女性的角色定位推向极端,只是用现代的时尚话语包装起来①。杂志传媒在描述女企业家穿着打扮、消费习惯和生活状态时,传递了一种全新的消费理念:工作是为了更好地生活,生活质量的提高是通过讲求消费实现的。美容、美发、美甲、美食、瘦身、时装、服饰、化妆等成为女企业家寻找女人味、标识精英地位、提升自信和企业形象的重要手段,名车、名表、豪宅等高端消费品和品酒、旅行、温泉、潜水、高尔夫等富有"小资"情调的生活方式,将她们划归为具有极强消费力的主流人群和高端品牌的诉求对象。这些消费符号与财富连接在一起,这些消费符号将精英群体与普罗大众自觉地隔离到两个圈子里。传统话语在这个时代被披上了时尚的外衣,传统话语强调的"女性意识"、市场话语中消费文化的性别取向、精英话语中的榜样意识交织在一起,造就了女企业家高品质生活、高端品牌消费、内在外表高素质需求的形象。

在当代女企业家形象的叙述中,杂志媒体体现出传统话语、国家话语和市场话语的杂糅。从整体上看,20世纪90年代,艰苦奋斗的劳动模范、有魄力的"铁姑娘"和甘于奉献的国家英雄形象依旧存在,而性别角色也被重新获得,主要是母亲、妻子角色,但此时的家庭角色让位于职业角色。一方面,国家话语鼓励男女平等和女性走出家门参与劳动,褒扬"舍小家,为大家"的女性管理者,但另一方面,传统话语中的"贤妻良母"角色要求和"男外女内"性别分工塑造了"女强人"们不称职和心怀愧疚的母亲和妻子形象。

---

① 吴小英:《市场化背景下性别话语的转型》,载于《中国社会科学》2009年第2期。

随着市场和话语的转型，市场话语成为核心动力，一方面，国家倡导的素质话语呼应了市场话语对个体能力素质的强调，媒介中涌现出一批凭借智慧、勇气、魄力和道德成长起来的女企业家；另一方面传统话语中所宣扬的性别文化规范又恰恰与市场话语对女性身体和角色资源的强调相一致。此时媒体对女企业家的描述关注效率也关注关怀、关注理性也关注感情、关注事业也关注家庭、关注社会责任也关注个体发展、关注男女平等也关注男女有别。尽管媒体将女企业家分为"战略型""铁腕型""亲和型"，也承认商业无性别之分，敢于冒险、野心勃勃、效率指向同样适合女性管理者，而男企业家应该向女性学习柔性管理、关怀式管理，但媒体遵循的还是传统性别角色和性别特质分类。她们是有影响力的女富豪、关怀指向的女高管、擅长守业的"女二代"、野心小的"女二号"，同时也是女人味十足的主妇、贤良淑德的妻子、家庭事业两不误的母亲。"女强人"和"女人味"被赋予对立的定义，"完美女人"或"完美人生"的前提是要平衡好家庭和事业之间的关系，同时要在穿着妆容、生活方式和管理风格上体现出传统女性特质。媒体开始鼓励将女性特质视为新的有效的管理因素，却是"有选择的褒扬"或者"有偏向的同意"。"野心小、忠诚度高"、稳健、谨慎、低调，这些"内敛"的特质被选取出来受赞赏，而"外放"的特质则通过"女人味"的表述被隐没了价值。不管是"劳模时代"的知心大姐、母亲，还是 IPO 时代的"关怀式"领导者、慈善家，又或者拯救危机的"女二号"、接班守业的"公主"，女性企业家大受赞誉的角色似乎是传统生物角色的延续，赋予这些角色特定的分工则是女性承担的生儿育女、照料家庭、精耕细作的传统责任的变形。

五、结论与理论讨论

首先，尽管在20世纪90年代杂志塑造的女企业家形象并不带有浓厚的性别色彩，但从"爱厂如家的大家长"到"关怀指向的女高管"，传统角色分工从家庭转移或延伸至公共领域。1994～1999年杂志报道的女厂长或女经理们在家庭中尚未或不完整地履行母职、妻职，但在集体领域却以母亲、大姐的形象出现，视职工为家人。2000～2011年，市场经济的发展更是对女企业家提出了"超贤妻良母"的角色要求：女性精英不仅关注自己的外表、服装、首饰，也关注内在素养的提升，她们的生存空间不局限于家庭，她们的价值不仅体现在妻子角色和母亲角色上，也不仅是在创富者和管理者的角色上，成为一名成功女性就要扮演好每一个角色。女企业家在经济上独立，并不依靠男性，但在生活上要体现出温柔、贤惠的一面，即要有"女人味"，她们的智力用于事业和社会公益上，同时也追求时尚和生活的享受。"男主外，女主内"演变为企业内"男一号""女二号"的性别分工，"男耕女织"演变为"男创业、女守业"的劳动分工，完美的母亲、完美的恋人和完美的教育者组合成的中国古代女神形象演变为平衡好事业、家庭、生活的内外兼修的成功女企业家形象。"家庭策略"被用于职场上，在被建构的过程中，女性找到了新的发展空间和定位，但同时在企业内部的发展和性别分工逐渐模式化、固定化的过程中，难免掩盖了女性的利益诉求。

其次，尽管商界开始流行"性别不是问题"这句话，"雌雄同体"的商业模式也越来越受推崇，似乎一个刚柔并济、中性的商业时代正在到来，但媒介描绘女企业家形象时还是带有无法避免的性别指向。在褒扬女性气质之前，媒体首先给出男女企业家性别差异的明确定义，温和、谦虚、恭谨、支持、同情、温柔、直觉、敏感、无私、抚爱、怜悯，这些词汇被划归为女性气质，挑战、勇敢、果断、进取、逻辑思考、抽象思考、分析能力、控制情感的能力，这些描述被划归为男性气质，传统观点指派给后者更高的价值，现代媒体尝试将前者的价值拉到与后者一样高的水平，前提是默认这些特征与女性之间的必然联系。这一"女性性别角色策略"是在现有文化之外创造出女性特有的文化，即男性无法创造的文化，但实际上是传统生物角色期待延伸至商业领域。这是媒体应对压制性别差异化批判的回应，还是男性集体向女性"献媚"的权宜之计？

以1994~2011年的《中国企业家》杂志为分析对象，分析媒体塑造的中国女企业家的外貌形象、家庭形象和社会形象。发现呈现出性别话语的转型，女企业家的外表形象从不施粉黛、衣着朴素、"不爱红装爱武装"的中性化形象转向妆容精致、衣着时尚、"不爱武装爱红装"的极富女人味的形象；家庭形象从愧疚的母亲、不称职的妻子形象转向女人味十足的主妇、家庭事业两不误的贤妻良母形象；社会形象从艰苦奋斗的劳动模范、有魄力的"铁姑娘"、甘于奉献的国家英雄、爱厂如家的大家长转向有影响力的女富豪、关怀指向的女高管、擅长守业的"女二代"、野心小的"女二号"。其中杂糅着传统话语中性别角色分工和两性气质差异的规定，国家话语中集体主义向个体主义的转向、阶级出身为主向后天能力为主的个人身份衡量标准的转变以及市场话语中基于个体主义原则的素质和能力说以及消费文化中的性别取向。从社会性别角度看，由媒体和社会文化建构的女性形象不可避免地受到男权中心价值观的影响，"超贤妻良母""女二号""女强人"的类型化形象是新型刻板化印象的表征，父权制按照不同的角色理想形塑了不同时期的女性形象，通过再生产出合格的性别化的身体，得以延续。经济领域管理层中新型的性别角色分工和性别气质指派，一方面可能使得女性发挥自身优势，在管理层占据越来越高的比例，同时树立良好榜样，赋予女性气质更高的价值；另一方面可能使女性与男性发展出不同的性别人格、心理模式和意识形态，使得男女高管差异不断复制和加强，建构并固化性别角色规范，维护了性别关系再生产。兼任女性角色、母亲角色、管理者角色和精英角色的成功女企业家群体，是挑战男权话语的重要力量，以杂志为代表的大众媒体则是传播女性真实声音的重要通道，应以人的自由和全面发展为宗旨构建女性形象。

第十七章

女性企业高管成长规律研究

一、女性企业高级管理人员的基本状况

女性企业高级管理人员（以下简称"高管"）是指企业高级管理团队中的女性成员，包括：总经理、首席执行官或者总裁等高级决策者，也包括副总经理、副总裁、总会计师或者首席财务总监等职务的高级管理人才。她们多从业于大型国有企业、跨国公司、上市公司等。

女性企业高层管理人员比较少，同其他国家相同，越是企业高层，女性所占比较越低。越来越多的研究指出，女性参与高层管理能为企业带来更好的业绩，特别是提升稳定性。随着我国改革开放的深入，企业经营管理人才作为市场化的推动者和积极行动者，成为社会阶层结构中的合法成分，在经济发展、政治参与和社会建设中发挥了至关重要的作用。市场化为妇女参与企业经营管理创造了机遇，使得女性参与企业经营管理的规模和比例有所提高。2010年，企业女性负责人规模达到250万，比2000年增加了143万；女性负责人所占比例为25.1%，比2000年提升了9.0个百分点。2011年《国际商业问卷调查报告》显示，中国女性工作者突破职业"天花板"，成为企业高管的比例正不断提高。在受访企业中，女性高管占中国企业管理层的34%，与2009年的31%和2007年的32%的比例相比，稳步上升。而在女性高管中，担任CEO一职的比例高达19%，远远高于全球8%的平均水平，排名全球第二。而与中国情况有所不同的是，全球受访企业中，女性高管比例出现下降趋势，今年仅为20%，与2009年的24%的比

例相比大幅下降，回到基本与 2004 年相同的水准。①

本研究使用了第三期中国妇女社会地位调查数据。根据研究需要，本研究筛选出两个分样本。第一个分样本是企业高管样本，指企业中作为雇员就业的负责人或高层管理者。经过对职业和收入两变量的严格检测，筛除不合格样本，共得到高层人才样本 4 324 份，其中男性为 2 335 人，占 54.0%，女性为 1 989 人，占 46.0%。高管的样本数为 574 人，其中男性 346 名，占 60.3%，女性 228 名，占 39.7%。男性平均年龄为 45.2 岁，已婚比例为 94.5%，女性平均年龄为 44.9 岁，已婚比例为 88.6%。第二个分样本为城镇从业者样本。是指从全国随机样本中挑选出的属于城镇人口的"从业者"，最终样本数为 7 279 人，其中男性 3 965 名，占 54.5%，女性 3 314 名，占 45.5%。男性平均年龄为 40.6 岁，已婚比例为 84.2%，女性平均年龄为 38 岁，已婚比例为 81.2%。该样本主要用于职业地位群体比较。

在企业高管群体中，少有 29 岁及以下的人，城镇从业者中该年龄段有近 16% 的占比。企业家和企业高管多集中于 40~59 岁（见表 17-1）。

表 17-1　　　　　　　　　　年龄分布情况　　　　　　　　　　　单位：%

		29 岁及以下	30~39 岁	40~49 岁	50~59 岁	60 岁及以上	样本数
企业高管	女	2.6	21.5	47.4	25.4	3.1	228
	男	4.3	18.2	49.1	24.0	4.3	346
城镇从业者	女	17.9	36.8	38.9	5.8	0.6	3 314
	男	15.8	29.4	34.2	19.8	0.8	3 965

企业高管中的少数民族比例高于城镇从业者，女性高管少数民族比例更高一点（见表 17-2）。

表 17-2　　　　　　　　　　民族分布　　　　　　　　　　单位：%

		汉族	其他民族	样本数
企业高管	女	92.1	7.9	227
	男	92.5	7.5	345
城镇从业者	女	93.9	6.1	3 308
	男	93.7	6.3	3 957

---

① 潘晟：《中国企业女性高管比例上升》，载于《上海金融报》2011 年 3 月 8 日，转载于：http://bschool.hexun.com/2011-03-08/127789720.html，上网时间：2012-10-10。

二、女性企业高管的职业生涯

(一) 职业进入

1. 初始工作时间和工龄：均为 20 岁开始工作；女性比男性工龄略长

从开始工作的年龄来看，企业高管和城镇从业者都是在 20 岁左右开始工作的，城镇从业者的内部离散性相对较大。性别差异不大。从工龄来看，女性企业高管从事当前工作的平均时间为 174.9 个月，高于男性同行 10.5 个月，也比女性城镇从业者长。这可能是样本的特征造成的。

2. 第一份工作获得渠道：企业高管主要通过体制内安排获得，其次为务农，最后是公开渠道

第一份工作获得途径方面，两性企业高管均是首先通过体制内的渠道获得，其次是务农，最后为自己"求职/应征/竞聘"获得。性别比较来看，男性的第一份工作多为体制内安排，女性企业高管通过"亲友介绍/帮助安置"获得第一份工作和以务农为第一份工作的比例高于男性（见表 17-3）。

表 17-3　　　　　　　　第一份工作获得途径　　　　　　　单位：%

企业高管		劳动/人事/组织部门安排/调动	求职/应征/竞聘	自己创业	亲友介绍/帮助安置	职业中介机构介绍	参军入伍	务农	样本数
企业高管	女	44.2	15.2	—	5.8	0.4	0.9	33.5	224
	男	50.9	18.7	0.6	1.8	—	0.3	27.8	342

(二) 职业流动

企业高管平均发生过两次职业变动；性别差异不大。发展是更换工作的主要动机，但女性相对更多地受情感驱动。两类企业高管工作后职业流动（包括单位变动、地域变动和职位变动）的平均次数为两次多，是城镇从业者的两倍。其中男性企业高管平均流动 2.9 次。不过两类企业高管职业流动的内部离散性也高于城镇从业者。性别差异不大（见表 17-4）。

表17-4　　　　　　　　　　职业流动次数　　　　　　　　　　单位：次

		均值	标准差	中位值	样本数
企业高管	女	2.5	2.3	2	225
	男	2.9	2.6	2	345
城镇从业者	女	1.1	1.5	1	3 200
	男	1.1	1.5	1	3 828

部分企业高管更换过工作单位，在更换单位次数方面，两类企业高管差异不大（见表17-5）。

表17-5　　　　　　　　　　更换工作单位次数　　　　　　　　　　单位：次

		均值	标准差	中位值	样本数
企业高管	女	1.9	1.6	1	184
	男	2.1	1.9	2	298

女性企业高管更换过工作领域/职业的比例达到3/4，比男性同行高20.7个百分点（见表17-6）。

表17-6　　　目前工作与最初工作是同一个领域/职业的情况　　　单位：%

		否	是	样本数
企业高管	女	75.0	25.0	12
	男	54.3	45.7	81

最后一次更换工作单位的动机方面，两个群体均主要受发展驱动，但性别比较来看，考虑到经济驱动（想挣更多的钱）和事业发展驱动（谋求更大发展、更好利用已有资源如知识专长、资金等）的人中，女性比例低于男性；考虑到情感驱动（想更多地跟家人在一起）及兴趣驱动（更好地实现自身价值/满足兴趣）的人中，女性比例高于男性（见表17-7）。

从当前工作获得渠道来看：企业高管体制内调动为主，其次是通过公开招聘渠道。接近六成企业高管得到目前工作是体制内的安排（劳动/人事/组织部门安排/调动）的结果，另有接近四成是通过公开渠道（求职/应征/应聘/竞聘）得到的。企业高管内部性别差异不大。与这两类企业高管相比，城镇从业者依靠强关系（亲友介绍/帮助安置）得到工作的比例显著高于其他两个群体（见表17-8）。

表17-7　　　　　　　　最后一次更换工作原因　　　　　　　　　单位：%

		想挣更多的钱	谋求更大发展	更好地实现自身价值/满足兴趣	组织/单位安排（包括升迁）	想更多地跟家人在一起	更好利用已有资源（如知识专长、资金等）
企业高管	女	22.6	49.0	58.6	56.3	23.6	40.0
	男	24.4	53.4	47.1	57.1	14.6	35.5

表17-8　　　　　　　　得到目前/最后工作的途径　　　　　　　　单位：%

		劳动/人事/组织部门安排/调动	求职/应征/应聘/竞聘	职业介绍机构介绍	亲友介绍/帮助安置	自己创业	顶职/照顾子弟	样本数
企业高管	女	56.5	39.0	0.9	3.6	—	—	223
	男	58.1	34.6	0.9	5.2	—	1.2	344
城镇从业者	女	28.8	38.2	1.4	15.0	15.4	1.2	3 264
	男	35.8	30.1	0.8	15.0	16.6	1.6	3 922

企业高管较少发生职业中断，性别差异不大。与城镇从业者相比，企业高管中更少的人有过半年及以上不工作也无劳动收入的情况。企业高管内部性别差异不显著。女性城镇从业者有此种情况的比例最高，将近三成（见表17-9）。

表17-9　　　　是否有过半年及以上不工作也无劳动收入的情况　　　单位：%

		没有	有	样本数
企业高管	女	95.5	4.5	22
	男	95.2	4.8	104
城镇从业者	女	70.7	29.3	3 302
	男	81.0	19.0	3 956

（三）女性企业高管的职业现状

1. 获得专业技术职称情况

企业高管有国家承认的专业技术职称的比例达到近八成，远远高于城镇从业者。性别差异不大（见表17-10）。

表17-10　　　　目前有国家承认的专业技术职称的情况　　　　单位：%

		没有	有	样本数
企业高管	女	20.8	79.2	226
	男	21.6	78.4	342
城镇从业者	女	72.6	27.4	3 300
	男	72.7	27.3	3 949

在有职称的人中，男性高管拥有正高职称的比例为17%，高于女性12%；但女性高管拥有副高级职称的比例为35%，高出男性9个百分点。

2. 企业的规模和单位所有制性质

女性企业高管工作在国有企业的占70%，比男性高出4个百分点；在私营企业的为21%；在外商企业的为5.5%。

3. 经济回报

女性企业高管的收入，无论是中位值还是平均值都与男性的差异不大，甚至皆略高于男性。在高管内部，收入的性别差异几乎可以忽略，这与城镇从业者群体中男女两性的劳动收入差距存在显著的性别差形成鲜明的对比（见表17-11）。

表17-11　　　　　　　收入情况　　　　　　　　　单位：元

		均值	标准差	中位数	样本数
企业高管	女	129 708.9	124 151.9	100 000.00	225
	男	119 082.5	137 262.6	91 400.00	342
城镇从业者	女	25 017.9	91 195.6	18 000.00	3 313
	男	31 531.3	54 253.5	22 000.00	3 962

女性企业高管中有23.5%拥有本单位股份，比男性高管高4.3个百分点。

三、女性高管的工作成就和工作满意度

（一）工作成就

高职业成就感。两类企业高管中超过八成比较满意自己目前的成就。其中女性企业家认为今天的成就达到或超过自己刚参加工作时的期望（高出很多、稍高一点、差不多）的比例与男性差不多。女性高管中认为比父母对自己的期望高

(高出很多、稍高一点)的比例与男性相差无几(见表 17 – 12)。

表 17 – 12　　　　　　　成就达到期望的情况　　　　　　　单位:%

企业高管		今天的成就达到或超过刚参加工作时自己的期望	今天的成就达到或超过父母对自己的期望
企业高管	女	84.4	88.6
	男	84.1	88.0

绝大多数企业高管享受自己的工作,有成就感(见表 17 – 13)。

表 17 – 13　"享受自己的工作,有成就感"是否符合自己的情况　单位:%

		非常符合	比较符合	不太符合	很不符合	样本数
企业高管	女	41.6	56.2	2.2	—	226
	男	48.1	49.6	2.3	—	341

(二) 职业满意度

女企业高管职业具有高水平的职业满意度高。问卷询问了对工作条件、劳动强度、工作稳定性、收入水平和发展前途方面的满意度。在这几方面表示满意(包括非常满意和比较满意)的情况见表 17 – 14。在与工作相关的这几个方面,企业高管满意度均大大高于城镇从业者。性别差异不显著(见表 17 – 14)。

表 17 – 14　　　　　　　　职业满意度　　　　　　　　单位:%

		工作条件	劳动强度	工作稳定性	收入水平	发展前途
企业高管	女	89.0	72.8	89.4	77.0	70.1
	男	86.9	77.7	87.2	74.8	73.7
城镇从业者	女	68.5	55.4	61.1	36.5	36.2
	男	65.2	55.1	62.2	39.3	39.1

通过对满意度赋值进行逆转处理(即原值为 1 = 非常满意, 2 = 比较满意, 3 = 一般, 4 = 不太满意, 5 = 很不满意, 逆转后为 1 = 很不满意, 2 = 不太满意, 3 = 一般, 4 = 比较满意, 5 = 非常满意)后形成职业满意度量表, 该量表具有较高的内部一致性。将五个题的取值相加, 取其平均值作为受访者的职业满意度。

数据显示, 女性城镇从业者职业满意度最低, 其他群体满意度中位值一样, 均值则是企业高管比城镇从业者高近 1 分(见表 17 – 15)。

表 17 – 15　　　　　　　　　　职业满意度

		均值	标准差	中位值	样本数
企业高管	女	4.1	0.7	4	218
	男	4.1	0.9	4	330
城镇从业者	女	3.4	0.9	3	3 250
	男	3.5	0.9	4	3 923

（三）女性高管的成就归因

对于取得成功的首要原因，七成以上企业高管认为是自身因素（自己努力上进、自己能力强、自己职业抱负高、自己职业规划早等）。性别比较来看，女性强调家庭支持（父母/配偶父母支持、配偶支持）的比例略高于男性（见表 17 – 16）。

表 17 – 16　　　　　取得成功的首要原因　　　　　单位：%

		自己原因	家庭支持	组织支持	外部宏观环境	朋友/同学/同事的帮助与支持	样本数
企业高管	女	73.9	3.1	10.6	10.6	1.8	227
	男	77.1	2.0	10.7	8.7	1.4	345

主观感受不能替代客观探查。对已有对专业技术人才和党政人才地位获得的研究表明，对于其目前地位获得有显著影响的要素主要有人力资本、社会资本、家庭责任与家庭背景[①]。也有研究表明，对于女性来说，平衡好工作家庭或者说正确处理家庭责任、现代化的性别认知与态度以及性别友好的组织环境对女性成才具有特别的意义。因此，本部分将从人力资本、社会资本、家庭背景、性别认知与态度、家庭责任处理和组织环境六个方面进行性别与职业层次比较，以期发现女性企业高管的成长规律。

1. 高水平的人力资本

女性高管的平均受教育年限为 13.1 年，与男性差异不大；受教育层次方面，女性略高于男性。在入学年龄上，各群体以及男女间基本无差异，均是在 7 岁入学的（见表 17 – 17）。

---

① 关于专业技术人才的研究见刘爱玉、田志鹏：性别视角下专业人员晋升路径及因素分析，《学海》2013（2）；关于党政人才的研究见刘爱玉、佟新、傅春晖：《人力资本、家庭责任与行政干部地位获得研究》，载于《江苏行政学院学报》2013 年第 4 期。

表 17-17　　　　　　　　　　入学年龄　　　　　　　　　　单位：岁

		均值	样本数
企业高管	女	6.8	228
	男	6.9	345
城镇从业者	女	7.0	3 258
	男	7.1	3 924

不包括成人教育的上学年数，企业高管高于城镇从业者。女性高管的平均受教育年限为 13.1 年，男性的平均年数为 13.2 年，相差无几，但在中位数上，男性多一年，女性间离散程度更小（见表 17-18）。

表 17-18　　　　　　　　　平均受教育年限　　　　　　　　　单位：年

		均值	标准差	中位数	样本数
企业高管	女	13.1	2.3	13	228
	男	13.2	2.7	14	346
城镇从业者	女	12.0	8.5	11	3 304
	男	11.4	5.6	11	3 953

在受教育层次上，企业高管 96.5% 为大学专科及以上学历，远远高于城镇从业者。从性别角度来看，女性企业高管中的研究生比例略低于男性群体，但大学本科者较多，占 54.4%，大大高于男性，且少有大学专科以下学历者（见表 17-19）。

表 17-19　　　　　　　　　目前的受教育程度　　　　　　　　　单位：%

		不识字或识字很少	小学	初中	高中	中专/中技	大学专科	大学本科	研究生	样本数
企业高管	女	—	—	0.4	1.8	1.3	23.2	54.4	18.9	228
	男	—	0.3	1.7	3.8	5.0	23.0	45.2	21.0	343
城镇从业者	女	1.2	4.4	22.1	20.3	11.4	23.2	16.3	1.1	3 314
	男	0.5	4.1	24.7	22.9	11.5	20.1	15.0	1.2	3 965

城镇从业者在上学年数上存在较大的标准差，说明内部离散程度较高，其中位数无论男女都是 11 年，低于企业家和企业高管群体。而且，有小部分人不识字或识字很少，大学本科或研究生学历的比例也远低于企业家和企业高管。这表

明，尽管企业高管由于出生年代的特殊而导致在校时间并不长，但在后期的工作生涯中通过进修等方式获得了更高的学历证书。

在继续教育情况方面，企业高管中有学历继续教育经历的比例要大大高于城镇从业者。女性有此经历的比男性低10个百分点。考虑到两性最后学历相差不大，说明女性企业高管起点高于男性，或者说获得较好学历后再工作的比例更高一些（见表17－20）。

表17－20　　　最后学历/学位是工作/务农以后获得的情况

		是（％）	样本数
企业高管	女	50.0	22
	男	60.2	103
城镇从业者	女	27.1	3 102
	男	23.0	3 754

从培训进修参与率来看，在近3年参加培训或进修的情况方面，企业高管有过此经历的比例接近城镇从业者的两倍。女性的表现比男性更积极一点（见表17－21）。

表17－21　　　　　近3年参加培训或进修情况

		有过（％）	样本数
企业高管	女	69.4	219
	男	67.3	327
城镇从业者	女	36.6	3 312
	男	32.4	3 965

近3年参加过进修或培训的人中，企业高管的平均次数多于城镇从业者，但内部的离散程度更高，在中位数上也差异不大。女性企业高管参加过的比例更大（见表17－22）。

表17－22　　　　　近3年参加过进修或培训次数　　　　　　　单位：次

		均值	标准差	中位数	样本数
企业高管	女	3.7	5.3	2	149
	男	3.0	3.1	2	217
城镇从业者	女	2.7	2.7	2	1 191
	男	2.6	2.7	2	1 272

近 3 年参加过培训或进修的人中,在最长一次培训或进修的时间上,企业高管的平均时间低于城镇从业者,但内部离散程度则小得多,中位数也相同(见表 17-23)。

表 17-23　　　　　最长一次培训或进修的时间　　　　　单位:天

		均值	标准差	中位数	样本数
企业高管	女	53.6	108.5	15	140
	男	56.2	115.5	15	201
城镇从业者	女	81.1	201.1	15	1 186
	男	79.8	189.7	15	1 236

这些人的培训进修内容上,企业高管多集中于参加各类职业/专业培训(含岗位、晋升、再就业培训、考试培训等)和实用技术培训。两性差异不大(见表 17-24)。

表 17-24　　　近 3 年参加过的最长一次培训或进修的内容　　　单位:%

		扫盲/文化补习	实用技术培训	学历或学位教育	各类职业/专业培训(含岗位、晋升、再就业培训、考试培训等)	知识普及教育(如法律、健康等)	样本数(N)
企业高管	女	0.7	20.9	6.5	66.7	5.2	153
	男	0.5	24.1	6.0	63.9	5.6	216
城镇从业者	女	0.3	22.8	10.3	61.6	5.0	1 200
	男	0.3	27.5	7.6	60.5	4.2	1 271

在培训经费的来源上,多数高管享受全部免费或报销,女性能够免费的略低于男性;但女性部分或全部自费的比例比男性高出 8.4 个百分点,说明女性可能更愿意为人力资本投资(见表 17-25)。

表 17-25　　近 3 年参加过的最长一次培训或进修的经费来源　　单位:%

		全部免费/报销	部分自费	全部自费	样本数(N)
企业高管	女	81.2	12.8	6.0	149
	男	89.3	8.4	2.3	214
城镇从业者	女	67.0	11.4	21.6	1 141
	男	68.6	11.6	19.8	1 218

女性更多地担任过班校干部。在校期间担任干部是锻炼能力的一种重要方式。企业高管在小学、初中和高中担任过班级及以上的干部的比例均大大超过城镇从业者，女性企业高管高于男性。这是一个非常有意思的现象，女企业高管从小学到初中再到高中做过干部的比例均比男性高管多出 10 个百分点。学校期间的干部经历对女性成为高管有重要意义（见表 17-26）。

表 17-26　在学校学习期间担任过班级及以上的干部的情况　　　　单位：%

		小学	初中	高中	个案数
企业高管	女	69.6	71.4	70.0	227
	男	59.2	63.2	60.3	343
城镇从业者	女	42.0	37.6	31.8	3 274
	男	32.9	30.6	28.5	3 945

女性高管更愿意学习，最想学习实用相关知识。在目前最想学的知识或技能方面，企业高管首选实用技术/职业技能/专业知识，其次是发展兴趣，提高修养（书画、歌唱、舞蹈等）；而城镇从业者除实用技术/职业技能/专业知识外，更多是选择生活知识（烹饪、家居、保健、理财等），还有近 10%~20% 的比例是选择子女教育知识。而什么都不想学的人的比例在城镇从业者中也最高，特别是在男性中达到 18.6%，而女性企业高管中仅有 2.7% 的相应比例（见表 17-27）。

表 17-27　　　　　　　目前最想学的知识或技能　　　　　　　单位：%

		实用技术/职业技能/专业知识	生活知识（烹饪、家居、保健、理财等）	子女教育知识	发展兴趣，提高修养（书画、歌唱、舞蹈等）	什么都不想学	样本数（N）
企业高管	女	61.7	12.6	4.1	18.9	2.7	222
	男	71.0	7.0	4.4	13.5	4.1	341
城镇从业者	女	36.7	22.4	19.7	9.1	12.1	3 259
	男	55.1	9.0	10.7	6.5	18.6	3 874

从人力资本的情况来看，女性企业高管的学历教育更多属于一气呵成，并形成了较高的学历水平，在校期间担任班级和学校干部的经历比男性更多，工作后参加培训、学习专业技术知识的积极性也高于男性企业高管。不过，她们获得培训进修资源少于男性。

2. 积极积累社会资本

从社会资本的范围、质量和主动性三方面讨论企业高管的社会资本建构情况。用拜年圈和吃饭圈来测量社会交往圈的范围和高度。

用"2010年春节前后看望的人中是否有以下人员"来测量高层人才的社会交往圈。表17-28显示，企业高管们2010年春节前后看望（拜年）的人中，以同行为主，其次是专业技术人员，看望的官员中，处级干部大大高于厅局级干部。性别比较来看，女性企业高管中看望的人中有上述四类人的比例均略低于男性企业高管（见表17-28）。

表17-28　2010年春节前后看望的人中有下列人员的情况　　单位：%

	企业主/企业高管	厅局级及以上干部	处级干部	高级职称专业技术人员
女	57.8	30.4	47.6	48.9
男	60.3	31.1	49.9	58.6

企业高管中有过半在自己家中吃晚饭，大大低于城镇从业者，同时前者在餐馆用餐的比例也远远高于后者。这说明，对这些企业高管，吃饭应酬确实是比城镇从业者要普遍。从性别比较的角度来看，女性企业高管在家吃晚饭的比例比男性同行高8.1个百分点，在餐馆吃饭的比例比男性低10个百分点，表明她们更愿意与家人共进晚餐；没有吃晚饭的比例高于城镇从业者和男性同行，可能是因为忙碌，也可能是因为减肥（见表17-29）。

表17-29　　　　　　　　昨天吃晚饭地点　　　　　　　　单位：%

		没有吃	自己家	别人家	食堂	餐馆	工作地点	其他	个案数（N）
企业高管	女	2.6	63.6	2.6	6.6	24.1	0.4	—	228
	男	0.9	55.5	1.7	7.5	34.1	—	0.3	346
城镇从业者	女	0.8	83.7	3.2	3.4	8.1	0.7	0.2	3 314
	男	0.7	77.8	3.2	5.4	11.6	0.7	0.6	3 965

企业高管在调查前一天与之一起吃饭的人中有同事/合作伙伴的比例大大高于城镇从业者。与其他朋友吃饭的比例也高于城镇从业者。性别比较来看，女性企业高管与同事/合作伙伴、同学、其他朋友吃饭的比例均低于男性，与工作上中的人（同事/合作伙伴）一起吃饭的，男女企业高管之间的差距达到8.6个百分点左右（见表17-30）。

表 17-30　　　　　　昨晚一起吃晚饭的是否有下列人　　　　　　单位：%

		家人/亲戚	同学	同事/合作伙伴	老乡/邻居	其他朋友
企业高管	女	67.1	3.6	25.8	1.8	9.5
	男	62.8	5.0	34.4	1.8	15.9
城镇从业者	女	85.9	2.5	9.1	0.7	3.7
	男	80.1	2.9	14.5	1.3	7.0

这可能显示女性更多情感性的社交，男性相对多的工具性社交。

用"需要时能得到下列人员帮助"来测量高层人才的社会交往圈的质量。表17-31显示，企业高管们更多地指望同一职业领域的人，其次是专业技术人员。对于政府官员的帮助，他们更多地指望处级干部，能得到厅局级及以上干部帮助的比例相对低一些。性别比较来看，女性高管得到各类人才（除同行外）帮助的可能性与男性高管相比则稍逊一筹（见表17-31）。

表 17-31　　　　分性别、分经营管理人才需要时能得到
　　　　　　　　　下列人员帮助的情况　　　　　　　　单位：%

		企业主/企业高管	厅局级及以上干部	处级干部	高级职称专业技术人员
企业高管	女	69.7	32.3	47.7	52.7
	男	68.7	37.3	52.8	61.5

从"主动联络看望"领导、同事、客户/合作伙伴的情况来看，两类企业高管均较为积极。从看望的对象来看，女性看望领导的主动性略低，但看望客户和/合作伙伴同事的频率并不低于男性（见表17-32）。

表 17-32　　　　　　　主动联络看望各类群体的情况　　　　　　　单位：%

		从不	偶尔	有时	经常	个案数（N）
主动联络看望领导	女	13.3	36.9	32.4	17.3	225
	男	9.3	38.0	28.4	24.3	345
主动联络看望同事	女	3.1	19.4	37.0	40.5	227
	男	2.3	20.3	35.7	41.7	345
主动联络看望客户/合作伙伴	女	6.6	24.2	33.5	35.7	227
	男	8.1	22.0	30.7	39.1	345

表 17-33 显示，两性企业高管均经常与同事、同行交流对工作、专业的想法。性别差异不大。

表 17-33　经常与同事/同行交流对工作/专业的想法的情况　　单位：%

	非常符合	比较符合	不太符合	很不符合	个案数（N）
女	41.2	55.3	3.5	—	226
男	45.0	52.6	2.4	—	340

两性企业高管均经常把工作中认识的人变成朋友，性别差异不大（见表 17-34）。

表 17-34　分性别、分经营管理人才类型经常把工作中认识的人变成朋友的情况　　单位：%

	非常符合	比较符合	不太符合	很不符合	个案数（N）
女	35.7	54.5	9.4	0.4	224
男	39.6	52.2	8.2	—	341

总之，企业高管的社交网络比城镇从业者大。男女企业高管皆积极主动地建构社会关系网络，社会关系网络的质量也较高，构建社会资本的能力差别不大。但是，性别比较来看，女性拜年圈的高度、吃饭应酬的比例少于男性，且工具性吃饭圈少于男性；在建构的社会网络的质量、建构对上的私人关系的主动性方面，女性稍逊于男性。

从出生地来看，女性有更高比例的是城市出身，占 50.4%，大大高于其他人群；来自村的比例仅为 18.1%，也显著低于男性高管和女性城镇从业者（见表 17-35）。

表 17-35　　　　　　出生地分布　　　　　　单位：%

		村	镇	县城（包括县级市）	城市（地级市及以上）	样本数（N）
企业高管	女	18.1	7.1	24.3	50.4	226
	男	32.9	10.1	22.5	34.4	346
城镇从业者	女	36.1	14.2	18.9	30.8	3 312
	男	34.8	15.2	17.9	32.1	3 960

两性企业高管的父亲受教育程度胜出一筹，性别比较来看，女性企业高管的父亲拥有更好的受教育情况（见表17-36）。

表17-36　　　　　　　　　父亲受教育程度　　　　　　　　　单位：%

		不识字或识字很少	小学	初中	高中	中专/中技	大学专科	大学本科	研究生	个案数（N）
企业高管	女	4.0	21.0	25.0	19.2	10.7	9.8	10.3	—	224
	男	7.4	31.7	19.5	15.1	10.4	8.0	7.4	0.6	338
城镇从业者	女	10.4	30.5	29.8	15.4	5.3	5.3	3.1	0.2	3 254
	男	13.6	34.6	27.1	12.7	4.9	4.2	2.9	0.1	3 876

母亲们的学历低于父亲，八成以上集中在高中及以下。相对于城镇从业者，两性企业高管的母亲受教育程度胜出一筹。性别比较来看，女性企业高管的母亲拥有大学本科及以上学历的比例达到7.1%，不仅高于城镇从业者，也高于男性企业高管（见表17-37）。

表17-37　　　　　　　　　母亲受教育程度　　　　　　　　　单位：%

		不识字或识字很少	小学	初中	高中	中专/中技	大学专科	大学本科	研究生	个案数（N）
企业高管	女	17.8	29.3	20.4	12.9	8.0	4.4	6.7	0.4	225
	男	27.0	33.1	15.8	8.5	9.1	3.8	2.6	—	341
城镇从业者	女	25.5	33.2	23.1	10.2	4.7	2.3	1.0	0.1	3 269
	男	31.2	31.7	21.1	9.6	3.8	1.8	0.7	—	3 896

女性企业高管的父亲职业地位相对较高，不仅高于女性城镇从业者，也高于男性高管。她们的父亲近半数（47.2%）是各类负责人和专业技术人员，比男性高管多10.7个百分点，比女性城镇从业者多23.8个百分点；她们的父亲是农业人员和一线劳动者的比例仅为27.4%，比男性高管少18.0个百分点，比女性城镇从业者少27.1个百分点（见表17-38）。

女性企业高管的母亲职业地位相对较高，不仅高于女性城镇从业者，也高于男性高管。她们的母亲有41.7%是各类负责人和专业技术人员，比男性高管多13.4个百分点，比女性城镇从业者多21.3个百分点；她们的母亲是农业人员和一线劳动者的比例仅为28.5%，比男性高管少25.9个百分点，比女性城镇从业者少31.9个百分点。母亲职业地位高的比例与男性高管和女性城镇从业者的距离更大（见表 17 - 39）。

表 17 - 38　　　　　　　　　父亲的职业　　　　　　　　　　　单位：%

		各类负责人	专业技术人员	办事人员	商业服务业人员	农业人员	生产、运输设备操作人员	样本数（N）
企业高管	女	22.3	24.9	13.2	12.2	12.7	14.7	197
	男	14.9	21.6	11.7	6.3	28.9	16.5	315
城镇从业者	女	10.9	12.5	10.2	12.0	29.4	25.1	3 119
	男	10.0	11.0	9.8	12.2	28.7	28.3	3 733

表 17 - 39　　　　　　　　　母亲的职业　　　　　　　　　　　单位：%

		各类负责人	专业技术人员	办事人员	商业服务业人员	农业人员	生产、运输设备操作人员	样本数（N）
企业高管	女	11.1	30.6	17.4	12.5	13.9	14.6	144
	男	5.9	22.4	11.0	6.3	37.1	17.3	237
城镇从业者	女	6.4	14.0	4.9	14.1	39.5	20.9	2 297
	男	6.7	12.2	4.7	15.4	38.0	23.0	2 723

当被问到在"鼓励成才"方面给自己影响和帮助最大的人时，两个群体的首选均是"父亲"，且其次是对单位/领导，最后是母亲。女性认为"母亲"在这方面给自己影响和帮助最大的比例超过男性（见表 17 - 40）。

表 17 - 40　　　　鼓励成才方面对自己影响或帮助最大的　　　　单位：%

		父亲	母亲	配偶	配偶的父母	老师	求学期间的学校/机构	单位/领导	其他人员或机构①	都没有	样本数（N）
企业高管	女	35.4	14.2	9.3	0.8	6.2	4.0	21.7	3.5	4.0	226
	男	41.8	8.8	9.1	0.6	7.3	3.2	19.3	7.0	2.9	342

3. 开放自信的心态和平等的性别认知是女性高管成才的关键动力

性别角色认知越是趋向于现代，越是有利于向更高行政级别地位或者职称地

---

① 此部分"其他人员或机构"包括同学/朋友、同事、求学期间的学校/机构和其他亲戚。

位晋升。性别观念极大地影响了个人的职业发展。我们从三个部分探讨女性企业高管的性别认知与态度：一是对自己能力的认知与评价；二是对性别角色与规范的认知与态度；三是对性别平等环境的认知与态度。

在问及受访者"对自己的能力有信心"时，绝大多数表示有信心，女性企业高管比女性城镇从业者更自信（见表17-41）。

表17-41　　　　　　　　对自己的能力有信心　　　　　　　　单位：%

		非常符合	比较符合	不太符合	很不符合	说不清	样本数（N）
企业高管	女	47.8	49.1	3.1	—		228
	男	53.6	43.5	1.7	—	1.2	345
城镇从业者	女	42.2	51.1	5.6	0.3	0.8	3 314
	男	47.8	46.8	4.1	0.3	0.9	3 965

绝大多数企业高管认为自己能够出色地完成工作任务（见表17-42）。

表17-42　　"能出色地完成工作任务"是否符合自己的情况　　单位：%

		非常符合	比较符合	不太符合	很不符合	样本数（N）
企业高管	女	44.7	54.9	0.4	—	226
	男	53.5	46.2	0.3	—	342

在问及受访者是否"很少依赖他人，主要靠自己"时，绝大多数表示能独立，女性企业高管与男性差异不大，更高于城镇女性民众（见表17-43）。

表17-43　"很少依赖他人，主要靠自己"是否符合自己的情况　单位：%

		非常符合	比较符合	不太符合	很不符合	说不清	样本数（N）
企业高管	女	46.7	48.9	4.0	—	0.4	227
	男	48.1	47.0	3.5	0.3	1.2	345
城镇从业者	女	44.5	49.4	5.2	0.3	0.5	3 314
	男	53.1	43.5	2.7	0.3	0.5	3 965

对男女能力的认知与态度方面，女性倾向于更认同"女人的能力不比男人差"，女性企业高层不仅高于男性企业高层，也高于与城镇女性（见表17-44）。

被问及"总体而言，男人比女人更胜任领导的角色"时，女性企业高管表示同意的比例为 37.5%，大大低于男性的 58.0%，表明她们对女性的领导能力更为看好（见表 17-45）。

表 17-44　　是否同意"女性的能力不比男性差"的说法　　单位：%

		非常同意	比较同意	不太同意	很不同意	说不清	样本数（N）
企业高管	女	58.6	35.7	2.2	2.6	0.9	227
	男	41.4	42.3	11.0	4.1	1.2	345
城镇从业者	女	55.4	33.0	7.9	3.0	0.7	3 314
	男	40.9	42.8	11.9	3.1	1.4	3 965

表 17-45　　是否同意"总体而言，男性比女性更胜任领导的角色"的说法　　单位：%

	非常同意	比较同意	不太同意	很不同意	说不清	样本数（N）
女	8.4	29.1	47.6	12.3	2.6	227
男	12.2	45.8	33.9	3.8	4.3	345

在性别分工上，女性企业高管中同意"男人应该以社会为主，女人应该以家庭为主"看法的比例仅为 21.1%，大大低于男性企业高管的 40.9%，也大大低于女性城镇从业者中的 38.5%。女性企业高管中认同"挣钱养家主要是男人的事情"看法的也只有 14.9%，低于男性企业高管和女性城镇从业者中的比例只有 12.6%。无论男女，认同"男人也应该主动承担家务劳动"看法的比例都很高，女性中，无论企业高管还是城镇从业者，都比男性更多认同这种看法（见表 17-46）。

表 17-46　　是否同意"男性应该以社会为主，女性应该以家庭为主"的说法　　单位：%

		男人应该以社会为主，女人应该以家庭为主	挣钱养家主要是男人的事情	男人也应该主动承担家务劳动
企业高管	女	21.1	14.9	93.4
	男	40.9	47.9	85.5
城镇从业者	女	38.5	37.9	94.9
	男	52.9	53.0	84.1

在两性职业发展的认知与态度方面，问及对"丈夫的发展比妻子的发展更重要"的看法时，女性企业高管中表示同意（"非常同意"和"比较同意"）的为

32.6%，低于男性同行的44.7%，也低于女性城镇从业者的46.8%。也就是说，女性高管中近七成反对这种观点（见表17-47）。

表17-47 是否同意"丈夫的发展比妻子的发展更重要"的说法　　单位：%

		非常同意	比较同意	不太同意	很不同意	说不清	样本数
企业高管	女	6.2	26.4	48.9	16.3	2.2	227
	男	11.6	33.1	43.6	9.3	2.3	344
城镇从业者	女	14.2	32.6	41.3	10.1	1.7	3 314
	男	15.7	34.7	40.0	8.0	1.6	3 965

在看待"对妻子而言，更重要的是帮助丈夫成就事业"上，表示同意的比例在女性企业高管中仅为23.3%，低于男性同伴（见表17-48）。

表17-48 是否同意"对妻子而言，更重要的是帮助丈夫成就事业"的说法　　单位：%

		非常同意	比较同意	不太同意	很不同意	说不清	样本数
企业高管	女	3.5	19.8	57.7	15.9	3.1	227
	男	11.9	35.4	45.2	4.6	2.9	345

当被问到"在您的职业发展中，有没有榜样？"时，大多数人回答有。女性中的79.5%有榜样，超过男性13.5个百分点。说明榜样对女性来说更重要。在有职业发展榜样的人当中，两个群体中的女性有女性榜样的比例均远远超过男性。女性企业高管有女性榜样的比例达到91.8%，比男性伙伴超出32.6个百分点。对女性来说，拥有女性榜样更重要。但即便是男性企业高管，也有将近六成的人职业发展中有女性榜样。

对男女社会地位差异的认知方面，女性企业高管中的61.2%认为男性地位更高，高于男性企业高管（44.9%）和女性城镇从业者（39.6%）（见表17-49）。

表17-49 对目前我国男女两性的社会地位的看法　　单位：%

		男性更高	女性更高	男女差不多	说不清	样本数
企业高管	女	61.2	0.9	34.8	3.1	227
	男	44.9	3.8	47.5	3.8	345
城镇从业者	女	39.6	2.6	54.9	2.9	3 311
	男	33.1	5.0	59.0	2.8	3 965

在对两性参与公共事务的态度方面，问及"在领导岗位上男女比例应大致相等"时，女性企业高管中的68.7%表示同意，高于男性高管的58.6%，但低于女性城镇从业者的78.7%（见表17-50）。

表17-50　　　　是否同意"在领导岗位上男女比例应
　　　　　　　　　　大致相等"的说法　　　　　　　　　单位：%

		非常同意	比较同意	不太同意	很不同意	说不清	样本数（N）
企业高管	女	18.9	49.8	24.2	1.3	5.7	227
	男	12.5	46.1	33.6	0.9	7.0	345
城镇从业者	女	28.0	50.7	13.6	1.9	5.8	3 314
	男	19.7	48.9	22.3	2.8	6.3	3 965

在对推动男女平等的态度方面，绝大多数人同意"男女平等不会自然而然实现，需要积极推动"，女性高管赞同的比例最高（见表17-51）。

表17-51　　　　是否同意"男女平等不会自然而然实现，
　　　　　　　　　　需要积极推动"的说法　　　　　　　单位：%

		非常同意	比较同意	不太同意	很不同意	说不清	样本数（N）
企业高管	女	42.3	53.3	2.2	—	2.2	227
	男	37.7	53.3	4.9	0.3	3.8	345
城镇从业者	女	47.8	43.5	4.0	0.7	4.0	3 314
	男	41.6	48.4	5.6	0.7	3.7	3 965

4. 女性高管的政治资本

从政治面貌来看，企业高管大部分为共产党员，但女性比例低于男性。女性是民主党派的比例略高于男性（见表17-52）。

表17-52　　　　　　　　　　政治面貌　　　　　　　　　　单位：%

		群众	共青团员	共产党员	民主党派	样本数（N）
企业高管	女	24.1	2.2	71.9	1.8	228
	男	19.7	2.9	75.9	1.4	345
城镇从业者	女	70.4	9.1	20.3	0.2	3 313
	男	66.0	6.5	27.4	0.2	3 963

企业高管中，女性正在人大代表或政协委员任期中的比例为12.3%，高于相应的男性比例（6.9%）；曾经担任过的比例属于最高，为8.8%，高于男性5个百分点（见表17-53）。

表17-53　　　　　当过人大代表或政协委员的情况　　　　　单位：%

		没有	正在任期中	曾经担任过	样本数（N）
企业高管	女	78.9	12.3	8.8	228
	男	89.3	6.9	3.8	346

在理解领导岗位上女性的数量相对较少方面，企业高管中，认为女性能力（如"女性能力比男性差"、"女性不适合当领导"）、家庭（"家人不支持女性当领导"、"女性家务负担重"）是原因的比例略低于城镇从业者，认为外部环境（"社会对女性有偏见"）、制度因素（"对女性培养、选拔不力"）和主观意愿（"女性不愿当领导"）是原因的比例高于城镇从业者。性别比较来看，女性更多强调外部环境、制度因素以及意愿因素，更少强调能力因素。

社会事务的参与机会、参与程度既是发挥公民权的一种表现，也是社会地位的一种标志。在近3年给所在单位/社区/村提建议、通过各种方式向政府有关部门反映情况/提出政策建议、就国家事务/社会事件等发表评论/参与讨论、主动参与捐款/无偿献血/志愿者活动上，企业高管"经常"和"有时"这么做的比例均大大高于城镇从业者；性别差异不大（见表17-54）。

表17-54　　　　　　　给所在单位/社区/村提建议　　　　　　单位：%

		A	B	C	D
企业高管	女	57.7	26.8	7.1	67.1
	男	54.2	24.4	9.8	66.2
城镇从业者	女	11.2	3.6	2.6	42.9
	男	11.3	4.1	4.0	44.3

注：A=给所在单位/社区/村提建议，B=通过各种方式向政府有关部门反映情况/提出政策建议；C=在网上就国家事务、社会事件等发表评论，参与讨论；D=主动参与捐款、无偿献血、志愿者活动等。

在参加专业/行业组织、参加联谊组织、参加社会公益组织、参加专业/行业组织等方面，企业管理者的积极性均大大高于城镇从业者，但参加社区管理/活动组织和民间自助/互助组织的与城镇从业者差异不大。性别比较来看，均为女性比男性更积极（见表17-55）。

表17-55　　　参加专业、行业组织（如企业家协会、
　　　　　　　果品运输协会等）的情况　　　　　　单位：%

		A	B	C	D	E
企业高管	女	43.0	30.8	17.3	8.0	4.0
	男	31.2	22.6	13.6	4.1	2.9
城镇从业者	女	1.9	9.1	15.2	8.8	3.2
	男	3.2	9.4	10.3	4.9	2.0

注：A = 参加专业、行业组织（如企业家协会、果品运输协会等）；B = 参加联谊组织（如同乡会、校友会、摄影家联谊会等）；C = 参加社会公益组织（如志愿者组织等）；D = 参加社区管理、活动组织（如业主委员会、老年活动队等）；E = 参加民间自助、互助组织（如互助会、心理自助小组等）。

问及受访者在组织中的角色时，企业高管中虽然也有一半左右是普通成员，但担任创始人或管理者的比例远远高于城镇从业者。性别比较来看，差异也不大（见表17-56）。

表17-56　　　　　　　在组织中的角色　　　　　　　　　单位：%

		创始人/负责人/高层管理者	核心成员/中层管理者	普通成员	样本数（N）
企业高管	女	12.1	36.2	51.8	141
	男	14.6	37.3	48.1	158
城镇从业者	女	3.2	7.6	89.2	813
	男	3.5	12.0	84.4	790

在工作后获得的最高荣誉/奖项的级别方面，女性企业高管中获得地市级及以上级别奖项的比例分别为56.4%，高于男性的46.3%（见表17-57）。

表17-57　　　　工作后获得的最高荣誉/奖项的级别　　　　单位：%

	国际级	国家级	省部级	地市级	区县级及以下	本单位	没获得过	样本数（N）
女	0.4	9.8	21.8	24.4	8.9	2.2	32.4	225
男	—	6.1	18.8	21.4	10.1	1.4	42.0	345

四、工作家庭平衡

在工作家庭之间取得平衡是职业女性成功的重要挑战。

(一) 女性高管职业活动时间不少于男性

将工作时间、学习时间和上下班的路途时间定义为职业活动时间。调查使用"前一天中,分别花费在有收入的工作/劳动/经营活动、学习(含专业培训和借助媒体的学习等)和工作/劳动/学习往返路途的时间"来了解人们的时间分配。

表17-58显示,工作日,女性企业高管的平均职业活动时间长达10小时38分钟,比男性企业高管(602.7分钟)长半个多小时,更是大大高于女性城镇从业者(542.3分钟);而在休息日,女性高层次人才用于职业活动的时间为3小时多(195.6分钟),也比男性高管多几分钟,同样明显多于女性城镇从业者(98.3分钟)。具体来看,女性高管各项活动时间也均高于男性。

表17-58　　　　　　　职业活动时间均值　　　　　　　单位:分钟

			工作/劳动/经营活动时间	学习(含专业培训和借助媒体的学习等)时间	工作/劳动/学习往返路途时间	合计的职业活动时间
企业高管	女	工作/学习日	502.8	64.1	71.2	638.1
		休息日	109.4	52.4	33.8	195.6
	男	工作/学习日	483.4	57.1	62.2	602.7
		休息日	106.7	60.3	23.1	190.1
城镇从业者	女	工作/学习日	476.0	21.8	44.5	542.3
		休息日	61.0	26.4	10.9	98.3
	男	工作/学习日	492.4	22.7	49.0	564.1
		休息日	53.0	25.6	10.4	89.0

(二) 女性高管依然承担了较多的家庭责任

1. 家务劳动时间:女性大大多于男性

就家务劳动时间而言,在工作/学习日,女性企业高管平均需花费70.0分钟,多于男性高管,但少于女性城镇从业者;在休息日,女性平均要用139.4分钟,比男性同行所花时间的差距拉大,与女性城镇从业者距离则缩小。从女性高层次人才的家务劳动时间看,她们依然会花费相当多的时间来完成自己的家庭角色(见表17-59)。

表 17-59　　　　　　　　　家务劳动*时间　　　　　　　　　单位：分钟

		工作/学习日	休息日
企业高管	女	70.0	139.4
	男	33.8	76.4
城镇从业者	女	100.6	165.0
	男	45.6	99.9

注：含做饭、清洁、照顾家人、日常采购等。

2. 家务劳动责任：妻子依然承担更多，但女高管相对城镇从业者少得多

总体来说，妻子承担的家务劳动多一些，其次是夫妻双方承担的差不多，丈夫承担更多家务的情况相当少见，相对来说，女企业高管认为丈夫承担家务更多的比例达到 17.9%，说明女性企业高管的事业成功使得她们能够让丈夫多承担一些家务。男性企业高管承担家务劳动更多的则仅占 3.1%（见表 17-60）。

表 17-60　　　　　夫妻比较而言谁承担的家务劳动更多　　　　　　单位：%

		丈夫	妻子	差不多	个案数
企业高管	女	17.9	40.3	41.8	201
	男	3.1	75.2	21.8	326
城镇从业者	女	8.0	66.9	25.1	2 681
	男	9.1	67.5	23.4	3 331

3. 家人情感照顾方面：妻子为主，女高管承担的比城镇从业者少

在"照顾孩子生活"、"辅导孩子功课"和"照顾孩子"这些家庭照顾劳动方面，性别差异大于专业层次差异。各个群体内部均是女性承担的远远多于男性。两类企业高管之间差异不大。企业家和企业高管均比城镇从业者承担的少（见表 17-61）。

表 17-61　　　　近一年承担一半及以上家人照顾责任的情况　　　　单位：%

		照料孩子生活	辅导孩子功课	照料老人
企业高管	女	60.6	55.4	55.9
	男	31.7	41.1	45.9
城镇从业者	女	87.3	72.4	62.5
	男	36.9	40.6	49.2

(三) 女性面临更多工作家庭冲突

我们用近年来是否出现"因为工作太忙，很少管家里的事"这一问题测量工作侵入家庭的情况。数据表明，企业高管"从不"经历这种情况的比例少于城镇从业者。相对于女性企业高管，男性企业高管"经常"经历此种情景的更多（见表17-62）。

表17-62　近年来"因为工作太忙，很少管家里的事"的现象发生在自己身上的情况　　单位：%

		从不	偶尔	有时	经常	样本数（N）
企业高管	女	10.6	32.3	32.3	24.9	217
	男	7.9	31.8	25.8	34.5	330
城镇从业者	女	31.5	34.3	20.3	13.9	3 246
	男	27.4	31.6	20.6	20.4	3 912

我们用近年来是否出现"为了家庭而放弃个人的发展机会"这一问题测量家庭侵入工作的情况。数据表明，性别差异大于职业地位差异，即女性无论是企业高管还是城镇从业者，"有时"和"经常"这样做的均显著比男性高（见表17-63）。

表17-63　近年来"为了家庭而放弃个人的发展机会"的现象发生在自己身上的情况　　单位：%

		从不	偶尔	有时	经常	样本数（N）
企业高管	女	51.2	30.0	18.4	0.5	217
	男	61.5	30.6	7.3	0.6	330
城镇从业者	女	61.2	21.3	12.8	4.7	3 246
	男	69.2	19.5	9.3	1.9	3 912

在目前最需要的帮助或支持上，在女性高管中，排名前三位的分别为增加收入、提高医疗保障水平和子女教育指导，男性企业高管与之相同；在女性城镇从业者中，排名前三位的第一需求分别为增加收入、改善住房和提高医疗保障水平，男性城镇从业者也如此。不过，相对于城镇从业者，企业高管们对增加收入的需求不那么迫切。他们更关注的是医疗问题和子女教育问题，下一代的发展成为他们的重要关切（见表17-64）。

表 17-64　　　　　　　目前最需要的帮助或支持　　　　　　单位：%

	企业高管		城镇从业者	
	女	男	女	男
增加收入	37.6	42.4	74.1	74.4
改善住房	2.7	5.0	7.2	8.3
提高医疗保障水平	19.9	22.5	5.9	6.6
公平的就业机会	2.2	1.8	2.1	2.3
创业资金支持	2.2	5.0	2.4	3.1
免费职业/技术培训	4.4	3.2	1.0	0.6
助老服务	4.4	2.6	0.6	0.6
公共托幼服务	0.4	0.3	0.2	0.2
子女教育指导	15.5	11.1	5.0	3.0
减轻家务负担	2.7	—	0.5	0.3
心理健康咨询/指导	5.8	4.1	0.3	0.2
维权服务	0.4	0.3	0.2	0.2
其他（请注明）	1.8	1.5	0.1	—
不需要帮助	—	—	—	—
不回答	—	0.3	0.3	0.3
样本数	226	342	3 314	3 965

可以说，企业高管比城镇从业者、女性比男性更多遭遇工作侵入家庭的情况。女性比男性更多会为了家庭放弃个人的发展机会。这显示女性高管会更多面临工作家庭冲突。

（四）工作家庭兼顾策略

无疑，女性高层次人才面临双重角色的压力，但是有研究表明，善于平衡工作和家庭责任是女性科技人才成功的重要原因。[①] 本次调查表明，女性高层次人才除了能够以个人努力来承担家务外，还积极争取获得家人、社会和市场等力量的支持。

1. 自我牺牲策略

在看待"对女人来说，事业和家庭很难兼顾"上，女性表示同意的比例为

---

① 全国妇联女性高层人才成长状况研究与政策推动项目课题组：科技领域女性高层人才成长状况与发展对策——基于五省市定性调查研究报告，《妇女研究论丛》2011（3）。

46.9%，低于男性（61.8%）。这反映出女性企业高管对自己兼顾工作家庭的能力较为自信（见表17-65）。

表17-65 是否同意"对女人来说，事业和家庭很难兼顾"的说法　　单位：%

		非常同意	比较同意	不太同意	很不同意	说不清	样本数（N）
企业高管	女	7.5	39.4	44.7	6.2	2.2	226
	男	12.8	49.0	31.9	3.2	3.2	345

这种兼顾，一个重要的策略是自我牺牲，减少睡眠时间和休闲时间。在看电视方面，工作/学习日和休息日，女性企业高管的时间均少于男性企业高管和女性城镇从业者。在其他休闲活动（如打牌、看电影、聊天等）方面，也少于男性同行。睡眠方面，在工作/学习日，女性企业高管睡眠时间少于男性同行和女性城镇从业者；休息日，她们比男性同行多几分钟，但仍少于女性城镇从业者。

群体比较来看，企业高管们自感身体状况"很好"的要比城镇从业者少，不过觉得"较好"的比例要高一些。性别差异不大，女性企业高管自我感觉目前的健康状况"很好"或"较好"的占68.9%，低于男性企业高管为74.3%，也低于城镇从业者中的女性（71.6%）（见表17-66）。

表17-66 自感的目前的健康状况　　单位：%

		很好	较好	一般	较差	很差	样本数（N）
企业高管	女	21.5	47.4	28.9	2.2	—	228
	男	24.9	49.4	23.1	2.6	—	346
城镇从业者	女	37.3	34.2	24.1	3.7	0.8	3 312
	男	42.2	33.6	20.6	3.0	0.5	3 963

企业高管有慢性病的比例接近1/4，是城镇从业者的两倍（见表17-67）。

表17-67 目前有慢性病的情况　　单位：%

		没有	有	样本数（N）
企业高管	女	75.1	24.9	221
	男	76.8	23.2	341
城镇从业者	女	87.3	12.7	3 289
	男	87.5	12.5	3 946

自评心理健康状况方面,我们用 8 道题(最近一个月您是否有过下列情况:A 睡不着觉/失眠、B 觉得身心疲惫、C 烦躁易怒、D 容易哭泣或想哭、E 对什么都不感兴趣、F 感到很孤独、G 觉得自己没用、H 觉得活着没意思)进行了测量。每个问题提供了四项选择:没有、偶尔、有时、经常。我们将上述各选项的评分依次定为 0 分、1 分、2 分、3 分,将 8 个题项加总后得到个体的心理健康得分数,分数越高说明越不健康。

数据表明,企业高管的得分中位值高于城镇从业者。女性企业高管的平均得分达到 3.8 分,心理健康情况最差,不仅差于男性,也差于男女城镇从业者(见表 17 – 68)。

表 17 – 68　　　　　　　　　心理健康量表　　　　　　　　　单位:%

		均值	标准差	中位值	样本数（N）
企业高管	女	3.8	3.3	3.00	227
	男	2.8	3.0	2.00	345
城镇从业者	女	3.7	4.2	2.00	3 302
	男	2.5	3.3	1.00	3 944

最近 3 个月,女性企业高管中的 60.6% 感觉"压力很大"或"压力较大",略高于男性企业高管的 57.0%。在感到压力大的人中,工作方面的压力还是首要原因。而主要因为工作家庭冲突感到压力的人中,女性比例显著高于男性(见表 17 – 69)。

表 17 – 69　　　　　　　　　压力主要来源　　　　　　　　　单位:%

		工作量太大或工作难度大	工作没有发展前途	单位人际关系复杂	家庭关系紧张	工作家庭冲突	身体不好	家庭经济压力大	样本数（N）
企业高管	女	89.3	0.7	6.4	—	2.1	0.7	0.7	140
	男	86.7	3.4	3.4	1.0	1.0	2.0	2.5	203

从健康体检来看,女性企业高管中的 98.5%、男性企业高管中的 96.7%、女性城镇从业者中的 90.6%、男性城镇从业者中的 89.4% 近 3 年内(调查时的 2010 年以前之前的 2009 年和 2008 年)做过体检。总体来说,企业高管比城镇从业者更注意体检,女性比男性更注意进行全面的身体检查。从检查费用来看,女性企业高管能得到免费/报销的比例为 71.2%,低于男性企业高管 4.6 个百分点,

但比女性城镇从业者高 16.7 个百分点。

企业高管相对于城镇从业者有更积极主动的锻炼身体的行为。性别比较来看，女性企业高管"经常"和"有时"锻炼身体的比例合计为 64.3%，略低于男性同行（68.3%），但高于女性城镇从业者（39.3%）（见表 17-70）。

表 17-70　　　　　　　　锻炼身体的情况　　　　　　　　单位：%

		从不	偶尔	有时	经常	样本数（N）
企业高管	女	6.2	29.5	37.9	26.4	227
	男	5.8	25.7	30.6	37.9	346
城镇从业者	女	25.0	35.6	22.2	17.1	3 311
	男	27.4	30.4	19.9	22.3	3 965

企业高管最近 3 年有病不看医生的比例大大高于城镇从业者。性别比较来看，女性企业高管中顾不上看病的比例比男性多 10.2 个百分点（见表 17-71）。

表 17-71　　　最近 3 年有过身体有病拖着不去看医生情况　　　单位：%

		没有	有	样本数（N）
企业高管	女	61.8	38.2	228
	男	72.0	28.0	343
城镇从业者	女	83.3	16.7	3 314
	男	85.2	14.8	3 965

在不去看病的人当中，两类企业经营管理人员中首要原因是工作/学习忙没时间的占比最高。其中女性企业高管中的 77.9%、男性企业高管中的 66.7% 是由于此原因，均大大高于女性城镇从业者中的 24.1% 和男性城镇从业者中的 26.4%。

2. 求助家人

当被问到在"解决家务负担"方面给自己影响和帮助最大的人时，选择集中在家人身上，且无论男女，都主要依靠配偶，其次是自己的母亲，但依靠程度存在性别差异。女性企业高管中的 40.0% 指望配偶帮忙，25.8% 得到母亲的帮助，还有 10.2% 得到配偶母亲的帮助。此外，双方的父亲也发挥了一点作用。完全没有人帮助的只有 10.7%。不过，男性企业高管更幸运，他们中只有 4.1% 没有任何人员或机构帮助（见表 17-72）。

表 17 - 72　　解决家务负担方面对自己影响或帮助最大的　　单位：%

		父亲	母亲	配偶	配偶的父亲	配偶的母亲	社会服务机构	其他人员或机构①	都没有	样本数（N）
企业高管	女	2.2	25.8	40.0	0.9	10.2	7.1	3.1	10.7	225
	男	1.5	12.5	74.6	0.9	3.2	1.2	2.1	4.1	343

从"孩子3岁前主要由谁照顾"来看，女性高层次人才能够依靠本人父母的比例为28.8%、依靠配偶父母的比例为31.1%，合计达59.9%，略高于非高层女性的同类比例（合计为50.0%）。代际间的抚育支持是女性高层次人才能够顺利完成生育职责的重要因素，特别是女性高层次人才来自女方父母的支持近30%，打破了传统上以父系家庭网络为主的家庭支持模式（见表17-73）。

表 17 - 73　　最后一个/这个孩子3岁以前白天主要由谁照顾　　单位：%

		本人	配偶	本人父母	配偶父母	其他亲戚	保姆/家政工	托儿所/幼儿园	家人共同照顾	样本数（N）
企业高管	女	11.8	1.9	28.8	31.1	3.8	11.8	10.8	—	212
	男	2.2	21.8	35.5	22.4	3.4	6.2	7.8	0.6	321
城镇从业者	女	40.6	0.8	23.4	26.6	1.4	3.7	3.5	0.1	2 806
	男	7.4	38.0	31.9	15.1	0.9	2.8	3.5	0.3	3 269

3. 求助社会化服务

对于"在解决家务负担上帮助最大的人员或机构"是什么这个问题，女性企业高管回答"社会服务机构"的比例为7.1%，比男性高层人才高5.9个百分点。

在"孩子3岁前主要由谁照顾"的问题上，女性高层次人才家庭使用保姆/家政工和托儿所/幼儿园服务的比例达22.6%，比男性高管家庭和女性城镇从业者家庭都高（见表17-73）。

五、组织环境

作为在组织内成长的企业管理人员，拥有一个性别友好的组织环境对她们的

---

① 此部分"其他人员或机构"包括老师、求学期间的学校/机构、同学/朋友、同事、单位/领导和其他亲戚，选择这些选项的比例均较小且没有特殊意义，故此合并在一起。

成长至关重要。

（一）职业规划方面：主要依靠单位/领导

当被问到在"职业规划"方面给自己影响和帮助最大的人时，男女的前三位选择排序一样：第一位是单位/领导，第二位是都没有，第三位是父亲，第四位：女性是配偶，男性是求学期间的学校/机构。女性选择单位/领导的比例略高（见表17-74）。

表17-74　　职业规划方面对自己影响或帮助最大的　　单位：%

		父亲	母亲	配偶	老师	同学/朋友	同事	求学期间的学校/机构	单位/领导	社会服务机构	其他人员或机构	都没有	样本数（N）
企业高管	女	10.1	2.6	8.4	4.4	3.5	4.0	5.3	**45.8**	2.2	2.6	11.0	227
	男	10.2	1.2	4.7	5.3	5.3	5.8	8.5	**42.1**	1.5	1.8	13.7	342

（二）提供资源和机会方面，企业高管大多靠单位/领导

当被问到在"提供资源和机会"方面给自己影响和帮助最大的人时，无论男女，选择"单位/领导"的比例均大大超过其他选择，女性更多依靠组织。女性选择"都没有"的比例略高于男性（见表17-75）。

表17-75　　提供资源和机会方面对自己影响或帮助最大的　　单位：%

		父亲	母亲	配偶	同学/朋友	同事	求学期间的学校/机构	单位/领导	社会服务机构	其他人员或机构①	都没有	样本数（N）
企业高管	女	3.1	—	2.2	4.0	1.3	0.9	**77.4**	2.2	1.3	7.5	226
	男	2.6	—	0.6	8.7	4.1	2.3	**70.6**	3.8	3.6	3.8	344

（三）性别友好的单位能够减少性别歧视

数据表明，女企业家所在单位领导班子女性比例更高、女性员工成员更高，性别歧视现象更少。女性企业高管、男性企业高管所在单位的领导班子女性比例

---

① 此部分"其他人员或机构"包括老师、配偶的父亲、配偶的母亲、其他亲戚，选择这些选项的比例均较小且没有特殊意义，故此合并在一起。

超过 30% 的分别为 35.8% 和 18.7% （见表 17-76）。

表 17-76　　　目前/最后所在单位领导班子的女性比例　　　单位：%

		没有女性	不足 30	30~50	超过 50	样本数（N）
企业高管	女	4.9	59.3	29.2	6.6	226
	男	31.3	50.0	16.7	2.0	342

男性企业高管所在单位工作人员女性比例超过 30% 的分别为 76.9% 和 65.5%（见表 17-77）。

表 17-77　　　目前/最后所在单位工作人员的女性比例　　　单位：%

		没有女性	不足 30	30~50	超过 50	样本数（N）
企业高管	女	—	23.1	41.3	35.6	225
	男	0.9	33.6	40.1	25.4	342

女性企业高管所在单位除了存在同等条件下男性晋升比女性快外，出现其他各种性别歧视现象的均少于男性。企业高管所在单位的晋升决策不能主要由该女性企业高管决定或独自决定（见表 17-78）。

表 17-78　　　最近 3 年所在单位有以下现象的情况　　　单位：%

		A	B	C	D	E
企业高管	女	29.0	43.1	55.2	75.5	46.8
	男	21.9	32.6	60.4	72.5	47.9

注：A 为只招男性或同等条件下优先招用男性；B 为同等条件下男性晋升比女性快；C 为在技术要求高/有发展前途的岗位上男性比女性多；D 为同职级女性比男性退休早；E 为重要部门或业务没有女性主管。可以看出，在职业规划、提供资源和机会、减少性别歧视等方面对女性友好的组织，有利于女性更好地成长。

总之，女性企业高管以中年为主。在职业进入方面，多以 20 岁左右开始工作，第一份工作多为体制内，其进入多依靠亲友帮助。她们平均发生过两次职业变动，性别差异不大。她们职业中断并不明显，且少于女性城镇从业者。从职业现状看，多数拥有专业技术职称，在拥有单位股权方面性别差异不大；从业的企业规模有一定的性别差异，女性多来自中小企业，男性多来自大中企业；在单位所有制上，六成来自国有企业，性别差异不大。多数女高管满意自己的职业成就，工作满意度较高。职业成就使女企业高管在很多方面与自己的女性同胞拉开了距离,更接近男性同行。

从成才规律看,女性企业高管更多出生于较好的家庭环境,父母多为城镇人和较高的受教育水平。在人力资本上,女性企业高管学历起点高,继续学习的意愿比男性更强;在学期间担任干部从事社会实践的比例高。在社会资本上,女性企业高管有很好的建构能力和主动性。从工作和家庭的平衡看,女性企业高管虽面临挑战,但有更好的平衡工作家庭的能力。从组织环境看,女性企业高管多处于性别友好型的组织中,同时她们有开放的性别观念和自信。

总之,女性企业高管比女性同胞和男性同行有更好的出身,同时还非常努力地在市场上拼搏和奋斗,这使她们取得了重要的职业地位。但传统的性别规范,特别是家庭角色依然对其有阻碍。

第十八章

女企业家成长规律研究

促进女性的创业和发展是我国人才资源开发和利用中亟待解决的重要问题。对已经成功创业的女企业家进行研究有助于我们理解市场经济条件下女性参与市场并获得发展的状况及其特点,从而为相应政策、措施的制订提供科学的依据,鼓励更多女性进入创业领域,实现人力资源开发和利用上的性别平等。企业家是指通过自己创业成为企业雇主的人,其中有效样本数共计245人,男性126名,占51.4%,女性119名,占48.6%。男性平均年龄为43.8岁,已婚比例为94.4%,女性平均年龄为45.3岁,已婚比例为89.8%。

本章用性别比较的方法描述样本的基本统计特征,关注企业家的行为和观念,具体包括市场行为、政治嵌入和性别观念三部分内容,总结面对转型期市场领域所表现出的异同之处,用回归模型检验相关影响因素的作用。

一、女企业家的基本特征

(一) 年龄分布

女企业家的年龄多集中于40~59岁,占了75.6%。男企业家的年龄分布较为均匀,30~39岁的比例高于相应的女性比例(见表18-1)。

出生地分布方面,相较男性,女企业家有更高比例的城市出身,占38.7%,比男性高出10个百分点;来自农村的比例有30.3%,比男性略低(见表18-2)。

表 18 -1　　　　　　企业家年龄分布的性别比较　　　　　　单位：%

	29 岁及以下	30~39 岁	40~49 岁	50~59 岁	60 岁及以上
女企业家	0.8	20.2	52.9	22.7	3.4
男企业家	4.0	29.4	43.7	18.3	4.8

表 18 -2　　　　　　　　　出生地分布　　　　　　　　　单位：%

	村	镇	县城（包括县级市）	城市（地级市及以上）
女企业家	30.3	12.6	18.5	38.7
男企业家	37.3	11.1	23.0	28.6

（二）女企业家的出身

女企业家的父亲职业分布比较平衡，且与男性差异不大。其中父亲是农业人员的比例最高，为 27.7%，其次是专业技术人员，为 18.8%（见表 18 -3）。

表 18 -3　　　　　　　　　父亲职业　　　　　　　　　单位：%

	各类负责人	专业技术人员	办事人员	商业服务业人员	农业人员	生产、运输设备操作人员
女企业家	16.8	18.8	16.8	3.0	27.7	16.8
男企业家	16.2	17.1	13.7	7.7	32.5	12.8

女企业家的母亲职业主要是农业人员，比例为 32.4%，其次是专业技术人员，为 26.5%；男企业家的情况类似。回答母亲职业的样本缺失值较多（见表 18 -4）。

表 18 -4　　　　　　　　　母亲职业　　　　　　　　　单位：%

	各类负责人	专业技术人员	办事人员	商业服务业人员	农业人员	生产、运输设备操作人员	样本数（N）
女企业家	8.8	26.5	10.3	7.4	32.4	14.7	68
男企业家	13.6	18.5	6.2	3.7	46.9	11.1	81

（三）女企业家的婚姻家庭状况

女企业家目前处于未婚的比例低于相应男性，离婚、丧偶比例高于男性（见表 18 -5）。

表 18-5　　　　　　　　　　　目前的婚姻状况　　　　　　　　　　单位：%

	未婚	已婚	离婚	丧偶
女企业家	1.7	89.8	6.8	1.7
男企业家	3.2	94.4	2.4	—

在上一年的个人总收入上，女企业家的均值和中位数均高于男性，但是标准差也高，说明女性企业间之间的收入存在较大的异质性（见表 18-6）。

表 18-6　　　　　　　　　　上一年的个人总收入　　　　　　　　　单位：元

	均值	标准差	中位数
女企业家	671 125.7	1 503 323.2	165 000
男企业家	410 120.8	933 886.9	120 000

从女企业家的时间分配看，其工作和家庭的矛盾明显。将工作时间、学习时间和上下班的路途时间定义为职业活动时间。调查使用"前一天中，分别花费在有收入的工作/劳动/经营活动、学习（含专业培训和借助媒体的学习等）和工作/劳动/学习往返路途的时间"来了解企业家的时间分配。从工作时间看，无论是工作日还是休息日，企业家两性间不存在差异；从学习时间看，性别间差异不大，女性投入的时间略多。从交通时间看，无论是工作日还是休息日，男女企业家所花时间相差无几。三项时间加总后，女企业家在工作/学习日用于职业活动的时间为 10 小时 20 分钟，比男性稍多；在休息日也要比男性多出 25 分钟。女企业家在投入如此多的职业活动时间的同时，必然要考虑所涉及活动对其经营企业的价值，特别是要考量参与组织后所带来的成本与收益，而趋向于参与功利性组织是因为它们能够提供信息和资源，弥补在市场环境中的劣势（见表 18-7）。

表 18-7　　　　　　企业家的工作时间分配的性别比较　　　　　　单位：分钟

	昨天用于有收入的工作/劳动/经营活动的时间		昨天用于学习的时间		昨天用于工作/劳动/学习往返路途的时间		三项加总的时间	
	工作/学习日	休息日	工作/学习日	休息日	工作/学习日	休息日	工作/学习日	休息日
女企业家	495	159	62	44	62	33	620	225
男企业家	490	146	53	21	64	32	600	200

二、女企业家的多元资本积累

人们常常相信"市场不相信眼泪",调查表明,女企业家更多地自来自中型企业,占 2/3,高于男性 8 个百分点,来自小企业的比例也高于男性(见表 18-8)。

表 18-8　　　　　　　　　　企业的规模　　　　　　　　　　单位:%

	小型	中型	大型
女企业家	26.9	66.4	6.7
男企业家	33.6	58.4	8.0

通过企业家在人力资本、社会资本和政治资本的积累看性别异同。

(一)人力资本

人力资本的概念肇始于舒茨和贝克尔。国际经济合作与发展组织(OECD)将人力资本定义为"个人拥有的能够创造个人、社会和经济福祉的知识、技能、能力和素质"。人力资本理论认为,人力资本主要源自教育、培训、工作的变动和人口迁移。对人力资本的度量多使用受教育年限或水平指标[1]。例如,对个人收入差异来源的经验解释通常采用明瑟收入函数来估计教育回报率的高低,重点讨论收入与正规学校教育、在职培训和工作经验等人力资本投资之间的关系。已有研究发现,人力资本不仅在女性创业过程中发挥作用[2][3],对其后期的投入也影响着女企业家的持续发展[4][5][6]。

在受教育程度方面,女企业家中的研究生比例较男性群体高,但二者在其他文化程度层次上接近。在不包括成人教育的上学年数上,女性的平均年数为 11.9 年,男性的平均年数为 12.6 年,但中位数都是 12.0 年。这说明,尽管企业家由于出生年代的特殊而导致在校时间并不长,但在后期的工作生涯中通过进修等方

---

[1] 李海峥、梁赟玲、Fraumeni Barbara 等:《中国人力资本测度与指数构建》,载于《经济研究》2010 年第 8 期。
[2] 胡怀敏、朱雪忠:《人力资本对女性创业的影响研究》,载于《经济师》2007 年第 4 期。
[3] 胡怀敏:《我国女性创业及影响因素研究》,华中科技大学,2007 年博士毕业论文。
[4] 关培兰、郭云菲:《女企业家人力资源开发障碍分析》,载于《中国人力资源开发》2003 年第 6 期。
[5] 周学馨:《女性创业与女性人力资源开发》,载于《人才开发》2004 年第 3 期。
[6] 刘文、黄玉山:《女企业家人力资本对创业绩效影响的研究——来自中国 151 个女企业家的案例》,载于《山东女子学院学报》2013 年第 2 期。

式获得了更高的学历证书（见表18-9）。

表18-9　　　　　企业家的受教育程度的性别比较　　　　　单位：%

	女企业家	男企业家
初中及以下	5.0	6.3
高中、中专和中技	22.7	23.8
大学	54.6	60.3
研究生	17.6	9.5

从培训进修参与率来看，在近3年参加培训或进修的情况方面，女性的表现比男性更积极（见表18-10）。

表18-10　　　近3年来参加培训或进修经历的性别比较　　　单位：%

	有过	样本数（N）
女企业家	75.5	102
男企业家	63.6	107

近3年参加过进修或培训的人中，男女企业家的平均次数接近，中位数上则是女企业家多接受1次培训（见表18-11）。

表18-11　　　近3年参加过进修或培训次数的性别比较　　　单位：次

	均值	标准差	中位数	样本数
女企业家	3.9	4.6	3	76
男企业家	3.7	6.0	2	66

近3年参加过培训或进修的人中，在最长一次培训或进修的时间上，女企业家的受训时间远远超过男性群体，达到124.8天，中位数也有30天，是男性群体的两倍（见表18-12）。

表18-12　　　最长一次培训或进修的时间的性别比较　　　单位：天

	均值	标准差	中位数	样本数（N）
女企业家	124.8	242.9	30	65
男企业家	69.9	127.3	15	58

在培训进修内容上,企业家多集中于参加各类职业/专业培训(含岗位、晋升、再就业培训、考试培训等)和实用技术培训。女企业家参加学历或学位教育的比例是男企业家的两倍(见表18-13)。

表18-13　　　　近3年参加过的最长一次培训或
进修的内容的性别比较　　　　　　　　　　单位:%

	实用技术培训	学历或学位教育	各类职业/专业培训	知识普及教育(如法律、健康等)	样本数(N)
女企业家	27.6	14.5	48.7	9.2	76
男企业家	31.3	7.5	58.2	3.0	67

在"目前最想学的知识或技能"方面,女企业家首选实用技术/职业技能/专业知识,其次是发展兴趣,提高修养(书画、歌唱、舞蹈等)。什么都不想学的人的比例在女企业家中仅有0.9%的比例。女企业家学习的热情很高(见表18-14)。

表18-14　　　"目前最想学的知识或技能"的性别比较　　　单位:%

	实用技术/职业技能/专业知识	生活知识	子女教育知识	发展兴趣,提高修养	什么都不想学
女企业家	68.4	10.5	5.3	14.9	0.9
男企业家	69.7	5.9	4.2	16.8	3.4

获得荣誉或奖项说明企业家的工作经验获得了社会的承认,能为企业家带来更多的回报。在工作后获得的最高荣誉/奖项级别方面,女企业家获奖多,尤其在国家级和省部级上,比男性多10~20个百分点。女性中没获过奖的比例为21.0%,远低于男性的比例51.6%。这说明女性要足够优秀才可以作为成功企业家与男性竞争(见表18-15)。

表18-15　　　　企业家的获奖情况的性别比较　　　　　单位:%

	没获得过	国际级	国家级	省部级	地市级及以下
女企业家	21.0	1.7	24.4	22.7	30.3
男企业家	51.6	1.6	5.6	11.1	30.2

在企业家群体中,不少人拥有国家承认的专业技术职称,女性略低于男性,

但也达到 43.7% 的比例，这同样表明女企业家需要具备相当的行业资质，能力得到国家的认可（见表 18-16）。

表 18-16　目前国家承认的有专业技术职称情况的性别比较　　单位：%

	有
女企业家	**43.7**
男企业家	**47.2**

（二）社会资本

已有研究发现，创业女性通过社会资本获得了企业存在和发展的关键性资源、机会和支持。女企业家可建立和运用的社会资本并不局限于建立在血缘或亲缘关系基础上的传统的家庭关系网络，也包括公民社会组织等组织网络资源①②③④⑤⑥。

中国的市场化是由政府主导的过程，与私营企业主相关的经济政策是从禁止到鼓励⑦⑧，企业主的生存安全直接受到政策以及执行政策的国家干部决定，获得发展需要的资源也要依靠政府的支持，而领导位置代表着对多种资源的控制权。调查显示，在是否会主动联络看望领导方面，女企业家会更倾向于主动联络或看望领导，"从不"的比例仅为 8.4%，而相应的男性比例占 19.8%。在主动联络看望客户/合作伙伴方面，男女的情况相近，说明这种在市场中通常定位为平等关系的接触对于不同性别而言也确实无应对上的区别，不像官员那样具有特别的权重以致处于劣势的女企业家需要给予更为主动的关注（见表18-17）。

---

　① 费涓洪：《社会资本与女性创业——上海 30 位私营企业女性业主的个案调查》，载于《中华女子学院学报》2005 年第 2 期。

　② 胡怀敏、范倜：《社会资本视角下的女性创业》，载于《经济论坛》2006 年第 21 期。

　③ 胡怀敏、朱雪忠：《创业动机、社会资本与女性创业》，载于《北京工业大学学报（社会科学版）》2007 年第 4 期。

　④ 刘中起、风笑天：《社会资本视阈下的现代女性创业研究：一个嵌入性视角》，载于《山西师大学报（社会科学版）》2010 年第 1 期。

　⑤ 罗东霞、米培兰：《经济转型期中国女性创业者社会资本与融资战略研究》，载于《科技进步与对策》2008 年第 11 期。

　⑥ 汪忠杰、柯燕：《联谊型妇女 NGO 与女性社会资本的建构——以女企业家协会为例》，载于《中华女子学院山东分院学报》2010 年第 1 期。

　⑦ 冯辉、万其刚：《我国个体和私营经济法律地位的历史演变》，载于《当代中国史研究》2004 年第 1 期。

　⑧ 崔明霞：《论个体、私营经济的法律地位》，载于《中外法学》1998 年第 4 期。

表 18-17　主动联络看望领导和客户/合作伙伴情况的性别比较　　单位：%

	主动联络看望：领导				主动联络看望：客户/合作伙伴			
	从不	偶尔	有时	经常	从不	偶尔	有时	经常
女企业家	8.4	33.6	29.4	28.6	1.7	10.1	24.4	63.9
男企业家	19.8	29.4	24.6	26.2	2.4	12.7	22.2	62.7

用拜年圈和吃饭圈来测量社会交往圈的范围和高度。在2010年春节前后，女企业家看望的人中有企业主/企业高管的比例略低于男企业家，但看望的人中有厅局级及以上干部、处级干部和高级职称专业技术人员的比例分别比男性高6.4个、8.6个和4.4个百分点（见表18-18）。

表 18-18　2010年春节前后看望的人中有下列人员情况的性别比较　　单位：%

	企业主/企业高管	厅局级及以上干部	处级干部	高级职称专业技术人员
女企业家	67.2	42.9	53.8	63.9
男企业家	70.6	36.5	45.2	59.5

过半企业家在自己家中吃晚饭，在餐馆用餐的比例也较高，这说明企业家参加吃饭应酬确实比较普遍。但是，女性在餐馆吃饭的比例比男性低，没有吃晚饭的比例达到5.0%（见表18-19）。

表 18-19　"昨天吃晚饭地点"的性别比较　　单位：%

	没有吃	自己家	别人家	食堂	餐馆	工作地点
女企业家	5.0	54.6	5.0	5.0	29.4	0.8
男企业家	0.8	55.6	2.4	3.2	38.1	—

企业家在调查前一天与某人一起吃饭的人中有高达三成左右是同事/合作伙伴。与其他朋友吃饭的比例高于20%。但是，女性与同事/合作伙伴吃饭的比例低于男性（见表18-20）。

表 18-20　"昨晚一起吃晚饭的是否有下列人"的性别比较　　单位：%

	家人/亲戚	同学	同事/合作伙伴	老乡/邻居	其他朋友
女企业家	71.7	4.5	30.1	4.5	23.0
男企业家	65.3	4.9	35.8	2.4	21.0

在需要时能否得到相关人员的帮助方面，女企业家比男性有更高比例能够得到厅局级及以上干部、处级干部的帮助，再次体现出女企业家与行政官员网络之间的密切联系（见表18-21）。

表18-21　　　企业家得到相关人员帮助情况的性别比较　　　　　单位：%

	企业主/企业高管	厅局级及以上干部	处级干部	高级职称专业技术人员
女企业家	68.4	46.0	59.3	68.4
男企业家	70.4	38.4	48.0	61.6

在构建社会资本的能力方面，数据没有呈现出明显的性别差异。女企业家认为不符合自己情况的比例略高于男性，在其他选项上的差异则不大（见表18-22）。

表18-22　　　经常把工作中认识的人变成朋友情况的性别比较　　　单位：%

	非常符合	比较符合	不太符合	很不符合
女企业家	52.6	40.5	6.9	—
男企业家	51.6	46.0	2.4	—

（三）政治资本

在组织参与上，女企业家有更高的比例（37.0%）参与社会公益组织，她们有远高于男性的比例加入专业、行业组织（74.8%），表明女企业家的社会参与性很高（见表18-23）。

表18-23　　　　　企业家加入各类组织的情况　　　　　　　　单位：%

	专业、行业组织	联谊组织	社会公益组织	社区管理、活动组织	民间自助、互助组织
女企业家	74.8	42.9	37.0	16.0	10.1
男企业家	54.0	45.2	25.4	17.5	14.3

在加入组织的主要目的上，首先是为了获得更多的信息和资源，女性中有此目的的比例为48.0%，男性的相应比例为59.3%；其次是帮助他人/服务社会，女性中比例为39.0%，高于男性的30.8%。

功利性越强的组织，女企业家参与其中的比例就更高，反映出市场机制所要求的工具理性对两性没有差异。这一点也可以从企业家用于职业活动时间的长短和性别间比较来理解。

总之，女企业家积累了多元资本。

三、女企业家的社会支持和社会需求

在企业家目前最需要的帮助或支持方面，女性和男企业家中排名前三的都是创业资金支持、增加收入和提高医疗保障水平。但女企业家比男性更需要创业资金支持，比例为 38.7%。另外，对免费职业/技术培训的需要也高于男性，达到 13.4%。这些企业家们目前最希望得到的帮助或支持说明，在市场竞争环境中，女企业家同男性一样，都要考虑如何促进资本积累以促进企业的发展（见表 18-24）。

表 18-24　　　　"目前最需要的帮助或支持"的
性别比较（前六位）　　　　　　　　　单位：%

	女企业家	男企业家
创业资金支持	38.7	32.5
增加收入	18.5	27.8
提高医疗保障水平	14.3	13.5
免费职业/技术培训	13.4	4.0
子女教育指导	5.9	5.6
减轻家务负担	2.5	—

就实际情况而言，企业家们在职业发展中得到过哪些支持力量呢？从鼓励成才、职业规划、提供资源和机会和解决家务负担四个方面询问了受访者在职业发展这四个方面给予自己最大影响和帮助的人员或机构。

鼓励成才方面，两性排第一位的都是父亲，但男性明显高出女性 12 个百分点；女性选择母亲鼓励的比例虽然为第三位，但比男性高出 10 个百分点；配偶都排在第二位，两性比例接近（见表 18-25）。

表 18-25　　　　"鼓励成才方面对自己影响或帮助
最大的"性别比较　　　　　　　　　单位：%

	父	母	配偶	配偶父母	老师	求学期的学校	单位	其他[①]	都没有
女企业家	37.6	17.1	18.8	0.9	4.3	0.9	5.1	7.8	7.7
男企业家	49.2	7.9	16.7	—	3.2	1.6	2.4	11.9	7.1

---

① 此部分"其他人员或机构"包括同学/朋友、同事、求学期间的学校/机构和其他亲戚。

当被问到在"职业规划"方面给自己影响和帮助最大的人时,选择较为分散,最高比例都没有超过20%的;但两性排序差异较大。女性排第一位的是配偶;第二位是父亲;很值得关注的是第三位为"都没有";第四位是单位/领导。男性首选是"都没有",即主要靠自己,其次是同学/朋友,再次是配偶,最后是父亲(见表18-26)。

表18-26　　"职业规划方面对自己影响或帮助最大的"的性别比较　　　　单位:%

	父	母	配偶	老师	同学/朋友	同事	学校	单位	社会机构	其他①	都没有
女企业家	15.4	4.3	18.8	7.7	9.4	7.7	7.7	11.1	4.3	1.8	12.0
男企业家	13.6	2.4	15.2	5.6	17.6	7.2	4.8	10.4	2.4	1.6	19.2

当被问到在"提供资源和机会"方面给自己影响和帮助最大的人时,选择较为分散,且存在性别差异。女企业家获得资源帮助的:排第一位的是社会机构;第二位是单位/领导;第三位是同学/朋友。男企业家获得资源帮助的:首选是同学/朋友,其次是单位/领导,最后是都没有(见表18-27)。

表18-27　　"提供资源和机会方面对自己影响或帮助最大的"的性别比较　　　　单位:%

	父	母	配偶	同学/朋友	同事	学校	单位	社会机构	其他②	都没有
女企业家	7.6	0.8	11.8	17.6	0.8	3.4	20.2	21.0	5.0	13.4
男企业家	9.6	0.8	—	26.4	4.8	3.2	19.2	13.6	7.2	16.8

当被问到在"解决家务负担"方面给自己影响和帮助最大的人时,选择均集中在家人身上,且无论男女,都主要依靠配偶,其次是自己的母亲;但在第三个依靠对象上,配偶的母亲也是一个重要选择。女性比男性更多地依靠"社会机构"解决家务负担,有16.2%选择此一途径(见表18-28)。

工作—家庭间的冲突是企业家群体需要面对的重要问题。用近年来是否出现"因为工作太忙,很少管家里的事"这一问题测量工作侵入家庭的情况。数据表明,无论男女,经常如此的企业家占到1/3的比例(见表18-29)。

---

① 此部分"其他人员或机构"包括配偶的父亲、配偶的母亲和其他亲戚。
② 此部分"其他人员或机构"包括老师、配偶的父亲、配偶的母亲、其他亲戚。

表 18-28　解决家务负担方面对自己影响或帮助最大的　　　单位：%

	父	母	配偶	配偶的父亲	配偶的母亲	社会机构	其他①	都没有
女企业家	1.7	28.2	29.9	—	6.0	16.2	7.8	10.3
男企业家	1.6	11.1	69.0	0.8	2.4	4.0	4.8	6.3

表 18-29　近年来"因为工作太忙，很少管家里的事"
的现象发生在自己身上的情况　　　单位：%

	从不	偶尔	有时	经常
女企业家	15.4	29.1	23.1	32.5
男企业家	13.5	30.2	20.6	35.7

用近年来是否出现"为了家庭而放弃个人的发展机会"这一问题测量家庭侵入工作的情况。数据表明，企业家"从不"这样做的比例最高。这可能显示企业家更需要打拼。男性比女性"为了家庭而放弃个人的发展机会"的可能更少（见表 18-30）。

表 18-30　近年来"为了家庭而放弃个人的发展机会"的
现象发生在自己身上的情况　　　单位：%

	从不	偶尔	有时	经常
女企业家	67.0	27.0	4.3	1.7
男企业家	71.4	16.7	11.9	—

总之，在市场行为方面，女企业家在获取人力资本和社会资本上的表现像男企业家一样，甚至更好，在目前最想得到的帮助方面也是服从市场竞争的需要。说明市场竞争有"去性别化"的倾向。但性别差异依然存在，如女企业家经营的总体规模比男性小；女企业家更多地参与学习和公共事务。

四、影响女企业家成就的因素分析

研究发现，企业家皆有积极的政治参与，由此假设企业家的政治嵌入可能成

---

① 此部分"其他人员或机构"包括老师、求学期间的学校/机构、同学/朋友、同事、单位/领导和其他亲戚。

为经营能力增长的重要因素;同时重点关注性别观念对职业发展的影响。

(一) 企业家政治嵌入的性别比较

中国共产党对私营企业主的政治态度经历了从排斥到整合的过程①②,私营企业主在政治地位上的改变是以江泽民在 2001 年发表允许私营企业主入党的讲话为开端③。2002 年,中共十六大党章规定"其他社会阶层的先进分子"可以申请入党。企业主迎合这种拉拢使其能够与现有体制结盟,获得社会和政治上的认可,也就是说,前者需要政治上的庇护来谋求经济利润,后者要以经济的发展来作为合法性的根据,二者都是现行体制的既得利益者④。对于女企业家的研究指出,女企业家参政比例相对比较高,但其政治参与意识仍较薄弱,参政动机也主要停留在追求个人与企业利益的较低层次上⑤。

政治面貌上,企业家中以群众居多,但共产党员的比例也不少,在女企业家中占 24.4%,低于男性的 31.0%。在民主党派上,女企业家为民主党派成员的比例高于男性 5 个百分点。在市场转型时期,党员身份对私营企业家有重要的意义和价值,表明这些经营管理人才有积极的政治诉求;他们也会因政治身份得到政治上的资源和保护。它通常是获得其他政治地位的前提(见表 18 - 31)。

表 18 - 31　　　　　　企业家的政治面貌的性别比较　　　　　　单位:%

	群众	共青团员	共产党员	民主党派
女企业家	61.3	5.0	24.4	9.2
男企业家	61.9	3.2	31.0	4.0

在是否当过人大代表或政协委员方面,女企业家中正在任期中的比例为 43.7%,远高于男性的 19.8%。这说明女性需要更多地借助政治身份来保障和获取资源,以应对不利的市场环境;即使她们在创业成功并获得社会认可后,

---

① 吴晓林:《从政治"排斥"到"积极整合":新时期党对私营企业主阶层整合政策的变迁》,载于《探索》2012 年第 4 期。

② G. Guiheux, *The Political "Participation" of Entrepreneurs: Challenge Or Opportunity for the Chinese Communist Party? Social Research*, 2006, 73.

③ 江泽民:江泽民在庆祝建党八十周年大会上的讲话,http://www.people.com.cn/GB/shizheng/16/20010702/501591.shtml。

④ Bruce J. Dickson, *Integrating Wealth and Power in China: The Communist Party's Embrace of the Private Sector, China Quarterly*, 2007, 192.

⑤ 郭夏娟、董以红:《女性·财富·政治——温州市女企业家的政治参与的调查》,载于《中华女子学院学报》2006 年第 2 期。

面对政府官员的侵扰（出于意识形态和维护国企利益的缘故）、相关法律的缺失、商业传统和规则的落后，选择并实现政治嵌入无疑是符合其作为"经济人"和"政治人"的理性追求。另外，还存在着一种可能性，就是女企业家在社会上属于凤毛麟角，因此她们更多地具有了被挑选成为政治代表人物的可能性（见表18-32）。

表18-32　企业家担任人大代表或政协委员情况的性别比较　　　单位：%

	是否担任过人大代表或政协委员		
	没有	正在任期中	曾经担任过
女企业家	51.3	43.7	5.0
男企业家	77.0	19.8	3.2

目前的市场环境使男女企业家都倾向于认为"事业成功，环境和机遇比个人能力更重要"：女企业家中同意的比例达到62.4%，男性的相应比例为66.7%，相差不大。因此，只要可能，无论男女，企业家都会运用各种资源和机会来抓住机遇，适应甚至改变环境（见表18-33）。

表18-33　　　企业家对环境和机遇的看法的性别　　　单位：%

	事业成功，环境和机遇比个人能力更重要				
	非常同意	比较同意	不太同意	很不同意	说不清
女企业家	21.4	41.0	32.5	3.4	1.7
男企业家	25.4	41.3	27.0	3.2	3.2

企业家的政治嵌入反映的是这一新兴社会利益群体与市场领域内外的制度和行动者之间的互动关系。通过将政治嵌入具体操作化为企业主对各色政治身份的追逐和占有则可以合理地推断，正是通过党员身份以及人大代表或政协委员等制度规定的"参政议政"渠道或者其他"执政"途径，个人有机会和能力改变当地甚至国家的政治议程，影响企业的生存与发展环境如制度执行偏好和力度、产业政策、行业标准等。

（二）影响两性企业家政治嵌入的因素分析

有哪些因素会影响企业家的政治嵌入呢？通过二元Logistic模型分别解析党员身份的获得和影响企业家是否担任过人大代表或政协委员的因素。

尽管基于截面数据的回归分析常被用于支持或证伪涉及因果关系的命题，但就其本质而言，只是在控制其他影响因素下对某一关键变量作用的探索性分析，是对其与因变量之间相关关系的精致描述。由于缺乏有关事件发生的时序信息，它并不能"证明"因果关系的存在。虽然希望分析决定企业家进入不同政治嵌入情况的影响因素，但由于数据并非来自对同一批企业家的追踪调查，因此对回归分析的结果持以谨慎对待的态度，即承认截面数据用于因果推理的局限性，研究发现更多的是在呈现事物之间的关联性质，而非决定性的作用。

企业家很可能在创办企业之前即已进入某一政治嵌入情况，发生在后的企业层面的"影响因素"自然对此不产生"决定"作用。不过，可以合理地认为它们有使企业主"保留"或"停留"在该状况的功用。这既是指企业家因企业层面的因素得以维系较高程度的政治嵌入，也是指企业家因之只能囿于现状。分析企业家进入或维持不同政治嵌入状况的影响因素实际上是考察处于不同政治嵌入状况的企业主家各方面特征上的差异。

回归模型中的因变量分别为企业家是否有党员身份和是否当过人大代表或政协委员。

出于探索性分析的目的，此处无明确的研究假设需要加以检验，关注的是政治嵌入情况相异的企业家在相关特征上的差异，因此不指定特定的解释变量。自变量之间互为控制变量，其参数可理解为在控制其他因素情况下，企业家获得或维持党员身份和其他政治角色的可能性变化程度。

自变量包括性别、年龄、受教育年数等，之所以纳入这些变量是有以下考虑：

性别：以女性为参照类。女性从家庭进入公领域经营自己的企业可能要面临比男性更多的困难，如果政治嵌入有利于企业的生存和发展，女企业主会更有动机寻求政治嵌入；另外，女企业家如果不符合党和政府遴选政治角色的标准或者性别友好的政策并不在体制外有所作用，那么，女性在政治嵌入方面可能处于不利的情势。

年龄：企业主的社会阅历和政治社会化程度有可能影响对政治嵌入模式的选择。在"特殊主义"盛行的中国社会，人际关系网络的经营与企业的运营同样重要，前者是转型期社会资源分配的重要方式。而这些都与人生历练相连，年长者更善于处理复杂的人情来往，积累起充足的社会资本，在其职业经历和政治社会化过程亦能洞察与党和政府打交道的重要性与关键点。

受教育年数：从人力资本的角度来看，更高的文化程度意味着更强的认知能力，政治社会化的程度也更高，更有意愿和动机参与政治。从文化资本的角度来看，随着社会的发展，有更高文化程度的人更容易得到认可，有利于在社会结构中的流动。

企业家的收入和企业规模：企业规模分为小型、中型和大型企业，以小型企业为参照类。从经济基础决定上层建筑的角度来看，正是市场化过程中政府与私营企业之间日益增强的共生互惠关系使企业家的政治嵌入得以成为现实。从企业家群体内部的异质性来看，不同层级的企业经营规模和效益对应着企业家所拥有的经济地位，意味着对市场控制能力的大小。在资源交换愈发通过公开市场进行时，无论是社会，还是政府，都会对有实力的企业产生依赖，企业家作为人格化的私营企业也就能借此提升其社会和政治地位，甚至出现所谓的"领导傍大款"现象。

对于坐拥可观资产的企业家而言，他们比其他规模的企业有更强的动力和追求通过更高程度的政治嵌入来保障财产安全、发展自身的事业。可见，企业家在政治嵌入上的分化主要还是来自经济资本上的存量差异和增量欲望。

政治面貌：将企业家区分为党员和非党员，以非党员为参照类。根据《中华人民共和国全国人民代表大会和地方各级人民代表大会选举法》"第2条　全国人民代表大会的代表，省、自治区、直辖市、设区的市、自治州的人民代表大会的代表，由下一级人民代表大会选举。不设区的市、市辖区、县、自治县、乡、民族乡、镇的人民代表大会的代表，由选民直接选举。""第29条　全国和地方各级人民代表大会的代表候选人，按选区或者选举单位提名产生。各政党、各人民团体，可以联合或者单独推荐代表候选人。选民或者代表，十人以上联名，也可以推荐代表候选人。"在直选范围有限的情形中，入党的企业家可经由党委组织部推荐成为人大代表候选人，这使其与党和国家的关系更为紧密，即使参选不意味着当选，而后者更多被视为是政治安排的结果。

依据《中国人民政治协商会议章程》"第21条　凡赞成本章程的党派和团体，经中国人民政治协商会议全国委员会常务委员会协商同意，得参加中国人民政治协商会议全国委员会。个人经中国人民政治协商会议全国委员会常务委员会协商邀请，也得参加中国人民政治协商会议全国委员会。参加地方委员会者，由各级地方委员会按照本条上述规定办理"，企业家如果要成为政协委员就必须得到委员会的邀请。而"目前政协委员产生机制，通常是各地方党委组织、统战部门在收集人选提名、推荐和汇总，形成建议名单，由统战部出面与各民主党派无党派人士、人民团体和社会各界的代表人士进行小范围协商，最后征求同级政协党组的意见"[①]。依此观之，没有党和国家的足够认可，企业家就难以得偿心愿。对于那些党员企业家而言，与党组织的关联使他们比其他同样有愿望的企业家更可能借助组织的力量成为人大代表或政协委员。具体回归结果如表18－34所示。

---

① 朱世海：《改革的关键是扩大民主》，载于《南风窗》2010年第18期，第26~27页。

表 18-34　企业家政治嵌入的影响因素分析（Logistic 回归结果）

	模型 1 党员身份	模型 2 担任过人大代表或政协委员
女性	0.780 (0.255)	2.349* (0.801)
年龄	1.046* (0.023)	1.039 (0.024)
受教育年数	1.150* (0.074)	0.921 (0.061)
个人上年劳动收入 （元，经自然对数化处理）	1.007 (0.090)	1.316* (0.150)
政治面貌（参照：非党员）		
党员		1.577 (0.565)
有无女性榜样（参照：无）		
有	0.960 (0.312)	2.519** (0.894)
企业规模（参照：小型）		
中型	1.655 (0.599)	5.440*** (2.356)
大型	2.888 (1.703)	15.155*** (10.281)
出生地（参照：村）		
镇	1.630 (0.807)	0.863 (0.483)
县	0.752 (0.336)	0.947 (0.455)
市	0.712 (0.283)	1.167 (0.482)
Pseudo R^2	0.055	0.217
样本数（N）	235	235

注：* 为 $p<0.05$，** 为 $p<0.01$，*** 为 $p<0.001$，单元格括号中的数字为标准误。

根据模型参数可以得出以下几个结论。

第一，在党员身份的获取上，在控制其他变量后，女企业家与男企业家之间并无统计上的显著差异。年龄、受教育年数均会显著提升企业家成为共产党员的可能性。企业规模虽然没有显著影响,但从参数大小来看,拥有的企业规模越大,企业家越有倾向得到党员身份。

第二,在企业家担任过人大代表或政协委员方面,女企业家成为人大代表或政协委员会的可能性是男性的 2.349 倍。企业家的收入、企业规模影响政治角色的担任,相比小型企业,拥有中型企业的企业家当过人大代表或政协委员的可能性是前者的 5.44 倍,大型企业的企业家的相应可能性则是 15.155 倍于小型企业的拥有者。这说明,在成为政治代表人物方面,企业规模比性别更有影响力,虽然女企业家似乎比男性有更多的成为政治代表人物的机会。

(三) 企业家在观念方面的性别比较

企业经营效率与经营者的观念有紧密联系,重点分析创业动机、工作态度与自信以及性别观念对企业家的影响,并做性别比较。

1. 创业动机的性别比较

佟新通过访谈 20 位各种类型的女性私营企业家,并在各类媒体上收集大量相关资料,从社会建构的立场认为,两性在创业的动力机制方面没有差异。同时指出按创业类型可识别出"心中有梦肯于努力型"、继承式、转型类和混合型的女性私营企业家。这些类型并无异于男性的相应类别,只是这些类型在女企业家中占有更高的比例。另外,"心中有梦肯于努力型"是成功的女企业家的主流[①]。

调查表明,在创业动机上,女企业家与男性有一定差异,首先是排序上,女性的前三位是:谋求发展、实现自我价值和更好利用已有资源。男性的前三位略有差异,是谋求发展、实现自我价值和挣更多的钱。只有 45.3% 的女企业家表示创业动机是"想挣更多的钱";而男性这一动机达 68.8%,比女性高出 23 个百分点。对两性企业家而言,谋求更大发展和实现自我价值的创业动机都属于"心中有梦肯于努力型";但"挣更多的钱"则属于功利型或工具型目标,两性有了明显的差异,男性的功利型目标更为明确(见表 18-35)。

表 18-35　　　　　　　企业家的创业动机　　　　　　　　　单位:%

	想挣更多的钱	谋求更大发展	更好地实现自身价值/满足兴趣	想更多地跟家人在一起	更好地利用已有资源(如知识专长、资金等)
女企业家	45.3	85.3	80.0	20.0	60.0
男企业家	68.8	86.5	84.4	18.8	62.5

---

① 佟新:《女性私营企业家状况与企业家精神》,载于《云南民族大学学报(哲学社会科学版)》2010 年第 5 期。

2. 工作态度和对能力的自信的性别比较

在具体的工作态度和认知上，问卷测量的问题有："能出色地完成工作任务""享受自己的工作，有成就感""主动进行知识/技能更新""对自己的发展有明确规划""始终坚持自己的职业理想""经常与同事/同行交流对工作/专业的想法"和"经常把工作中认识的人变成朋友"7题。问卷中每个问题提供了四项选择：非常符合、比较符合、不太符合和很不符合。将上述各选项的评分依次定为1～4分，分数越低说明在工作的态度和行为上符合市场的要求。将七道题组合成工作态度量表，内部一致性信度较高，信度系数为0.882，可取加总值为量表分数。女企业家的平均分为10.1分，男性群体的平均分为10.2分，二者相差无几。

在对能力的自信与独立性方面，是否同意"总体而言，男人比女人更胜任领导的角色"上，女性选择"不太同意"和"很不同意"的比例远高于男性；在认为"女人的能力不比男人差"上，女性表示同意的比例远高于相应的男性群体；在"对自己的能力有信心"、判断自己"很少依赖他人，主要靠自己"和在"经常觉得自己很失败"上，男女间的比例基本无差异；在"成功就意味着比别人多付出"上，女企业家中表示"同意"的比例则高于男性，说明女性认可更多的付出（见表18-36）。

表18-36　　　　　企业家对能力的自信与独立　　　　　　　单位：%

	女企业家					男企业家				
	非常同意	比较同意	不太同意	很不同意	说不清	非常同意	比较同意	不太同意	很不同意	说不清
总体而言，男人比女人更胜任领导的角色	5.1	23.9	53.0	15.4	2.6	16.7	50.8	27.8	2.4	2.4
女人的能力不比男人差	71.4	19.3	4.2	2.5	2.5	47.6	38.1	11.9	0.8	1.6
对自己的能力有信心	60.7	38.5	0.9	—	—	67.5	30.2	1.6	—	0.8
很少依赖他人，主要靠自己	56.0	36.2	6.0	—	1.7	60.0	33.6	5.6	—	0.8
经常觉得自己很失败	5.8	3.9	24.3	63.1	2.9	3.5	2.6	26.3	64.9	2.6
成功就意味着比别人多付出	68.4	29.1	1.7	—	0.9	58.7	36.5	2.4	0.8	1.6

对于取得今天成就的归因，企业家更多选择自己努力上进和国家政策好，男女间基本无差异。略有差异的是女性更多地认为政策好和父母/配偶父母的支持，均比男性高于5个百分点（见表18-37）。

表 18-37　　　　　　　企业家对取得成就的归因　　　　　　单位：%

	女企业家	男企业家
自己努力上进	51.3	54.8
自己能力强	3.4	4.8
自己职业抱负高	1.7	4.0
自己职业规划早	4.2	7.1
机遇好	2.5	4.8
国家政策好	21.8	16.7
单位环境好	1.7	—
父母/配偶父母支持	6.7	1.6
配偶支持	5.0	3.2
朋友/同学/同事的帮助与支持	0.8	3.2
领导的帮助与支持	0.8	—

3. 性别角色分工观念的性别比较

女性能否在职场中获得成就，也与其对传统性别分工的态度以及对事业与家庭关系的看法相关。在传统社会中，女性的职责被囿于家庭，没有什么职场中的发展。只有在现代社会，现代的性别意识才有可能从观念上打破传统分工，使女性为自己的职业成就而自豪，并使职业期望成为其实现自我的一部分。

性别观念上，问卷测量的问题有："男人应该以社会为主，女人应该以家庭为主""挣钱养家主要是男人的事情""丈夫的发展比妻子的发展更重要"和"对妻子而言，更重要的是帮助丈夫成就事业"4 题。问卷中每个问题提供了五项选择：非常同意、比较同意、说不清、不太同意、很不同意。将上述各选项的评分依次定为 5 分、4 分、3 分、2 分和 1 分，其顺序和分数代表了从传统理念即性别不平等到现代理念即性别平等观的打分，分数越高说明观念越传统。将 4 道题组合成性别观念量表，内部一致性信度较高，系数为 0.815，可取加总值为量表分数。女企业家的平均分为 9.0 分，低于男性群体的平均分 13.1 分，说明女性的性别观念更为现代。

对"对女人来说，事业和家庭很难兼顾"这一看法，女性表示不同意的比例高于男性，但在群体内部，同意的比例也达到了 50.4%，"说不清"的比例为 4.3%。这反映出市场仍旧不利于女性，但在工作压力较大情况下，女企业家获得家庭理解和支持的力度也可能会相对较大[①]。在是否同意"事业成功了，家庭

[①] 沈开艳、徐美芳：《上海女企业家工作家庭冲突关系的实证分析》，载于《上海经济研究》2009 年第 6 期。

才能幸福"上,女性表示同意的比例低于相应的男性群体,为 57.3%。这说明,在女性心目中,目前的市场情况尽管在事业成功时能够提供足够的物质基础,但这并不能保证家庭幸福,甚至追求的过程本身就会导致工作—家庭的矛盾(见表 18-38)。

表 18-38　　企业家对事业和家庭关系的看法的性别比较　　　　　单位:%

	对女人来说,事业和家庭很难兼顾					事业成功了,家庭才能幸福				
	非常同意	比较同意	不太同意	很不同意	说不清	非常同意	比较同意	不太同意	很不同意	说不清
女企业家	11.1	39.3	37.6	7.7	4.3	20.5	36.8	34.2	5.1	3.4
男企业家	17.5	46.0	30.2	2.4	4.0	31.7	46.8	20.6	0.8	—

尽管女企业家在性别角色分工的观念上居于现代,但不能就此说她们对传统的社会性别规范完全地加以排斥,数据表明:对于"事业成功的女人往往没有女人味",女性表示很不同意的比例远高于男性,为 39.3%。显然,这里的"女人味"应理解为符合传统社会期望的对女性的想象。女企业家尽管有着现代的性别分工观念和进取的成就动机、工作态度,围绕市场的行为也与男性相差不大,但实质上仍希望自己能够像普通女性那样生活,而不是成为所谓的"女强人""女汉子"。

对于"男孩要有男孩样,女孩要有女孩样",男女间表示同意的比例相若(见表 18-39),这也同样说明女企业家在内心仍认同传统的社会性别规范,意味着她们并无心要改变现存的性别秩序,只要它们不在市场竞争中导致直接的利益冲突。换言之,那些与男性化市场现状相匹配的行为和观念都是对市场的适应,是不得已而为之。

表 18-39　　企业家对传统观念认同的性别比较　　　　　单位:%

	事业成功的女人往往没有女人味					男孩要有男孩样,女孩要有女孩样				
	非常同意	比较同意	不太同意	很不同意	说不清	非常同意	比较同意	不太同意	很不同意	说不清
女企业家	3.4	10.3	47.0	39.3	—	34.2	50.4	12.8	1.7	0.9
男企业家	8.7	22.2	53.2	13.5	2.4	40.5	50.0	8.7	0.8	—

(四)影响两性企业家性别观念的因素分析

通过多元回归分析控制其他影响企业家性别分工观念的因素,单独考察具体因素的净影响。从已有研究看，性别、受教育程度、政治面貌、经济地位等都有可能影响人们在家庭和工作领域中的观念变革。表 18-40 呈现了企业家群体在传统观念认同上的 Logistic 回归分析结果，因变量为对特定说法是否同意。

表 18-40　企业家传统观念认同分析（Logistic 回归结果）

	模型 1 事业成功的女人 往往没有女人味	模型 2 男孩要有男孩样， 女孩要有女孩样
性别观念量表分	1.240***	1.241**
	(0.067)	(0.093)
女性	0.779	1.605
	(0.360)	(0.868)
年龄	1.030	0.976
	(0.028)	(0.032)
受教育年数	1.134	1.106
	(0.093)	(0.108)
个人上年劳动收入	1.078	1.030
（元，经自然对数化处理）	(0.120)	(0.115)
政治面貌（参照：非党员）		
党员	0.714	2.475
	(0.329)	(1.527)
有无女性榜样（参照：无）		
有	0.456	1.227
	(0.195)	(0.613)
父亲教育程度（参照：小学及以下）		
初中	0.349	1.266
	(0.204)	(0.981)
高中/中专/中技	0.623	0.507
	(0.426)	(0.359)
大专及以上	1.172	0.970
	(0.934)	(1.096)
母亲教育程度（参照：小学及以下）		
初中	0.536	3.193
	(0.365)	(2.836)

续表

	模型 1 事业成功的女人 往往没有女人味	模型 2 男孩要有男孩样， 女孩要有女孩样
高中/中专/中技	2.173 (1.571)	0.677 (0.530)
大专及以上	1.914 (1.675)	1.582 (2.193)
出生地（参照：村）		
镇	0.250 (0.184)	0.346 (0.242)
县	0.240* (0.139)	0.651 (0.429)
市	0.240** (0.129)	1.193 (0.780)
Pseudo R²	0.264	0.152
样本数（N）	228	230

注：*表示 p<0.05，**表示 p<0.01，***表示 p<0.001，单元格括号中的数字为标准误。

模型中性别观念量表分的相应参数表明，性别角色分工观念越是传统，越会认同上述观念。在控制其他变量后，无论是看待"事业成功的女人往往没有女人味"，还是评价"男孩要有男孩样，女孩要有女孩样"，女企业家与男企业家之间并没有统计上显著的差异。不过，在认可"事业成功的女人往往没有女人味"上，女性中表达同意的可能性只有男性的77.9%，这与之前列联表的结果一致。可见，女企业家虽然平均而言在性别角色分工观念上更为现代，但并不在这些传统观念上与男性产生分歧。

问题在于，在如何理解"女人味"上，尚未出现得到普遍承认的、具有现代性别意识形态意义的新定义、新内涵，这就导致上述的情形：即使女性反对"事业成功的女人往往没有女人味"这一说法，她也仍难免落入传统观念的窠臼之中。事实上，在女企业家中，反对"事业成功的女人往往没有女人味"并同时赞成"男孩要有男孩样，女孩要有女孩样"的比例占70.6%。

总之，女企业家在观念上与男企业家相比，在创业动机上两性无差异，工作态度和对能力的自信是过之而无不及，而且性别分工意识更为现代。但是，这些行为和观念更多的是对市场的适应，她们的社会性别意识仍受到传统性别社会化的规训。

女企业家在性别角色观念方面能够突破传统的束缚，同时在工作态度和能力上具有可与男性相比的自信和独立程度，因而能够与男企业家同样在职场上驰骋。从市场行为来看，市场机制中的理性更多地形塑着女企业家，使其不管是对社会网络的使用，还是在组织参与、政治庇护上都与男性不相上下，甚至更擅于在中国的市场环境中运用各种生存和发展手段。也就是说，女企业家的能动性表现为两方面：一是机遇识别能力；二是扩大资源的能力，即通过创业活动，获得了更多的经济资本、政治资本和社会资本[①][②]。

在性别态度上，女企业家仍保留着传统的一面，如认为女孩应有女孩样。这样看来，妇女运动以女性在工作场域的参与或成就来衡量性别不平等时，可能要更多地考察变化究竟是来自市场机制本身，还是真的在性别意识形态上有重要推动，以及市场是否因其女性身份有变化。目前能够看到的是，没有性别角色观念的现代化，没有对自身工作能力的自信，女性就难以进入原来属于男人的竞技场成为企业家，并取得成功。一旦进入市场，女性的行为就受制于市场环境，在表现出与男性的同质性的同时会感慨环境与机遇比个人能力更重要。

创业需要勇气，对于女性而言，这意味着她们不仅要面对市场的激烈竞争，还要努力反思自身接受的传统性别观念，使其能够排除思想障碍，在自己的事业中充分发挥能力。社会也应为女性创业营造宽松的性别意识氛围，通过鼓励女性的创业精神和行为来树立新的社会性别规范，为国家的发展解放更多的生产力，使两性都能发挥更大的作用。

---

① 佟新：《女性私营企业家状况与企业家精神》，载于《云南民族大学学报（哲学社会科学版）》2010年第5期。

② 费涓洪：《女性创业动因浅析——上海30位私营企业女性业主的个案调查》，载于《中共宁波市委党校学报》2005年第2期。

第六篇

女性高层次人才发展对策研究

第六篇讨论促进女性高层次人才发展的对策。共有四章。

第十九章从中国的社会经济发展的角度指出，投资女性具有战略意义，是中国发展的新引擎。我国经济持续高速增长30多年，其中有女性的重要贡献。我国女性劳动力一直是重要的人力资源，是社会经济建设的重要贡献者。投资女性教育、女性创业、鼓励女性参与社会经济发展、重估女性家务劳动的价值和倡导女性进入高层次的职业领域是有利于女性发展，又有利于我国经济增长和社会稳定。在中国新型城镇化的过程中，投资女性会成为我国经济发展模式转型的重要内容，也是我国经济增长的重要动力和我国社会稳定的重要保障，投资女性能够带来女性从可持续生计到可持续发展的模式转换。

第二十章讨论女性党政人才发展对策。研究指出，第一，要建立女性党政人才成长的适配模型，这包括政德适配、工作适配、社会适配、文化适配、家庭适配五个方面。倡导女性党政人才的发展的主要对策就是在一个男性垄断的权力领域提升和丰富女性的政德资源、工作资源、社会资源、文化资源和家庭资源。第二，完善妇女参政比例政策，循序渐进地提高妇女参政比例的目标；力争从1/3到50%。要动员更多的组织力量推动配额制发展，通过辩论、倡导和调查研究让更多的人了解和推动配额制的实施。

第二十一章讨论女性专业技术人才发展对策。研究收集和分析了美国、英国、欧盟、德国、瑞典、韩国、日本等国家在促进女性专业技术人才方面的激励政策。并在此基础上提出中国促进女性专业技术人才成长的对策。包括：在法律上，通过立法来提升女性在高等教育、科研机构、科研职位、科研资金和科研决策等方面的地位。在现代人力资源管理上，通过入职与晋升的透明化、接受培训等方面的机会均等化和确立新的科学成果评价体系。在新的科学教育和评价价格中要吸纳女性，并改变教学方法和内容。在生活上，要解决女性专业技术人员有关生育和抚养子女的劳动负担；在工作机会上，为女性专业技术人员生育后返岗提供学习机会等。

第二十二章讨论女性经营管理人才的发展对策。女性经营管理人才的发展更多地服从于市场发展规律，因此促进其成长的对策应透过市场使女性获得更多和更好的发展机会。第一，这需要全社会合力促进女性经营管理人才的成长，要通过立法和社会宣传激励更多的女性进入企业管理高层。第二，出台激励女性创业的公共政策和项目支持。一方面要为女性创业者提供融资渠道；另一方面要提供培训增加女性创业者的创新能力。第三，提升女性企业经营管理者的组织化程度，帮助其建立相互的社会支持；特别是发挥妇联组织的积极作用和网络资源。第四，建立"伙伴关系"的管理理念，促使更多女性管理者成才。

第十九章

投资女性

——中国发展的新引擎

我国经济持续高速增长 30 多年,成为世界第二大经济体,人均 GDP 超过 6 000 美元,进入中等收入国家行列。社会经济的快速发展有女性的重要贡献,我国女性劳动力一直是重要的人力资源,是社会经济建设的重要贡献者。投资女性教育和女性创业、鼓励女性参与社会经济发展既是有利于女性发展的大事,亦是有利于我国经济增长和社会稳定的大事。在中国新型城镇化的过程中,投资女性会成为我国经济发展模式转型的重要内容,也是我国经济增长的重要动力和我国社会稳定的重要保障,投资女性能够带来女性从可持续生计到可持续发展的模式转换。本章对部分地区的资料进行计算,不包含港澳台和西藏。

一、中国女性发展的现状与特点

女性作为重要的人力资源,在我国的社会建设和经济发展中起重要作用。女性对家庭和社会可持续生计的贡献是社会稳定和发展的基础。我们从女性政治参与、经济参与和文化参与上展示女性对社会经济发展的贡献。

(一)女性政治参与不断增加,对社会公益组织有积极贡献

1. 女性参与高层管理

我国女性积极参与到社会公共事务与管理中,虽然高层管理依然是男性为

主，但女性参与比例在不断增长。

1990年、2000年和2010年三期中国妇女社会地位调查的数据显示，20年间负责人或领导的性别结构正呈现出性别差距不断缩小的趋势。2010年各类负责人中的女性比例为29.8%，比十年前的2000年提高了7.1个百分点，比20年前的1990年提高了9.3个百分点。与1990年和2000年相比，2010年女性担任各级领导干部的比例有所上升，性别差距缩小：2010年有11.2%的女性曾经担任过负责人或领导，相应的男性比例为21.7%，而2000年仅有6.7%的女性曾经担任过负责人或领导，相应的男性比例为17.0%。2010年，担任过负责人或领导的人中，女性占33.9%，男性占66.1%；担任县处级的女性占28.2%，男性占71.8%。2000年担任县处级的女性占17.1%，男性占82.9%（见表6-3）。根据1990年的调查数据，担任县处级领导职务者中，女性占9.3%，男性占90.7%；担任乡科级的女性占16.1%，男性占83.9%。①

中国女干部的总体比例呈上升趋势。2009年省部级和地厅级女干部分别占同级干部的11.0%和13.7%；县处级以上女干部占同级干部总数的16.4%。2009年省、市、县三级政府领导班子中女干部配备率分别为90.3%、89.5%、88.4%，比2004年分别提高了3.2个、4.9个和3.5个百分点；2009年省级政府部门领导班子中女干部配备率为56.8%，比上年提高2.9个百分点。②

2. 女性参与社区治理

政府在推动城市社区居民自治实践中，积极发挥妇女在基层管理、服务和维护居民权益上的积极作用。目前中国8.5万多个城市社区中已建立居民委员会。截至2009年底，全国共有43.1万居民委员会成员，其中女性占一半，达21.2万人。③ 不论是社区基层党组织还是居委会中，妇女比例均高于男性。城镇社区党组织成员及正、副书记中的女性比例均为52.2%；居委会成员中的女性比例为65.6%，居委会正、副主任中的女性比例为59.1%。④

3. 女性积极投身社会管理

2010年第三期中国妇女社会地位调查显示，女性在新兴组织和非正式社会组织如公益组织、社区管理组织与活动组织、民间自助/互助组织等中参与比例较高。与2000年相比，妇女参与某些类型民主管理/民主监督/社会公益活动的比例有所提高。有18.4%的女性主动给所在单位/社区/村提建议，比2000年提高了3.3个百分点，而且性别差距显著缩小：2010年女性比男性低

---

①④　张永英、杜洁：《妇女的政治地位》，见宋秀岩、甄砚：《新时期中国妇女社会地位调查研究》，中国妇女出版社2013年版。

②③　消除对妇女歧视委员会，审议缔约国根据《消除对妇女一切形式歧视公约》第十八条提交的报告，缔约国第七次和第八次合并定期报告（中国）。2012年。CEDAW/C/CHN/7-8。

7.8个百分点,而2000年女性则低于男性16.2个百分点。另外,与2000年相比,女性参加捐款、无偿献血和志愿者活动的比例也有所提高,2010年有47.6%的女性参与这类活动,男性为51.7%;分别比2000年提高了2.2个和2.8个百分点。①

性别比较来看,女性参加社会组织的比例与男性相当,甚至略高于男性。第三期妇女地位调查数据显示,女性参加社会组织的比例为14.9%,男性的相应比例为13.7%,女性比男性高1.2个百分点。女性的这一比例比2000年提高了4.6个百分点。参加社会组织的人员中女性占52.0%,男性占48.0%,女性比例高于男性。女性与男性在参与的社会组织类型方面存在显著差异。男性在跟职业相关的、正式的社会组织如专业行业组织、联谊组织中的参与比例较高,而女性在新兴组织和非正式社会组织如公益组织、社区管理与活动组织、民间自助/互助组织等中参与比例较高。男性参与比例较高的社会组织普遍具有能够为成员提供资源和建立关系网络、有利于成员职业发展的特点。而女性参与比例较高的则是公益型、服务型和以满足兴趣爱好为目的的社会组织。这与2000年相比有明显变化,据2000年第二期中国妇女社会地位调查显示,专业/行业组织、联谊组织和民间自助/互助组织中都是男性参与比例更高。②

4. 女性积极投入社会公益活动

妇女参与社会公益活动的比例较高。2010年第三期中国妇女社会地位调查显示,有47.6%的女性主动参与"捐款、无偿献血、志愿者活动"等;有18.3%参与了"给所在单位/社区/村提建议";有6.9%的女性"通过各种方式向政府有关部门反映情况/提出政策建议";有4.4%的女性"在网上就国家事务、社会事件等发表评论,参与讨论"。③

(二) 女性成为我国经济建设的重要成员

1. 女性人力资本不断提升

人力资本是指劳动力的量与质,包含健康、教育和技能。

从女性的教育结构看,各级各类教育中女性比例不断增加,男女两性受教育差距显著缩小。2011年,小学学龄男女儿童净入学率达到99.8%,女童的基础教育获得了保障。2010年,普通高中学生中女生占48.61%,2011年该比例为48.98%。女性参与高等教育的人数不断增多。到2010年,普通本专科在校女生数为1 135.1万人,占总在校人数的50.86%,是2000年在校女生数的近5倍。2010年,女硕

---

①②③ 张永英、杜洁:《妇女的政治地位》,见宋秀岩、甄砚:《新时期中国妇女社会地位调查研究》,中国妇女出版社2013年版。

士生占在校硕士生的比例为50.4%，女博士生占在校博士生的35.5%。① 第三期中国妇女社会地位调查显示，18~64岁女性的平均受教育年限为8.8年，比2000年提高了2.7年，性别差距由十年前的1.5年缩短为0.3年。②

在培训方面，中国政府和非政府组织合作，针对不同的妇女群体，提供技术培训及资金和项目支持，促进妇女创业，帮助农村妇女脱贫致富。农业部制定的《全国新型农民科技培训规划（2003~2010年）》中强调动员和鼓励农村妇女享受相关教育资源。农村妇女现代远程教育于2009年首播，面向广大农村妇女开展常规性培训。2010年教育部和全国妇联发布《关于做好农村妇女职业教育和技能培训工作的意见》，提高农村妇女科学文化素质，增强农村妇女发展现代农业与及创业就业能力。各地妇联创办15万所农村妇女学校、创建20余万个各级各类农林科技示范基地，对农村妇女、特别是中部和西部贫困地区妇女进行实用技术和相关知识的培训。③

2. 中国女性的就业状况和特点

从第五次普查资料看，我国女性就业状况和特点。如表19-1、表19-2所示。

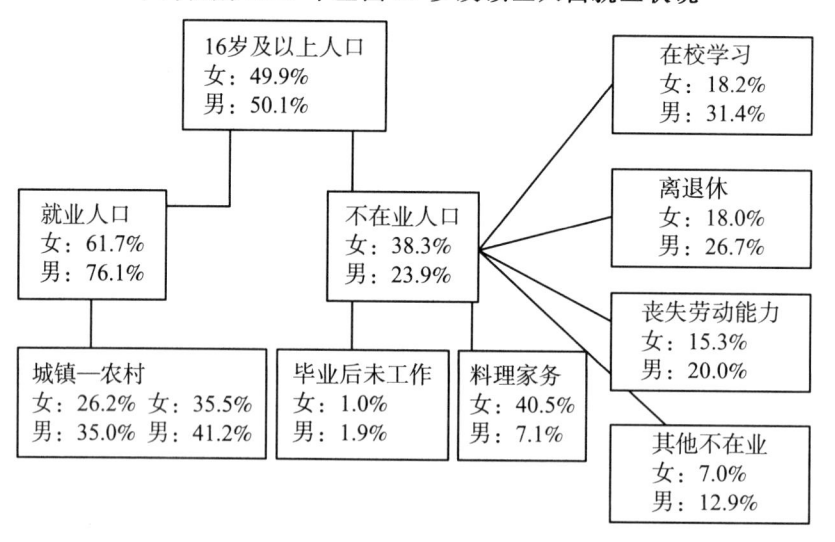

表19-1　不同性别2010年全国16岁及以上人口就业状况

```
                    16岁及以上人口
                    女：49.9%
                    男：50.1%
                    ┌──────┴──────┐
              就业人口          不在业人口 ──┬── 在校学习
              女：61.7%         女：38.3%    │   女：18.2%
              男：76.1%         男：23.9%    │   男：31.4%
                                             │
                                             ├── 离退休
                                             │   女：18.0%
                                             │   男：26.7%
                                             │
                                             ├── 丧失劳动能力
                                             │   女：15.3%
                                             │   男：20.0%
                                             │
              城镇—农村       毕业后未工作  料理家务
              女：26.2% 女：35.5%  女：1.0%  女：40.5%
              男：35.0% 男：41.2%  男：1.9%  男：7.1%
                                             │
                                             └── 其他不在业
                                                 女：7.0%
                                                 男：12.9%
```

---

①③ 中国非政府组织 CEDAW 报告，2014年，未发表。

② 第三期中国妇女社会地位调查课题组，第三期中国妇女社会地位调查主要数据报告《妇女研究论丛》2011年第6期。

表19-2　　　　　　分性别劳动适龄人口的分年龄段就业状况　　　　单位：%

年龄（岁）	16~24	25~34	35~44	45~54	55~64	65+
女	9.4	14.0	18.1	12.1	6.4	1.8
男	10.3	16.5	21.2	15.7	9.4	3.0

资料来源：国家统计局社会科技和文化产业统计司，《中国社会中的男人和女人——事实和数据（2012）》，第34~35页。

从就业特点来看，主要有以下几个方面。

第一，女性劳动力重点分布于第一产业和第三产业。第三期中国妇女社会地位调查显示，18~64岁女性的在业率为71.1%，城镇为60.8%，农村为82.0%；男性的在业率为87.2%，城乡分别为80.5%和93.6%。在城镇男性在业率远高于女性，约高出20%；农村男性在业率仅比女性高出11%。另外，女性有比男性更高的非正规就业率。在城镇的不在业妇女中，料理家务者占69.3%，失业者占13.3%，在校学习者占6.4%。从在业妇女的行业结构看，在第一、第二、第三产业的比重分别为45.3%、14.5%和40.2%；即女性主要从事农业和服务业工作。[①] 2010年的调查显示，商业、服务业人员中，51.7%是女性，48.3%是男性[②]。农村女性是农业生产的主力军，据《中国2010年人口普查资料》，女性中的53.2%是农林牧渔水利业生产人员，男性中的相应比例则是44.3%；农林牧渔水利业生产人员中，49.2%是女性，50.8%是男性[③]。

第二，女性参与生产带来可观收入，但性别差异明显。2010年第三期中国妇女社会地位调查数据显示，18~64岁城镇在业女性（不含退休后再就业）的人均劳动收入为21 249.2元。第三期中国妇女社会地位调查显示，20年间，男女劳动收入差别由20年前的女性劳动收入占男性劳动收入的81.7%，下降到10年前女性劳动收入城乡分别占男性的70.1%和59.6%，再到2010年调查时城乡女性劳动收入仅占男性的67.3%和56.0%。反映出劳动力市场性别不平等现象长期存在，对劳动收入性别差距的影响不断加大。[④] 而且，2010年的调查显示，不同发展水平的京津沪、东部和中西部地区城乡在业女性的年均劳动收入均低于男性。女性从业者的劳动收入多集中在低收入和中低收入组。在城乡低收入组中，女性分别占59.8%和65.7%，比男性高19.6个和31.4个百分点。城镇和乡

[①] 第三期中国妇女社会地位调查课题组：《第三期中国妇女社会地位调查主要数据报告》，载于《妇女研究论丛》2011年第6期。

[②③] 国家统计局社会科技和文化产业统计司：《中国社会中的男人和女人——事实和数据（2012）》，第40页。

[④] 蒋永萍、杨慧：《妇女的经济地位》，见宋秀岩、甄砚：《新时期中国妇女社会地位调查研究》，中国妇女出版社2013年版。

村的高收入组中,女性占30.9%和24.4%,明显低于男性。① 可喜的是,农村在业女性主要从事非农劳动的比例为24.9%,男性为36.8%,比10年前分别提高了14.7个和17.9个百分点;有外出务工经历的返乡女性从事非农劳动的比例达到37.8%,比从未外出务工的农村女性高16.3个百分点。②

第三,越来越多的女性进入了高新技术产业等传统男性主流行业。不少女性跨进了高能物理、遗传工程、微电子技术、卫星发射等尖端科学技术领域,取得了不逊于男性科学家的骄人业绩,做出了杰出贡献。例如,中国的航空航天领域,就活跃着一批巾帼英雄,她们在人类征服太空的道路上与男性科学家一道并肩奋斗,写下了辉煌的篇章,比如,神舟六号飞船的外壳就是由女设计师陈同祥设计的。在我国近年的重大工程项目中,女性也发挥了重要的作用。例如,2008年北京奥运会的成功举办就离不开一大批科技女杰的努力,在奥运场馆近百人的设计团队里,女性建筑师占了一半,"水立方"的三位设计师之一王敏就是女性。

第四,女性创业比例越来越高。2010年第二届中国商界女性精英峰会发布《十年:中国商界女性的机会与挑战》发展报告指出,中国女企业家诞生在改革开放深入时期,特别是1995年以来民营经济的发展,到20世纪末,中国女企业家占20%。据不完全统计,截至2012年民营企业对中国GDP的贡献已经超过50%。在2014年5月22日下午APEC的"妇女与区域经贸合作"论坛上,中华全国工商业联合会女企业家商会会长刘亭说,中国女企业家为促进中国经济繁荣发挥重要作用,在中国企业家中占有一席之地。中国目前有2 900多万女企业家,占中国企业家人数的20%,私营女企业家有1 600万,占中国私营企业家人数的45%。目前,我国已有更多女企业家在发展中取得了一席之地,成为中国社会进步最重要的组成部分。

第五,无声的贡献和巨大的潜力。女性大量从事家务劳动和非正规就业,对中国经济做出默默无闻的贡献,她们的工作很难纳入GDP。用第三期中国妇女社会地位调查数据对18~59岁城乡女性的家务劳动的价值进行的测算发现,城乡女性的家务劳动时间远大于男性,城乡女性家务劳动的总价值非常可观,达到3.93万~4.54万亿元,占GDP的比例在11%左右。③ 中华全国妇女联合会的调研数据显示,中国留守妇女这一群体已达约5 000万人。据中国农业大学发布的一份《中国农村留守妇女调查报告》显示,无论是农业生产还是家务劳动,留守

---

①② 第三期中国妇女社会地位调查课题组:《第三期中国妇女社会地位调查主要数据报告》,载于《妇女研究论丛》2011年第6期。

③ 杨慧:《我国女性家务劳动的经济价值研究——基于对第三期中国妇女社会地位调查的数据分析》,2014年中国妇女研究会年会论文。

妇女承担的比例都在 85% 以上。她们不仅独自承担农业生产、养育子女、赡养老人等家庭和经济责任，还参与社会交往、社区事务等社会活动，为农村社会的生产与再生产做出了巨大贡献。

二、投资女性对国家发展具有重要意义

一个社会对女性的投资是多个方面的，包括教育投入、时间投入（减少家务劳动量）、资金投入（如贷款）和各种社会支持（如生育保险、产假制度等）。那么投资女性或女性投身于有酬劳动会给国家发展带来怎样的影响呢？我们从宏观和微观两个方面进行讨论。

（一）国家层面：投资女性和女性投入与社会经济发展紧密相关

在宏观层面上，我们把投资女性教育、贷款与女性投身有酬劳动为变量。由于中国统计年鉴在 2010 年的数据中缺乏分地区分性别的相关指标，只能从 2010 年第三期中国妇女社会地位调查数据中拟合出反映各省区市投资女性的自变量。由于西藏的样本数过小，以下分析中不包括西藏。由于兵团缺乏人均地区生产总值数据及地区发展与民生指数，故也不纳入相关分析。具体的反映投资女性的自变量我们用了教育、大学专科以上学历、女性参加培训、女性中获得过贷款的比例和女性劳动力平均劳动收入。① 得出的各省区市的状况如表 19-3 所示。

表 19-3　　　　　　　　2010 年各省区市投资女性的状况

地区	女性的平均在校受教育年数	女性中具有大学专科及以上学历的比例	女性中参加过培训的比例	女性中获得过贷款的比例	女性劳动力上年的平均劳动收入（元）
北京	10.44	27.3	27.4	2.0	14 602.49
天津	10.02	22.1	15.0	1.1	11 990.23
河北	9.07	16.1	15.6	4.3	8 274.61
山西	8.94	15.7	14.6	6.4	7 028.39
内蒙古	8.3	10.3	13.0	21.0	9 589.12

---

① 数据为：B2 不包括成人教育，您总共上了几年学？（计算女性的平均在校受教育年数）；B3a 您目前的受教育程度是：（仅计算各省区市的女性中具有大学专科及以上学历的比例）；B6a 近 3 年来您参加过培训或进修吗？（计算女性中参加过的比例）；C12a 您是否获得过用于生产经营的贷款？（计算女性中获得过贷款的比例）；C18a 去年您在以下方面的个人收入大约为多少元？A 劳动收入。

续表

地区	女性的平均在校受教育年数	女性中具有大学专科及以上学历的比例	女性中参加过培训的比例	女性中获得过贷款的比例	女性劳动力去年的平均劳动收入
辽宁	9.26	14.6	15.6	7.9	8 630.99
吉林	8.95	9.8	14.4	15.1	8 001.05
黑龙江	8.5	8.3	12.1	17.9	8 210.25
上海	10.41	26.1	26.6	0.9	22 718.95
江苏	8.89	12.8	15.2	5.5	14 437.05
浙江	8.53	16.0	21.4	7.1	18 352.97
安徽	8.19	9.2	15.3	6.8	9 737.20
福建	8.45	13.0	20.0	8.9	11 409.36
江西	7.71	7.7	13.0	10.9	8 042.74
山东	8.73	14.4	13.7	6.2	9 995.61
河南	8.82	12.1	15.5	7.5	7 420.46
湖北	8.52	9.6	14	11.7	9 636.69
湖南	8.52	9.5	15.5	11.9	8 983.98
广东	8.53	12.0	14.2	4.5	10 936.84
广西	7.93	9.4	15.2	13.9	7 785.68
海南	8.89	10.4	17.5	7.7	8 648.14
重庆	8.26	10.5	15.6	13.6	9 549.00
四川	8.20	10.1	17.8	17.6	8 932.47
贵州	8.22	10.6	13.1	18.4	8 677.54
云南	8.15	13.2	19.4	17.5	9 416.31
陕西	9.22	13.4	19.8	13.1	9 657.42
甘肃	9.08	11.9	17.6	16.9	8 241.44
青海	9.14	17.2	21.8	11.1	10 741.85
宁夏	8.87	13.7	21.7	15.4	10 375.54
新疆	8.90	19.3	24.0	19.2	15 036.58

从表19-3看出，北京、上海、天津三个直辖市投资女性教育的程度最高。平均收入状况以上海为最高。少、老、边、穷地区女性获得过贷款的比例较高。

我们以全国31个省区市的人均地区生产总值（人均GDP，单位为元）、地区发展与民生指数（Development and Life Index，DLI，单位为%）①，发展与民生指数评价指标体系包括经济发展、民生改善、社会发展、生态建设、科技创新和公众评价（公众评价暂未开展）六大方面，共 42 项指标。指数的计算与合成借鉴了联合国人类发展指数（HDI）等有关方法，根据每个评价指标的上、下限阈值来计算其指数（即无量纲化），指数介于 0~100 之间，根据指标权重合成分类指数和总指数。若将 2010 年全国 31 个省（区、市）综合发展指数排序结果，与按人均 GDP 的排序结果进行对比可以发现，两者之间有一定的相关性，但个别地区人均 GDP 排位与综合发展指数排位有较大的差异。各省区市具体状况如表 19-4 所示。

表 19-4　　　　　　　　2010 年各省区市社会经济发展指数

地区	人均 GDP（元）	DLI（调整后）	综合发展	经济发展	民生改善	社会发展	生态建设	科技创新
北京	73 856	85.33	85.05	96.13	90.63	82.17	74.38	78.38
天津	72 994	74.90	72.65	87.56	80.49	70.16	70.02	46.24
河北	28 668	56.60	53.71	58.00	62.35	66.11	56.34	13.22
山西	26 283	54.54	53.41	60.80	58.39	70.41	51.53	12.71
内蒙古	47 347	54.69	53.42	67.80	58.54	66.71	51.39	7.89
辽宁	42 355	61.21	59.71	72.69	65.92	68.47	58.13	20.70
吉林	31 599	57.21	55.41	63.62	61.82	72.08	53.70	11.67
黑龙江	27 076	54.82	53.26	64.34	60.61	65.35	51.00	11.34
上海	76 074	82.49	80.57	99.02	87.41	71.29	71.96	67.99
江苏	52 840	70.95	68.45	74.94	74.62	66.11	65.62	56.88
浙江	51 711	70.96	69.26	73.48	84.17	66.97	69.05	44.48
安徽	20 888	54.60	53.21	57.92	62.13	61.98	58.92	13.11
福建	40 025	63.73	62.58	71.93	70.03	67.66	68.84	22.57
江西	21 253	56.63	54.99	58.19	63.60	65.32	60.79	15.17
山东	41 106	61.71	59.32	64.85	68.12	65.35	62.81	25.03

---

①　地区发展与民生指数（Development and Life Index，DLI）的评价指标体系具体内容详见：http://www.stats.gov.cn/tjsj/zxfb/201312/t20131231_492765.html。在该体系中，人均 GDP 是作为三级指标纳入计算。为了贯彻党的十八大精神，落实党的十八届三中全会《关于全面深化改革若干重大问题的决定》提出的"完善发展成果考核评价体系，纠正单纯以经济增长速度评定政绩的偏向"的要求，中国统计学会和国家统计局统计科学研究所对各地区发展与民生指数（Development and Life Index，简称 DLI）进行监测。

续表

地区	人均GDP	DLI（调整后）	综合发展	经济发展	民生改善	社会发展	生态建设	科技创新
河南	24 446	53.76	52.42	53.16	60.00	67.14	58.38	11.10
湖北	27 906	58.08	56.68	61.63	61.97	68.69	56.05	24.82
湖南	24 719	56.36	55.03	59.70	62.04	68.79	58.46	13.35
广东	44 736	68.75	68.28	79.51	73.46	67.02	70.00	43.83
广西	20 219	52.93	52.75	56.33	59.15	66.07	61.14	7.92
海南	23 831	55.54	54.75	66.98	60.60	66.09	58.87	6.42
重庆	27 596	59.49	57.51	66.93	60.83	65.76	64.67	17.68
四川	21 182	55.92	55.18	59.65	59.05	65.80	59.34	22.08
贵州	13 119	47.93	48.25	55.24	50.92	65.22	50.49	6.37
云南	15 752	50.13	50.45	55.57	48.96	71.22	57.47	5.77
陕西	27 133	56.14	55.94	61.03	54.72	69.23	57.16	29.26
甘肃	16 113	45.58	46.04	52.17	48.92	62.84	44.95	9.55
青海	24 115	45.82	45.95	57.26	49.02	64.38	39.66	5.80
宁夏	26 860	49.92	48.71	59.67	54.76	62.36	44.64	8.89
新疆	25 034	47.12	46.46	56.12	57.56	58.26	41.23	5.30

用表19-3和表19-4做相关分析，得出表19-5。

表19-5　　2010年各省区市投资女性与社会经济发展指数间的相关系数 Correlations

	女性的平均在校受教育年数	女性中具有大学专科及以上学历的比例	女性中参加过培训的比例	女性中获得过贷款的比例	女性劳动力去年的平均劳动收入
人均GDP（元）	0.712	0.732	0.375	-0.653	0.713
DLI（调整后）	0.593	0.616	0.330	-0.744	0.668
综合发展	0.602	0.632	0.366	-0.728	0.675
经济发展	0.685	0.687	0.405	-0.650	0.697
民生改善	0.538	0.602	0.332	-0.746	0.705
社会发展	0.519	0.460	0.254	-0.425	0.177
生态建设	0.237	0.303	0.109	-0.681	0.429
科技创新	0.635	0.660	0.434	-0.683	0.723

从表 19-5 看出，投资女性高等教育、女性受教育年限的延长和女性投身有酬劳动和各省市社会经济发展、民生改善、科技创新之间有中度相关关系。① 我们无法说明这种相关的因果关系，即谁为因，谁为果。但这种中度相关表明，投资女性与地区社会经济发展之间的内在联系和结构关系。②

（二）实践层面：投资女性的微观社会效果

在资金投资方面，由高盛基金会于 2008 年 3 月启动的"巾帼圆梦"案例看，他们总投资金额 1 亿美元，为期 5 年，为世界各地的 1 万名有发展潜质但资源匮乏的创业女性提供商业和管理培训。研究表明，投资女性是最有效地减少不平等、促进包容性经济增长的方式之一。投资于女性教育能够带来多重效应，既促进工作效率，又提高其家庭的健康与文化水平，使社会更加繁荣。

在中国已经有 2 100 余名女性微小企业主接受了项目培训。根据高盛的跟踪数据，在参与项目后，大部分参与培训的女性创业者的公司得到了提升。完成项目培训的 75.4% 的学员表示，公司收入得到提高。她们的企业收入增长率中位数值从培训结束 6 个月后的 25% 增长至 18 个月后的 85.3%，30 个月后则提高了 261.8%。平均业绩的增长率分别是 133.3%、383.6% 和 1 336.8%。创造就业机会的成果也极为显著。57% 的学员在培训后 6 个月开始通过企业发展创造就业机会，就来的增长在完成课程后 18 个月和 30 个月后增至 67% 和 78%。学员企业的平均雇员数从 4.9 人增至 18 个月后的 7 人，30 个月后的 13 人。

三、相关政策建议

2014 年 3 月 17 日中华人民共和国国家发展与改革委员会《国家新型城镇化规划（2014～2020）》指出，城镇化是伴随工业化发展，非农产业在城镇集聚、农村人口向城镇集中的自然历史过程。目前我国常住人口城镇化率为 53.7%，户籍人口城镇化率只有 36% 左右，不仅远低于发达国家 80% 的平均水平，也低于人均收入与我国相近的发展中国家 60% 的平均水平，还有较大的发展空间。

---

① 统计学表明，线性相关系数 r 为：$|r|<0.3$ 表示关系极弱，可以认为不相关；当 $0.3 \leqslant |r| < 0.5$ 时，说明二者低度相关；$0.5 \leqslant |r| < 0.8$ 则属于中度相关；$|r| \geqslant 0.8$ 是高度相关；而 $|r| > 0.95$ 说明存在显著相关。

② 相关系数的平方即为决定系数，它表示因变量的变异中可由自变量解释的百分比。决定系数代表的拟合优度越大，自变量对因变量的解释程度越高，自变量引起的变动占总变动的百分比越高。从方法论的意义来看，相关系数是衡量两个变量的线性依存程度，测度不含因果关系的对称相关关系；决定系数则是说明自变量或解释变量对因变量的解释程度，表征不对称的因果关系。

城镇化水平持续提高,会使更多农民通过转移就业提高收入,通过转为市民享受更好的公共服务,从而使城镇消费群体不断扩大、消费结构不断升级、消费潜力不断释放,也会带来城市基础设施、公共服务设施和住宅建设等巨大投资需求,这将为经济发展提供持续的动力。到2020年,其城镇化的发展目标是:常住人口城镇化率达到60%左右,户籍人口城镇化率达到45%左右,户籍人口城镇化率与常住人口城镇化率差距缩小2个百分点左右,努力实现1亿左右农业转移人口和其他常住人口在城镇落户。① 新型城镇化的发展为妇女发展带来了更多机会;同时,妇女参与到发展中也给城镇化发展带来新的活力。在未来的公共政策中特别要关注以下几个问题,以促进女性参与到新型城镇化过程中。

女性创业家精神和领导力的形成以及发挥运用,都和她们在其他方面的发展相互依存、相互支持。

(1)在公共政策的制定和评估的过程中,要增加女性的声音,评估新型城镇化的每一个步骤对性别利益的改变,推动社会性别主流化。

(2)提升女性受教育程度,实现教育均等。从上述分析看到,女性受教育程度与地区GDP增长有紧密关系,在新型城镇化的过程中提升人们受教育程度,特别关注女性教育将有助于整个地区的社会经济发展。虽然我国在高等教育入学率上实现了两性接近的比率,但是深入研究会发现,高等教育的性别均等化内部隐藏着城乡间不平等。第三期中国妇女社会地位调查显示,女性中接受过高中阶段及以上教育的占33.7%,城乡分别为54.2%和18.2%;中部和西部农村女性中,这一比例为10.0%,比该地区农村男性低4.6个百分点。② 此次调查的高层人才研究部分发现,女性高层次人才出生地当时是农村的占20.2%,其他为非农,而男性人才出生地当时是农村的占42.2%。这在一定程度上说明,出生于农村户籍的女性发展机会更少。③ 应借助新型城镇化建设提升农村女性受教育程度。

(3)在优化产业结构的过程中,打破传统性别分工,提升女性高层参与。新型城镇化发展的重要一步是优化产业结构,特别是推动生产性服务业的发展,提升生活性服务业水平,扩大服务供给,提高服务质量。目前,我国女性从事生活性服务业的主力军,政府在公共教育和培训上要有意识地关注女性服务技能的增长,通过培训提升女性参与生活性服务业的质量。目前服务业中多以传统性别分工为主,女性从事的工作多是家庭角色在社会的延伸;要打破传统性别分工,特

---

① 2014年3月17日《人民日报》,《国家新型城镇化规划》。
② 第三期中国妇女社会地位调查课题组:《第三期中国妇女社会地位调查主要数据报告》,载于《妇女研究论丛》2011年第6期。
③ 佟新、蒋永萍、马冬玲、周旅军:《女性高层人才状况与性别比较》,见陈至立:《女性高层次人才成长状况研究与政策推动》,中国妇女出版社2013年版。

别是在管理层，女性已经涌现出大批的管理人才。要在培训中有意识地培训服务业中的女性管理人才，打破高层管理人才中男性为主的格局，促进女性在政治、经济和社会各方面的管理中发挥更大作用。

（4）新型城镇化要走家庭友好型的社会治理模式，公共政策要大力支持家庭。现有城市化的发展道路存在诸多弊端，产生了农村家庭成员的分离状况，出现了留守妇女和留守儿童等问题，反映了我国长期城乡二元分割的社会后果。这是广大的农村家庭为了家庭更好地获得经济收入而做出的不得已的选择和牺牲。要解决这一问题就要改变长期城乡二元分割的发展模式，大力发展中小城市，实现具有层级的城镇化，使乡村夫妻能够以家庭模式完成城镇化进程，夫妻能够共同参与到有酬劳动中。

家庭友好型的社会治理是将社会治理的重心放在保护家庭功能上，发挥家庭在婚姻、生育、养老、情感支持的功能。那么，在新型城镇化的建设上，强调了"建设包容性城市，即推进农民工融入企业、子女融入学校、家庭融入社区、群体融入社会"，人们不再以家庭分离式的"个人打工模式"外出，而是以居家为主的家庭迁移模式。特别是小城镇建设应关注以家庭为单位的设计公共政策，在住房、入学和工作等方面照顾到家庭需求。在家庭友好型的社会治理模式下，应加强家务劳动社会化建设，公共政策要支持女性平衡工作和家庭的能力，政府办学龄前儿童教育，使儿童享受平等的学前教育的机会，减轻家庭、特别是母亲对幼儿的养育责任。

（5）倡导关怀伦理，给予照顾性工作应有的价值。关怀伦理学是由男女平权主义学者吉利根提出来的，她肯定了女性在社会化过程中逐渐被培养出来的对人际交往中的善于关怀的关注。这些被传统社会无视的关怀精神具有重要的社会价值，并由此产生关怀经济学。芬兰、挪威和瑞典等北欧国家已发现投资于关怀性政策和计划——从普遍医疗保健和育儿到宽裕的父母带薪休假——就是对普遍提高生活、人民幸福和更有效能和创新的经济进行投资，在2003~2004年度和2005~2006年度世界经济论坛的全球竞争力排行表上，芬兰位列更富裕和更强大的美国之前。目前，我国女性是家庭中照顾性工作的主要承担者，但她们的工作价值未得到充分的评估。女性在医疗照顾、老人照顾、婴幼儿照顾以及家务劳动等方面的劳动要给予充分肯定，实现从事相关行业的大量非正规就业向着组织化和制度化的正规就业转型，如家政工的组织化和公司化经营，使家政工享有"五险"。

（6）减少投资壁垒，支持女性创业。《新型城镇化规划》表明，"发挥城市创业平台作用，充分利用城市规模经济产生的专业化分工效应，放宽政府管制，降低交易成本，激发创业活力。完善扶持创业的优惠政策，形成政府激励创业、社会支持创业、劳动者勇于创业的新机制。运用财政支持、税费减免、创业投资引导、政策性金融服务、小额贷款担保等手段,为中小企业特别是创业型企业发展提供良好的经营环境,促进以创业带动就业。"由于女性在现有的金融体系中处于相对弱势地位,在调查中,有过申请贷款的女性企业家表示,金融机构对女性贷款存在壁垒。例如,第三期中国妇女社会地位调查发现,2010年,9.0%的女性和14.0%的男性曾经获得过生产经营性贷款,其中,女性和男性获得的商业贷款的比例分别为49.9%和52.0%,女性获得政府贴息等形式小额贷款的比例为37.3%,男性为36.9%;农村女性获得政府贴息等形式小额贷款的比例为39.9%。此外,中国政府和非政府组织合作,针对不同的妇女群体提供就业创业培训及援助。政府为促进女大学生就业,联合妇女组织采取了多种措施,取得了明显效果;截至2013年第二季度末,全国已累计发放妇女小额担保财政贴息贷款1 514.79亿元,中央和省两级财政贴息77.62亿元,为300多万人次妇女提供了创业启动资金,辐射带动近千万妇女创业就业①。金融资本研究发现,妇女小额担保贷款财政贴息政策的实施提高了农村留守妇女获得信贷的机会。②因此建议建立女性创业专项财政支持,为处于弱势地位的女性提供财政保障。

(7)为女性搭建社会支持网络。高盛公司的跟踪研究表明,学员除了学到商业技能外,还通过项目建立了互相帮助与合作的平台。学员们互相信任支持,分离对人生、家庭与事业的经历和展望。发展出新商机和资源互补,甚至有些合作成立新的企业。并通过移动互联网维系和推进这一网络,分享管理诀窍和商业机会。所有受访学员都强调这个群体对她们心灵和事业发展上的帮助与推动作用。同时,她们积极地回馈社会。各级政府应通过妇联组织、企业联合会或成立新型的以信息技术为主的互联网模式为女性提供更加多元的社会支持网络的平台。

---

① 中国非政府组织 CEDAW 报告,2014,未发表。
② 蒋月娥:《农村留守妇女问题的思考与建议》,载于《中国妇运》2011年第8期。

第二十章

促进女性党政人才发展的对策研究

本章讨论女性党政人才发展的对策，首先，要建立女性党政人才成长的适配模型，这包括政德适配、工作适配、社会适配、文化适配、家庭适配五个方面。倡导女性党政人才的发展的主要对策就是在一个男性垄断的权力领域提升和丰富女性的政德资源、工作资源、社会资源、文化资源和家庭资源。其次，完善妇女参政比例政策，循序渐进地提高妇女参政比例的目标；力争从1/3到50%。要动员更多的组织力量推动配额制发展，通过辩论、倡导和调查研究让更多的人了解和推动配额制的实施。

一、建立女性党政人才成长的适配模型

本章提出促进女性在党政部门实现发展的"适配模型"。其主要内容是：女性在党政部门取得发展的基本条件是其自身资源条件与党政组织需求之间匹配程度的提高；女性党政人才发展的基本规律是女性自身资源与党政组织对干部的需求之间的匹配程度越高，其自身的发展程度就可能越高，这主要对女性党政人才提出要求，并使其能够满足党政人才的需求。

"适配模型"是个人与党政系统间的各个维度的适配，主要包括政德适配、工作适配、社会适配、文化适配、家庭适配五个方面。女性党政人才的主要对策就是提升、丰富其政德资源、工作资源、社会资源、文化资源和家庭资源。

(一) 匹配理论与女性党政人才的适配模型

个人与组织匹配的理论是出于功能论而不是冲突论。早期的管理实践和管理学研究发现，人与人之间是有差别的，不同职业对人的要求各不相同。如果将人与工作进行较好的匹配，将合适的人放在合适的工作岗位上，就能更好地发挥人的才智，提升工作效率，个人的职业生涯也能成功。这就是个人—职业匹配理论。

个人—职业匹配理论逐渐扩展，在管理学中形成了五对匹配范畴。具体包括：（1）人与职业匹配，例如职业兴趣与职业类型的匹配。（2）个人与群体匹配，即人际关系的相容性，例如个人与团队及其成员的匹配，领导班子成员的匹配。（3）人与工作匹配，例如个人的知识、能力、特长与工作性质之间的匹配，或者个人期望与工作特征之间的匹配。（4）人与组织匹配，包括个体与组织价值观、目标和使命的匹配等。（5）人与人匹配，工作情境中特殊的两个个体之间的相容性，例如上司与下属、师父与徒弟的匹配。

关于人与组织匹配有四个主要维度。（1）价值观的一致性。Chatman（1989）[1]开创性地将人与组织匹配率先集中于价值观。他指出，为了决定组织成员对个体价值观和行为的影响以及个体对组织的规范和价值观的影响，必须评定人的价值观与组织价值观一致的程度。价值观是匹配的一种重要形式，它不仅是基本的、较为持久的，而且也是组织文化的组成部分，并能够指导员工的行为。[2]（2）目标的相似性。以目标的相似性为人与组织匹配的元素并作为人与组织匹配的操作定义最早是由 Schneider 于 1987 年提出的[3]。研究者提出，当个体的目标与组织的目标具有相似性的时候，即如果组织的目标能够帮助个人实现目标，个人就会被组织吸引和挑选。[4]（3）个体需要与组织系统的匹配。当个体的能力与工作的职责和要求匹配时就出现满足，当个体需要和愿望与工作提供的奖酬相匹配时就出现满意。[5]（4）个性特征与组织气氛或组织个性的匹配。它的测量通常提出的是一种互补的需要——供给观点。[6] Muchinsky（2000）[7]认为匹配强调个体与组

---

[1] Chatman J, *Improving interactional organizational research: A model of Person-organization fit*, Academy of Management Review, 1989, Vol. 14, 333 - 349.

[2] 杨爽：《初次就业中大学毕业生与用人组织匹配问题研究》，吉林大学博士学位论文，2010 年。

[3] Schneider B E, *The road to a radical approach to person-environment fit. Journal of Vocational Behavior*, 1987, Vol. 31, 353 - 361.

[4][5][6] 王萍：《人与组织匹配的理论与方法的研究》，武汉理工大学博士学位论文，2007 年。

[7] Muchinsky PM, Monahan C J, *What is person-environment congruence? Supplementary versus complementary models of fit*, Journal of Vocational Behavior, 1987, Vol. 31, 268 - 277.

织其他成员或组织文化等方面的相似性。①

关于匹配关系的形式，很多研究者把人与组织匹配宽泛地定义为人与组织之间的相容性。但是，人与组织之间的相容性可以通过多种形式加以概念化。具体包括：（1）一致匹配；（2）互补匹配；（3）需要—供给匹配；（4）需求—能力匹配。Kristof（1996）扩充这个定义包括个体的需要是由环境供给而满足的。这样，当个体的特征弥补当前环境中的缺乏或者缺陷时，互补匹配就发生。②

管理学的匹配理论认为，匹配度的提高有助于经济效率的提高。通过吸引大量与组织的文化、价值观、规范等特征具有一致性以及具有组织所需要的资源（掌握相应的知识、技能、能力）的高素质的员工，这样会给组织带来大量的无形资产，减少人力资本的投入，增加组织人力资本的储量，给组织的经济效益产生积极的影响。③人与组织匹配的基本原理有4个，这就是：（1）人与组织匹配的目标导向原理；（2）人与组织匹配的整体优化原理；（3）人与组织匹配的双向适应原理；（4）人与组织匹配的动态调整原理。④

适配模型是在管理学的匹配理论的基础上发展而来。它强调政治体系和干部制度都是干部个人与党政组织彼此匹配的关系。党政组织力求让干部与组织的工作和体制之间实现最适宜的配置，以保证和促进组织目标的实现、任务的完成。那些能够主动或被动地与党政组织实现优化配置的干部，将得到组织的重用以及组织的资源投入，从而实现个人的职业发展。不能与党政组织适配者，或者发展缓慢，或者发展停滞，或者不得不退出干部队伍。

与匹配理论关注个人与组织的关系之间的匹配不同，适配模型所关注的是个人与体系之间的关系。所谓体系指的是更大领域的党政系统。党政系统远比企业等组织庞大和复杂，从中央到省、市、县、镇，从广东小镇到新疆某乡，在我国都属于同一个体系。个人与体系的适配是与整个政治系统的匹配。女性党政人才从政就是进入这样一个宏大的政治系统，她必须与这个系统实现匹配。

女性党政人才进入党政体系即是进入了一个统治集团。中国是个威权主义、全能主义的国家，也是个官本位的国家。在传统上，统治集团打下天下之后，统治和治理天下，吸收人才进入统治阶级辅佐治理。选人和用人都是为了统治功能的需要。党政系统的干部属于"官"，而其他人都属于"民"，官、民之间具有明显的身份、地位分野，官员群体是统治者，民众是老百姓，被统治者。官员是老百姓的衣食父母。当了干部就是进入统治群体，享有特权，掌控和使用权力，集中和分享、分配资源。统治群体享有的，无论男女都能得到。这与西方的公共

---

① 杨爽：《初次就业中大学毕业生与用人组织匹配问题研究》，吉林大学博士学位论文，2010年。
②③④ 王萍：《人与组织匹配的理论与方法的研究》，武汉理工大学博士学位论文，2007年。

机构、纳税人选举、服务政府、公务员（履行公务的人员）有所不同。在这里，作为统治者，并无性别之分。女性作为集团的成员，必须与集团实现适配，必须跟党走。中国党政系统内女性的解放道路，既不是西方式的抗争、诉求、组织，也不是革命式的翻身解放；而是对于整体承担功能，一损俱损，一荣俱荣。如果女性不能适当地担当统治成员的角色，出现与统治集团明显"另类"的表现，她就会受到排斥，甚至驱逐。

与企业等组织为经济效率而促进匹配不同，党政机构的适配是为了建构统治功能，完成统治任务，这包括巩固政权、取得拥护、镇压反抗、整合社会，以及防御外敌和内敌等。在党政组织内实现女性党政人才配额制，在于为使组织内有女性党政人才的代表，既是实现社会公平的方式，又是树立国家形象的方式，也是团结和动员女性党政人才的方式。2005年中央5号文件提出"把选拔任用党外干部纳入干部队伍建设、人才工作的总规划"；"各级后备干部队伍中应有适当数量的党外干部"；还提到，"符合条件的可以担任正职"。2006年11月29日《人民日报》发文首次提出"照顾同盟者利益"。这些都可以纳入建构统治功能的框架内来理解，与西方国家的女性权利感和女权主义的压力行动有所不同。

与西方管理学关注个人与组织之间的需要、态度、价值观、知识、技能、能力、个性等心理层面的匹配有所不同，适配模型较多地涉及政治、道德和社会、文化层面的适配。党政组织是政治组织，强调个人与组织的政治目标、政治路线的一致，特别是要与党中央保持一致。所以，政治适配是最重要的匹配，只有"政治觉悟高"的人才能在体系内受到"重用"。我国强调以德治国、圣人之国，个人的道德品质与国家道德标准之间的匹配程度，决定了干部在体系内的发展程度和命运。当党和政府的政治目标、政治路线随时代的发展而调整的时候，个人的适配也需要与时俱进。

与西方管理学关注双向匹配，即同时促进个人对组织的匹配和组织对个人的匹配不同，中国党政组织内个人与体系的适配具有强烈的单向色彩。个人对体系的匹配，女性党政人才适合体系或组织的需要，向体系或组织所要求的方向努力，而不是相反。党政体系及其结构、任务并不为适应个人特点而作调整，同样也不为适应女性特征而作调整。党政机构的公务员任职流行实行从上到下的委任制，而不是西方政府的市场契约型的雇佣制（合同制），甚至还不是聘任制。干部制度简称为"用人体制"表明了组织单方向地选人用人，"用你/不用你"决定了一个人是否能够成为官员，能否被委任较高等级的职务。党政体系如此庞大，其能力如此强大，态度如此强硬，不会轻易因为某些个人而改变。女性进入党政组织，必须让自己不断地符合组织和体系的需要，争取"被用"、"被起用"

"被重用",从而享有更大的权力,担负更重要的责任,同时也获得更多的收入和职务消费,而很少可能施加压力让组织和体系符合自己的需要。党和政府的体制也会随环境的变化而改革。

党政部门的男女人才在适配方面存在某些差异。男性有两千多年的从政历史,积累了丰富的经验(书面的、口头的、默会的),知道官场的运行规则,由此可以主动设计、主动行动,适应规则和破解规则(潜规则)。女性的从政经历很短,对于官场规则了解不多,并在激烈的竞争中处于被排挤的地位。这常常表现为女性党政人才是认真工作的人。这种认真工作的精神恰恰是她们能够被选中和被重用的条件。即女性党政人才的成长更多的是被选择、被培养的过程。无论女性党政人才还是男干部,其用以适配的资源基本都是由被体系塑造并随体系而变化的。个人从体系中汲取资源的取向和能力,利用体系中机会的能力,个人所获取资源与体系的适配性,在一定程度上决定着在体系中的地位和命运。

(二) 政德适配

政德适配是女性人才与党政组织适配的一个最重要的维度。女性人才要取得发展,必须有较高的政治觉悟和道德品质,与党政组织的要求相匹配。政治觉悟和道德品质的核心,则是对党和政府的忠诚,对统治集团的忠诚。

我国党政领导干部选拔任用的首要标准一直是政治忠诚。早在党成立不久的20世纪30年代,毛泽东在《为争取千百万群众进入抗日民族统一战线而斗争》的报告中,就提出"指导伟大的革命,要有伟大的党,要有许多最好的干部"。"这些干部和领袖懂得马克思列宁主义,有政治远见,有工作能力,富于牺牲精神,能独立解决问题,在困难中不动摇,忠心耿耿地为民族、为阶级、为党而工作;党依靠着这些人而联系党员和群众,依靠着这些人对于群众的坚强领导而达到打倒敌人之目的;这些人不要自私自利,不要个人英雄主义和风头主义,不要懒惰和消极性,不要自高自大的宗派主义,他们是大公无私的民族的阶级的英雄,这就是共产党员、党的干部、党的领袖应该有的性格和作风。"[①]

新中国成立以后,毛泽东提出了无产阶级革命事业接班人的问题,并列出了五条标准:第一,是真正的马克思列宁主义者;第二,是全心全意为中国和世界的绝大多数服务的革命者;第三,是能够团结绝大多数人一道工作的无产阶级政治家;第四,是党的民主集中制的模范执行者;第五,谦虚谨慎,戒骄戒躁,富于自我批评精神,用于改正自己工作中的错误。[②] 这五条标准成为以后十多年里

---

① 《毛泽东选集》第1卷,人民出版社1991年版,第227页。
② 《建国以来毛泽东文稿》第11册,中央文献出版社1992年版,第85~87页。

中国共产党选拔任用干部的标准。为了保证干部的高度忠诚，在相当长的时期内坚持"根红苗壮"的出身标准，选拔工人、贫下中农出身者担任重要职务。

改革开放时期，政治忠诚依然是第一位的标准。1979年7月，邓小平提出"选干部，标准有好多条，主要是两条：一条是拥护三中全会的政治路线和思想路线；另一条是讲党性，不搞派性。"① 1980年8月，邓小平提出了干部的"四化"方针："要在坚持社会主义道路的前提下，使干部队伍年轻化、知识化、专业化"。然而，他进一步强调："当然首先是要革命化，所以说要以坚持社会主义道路为前提。"②

进入21世纪以来，干部选拔任用的标准是"德才兼备，以德为先"。胡锦涛多次指出：坚持德才兼备，以德为先，要坚持把干部的德放在首要位置，选拔任用那些政治坚定、有真才实学、实绩突出、群众公认的干部，形成以德修身、以德服众、以德领才、以德润才、德才兼备的用人导向。

党的十七届四中全会提出衡量干部"德"的重点：一看是否忠于党、忠于国家、忠于人民；二看是否确立正确的世界观、权力观、事业观；三看是否真抓实干、敢于负责、锐意进取；四看是否作风正派、清正廉洁、情趣健康。

总之，党政组织选拔干部的首要标准是"以政治忠诚"为核心的政德素质。一是在思想上和组织上与党中央保持一致，自觉理解和坚决执行。二是贯彻执行党的基本路线，保证基本路线的正确、准确全面贯彻执行。三是不断开拓进取，进行服务于党和国家目的的创新，承担历史的使命。四是取得明显的政绩。薄智跃通过定量分析提出了精英流动的"政绩模式"，即精英提拔同地方经济发展成正比例关系，地方领导向上级上缴税收越多，被提拔的可能性就越大。③ 女性人才对党和国家的忠诚度不存在问题，但不如男性怀有"政治野心"。对于领导的个人忠诚比男性逊色。女性一般并不跟随特定的人，而是跟随体制和体制性的领导。在家里，她们也比较固定地跟随丈夫。这是男领导较少选拔女性党政人才的原因，因为她们被视为不遵守个人之间的忠诚规则。

女性党政人才的政德素质与党政组织相适配是女性人才发展的根本道路。女性党政人才面对的考验常常是工作和家庭的矛盾，常常被批评为只关注小家庭和安逸的生活。与男性相比，女性在日常生活的道德或人品亦成为影响其职业发展的重要条件。

在促进女性党政人才发展的工作中，应该重点加强政治敏感性和政治鉴别

---

① 《邓小平文选》第2卷，人民出版社1994年版，第192页。
② 《邓小平文选》第2卷，人民出版社1994年版，第322页。
③ Zhiyue Bo, *Chinese Provincial Leaders: Economic Performance and Political Mobility Since 1949*, Armonk, New York: M. E. Sharpe, 2002.

力，这种对大局的掌握常常是女性缺乏的。

(三) 工作适配

工作适配是女性党政人才的人力资源与党政组织所分配的工作匹配，能够保质保量、及时迅捷地完成所承担的任务。那些能够高质量地完成任务，上级领导对其完成任务感到"放心""有信心"的女性党政人才，能够得到任用，甚至重用。

但是业务能力即完成任务的能力也不可或缺。业务能力包括专业和专长。改革开放过程中，干部的专业化问题得到强调，并有了规范化的表述。这就是邓小平提出的干部"四化"方针：革命化，年轻化，知识化，专业化。[①] "要在坚持社会主义道路的前提下，使我们的干部队伍年轻化、知识化、专业化，并且要逐步制定完善的干部制度来加以保证。"[②] 党的十二大明确提出了"实现干部队伍的革命化、年轻化、知识化、专业化"的要求。[③] 人力资源与党政工作的适配，是女性党政人才职业发展的重要条件。事实上，女性初职中的人力资本是高于男性，但需要不断地提升业务能力。

政府转型导致了对女性党政人才高度发挥作用的迫切要求。党政工作对制度性、程序性的要求增强；对执行力和履职力的要求增强。

社会转型期的深刻变化导致了对女性党政人才高水平发挥作用的迫切要求。中国正处于激烈转型期和深刻变化期，社会矛盾凸显并且错综复杂，社会各阶层的利益关系调整变得十分紧迫却又没有先例可循。党政组织承担着在复杂条件下进行非常规调节、化解的任务。这对工作人员的智慧、洞察、研判、决策、创新等能力的提升和发挥提出了很高的要求。

中国迅速进入国际化环境导致了对女性党政人才高水平发挥作用的迫切要求。计划时期的中央政府所面对的主要是国内环境，所处理的主要是国内事务。随着越来越扩大的对外开放，中央政府的外向性迅速增强，须在多极化的世界中谋取重要的国家利益，指导围绕市场、资源、人才、技术、标准等的国际竞争。这里的工作人员必须具备国际视野和国际知识、国际才能，在抓住战略机遇、主动适应方面发挥作用。

党政人才要在以下几方面具备高水平素质，实现高水平发挥：（1）业绩性发挥，积极发挥作用，创造优秀成绩；（2）整合性发挥，忠诚国家，服务人民，执

---

① 《邓小平文选》第 2 卷，人民出版社 1994 年版，第 322 页。
② 《邓小平文选》第 2 卷，人民出版社 1994 年版，第 360~361 页。
③ 王鹏：《中国党政领导干部选拔任用制度变迁研究》，中共中央党校博士学位论文，2011 年。

行政策，服从命令；（3）勤力性发挥，忠于职守，勤勉尽责，提高效率，积极创新；（4）智能性发挥，以知识、能力、技能解决问题；（5）规则性发挥，清正廉洁，公道正派，遵纪守法。

第一，应积极安排多种形式的职业培训。制订、实施针对女性党政人才的培训计划。组织的干部培训计划应该平等地包括对女性党政人才的培训。妇女组织应该会同人事部门制订专门针对女性党政人才的培训计划，给女性党政人才"开偏饭"。培训应采取多种形式，因人制宜、因内容制宜。应该十分重视选送到高校和培训机构进行培训，也应重视参加培训班、学习班、研讨班、出席研讨会、报告会、论坛等形式。应举办专门针对女性党政人才的培训班，例如女领导干部培训班、年轻女性党政人才培训班等。第二，注重对"从做中学"的引导。应该特别重视对"从做中学"的引导。要增强女性党政人才从做中学的意识，传授多种从做中学的方法。特别应该引导女性党政人才形成十分有效的5种方法：（1）对工作回头看，反省和总结；（2）对时事、政策、资讯有高敏感度；（3）钻研工作中接触到的文件材料；（4）从书本上学到东西后就在工作中试用；（5）向基层干部群众学习。第三，重视对女性党政人才的职业行为指导。重点是如何明确努力方向、确立目标，如何与上级沟通、主动取得帮助；如何团结同事，在工作中配合、合作；如何争取挑战性工作任务，在工作中锻炼自己。第四，搭建女性党政人才学习经验交流的平台。例如，建立或举办女性联谊会、俱乐部、沙龙、谈心会，举办女性党政人才发展经验征文，开展网上平台自由畅谈，设置与女性成长成才成功的议题并展开讨论和交流等。

（四）社会适配

社会适配是女性党政人才的社会资源与党政组织的社会结构、社会关系、社会运作匹配，女性党政人才比较充分地融入社会结构之中，为社会结构作接受并得到社会结构的较多支持。这是女性党政人才职业发展的社会条件。

社会适配在中国常常被简化为非正式的私人关系和私人网络。这种私人关系在一定程度上是"自我服务"的，网络中的人会将制度和程序向亲密的私人开放。社会网络是一个诚信保障者和失信担保者，推荐者在网络成员那里要为自己的开放行为承担信誉责任。社会网络会增加互动的可信性，降低交易成本。而男性是社会网络的常见构建者。男性的社会关系网络作为一种潜在但重要的非正式因素，常常进入到人事制度的标准、规则和运行之中。这包括向网中人提供特殊信息，进行策略指点，向关键人物介绍，进行推荐、提名、投票等。女性党政人才少有这样的哥们儿网络，姐们儿网络较弱且往往不具备这样的功能。由此，一些制度条文尽管对女性党政人才是公平的，但制度运作的结果却不公平。另外，男性不大服从女上级的领导，在晋升遭遇挫折时更可能上告，这些作为一种潜在的力量也影响到决策过程，导致制度运作偏差。

在非正式的社会网络之外，正式的社会关系其实是更重要的。一个干部必须得到上级、下级和同级的支持，才能顺利地开展工作。在委任制条件下，直接上级的推荐和支持是很重要的。在公开选拔条件下，单位领导的提名和民意投票是很重要的。所以，女性党政人才的发展需要党政组织内"方方面面"的支持。女性党政人才的弱项在于，她们不擅长向男性那样"跟人"，成为上级领导的亲信，也不擅长于将领导发展成朋友，按照哥们义气的规范获取帮助。如果与上级领导亲密了，那就不是跟人，而是有可能成为情人。

传统上公共领域是男人的社会，女性进入公共领域的权力部门的时间也就几十年。男性社会约定俗成地形成了一套内部平衡和意见沟通机制（包括潜在规则）。女性党政人才与男干部在积累社会资源的方式方面存在很大差异，女性党政人才不善于"哥们义气"，并不表明她们缺乏积累社会资源的手段。女性积累社会资源的特长是其"亲和性"和"真诚性"（非功利性）。如果说男性的社会资源构建较为偏向功利行为（送礼，请客）的话，女性的社会资源构建则更偏向于亲和性，而亲和性的助剂是真诚性。所谓亲和性与母性的特质密切相关，这包括亲和，善意，关爱，热情，纯真，心地好，等等。这些特点保证了她们与单位的亲和，与单位领导同事的亲和，与社会关系的亲和，从而积累起丰富的社会关系。女性党政人才在党政体系中的发展离不开社会资源的积累，以及社会资源与社会体系的适配。与以往的观察结果有所不同，女性党政人才的人力资源积累不适合通过与男性领导的私人关系，以及进入男性的社会圈子，也不大适合构建女性党政人才自己的圈子。对于她们来说，比较重要的是人际亲和力，是对于社会关系的真诚与纯真。

（五）文化适配和家庭适配

文化适配是干部所受的文化熏陶和形成的文化风格与党政组织的文化模式相互匹配，她们的习惯能够在较大程度上为党政组织所接受、所赞同，从而被认为表现优秀，被党政机构所筛选。

家庭适配指的是女性党政人才与家庭成员的良好关系，这种良好关系不仅成为女性党政人才安心工作、热情投入的重要基础，而且成为她们工作中家庭支持的重要来源。

当前的女性成长研究多强调工作与家庭平衡的重要性。在背后的一个基本假定是，家庭是女性党政人才在党政组织成长成才的一个负担或障碍。只有减少家庭投入，才能在工作中多投入，才能实现职业的发展。其实，这并非事实本身的逻辑。家庭付出当然会在时间上影响在工作中的投入。然而，如果女性党政人才没有家庭，终身不结婚、不生育，是否能够得到更好的发展？答案似乎是否定的。那些没有家庭的女性党政人才，得到较高水平发展的只是少数例外。而在事业上发展较好的女性党政人才多是有家庭的，而且她们对家庭的投入并不少，无论丈夫还是孩子对她们都感到满意。

家庭对于女性的评价具有十分重要价值。构建一个幸福和谐的小家，与丈夫互相恩爱，对孩子的母性关爱，是女性幸福感的重要来源。这种幸福感和温馨感，转化为她们的稳定感、踏实感、充实感，让她们在工作中少后顾之忧，从而能够投入更多的精力和热情。

家庭是工作的重要支持者。如果说男性的社会支持较多地来自社会关系和社会圈子，那么女性党政人才的社会支持较多地是家庭关系，包括丈夫、父母，也包括孩子。而且，这些社会支持与女性党政人才的家庭经营直接相关。其家庭关系越好，家庭的支持力度就会越大。

家和万事兴。家庭和夫妻关系并不是分离和对立关系，而是一个整体与合作的关系。家庭不和，事业也不能兴旺。这是中国的特色。

在党政干部的成长中，应该形成工作与家庭的合理思维。家庭可以也应该由负资源变为正资源。家务量是死的，如何处理家务是活的。善于处理就能让家务负担减少，甚至让家务变成对工作的良好调剂。女性党政人才在家庭关系中的角色不可变，但处理家庭关系的方式可变。善于处理就能让家庭关系和谐，让家庭关系从减力因素变为增力因素。

二、妇女参政配额制

妇女参政配额制的三种主要类型：保留席位制、政党配额制、立法配额制，都对提高妇女参政比例产生积极作用，是提高妇女参政比例的有效途径，但不同的配额制类型、不同的执行措施和方法对于提高妇女参政比例的作用存在差距，另外妇女组织在配额制发展中的作用至关重要。与世界上的妇女参政配额制相比，中国的妇女参政比例政策还存在一定差距。

妇女参政配额制（QUOTAS）是世界范围内普遍采用的一种提高妇女参政比例的积极措施，旨在提高民主选举中候选人的妇女比例以及妇女当选的比例。配额制始于20世纪30年代，但在1995年世界妇女大会之后在世界范围内得到普及。1930~1980年，仅有10个国家有关于配额制的规定，整个20世纪80年代又有12个国家实行了配额制。然而，在20世纪90年代，有超过50个国家出现了配额制。2000年以后，又有近40个国家建立了配额制。现在，世界上有超过 100 个国家采用了配额制，这些措施中超过 3/4 是在最近 15 年内通过的①。

（一）中国的妇女参政比例政策与国际的比较

中国的妇女参政比例政策也有着比较长的历史，巧合的是，中国共产党在江西瑞金苏维埃规定女代表占 25% 的比例，同样是在 20 世纪 30 年代，与世界上开始采取配额制的时间相同。经过几十年的发展，中国有关妇女参政比例的规定出现在法律、国家发展规划、地方法规和政策文件、中国共产党政策文件等中，对于保证中国的妇女参政比例起到了积极作用。

中国与西方国家的政治制度、选举制度、文化传统不同，因而无法将中国的妇女参政比例制度归于配额制的某一类别，但两者之间还是可以在某些方面做出比较的，从中也可以看出中国妇女参政比例政策存在的差距。

1. 有关比例的规定存在差异

世界范围的配额制的历史发展过程中，存在着妇女比例从无到有、从原则到具体、从低到高直到性别平衡的趋势。当前许多国家和政党已经提高了立法机构中的男女比例应该各占 50%。从中国来看，国家层面的法律中没有做出立法机构中妇女代表比例的规定，一些省的地方法规对于人大代表候选人中的妇女比例虽然做出规定，但比例多在 25% 左右，只有少数省的地方法规规定了 30%，而且对于没有达到法规要求的地方，也没有相应的处罚措施，这与立法配额制存在较大差距。另外，中国有关村委会中妇女数量的规定为"村委会中应当有妇女成员"，这与印度宪法修正案中有关基层政府中妇女占 1/3 的规定也存在较大差距。

2. 有关的执行措施存在差异

为了使配额制的目标变为现实，世界上许多国家探索出了各种有效的措施，其中妇女在候选人名单中的位置以及妇女选区的分配等就是其中作为重要的措施之一，比如瑞典的"每两个中有一名妇女"的政策、英国的"全妇女名单"、配对选区、拉链等做法。中国在妇女参政比例政策的执行措施方面也有一些好的做法，有些与国际的做法有异曲同工之妙，比如村委会选举中的女委员"专职专选""定位选举"等，但这些做法仅在部分省份实行，没有上升为国家层面的一种制度形式。中国的有关法律/政策规定总体上过于原则，缺乏足够的执行力。比如在人大代表选举中，如何确保女代表的比例，没有明确的规定和切实有效的

---

① Mona Lena Krook, *Quotas for Women in Politics: Gender and Candidate Selection Reform Worldwide*, Oxford University Press, 2009.

措施,导致虽然候选人中的妇女比例有所保障,但最终当选的女代表比例偏低。

(二) 世界妇女参政配额制对中国的启示

世界上有关妇女参政配额制的规定和执行情况,对于中国进一步完善妇女参政比例政策,可以有以下启示:

第一,循序渐进地提高妇女参政比例的目标。世界范围的妇女参政配额制有关比例的规定近几十年来经历着从低到高、从1/3到50%的过程。中国有关部门、妇女组织、专家学者应该根据中国的宏观环境和现状,认真分析研究,探讨切实可行的妇女参政比例目标,并逐步提高。

第二,完善妇女参政比例的配套措施。采用妇女参政配额制的各个国家和政党都探索出了各种使配额的目标变为现实的措施和方法,比如候选人名单位置、选区分配、对于没有达到法律要求的政党的处罚措施等,这些措施和方法有许多是中国可以借鉴的。比如人大代表选举中候选人名单的排序,能否男女候选人交替排列;选区分配中能否将女候选分配到容易获胜的选区;如果选举中没有达到有关妇女比例的要求,能否补选或者重选等。

第三,妇女组织进一步发挥在推动妇女参政中的作用。妇女组织是推动配额制发展的一支最重要的力量,通过辩论、倡导、调查研究等各种方式,推动配额制的实施。中国的妇女组织也要进一步团结起来,做好研究、倡导、游说工作,力争对于相关决策产生更大影响,推动妇女参政比例政策的进一步发展。

三、制定明确的推动女性党政人才成长的公共政策

(一) 加强调查研究,推动法规政策的制定与实施

1. 着力研究女性党政人才成长规律

充分运用科学方法,深入研究女性人才成长的内在因素和外在因素,研究女性党政人才成长发展的年龄规律、培养开发规律、使用管理规律,提出推进人才性别平等发展的政策建议。要抓住影响女性人才发展的苗头性、趋势性问题,深入研究。要加强人才的性别比较研究和国内外对比研究,形成科学的理论成果,指导女性人才发展的实践。

2. 着力推动制定女性党政人才成长的法规政策

加大源头参与力度,在充分调研的基础上,针对影响女性人才发展的全局性、普遍性、规律性问题,立足中国国情,参考借鉴国外性别平等发展政策进行

有效的政策论证，为国家法规政策的制定提供依据。充分利用各级党委政府制定人才发展规划的有利时机，及时提出有利于各类女性人才成长的意见、建议和有效措施。要结合国家和地方重大人才工程的实施，推动性别平等理念与方法纳入国家和地方人才发展法规和政策，努力推动相关法规政策的制定、修改、补充、细化和完善。

3. 着力推动相关法规政策贯彻落实与完善

通过多种渠道和形式，向立法机构、决策机构，向社会宣传性别平等法规政策对于体现社会公正、社会和谐发展的战略意义。以女性人才发展带动女性群体全面发展。当前要推动实施高层次人才男女同龄退休政策，充分发挥女性人才资源的作用；推动提高农村、社区"两委"班子中女性比例，促进男女平等参政议政；推动建立政府购买公共服务制度，为女性人才平衡工作和家庭责任创造条件。

（二）加强协调沟通，形成促进女性党政人才成长的工作合力

1. 积极推动女性人才发展纳入人才总体规划

积极推动女性人才发展纳入国家和地方政府发展规划，纳入行业人才发展规划和专项规划，纳入党委组织部门工作，明确工作目标与责任，完善培养选拔政策措施。把女性人才发展目标纳入纲要目标和策略措施，健全监测、考核、评估指标体系，为各类女性人才发展创造更加稳定的政策环境和制度保障。

2. 积极推动健全各类人才性别结构统计监测制度

推进人才工作的分性别统计，推动建立健全人才分性别评价指标体系，完善对人才贡献率、人才规模与素质、人才数量与所占比例的分性别统计，加强对各类女性人才的监测和分析，全面客观地反映各类女性人才队伍的发展状况与存在的问题，科学制定女性人才发展战略和政策措施，充分发挥各类女性人才的作用。

3. 积极推进推荐优秀女性人才工作

充分发挥党政组织和人民团体、妇女组织、妇女社团集聚大批女性人才的优势，健全妇联女性人才库，运用现代信息技术，对各类女性人才信息进行分类、滚动管理。进一步拓展推荐女性人才渠道，完善推荐机制。要进一步推进妇联系统干部人事制度改革，加强干部队伍建设，加大培养输送女性党政人才工作力度。

（三）加强教育培训，为女性人才提高素质增强实力提供服务

积极推动女性人才特色培训。配合有关部门，开展女领导干部培训，帮助她

们全面了解妇女发展状况，增强代表和维护妇女权益意识，全面提高参政议政能力。充分发挥培训资源功效。进一步拓宽培训渠道，充分利用境内外各种培训资源，开展有针对性、覆盖面广、实用性强的女性教育培训，为提高女性综合素质、促进女性全面发展发挥重要作用。

（四）加强宣传激励，为女性党政人才成长营造良好的社会环境

大力宣传文明进步的妇女观。运用多种手段和形式，注重传统宣传方式与现代多媒体方式有机结合，增加培训中的性别课程，使女性党政人才具有政治抱负。

第二十一章

促进女性专业技术人才发展的对策研究

我国长期以来在男女平等这一基本国策的指导下,妇女的权益保障情况在世界范围有目共睹。我国已形成了以《中华人民共和国宪法》为基础,以《中华人民共和国妇女权益保障法》为主体,包括一批相关法律在内的促进女性发展、维护妇女权益的法律体系。我国还制订了一系列的妇女发展计划与政策。并分别于1995年、2001年和2011年颁布实施《中国妇女发展纲要(1995~2000年)》、《中国妇女发展纲要(2001~2010年)》和《中国妇女发展纲要(2011~2020年)》。此外,我国积极执行国际公约,认真履行国际承诺。我国是《消除对妇女一切形式歧视公约》的缔约国,是《到2000年提高妇女地位内罗毕前瞻性战略》的签署国。2000年6月和2002年5月,我国分别向联合国提交了妇女发展的国家报告,获得了国际社会的好评。2008年7月1日开始实施的《中华人民共和国科技进步法(修订案)》第53条明确规定女性科技人员在科技领域享有各种平等权利,这是我国性别平等政策推向科技领域的重要一步;2011年3月8日,我国自然科学基金的青年基金女性申请年龄放宽到40岁,女性可因生育而延长结题时间并逐步增加专家评审组中的女性成员数。这些已充分证明科技领域的性别问题已逐渐受到关注。

但从现有文件来看,科技领域性别问题尚未充分反映到政策举措中来,而且与发达国家相比,我国对女性科技人才支持的政策还相对较少,并缺乏系统性。随着科技在经济和社会发展中的作用日益显著,关注科技发展成为国际竞争的焦点,关注科技领域的女性也应成为妇女权益保护和妇女发展问题的新的热点问题。以怎样的程度关注和如何纳入国家有关妇女问题的政策体系中来,是值得思考的问题。本研究按照地区和国家分类,对国外促进女性专业技术人才成长的政策进行介绍和评述,并结合我国高层女性专业技术人才的现状讨论我国促进女性专业人才成长的政策。

一、部分国家和组织促进女性专业技术人才发展的政策综述

(一) 美国

美国作为一个联邦制的国家,其国家层面支持科技女性发展的政策或资助计划主要由国家科学基金会(NSF)来制定。这一安排是基于 1980 年的《平等机会法案》(Science and Engineering Equal Opportunity Act),该法案声明男性和女性必须在科技领域的教育、培训、就业上享有平等机会,并由国会授权国家科学基金会设立奖项鼓励教育、雇佣和培训科技领域的女性,以促进科技与工程领域的性别平等。"科技机会平等委员会"以咨询委员会的身份为国家科学基金会实施《平等机会法案》提供帮助和建议①。近年来美国女性科技人才比例的提高也是与这些努力分不开的。

1. 促进女性科技人才成长的政策

促进女性科技人才成长的政策主要有:

(1) 初等、中等学校教育中实施全面的科学教育项目。在初等、中等学校设置科学和数学方面的课程,让女生了解科技,鼓励其选择科技专业,提高女性在科技领域的参与程度。

(2) 帮助科技专业女生学习并获得学位。

①设立科技专业女生奖学金。美国国家科学基金会设立的"工程与计算机科学女性项目"为计算机和信息科学及工程领域攻读研究生学位的女生提供奖学金,是"研究生研究奖学金"的子项目;"科学、技术、工程和数学领域的性别平等计划"支持旨在改善性别相关的教育政策的研究和信息扩散活动。

②促进科技教育领域的性别平等。"科学、技术、工程、数学教育领域性别平等"计划(最初称为"女性与女孩计划")成立于 1993 年,旨在提高科学、技术、工程和数学领域的女生比例,从而达到性别平等。

(3) 关注科技领域女性职业发展。

①促进女性在科技领域的参与。美国国家科学基金会采取一连串的措施来促进女性在科技领域的参与,最早开始于 1982 年的"科技工程领域女性访问教授"

---

① 参见 http://www.nsf.gov/od/iia/activities/ceose/。

计划。随后设立"提供给女性的研究机会"项目（1985年），专为女性提供科研机会。

②鼓励女性在科技领域中晋升。1989年，美国国家科学基金会成立"女性项目特别工作组"，建议成立一个开发与促进女性向高层次发展的新计划。依据此建议，1990年设立"女科学家和工程师研究计划资助和职业发展奖"计划。随后，"女科学家和工程师职务奖"也于1991年设立。自1997年开始，美国国家科学基金会为了加强各个计划之间的联系，将它们整合为"为科研及教育领域女性提供专业机会"（POWRE）项目，该项目为女性提供具体的工作机会，例如：为女性在重要研究机构中担任主要研究者提供研究资助，为学术领域中杰出的女性提供职业发展奖金。至2000年POWRE共颁发170个奖项，累计1 350万美元。"为科研及教育领域女性提供专业机会"项目于2001年并入"提高女性在学术科学和职业领域参与及发展"（ADVANCE）① 计划，这是一个新的多元化计划，目标是支持美国学术机构来营造对女性科技人员有利的组织氛围，提高女性在科学及工程职业中的参与度和学术地位，从而带来一个更多样性的科学和工程工作队伍。该计划包括：帮助女性获得职业生涯早期的成功；促进发展女性职业团体；重组机构使其氛围适合女性发展。ADVANCE计划是在美国国家科学基金会早期女性计划的实践及经验中总结出来的。对ADVANCE计划的评估研究发现该计划有利于女性的科研产出的提高，帮助女性继续留在科技领域工作，并且提高了女性获得全职职位的可能性②。

③为职业中断的科技女性提供教育培训机会，使职业中断的女性获得新的知识、技术和技能。

④建立女性奖励制度，为女科学家提供国家研究机会和奖学金，奖励她们进行科学研究。

（4）鼓励女性积极参与科技活动。美国国家科学基金会内部有许多部门（例如理事会）都积极促进女性参与。例如：生命科学理事会的副会长和社会、行为及经济科学理事会早在20世纪90年代初就在其提供资助的所有会议、讨论组、工作组中鼓励女性参与。

（5）支持和承担相关研究。进行性别数据的收集和其他有关评估，促进女性在科学、技术、工程、数学方面的参与。

美国国家科学基金会实施以上政策的同时，还需要向国会提交推进科技领域

---

① 参见 http：//www.nsf.gov/funding/pgm_summ.jsp? pims_id = 5383，检索日：2012年6月15日。
② CEOSE, *Broadening Participating in America's Science and Engineering Workforce – The 1994 – 2003 Decennial & Biennial Reports to Congress*, Dec. 2004, http：//www.nsf.gov/od/oia/activities/ceose/reports/ceose2004report.pdf, 检索日：2014年5月20日。

弱势群体参与的综合政策建议报告和女性在科技领域参与状况的报告,包括从性别、种族、民族、专业等方面统计和比较女性在科技领域的参与情况。

美国国家科学基金会还利用其出版物如《美国国家科学基金会的女性》、《科学和工程学中的少数族裔和残疾人士》等为政策、决策和行动提供信息与重要指数。除美国国家科学基金会外,美国的学术组织也针对科技队伍中的女性制定了相应支持措施。

2. 政策的效果和影响

美国促进女性科技人才成长的政策效果从人才队伍的发展状况中可见一斑。20世纪80年代后,随着美国国家科学基金会政策及资助计划的陆续推出,女性参与科技的状况有所改善,大量的女生开始选择接受高等教育,甚至是研究生教育(见图21-1),获得博士学位的女生比例增加最快,近30年增长了16%。

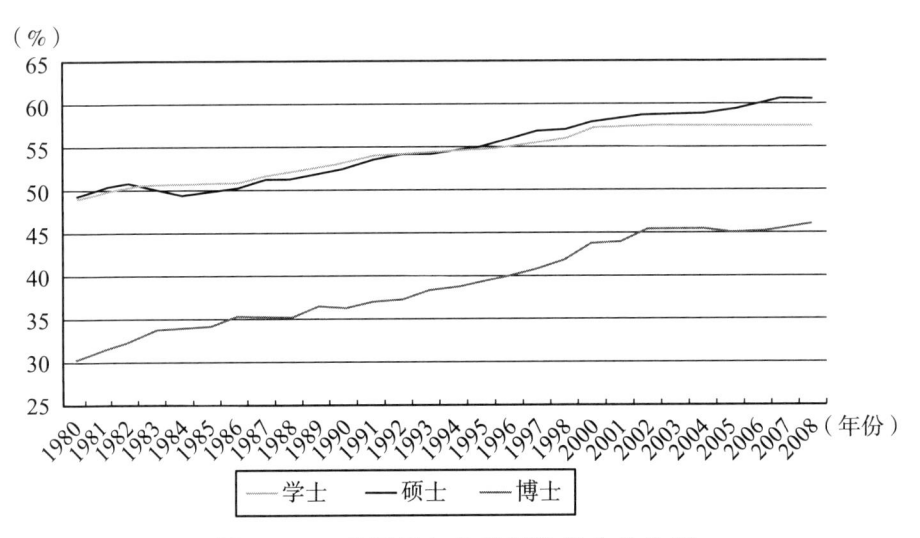

图21-1 美国历年各学历阶段女性比例

资料来源:美国国家科学基金会网站《Science and Engineering Indicators:2010》,检索日:2011年5月21日 http://www.nsf.gov/statistics/seind10/c/cs1.htm。

美国各专业女博士比例的增加提高了女性在科技活动中的参与率,如图21-2所示:博士学位科技人员中女性比例逐年提高,截至2005年,均已经达到15%以上。但还应该看到,科学技术领域的女性参与的专业隔离情况仍然比较严重,比如生命科学领域与工程学的差距达到30个百分点。因此,我国在借鉴鼓励女性科技人才成长政策的同时,需要注意学科间的性质差异制定有针对性的政策,从而避免出现美国目前这种专业隔离状况。

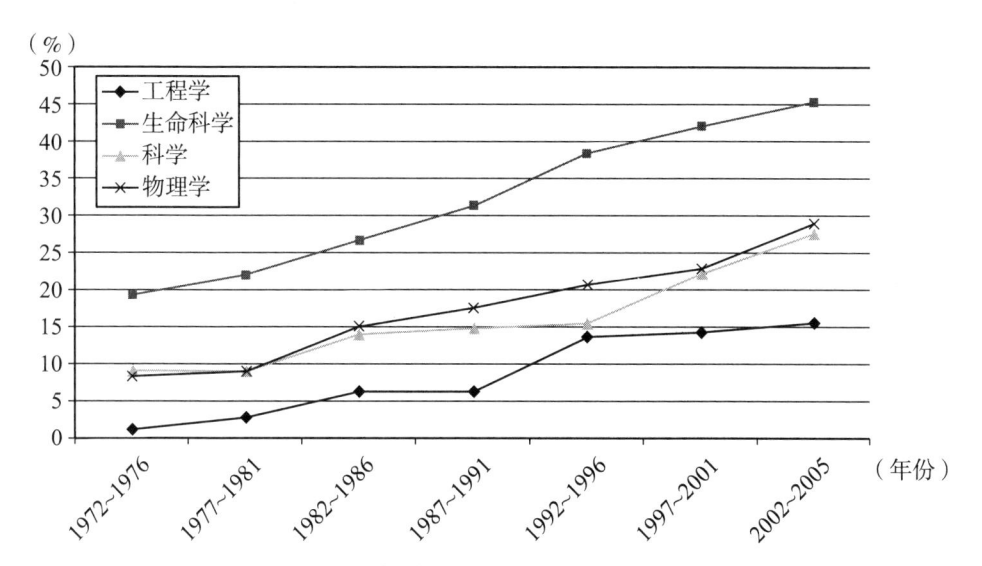

图 21-2 美国各专业领域拥有博士学位的科技人员中女性比例

资料来源：美国国家科学基金网站《Science and Engineering Indicators：2010》，检索日：2011 年 5 月 21 日 http：//www.nsf.gov/statistics/seind10/c/cs1.htm。

（二）加拿大

加拿大促进女性科技人才成长主要是通过渗透在各个领域的"性别分析"（GBA）[①] 来进行的。"性别分析"是加拿大公共部门、第三部门或私人部门在承接政府项目，取得政府经费之前必须要做的一项重要工作，即提交一个关于性别分析的报告，报告中必须含有一定的性别分析和相关数据。也就是说，加拿大通过把"性别分析"强制性地纳入政策制定的过程中，并且是从整个政策制定过程的第一步开始，具有基础性、决定性和必要性。而"性别分析"的出发点就是贯彻《北京行动纲要》《下一步性别平等的行动》《权利和自由宪章》、反歧视会议等一系列法案和政策。

加拿大促进科技领域性别平等的政府机构主要是妇女地位部（Status of Women Canada，SWC）和加拿大自然科学与工程研究理事会（Natural Science and Engineering Research Council of Canada，NSERC）。

妇女地位部成立于 1976 年，是以促进男女平等、提高女性在经济、社会、文化和政治领域的参与程度为目标的政府机构，协助各部门进行性别分析。1995 年"女性计划"转至妇女地位部，主要为女性团体提供技术与资金的支持。

妇女地位部促进性别平等工作的主要特点：

[①] 加拿大女性地位部性别分析参见 http：//www.swc-cfc.gc.ca/pol/gba-acs/index-eng.html，检索日：2011 年 6 月 10 日。

（1）以"性别认同"而非传统的男女性别划分为主。

（2）以"性别分析"为基础。性别分析是妇女地位部性别平等工作的基本工具，目的在于建立可测量的结果以利于评价结果及政策的稳定持续性。1999年妇女地位部成立"性别分析署"，协助各机构发展性别分析。

（3）建立女性网络。妇女地位部作为一个政府机关能够协调政府单位之间政策，确保性别分析能够纳入政策过程；同时，还能够联系国内外社团建立伙伴关系，给予女性充分资源。

加拿大自然科学与工程研究理事会1996年创设了五个"科学与工程女性主席"席位，分布于加拿大的五个地理区域，由政府、工业界主要的大公司与大学共同支持，提供资源与经费。并要求各地区委员会的委员性别比要能体现该地区的性别比例，至少包含2名女性和2名男性。理事会的政策支持方向主要有：为女性育儿假提供资助；在研究项目申请上给予女性更宽松的年龄期限；在抚养孩子上给予弹性资金支持。其"高校教师项目"建立于1999年，政策目标是让女性留在科技领域或让职业发展初期阶段女性的女性获得聘用职位。高校要减少受资助高校女教师的教学及管理压力，使其专心于科研[①]。

2006年的加拿大非正式调查[②]发现，在女教师成长关键阶段的管理及教学压力都有所减少。

（三）欧盟

欧盟委员会是欧盟的常设执行机构，也是欧盟唯一有权起草法令的机构。一方面，多数欧盟成员国对女性科技人才发展问题的关注都比较早，在实施中也积累了丰富的经验，这给予欧盟委员会制定的相关政策及激励计划提供了坚实的实践基础；另一方面，体系相对比较完备的欧盟委员会政策及资金支持又给各成员国促进女性人才成长提供了基本动力。另外，欧盟委员会作为一个交流平台，也为各成员国提供了经验交流的机会。因此，提到欧洲，欧盟委员会的政策是首先要讨论的。

1. 促进女性科技人才成长的政策

欧盟委员会促进女性科技人才成长的政策主要体现在其框架计划和行动计划中。

框架计划是欧盟非常重要和有特色的科技政策工具，在最早的四个科技政策的框架计划中，都没有考虑科技中女性的特殊问题，直到1999年2月，第五个框架计划中加入了"鼓励女性参与科学行动计划"，这标志着科技中的性别平等真正进入欧盟的科技政策。框架计划五中包含的女性与科学的方案，明确将增加女性在科学部门的比例、消除性别不平等作为制定"欧洲科研政策"的核心目标

---

① 加拿大自然科学与工程研究理事会，http://www.nserc-crsng.gc.ca/，检索日：2012年4月11日。

② 信息来源：加拿大妇女地位部网站，http://www.swc-cfc.gc.ca 检索日：2011年5月20日。

与任务。框架计划六第一次加入性别平等的要求,并规定各个学术委员会中女性必须达到40%[①]。

为响应2000年里斯本战略,欧盟委员会于2001年通过了欧盟"科学与社会行动计划(Science and Society Action Plan)[②]"。这项为期10年的计划旨在促进和加强女性在研究工作中的参与和作用,同时还解决其他的诸如管理、道德、青年与教育问题。该计划受框架计划的统领,其中第24条:建立欧洲平台,把女性科学家和倡导科技领域性别平等的组织联系起来;第25条:在赫尔辛基女性与科技组织的统计信息员的协助下,建立性别指标,用以衡量欧洲科研领域性别平等的发展状况;第26条:建立专家组,研究私人部门科研女性的作用和地位,分析工作类型和实践中效果显著的例子,为促进性别平等提供建议;第27条:建立专家组,研究中欧和东欧以及波罗的海周边国家的女性从事科技的状况,为进一步的工作提供建议,特别要借助于赫尔辛基女性与科技组织和适当的政策。

在框架计划和行动计划基础上,欧盟委员会对促进科技女性发展的政策主要从三个方面推进,而欧盟成员国必须按照这个框架构建或修正自己国家的立法。

(1)性别平等监控。分性别的统计对于监控男女两性在科技领域和欧洲研究区各部门的参与至关重要。1999年欧盟就确定了在欧洲研究的初始统计中必须包含分性别的信息,当时欧盟还没有性别研究与发展数据的收集机构,因此,2001年组建《统计通讯者》作为"赫尔辛基女性与科学组织"的附属刊物。这一行动推动了大量性别数据的统计和研究活动,目前收集欧洲女性与科学数据最广的《她数据》[③]就是其中一项成果。在这些数据的基础上,已经形成一系列性别敏感指标,可用于测量和比较男女两性在获得高级职位和获得研发基金方面的成功率。从而对性别平等情况进行监控评价。

(2)吸引政策。为吸引优秀女性进入科技领域,从而增加高层女性的比例。为此,各国纷纷实行"平权计划"(Affirmative Action)。欧盟委员会1999年建立"女性与科学——鼓励女性充实欧洲研究领域行动纲领"来增加女性在科技领域的比例,在此基础上,来自15个成员国或协约国的一些支持女性从事科技工作的政府公务员和专家建立了赫尔辛基女性与科技组织,该组织要求每个成员国和协约国提名一位政府公务员,负责本国促进女性参与科技的工作。组织内部各个国家之间经常相互交流经验、进行多层次的合作、讨论所采取的措施和效果。该组织及其成员国的系列合作,从整体上加强了各国女性政策实施的效果。

(3)家庭支持和社会接纳政策。欧盟委员会要求成员国为0~3岁的孩子建立费用低廉,便利的幼儿机构,从而使女性可以更多参与到科技工作中来。要求

---

① European Commission. Gender Equality Report Sixth Framework Programme,Oct. 2008.

② Science and Society Action Plan,http://ec.europa.eu/research/science-society/pdf/ss_ap_en.pdf 检索日:2013年11月20日。

③ 目前共出版四本,出版年份:2003年、2006年、2009年和2012年。

改变工作气氛,为接纳工作人员的家庭责任,让男性和女性平等和谐共同发展。

而欧盟促进女性科技发展的具体措施实施主要由科技性别平等政策支持下建立的组织和计划来完成和监督。

自框架计划执行起,欧盟委员会开始支持在高校和研究组织内对性别和多样化管理的方式的转变(文化上和结构上的)。在申请项目时,期望高校及研究组织与共同行动方案合作以最好的系统化组织化的方法增加女研究人员的参加和促进其职业发展。2010 年 5 月 26 日,欧盟理事会在竞争力理事会上重申对女性参与欧洲科技的支持。而《男女平等战略(2010~2015 年)》代表欧盟委员会在此期间性别平等的工作计划。欧盟委员会指出制度要有利于交流好的实践经验并建立行动方案,以处理必要的结构变动,解决具体的组织问题和更好地利用多样化。其中的一些行动包括:招聘、晋升和挽留政策;更新管理和研究评估标准;课程内容的革新;领导力开发;双职夫妇的支持政策;职业中断后的回归计划等。

可以说,欧洲女性与科学的政策议题已经从追求"平等对待"转变成"性别平等主流化"这一议题,也就是说在欧盟的各类政策制定中,性别平等已经成为一个必要的考虑方面。

2. 政策效果和影响

通过以上介绍的一系列促进性别平等的措施,欧盟国家在促进女性参与科技方面已经取得了一定的成绩。2000~2009 年,女性研究人员所占比例也逐年上升(见图 21-3)。

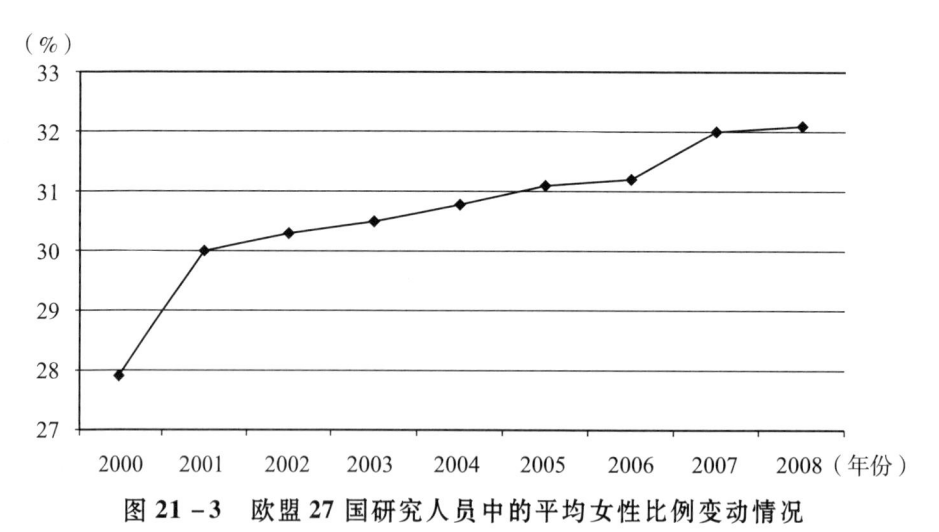

图 21-3 欧盟 27 国研究人员中的平均女性比例变动情况

资料来源:欧盟统计局网站,http://ec.europa.eu/eurostat,检索日:2012 年 5 月 26 日。

无论在高等教育机构、政府部门还是商业企业内,研究人员中的女性比例都有所上升(见图 21-4)。

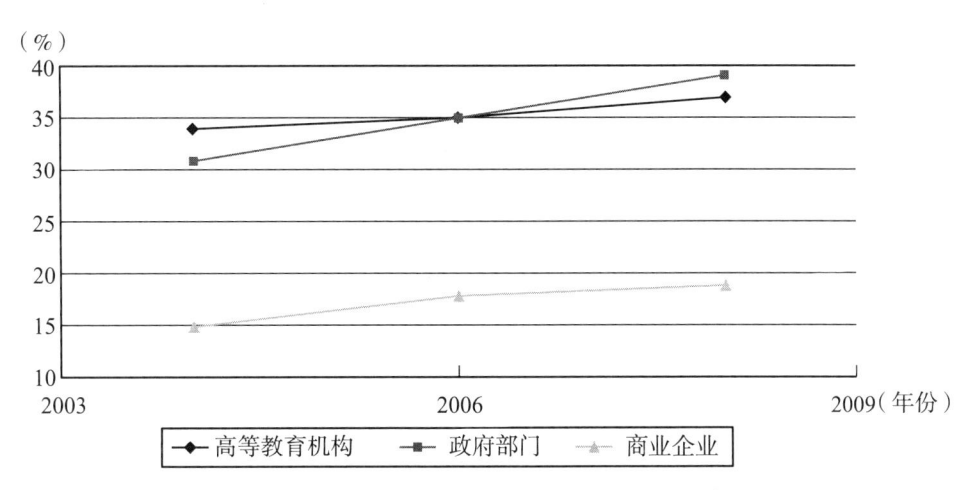

```
(%)
40
35
30
25
20
15
10
  2003              2006              2009(年份)
  ◆ 高等教育机构  ■ 政府部门  ▲ 商业企业
```

图 21-4　欧盟国家各类机构女研究人员比例变动情况

资料来源：整理自欧盟统计数据《She Figures 2009》，http://ec.europa.eu.

另外，在欧盟高校中的博士毕业生和 A 级教授中女性比例也有所提高，根据《She Figures 2009》显示，至少 9 个国家的女博士毕业生比例达到 50% 以上。

（四）英国

英国 1975 年通过《性别歧视法》，次年成立平等机会委员会担负监督责任，其委员由政府任命，但是独立于政府的半官方机构。从那时开始，英国的相关专业与行业的机构、职业服务部门和其他一些组织采取了各种战略来吸引更多的女性青年进入科技领域。

1984 年工程理事会与平等机会委员会合作，发起了"女性进入科学与工程学"（WISE）运动，该运动一直持续到现在。这些努力成功地改变了社会的态度，即将科学与工程学视为适宜女性的职业。

1993 年，英国政府白皮书《实现我们的潜力》提出一些旨在增强英国在科学与工程领域中实力的改革，该报告同样认识到吸引女性进入科学和工程领域的重要性。

2000 年，政府白皮书《科学与创新》中指出，政府将努力支持科技与工程领域中的女性，特别是要考察那些离职者所面对的问题。英国还参与了欧洲发起的推动女性进入科学领域的活动。

2003 年 4 月 28 日《科学与工程领域女性战略》公布，主要是为解决科学工程领域的公平问题。该战略最重要的提议是建立科学工程领域的女性资源中心。2004 年 9 月女性资源中心成立，为科学工程领域的女生和女性提供了实际的帮助和支持，为政府、企业和学术界提供性别平等的建议，为工作中文化的改变提供支持。

2009年6月，英国商务、创新和技能部成立，是由商务、企业和管理改革部和创新、高校及技能部合并而成，接替了商务、企业和管理改革部的科学和社会计划，该计划包括英国科学的平等和多样性。该计划中"科学、技术、工程与数学的女性"是一个专家组，为英国政府制定科技、工程与数学专业中的女性战略提供建议、监督和支持。

英国的雅典娜天鹅奖章奖励雇用女科学家和工程师的高校。该奖由英国女性资源中心出资，支持为内部性别平等和多样化做出贡献的高等教育部门。该奖在1999年设立，目标是提升和促进高等教育和研究机构中科技工程领域女性的职业发展，以促成高等职位女性人数的显著增加。成立之初就开始出版天鹅奖获得者优秀经验的情况说明。

（五）德国[①]

在20世纪90年代以来，德国联邦政府和各州政府针对高校自然科学系科和科研机构中女性从业者很少这一状况制定了一系列改进措施。并在20世纪90年代中期进一步加强了这方面的工作。1996年联邦政府在《高等学校特殊纲领》中明确提出要提高高等学校和科研机构中的女性比例，尤其强调要鼓励获得博士学位的女性争取晋升大学教授，为此，《高等学校特殊纲领》第五条规定通过下述措施促进科研界妇女的工作：为女性提供开展科研工作的资助金；在全德范围内开展一项促进女性晋升大学教授的项目；为从事科研工作而又有孩子的女性提供额外的孩子照料费，使她们能潜心从事科研工作；为实施《高等学校特殊纲领》，联邦政府拨出专款用于资助女性从事科研工作。

德国政府也采取各项措施促进女性参加科研工作，具体措施有：提供孩子照料费；养育假资助金；重返科研工作岗位资助金；科研合同资助金，为愿意在享受养育假期间继续开展已签订的科研合同的女性设立。

德国联邦教育与研究部支持旨在提高女性在科学体系机会的一系列项目，已经采取措施调节科学工作与家庭的冲突，例如：对大部分公立机构提供资金使它们能够为雇员提供托儿服务。

卓越女性与科学中心是一个知识和研究为基础的服务机构，它为科研中男女平等机会的实现提供了科学支持，成为德国科学与政治之间的接口。通过提供个人职业发展咨询和培训，该中心帮助高素质的女性提高其在科学体系内的职业发

---

① 沈国琴：《德国知识女性与科研工作》，载于《德国研究》2000年第4期。

展期望。重点在于为未来的女教授进行职业战略培训。

(六) 瑞典

瑞典政府对劳动力市场的女性参与虽然认识比较早,但出发点却主要是因为人力资源的短缺。在20世纪60年代,政府高层便达成共识,认为施政的重点之一是鼓励已婚妇女进入就业市场,以满足雇主的人力需求。1972年在首相办公室设立了一个性别平等小组,长久以来,托儿和女性就业培训被当作主要的社会福利政策。1994年瑞典政府规定性别主流化必须纳入所有政策领域。因为瑞典的性别平等工作着手较早,具有比较深入的民众基础,所以90年代后针对女性科技人员制定一些鼓励措施容易被接受,实施相对顺利,效果也比较明显。

1. 性别平等的政策

瑞典性别平等政策的一个出发点是男女两性的经济独立,也就是男女必须有相同的工作权和独立生活的能力。这意味着拥有在进入劳动市场、职业发展及工作家庭平衡中的平等机会[①]。

一体化与男女平等事务大臣负责协调政府的性别平等政策,瑞典政府每位大臣都要负责其职权范围内的性别平等问题;性别平等司负责协调政府的性别平等工作和有关性别平等的专项工作,负责完善贯彻性别平等政策的方法。每个省的行政部门都聘有性别平等问题专家;平等机会委员会可以通过罚款来责令雇主采取促进性别平等的积极措施;歧视监察专员致力于消除歧视和促进人人享有平等权利和机会。

瑞典政府于2007年成立族群融合及性别平等部,主管的事务包括公民权、消费者事务、民主议题、歧视议题、性别平等、人权、族群整合、都市发展、非政府组织及青少年政策,在决策层级之下设有执行业务的处、室及秘书处,性别业务属性别平等处。

瑞典国家科学基金会(SNSF)2008年1月发表的两性平等目标宣言:为了在实践中获得平等,使用定额方法来消除现存的性别劣势。基金支持为年轻女性科学家和研究人员建立交流网络[②]。

2. 政策效果与影响

瑞典是世界上性别平等程度最高的国家之一,其科技人才队伍中的女性比例也位居前列,自1995年起,瑞典各级科技人员的女性比例都有较大提高,同样博士学位中的女性比例也在增加(见图21-5)。

[①②] Agneta Hansson, Ann Margareth Moller, *Country Report Sweden*, 7th Meta-analysis of gender and Science Research, European Union.

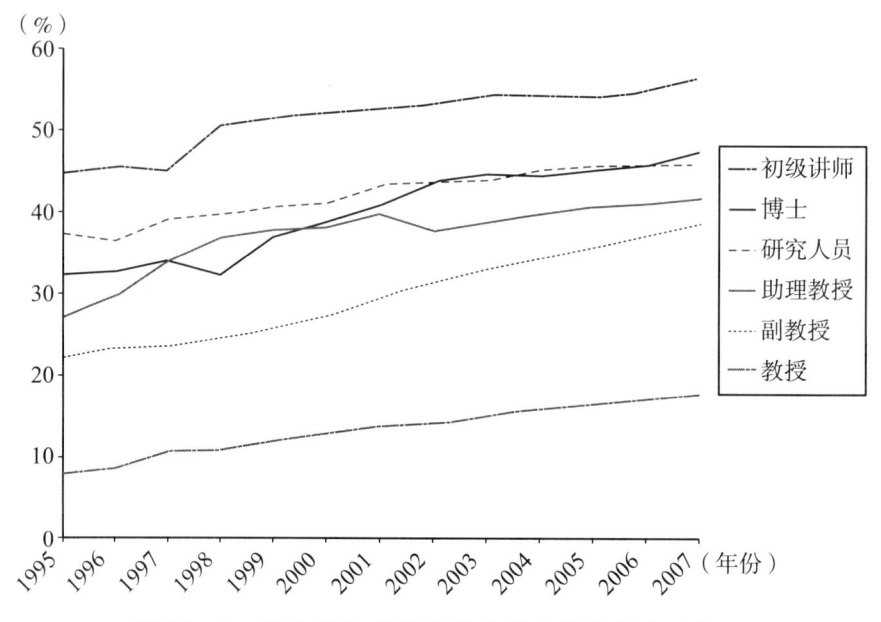

图 21-5　瑞典历年各级科技人员女性比例变动情况

资料来源：根据瑞典国家高教署《Higher Education. Employees in Higher Education 2010》http://www.hsv.se，整理。

（七）韩国

韩国从20世纪70年代开始关注性别相关议题，尤其是近几年政府通过制定各种政策法令，致力于改善性别不平等的现象，旨在减少职业、社会服务、教育与其他社会领域的性别歧视。并在立法、部门条例和项目三个层面上，制定了较为系统和完整的促进女性参与科技的政策。但碍于韩国传统文化对女性外出工作的排斥（尤其是科技工作），韩国政府虽然做了很大努力，也产生了比较好的效果，但总体看来，韩国女性科技人才的发展现状还是与发达国家平均水平有很大差距。

1. 促进女性科技人才成长的政策

主要的政策进展：1987年，劳动部"就业平等法令"立法，保证了女性就业的平等地位；2001年，科技部[①]"科技机会平等法令"立法，保证科技领域女性的平等权利；2002年，科技部"激励和支持科技女性法令"立法，主要目的让在科技工程领域的女性充分发挥其才能。在政策实施上，韩国政府主要通过一些具体的项目，将女性科技政策的意图推进到了实施层面。2002年，科技部建立"科技女性招募体系"，吸引女性参与科技；同年，韩国通过《女性科技人员培养和支持法案》；2003年，教育和人力资源开发部建立"女性教员招募体系"，

---

① 2008年科技部与教育部合并为教育、科学与技术部。

吸引女性参与教育；2005 年，科技部建立"NIS – WIST：支持科技女性国家研究所"，目前该研究所的作用和影响力都非常大，主要通过调查研究构建支持科技女性的政策；为科技女性提供教育、培训、咨询服务；提供科技职业的就业信息以及其他对科技女性或组织的支持①。

韩国的女性科技政策按照实施的目标可以归纳为三类（见表 21 – 1）：培养、吸引和支持。首先在教育培训阶段培养合格的女性科技人员后备力量，其次在招募科技人员时采取一些吸引女性参与的措施，最后在女性科技人员的职业发展上给予相应的支持。

表 21 – 1　　　按目标分类的韩国主要涉及科技女性的政策

目标	政策项目	实施部门
培养	WISE 项目	教育和人力资源开发部
	科学与工程领域优秀女生奖学金	科技部
	顶尖高校工程专业女生支持项目	教育和人力资源开发部/产业资源部
	WATCH 21 项目	产业资源部
	高校 IT 研发中心支持项目（定向助）	情报通信部
吸引	科技女性招募体系	科技部
	女性教员招募体系	教育和人力资源开发部
	增加委员会女性比例项目	性别平等与家庭部
	积极就业政策	劳动部
支持	科技女性支持中心	科技部
	婴儿看护中心建设项目	科技部
	基础科学研究项目/专业研发项目（定向资助）	科技部
	女性科学家支持项目	教育和人力资源开发部
	高校 IT 研发中心支持项目（定向资助）	情报通信部
	增加 IT 教授项目（定向资助）	情报通信部

资料来源：NIS – WIST Strategic Report：Women Resource in S&T – Why, and How Must They Be Supported? 2007：56。

科技部资助的 WISE 项目的目标是为女生从小学到大学阶段提供科学工程领域的友好氛围，最初作为持续一年（2001 ~ 2002 年）的试验项目。该项目运作非常出色：第一次为女生建立在线导师项目，可以被称作是韩国导师制度的模板。WISE 项目于 2005 年转到教育与人力资源开发部下，有 1 个总部和 9 个地区

---

① 根据 NIS – WIST 网站 http：//www.wist.re.kr/engindex.jsp 相关数据整理，检索日，2012 年 5 月 16 日。

性中心，2005年共获得资助约202万美元，比2004年增加了100万美元。每年参与项目的女生超过2万人。2008年5月，NIS-WIST向国内10所重要高校（包括2所女子高校）发出官方倡议信，要求这10所学校的60个全是男教授的专业至少雇用1名女性教授。而这些60个专业的本科生中女生比例至少在30%，研究生比例（包括博士）至少在10%[①]。

2008年11月，韩国教育、科学与技术部在总结"第一个女性科技人员培育、支持基本计划"经验的基础上推出了"第二个女性科技人员培育、支持基本计划"。该计划以"实现女性科学家引领的创造性科技社会"为目标，提出了今后五年（2009~2013年）支持女性科技人员的国家发展战略。韩国政府计划将通过创造友好型的教育环境、鼓励女生主攻理工科、大力扶持女性科技英才，培养高级女性科技人才。到2012年，将工程类女生入学比例由2007年的19%提高到25%；将理工科女博士人数由2007年的701名增加到1 000名。对于培养起来的女性科技人才，韩国政府还将为她们创造具有吸引力的就业岗位，到2012年将女性科技人员的录用比例提高到30%。为解除女性科技人才的后顾之忧，韩国政府还将在研究机构密集区建立和完善保育、育儿设施。

2. 政策效果评估

虽然韩国受传统文化影响较多，性别平等的基础也比较弱，但韩国相关政策的制定层次高（立法上），依托各职能部门和项目影响广泛，针对科技女性职业发展的三个不同阶段的特殊需要采取相应措施，作用比较显著。

(1) WISE项目通过实施友好氛围的科学教育和开发多样的项目，有助于引发女生对科技的兴趣并且参与科技职业。尤其是在线导师项目：女学生与科技女性间建立联系，不仅可以获得优秀科技女性的专业知识，还能够获知价值观。WISE项目对促进优秀的女生进入科技工程领域成为优秀的女性起到重要的作用。

(2) 在培养女性科技能力方面：WISE项目目的在于为女性构建从小学到大学良好的科技学习氛围，这对激励女性的科技兴趣和学习科技的动机产生很大的帮助。项目从2002年开始实施至2005年，科技领域女性博士生的比例由17.5%增加到了22%，虽然这种增长可能由更多原因造成，但研究发现WISE项目确实起到积极的促进作用[②]。

(3) 在吸引女性参与科技方面：比如性别平等与家庭部的项目，把各种政策制定委员会的女性比例从2003年的32%增加到2007年的40%；教育部和人力

---

① 资料整理自 NIS-WIST 网站 http://www.wist.re.kr/engindex.jsp。
② NIS-WIST. *Why and How Must They Be Supported?* Seoul, Nov. 2007：39.

资源开发服务中心的女性教员招募项目，执行前女性在国立高校的比例1999～2002年平均增幅0.6%，而执行后的2003～2006年平均增幅为1.8%；自2004年后，高校科技专业新增教师中的女性比例就一直保持在15%以上[①]。

（4）在支持女性科技发展方面：科技部的专业研发项目的实施，明显提高了其领域内女项目负责人的比例，2003年只有5.9%为女性，而2006年这一比例已经达到14%；而研发人员总体中的女性比例在2003年后也有一个比较大的提高；同时，科技部的幼儿看护中心项目旨在减轻女性科技人员最重要的一项家庭负担，2006年和2007年分别投入126万美元和400万美元建设幼儿看护中心，大约能够接纳300名婴幼儿，能够给女性科技工作者一个安稳的环境，进而专心工作。

（八）日本

日本与韩国有些类似，也受到传统文化的较大影响，女性对科技的参与度低，对科技领域性别问题的关注也与韩国一样始于2000年前后，但日本政府的政策在执行上相对缺乏保障，缺少得力的官方女性组织的支持，使得虽然女性科技人才有所发展，但队伍基础发展十分缓慢，也就是政策的效果并不显著。

1. 促进女性科技人才成长的政策

自1999年《性别平等社会基本法》宣布实施以来，性别平等就成为日本科技界的主要议题之一。2004年11月，由于科学界内对该议题的关注，使得到32个自然科学领域的科学团体成立了"日本促男女平等参与科技联合委员会"。该委员会致力创建男女共同为科技做贡献的美好环境，鼓励女性研究人员回归，为选择职业路径提供信息支持，并主张建立幼儿看护体系。目前该委员会拥有超过60个科技协会或团体。

2005年日本政府制订第2期男女共同参与基本计划，将促进女性科研人员发挥作用作为重要内容。

2006年，日本第3期科学技术基本计划（2006～2010年）开始实施，该政策的目的是提高科技人才的综合素质，充分发挥其能力，支持他们终身持续进行能力开发，积极拓宽培养方法和途径，增强科技发展的实力。该计划明确了科技人才培养的改革方向和具体对策其中包括：提高女性研究人员科研能力；完善职业发展路径，促使更多女性进入自然科学领域等。日本要求各大学和研究机构积极采取措施，例如设置托儿设施、配备助手等，支持女性研究人员兼顾研究活动和养育子女（见表21-2）。

---

① 资料来源：整理自韩国教育部网站 http://english.mest.go.kr/enMain.do。

表21-2　　　　第3期科学技术基本计划（2006~2010年）
女性支持部分分析

组织	主张
高校及公共研究机构	为平衡研究和育儿提供支持 在招募女雇员时有公平的招募制度 促进女研究人员提升，并积极进入政策决策体系
政府机构	积极宣传鼓励女性进入科技领域 对在促进女研究人员发展方面做得比较好的机构进行支持，并作为榜样激励
其他机构	在招募女研究员上设立可量化的目标 在女性较少的科技领域设置博士在读生的女性比例，最好是25%

　　日本政府自2006年把支持女性科研人员政策列入财政预算，并逐年大幅增加投入。2006年度的相关预算为6.7亿日元，2007年增为11亿日元，2008年为18亿日元，2009年为26亿日元[①]。日本政府对外公布的2010年科技预算金额为35 723亿日元，本预算与第二次补充预算（1 521亿日元）相加，比2009年增加5.1%。日本负责科技政策的总牵头单位"综合科技会议"就文部科学省2010年度的科技振兴调整费的分配进行了研究，在振兴调整费中，培育女科研人员示范项目获12亿~17亿日元[②]。

　　2007年10月，科技政策最高决策机构"综合科学技术会议"发布《关于科学技术相关人才培养与使用的意见》（以下简称《意见》），该《意见》做了两项具体的制度安排：（1）实行女性特别研究员制度。由国家拨专款资助因生产、育儿而中断科研事业的女博士重返科研第一线。该制度已于2005年启动，2006年度共资助60人，财政支出金额2.6亿日元，支持强度为每人430万日元。（2）设立女性科技人才开发基金。对于女性科技人才密度较大的高等学校和公共科研机构，由政府拨专款资助它们改善科研环境与条件，增加高级岗位中的女性比例，促进女性科技人员健康成长与合理流动。该项目已于2006年启动，当年支出金额8亿日元，资助对象均为国立大型科研机构[③]。

　　日本教育、文化、体育及科技部设立榜样计划支持女研究人员：提供支持环

[①] 王挺：《日本发挥女科技工作者作用的政策及环境的研究》，载于《全球科技经济瞭望》2011年第26期，第65~72页。
[②] 科技部科学网 http://news.sciencenet.cn/htmlnews/2010/3/230253.shtm。
[③] 武勤、朱光明：《日本科技人才战略及其对中国的启示》，载于《中国科技论坛》2008年第1期。

境（软硬环境）；为整个生命阶段提供健康的工作生活平衡，例如生育、育儿和照顾老人相关。

2. 政策效果和影响

日本由于其社会老龄化问题越来越严重，充分开发女性科技人力资源显得很紧迫，日本政府采取的政策措施也比较充分，但女性参与度的增长与其他发达国家还有较大差距，表现在研究人员的女性比例上（见图21-6）就是女性比例的逐年缓慢增长：7年间增长了不到2个百分点。产生这种状况的原因与日本社会"男主外，女主内"的传统家庭模式相关。这样，如何改变传统的观念是释放女性科技人才的重点之一。但日本政府促进女性科技人才成长的政策还是值得肯定的。

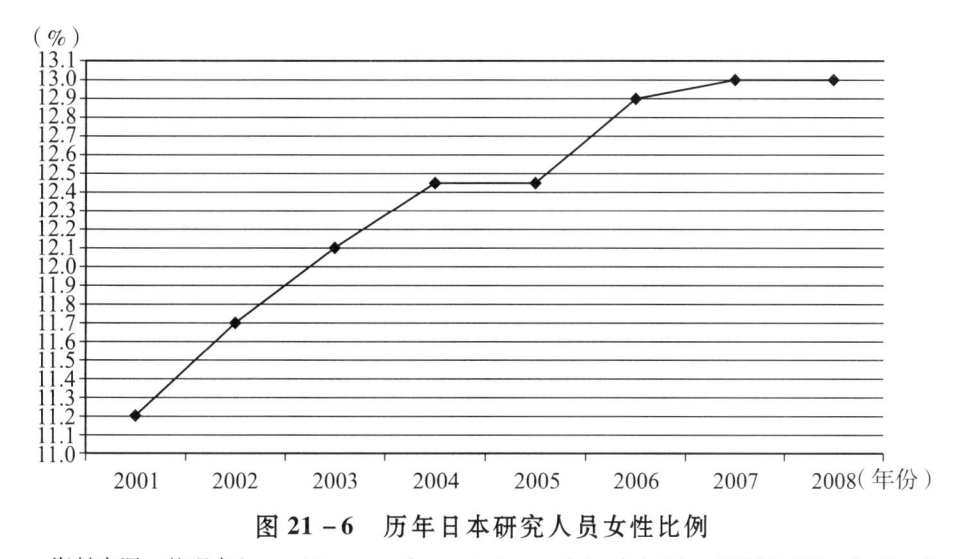

图21-6 历年日本研究人员女性比例

资料来源：整理自 http：//www.gender.go.jp/research/sankakujokyo/2009/pdf/5-5-7.pdf。

二、促进中国女性专业技术人才发展的政策建议

在法律措施上，我国应该通过立法来控制女性在高等教育、科研机构、科研职位、科研资金和科研决策等方面的地位。现代人力资源管理方面，通过就职与晋升的透明化、接受培训等方面的机会均等化以及确立新的科学成果评价体系。在新的科学教育中不但要吸纳女性，同时更要改变教学的方法和内容。工作、生活领域里，要解决女性专业技术人员往往容易因生育和抚养子女而被科学职业领域所排斥，以及在竞争激烈的劳动力市场上很难与男性一样获得在科学领域的职位等问题，为女性提供出国留学的机会，为女性专业技术人员生育后返岗的问题等提供解决办法等。具体来说本研究有以下建议：

（一）在科技政策中澄清妇女发展的特殊障碍，纳入性别平等理念

在我国的科技政策中纳入性别平等的理念，将是促进未来我国妇女发展的一个重要方面。要承认性别带来的差异性，并使性别问题在科技政策中得到体现。澄清女性双重角色带给女科技人员发展的特殊障碍，即以生育、家务为媒介，男外女内等传统性别规范对女性的可持续发展的约束或负面影响。

建议：在科技政策与制度设计上，包括科技资源的配置、岗位设置、继续教育等方面给予重视，使男女平等的理念延伸到对性别差异的理性认知、消除女性职业地位取得的特殊障碍和由此带来的更为科学合理的制度安排。

（二）鼓励女性专业技术人员参与学术交流合作

由于科学技术组织内部社会网络的限制及女性个性内敛的特征，女性参与学术交流及合作的机会更少，限制了女性的职业发展。

建议：鼓励女性广泛开展多种层次的交流与合作。除了现有的国内交流会议、国外留学、访问、国际专业学术会议渠道以外，注重在针对女性发展方面的国际合作。一方面，我国是拥有数量庞大的女专业人才队伍，她们需要与外界进行学术经验交流；另一方面，女性会更关注性别问题，通过国际学术交流不但在学术视野上有所拓宽，也会更多了解国外性别相关理论与实践发展趋势，有利于我们以新的视角关注科技领域中存在的性别问题和更好地借鉴国外的发展经验。此外，通过与国外的交流与合作，特别是在有关国际组织的帮助下，让我国更多的女高层专业技术人才在职业发展中产生一个较大的飞跃，成为技术界的佼佼者。

（三）加强针对女性专业技术人员的组织体系建设

组织体系建设是使政策发挥效应、开展各种交流活动和与国外开展对话的必要条件。目前我国已有部分女性的组织和研究机构，部分大学也设立了相关的女性研究机构，但针对女性与科技问题的组织体系建设还较为缺乏。

建议：在科技组织体系中纳入针对女性专业技术人员的专门性组织。可以考虑在中国科协内设立女性委员会，开展有关女性专业技术人员的宣传、交流、培训、政策研究等活动，并与现有的妇女组织、科技组织体系相衔接，形成紧密联系的网络体系。

（四）通过有效的宣传模式塑造新时代女性角色

女性专业技术人员的发展最根本的还是要靠女性自身的努力，自尊、自信、自立和自强是最基础的内在动力，重要的是这种导向还应配有具体化的实现途径。当前，商业化气息浓重的媒体宣传，正在强化女性性别差异的一面，塑造着

与"无性别差异"时代不同的社会性别结构；与此相对比，对女性自尊、自信、自立和自强的宣传力度显得不够充分。这种状况使得女性会更多地关注女性特征并着力扮演着传统的女性角色，性别标签的渗透力在增强。以怎样的角色塑造当今的科技女性成为一种挑战。

建议：在媒体方面进一步加强更符合时代特征的专业技术女性正面舆论导向宣传。这些宣传不能仅仅是高高在上的人物，应更贴近人们的现实生活，贴近广大的科技女性；不仅是"三八节"的表彰先进，应是持续地走进女性生活的每一天。总之，要加强正面宣传的"渗透性"，使自尊、自信、自立和自强的精神越来越多地成为女科技人员的追求。将宣传与咨询。

（五）设立女性科学研究基金

科学研究的客观性使得科技专业领域的性别不平等更容易被看成是女性在科学研究方面缺乏能力的表现。为此，中国还没有专门针对女性的研究资助基金。从现有的为数很少的针对女科学家的奖项，其人员和学科领域的涉及面都较窄，带动作用和扩散效应不显著。与国外普遍采用的研究资助模式相比较，奖励方式有一定的局限性。

建议：设立女性科学研究基金，旨在提高女性专业技术人员在科学研究中的参与程度。更重要的是，通过女科学家作为项目的负责人，培养出更多的优秀的女性学术带头人。

（六）设立女性特别培训基金

为高层次女性专业技术人才提供职业发展中的必要的学习机会，增强她们不断发展的动力。高层次女性专业技术人才在职业发展中普遍遇到的问题是受传统文化的影响，大部分女性仍然是承担家务劳动的主体，对她们的事业发展产生了不同程度的影响，她们付出的劳动以及对事业发展产生的负面作用，应该由社会来部分地给予补偿。

建议：设立针对女性的培训计划，使她们获得再培训的机会，而不要因为她们是女性承担了更多的生儿育女的责任，而在事业发展中有所停滞，甚至放弃对理想的追求。培训计划可以针对一定年龄段的女性，培训内容不仅包含她们自选的专业培训，同时也包含对她们如何平衡事业和家庭关系的特殊培训。

女性专业技术人员已成为科技队伍不可或缺的重要力量，她们的双重角色使她们既联系着科技事业的发展，又联系着支撑社会发展的家庭。女性专业技术人员的发展，不仅关系到科技发展这一影响未来国家竞争力的基础，也显示着社会进步的步伐。

第二十二章

促进女性经营管理人才发展的对策研究

信息化社会,社会越来越关注"她经济",女性企业领袖借助互联网和智能化的工作模式营造多元与包容的职场环境。随着我国改革开放的深入,企业经营管理人才作为市场化的推动者和积极行动者,成为社会阶层结构中的合法成分,在经济发展、政治参与和社会建设中发挥了至关重要的作用。市场化为妇女参与企业经营管理创造了机遇,使得女性参与企业经营管理的规模和比例有所提高。我们的研究发现,女性经营管理人才的发展更多地服从于市场发展规律,因此促进女性经营管理人才的发展对策应透过市场使女性获得更多和更好的发展机会,提出以下发展战略。

一、全社会合力促进女性经营管理人才的发展

2010年,企业女性负责人规模达到250万人,比2000年增加了143万人;女性负责人所占比例为25.1%,比2000年提升了9.0个百分点。2011《国际商业问卷调查报告》显示,中国女性工作者突破职业"天花板",成为企业高管的比例正不断提高。在受访企业中,女性高管占中国企业管理层的34%,与2009年的31%和2007年的32%的比例相比,稳步上升。而在女性高管中,担任CEO一职的比例高达19%,远远高于全球8%的平均水平,排名全球第二位。而与中国情况有所不同的是,全球受访企业中,女性高管比例出现下降趋势,2010年仅为20%,与2009年24%的比例相比大幅下降,基本上回到2004年的水准。[①]

[①] 潘晟:《中国企业女性高管比例上升》,载于《上海金融报》2011年03月08日,转载于:http://bschool.hexun.com/2011-03-08/127789720.html,上网时间:2012-10-10。

（一）《公司法》应加入女性经济参与的相关条款

女性的经济参与与其参与意愿和社会性别平等发展的要求存在明显差距。企业董事会中女职工董事占职工董事的比重从 2005 年的 43.0% 下降为 2008 年的 39.3%，2010 年进一步下降到 32.7%；2013 年的 29.1%。企业监事会中女职工监事占职工监事的比重从 2005 年的 46.8% 下降到 2010 年的 35.2%，2013 年进一步下降到 29.2%。[①] 研究显示，上市公司中，女性在高层的任职比例为 13.52%，在董事会成员中的比例为 10.73%。女性在关键职位上的任职比例偏低，且依然没有改变"副职多、正职少"的传统状况。女性参与高层管理能为企业带来更好的业绩。麦肯锡的调查报告以全球 231 家私营及上市企业的为基础，指出，高管团队中有三名或三名以上女性的企业，在多项组织标准考核上的得分超过没有女性高管的企业。更高比例的女性担任高级管理职务会带来更好的公司质量和业绩，而不仅仅是更好的公司质量和业绩所带来的结果[②]。建议《公司法》应当加入有关董事会性别比要求，保障董事会成员中女性比例达到至少 1/3。这将有利于公司的长远发展。

要建立对各类经济政策进行性别评估的机制。将性别意识纳入决策主流，充分考虑到政策的出台对男女两性可能造成的不同影响，将扶持、引导非公有制领域女企业家及其企业的发展放在重要位置，纳入经济和社会发展的总体规划。

（二）优秀企业经营管理者的政治待遇应有性别意识

我国党和政府非常重视优秀企业家和经营管理者的参政议政工作，不少知名企业家和经营管理者被吸纳到政协和工商联担任职务。但是女性企业家因为其资金和规模所限，其政治参与机会较低。

建议相关组织部门，在对优秀企业家和经营管理者的政治待遇上，一方面要增加性别结构的均衡，另一方面要增加对企业在解决就业和劳动关系方面对社会做出的贡献进行考察。由此那些并非在效益上有贡献，而是在就业方面有贡献的女性企业家会得到鼓励。

（三）加大对女性高层次经营管理人才的培训

建立多层次、多渠道的女性高层次经营管理人才成长成才体系。采取有效方式，将培训资源向女性高层次经营管理人才，特别是在基础工作的女性管理

---

① 国家统计局社会科技和文化统计司：《中国妇女儿童状况统计资料》，2014 年，第 69 页。
② 欧高敦总编：《女性与领导力》，经济科学出版社 2008 年版。

人才倾斜，提高企业人才队伍中女性比例。重视女性人才的选拔任用工作，注重从基层、生产一线女职工队伍中培养选拔优秀女性人才，逐步壮大女性人才队伍。

领导干部要更新用人观念，拓宽选人视野，把女性高层次经营管理人才选拔配备纳入统筹考虑。坚持德才兼备、以德为先的用人标准，进一步深化企业人事制度改革，加大竞争性选拔工作力度，完善选拔任用机制，对有发展潜质的女性领导人员重点培养、大胆使用，及时把经过基层锻炼、政治强、作风硬、懂经营、善管理的优秀女性人才选拔到中央企业各级领导岗位上。

培训中应当强调性别意识的培训。女性高层次经营管理人才多是具有自信和自强的女性。但是在一个竞争的市场中，不少女性企业经营管理者会感受到来自男权社会的压力和紧张。美国Facebook首席运营官谢丽尔·桑德伯格在其名著《向前一步》中特别谈论了女性要改变心态，抓住发展机会的问题。她认为，第一，向前一步，就要勇敢进取。减少女性在无意识中降低对自己的期望值，与男性相比，女性在职场中的态度仍然不够积极、不够进取。因此在市场压力面前，女性经营管理人才要更要积极。第二，要学会平衡工作与生活。在她看来，所谓女性只有抛开家庭才能达到事业巅峰的说法并不成立。绝大多数的成功女性都拥有一位相当支持自己事业的人生伴侣。因此学会与伴侣相互支持对成就非常重要。第三，要拥有更加开放的心态。即女性企业经营管理者要以更为开放的心态来学习新的技能，不断在自我提升中发展，并获得快乐。"向前一步"（LEAN IN）才能发挥出自己的潜力。接受挑战和压力来感受自我①。

（四）加大对女性高层次经营管理人才的宣传力度

要采取多渠道、多方式宣传女性高层次经营管理人才，在全社会树立新榜样、新旗帜，号召更多的女性投入到经营、管理工作中，促进经济建设。在互联网时代，越来越多优秀的女企业家脱颖而出，政策宣传能够有效地增加女性高层次经营管理人才的社会地位，以及社会舆论对他们的正面评价。树立社会上新女性形象，从而改变以往落后的女性观，重塑社会上的优良风气。增加女性高层次经营管理人才的自我认同感。

二、出台积极鼓励女性创业的公共政策和项目支持

从全球看，在67个经济体中，有1.26亿女性正在开创或经营自己的新创企

---

① 谢丽尔·桑德伯格：《向前一步》，中信出版社2013年版。

业；有 9 800 万女性企业家在经营已经建立的企业。但女性创业者只占 3.6%[①]。2012 年，中国女性创业比例占 11%；比男性的 15% 略低。[②]

改善女企业家创业的基本条件，这包括：改进有关融资的基础条件；赋予女性平等法律权益；提供教育和培训机会；赋予女性更高社会地位和经济能力。女性创业者的特点是有较稳定的发展，多在服务行业，因此能够提升就业岗位。

（一）为女性创业者和企业家提供融资渠道

缺乏资金是创业者面临的共同问题，但女性创业者较难获得银行和投资公司等金融机构的外部融资，大部分女性创业者依赖自我积累缓慢发展。女性创业者面临界社会资本的结构性约束和选择性约束。融资是影响女性创业的核心因素。研究表明，中国中小企业女企业家创业资金有五个来源：个人储蓄、银行贷款、家人朋友集资、政府支持、遗产继承。其中个人储蓄、银行贷款、家人朋友集资是女性创业资金的主要来源；缺少政府支持。建议建立专门支持女性创业的政府支持项目，以减少女性资金的"先天不足"的特点。

目前，国家出台了各类鼓励中小企业发展的项目。如北京市出台了《2012 年北京市支持中小企业公共服务平台资金管理实施细则》，所谓中小企业公共服务平台（以下简称"平台"）是指根据《北京市中小企业公共服务平台管理暂行办法》，经北京市经济和信息化委员会（以下简称"市经济信息化委"）认定，或按上述办法规定标准，由法人单位建设和运营，为中小企业提供各类公共服务，对社会服务资源起带动作用的服务机构。有些省市区出台了《关于进一步支持工业企业的若干政策意见》《关于优化服务促进工业企业发展的若干意见》《科技型中小企业技术创新基金管理办法》等一系列政策鼓励企业发展。但这些鼓励型政策和公共支持并没有充分考虑到市场本身存在的性别结构，没有特殊的支持女性发展的项目。事实上，女性经营发展遇到的最大困难之一就是资金不足；如果要贷款又缺少担保。因此，特别建议要建立专项为女性经营发展提供支持的政府机构。

早在 1924 年 5 月，上海就成立了"女子商业储蓄银行"，专门为女性客户服务，营业员也全部都是女性，是当时全国唯一的女子银行。该行经营管理者也主要为女性，张嘉璈之妹、徐志摩前妻张幼仪都曾在该行担任副经理。虽然女子银行经营效益有一定问题，但从开办至公私合营歇息有 30 年左右的历史。建议可对由政府或相关商业机构建立相关的"女性银行"进行研究，以更好地为女性从

---

① The Global Entrepreneurship Monitor（GEM）2012 Women's Report.
② 波士顿咨询公司，2014 年报告。

事创业和经营活动提供保障。

在各类商业发展贷款上,女性存在劣势,即资金少、起步低,缺少贷款担保。建议可研究建立由女企业家协会为组织者的女性企业家创业与发展基金,由政府出部分资金,女企业家协会筹集一些资金为女性企业家的贷款提供担保资金,并收取一定的费用。这种制度的建立可解女性企业家发展的燃眉之急。有些地区在此方面,已经取得了积极的经验,要加入全面总结,如太仓市针对女企业家纺织服装行业集中,而且企业规模小,增加资金投入,建立女性发展基金,设立公共纺织服装设计研发平台,引进高端设计人才,推进传统行业品牌化,着力提升科技创新能力,包括女企业家创业发展时机把握、解决其从创业到发展各个阶段的困难和问题、提高其竞争能力和管理技能等多个方面,给予女企业家企业一定的政策优惠加以扶持,关心支持她们的创业和发展,倾听她们的呼声、了解她们的意愿,帮助她们解决实际问题。

在积极组建融资再担保机构时,关注对女性企业家的支持。金融机构要优先对推荐的企业和项目给予信贷支持和提供优质金融服务,为女企业家企业拓宽融资渠道。

(二)提高女性创业者和企业家的创新能力

创新是企业发展的根本,也是我国经济发展的关键因素,在经营管理方面,只有不断地创新才能创造新的生产力,推动社会发展,因而,在女性高层经营管理工作中,我们要发掘女性高层次经营管理人才不断提高自我的创新能力,积极投入到创新工作中。我们要总结女性高层经营管理工作的新经验,探索女性高层次经营管理人才工作的新方式,积极搭建女性高层次经营管理人才交流平台,推动他们的交流合作,为创新工作提供一系列的外围支持。

紧密结合市场需求,加快培养企业急需的技术技能型、复合技能型人才以及高新技术产业发展需要的知识技能型人才。这是女性高层次经营管理人才创新能力的源泉,必须加紧建设。另外,健全以职业能力为导向,以工作业绩为重点,注重职业道德和知识水平的高技能人才评价体系。创新技能人才交流制度,开展职业技能竞赛,加快职业技能公共实习基地建设。

为了鼓励更多女性创业成为企业家,并得到更好的发展空间,根据女性企业家的基本状况、成长规律和需求,提出以下建议:

(1)为创业者提供资金支持,尤其要鼓励青年人创业,培育企业家精神。

(2)为企业家提供更好的学习机会,组织有针对性的培训课程,为解决企业家时间紧张的问题,可以开发远程教育平台。

(3)为开阔企业家的视野,更好地适应全球化经济发展的时代,可以组织相关的国际实地考察机会，使本地企业家能够切身体会到国外企业的先进文化和制度。

（4）充分发挥商会和协会的作用，为企业家提供交流的平台，扩展社会网络，促进信息和资金的流动。

（5）大力宣传现代性别观念，使男女平等理念深入人心，这样可以减缓女性创业和经营的文化压力，要相信女性可以在事业上大展宏图，男性也要分担家庭责任，这才能够保障两性在家庭和事业上均衡发展。

（6）发展适应于企业家需要的家政服务，解决企业家在子女教育和助老上的后顾之忧。

三、提升女性企业经营管理者的组织化程度

面对市场，女性企业经营管理者最为缺少的就是组织化程度，既有关信息、资金和心理上的社会支持，在此建议各女企业家协会和妇联组织加大对女性企业经营管理者的组织，特别是扩大参与率，使更多中小企业的女性创业者和管理者加入其中。

（一）充分发挥各地各类女企业家组织的功能

目前，与女性企业家相关的社会组织发展迅速，为女企业家的发展起到联谊、提供信息和社会支持的作用。

以中国女企业家协会（简称"女企协"）为例，它始建于1985年，是经国家民政部登记，具有社团法人地位的唯一一家全国性女企业家组织，是中国企业联合会和全国妇联的团体会员。目前拥有省、市、自治区女企业家协会团体会员34个，个人直接会员和间接会员7 000余人，会员中集中了成功的女企业家、杰出高级经营管理人才及全国著名企业的厂长、经理。中国女企业家协会的宗旨是"维权、自律、服务"，即维护女企业家的合法权益；促进女企业家守法自律，面向企业，为广大女企业家服务。中国女企业家协会是沟通政府与女企业家的桥梁，是联系女企业家与各界妇女，以及女企业家之间的纽带，是培养、提高女企业家素质的大学校，是女企业家们温馨的家。从女企业家协会的功能看，其功能包括：（1）组织女企业家认真贯彻党和国家的方针、政策、法律、法规；（2）关注企业改革发展中的难点、热点问题，开展各种活动，引导和推动企业改革、创新与发展，促进女企业家队伍的成长；（3）开展企业间的交流与合作，加强地区间的横向沟通联系；（4）组织多种形式和内容的培训，提供咨询、信息等服务，引导女企业家规范自身行为，不断提高女企业家的综合素质；（5）推进妇女的创

业活动,宣传女企业家的先进事迹和成功经验;(6)组织会员参加国际交流、交往活动,促进女企业家与国外、境外企业的合作;(7)维护女企业家的合法权益,反映女企业家的意愿和正当要求,为政府有关部门建言献策;(8)承担业务主管单位和政府有关部门委托的工作。

但是值得注意的是,各地女企业家协会都秉承这样一个原则:吸纳成功的女企业家、杰出高级经营管理人才及著名的企业的厂长和经理。这当然是市场经济的效率和财富规律,但正在成长的女性企业家最需要加入到协会中获得培训、咨询和信息服务;但因为她们的企业多资金少、规模不大而被忽视,只能依靠自身努力。因此特别建议各地女企业家协会,在妇联组织和企业联合会的指导上,建立中小企业,甚至是小微企业的女性创业者协会,并为不同规模的女企业家建立交友平台,使其相互了解,使中小微企业的女企业家和创业者得到扶持;使大中型企业的女性家获得更多的互助式资源和社会成就。为更多的从事创业的女性搭建社会联系的平台和促使其享受到更多的市场信息和社会支持也应是各地女性家协会的重要功能。

就全国来说,我们有各种女企业家的协会。目前,也有一些带有商业性质的女企业家俱乐部建立。应当鼓励中小企业的女企业家们建立自己的组织和交流平台。在市场中能够获得异质性信息是女性企业家发展的重要一步。

(二) 发挥妇女组织的联合功能

在组织方面,妇女应起到很好的作用,即鼓励经营能力强、质量信誉好的女企业家企业进行松散联合,提高应对风险能力;积极为女企业家群体搭建各类政策、项目和信息平台。这些作用还包括,(1)提供教育和培训的机会;(2)关爱女企业家;(3)搭建交流平台;(4)宣传优秀女企业家,为社会树立榜样;(5)进行调查研究,了解女企业家们面临的共性问题,向政府相关部门反映意见,提出政策建议。

(三) 建立女企业家与女大学生的交流制度

建立女企业家和女大学生的交流制度,使其实现双赢,既能够使学生有实习和实践的基地,又能够使大学中的新知识和新信息进入企业。

2012年,北京女企业家协会和中华女子学院合作,开始了"女企业家进校园"的活动,成功女企业家为女大学开办讲座,这些女企业家成为女大学生创业活动的重要榜样。我们课题组参与了这一项目,将对此进行深入的研究和推广工作。这一讲座,目前已经举办了12场,有15位女企业家将走进校园与大学生互动。同时,北京市女企业家协会建立了34个女大学生实习实践基地,一些优秀的女企业家接纳女大学生在自己的企业实习，为其发展提供机会。此外，中华女子学院正积极探索女大学生创业导师制度和创业孵化基地（创业扶持基金）建设。我们将进一步研究和了解现当代大女大学生的创业意识。推动大学生分享女性成功创业者的创业经验和心路历程，使女大学生在能够逐渐建立创业素质、创业动机、创业技能，学习到与创业有关的创业融资、创业商机识别、创业团队组建、创业风险防范以及创业模式选择等方面的知识。我们亦将推动将这一活动制度化，并能够列入大学生成才教学计划。

四、建立"伙伴关系"的管理理念，促使更多女性管理者成才

美国学者艾斯勒发现，人类历史上有两类社会关系类型：一是"伙伴关系"；二是"男权等级制关系"看似男性在这种统治关系经济学中获得好处，但其付出的代价也是巨大的，如超时工作而无法和家人在一起分享时光；如巨大的养家糊口的精神压力。它透过意识形态让人们自觉地接受了对人类生活的伤害。只有以伙伴关系体系来替代统治关系体系才有可能解决人类今天遇到经济和社会之间出现巨大的分裂，这要求我们高度评价被贬损了的有关同情、关怀和非暴力的品性，建立相互尊重和信任的关系。

一些国家直接承认了关怀工作，特别是那些曾经是属于家庭内关怀工作的价值，新西兰、加拿大和西欧国家通过社会政策对育儿服务给予政府津贴，父母享有带薪育儿假期。日本、中国香港等地给予照顾家中老人的工作以报酬。芬兰、挪威和瑞典等北欧国家已经发现投资于关怀性政策就是对生活质量提高、人民幸福和更有效率和创新经济的投资。芬兰在世界经济论坛的全球竞争力排名上已经超出更富裕和更强大的美国。

以摩根大通为例，他们通过培训，在高层团队中致力于留住并晋升女性，建立起了有力的人才通道，2008年，女性经理在公司经理中的比重达到48%，在最资深的经理中占到了27%，而1996年这一比例为19%。

从国际情况看，我国女性高管的比例不低。担任CEO一职的女性比例高达19%，远远高于全球8%的平均水平，排名全球第二位。应大力宣传企业经营管理中的"伙伴关系"原则，促使女性管理人才大规模的增长。

第七篇

女性高层次后备人才

第七篇讨论女性高层次后备人才的状况，共分三章。

第二十三章分析了女性高层次后备人才的基本状况，"女性高层次后备人才"是指目前在校的女性本科生、硕士生和博士生。作为发展过程中的一个群体，高校女生未来社会地位的获得受到多重因素的影响，既包括其目前学业能力、政治和社会事务参与、身心健康；也包括职业准备和社会纽带建立等影响其未来地位获得的因素；还包括恋爱、婚姻和家庭问题上的自主权和决策权以及社会性别观念水平等多个方面。高校女生群体是一支蓬勃向上、健康发展的青年群体，近十年来社会经济的发展以及国家相应教育、就业政策的出台为这一群体的地位发展奠定了良好的外部基础。但是现实环境中仍然或多或少地存在着一些针对高学历女性的怀疑和歧视，高校女生中也存在着一些困惑和迷茫的情绪，女生的社会性别观念的成熟和开放。但高校男生的社会性别观念显示出相对保守和传统的特点。

第二十四章对在校本科生、硕士生和博士生在内的高校女生群体的成长规律进行研究。研究发现：（1）与男性强调个体竞争和物质激励不同，情感纽带和亲密关系是激励女性高层次人才发展的重要动力源泉。（2）家庭是个体社会化过程的第一个主体，成熟理性的父母观念在影响和塑造子女的性别观念和价值伦理上能起到至关重要的作用。（3）女性高层次后备人才对传统性别观念持更加批判的态度。无论是和高校男生相比，还是和社会上的一般女性相比，新时期的高校女生都更多地反对传统的社会性别观念。更多的新时期高校女生开始认识到事业成功对女性地位的重要价值，并且这样一种独立自主、自强不息的人格特征成为推进女性高层次后备人才持续追求事业发展和自我实现的内部驱动。（4）实践创新能力会在指引女性高层次人才发展的道路上起到引领性的突破作用：女研究生的社会性别观念越是先进，在实践创新能力上也越强。（5）女性导师对女性高层次后备人才的成长和发展起到至关重要的影响作用。这种影响不仅是专业发展上的，更是一种人生发展目标和方向的确立和引领。

第二十五章是对女性高层次后备人才发展的对策研究。研究指出：（1）全社会性别平等意识的提高对女性高层次后备人才的发展仍然是最重要的环境变量之一。（2）鼓励女性高层次后备人才更深入和广泛地参与各种社会活动和职业活动。（3）改变党政人才选拔机制，鼓励女性后备人才参与各种类型的政治活动。（4）加强对特殊女性后备人才的关注。贫困女性群体和基层优秀女性后备人才应成为关注重点。国家应建立基层女性后备人才发展基金。（5）实施多样的女性人才工程计划，为各行各业的优秀女性后备人才提供经济支持和发展机会。

第二十三章

女性高层次后备人才状况

一、女性高层次后备人才研究概况

"女性高层次后备人才"是指目前在校的女性本科生、硕士生和博士生。即是所谓的"高校女生",指国家统一招收、全日制在读的高校女性。

培养女性高层次人才的后备力量是社会发展和女性发展的需要。作为女性中受教育程度较高、思维活跃、意识超前的青年群体,在研究女性高层次人才中的独特价值和意义,我们将从性别观念、教育现状、职业准备等方面揭示高校女生的发展状况,从高校女生所处的家庭、学校、劳动力市场等几个方面揭示高校女生所处的发展环境。

高校女生群体是中国高等教育事业快速发展的见证者和受益者,她们在高等教育机构中获得了良好的发展资源和机会。作为一个发展过程中的群体,她们的成长和发展预示着中国知识女性未来的发展方向。近年来,伴随着就业制度的变迁与文化观念的日趋多元,高校女生的就业选择、婚恋观念及未来发展道路等问题也成为人们日渐关注的话题。为了更好地加深对高校学生群体的共性与差异性的科学认识,本研究将"高校女生"作为中国女性高层次人才的典型群体之一进行深入研究。

(一) 研究背景

伴随着我国经济、政治、科教改革全方位地启动和深化,高等教育事业也进入了迅速发展时期。国家高度重视女性人才,特别是青年女性人才的培养教育工作。《全国妇女教育培训体系纲要(2008~2010年)》中特别提出要"提高学历女性比例。重视加强女大学生思想道德建设……"

近10年来,我国的高等教育逐步从精英教育迈向了大众教育的时代,越来越多的女性成为我国高等教育普及化的受益者。目前,我国在校本、专科生中女性所占的比例已经逐步稳定在50%左右(2010年为50.9%);在校硕士生比例自20世纪90年代末以来也呈较快增长的态势,截至2010年底,女性占在校硕士生的比例为50.4%。与此同时,在校女博士生的数量更是实现了快速增长,从1986年不足500人发展到2010年的9万余人,占在校博士生的35.5%。

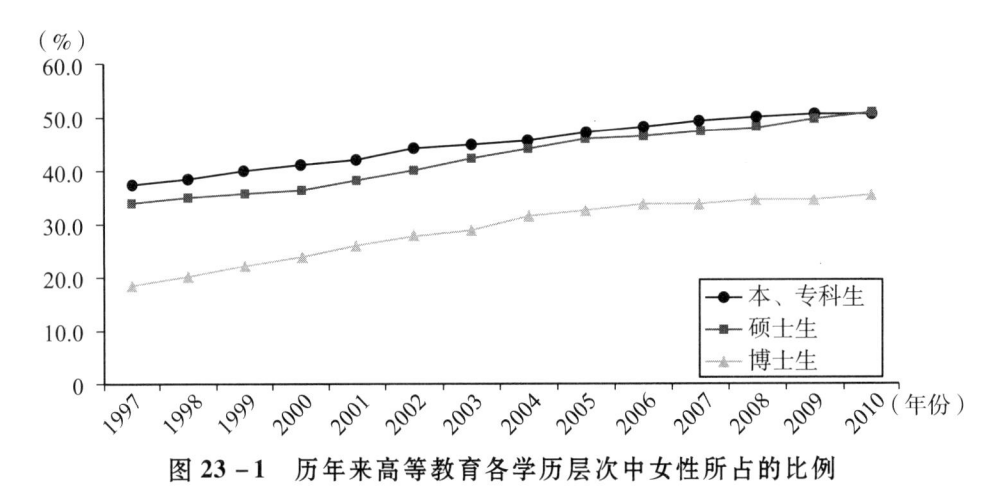

图23-1 历年来高等教育各学历层次中女性所占的比例

资料来源:根据教育部网站公布数据绘制。

高等教育的快速发展为促进男女平等,推进妇女进入各个专业领域和科研前沿地带做出了极大贡献。以教育行业为例,在我国普通高中专任教师中,女教师数为752 869人,占高中教师总数的48.4%。其中99.9%以上的高中女教师都接受过高等教育,97.0%以上的高中女教师具有本科及以上学历。在普通初中专任教师中,女教师数为1 766 989人,占初中教师总数的50.1%,其中99.5%的初中女教师具有高等教育学历,74.5%具有本科以上学历。截至2010年,我国公有制各类企事业单位的专业技术人员中,女性人数为1 269.4万人,占全部专业技术人员的45.1%,其中绝大部分专业技术人员都接受过高等教育。[①]

然而在取得这些成就的同时,女性高等教育的发展也仍然存在着一些局限。刘云杉等学者以北京大学为例,将这一进步界定为"有限的进步",主要表现在:

---

① 国家统计局社会科技和文化产业统计司:《中国妇女儿童状况统计资料》,中国统计出版社,2012年版。

其一，录取的新生中男女生人数比例均衡的事实背后是明显的阶层分离与城乡壁垒；其二，在专业选择中存在明显的性别隔离现象。① 此外，在就业形势整体紧张的趋势下，高校女生就业难也成为近年来困扰各级政府、教育部门和高校女生个体的突出问题。在社会经济快速发展、文化观念日益多元化的今天，高校女生的婚恋观念和选择也成为社会上讨论的热点问题；② 针对高学历女性特别是女博士群体的歧视性言论不时见诸各类媒体。高校女生仍然面临着来自社会舆论和就业市场的多重压力。

代表了新时期高学历女性未来发展方向的高校女生，一方面，幸运地成为高等教育大众化发展的受益者，进入大学校园接受良好教育，具有较高的发展潜力和良好的发展前景；另一方面，她们的成长与发展也仍然面临着传统社会性别观念和既有社会制度的限制和阻碍。在这样的现实环境之下，当下的高校女生在学业与能力发展、职业准备、社会参与、婚恋观念和行为、身心健康等方面究竟表现出哪些时代特征？她们对传统与现实、自强与依赖、社会角色与家庭角色之间的关系又做出何种思考与选择？对这些现实问题的思考与关注成为本章研究的基本出发点。

（二）分析框架

高校女生群体大多处于18~30岁的年龄阶段，正处于人力资本和社会资本快速积累与发展、价值观形成并逐步稳定的时期。作为一个发展过程中的群体，其社会地位不仅表现在其目前的政治、经济和社会资源的占有上，更重要的是她们在高等教育过程中对人力资本、社会资本和文化资本的积累，这些资本储备将进一步影响其今后社会地位的获得。因此本书不仅考察这一群体在接受高等教育过程中对教育资源的享有状况、政治参与水平、恋爱婚姻自主权、身心健康状况等方面，同时也考察高校女生社会资本和纽带的建立，以及作为其未来经济地位重要基础的职业准备状况等方面。简言之，本书力求以多维、动态的复合视角来考察高校女生的发展和社会地位。

影响高校女生群体发展的外部因素是多方面的：既包括接受高等教育的过程本身和高等教育机构，也包括高校女生群体的家庭环境和成长背景，更包括其未来发展所要面临的就业市场环境。因此，本书将高校女生群体的社会地位置于更广阔的家庭、大学与社会环境之下进行综合考察，以求分析影响高校学生社会地

---

① 刘云杉、王志明：《女性进入精英集体——有限的进步》，载于《高等教育研究》2008年第2期。
② 李明欢：《干得好不如嫁得好？——关于当代中国女大学生社会性别观的若干思考》，载于《妇女研究论丛》2004第4期。

位的诸因素及其相互之间的作用关系。本书的具体框架如图 23 – 2 所示。

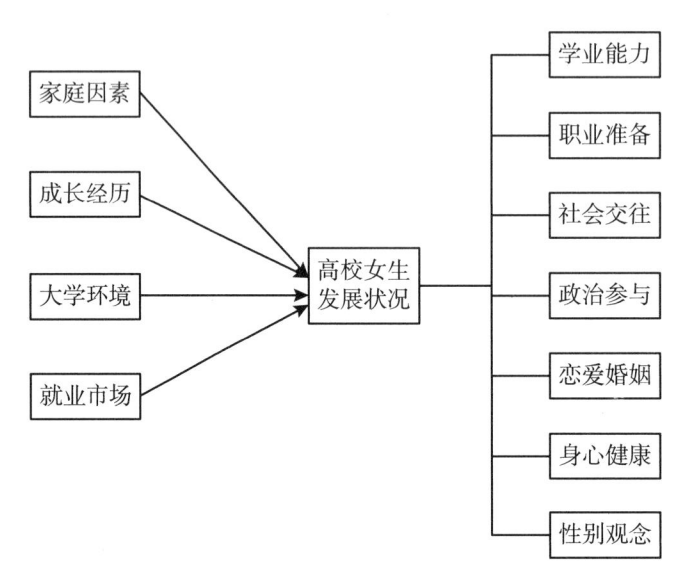

图 23 – 2　研究框架

为了在更好地凸显和代表新时代高校女生地位特点的同时，与中国女性整体的社会地位状况进行横向对照与比较，本书尽可能沿用第三期妇女社会地位调查全国问卷的主要指标框架和核心问题，同时还针对高校女生群体的年龄和发展特点，进行了相关指标体系的丰富与调整。在具体分析过程中，本书始终秉持着性别比较的思路，力求通过对高校男、女生群体的对比分析，洞悉中国青年知识群体中的性别差异与性别关系。

（三）研究方法

本书所指的"高校女生"是指调查标准时点（2011 年 4 月 20 日）上全国普通高校中，通过国家统一招收、全日制在读的女性本科生、硕士生和博士生。调查对象是全体在校学生（包括男生和女生）。调查采用抽样问卷调查方法进行数据收集，调查工具是"第三期中国妇女社会地位调查大学生典型群体调查问卷"。调查问卷包括主卷和附卷两部分。全体被调查者均需完成主卷调查，研究生群体（包括硕士生和博士生）需完成附卷调查。

根据课题设计，调查时间为 2011 年 4 月 20 日 ~ 2011 年 5 月 20 日。调查采用三阶段配额抽样法。主要根据东中西部地区的差异，"985"工程、"211"工程和其他普通高校的区别，妇女/性别研究培训基地的状况，以及男女性别比例进行抽样。第一阶段采用立意抽样，选取了南京、武汉、西安、兰州和北京五个城市。第二阶段同样采用立意抽样，每个地区的高校按"985"高校、"211"高校、其他普通高校划分为三个层次，同时以是否是全国妇联或省级妇联的妇女/性别研究培训基地，主导专业状况为参考标志进行抽样。此阶段仍采取以分层标准为依据的配额抽样法，分别选取表 23 – 1 中的 15 所学校为二阶段样本。这 15 所院校满足了"985"高校、"211"高校、其他普通高校、文科主导院校、理科主导院校、综合类院校、妇女/性别研究培训基地等条件，具有较强的典型性。第三阶段抽样是在各个学校中采取分学历层次、性别、专业大类和年级方法进行的配额抽样。

表 23 – 1　　　　　　　　第一阶段抽样结果

学校名称	所在市	是否"985"	是否"211"	是否普通院校	是否妇女/性别研究培训基地
北京大学	北京	是	是		是
首都师范大学	北京			是	是
首都经济贸易大学	北京			是	
南京大学	南京	是	是		
南京师范大学	南京			是	是
南京工业大学	南京			是	
华中科技大学	武汉	是	是		是
江汉大学	武汉			是	
湖北大学	武汉			是	是
西安交通大学	西安	是	是		是
西北大学	西安			是	
西北政法大学	西安			是	
兰州大学	兰州	是	是		
兰州交通大学	兰州			是	
西北师范大学	兰州			是	

为深入了解中国女性高层次后备人才的未来发展趋势，本研究还以深度访谈和焦点组访谈等质性研究方法进一步收集资料。在北京、西安、南京、武汉四地共收集普通院校个案访谈 32 份，并为比较普通院校和单一性别学校的差异，又追加了中华女子学院访谈 8 份，共计访谈 40 份（见表 23 – 2）。此外，本调查围绕大学学习和生活、未来发展规划、如何看待我国男女两性的社会地位等问题组织了 2 次焦点小组讨论。

表23-2　　　　　　　　　　访谈对象基本情况

		女性		男性		合计
	学历	文科	理科	文科	理科	
一般高校	本科	4	4	3	3	14
	硕士	3	3	2	2	10
	博士	2	2	2	2	8
	合计	9	9	7	7	32
女子学院	本科	8		/	/	8
总计		26		14		40

（四）调查样本基本情况

调查共回收有效问卷5 031份，其中男性2 487人（49.4%），女性2 544人（50.6%）。本科生2 822人（56.1%），硕士生1 543人（30.7%），博士生666人（13.2%）。本次调查涵盖了除军事学之外教育部颁布的十一大学科门类。其中，工学背景的应答者占23.7%，理学背景的占20.1%，管理学占12.6%，文学占11.7%，法学占11.1%，经济学占6.8%，教育学占4.5%，医学占3.1%，历史学占3.0%，哲学占2.3%，农学占0.9%。

从表23-3中可以看出，此次调查样本包括1 383名男性本科生，1 439名女性本科生，1 104名男性研究生（包括硕士生和博士生，下同）和1 105名女性研究生。本科生受调查者的年龄中位数为21岁，男女生没有显著差异。研究生受调查时的年龄中位数为25岁，男女生也没有显著差异。高校男、女生入学前户籍上存在较为显著的差别。56.9%的男本科生入学前是农业户口，相比之下，只有45.9%的女本科生是农业户口。这一差异在研究生阶段持续存在：有49.2%的男性研究生入学前是农业户口，而同样是农业户口的女性研究生只占到女研究生样本中的38.0%。

表23-3　　　　　　　　　　样本基本情况

	本科生		研究生	
	男	女	男	女
N（样本数）	1 383	1 439	1 104	1 105
上小学时年龄（中位数）	6	6	7	6
受调查时年龄（中位数）	21	21	25	25

续表

	本科生		研究生	
	男	女	男	女
民族（%）				
汉族（%）	94.1	92.8	95.4	96.2
少数民族（%）	5.9	7.2	4.6	3.8
入学前户籍（%）				
农业（%）	56.9	45.9	49.2	38.0
非农业（%）	41.0	52.6	48.4	59.5
不确定（%）	2.2	1.5	2.4	2.5
独生子女（%）	39.6	46.9	35.6	33.9

二、女性高层次后备人才的发展状况

作为发展过程中的一个群体，高校女生未来社会地位的获得受到多重因素的影响，既包括其目前学业能力、政治和社会事务参与、身心健康；也包括职业准备和社会纽带建立等影响其未来地位获得的因素；还包括恋爱、婚姻和家庭问题上的自主权和决策权和社会性别观念水平等多个方面。在下文中，我们将从以上几个方面入手，对高校女生的基本发展状况展开分析。

（一）学业与能力

作为在校学习的高校学生，知识的学习和掌握以及相应能力素质的提高是高校女生提高自身人力资源储备的重要基础。我们主要从学业表现和能力发展两个角度来分析高校女生的教育发展状况。

1. 学业表现

在下文中，我们从"学习成绩"和"综合测评"[①] 两组指标考察高校学生的总体学业表现情况。研究发现：

[①] 洪盛志、郭聪、黄爱国、孙明福、范军：《大学生综合素质网上测评与高校德育创新》，载于《世纪桥》2007年第9期，第129~130页。大学生综合素质测评是高校采用科学、合理的方法对大学生的德、智（包括能力）、体、美等方面制定一系列符合高校教育目标的量化指标与实施细则，并依据此收集、整理、处理和分析大学生在校学习、生活、实践等主要活动领域中反映出的素质的表征信息，对学生做出价值或量值的综合评定及判断过程。

(1) 高校女生在校表现并不落后于男生。许多研究发现，普通高等学校中高校女生的学习成绩一般不错，并不低于男生，甚至普遍高于一般男生。[①] 本书也有类似的发现。从图 23-3 中可以看出，在学习成绩上，无论是优秀生还是中等以上成绩的学生中，都是女生所占的比重更多；而在代表高校学生综合表现的综合测评成绩上，女生获得优秀和中等以上成绩的比例也更大。

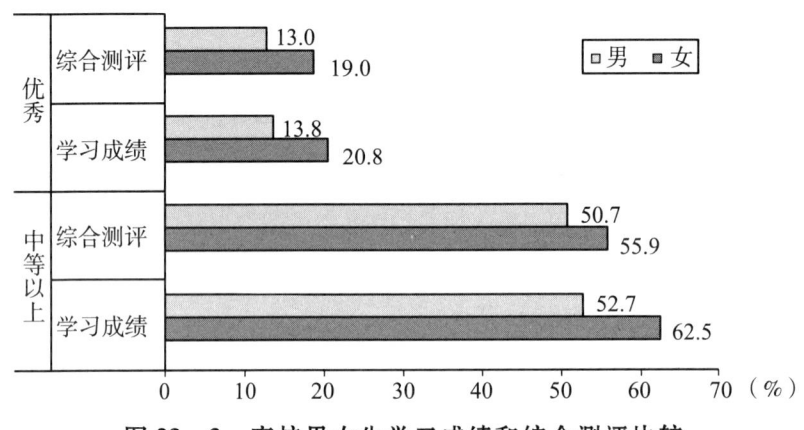

图 23-3 高校男女生学习成绩和综合测评比较

通过进一步的分析，我们发现，女生的成绩在文、理科之间并不存在明显差异。正如已有的研究所表明的那样，在理工农医专业中，女生的成绩也相当好。事实上，仅就考试成绩而言，女生的成绩还略强于男生（见图 23-4）。

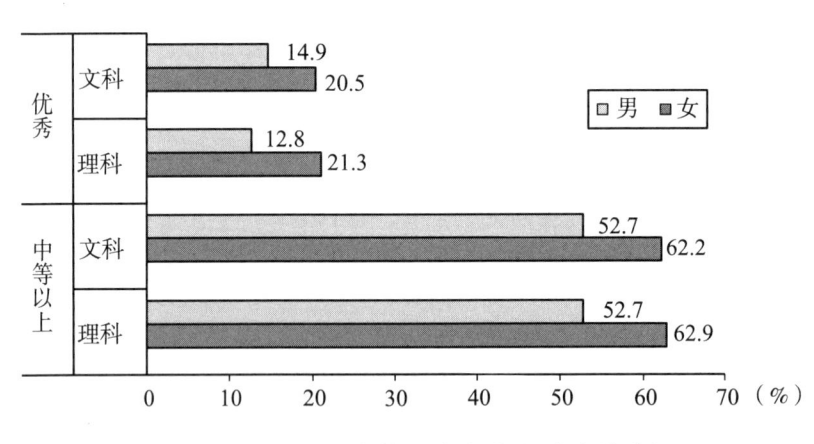

图 23-4 分学科高校男女生的考试成绩差异

特别值得一提的是，来自贫困家庭的女生自强不息，克服各种物质经济条件

---

① 安树芬：《中国女性高等教育的历史与现状研究》，高等教育出版社 2002 年版。

上的不利因素，在学习成绩上有不错的表现。来自贫困家庭的高校女生考试成绩优秀的占 25.2%，成绩在中等以上的占 65.4%；在综合测评成绩上，来自贫困家庭女生获得优秀的占 23.4%，在中等以上的占 57.0%，均好于一般高校女生群体的表现；并显著好于同样来自贫困家庭的高校男生的学习表现（见图 23-5）。

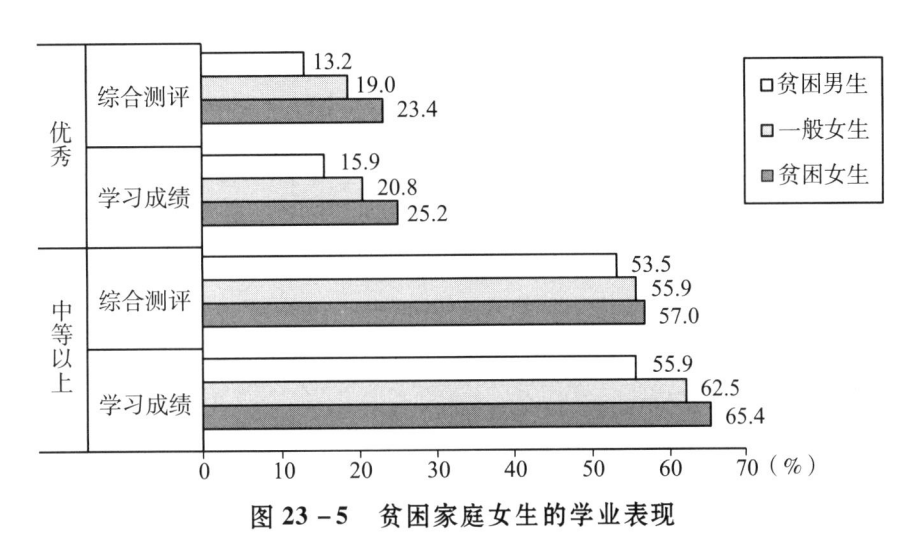

图 23-5 贫困家庭女生的学业表现

（2）女研究生科研水平有进一步提升的空间。上述内容中提到的女生的这种成绩优势并非一以贯之。换言之，男女生的成绩差距在本科时期最为显著；到硕士阶段，男女生之间的差异开始缩小；而到了博士阶段，男生的成绩甚至开始有超过女生的势头。这一点在综合测评的分数上表现得尤为明显（见图 23-6）。

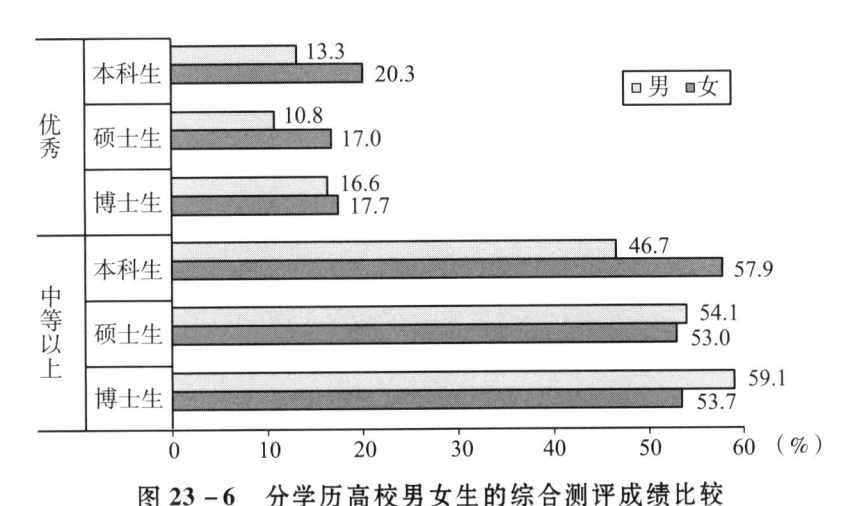

图 23-6 分学历高校男女生的综合测评成绩比较

为什么伴随着学历层次的增长，女生综合测评的成绩优势开始逐步缩小，甚至有被男生超过的趋势？这里一个可能的推论是：本科阶段学生的主要任务还是知识的学习和积累，而伴随着学历程度的提高，对学生创造力和科研能力的要求越来越高。是否由于女性科研能力不足导致其成绩优势的下滑？通过对研究生科研能力进行分性别的比较，我们发现：无论是在课题参与、期刊发表、会议发言、产品获得专利等各个维度，女研究生都落后于男研究生，卡方检验的结果表明性别之间科研水平的差异是显著的。这一研究结果提醒高等教育机构和相关研究部门，应该采取积极措施提高对女研究生科研能力的培养关注和政策倾斜（见图 23-7）。

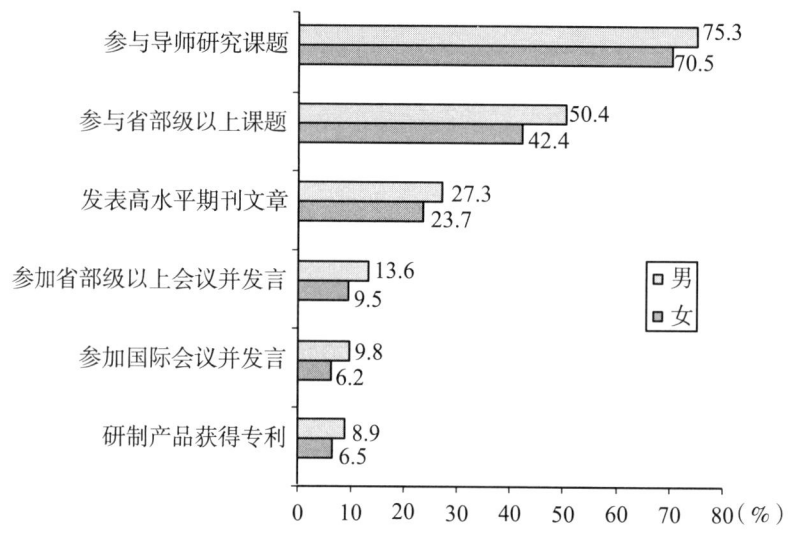

科研经历	男	女
参与导师研究课题	75.3	70.5
参与省部级以上课题	50.4	42.4
发表高水平期刊文章	27.3	23.7
参加省部级以上会议并发言	13.6	9.5
参加国际会议并发言	9.8	6.2
研制产品获得专利	8.9	6.5

图 23-7　分性别研究生群体的科研经历比较

2. 能力发展

在调查中，我们从基本技能、实践创新能力、抗压能力、领导力、沟通能力等多个方面让高校学生对自己的能力进行自我评价（1：很弱~5：很强），调查结果显示：对自己各项能力的自评上，高校男女生也表现出不同的特点（见表23-4）。

从表 23-4 中可以看出：高校男生在实践创新能力和抗压能力的各项指标得分上显著高于高校女生。在基本技能一项中，男生对自己的专业基础知识和计算机水平都评价更高，而高校女生对自己外语水平的评价更高。在人际协作一项中，男女生的差别不大。女性在沟通能力上（包括口头和书面沟通）强于高校男生。

表 23-4　高校男女生认为自己在能力上强于同龄人的比例　　　　单位：%

		男	女	卡方检验
基本技能	专业基础知识	38.5	33.7	***
	计算机水平	28.3	19.9	***
	外语水平	24.9	30.5	***
实践创新能力	实践/操作能力	50.1	38.8	***
	创新能力	36.7	25.2	***
抗压能力	心理承受能力	68.2	61.1	***
	抗挫折能力	68.0	60.7	***
人际协作	团队合作能力	68.0	68.8	/
	组织协调能力	54.3	54.5	/
	人际交往能力	54.7	54.6	/
沟通能力	交流沟通能力	55.2	58.9	**
	书面表达能力	45.1	50.0	***

注：*** 表示 $p<0.01$，** 表示 $p<0.05$，* 表示 $p<0.1$。

女性对自己能力评分较低的情况可能在一定程度上反映了高校女生在某些能力上还有所欠缺，有待提高。例如：女生在实践/操作能力和创新能力上的自评分显著低于男性。调查表明，在研究生阶段，男女生的创新能力进一步扩大，有41.3%的男性研究生认为自己有较强或很强的创新能力，而只有24.2%的女研究生对自己有类似的评价。此外，女生在计算机水平和心理抗压能力上也和男生存在较为显著的差异。这些都为今后如何有针对性地提升高校女生的综合能力提供了重要突破方向。但依据社会心理学的研究发现，这种主观评分较低的情况也可能是由于女性的主观自我评价偏低所致，并不能完全反映高校女生实际的能力水平。[①]

对来自贫困家庭女生的进一步考察发现，这一群体在能力自评上也表现出自己的特点。在基本技能方面，来自贫困家庭的女生对自己的专业基础知识评价较高，有42.1%的人认为自己强于同龄人的一般水平；对计算机水平的评价明显偏低，只有9.4%的人认为自己强于一般同龄人水平，这可能与家庭经济条件导致其较晚接触计算机有关。在创新能力、人际协作和沟通能力上，来自贫困家庭的高校女生对自己的自我评价也比较低，例如：只有18.7%的贫困女生认为自己有

---

① Felder, Richard M, *A Longitudinal Study of Engineering Student Performance and Retention. Gender Differences in Student Performance and Attitudes*, Journal of Engineering Education, Vol. 84, 1995: 151-163.

较强的创新能力,44.9%的人认为自己有较强的组织协调能力,47.7%的人认为自己有较强的人际交往能力,46.7%的人认为自己有较强的交流沟通能力,37.3%的人认为自己有较强的书面表达能力,均低于一般女生的自我评价水平。

(二) 职业准备

近十几年来大学招生制度的改革以及毕业生就业制度的改革,使越来越多的女性能够接受高等教育,但与此同时,大学毕业生尤其是高校女生的就业问题日显突出,引起社会的广泛关注。面对就业市场的严峻考验,高校女生采取何种态度和准备?我们分别从职业成就动机和就业准备状况这两点着手,考察高校女生的职业准备状况。

1. 职业成就动机

成就动机(achievement motivation)是驱动一个人在某领域中力求获得成功或取得成就的一种相对稳定的人格特征。作为一种重要的社会性动机,对个体的工作和学习都有很大的推动作用,它可以表现为一个人的事业心、进取精神、自我实现的需要以及力求卓越等外部形式(Bernard Weiner,1985)。而职业成就动机是指个体在事业追求上取得成功的驱动力。调查结果表明:新时期的高校女生具有较强的职业成就动机,绝大部分高校女生都认为工作和事业所带来的成就感对自己而言至关重要。尽管赞成下列说法的女生所占的比例仍然略低于男生,但总体而言,新时期的高校学生群体都展现出积极、向上的职业成就动机(见表23-5)。

表23-5　　　　　高校学生职业成就动机的性别比较　　　　　单位:%

性别	男性	女性
赞同"工作中获得的成就感对我来说至关重要"	85.7	83.2
赞同"我希望自己在事业上能有所作为"	91.9	87.5
赞同"我希望能拥有一份事业,而不仅仅是工作"	83.4	75.6

2. 就业准备

高校学生的职业准备不仅包括主观上的职业成就动机,还包括工作经验和职业资格证书等实际技能的准备;以及他们给自己设定的职业发展道路、发展信心和愿意为之付出的努力。调查显示:高校男女生在就业准备上表现出不同的性别特征,高校女生更多通过寻找兼职及获得职业证书的方式为自己积累求职资本;高校男生则对自己的职业发展更有规划和信心。

在工作经历和职业证书的准备上,高校女生的表现略强于高校男生。有

71.0%的高校女生有过找工作或兼职的经历，高于高校男生找工作或兼职的比例为65.2%。有49.2%的高校女生具有一个或以上的专业资格证书，略高于高校男生拥有专业资格证书的比例（45.7%）。在自主创业的经历上（包括参与各种产品孵化项目、开淘宝店等经历），有过此类经历的高校男生的比例略高于高校女生（女9.2%，男10.7%），但检验结果表明这一差异在统计上并不显著。

有相当数量的高校女生（83.8%）愿意为了成就一番事业付出艰辛的努力（男88.9%），但只有44.9%的女性给自己做好明确的职业规划，54.6%的女性对自己的职业发展具有信心。相比较而言，有半数以上的男性（54.1%）对自己未来职业发展进行了较为明确的规划，并且有超过2/3的男性（67.6%）对自己未来的职业发展充满信心。

来自贫困家庭的女生在就业准备方面也表现出自己的一些特点。例如，有更多（89.6%）的贫困女生认为"工作中获得的成就感对我来说至关重要"，并且有更多（78.5%）的贫困女生有过兼职经历，但是这一群体也更多地表现出对未来的迷茫情绪，有62.3%的贫困女生缺少明确的职业发展规划。

3. 女研究生群体的职业准备情况

进一步的分析发现，伴随着学历层次的增长，男女生的成就动机和就业准备的差异会进一步扩大。主要表现在：伴随着学历的增长，男生的成就动机和就业准备状况变化不大；而女生则表现出较快的下降趋势。例如：女生中非常赞同"我希望自己在事业上能有所作为"的比例，从本科阶段的43.7%下降到硕士阶段的34.9%，继而下降到博士阶段的29.9%；而男生非常赞同此项的比例却并没有发生如此明显的变化。类似地，女生非常赞成"为了成就一番事业我愿意付出艰辛的努力"的比例，从本科阶段的39.1%下降到硕士阶段的29.2%，继而下降到博士阶段的26.4%；而男性选择此项的比例则一直稳定在40%以上。并且女研究生群体的这一变化趋势是跨专业、年级和生源背景的，换言之，这一变化在女研究生群体中普遍存在（见图23-8）。

从图23-8可以看出：如果说本科阶段男女生的成就动机和就业准备差异还不太明显的话，那么到了研究生特别是博士生阶段，男生在职业成就动机和准备上的优势则非常明显。何明洁提出"性别化年龄"的概念有助于我们理解为什么女研究生的职业期望和准备会在这一时期发生变化。所谓"性别化年龄"是指被赋予了社会性别含义的年龄，它是性别视角下对生理年龄的社会和文化解释。这个概念的作用在于：第一，它指出社会文化传统对不同性别在同样年龄的言行举止有不同的期待；第二，它意味着同样的年龄对不同的性别有不同的意义。[①] 如

---

① 何明洁：《劳动与姐妹分化——"和记"生产政体个案研究》，载于《社会学研究》2009年第2期。

果说在本科阶段,社会文化对男女两性的社会期待还没有出现明显分化的话,那么伴随着年龄的增长,社会对男性的事业、地位的强调开始日益增强;而伴随着女性逐渐步入婚育年龄,社会文化观念对其家庭婚育角色开始更为强调,反而不太看重其社会成就和职业发展。这种社会期待势必会在一定意义上影响女研究生事业发展成就动机。

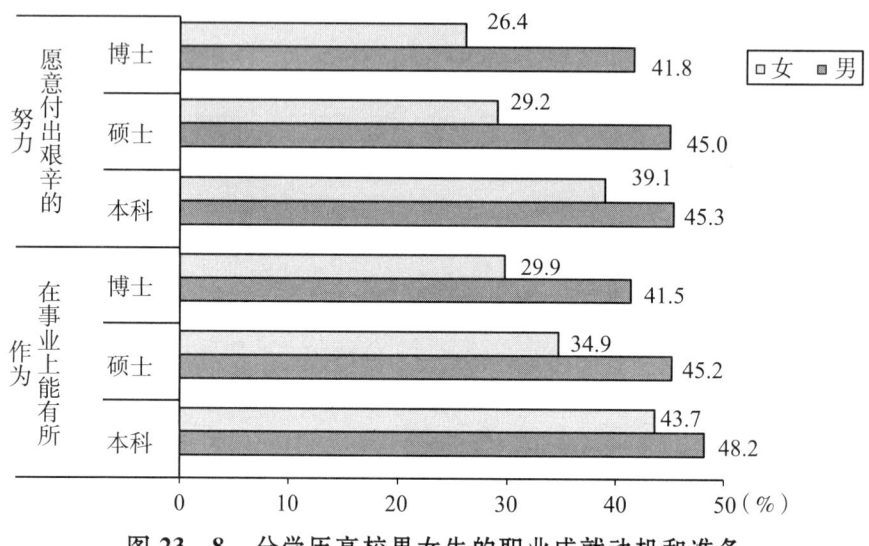

类别	学历	女	男
愿意付出艰辛的努力	博士	26.4	41.8
	硕士	29.2	45.0
	本科	39.1	45.3
在事业上能有所作为	博士	29.9	41.5
	硕士	34.9	45.2
	本科	43.7	48.2

图23-8 分学历高校男女生的职业成就动机和准备

(三) 社会交往

对高校男、女生而言,大学时期也是其建立社会资本、积累人际关系的关键时期,社会资本的积累还将进一步影响高校女生未来社会地位的获得,所以本次调查还对高校学生建立社会资本的情况进行了调查。调查表明:高校女生和初级群体的联系更为密切,并且更多的和其他人建立起情感性的密切关系;而高校男生则更多建立起学业群体等次级群体关系,并能更多的获得物质利益上的帮助。

1. 交往群体

在问到日常生活中,交往最密切的人时,大部分高校学生都选择了父母、同学朋友和配偶恋人。不过在男女生之间存在一些微妙的差别,例如:有更多的高校女生选择了父母(女:88.9%,男:85.4%)和配偶恋人(女:45.7%,男:42.1%),即高校女生更多偏好与初级群体建立密切交往关系。而有更多的高校男生选择了同学(女:85.2%,男:86.8%)和老师(女:15.7%,男:23.7%),即男性更多的偏好与次级群体建立密切交往关系(见图23-9)。

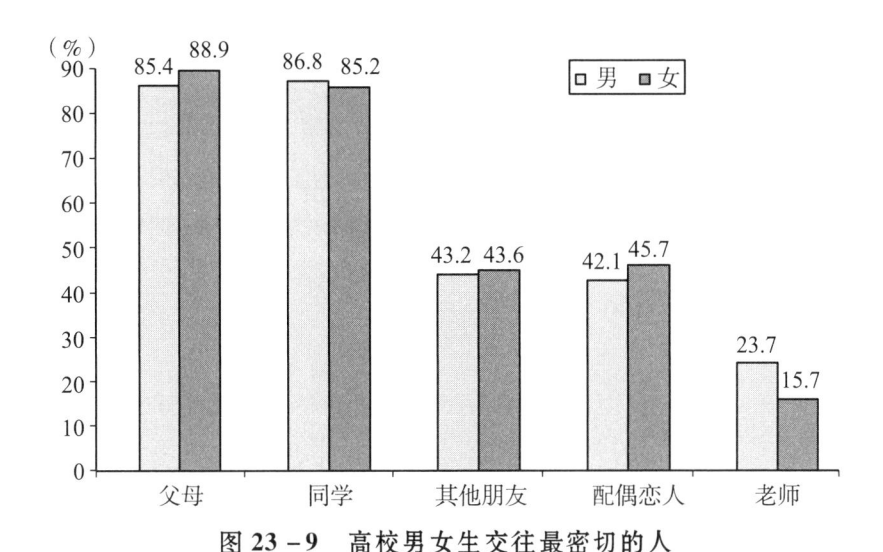

图 23-9　高校男女生交往最密切的人

并且这一趋势到了研究生时期更为明显。从图 23-10 中可以看出：伴随着年龄的增长，男女研究生对父母的依赖都有所降低，不过女性依然明显高于男性（女：85.8%，男：83.5%）；对配偶恋人的亲密关系开始增长，其中女生对恋人的依恋程度更为明显（女：60.5%，男：52.9%）。此外，更多的男性研究生开始和教师建立起密切交流关系，男女生之间的差异进一步扩大（女：23.2%，男：36.7%）。

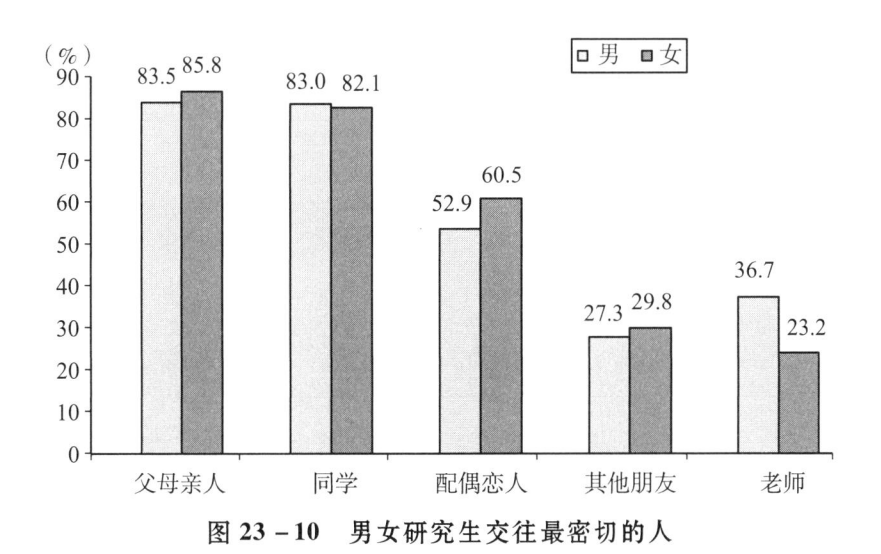

图 23-10　男女研究生交往最密切的人

传统社会性别观念往往将女性的活动范围主要限制在家庭、亲密伙伴关系等初级群体的范围内；而认为男性的发展势必要从家庭中脱离出来，迈向更大的人类社会组织。① 这样一种社会期待的影响也较为明显地反映在高校学生特别是研究生群体的交往对象中：相比女生主要和初级群体建立亲密情感关系相比；男生更多和以老师为代表学术群体建立社会联系，这样一种现象势必会在一定程度上影响高校学生今后的学术和职业发展道路。次级群体既是个人步入社会所必须加入的群体，也是个人社会活动领域拓展和活动能力增强的标志，需要进一步引导高校女生迈向更广大的社会组织和交往群体。

2. 交往方式

以吉列根为代表的女性主义研究者发现：男性的自我认同更多地建立在独立、竞争性的关系基础之上；而女性的认同更多的是在和他人的联系与关系中建立起来的。② 通过对数据的分析我们也发现了类似的情况：高校女生经常主动向周围人提供帮助（女：74.2%，男：61.1%），同时也更多的就学业和日常生活中的问题向他人寻求帮助。有49.9%的高校女生经常和周围的人交流学习问题（男：43.5%）；31.6%的高校女生会和其他人联系，以获得社团活动的支持（男：28.7%）；27.8%的高校女生会和他人联系，以寻求就业或深造机会（男：26.5%）；21.3%的高校女生会就日常生活中的事务寻求他人帮助（男：16.2%）。总体而言，高校女生自我同一性的形成的确更多地受到"人际互动、合作和共识"的影响。③

在被问到有没有人能帮助他们解决经济、就业、学习、情感等方面的问题时，有更多的女性能够在学习（女：59.1%，男：52.8%）和情感上（女：44.5%，男：34.6%）得到多人的帮助，有更多的男性能够在经济上（女：32.0%，男：39.5%）得到帮助。在就业问题上，高校男、女生之间并不存在显著差异（女：38.0%，男：37.7%）。可见，高校女生在日常生活中会更加主动的求助他人，建立情感纽带关系，并更多获得学习和情感上的社会支持；而高校男生则更好地建立起利益性群体关系。

（四）政治和社会事务参与

政治和社会事务参与是公民实现公共事务管理的主要途径，一个国家民主程度的高低很大程度上取决于公民的参政意识和能力。高校女生作为女性中的年轻知识分子群体，其参政意识和水平是衡量社会进步的重要标志。④

---

① [奥]弗洛伊德著，傅雅芳译：《文明与缺憾》，安徽文艺出版社1996年版。
② [美]吉列根著，肖巍译：《不同的声音——心理学理论与妇女发展》，中央编译出版社1999年版。
③ Baxter Magolda, *Knowing and Reasoning in College: Gender-related Patterns in Student's Intellectual Development*, San Francisco: Jossey Bass*Publisher Limited*. 1992.
④ 胡肖华、谢忠华：《2010当代女大学生参政意识现状及重构》，载于《辽宁行政学院学报》2010年第4期。

1. 政治参与

在政治参与方面，高校女生并不弱于男生，且表现出了自己的特点。高校女生加入中国共产党的比例高于男性（女：28.0%，男：26.1%），并且这一特征在研究生阶段表现得更为明显（女：72.8%，男：65.5%）。有57.5%的高校女生曾经担任过学生干部，略低于男性58.3%的比例，但卡方检验表示这种差异并不显著。高校女生在班级、院系、学校及以上层次的学生干部中，都占据了与男生大体相当的比重（见图23-11）。

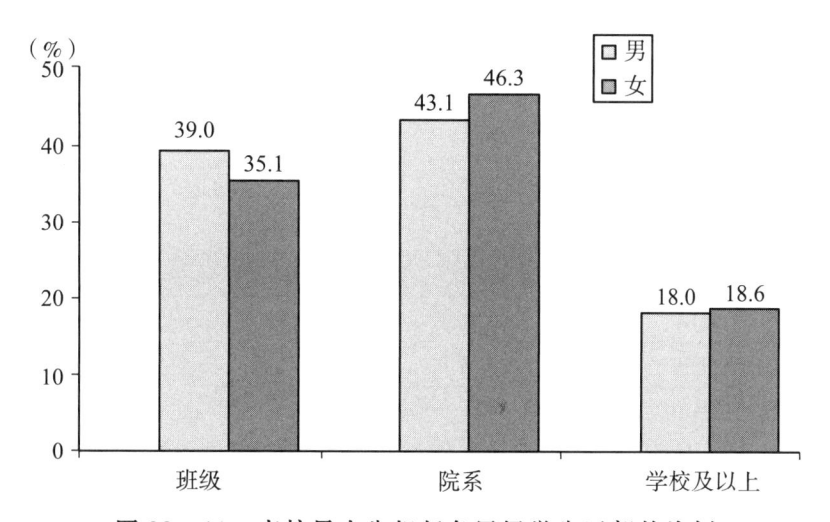

图23-11 高校男女生担任各层级学生干部的比例

2. 社会事务参与

在参与社会事务的途径上，男女生表现出不同的特点：有更多的女生以参与捐款、无偿献血和志愿者活动的形式来参与公共事务（女：64.5%，男：59.8%）；有更多的男生在网上参与有关公共事务的讨论（女：31.8%，男：44.7%）。高校男、女生担任集体活动的领导者和策划者的比例分别是53.3%和49.3%；向所在班级、院系、学校或地区提意见的高校男、女生比例分别是45.2%和42.0%。在进一步区分学历层次之后，我们发现：男生担任活动领导者和主动提建议的比例在本科和研究生阶段并没有发生很大的变化；但女生参与这两种活动的比例却在研究生阶段发生了较为明显的变化，导致男、女生的差距进一步增加（见表23-6）。

3. 社团参与

男、女生在参与社会团体的类型上也表现出不同的特点：更多的女生参与社会公益组织（如爱心社等）；而在学历层次和专业类型中，有更多的男生参加专业行业组织（如企业家协会、历史学会等）。但是在参加学校组织、学生社团和其他类型的社会组织方面，男女生的差异并没有表现出一致性（见表23-7）。

表 23 - 6　　　　　高校男女生参与社会事务的方式　　　　　单位：%

	本科生		研究生	
	男	女	男	女
参与志愿者活动	66.3	70.3	51.6	57.1
在网上讨论公共事务	44.9	33.2	44.4	29.9
担任活动领导者	53.1	52.0	53.8	45.6
主动提建议	45.0	43.7	45.4	39.7

表 23 - 7　　　　高校男女生参加不同社会组织的比例　　　　单位：%

	男	女	男女比例之差
学校组织	52.7	56.6	-3.9
学生社团	48.4	48.6	-0.2
社会公益组织	37.4	45.9	-8.5
其他社会团体	38.3	35.8	2.7
专业行业组织	14.8	12.4	2.4

从高校男、女生在社团中承担的角色来看：男生更多地承担了创始人（女：1.6%，男：3.0%）、负责人（女：24.3%，男：28.3%）和活跃成员（女：35.2%，男：37.7%）的角色，而女生则更多的是社团中的普通成员（女：38.9%，男：31.0%）。在参加这些社团组织的主要目的上，男女生表现出一些不同的特点，例如：有更多的女生是出于锻炼能力（女：29.44%，男：26.0%）、丰富生活（女：22.6%，男：17.9%）和帮助他人/服务社会（女：5.5%，男：3.9%）目的参加社团，而有更多的男生是出于结识朋友（女：18.7%，男：23.5%）、获取信息/资源（女：10.5%，男：11.7%）和满足兴趣爱好（女：11.9%，男：14.8%）目的参加社团。

总体而言，有更多的新时代高校女生参与到政治和公共事务的管理和决策之中；并且女生参与社会公益事业的积极性更强；但是女生在公共事务中承担领导者和决策者，以及发出自己声音的机会却仍然少于男生。

（五）婚恋状况

高校女生大多处于 18~30 岁的婚育高峰期，这就意味着这一群体在接受高等教育的同时，往往还要考虑个人的恋爱、婚姻问题，已婚研究生群体可能还面临着生养和抚育子女的选择。近十年来，伴随着高学历女性的日益增多，社会对这一群体的关注也开始增加。但事实上,人们对这一群体的了解却非常有限,例如,女博士在公众的刻板印象中往往是"难看、傲慢、脾气古怪",是"灭绝师太"、"男人、女人之外的第三种人",她们"白天愁论文,晚上愁嫁人"。在这些网络调侃和戏谑的背后,是仍然带着传统社会性别观念的有色眼镜对高学历女性的一些怀疑与审视。本次调查结果发现:大部分高校女生能够较好地处理感情、学业和家庭之间的关系。

1. 学业与情感关系的处理

调查数据显示:分别有72.2%的高校女生和73.6%的高校男生有恋爱经历,性别差异并不显著。在学业和情感关系的平衡上,高校女生还表现出一定的优势:有更多的高校男生"因为学习太忙,没有时间发展个人情感关系"(女:50.6%,男:58.7%)或"没时间顾及恋人、配偶"(女:47.9%,男:51.2%)。有更多的高校女生经常"能够平衡好个人情感和学业之间的关系"(女:47.2%,男:38.1%),大部分新时期的高校女生能够较好地平衡学业和生活之间的关系(女:76.6%,男:70.2%)(见表23-8)。

表23-8　　　　高校男女生在学业—情感关系上的比较　　　　单位:%

	男性				女性				卡方检验
	没有	偶尔	有时	经常	没有	偶尔	有时	经常	
因为学习太忙,没有时间发展个人情感关系	41.3	24.3	19.3	15.1	49.4	22.4	15.3	12.9	***
因为学习太忙,没时间顾及恋人、配偶	48.8	22.5	18.0	10.7	52.1	23.2	15.0	9.7	**
因为家庭或个人情感关系耽误了学习	52.0	30.1	14.9	2.9	53.0	29.8	14.5	2.8	—
能平衡好个人情感和学业之间的关系	13.8	16.1	32.1	38.1	10.2	13.3	29.4	47.2	***

注:*** 表示 $p<0.01$,** 表示 $p<0.05$,* 表示 $p<0.1$。

2. 婚姻与生育状况

在本次调查的研究生群体中,11.9%的女性已婚(N=131),11.5%的男性已婚(N=126),并不存在显著的性别差异。在下文中,我们将着重分析这部分已婚人群的家庭地位和生育状况。

(1)大部分已婚研究生对自己的家庭地位感到满意。有34.4%的女性对自己在家庭中的地位感到非常满意,52.8%的女性感到比较满意;有22.0%的男性对自己的家庭地位感到非常满意，62.6%的男性感到比较满意。绝大部分已婚研究生都对自己的家庭地位持满意态度。

（2）女研究生中已生育的比例低于男研究生。在已婚的研究生群体中，59.2%的男研究生已经育有子女，但相比之下，只有47.3%的女研究生育有子女，卡方检验表明性别差异显著（N = 254，Sig < 0.057）。这表明女研究生群体很可能由于追求学业原因，暂缓或推迟了生育安排。而推迟生育又意味着她们在未来的职业生涯中，可能会面临就业困难，或是在工作初期就不得不落后于同期步入职场的男性等现实困境。对此，有些研究者提出了支持在校女博士生育、允许这一群体享受生育保险的政策建议。[①]

2005年9月1日，教育部取消对大学生结婚的限制，只要符合男22岁、女20岁的法定要求即可成婚。2007年，国家计生委、教育部和公安部又联合发布了《关于高等学校在校学生计划生育问题的意见》，规定"已婚学生合法生育，学校不得以其生育为由予以退学"。但目前，无论是在资源配套还是相应管理上都存在较大的政策衔接问题，需要政府部门和高等教育机构持续关注解决。

（3）生育给男女研究生带来的不同影响。在被问到孩子3岁之前主要由谁照看时，有36.1%的女性选择了由本人照看，相比之下，只有4.1%的男性选择了由本人看护，性别差异非常显著。在相当比例的被调查者中，孩子的祖父母和外祖父母都扮演了孩子主要照顾者的角色。其中，由孩子的祖父母照看孩子的比例显著高于外祖父母（见图23-12）。

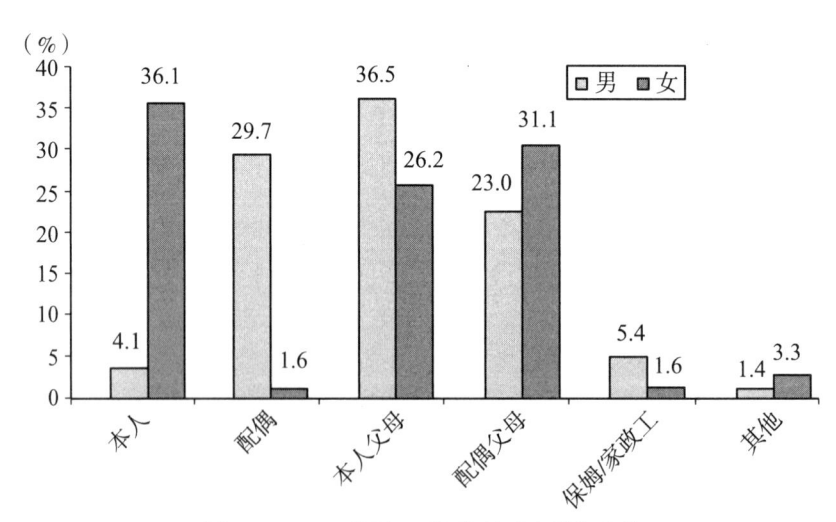

图23-12 孩子3岁前的主要照看者

---

① 潘锦棠：《在校博士生也应享受生育保险》，载于《中国人口报》2005年第4期。

孩子的出生对男、女研究生所带来的影响也存在一些差异。对女研究生而言，孩子的出生一方面，让她们更多地学会了高效率的利用时间；另一方面，孩子的出生也让她们感到身心疲惫和耽误了自己的学习科研。子女出生给男研究生带来的主要是经济压力，有67.6%的男性认为子女的出生给自己带来了更大的经济压力，而只有44.3%的女性持相同观点。可见，孩子的出生给男性带来的主要是经济压力；而给女性带来的更多的是时间和精力上的付出和生活的重新规划、安排（见表23-9）。

表23-9　　　　　孩子的出生给男、女研究生带来的影响　　　　　　单位：%

	男性				女性			
	非常赞同	比较赞同	不一定	不赞同	非常赞同	比较赞同	不一定	不赞同
更大的经济压力	20.3	47.3	16.2	16.2	23.0	21.3	16.4	39.3
更有责任心	47.3	50.0	2.7	0.0	52.5	44.3	1.6	1.6
感到身心疲惫	8.1	20.3	41.9	29.7	13.1	32.8	29.5	24.6
生活更有意义	44.6	51.4	2.7	1.4	52.5	41.0	4.9	1.6
耽误了学习科研	5.4	20.3	41.9	32.5	13.1	21.3	31.1	34.4
学会更高效率的利用时间	10.8	52.7	28.4	8.1	32.8	41.0	23.0	3.3
对未来的生活更有规划	25.7	55.4	13.5	5.5	34.4	54.1	11.5	0.0

（六）身心健康

世界卫生组织将健康定义为身体、心理及对社会适应的良好状态。作为我国未来发展建设的重要力量，高校学生群体在其青年时期需要建立起良好的身体素质和心理素质，为其今后的人生发展道路奠定基础。

1. 身体健康状况

身体健康受到遗传、营养、体育锻炼、生活环境、教育状况、卫生条件等多方面的影响。体育锻炼虽然不是达到身体健康的唯一途径，但却对身体健康有着极为重要的促进作用。因此，本书除了关注高校女生目前的身体健康状况之外，还将高校女生的体育锻炼频率和体育锻炼意识作为影响身体健康状况的重要指标纳入考察范围之中。调查发现：

（1）高校女生身体健康状况良好。绝大部分高校女生身体状况良好或一般，分别占54.6%和40.0%，两项合计占94.6%，男、女生之间在身体健康状况上没有显著的性别差异（见图23-13）。在女性生殖健康方面，有27.4%的女生自报月经周期不规律；59.5%的女生自报最近半年来，有过痛经的经历，该结果与国内其他相关研究结果都提醒相关工作者关注高校女生的生殖健康问题，加强高校女生生殖健康保健教育。①

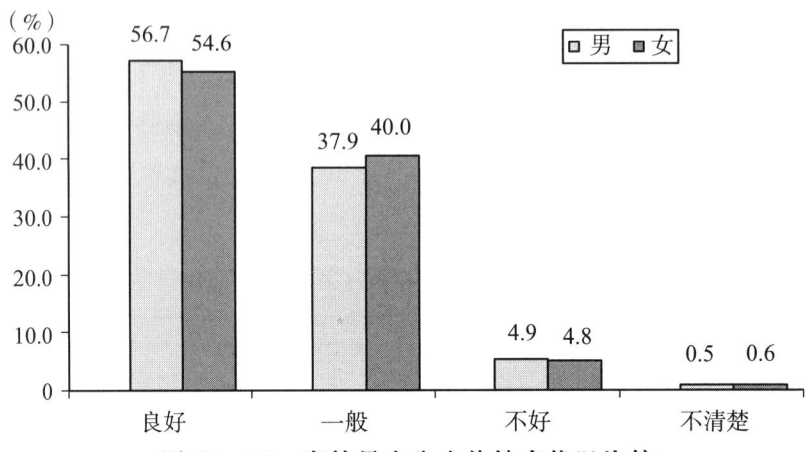

图 23-13 高校男女生身体健康状况比较

（2）高校女生锻炼时间和频率低于男生。高校女生平均每天参加体育锻炼的时间为 0.647 小时（SD = 0.860），高校男生为 0.971 小时（SD = 1.079），方差检验结果显著，表明高校学生在参加体育锻炼的时间上存在性别差异，高校男生的平均锻炼时间更长。大部分高校男生保持了较高频率的体育锻炼，有 72.4% 的高校男生保持每周一次以上的锻炼，但却有高达 48.2% 的高校女生只是偶尔锻炼或从不锻炼（见图 23-14）。

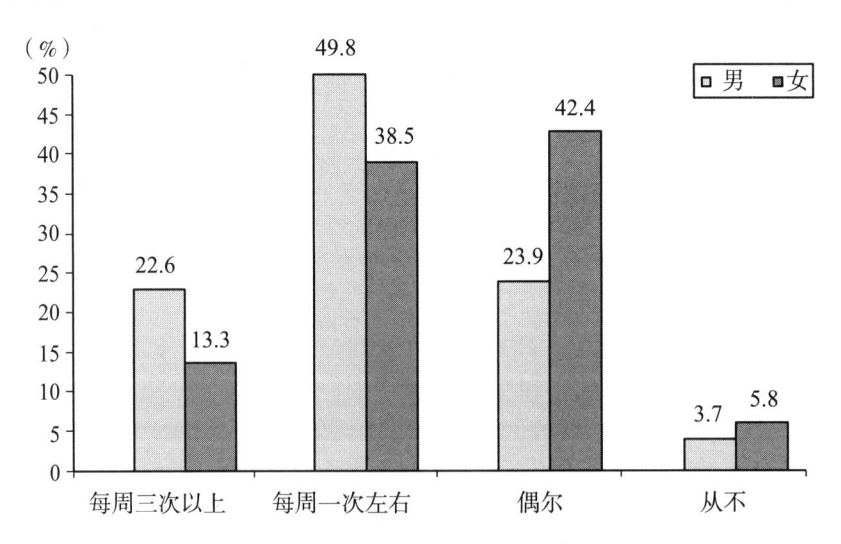

图 23-14 高校男女生体育锻炼频率

---

① 许玲：《女大学生月经状况、体育锻炼、卫生保健调查分析》，载于《中国妇幼保健》2010 年第 23 期。

（3）高校女生体育锻炼意识有待提高。高校男、女生在体育锻炼上投入的差异可能与双方对体育锻炼的认识有关。除了增强体质这一主要益处之外，更多的高校女生认为体育锻炼会让自己"保持身材"。有 1 148 名高校女生曾经"瘦身"（包括节食、服药或采用其他物理办法），占女性应答者总数的 45.2%；相比之下，只有 12.4% 的男生有过此类经历。有更多的男生认为体育锻炼除了强身健体之外，还能够"锻炼意志""结识朋友"和"增强合作精神"（见表 23 – 10）。

表 23 – 10　　　　高校男、女生对体育锻炼作用的认识　　　　单位：%

	男性	女性	男女比例之差
增强体质	96.2	90.7	5.5
丰富生活	89.9	87.0	2.9
锻炼意志	83.4	75.6	7.8
结识朋友	66.2	48.7	17.5
增强合作精神	67.0	47.4	19.6
保持身材	69.1	78.2	-9.1

注：此表中数据为赞成上述说法的人所占的比例。

可见，的确如一些研究者所见，我国高校女生对体育健康教育的总体认识不高，参与水平不强，体育行为、素质、能力、习惯与健康教育的要求尚有差距。[①]

2. 心理健康状况

已有研究发现，高校女生心理健康水平低于男生，特别是贫困生的心理健康问题需要引起特别关注。[②] 在此次调查中我们发现：

（1）高校女生心理健康水平略低于男性。在问卷中，我们设计了一组由 8 个问题组成的心理健康状况量表，其得分范围在 0~24 分之间，得分越高说明心理健康水平越低，反之亦然。对高校男女生的心理健康量表得分进行均值比较及方差检验表明：高校女生的平均得分为 7.78 分（SD = 4.81），高校男生为 6.21 分（SD = 4.32）。方差检验结果进一步证明高校男、女生之间的心理健康水平得分的差异是显著的，高校女生的心理健康水平略低于男性。特别值得关注的是，来自贫困家庭的高校女生的确在心理健康量表上的得分显著高于其他女生（来自贫困家庭的女生在心理健康量表上得分的均值为 9.84，SD = 5.20）；并且高于同样来自贫困家庭的高校男生（来自贫困家庭的男生在心理健康量表上得分的均值为

---

① 李学武：《重视高校女大学生体育健康教育及培养》，载于《教育与职业》2006 年第 5 期。
② 吴泽俊、张洪波、许娟、王君、王坚杰：《女大学生焦虑、抑郁与人格特征的相关性研究》，载于《中国学校卫生》2007 年第 3 期。

7.12，SD = 4.69）。

（2）高校男女生的焦虑来源存在性别差异。对高校男女生而言，学习科研、就业压力和恋爱或婚姻关系都是其焦虑的主要来源，对此，男女生之间并无显著差异。男女生焦虑的不同主要表现在经济压力、生活目标和身材相貌这三个方面。除了学习、就业和婚恋这三大主题之外，男生最焦虑的就是经济压力，有21.6%的应答者选择了此项；选择此项的女性应答者只有11.9%，为女性的第六大焦虑来源。女性的第四大焦虑来源为"感到生活空虚，缺少目标"，选择这项的女性应答为19.6%，而选择这项的男性占15.7%，位列男性的第五大焦虑来源。此外，女性还表现出对自己的"身材相貌"更为关注，有162名女生对自己的"身材相貌"感到焦虑，占全部女性应答者的6.4%；仅有76名男性应答者对此感到焦虑，只占男性应答次数的3.1%（见图23－15）。

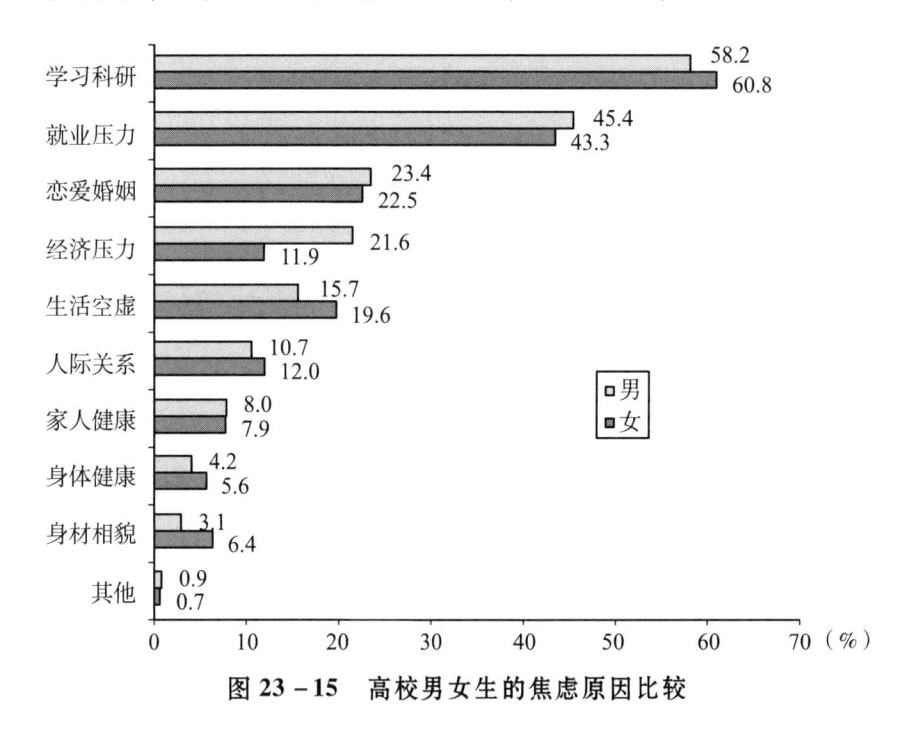

焦虑原因	男 (%)	女 (%)
学习科研	58.2	60.8
就业压力	45.4	43.3
恋爱婚姻	23.4	22.5
经济压力	21.6	11.9
生活空虚	15.7	19.6
人际关系	10.7	12.0
家人健康	8.0	7.9
身体健康	4.2	5.6
身材相貌	3.1	6.4
其他	0.9	0.7

图 23－15　高校男女生的焦虑原因比较

对来自贫困家庭的高校女生的分析表明，这部分群体的焦虑来源主要是：①学习或科研（49.5%）；②就业压力（47.7%）；③经济压力（30.0%）；④人际关系和生活目标，有16.8%的应答者选择了这两项。如何针对来自贫困家庭高校女生的特点，化解其主要焦虑来源，是增强这一群体心理健康状况的重要突破点。

（3）高校女生更多地通过积极渠道排解焦虑。在排解焦虑的主要渠道上，高校男女生也存在性别差异。有更多的高校女生采取了转移注意力（女：81.4%，男：75.4%）、和家人朋友交流（女：81.7%，男：64.9%）等积极方式；有更多的高校男生采取"闷在心里"（女：19.4%，男：28.2%）或抽烟、喝酒（女：2.6%，男：14.1%）等消极方式。总的来说，高校男女生都很少通过寻求心理咨询或其他专业机构的方式来排解焦虑（女：1.3%，男：1.7%）。

在化解焦虑的渠道上，83.0%的贫困高校女生"通过其他方式转移注意力"，75.5%的人"和家人、朋友交流"，27.4%的贫困女生"闷在心里"。可见，与一般高校女生相比，来自贫困家庭的女生更多采取自我压抑的方式，而较少通过和家人、朋友交流来化解焦虑。高等教育机构应当注意到这部分群体的特殊需求，帮助她们建立良好的社会纽带关系，通过主动交流、积极应对的方式来化解焦虑情绪。

（七）社会性别观念

由于之前历次妇女社会地位调查都是以家庭户为抽样单位，无法代表以住校学习生活为主的高校学生群体，此次调查是首次将高校女生作为典型群体展开调查，所以无法进行群体内部的纵向比较。但通过和 2000 年左右其他社会调查的一些结果进行对比可以发现：新时期高校女生的社会性别观念更趋向于现代。例如，之前的一些研究认为"男高女低"的传统性别观念仍然在一定程度上影响着高校女生的自我规划和未来发展，部分女生赞同社会上流行的"干得好不如嫁得好"这一说法；[①] 女生仍然在某种程度上存在着成功恐惧；[②] 有些高校女生屈从于各种社会压力，甚至害怕事业上成功，因此降低成就期待值；很多人由原来要求自我发展变成了从婚姻中寻找出路。[③] 而此次调查结果表明：高校女生的社会性别观念日趋平等、理性。

1. 对传统性别角色的批判

一半以上的高校女生都反对"男主外、女主内"的传统性别分工模式。例如，58.2%的高校女生反对"男人应以事业为主，女人应以家庭为主"；57.7%的高校女生反对"挣钱养家主要是男人的事情"；55.9%的高校女生反对"相夫教子是女人最重要的工作"。并且，高校女生反对传统性别观念的比例远远高于高校男生。这表明新时期的高校女生比男生更容易接受平等的社会性别观念（见表 23 - 11）。

---

① 李明欢：《干得好不如嫁得好？——关于当代中国女大学生社会性别观的若干思考》，载于《妇女研究论丛》2004 第 4 期。
② 王淑兰：《中国女大学生发展与教育》，陕西人民教育出版社 2000 年版。
③ 万琼华：《当代女大学生社会性别意识探析》，载于《邵阳学院学报》2002 年第 5 期。

表 23-11　　　高校男、女生对传统性别角色的观点　　　　　　　　单位：%

	男	女	男女比例之差
不赞同"男人应以事业为主，女人应以家庭为主"	28.0	58.2	-30.2
不赞同"挣钱养家主要是男人的事情"	24.6	57.7	-33.1
不赞同"相夫教子是女人最重要的工作"	32.1	55.9	-23.8
不赞同"对妻子而言，更重要的是帮丈夫成就事业"	29.2	44.1	-14.9
不赞同"丈夫的事业发展比妻子更重要"	35.2	51.0	-15.8

作为女性群体中受教育程度较高的青年群体，相比一般女性，高校女生群体更多地摆脱了传统社会性别观念的限制，例如：在主问卷调查样本中，只有25.8%的应答者反对"丈夫的发展比妻子的发展更重要"；在高校学生群体中，51.0%的女性应答者对这一观点持反对态度。在主问卷调查样本中，91.3%的女性被访者认同"男人应当主动承担家务劳动"，在高校女生调查样本中，女性赞同这一说法的比例为93.0%。在主问卷中，女性群体对"女性能力不比男性差"认同率最高的是各类负责人，占90.7%；其次是专业技术人员，占89.9%；再次是办事人员和商业服务人员，分别为87.7%和87.5%；最低的是农业人员，占83.9%。高校女生群体中赞成这一表述的比例和专业技术类人员相近，为88.6%（见图23-16）。

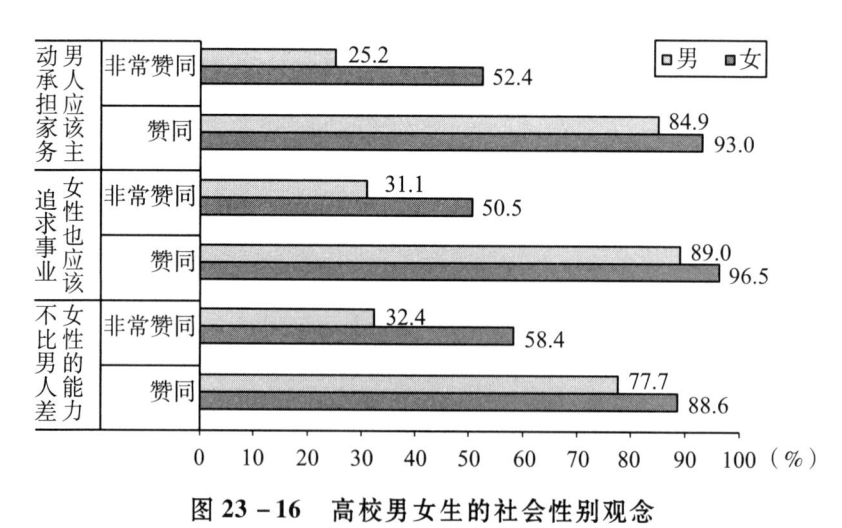

图 23-16　高校男女生的社会性别观念

注：其中"赞同"栏给出的是积累比例，即持"非常赞同"和"比较赞同"的人数比例之和。

2. 对追求事业发展的向往

高达96.5%的高校女生认为"女性也应该追求自己的事业"。在对事业女性和女强人的态度上,男女生也存在着显著分化:有更多的女生反对"男人比女人更胜任领导的角色"(女:26.7%,男:10.8%);接近70%的女生认为对女性而言,事业成功也很重要(女:69.4%,男:44.9%);并且她们更多地反对社会上对女强人的一些歧视性的观点;更多地认为事业成功的女性一样可以生活幸福(见表23-12)。

表23-12　　　　　高校男女生对女性事业发展的态度　　　　　　　单位:%

	男	女	男女比例之差
反对"总体而言,男人比女人更胜任领导角色"	10.8	26.7	-15.9
反对"对女性而言,事业成功与否并不重要"	44.9	69.4	-24.5
反对"事业成功的女人往往没有女人味"	29.2	56.2	-27.0
反对"女强人的个人生活往往并不幸福"	19.0	36.5	-17.5

尽管新时代的高校女生更倾向于认同平等的社会性别观念,并愿意成就自己的一番事业,但是她们对社会环境的认识更加清晰,也清楚地认识到在现实环境下,女性要想取得事业成功,还需要自己付出更多的努力。例如:在主问卷调查样本中,57.6%的被访者认为"目前我国男女两性的社会地位差不多",36.4%的女性认为男性的地位比女性高。而在高校女生样本中,只有32.2%的被访者认为男女社会地位差不多(男:42.3%),54.6%的被访女性认为"男性社会地位更高"(男:37.9%)。65.4%的高校女生认同"对女性领导的培养选拔不够",比男生高21.2个百分点,83.0%的高校女生认同"女性在事业上遇到的障碍更多",比男生高11.9个百分点(见图23-17)。

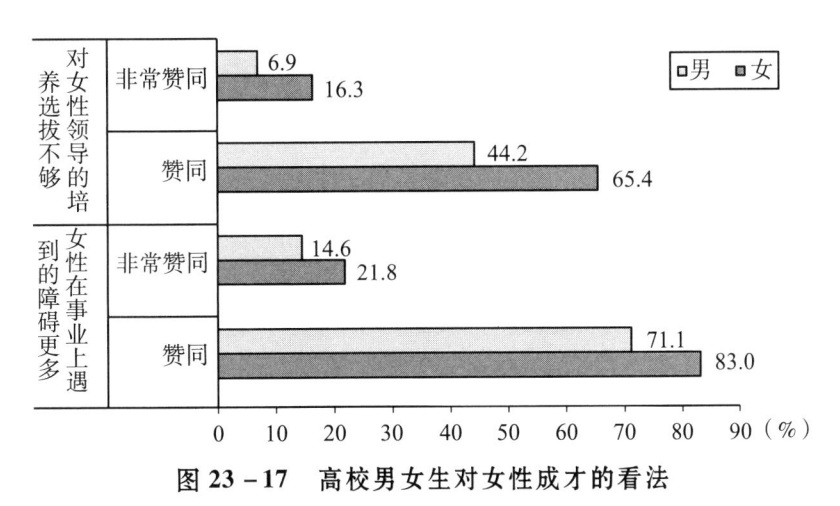

图23-17　高校男女生对女性成才的看法

注:其中"赞同"栏给出的是积累比例,即持"非常赞同"和"比较赞同"的人数比例之和。

我们一方面，为高校女生社会性别观念的成熟与进步感到欣喜；另一方面，也要注意到：社会性别观念的改变是全社会共同的事，男性的社会性别观念是其中不可或缺的部分。同样作为受教育程度较高的青年群体，高校男生的社会性别观念在此次调查中却显示出相对保守和传统的特点。男、女两性社会性别观念差异过大反而会引起家庭和社会矛盾的凸显，因此，如何加快改变高校男生的社会性别观念应当成为研究者们下一步关注的焦点。

3. 女研究生群体的社会性别观念相对保守

调查数据显示：无论是和受教育程度较低的女性，还是和同样接受高等教育的男性相比，高校女生的性别观念的确更为平等。但是在高校女生群体内部，却存在着学历越高，性别观念越趋保守的现象（见表23-13）。

表23-13　　　　　分性别和学历的高校学生性别观念　　　　　单位：%

	本科生		硕士生		博士生	
	男	女	男	女	男	女
不赞同"男人以事业为主，女人以家庭为主"	31.6	65.4	23.3	49.7	24.0	46.0
不赞同"挣钱养家主要是男人的事"	28.7	64.8	19.8	49.2	18.9	45.7
不赞同"相夫教子是女人最重要的工作"	36.9	62.2	27.1	49.0	24.0	43.7
不赞同"妻子更重要的是帮丈夫成就事业"	32.3	48.1	24.4	39.2	28.0	38.2
不赞同"丈夫的事业发展比妻子的更重要"	39.8	57.3	29.3	43.8	30.2	40.7

从表23-13中可以看出，对"男主外、女主内"等传统性别观念的表述，在本科生阶段，有接近或超过60%的女性都表示反对；到了硕士生阶段，反对这些传统性别观念的女性所占的比例基本上下降到了50%以下；到了博士生阶段，反对传统社会性别观念的女性所占的比例又进一步下降。在主问卷的数据分析中，也有类似的发现：以大学本科学历为界，在此之前，学历越高的女性社会性别观念越先进；而在研究生以上的女性人群中，又经历了一个向传统性别观念回归的阶段。[①] 为何会出现这样的局面，需要引起研究者的进一步思考。如前所言，这一方面可能是由于女性面临生育和家庭责任的生命周期所致；但如果在主问卷的跨年龄分析中也出现了类似的局面，我们就需要反思：是否研究生以上学历的女性在受教育和职业发展的过程中更多的面临着一些对女性不友好的环境和发展瓶颈，从而导致其社会性别观念的改变和反复？这一研究假设还有待今后的研究做出进一步验证。

---

① 丁娟、李文：《关于妇女社会地位认知与态度基本状况的分析与思考》，载《山东女子学院学报》2012年第12期。

三、女性高层次后备人才的成长环境

高校女生的人才发展道路的拓宽和其社会地位的提高有赖于社会环境的全面改善。在下文中,我们将分别从家庭环境、成长经历、高校教育环境和就业市场等几个方面,对高校女生的成长环境展开研究。

(一) 家庭环境

家庭是社会化过程的第一个主体,也是伴随个人成长的最亲密的初级群体。已有研究指出,家庭的社会经济地位不仅会影响个体的受教育的机会,而且父母对孩子的期待还会影响和内化为孩子对自己的发展期待。

1. 家庭环境对子女接受高等教育机会的影响

尽管近10年来,女性接受高等教育的机会从总体上而言已经接近男性,但是在这种总体比例接近的背后还隐藏着一些子群体的较低入学机会的问题。例如:来自农村家庭和低收入家庭的女性在接受高等教育的人群中所占的比例仍然较低。

(1) 来自农村地区的高校女生比例较低。安树芬等对在校大学生的调查发现:由于经济、文化等因素方面的差别,广大农村地区女性接受高等教育的机会要比城市女性少得多[①]。本次调查也有类似的发现:在高校男生中,来自农村户籍的学生占56.9%,城市户籍的占41.0%,基本接近我国人口户籍构成比例;而在高校女生中,来自农村户籍的学生仅占45.9%,城市户籍的占52.6%,偏离了人口户籍比例构成。来自农村地区的女性在接受高等教育的机会上不仅低于城市家庭的女性,并且显著低于同样来自农村地区的男性。可见,在教育资源相对稀缺和文化观念相对落后的农村地区,女性接受高等教育机会的水平还有待进一步提高。

(2) 低收入家庭高校女生比例较低。与之类似,来自低收入家庭[②]的女性接

---

① 安树芬:《中国女性高等教育的历史与现状研究》,高等教育出版社2002年版。
② 这里的"低收入家庭"是指高校学生群体中家庭年收入显著低于平均家庭收入水平的家庭。具体对应的筛选指标是《第三期中国妇女社会地位调查之大学生典型群体调查》问卷中的I8问题,即"与大学同学相比,您的家庭经济条件"一项中选择"很不好"的人群。共筛选出高校贫困女生107人,占女生总数的4.2%;高校贫困男生145人,占男生总数的5.8%;总计高校贫困生252人,占被调查者总数的5.0%。之所以没有选择家庭经济收入的客观指标(I7您父母去年全年总收入为多少?)作为筛选标准,是由于在数据分析过程中研究者发现,由于在校生对家庭具体经济收入并不了解,有接近1/5的在校生对家庭的具体收入情况并不了解(有15.5%的学生回答不清楚,其中女性回答不清楚的比例高达18.5%),在给出的应答中,也存在不少矛盾和错误的地方。选择主观感受作为筛选指标看似不够精确,但考虑到家庭人口数、家庭平均年收入以及在校生对家庭收入实际了解程度欠缺等因素,选择这一指标也是帮助研究者了解家庭经济条件的直观途径之一。

受高等教育的机会也低于一般群体。正如荀振芳等提到的那样，在家庭经济困难或各种因素无力支付孩子受更高教育的情况下，女性总是首先成为牺牲品，处在与男性相比更加不利的地位[①]。从图23-18中可以看出：来自低收入家庭的男性在各个学历层次中都维持在6%左右；而同样来自低收入家庭的高校女生，在本科阶段只占4.9%，到硕士阶段和博士阶段甚至进一步缩小到3.7%和2.3%。换言之，高校女生的入学机会受家庭社会经济状况的影响更为明显，并且学历越高，来自低收入家庭的女性所占的比例越低。

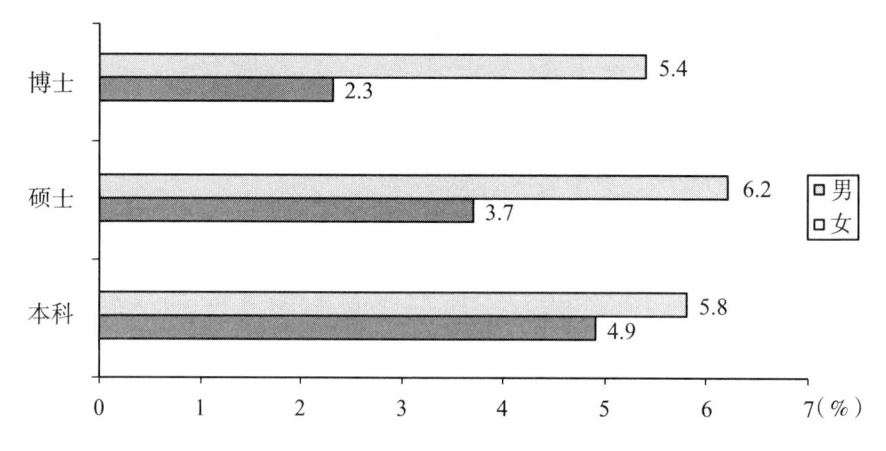

图23-18 分性别各学历层次中来自低收入家庭的学生所占比例

事实上，即便这些来自低收入家庭的女性进入到高等教育机构之中，也未必意味着她们能够和来自其他社会阶层的学生享有同样的向上流动的机会。访谈资料表明：在来自中低收入家庭的高校女生中，有相当部分仍然要依靠自己的力量来完成学业，因而不得不在学习期间外出寻找兼职。并且在大部分情况下，这些兼职工作都是在进行一些低层次的简单重复劳动（如产品推销、餐馆服务员等），因而并不能真正提升她们的专业能力和技术水平。不仅如此，她们还更多地承担着来自出生家庭的责任和义务；并且在步入人才市场的过程中，相比来自其他中高社会阶层的高校女生，她们也较少占有社会资本和符号资本。总之，来自贫困家庭的高校女生往往承受着来自学业、家庭和劳动力市场的多重压力。在接受高等教育的过程中，时间紧张、疲于应对高强度的压力是这一群体经常遭遇的情形。高校的扩招或许使得她们跨过了高校的门槛；但事实上，阶级和性别因素的结合最终仍然限制了低收入家庭中受过高等教育的女性向上流动的机会。

---

① 荀振芳：《普通本专科教育发展性别分析报告》，载于《中国社会科学前沿报告》1998年第2期。

2. 父母对子女的发展期望

家庭是子女社会化的第一个重要主体，父母对子女的发展期望会影响子女的自我认知和期待以及对未来发展道路的选择。此次调查表明：

（1）父母对儿子的发展期望略高。当代父母对自己的大学生子女都有较高的学历和职业发展期望。在学历期望上，有 18.7% 女生的父母希望他们取得博士学历；28.0% 男生的父母希望他们取得博士学历；39.8% 女生的父母希望她们取得硕士学历，29.9% 男生的父母希望他们取得硕士学历。在区分在校学生的户籍来源地之后可以看出：非农业家庭父母对子女的学历期望普遍偏高一些（见表 23-14），有高达 62.2% 非农业户籍家庭父母期望女儿取得硕士及以上学位（农业户籍家庭的比例为 54.2%）；64.0% 非农业户籍家庭父母期望儿子取得硕士及以上学位（农业户籍家庭的比例为 53.1%）。可见，尽管高校男、女生的父母期望仍然存在一些性别差异，但总体而言，在知识经济和教育产业化迅速发展的今天，越来越多的父母重视子女的教育发展，并期望子女获得更高学历（见表 23-14）。

表 23-14　　　　分户籍来源地父母对子女学历发展的期待　　　　单位：%

	农业		非农业	
	男	女	男	女
本科	7.4	8.2	3.7	6.7
硕士	27.4	37.5	33.1	41.7
博士	25.7	16.7	30.9	20.5
没有特别要求	39.5	37.7	32.4	31.2

大部分父母对当代大学生的职业发展也有较高期待。有 64.9% 的女生回答父亲对她们的职业发展期待很高或比较高，做出同样回答的男生为 70.8%；58.4% 的女生回答母亲对她们的职业发展期待很高或比较高，做出同样回答的男生为 66.6%。相对而言，父母对儿子的职业发展期待略高（见表 23-15）。

表 23-15　　　　　　父母对子女职业发展的期待　　　　　　单位：%

	父亲		母亲	
	男	女	男	女
期待很高	23.5	18.4	23.0	16.2
期待比较高	47.3	46.5	43.6	42.2
没有特别高的要求	26.6	31.7	30.5	39.3
不清楚	2.6	3.4	2.9	2.3

（2）父母的社会经济地位影响他们对子女发展的期待。在对子女的学历期待上，父母的社会经济地位越高，对子女的学历期待就越高。例如，在父亲为文盲或半文盲的人群中，有16.2%的人期望女儿取得本科文凭，18.9%期望女儿取得硕士文凭，13.5%期望女儿取得博士文凭，而高达51.4%的人群对女儿的学历没有特别要求。而在父亲是研究生以上的人群中，没有人期望女儿仅仅获得本科文凭，有37.8%的人期望女儿取得硕士文凭，32.9%期望女儿取得博士文凭，22.0%没有提出特别要求。与此类似，在家庭收入较高或很高的家庭中，有8.3%的人期望女儿取得本科文凭，42.8%期望女儿取得硕士文凭，25.2%期望女儿取得博士文凭，20.9%对女儿没有特别要求。而在家庭条件不好的人群中，有8.4%的人期望女儿取得本科文凭，36.8%期望女儿取得硕士文凭，17.3%期望女儿取得博士文凭，34.0%的人群对女儿没有特别要求。

在职业发展的期望上，家庭社会经济地位对父母期望的影响呈现出两头高、中间低的态势，即社会经济地位高和社会经济地位低的父母对子女未来发展的期望高于处于中间阶层的父母。例如：在家庭收入很好和较好的人群中，有24.3%的父亲对女儿有很高期望；在家庭收入一般和不太好的家庭中，选择此项的比例分别为15.5%和21.5%；而在家庭经济条件很不好的家庭中，则有高达32.4%的父亲对女儿的职业发展有很高的期望。与此类似，在家庭收入很好或较好的人群中，有17.2%的母亲对女儿的职业发展有很高期待；在家庭收入一般和不太好的家庭中，选择此项的比例分别为14.5%和18.8%；而在家庭经济条件很不好的家庭中，则有高达29.9%的母亲对女儿的职业发展有很高期待（见表23－16）。

表23－16　不同分家庭收入中父母对女儿职业发展高期待的比例　　单位：%

	高收入	中等收入	较低收入	低收入
父亲期待	24.3	15.5	21.5	32.4
母亲期待	17.2	14.5	18.8	29.9

这一点特别提醒我们，注意到来自贫困家庭的高校女生往往面临着出生家庭对自己职业发展的过高期待和这部分女生所处的现实发展环境之间的巨大差异所形成的压力。事实上，通过数据分析我们发现：这部分来自贫困家庭但却承担着父母巨大期望的女生在心理健康量表上的平均得分高达10.73（SD＝5.68），远高于一般高校学生的水平，已经表现出非常明显的焦虑情绪。

（3）父母对子女的期望影响高校女生的自我期待。父母对子女的期待会显著影响高校女生的职业成就动机。在将父母期待和高校女生对"我希望自己在事业上有所作为"的态度进行交叉分析后发现：父母对子女的职业发展期待越高，女性中对这一说法持认同态度的应答者的比例就越高。在父亲对自己期望很高的高校女生中，有53.4%的应答者对自己有很高的事业发展期望，40.3%的应答者对自己有较高的事业发展期望，选择这两项的应答者总计达93.7%；而在父亲对自己要求不高的高校女生中，只有32.5%的应答者对自己有很高的职业发展期望，50.8%的应答者对自己有较高的发展期望，总计为83.3%。两个群体相差10.4个百分点。

与此类似，在母亲对自己期待很高的高校女生中，有56.9%的人对自己事业发展有很高期望，有92.9%的人对自己的事业发展期望很高或较高。而在母亲对自己要求不高的高校女生群体中，只有31.2%的女生对自己未来的事业发展有很高期望，有83.9%的女生对自己的事业发展期望很高或较高。两个群体的差别也有近10个百分点。

（二）成长经历

青少年时期是个体性别角色社会化的重要阶段。在这一时期，个体通过内化他人的态度，来认识"自我"，并按其他人一般期待来调整自己行为。性别角色社会化是个体在社会生活中，学会按自己的性别角色的规范行事的过程。儿童进入学龄期以后，学校和社会从多方面强化男女两性的角色差异。例如学校和教师在升学期待、课余生活、体育锻炼项目等对不同性别的学生有不同的要求；教科书也表现出不同的性别期待。因此，对高校学生中小学时期社会化经历的回溯性调查将有助于我们了解高校学生社会性别观念和角色的形成过程。

1. 中小学时期担任班干部的机会

早期成长经历中男女学生担任班干部的经历能锻炼学生个体的自主性和领导力水平。男女生担任班干部的实际比例也在一定程度上反映了中小学教师的社会性别观念。调查表明：在中小学阶段，女生担任班干部的机会显著高于男生。在小学阶段，有80.6%的女生曾经有过担任班干部的经历，显著高于男性中71.4%的比例；类似地，在初中阶段，有81.6%的女生曾经有过担任班干部的经历，显著高于男性中75.5%的比例；然而到了高中/中专阶段，男女两性应答者曾经担任班干部的比例都是63.2%，没有显著的性别差异（见表23-17）。

表23-17　　　高校男女生中小学时期担任班干部的比例　　　单位：%

	男	女	卡方检验
小学	71.4	80.6	***
初中	75.5	81.1	***
高中/中专	63.2	63.2	—

注：*** 表示 $p<0.01$，** 表示 $p<0.05$，* 表示 $p<0.1$。

事实上，中学期间是否担任班干部的经历与高校女生对自己"组织协调"能力的评价之间存在着显著的相关关系。例如：在初中阶段担任过班干部的女生中，有57.1%的女生认为自己的组织协调能力很强或比较强，而在没有担任过班干部的女生中，只有44.4%的女生持类似的观点；到了高中阶段，这一差异更加明显，在担任过班干部的女生中，61.7%的应答者认为自己具有很强或较强的组织协调能力，而在没有担任过班干部的女生中，只有42.3%的应答者做出了类似的回答。

可见，中小学时期担任班干部的经历与高校女生的组织协调能力的确在一定程度上互为因果、相互促进。通过让更多的女生参与到班级事务的组织管理过程之中，教师在鼓励和肯定女性能力的同时，也让更多的女生形成了更加多元化的性别角色形象。

2. 社会性别观念环境

传统的社会性别观念也依然存在于一些教师和家长之中，并对青少年产生影响。例如：有81.1%的高校女生在成长过程中听到中小学老师或父母说"女生要有女生样，男生要有男生样"；69.7%的女性听到中小学教师、父母认为"女生适合学文科，男生适合学理科"等巩固传统性别形象的表述。进一步的数据分析还发现：尽管在社会化经历和高校女生的社会性别观念中并未发现一致性的统计关联，但成长过程中的这些性别观念的确会影响高校男生的社会性别观念。例如，在听过父母或中小学教师说"女孩适合学文科，男孩适合学理科"的高校男生中，有43.1%的人非常赞同或比较赞同"男人应以事业为主，女人应以家庭为主"，而没有听过这种表述的男生中只有32.8%的人持此类观点，统计差异显著；在听过父母或中小学教师说"男生要有男生样，女生要有女生样"的高校男生中，有42.9%的人非常赞同或比较赞同"男人应以事业为主，女人应以家庭为主"，而没有听过这种表述的男生中只有31.3%的人持此类观点，统计差异显著。

并且，还有相当数量的女性在成长过程中听到教师、家长对女性的负面评价。例如：有49.2%的女生在中、小学期间，听到老师或家长说"女孩不如男孩聪明"。并且来自农村乡镇的女性更容易听到教师、家长对女性能力的负面评价（农村乡镇51.4%；县级以上城市46.1%）。有趣的是，尽管在这种负面评价经历和高校女生的性别能力评价之间并没有发生直接的统计关联，但是数据分析的结果表明：对女性能力的负面评价的确与高校男生对女性能力的观点之间有统计关联。在成长过程中没有听过"女孩不如男孩聪明"的高校男生中，有34.5%的人群非常赞同"女性能力不比男性差"，而在社会化经历中听过对女性能力负面评价的男性只有29.2%持相同态度，统计差异显著。

可见，传统的社会性别观念依然存在于青少年的成长过程之中，特别是在农村地区，这些传统观念的影响更为普遍。并且，传统社会性别观念环境特别容易对青少年时期的男生产生影响。在前面的分析中我们也注意到高校男生的社会性别观念的确更趋保守，今天的高校男生是未来社会的建设者，他们未来将会承担起"丈夫"和"同事"等角色。如何影响并促进高校男生形成平等、理性的社会性别观念是需要继续深入探讨的话题。

3. 性骚扰经历和自我保护

成长过程中遭遇的性骚扰经历会影响女性的社会安全感。已有研究发现：在学习、求职的过程中碰到的性骚扰严重危害了女生的正常生活和身心健康。[①] 此次调查数据显示：高校男、女生在对性骚扰的界定、经历和应对措施上存在性别差异。例如，有更多的女生把"给您看您不愿意看的黄色图像、图片"以及"给您讲您不愿意听的黄色段子和笑话"界定为性骚扰，并会直接表达不满或制止。女生中有过此类经历的比例也要显著低于男生（见表23-18）。

表23-18 分性别高校学生对性骚扰的界定和经历 单位：%

	属于性骚扰		经历过	
	男	女	男	女
A 给您看您不愿意看的黄色图像、图片	58.4	79.7	18.0	8.0
B 给您讲您不愿意听的黄色段子和笑话	45.4	61.8	34.7	24.8
C 对您进行您不愿接受的肢体行为	80.4	93.5	12.3	20.4
D 对您提出您不愿意接受的性要求	87.2	94.6	3.2	4.3

另外，针对女性的肢体性骚扰行为仍然存在。被调查者中，有20.4%的高校女性有过"对您进行您不愿意接受的肢体行为"的经历，有4.3%的高校女生有过"对您提出您不愿意接受的性要求"的经历。而在被问到如何应对上述行为时，尽管有75.9%和60.7%的女性会选择"直接表达不满或制止"；另有9.8%和29.4%的女性选择"向公安机关报案"；但是仍有2.9%和1.1%的女性对上述两种行为会选择"忍忍算了，不声张"。如何进一步提高高校女生的自我保护意识和能力，减少针对女性的语言和行为骚扰，是需要进一步关注的问题。

（三）高校教育环境

大学是社会各项专门知识和技能的生长和培训基地，同时也是新型文化思潮

---

① 蒋梅：《湖南高校女大学生遭受性骚扰现状与对策研究》，载于《妇女研究论丛》2006年第4期。

和社会资源的集合地,高等教育机构在推进男女平等的社会观念上将扮演至关重要的角色。在本节中,我们将从男、女两性享受高等教育资源状况,高等教育机构中妇女/性别研究课程的开设,教师对高校女生的态度等几个方面对高等教育机构在推进男女平等过程中扮演的角色加以研究。

1. 享受教育资源状况

研究数据显示:在获得各类奖励、荣誉;参加校内外学术活动;保送升学;参加境内、外交流等方面,高校男、女生基本实现了机会均等。有67.5%的高校女生在接受高等教育过程中曾获得各类荣誉、奖励;52.6%的高校女生参加过校内外的各项学术活动;14.5%的高校女生曾有过保送升学的经历;5.2%的高校女生曾有过境内、外访问的经历。各项比例和高校男生中享有此类机会的比例基本相当,甚至略高。这展现了近年来,我国高等教育机构为高校女生的个人发展提供了较好的外部机遇,高校男、女生在享受教育资源方面,基本实现了机会均等。

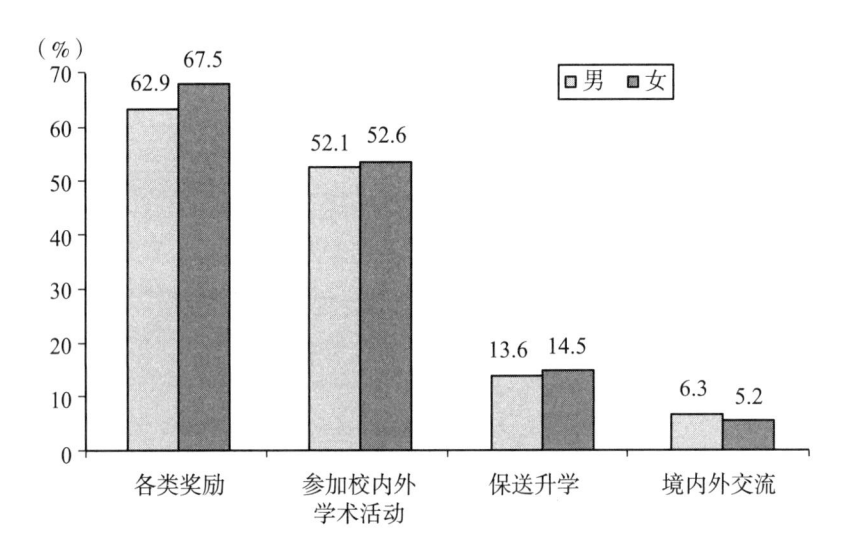

图 23-19　高校学生享受各类教育资源的比例

2. 妇女/性别研究相关课程的开设

推进男女平等基本国策不仅需要政府以及社会各界的全力实施和落实,也需要高等学校的智力贡献,高校的性别教育和科研是迈向性别平等的重要渠道。近年来,越来越多的高等教育机构开始设置性别与妇女研究等内容相关的课程,包括北京大学、南京师范大学等一批国内院校成为国家或省部级的妇女/性别研究与培训基地,为创新性别平等理论、推进先进的性别意识和观念及推进高等教育机构内的性别平等关系起到积极的推动作用。

此次调查涉及的 15 所高校都不同程度地开设了妇女/性别研究课程或讲座。其中，南京师范大学开设此类课程的推广效应最广，有高达 52.0% 的学生知道学校开设过此类课程，此外，华中科技大学（30.7%）、北京大学（28.9%）、南京大学（24.1%）、首都师范大学（23.2%）等妇女/性别培训基地的课程推广效应也较高。在全体学生中，有 21.3% 的应答者回答学校开设过性别平等或女性发展的相关课程或讲座。在回答学校开设过此类课程或讲座的学校中，有 53.5% 的高校女生参加过这类课程或讲座，43.1% 的高校男生参加过此类课程或讲座。

3. 高校教师的性别观念

高等教育机构中的性别平等意识不仅通过专门的性别平等课程传达，大学中的教师文化以及师生互动模式同样会对在校学生的社会性别观念产生影响。教师文化构成了"一个组织所蕴涵的关于行为、认知、假设、信仰、态度、意识形态和价值观念的持久模式"。①"冷漠的氛围（a chilly climate）"是霍尔和桑德勒在 1982 年提出的一个概念，意指课堂上微妙甚至是公然的性别偏见。霍尔和桑德勒注意到在大学课堂上，针对女性的"冷漠氛围"广泛存在，教师往往并不是基于学生个体，而是基于学生性别，在交流过程中对其行为、能力、职业生涯和个人目标做出期待，而这种期待在很大程度上仍是传统性别观念的产物。教师的行为或许是无意识的，但学生能敏锐地感受到这种氛围，并受到这种氛围的影响。②此次调查结果的研究发现：中国目前高校教师的社会性别观念状况发展不均，仍然有一些教师在课堂内外表达一些不利于女性发展的言论，例如：

（1）"这个专业不适合女生学习"。在全体样本中，有 28.9% 的被访者听到大学教师说过类似的话。从表 23-19 中可以看出，在传统上女性较少的理工农医等学科中，更有 38.2% 的应答者报告此项。这在一定程度上将削弱原本就在学生数量上占劣势的理工科高校女生的学习热情和信心。

（2）"男生的发展潜力更大"。在全体样本中，有 44.2% 的被访者听到大学教师说过类似的话。并且在普通院校和研究生群体中，听到老师有过此类表述的学生所占的比重更大。

（3）"男生更适合作研究/科研"。在全体样本中，有 30.8% 的被访者听到大学教师说过类似的话。伴随着受访者的学历越高，听过教师有此类言论的学生所占的比重也越高。在博士生群体中，有高达 47.8% 的被访者选择了此项（见表 23-19）。

---

① Milem, J. F. et al., *Faculty Time Allocation: A Study of Change Over Twenty Years*, Journal of HigherEd, 2000.

② Hall, R. M., & Sandler, B. R. *The Classroom Climate: A Chilly One for Women?* Washington DC: Association of American Colleges, 1982.

表 23-19　　听过大学教师有以下表述的人所占的比例　　单位：%

	这个专业不适合女生学习	男生的发展潜力更大	男生更适合作研究/科研
共计	28.9	44.2	30.8
专业：			
人文社科	20.2	42.5	30.2
理工农医	38.2	46.2	31.4
学历：			
本科生	24.5	40.6	24.2
硕士生	33.4	48.3	35.6
博士生	36.7	50.2	47.8
学校类型：			
普通	30.0	47.2	25.3
重点	28.1	42.3	34.4
女院	17.7	30.5	24.3

从表 23-19 中可以看出：尽管我们无法了解有多少教师曾对女性有过负面评价，但至少从结果上看，有接近一半的学生报告听过教师的此类言论。并且，理工科学生更多地听到教师对女性的负面评价；学历越高的学生越多地听到对女性的负面评价；普通院校学生相比于接触过社会性别意识的学校的学生（例如：中华女子学院）更多地听到教师对女性的负面评价。可见，我国的高等教育机构中仍然存在着一些不利于女性发展的话语环境，而改变这种针对女性的"冷漠氛围"和负面评价是进一步提高高校女生社会地位的必然要求。

4. 教师对女学生的重视程度

在问到班主任或主要指导教师对自己的态度时，女性感受到自己受重视的程度却低于男性。数据分析结果显示：有 9.2% 的高校男生认为老师对自己非常重视，而选择此项的高校女生只占 6.1%；37.0% 的高校男生认为老师对自己比较重视，选择此项的女性只有 30.8%；一半以上的高校女生认为老师对自己的态度"一般"或"不太重视"。

由于这一结果是学生主观评价教师对自己的重视程度，所以我们只能认为它部分印证了教师对学生的实际重视水平。但是这一结果也提醒高等教育机构的管理者注意到：高校女生对教师的关注程度尚有较高的要求和期待。有证据表明：相比于男性而言，女性更容易从和教师的交流中获得情感支持。[①] 因而高等教育机构应进一步鼓励教师更多地关注女性学生的发展和成长（见图 23-20）。

[①] Rosenthal, Karen R., Ellis L. Gesten, and Saul Shiffman. *Gender and Sex Role Differences in the Perception of Social Support. Sex Roles*, Vol. 14, 1986.

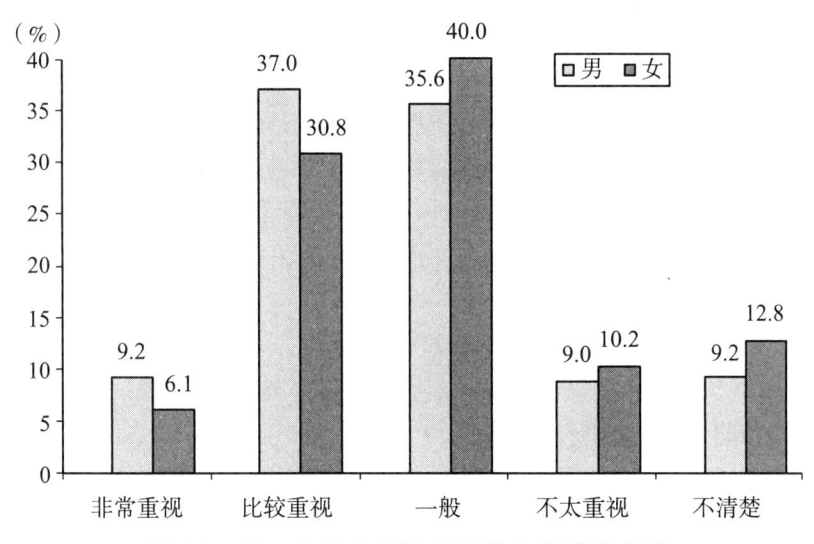

图 23-20 教师对不同性别学生的重视水平

（四）就业市场

就业市场是衔接高校女生从学校步入社会的重要环节，作为高等教育培养的"出口"，就业市场对高校女生的态度将在一定程度上影响她们的自我认知和定位。近年来，高校女生"就业难"的问题已经成为社会上广泛关注的社会问题，中国高校毕业生的就业问题与中国总体的就业面临巨大压力的现状紧密相连。在就业形势已相当严峻的情况下，高校女生就业难问题已引起社会各界的关注，国家出台了一系列有效的公共政策推进高校女生的就业。

2008 年以来，教育部、人社部和全国妇联共同开展了高校女生创业导师行动以及创业扶持行动，现在全国已经创建了高校女生的实践基地 6 000 多个，帮助了一大批高校女生提高创业就业能力，实现创业就业。同时，国家还出台了妇女小额担保贷款贴息的财政政策，对有创业意愿的高校女生，国家提供 5 万～10 万元的小额贷款，由国家贴息扶持高校女生创业就业。目前全国已经贷出妇女创业就业小额贷款有 260 多亿元，国家和省两级财政已经贴息将近 10 个亿。

为了进一步贯彻落实人力资源和社会保障部、教育部等六部门《关于实施 2010 高校毕业生就业推进行动大力促进高校毕业生就业的通知》要求，引导高校女生创业，全国妇联妇女发展部、教育部高校学生司、人力资源和社会保障部就业促进司以及中国女企业家协会决定，在共同组织实施"高校女生创业扶持行动"，为高校女生自主创业提供支持和指导服务。

1. 现实就业环境中的性别歧视

尽管国家各级政府与各级教育机构高度重视就业紧张环境下的高校女生就业

创业问题,然而在现实就业环境中仍然存在着各种或明或暗的性别歧视。本次调查结果显示:在有求职经历的高校女生中,1/4 曾经遭遇过性别歧视(25.0%),还有接近 1/4 的应答者不确定是否是由于性别歧视的原因导致求职失败(21.4%),只有一半左右的高校女生明确表示在求职过程中没有遭遇过性别歧视(53.6%),而男生这一选项的比例则达到了 75.3%。可见,尽管在前文的分析中,我们看到高校女生的综合素质并不落后于男性,但是现实就业市场中却仍然或多或少的存在着一些对女性不平等的因素。

2. 就业性别歧视经历对高校女生的影响

求职过程中遭遇的性别歧视会进一步影响高校女生对职业追求的动力和男女性别分工的判断。研究结果显示:

(1)在求职过程中有过性别歧视经历的高校女生会更多地对女性的职业追求产生怀疑。例如,对"女性也应该追求自己的一番事业"这一说法,在没有经历性别歧视的高校女生中,有 62.9% 的应答者表示非常赞同,只有 1.8% 和 0.3% 的应答者表示"不一定"或"不太赞同";而在有过性别歧视经历的女生中,非常赞同的比例降到 51.5%,有 3.8% 和 0.7% 的女性表示"不一定"或"不太赞同"。类似地,对于"我希望自己在事业上能有所作为"这一说法,在没有经历过性别歧视的高校女生中,有 42.5% 的应答者表示非常赞同;而在有过性别歧视经历的女性中只有 37.0% 的应答者表示非常赞同。在没有遭遇性别歧视的女生中,15.7% 的人群非常赞同"我对自己未来的职业发展充满信心";而在求职过程中遭遇过性别歧视的女生中,这一比例降至 11.7%。

(2)在求职过程中有过性别歧视经历的高校女生会更多地赞同"男主外、女主内"等传统性别观念。例如,对"男人应以事业为主,女人应以家庭为主"这一说法,在没有经历过性别歧视的高校女生中,有 25.5% 和 35.4% 的人群表示"很不赞同"或"不太赞同";而在有过性别歧视经历的人群中,只有 17.4% 和 33.3% 的应答者表示"很不赞同"或"不太赞同",态度差异显著。类似的,对"丈夫的事业发展比妻子的发展更重要"这一说法,在没有性别歧视经历的高校女生中,有 24.1% 的人表示"很不赞同";而在遭遇过性别歧视的高校女生中,这一比例降至 14.5%,态度差异显著。

尽管国家各级政府出台了一系列保护和推进高校女生就业的政策措施,但是现实就业市场中仍然存在着一些对女性不友好的因素,部分高校女生仍然在求职过程中经历过各种或明或暗的性别歧视。并且这一经历的确会影响她们对自身职业追求和男女性别角色分工的态度和看法。

第二十四章

女性高层次后备人才成长规律

伴随着现代社会的快速发展和社会分工的日益加深,高等教育机构在培养现代高层次人才方面扮演着日益重要的角色。社会中的高层次人才绝大多数曾经在人才成长的不同阶段接受过各种形式的高等教育。高等学校作为人才荟萃,智力密集,最能产生新知识、开发新技术、倡导新文化的产、学、研联合体,在激发科技创新,培养知识型人才,汇聚高精尖文化、技术产品等方面起到了不可替代的重要作用。因此,本书将包括在校本科生、硕士生和博士生在内的高校女生群体作为高层次女性后备人才的重要代表人群加以集中考察和研究。

通过对以高校女生群体为代表的高层次女性后备人才的深入考察和研究,并以发展和比较的视野将高校女生群体和一般女性群体、高层次女性人才群体以及高校男生群体的比较差异研究,本书希望得出高层次女性后备人才的一般成长规律和特点,并对未来女性后备人才的培养和发展有所裨益。

一、情感纽带和亲密关系是激励高层次女性后备人才发展的重要动力源泉

在弗洛伊德、皮亚杰、科尔伯格等传统的男性中心主义的学者看来,人在发展过程中需要逐渐摆脱家庭,进入社会,自主性(autonomy)、独立性(separation)和个体化(individualization)是人的发展的必经阶段。然而在以吉利根(gilligan)为代表的女性主义学者看来,女性的发展则是始终和她们与家庭及他

人的"联系感"、责任感和关怀相联系的。① 与男性不同,女性个体同一性的发展恰恰不是她们在多大程度上获得了"独立性",而是取决于她们如何在家庭、丈夫/孩子、朋友以及职业中安置自己的位置。对女性的智识发展而言,人际互动、合作和共识的形成则显得更为重要。女性的认同发展和职业期望更多地受到家庭、同龄群体和浪漫关系的影响。她们是在和他人的交往关系中逐渐形成了自我认同——而非在和他人的边界划分和竞争性关系的基础上。

在我们的调查中,也发现对高校女生群体而言,物质和功利性的激励因素往往并不像男生群体中那么重要:"我不追求挣很多钱的工作。我只要有一个工作就行,我对钱没有追求。如果是男生,感觉责任挺大的,会以钱为目标。……以后结婚了,如果你总是拿他的钱去孝顺你的父母,我觉得即使他不说什么,但是我自己的心里会觉得没有底气,所以我觉得女人经济独立很重要。我没有太大的追求,我不想特别拼、特别累。我觉得生活就是生活,不要天天为了挣钱,把自己搞得挺累的。我不特别物质,没有要求非得特别好,只要我能攒一些钱,够我用了就可以了。(访谈编号:031lfy03)"相反,父母、亲情和亲密情感关系往往在激励高校女生的发展道路上起到不可替代的情感激励作用:

"有一次就发现我妈头发突然间鬓角那块有白发了,突然间发现他们老了。而且以前是我妈买衣服什么的,她就给她自己买好多,不知道从什么时候突然间发现,她一年都不给她自己添几件衣服,就感觉她舍不得花钱。然后就说是我和我弟弟上学什么之类,他们要给我们攒钱。突然间感觉父母老了,需要我们过多地帮他们一下,体贴他们一下,就这样。(访谈编号:121lj05)"

在上述访谈中我们看到:高校女生对社会联系和亲密情感关系的体认往往更加丰富、细腻,并且这些真挚的情感也成为激励她们自己持续努力的重要动力。在第一段访谈中,被访者认为金钱对自己并没有那么重要,只要够用就行;但是她认为女性经济一定要独立,其中很重要的一部分原因就是需要拿自己的钱去孝敬父母。对父母养育之恩的体认和回报是激励女性发展的重要情感因素。与之类似,女性对社会纽带和亲密情感关系的看重不仅表现在家庭和罗曼蒂克式的亲密关系中,也表现在更大的社会交往范围内。例如,一位被访的高校女生提到在学校参与志愿活动的过程中,和一些智障儿童之间建立起的亲密情感关系让自己也感受到生命的价值和意义:

"我今年参加了一年博爱园,那就是义务性的教育,一些修女在给那些智障儿童教一些基础的知识。然后让我们过去帮她带那些孩子,有时候给他

---

① [美]吉列根著,肖巍译:《不同的声音——心理学理论与妇女发展》,中央编译出版社1999年版。

们教一些写字、画画，教他们唱歌干啥的。有时候还带他们去公园、超市，或者去其他地方，带他们去见一见外面的世界，跟人沟通交流一下。我觉得挺有意义的感觉，我就是觉得挺有爱心的，给大家服务一下，也体现一下自己的价值。在大学空闲时间挺多的，如果不出去，在学校也浪费时间，还不如出去见一见世面。跟那些小孩子在一起也挺开心的。他们有的是身体有残疾，虽然说十几岁了，但智商也就是只有五六岁。还有一些身体方面的疾病的，多动症啥的，有的娃有时候还挺暴力的。我去的时候有一个娃就砸我。我第一次去可害怕了。但是去的时间多了，他认识你跟你熟了，就会叫你姐姐，看见你可高兴了，过来抱你拉你的手，感觉和你可亲切了。到最后给你感觉可熟了，要不去的话他们还会想，姐姐你上周怎么没来，怎么怎么的，反正挺可爱的那种。感觉就是他们如果被封闭起来，跟外界交流少的话就感觉可孤独了，如果跟大家能接触一下跟他们一块玩一玩，感觉挺好的，我感觉对那些娃也挺有帮助的。（访谈编号：1211lj06）"

美国心理学家米勒发现：那些在科学领域中取得优异成绩的女性，和男性往往在竞争性环境中获得优异表现的动机来源不同，那些优秀女本科生的学术动力恰恰来自——帮助他人！这也解释了为什么在所有的科学专业中，医学——特别是社区医疗、儿科医生和精神病学等以病人为取向的医学专业中集中的女性最多。与之类似，我们在研究中也发现：女性对他人的关怀和爱护将成为激励高层次后备女性人才成长的重要动力源泉。

二、影响女性后备人才的主要因素

（一）父母的正确引导是高层次女性后备人才价值观形成的首要环境

家庭是个体社会化过程的第一个主体，也是伴随个人成长的最亲密的初级群体，因而在个体的成长发展过程中扮演着至关重要的角色。已有研究指出，父母的社会性别观念不仅会潜移默化地影响子女的性别观念，而且父母对子女的性别角色期待也会影响子女对自己的未来伴侣的角色期待。调查显示中国目前的家庭环境在子女成长的问题上显现出不同的分化趋势，既有激励女儿自强自立、独立自主的家庭；也有已然强调传统上"男孩要有男孩样，女孩要有女孩样"、对子女区别对待的家庭。相比较而言，前一种家庭中成长起来的孩子往往具有相对成熟、理性的性别观念和人生定位；而在传统性别观念影响之下的子女，往往也会延续父母身上传统的性别角色分工模式。例如，一位独立自主、追求事业的高校女生这样谈到父母对她的影响：

"（事业和家庭）我想兼顾，我哪一方面都不想放弃吧。因为觉得，家庭对于每一个人来说，都很重要。但是我觉得，活在21世纪的话，一个女生必须有自己的事业，不能太依靠别人。因为我妈都说，女人要有自己的事业，才能有底气说话嘛。因为受电视剧的影响，看到有一些女生，就是为了结婚，为了自己爱的人，为了孩子，就放弃自己的事业。最后，又被男的抛弃，然后孩子也不听话。就是觉得，说明没有地位，如果那样不好。就像我爸爸说的，你的另一半去外面工作，去接受更广的世界，而你总是待在家里，然后他见识得越来越广，你见识得越来越窄，然后你跟他交流的就越来越少，这也是一个问题。（访谈编号：071whl08）"

在这段材料中，被访者的父母都认为新时期的女性"必须有自己的事业"，母亲教育女儿"要有自己的事业，说话才有底气"；父亲则告诫女儿只有丰富的生活经历才能让自己和配偶有共同话语和交流。在这样的家庭氛围之下，子女也意识到独立自主才是女性确立自我和幸福生活的重要基础，而不能去单纯地"依赖别人"。在父母双方的共同影响之下，这位被访者这样评价对社会上流行的"干得好不如嫁得好"的说法：

"我觉得这种人有一种依赖性心理吧，他们就觉得找个嫁得好的，就一定生活得好。我觉得不会的，这种事情不一定。就是说，自己做得好，那才是自己的，嫁得好，那都是别人的。有一天，别人厌烦了你，看你哪里不顺眼了，他就可以把给你的都收回去。那你就会变得很可怜，生活就会很可怜。你不但失去了所有你想依赖的，还失去了自我。（访谈编号：071whl08）"

可见，成熟理性的父母观念在影响和塑造子女的性别观念和价值伦理上能起到至关重要的作用，正是在父母双方虽然侧重各有不同，但都是激励女儿发展独立人格的教养环境之下，子女才发展出健康、理性的性别观念，认为过度依赖男性最终"不但失去了所有你想依赖的，还失去了自我"。

但是调查现实，也有相当部分的中国父母仍然延续着传统上"男主外、女主内"的性别分工模式，并在日常生活中潜移默化的对子女教养产生着影响。下述访谈比较典型的代表了这类父母对不同性别子女的教养方式和态度：

"可能就是因为女孩和男孩的天性本来就不太一样，男孩子就比较叛逆，然后女孩子就更多的能够体贴一下父母。就像他们平常上班不在家，（我）帮他们干一些活，所以自我感觉他们有点偏我；但是有时候觉得他们也有点爱我弟弟。

我们家刚又买了一套新房子，然后在装修的时候他们就会参考我弟弟的意见，就不问我意见，可能是觉得那个房子以后是我弟弟的，装修那些就不参考我的意见。（你会感到愤怒吗？）会有一点点，但是想一下就没啥了，毕竟女孩长大都要嫁人的，也就没啥了。

偏向我就是女孩子比较爱买衣服、买一些洋娃娃什么的，我和我妈逛街，只要是我看上的，我喜欢的，她就给我买。反正我爸对待我和我弟弟的教育完全两种不同的概念，对我就是经常表扬，然后说'可乖'一些话；对我弟弟经常就是骂，甚至有时候还会动手去打他。

就像我妈和我爸上班，我弟在家，他不会做饭，我帮他做饭。我妈就对他说你姐在家的时候完全可以不管她吃，不管她喝什么，都不用管，都不用我操心，你在家的时候能把我累死。然后我妈就很希望我在家，因为我在家的时候就可以帮她照顾弟弟。（访谈编号：121lj05）"

相当部分的中国父母都仍然觉得儿子是自己家庭的继替，但这并不意味着父母不疼爱女儿。事实上，很多被访的高校女生都提到父母对自己是非常疼爱的，只不过这种疼爱还依然具有一些传统性别角色的特点。例如，在上述访谈中，女儿认为父母对自己的"疼爱"表现在会给自己买喜欢的洋娃娃和衣服，对自己说话的方式很温和；这种教养方式下的女儿对父母也很体贴，会帮助母亲做饭和料理家务，甚至"帮她照顾她儿子"。女儿的唯一不满只是表现在父母装修房子的时候只考虑弟弟的意见，而不考虑自己的意见，但想到"毕竟女孩长大都要嫁人的，也就没啥了"。在这一过程中，父母传统的性别观念透过教养过程继而影响和塑造了子女对性别角色差异的体察和认同。

在这样的家庭氛围中成长起来的高校女生往往在价值观上也更加认同于"男主外、女主内"的传统性别分工模式。上述访谈的同一位被访者在谈到自己如何处理家庭和事业冲突时，毫不犹豫地选择了自己的"女性本位"，也就是所谓的"母亲"的职责和义务：

"我感觉评价男性成功主要是偏重于他的事业，但是女性当然有一些人可能也认为事业什么的，但是我现在也不那样看了，我觉得一个女性人物她的事业和家庭都兼顾好。而且有时候我想过，如果我以后的事业和家庭发生冲突的时候，虽然我是一个很重事业的人，但我肯定会选择家庭，我会放弃所有去照顾我的家庭。我觉得我是应该回归到女性的那种本位上去，我就觉得我在外边就是再怎么打拼，再怎么拼搏，可是终归我还是一个女性，我还会是一个母亲，我就那样觉得。（访谈编号：121lj05）"

可见，父母的性别价值观念对子女价值观念的形成的确会起到不可替代的影响作用：成熟、理性的父母会教育子女成为独立自主的自强女性；而持传统性别观念的父母则在无意中继续传承旧有的性别分工模式，从而导致子女也依然延续着"男主外、女主内"的所谓"男性本位"和"女性本位"观念。

（二）独立自主是高层次女性后备人才事业发展的重要人格基础

高校女生的社会性别观念一直是研究者密切讨论和关注的话题。2000年前后的一些调查研究发现："男高女低"的传统性别观念仍然在一定程度上影响着高校女生的自我规划和未来发展，相当部分女生赞同社会上流行的"干得好不如嫁得好"这一说法。①② 而在此次调查中我们发现：近十年来，高校女生的社会性别观念也日趋平等、理性；无论是和高校男生相比，还是和社会上的一般女性相比，新时期的高校女生都更多的反对传统的社会性别观念。更多的新时期高校女生开始认识到事业成功对女性地位的重要价值，独立自主的性别观念成为高层次女性后备人才追求事业的重要人格基础。

在1998～2002年进行的面向21世纪上海女性高等教育调查中，有29.7%的女大学生反对"男人以事业为重，女人以家庭为重"，23.5%的女大学生反对"相夫教子是女人最重要的工作"；在面向21世纪中国女性高等教育调查（1998～2002年）中，只有24.2%的女大学生反对"相夫教子是女人最重要的工作"。③ 而在此次调查中，有58.2%的高校女生反对"男人应以事业为主，女人应以家庭为主"；57.7%的高校女生反对"挣钱养家主要是男人的事情"；55.9%的高校女生反对"相夫教子是女人最重要的工作"；高达96.5%的高校女生认为"女性也应该追求自己的事业"。

作为女性群体中受教育程度较高的青年群体，相比于一般女性，高校女生群体更多的打破了传统社会性别观念的限制，例如：在面向社会女性的新时期妇女社会地位调查样本中，只有25.8%的应答者反对"丈夫的发展比妻子的发展更重要"；在高校学生群体中，51.0%的女性应答者对这一观点持反对态度。在新时期妇女地位调查中，有54.8%的普通女性赞同"男性应以社会为主，女性应以家庭为主"；但同时期的高校女生中，赞同这一说法的比例只有30.0%。

作为受教育程度较高、思维活跃、更易接受多元文化观念的青年人群，高层次女性后备人才对传统性别观念持更加批判的态度。并且这种独立自主的价值观念和人格特征也进一步影响到她们对自己未来发展的定位和职业发展的成就动机。调查数据显示：在非常赞同"挣钱养家主要是男人的事情"的高校女生中，有53.5%的人群非常赞同"女性也应该追求自己的一番事业"；而在非常反对前

---

① 李明欢：《干得好不如嫁得好？——关于当代中国女大学生社会性别观的若干思考》，载于《妇女研究论丛》2004年第4期。

② 刘淳松、张益民、张红：《大学生学习动机的性别、年级及学科差异》，载于《中国临床康复》2005年第20期。

③ 叶文振：《女性学导论》，厦门大学出版社2006年版。

一观点的女生中，非常赞成女性也应追求自己事业的比例提高为 82.1%（在全体女生中，非常赞成这一说法的比例为 58.4%）。类似的，在非常赞同"挣钱养家主要是男人的事情"的高校女生中，有 28.2% 的人群认为"对女性而言，事业成功与否并不重要"；而在对前一观点持"非常反对"的女生中，只有 4.6% 的人群赞同这一观点（在全体高校女生中，赞成这一说法的比例为 6.6%）。在被问到是否愿意"为了成就一番事业付出艰辛努力"时，在那些"非常赞同""挣钱养家主要是男人的事情"的高校女生中，有 35.7% 的人表示非常愿意；而对这一观点"非常反对"的高校女生中，有 53.0% 的人群非常愿意做出艰辛的努力，态度差异显著（卡方 = 273.958，df = 16，p < 0.000）。一位被访的硕士女生谈道：

> "其实我就感觉啊，有一个稳定的工作，没事的时候，很无聊。即使我家再好，我也不会做一个全职太太，我就感觉，很无聊的，没事干的那种……我不可能把所有的时间、所有的精力都要放在孩子上面。两个人，他（被访者现在的男友）或者是我，就是这个家务方面，谁有时间谁做。"（访谈编号：0511j01）

这段访谈较为典型地代表了新时期高校女生的性别观念，她们希望拥有自己的工作和事业，不愿意成为男性和家务劳动的附庸。正是这样一种独立自主、自强不息的人格特征成为推进高层次女性后备人才持续追求事业发展和自我实现的内部驱动。

（三）先进的性别意识帮助高层次女性后备人才打破传统观念束缚

孟祥斐等在综合前人研究的基础上认为：性别意识是"在特定的时代、文化背景下，通过社会化过程形成的人们对男女两性的社会位置、权利、责任及彼此关系的认识和评价。一般将性别意识分为传统和现代两极，前者指人们对男女两性的社会位置、权利、责任及彼此关系的认识和评价更认同'男主外、女主内'等传统思想，后者指更趋于接受男女平等和平等权利等观念。"[①] 先进的社会性别意识对激发女性追求事业成功会起到积极的促进作用。李成彦对创业女性的研究发现：性别本身并不影响创业，真正影响创业的是个体的性别角色认定。

"实践创新能力"是近年来教育领域提出的一个新概念。赵建华认为实践创新能力是实践能力达到高级阶段的集中表现，是"大学生运用已经积累的丰富知识，通过自己不断地探索研究，在头脑中形成独创性的思维，创造性地解决实际

---

① 孟祥斐、徐延辉：《高层次女性人才的性别意识及其影响因素研究——基于福建省的调查》，载于《妇女研究论丛》2012 年第 1 期。

问题的能力。"正是高层次人才不断实践创新的努力推进了人类社会的进步和知识文化的发展。可见,实践创新能力的积累和锻炼在高层次女性人才的成长发展过程中具有极其重要的价值和意义。

在调查中,我们以 F1D"男人以事业为主,女人以家庭为主",F1E"挣钱养家主要是男人的事",F1F"相夫教子是女人最重要的工作",F1H"对妻子而言,更重要的是帮丈夫成就事业",以及 F1J"丈夫的事业发展比妻子的发展更重要"等指标测量女研究生群体的社会性别意识。以应答者对自己"实践/操作能力"和"创新能力"的自评分来测量女研究生群体的实践创新能力。经过 Amos 结构方程模型的分析发现:女研究生"社会性别观念"对"实践创新能力培养"的标准回归系数为 0.200（$p<0.001$）。这说明女研究生的社会性别观念越是先进,在实践创新能力上也越强;而性别观念越是传统,则在实践创新能力上相对更弱。

社会性别观念之所以会影响女研究生的实践创新能力,是由于这一能力提高的基础要求个体具有一定的批判性思维,不迷信权威,不盲从书本,敢于批判现状。而传统的社会性别观念则要求女性具有温柔顺从、安于现状等特质。因此,具有传统性别观念的女性更容易选择顺从于现有体制和常规,不愿意打破既有约束,从而缺乏实践创新能力培养的基础。相反,具有现代"双性化"或"中性化"的女研究生,则更可能挑战传统权威,提出自己的创新思想和理念,从而具有更强的实践创新精神。

实践创新能力会在指引高层次女性人才发展的道路上起到引领性的突破作用,因而在后备人才的成长发展阶段,培养和塑造其实践创新精神显得尤为重要。先进的社会性别意识是推进高层次女性后备人才打破传统观念束缚、不盲从、不迷信、具有现代批判反思精神的重要观念基础。

(四) 教师（特别是女性教师）的指导和榜样作用是高层次女性后备人才发展道路的重要引导

米勒姆（Milem）指出,教师文化构成了"一个组织所蕴含的关于行为、认知、假设、信仰、态度、意识形态和价值观念的持久模式"。[①] 大学中的教师文化以及师生互动模式会对在校学生的学习和发展带来显著影响。研究发现,良好的师生互动关系对促进男、女生的发展都有益处,对于特别倾向于和教师互动、并容易受到教师影响的女生而言尤其如此。埃斯丁（Astin）1983 年的一项研究表明,在那些愿意和学生展开互动的研究型教师指导下,女生的学术

---

① Milem, J. et al. *Faculty Time Allocation: A Study of Change Over Twenty Years*, Journal of Higher, 2000: 274.

自信会有所提高。① 雷曼和布雷特（Rayman & Brett）的一项研究发现，从老师或指导教师那里获得职业建议对女性毕业后继续留在科学领域中工作有很好的正面作用。②

其中，女性导师的榜样作用值得引起我们的重视。一些研究者注意到：在一些男性主导专业中（如科学、工程类专业），当班级里女生数量较小的情况下，专业教师（特别是数学和科学专业教师）的性别会对女学生的专业学习造成影响③④，学生会从那些和自己有更多共同点（种族、性别）的教师身上获得良好的榜样效应⑤。这一点在我们的调查中也有类似的发现：不少理工科的女性研究生都提到的同性别的教师往往能给自己的事业发展树立一个更加可见的榜样和标杆：

> 专业里有成功的女性老师，对我有影响。就是找一个标杆，往那个方向努力。能达到最好，就是一直往那个方向发展。如果你（专业里的女性成功者）越少，我就越是往那一方面走。我就非证明一下看看。你越是说我不行，然后我就非要做出来不可。（访谈编号：101wy09）

> 我们有一个女老师是博导，我们系博导本来不多，可能就4个左右。她之前在美国，从美国回来嫁的很好，车开的很好。当时带过一门课觉得很年轻，挺有魅力的一个老师。……我会感觉这种老师是我向往的榜样……我觉得我们那个老师是挺厉害的。我觉得有时候她会给你一个激励，你也想做成那种很事业很事业的那种女生。（访谈编号：101wy07）

在上述两段访谈中，两位被访的理工科研究生都提到成功的女性专业老师会给自己树立一个更可达到的具体发展目标，这种目标不仅是专业上的，更是一种全方位的人生榜样——既包括日常生活上"车开得很好"，也包括外形和人格气质上"很年轻""挺有魅力"，甚至还隐含着尽管老师事业成功，但也并没有影响自己的家庭生活，仍然"嫁的很好"，并没有和一般的社会期待产生冲突。这样同性别的事业和人生楷模给高层次后备女性人才以强有力的"标杆"和"激励"，也想成为"很事业很事业的女生"。

---

① Astin, Alexander, W. J. et al. *The Changing American College Student: Thirty-Year Trends, 1966-1996, The in Review of Higher Education*, Vol. 21, 1998.

② Rayman, P., & Brett, B. J. et al. *Women Science Major: What Makes a Difference in Persistence after Graduation? Journal of Higher Education*, Vol. 15, 1995.

③ Robst, John, J. et al. *The Effect of Gender Composition of Faculty on Student Retention, Economics of Education Review*, Vol. 17, 1998.

④ Sonnert, G. J. et al. *Undergraduate Women in Science and Engineering: Effects of Faculty, Fields, and Institutes Over Time, Social Science Quarterly*, Vol. 88, 2007.

⑤ Rask K. N. & Bailey, J. et al. *Are Faculty Role Models? Evidence from Major Choice in an Undergraduate Institution, Journal of Economic Education*, Vol. 33, 2002.

近年来，参与女性研究课程对大学生的影响开始受到研究者的关注。瑞本和施特劳斯（Reuben & Strauss）在其研究中发现：尽管主修一门女性研究的课程能增强学生对性别角色、传统性别分工模式和歧视的认识。① 埃斯丁和崔（Astin & Sax）在其研究中也发现：参加女性研究课程可以提高女性的学历抱负。不过崔还进一步指出：尽管教育机构和同龄群体中的文化多样性起到了一定的作用，但更为重要的变化发生在课堂以外，发生在学生的个人经验上，这些经验包括：学生个体对女性主义的认识，与文化背景多样化的群体交往并展开讨论，以及学生个体参加女性或性别研究课程。② 我们在调查中发现：性别教育对于女性群体的个人养成、生涯规划及职业动机等有着积极的影响。一位女性学专业的女硕士提及：

"女性学这方面就是会让我自己有非常大的影响。比如说，尤其是事业、家庭、看待男人和爱情的这种态度，我觉得我的专业更坚定了我以前的想法。其实我以前可能就是觉得，我也想找一个安安稳稳的人过一个安安稳稳的日子，就可以了，然后生个孩子。到后面我觉得，尤其是我导师，她对我的影响特别的大，她一直就是对那个事业上的追求让你觉得她一直非常的年轻，特别有魄力。而且你就是觉得，如果说她对她的学术是非常投入的一个老师，你会觉得，她浑身散发着一种人格的魅力，我就想成为那种人。我不想成为一个，满口都是老公啊，孩子啊，没有什么自我，没有什么人生目的的那种女人，挺空虚的，挺苍白的。"（访谈编号：051wy04）

在这段访谈中，被访者提到自己的导师（女性）是一位年轻有为、对学术投入，有浓厚人格魅力的女性，这样的导师"对自己影响特别大"。正是在导师的影响和教育下，被访者改变了自己原本对家庭、事业、男人和爱情的看法，希望具有自己的人生发展目标，而不是完全成为别人的附庸。

可见，女性导师对高层次女性后备人才的成长和发展起到至关重要的影响作用。这种影响是一种人生发展目标和方向的确立和引领，她们让年轻女性看到了自己发展的未来和可能。正是这些充满人格魅力的高校女教师让我们的年轻女性确立起发展事业的憧憬和理想。尽管如此，访谈中不少学生也提到自己所在的专业中女教师往往职位层次不高，院系的主要领导和核心人才往往还是以男性为

---

① Reuben, E., & Strauss. M. et al, *Women's Studies Graduates*. Washington D. C. : US Department of Education Publisher, 1980.

② Astin, Alexander, W., & Sax, L. J. A. et al. *Developing Scientific Talent in Undergraduate Women*. in Davis, C. et al. (eds) *The Equity Equation*: *Women in Science*, *Mathematics*, *and Engineering*. San Francisco: Jossey - BassPublisher Limited, 1996.

主,女性的话语权并未得到充分体现:

"我们系的博导、硕导,男老师多于女老师。我知道的,刚有一个女老师升上教授,大部分都是男老师。除了那个女老师是教授以外,剩下的很多女老师都不是,首先本来在教师队伍里面,女生就少。其次在这几个硕博女老师中,只有一个是教授,剩下几个女老师,全部是讲师,然后这边的话,是庞大的男士群体。我们系,肯定男性教授的话语是主导权。男性有博导,有院长,有党委书记,有系主任,而且是好几个主任。女性的话,就是院长助理,但是刚升的。所以至今还没有看得出,她的话语权在哪里。"(访谈编号:051lj02)

学生也发现不少女性教师对于自我职业生涯的规划,仍旧是以家庭为主,"甘当副将"。一位女硕士认为"我们院的话还是男性多,你像我们院的博导,只有我们导师一个人是女的,其他的都是男老师。我们院整体来说,不能说男老师多,女老师也不少。做博导也是评职称慢慢上去的,有很多的女老师,她的目标就是想当副将,可以不评教授的那一种。"(访谈编号:041wy03)

在现实中,女性教师同样面临着性别差异甚至歧视,在职称评定等方面存在一定程度的性别不平等。同时,女性教师更要面对来自家庭和事业的双重压力,以致造成学生认为的女性教师的成就动机较低。"我们系都是男的。我们整个院,好像只有一位女博导。我们系,整体的老师也是男的多。像女老师,年轻的有一些,但是总体的比例少。比如说老师,有家庭之后,感觉女老师为家庭付出多一点。做学术方面,大体上来讲,男老师更有优势一点。男老师不用在家庭上费很多精力。有的女老师结婚之后就更看重家庭,可能一方面有的女性是因为这个。另一方面可能是,由于迫不得已吧。比如说有小孩了,生理摆在这,你从怀孕到生产,时间在这。另外,小孩是女同志带的多一点。女性就会更顾家一点。有小孩之后,牵绊有会多一点。我知道像我们有的老师,有小孩了,好像没怎么看到男老师在带,女老师倒是看到过。所以家庭还是有影响的。因为我们女老师也少,院里、系里领导好像没有女老师。之前,别的系有一个系主任是女老师,后来是她自己不大想做了,具体什么原因我不知道。"(访谈编号:040wy01)

统计数据表明目前,我国普通本科院校女专认教师人数及占专任教师的比例呈现出逐年上升的态势。到 2009 年,女专任教师达到 42.19 万人,占专任教师的 45.10%。但是,根据我国教育统计年鉴数据来看,大学女教师的比例偏小,学历层次、职称和职位层次偏低。到 2009 年,我国女性研究生指导教师的比重仅为 27.20%,而女性博士导师仅为 13.40%(见图 24-1)。

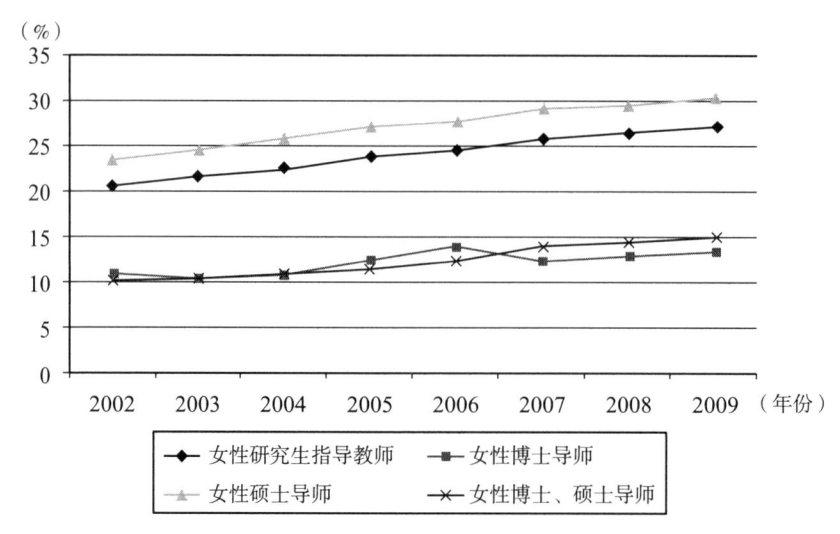

图 24−1　女性研究生指导教师比重（2002～2009 年）

资料来源：中国教育统计年鉴（2003～2010 年）。

女性高层次后备人才的培养和发展需要同性别的榜样力量，而现实生活中的这种榜样不是太多，而是仍然相对缺乏。针对这种现状，应当大力宣传和扩大女性高层次专业技术人才的影响，建立高校女教师和学生之间的常规化联系机制——如女教授联合会、专业内的女性技术人才联合会等方式；同时，进一步鼓励女性高层次专业技术人才的成长和发展，打破女性专业人员技术发展道路上的一些人为屏障和限制，给女性专业技术人才的成长和发展创造一个更为良好的外部条件。

三、高层次女性后备人才发展的阻碍和限制因素

在上文中，我们总结了高层次女性后备人才发展的一些主要特征和规律，正是这些因素的作用使得我国的高等院校培养和发展起了一大批学业有成、人格健全、独立自主的女性高层次后备人才。但是在调查中我们也发现现实生活中仍然有一些不利于女性高层次后备人才成长和发展的外部环境和条件，需要加以深入研究和探讨，这些因素主要包括：

（一）家庭经济条件限制了部分高层次后备女性人才的学历追求和社会流动

尽管近十年来女性的高校入学率从总体上而言已经接近男性，但是在这种总

体比例接近的背后还隐藏着一些子群体的较低入学率。刘云杉等学者以北京大学为例，将这一进步界定为"有限的进步"，主要表现在：录取的新生中男女生人数比例均衡的事实背后是明显的阶层分离。① 来自低收入家庭的女性比例明显少于一般家庭的女性，以及同样来自低收入家庭中的男性。本次调查研究的数据也显示了相似的结果，并进一步指出：来自低收入家庭的女性不仅在入学机会上显著较低，而且高等教育学历层次越高，来自低收入家庭的女性接受相应教育的机会水平越低。

而实际上，在知识经济快速发展的今天，来自低收入家庭的女生同样对自己的学历发展有较高期待。调查数据显示：来自低收入家庭的女生以本科学历作为自己期待的最高学历的人数只占 1.9%，高达 43.0% 和 34.6% 的人都希望自己能获得硕士或博士学历。这一结果与一般高校女生的学历期望基本一致（本科：4.8%，硕士：41.6%；博士：34.9%）。然而现实生活的压力往往让她们最终放弃了通过学历教育实现社会流动的想法：

"就是这学期的时候，因为我们就要交学费了，就不会像下学期来的时候只会带一点生活费那样会比较轻松，所以我就推迟了很多天来学校，就是因为学费还没够。我妹妹也读大学，我也读大学，就学费不够。……（家里）就借钱什么的，挺复杂。我当时就说要不我就不读了啊，反正我都体验过大学生活了，就让我妹妹去读吧，她也没读过大学。我妈妈就说，你才好笑，以前家里很穷，非常非常穷的时候，吃土豆的时候，还不是养一堆小孩都养活了，现在你看我们又不愁吃，你还怕什么，我妈就是这样说，怕什么。……（关于考研）以前想过，现在就不想了，考什么研，赶紧出来工作吧。"（访谈编号：161lj08）

在这个个案中，尽管被访者自己也曾经有过继续深造的想法，但由于家庭经济条件不佳，又有多个孩子在上大学，考虑到父母养家的难处，被访者就自己放弃了继续深造的打算，希望尽快进入劳动力市场回报父母。

事实上，即便这些来自低收入家庭的女性进入到高等教育机构之中，也未必意味着她们能够和来自其他社会阶层的学生享有同样的向上流动的机会。访谈资料表明：在来自中低收入家庭的高校女生中，有相当部分仍然要依靠自己的力量来完成学业，因而不得不在学期间外出寻找兼职。并且大部分情况下，这些兼职工作都是在进行一些低层次的、简单重复劳动（如产品推销、餐馆服务员等）或强化女性性别特征（礼仪小姐）的工作。

"从去年十一我就开始回到北京兼职，十一之后做了临（时）促（销）

---

① 刘云杉、王志明：《女性进入精英集体——有限的进步》，载于《高等教育研究》2008 年第 2 期。

的礼仪,寒假的时候跟我们班同学介绍去一个餐厅去兼职,寒假我就做了27天,赚了2 000块钱。我听我们另外一个班女生说,她去做榨汁饮料(的兼职)。

(做临时促销的时候)个子高的就当宝贝儿,穿着好看的衣服。其实有的礼仪长的也不是好看,我也觉得不好看,主要看他们自己的要求。比如说今年我们也找这个,就有一个苏宁电器招人,刚开始招的时候说要求不是特别高,后来突然之间说三星的老总要过来,条件立马提高了好多,要1.7米以上,要头发长的,要长得特漂亮的。咱们学校报了有几十个,就面试上了3个。礼仪就是一直站那儿,站10个小时到12个小时,至少要8个小时。去年国庆穿裙子还特别冷。

个子小的,一般就做发传单的杂事。礼仪一天给100多元,或者200元、300元。那些促销的,就是直接做促销那些人,他有一个固定,不到100元,最多70元、80元,看你卖了多少,给你提成。要不是没办法的话,没人会选择兼职的,我印象中兼职的都是贫困生。"(访谈编号:1611j09)

这个访谈者给我们揭示了大部分普通高校女生的兼职状况,很多都是在从事促销、礼仪、餐饮服务员等相关行业的工作。尽管也能从这样的工作中积累一些社会经验,但是她们却很难有机会真正提高自己的专业能力和技术水平,并且那些传统上强化女性性别特征的工作还会强化她们对传统女性性别角色的认同。不仅如此,她们还更多地承受着来自出生家庭的责任和义务,因而在自我实现和发展上往往面临着更大的阻力。

(二)研究生阶段的高校女生更多的面对来自社会文化的压力

在本科学习阶段,的确如同很多研究所表明的那样,女性往往在学习成绩上居于优势地位,甚至在一些传统的男性学科中,女性的表现也并不弱于男性。但是,女性在学业成就上的这一优势到了研究生阶段之后开始逐步缩小,甚至有被男性追赶的趋势。

已有研究表明持续的学业成就需要强大的成就动机作为内驱力[①],然而此次调查的数据结果表明:伴随着学历层次的增加,男、女生的事业发展成就动机也发生了不同的变化趋势。主要表现在:伴随着学历的增长,男生事业发展成就动机的变化不大;而女生则表现出较快下降的趋势。例如在女性中,非常赞同"我希望自己在事业上能有所作为"的比例,从本科阶段的43.7%下降到硕士阶段

---

① Josselson, R. M. et al. *Finding Herself: Pathways to Identity Development in Women*. San Francisco: Jossy-Bass Publisher Limited, 1987.

的 34.9%，继而下降到博士阶段的 29.9%；而男生非常赞同此项的比例却并没有发生明显变化。类似的，女性非常赞成"为了成就一番事业我愿意付出艰辛的努力"的比例，从本科阶段的 39.1% 下降到硕士阶段的 29.2%，继而下降到博士阶段的 26.4%；而男性选择此项的比例则一直稳定在 40% 以上。如果说本科阶段男女生事业发展成就动机的差异还不太明显的话，那么到了研究生——特别是博士生阶段，伴随着女性事业发展成就动机的快速下滑，从而使得男性在事业发展成就动机上的优势非常明显地表现出来。作为力求成功、追求卓越的重要驱动力量，事业发展成就动机的下滑也影响了女性在研究生阶段持续取得更高学业表现的重要制约力量。

与之类似，调查数据显示：无论是和受教育程度较低的女性，还是和同样接受高等教育的男性相比，高校女生的性别观念都更为平等。但是在高校女生群体内部，却存在着学历越高，性别观念越趋保守的现象。在前文中我们提到，对"男主外、女主内"等传统性别观念的表述，在本科生阶段，有超过或接近 60% 的女性都表示反对；到了硕士生阶段，反对这些传统性别观念的女性所占的比例基本上下降到 50% 以下；到了博士生阶段，反对传统社会性别观念的女性所占的比例又进一步下降。

何明洁提出"性别化年龄"的概念有助于我们理解为什么女研究生相对于本科生而言，性别观念更趋保守。如果说在本科阶段，社会文化对男女两性的社会期待还没有出现明显分化的话，那么伴随着年龄的增长，社会文化对男女两性的社会期待开始出现了进一步的分化：男性伴随着年龄的增长，社会对其事业、地位的强调开始日益增强；而伴随着女性逐渐步入婚育年龄，社会文化观念对其家庭婚育角色开始更为强调，反而不太看重其社会成就和职业发展。一部分被访者谈到处于特定生命周期上的女研究生往往更多的面临来自文化和社会期待的压力，有时甚至会导致自己个性的改变：

"我就是有一个硕士学姐，她研三，是我们专业的，她就非常有压力，她就非常着急，想找一个男朋友。其实她条件很好，她身材很棒，会跳舞，自小学舞蹈的，有舞蹈基础，然后你又学习语文教育，学人文，也是属于一个很不错的一个阶层了，然后父母家里也比较有钱。但是她一直迟迟找不到男朋友，她就很焦急。她研二的时候，我研一的时候，她就很焦急的那一种。她研三的时候，我们前一次碰面吃饭，她就变得很自卑，因为她已经开始实习了，她在实习单位也没有遇见合适的，她就转为自卑了。

……还有一个博士的学姐，她本来就不爱讲话，然后她一直没有找到男朋友，也没有谈过恋爱，就是一路读上来的，反正也没有机会接触。她跟朋友一讲的时候，就是很凄惨的讲自己。那么别人就会觉得，她挺可怜的，就是那样的情况挺尴尬的。……就是别人会像那个什么说,很同情的来说啊,找到伴了没有啊,然后就会让你觉得,是不是真的有些问题啊,然后可能就是觉得,还是这种外来的压力,可能比自己的要那么一些吧。所以我们整个社会环境变化了,可能会有好处啊,就是不会像你说的,真正的搞那么自卑,感觉压力这么大啊。"(访谈编号:051wy04)

在上述访谈中,被访者提到了自己认识的两个女研究生,自身条件都很不错,但由于一直没有找到合适的伴侣,在周围亲戚朋友的期待和"同情"下,反而对自身产生了怀疑,认为"自己是不是真的有些问题",甚至变得自卑。而下述访谈则给我们更进一步的揭示了为什么条件越高的女研究生反而在社会文化传统的"男强女弱"的文化期待下在婚恋问题上会遭遇更大的阻力:

"有一个博士的师姐跟我是一个地方的,她至今没有谈过恋爱,所以她上《非诚勿扰》了。她会有压力,因为她跟我是一个地方的,我们那儿的想法很传统,女生的最终幸福是在家庭里面,即使她有博士学位,她还是要结婚。因为她要念博士,如果再不找的话,以后会更难找,基本上我觉得压力都是来源于这个。……跟你匹配的男生以及单身的男生越来越少。而且同样年龄的单身男生跟女生相比,他的劣势不像女生那样,因为男生可以接受比自己小很多的女生,也可以接受条件不如自己的女生,但是女生很难接受条件比自己差的男生,很多女生都是这个原因。不仅女生这么想,男生也是这么想,不愿意找一个各方面条件都比自己好的女生,这是相互的事情"。(访谈编号:011lfy01)

女博士之所以难找对象是由于一般的社会文化期待的"匹配模式"是"男强女弱":男性可以在年龄上稍长,但在学历、能力、经济条件等各方面都应该比女性更强,这是传统上认为稳固的婚姻恋爱模式。这样一种传统的文化观念给处于 20 岁尾声、学历很高的女博士生群体带来了更大的社会压力——"她要念博士,如果再不找的话,以后会更难找……跟你匹配的男生以及单身的男生越来越少"。

除了文化期待所造成的社会压力之外,研究生阶段的高校女生在学业发展的过程中也更多地看到了现实环境中男女发展不平等的现状,从而在一定程度上影响了她们的事业发展动机。一位被访的女研究生谈道:"其实我们也看到,就是在好多的领域,你看到走在前面的还是男性,而且在一些高端的会议上很少能见到女性,其实很悲哀的。但其实你也能理解,就是好多女性比男性而言,她要把好多的时间和精力放在其他方面了"。(访谈编号:041wy03)

调查数据显示:过半数的女研究生和男研究生都认为所在领域男性更容易成功。同意女性更容易成功的男硕士为 2.4%,女硕士为 4.2%,而男博士仅为

1.7%，女博士仅为 1.3%。学历的提高和对现实性别环境的了解反而让高学历的女性后备人才意识到现实环境下女性人才发展的阻力和障碍，因而感到"悲哀"，并在一定程度上降低了自己的事业成就动机，并将相当部分的关注点转而置于感情和家庭方面（见表 24-1）。

表 24-1　　　　　　　　所在领域哪个群体更容易成功

			男性更容易	男女差不多	女性更容易	说不清	合计
硕士	男	N	413	244	18	74	749
		%	55.1	32.6	2.4	9.9	100.0
	女	N	405	258	33	98	794
		%	51.0	32.5	4.2	12.3	100.0
	合计	N	818	502	51	172	1 543
		%	53.0	32.5	3.3	11.1	100.0
博士	男	N	189	123	6	36	354
		%	53.4	34.7	1.7	10.2	100.0
	女	N	179	101	4	27	311
		%	57.6	32.5	1.3	8.7	100.0
	合计	N	368	224	10	63	665
		%	55.3	33.7	1.5	9.5	100.0

（三）针对女性的就业性别歧视仍然存在，并在一定程度上影响了高层次女性人才的事业发展动机

就业市场是衔接高校女生从学校步入社会的重要环节，作为高等教育培养的"出口"，就业市场对高校女生的态度将在一定程度上影响她们的自我认知和定位。近年来，高校女生就业难问题已引起社会各界的关注，国家出台了一系列有效的公共政策推进高校女生的就业。然而在现实就业环境中仍然存在着各种或明或暗的性别歧视。本次调查结果显示：在有求职经历的高校女生中，1/4 曾经遭遇过性别歧视（25.0%），还有接近 1/4 的应答者不确定是否是由于性别歧视的原因导致求职失败（21.4%），只有一半左右的高校女生明确表示在求职过程中没有遭遇过性别歧视（53.6%），而男生这一选项的比例则达到了 75.3%。

一名工程类专业的女生提到在男性主导的专业领域中往往存在着对女性的一些偏见，如认为女性"思维比较情绪化，比较感性，比较散，做事的时候不是特

别的集中",因而不适合此类行业的发展,所以企业在招聘时往往存在男性偏好。

"访谈员:那你有没有想过,你们这个行业男生居多,女生在这个行业是不是很难出头。有没有想过这种因素?

被访者:没有想过。但是感觉到了。

访谈员:为什么有这种感觉?

被访者:找工作的时候,像有的行业,有的公司他就不考虑女生。

访谈员:只要男生。你觉得女生和男生在做这份工作的时候,有没有差异?

被访者:我觉得单凭从研究方面来讲,如果这个女生足够认真,思维不是那么零乱的话,其实是没有太大的差异的。但是可能因为女生特定的一些,比如思维比较情绪化,比较感性,比较散,做事的时候不是特别的集中。对一个事情的研究,没有那么的深入,限制她发展的一个东西。

访谈员:所以你可能觉得多多少少,还是现实生活中你们这个行业还是对男性有偏好。

被访者:是的"。(访谈编号:071whl03)

从上述访谈可以看出,企业招聘时无所不在的潜在歧视甚至在一定程度上影响了高校女生对自我能力和发展方向的定位(这一点在前文的论述中也有涉及)。被访者不认为自己所在的行业中对男性有偏好,并且认为这不是社会制度不公引起的,而是由于女性"思维比较情绪化,比较感性,比较散,做事的时候不是特别的集中"。这样一种对自身性别能力的忽视和贬低又将反过来进一步影响高校女生的自我发展定位和未来的人才发展高度,因而需要引起研究者的进一步关注和考察。

第二十五章

促进我国女性高层次后备人才发展的对策研究

人才培育战略已经成为中国最重要的国家发展战略之一。《国家中长期人才发展规划纲要（2010～2020年）》（下文简称《人才规划》）提出："到2020年的总体目标是培养和造就规模宏大、结构优化、布局合理、素质优良的人才队伍，确立国家人才竞争比较优势……"同时提出了一系列的人才发展指标，如"人才资源总量从现在的1.14亿人增加到1.8亿人，增长了58%，人才资源占人力资源总量的比重提高到16%。主要劳动年龄人口受过高等教育的比例达到20%，高技能人才占技能劳动者的比例达到28%。人才的分布和层次、类型、性别等结构趋于合理。人力资本投资占国内生产总值比例达到15%，人力资本对经济增长贡献率达到33%，人才贡献率达到35%。"[①]

《人才规划》无疑描述了美好的人才发展道路，是否能实现其中所谓的"性别等结构合理"这样一个用笔简洁的目标，对所有的女性来说则至关重要，尤其是对接受了较多教育并希望取得长足个体发展的女性来说更加重要。从更宏大的角度来说，这个目标关系到了中国"男女平等"国策的实现方式和结果。"性别结构合理"是一个具有多种含义的说法，相对于"男女平等"政策目标更是一个模糊的提法。如何促使女性人才的成长和发展实际上更需要明确、清晰的政策指引和政策方案而不是这样一个模糊的提法。因而，我们应该从实际情况分析当

---

① 引用《中国新闻网》2010年发布公告：http://www.chinanews.com/gn/news/2010/06-06/2326040.shtml。

前女性人才的意识、状况，分析当前政策的倾向和问题，并以此为依据制定更积极明确的、具有性别平等意识的人才政策。

一、促进女性高层次后备人才成长的政策分析

从国家政策来看，女性人才发展政策是被忽视的。《国家中长期人才发展规划纲要（2010~2020年）》中只是很模糊地提到了"性别结构合理"的人才目标。在其具体的政策规划中，完全没有提及专门的女性人才发展规划。在某个具体人才类型的发展规划中，同样没有提及女性人才在这个领域中的发展规划。假如整个社会的人才发展环境是完全平等的，那这样的规划毫无问题，但在党政人才等明显具有性别不平等特征的领域也忽视专门的女性人才发展规划，这就是人才政策在社会性别意识上的缺失。

（一）人才政策的基本理念

奈娜·卡比尔将政府政策分为社会性别盲视政策、具有社会性别意识的政策、社会性别中立政策、针对特定性别的政策和社会性别再分配政策。[①] 以此来定位中国人才政策的基本理念，可以认为目前的人才政策是一种性别中立政策辅以针对特定性别的政策。《国家中长期人才发展规划纲要（2010~2020年）》强调了人才政策的中立性，该规划作为代表性的人才政策文本，规划了党政人才、企业经营管理人才、专业技术人才、高技能人才、农村实用人才、社会工作人才等多个领域的人才发展方向，提出通过财政税收和金融、产学研结合、人才创业扶持、人才流动、开放管理、加强服务、保护知识产权等政策，实施创新人才计划、海外人才计划、青年英才开发计划等多种人才工程来促进全社会人才的培养和职业发展。

但无论是在哪个部分的规划中，都没有体现对女性人才的特别关照。这就是一种典型的社会性别中立政策。从这个政策与"男女平等"基本国策的方向上来看，似乎是一致的，强调不分性别提供同样的政策支持。但应该考虑到"男女平等"基本国策实际上是一个具有补偿性的社会性别再分配政策。社会性别再分配政策通常旨在改变现存的权力和资源分配，令女性和男性间的关系趋于平衡，因而初级战略性社会性别利益。[②] 这一政策的基本实质是改变已经存在的性别不平等状况，通过针对个别性别的特殊政策来实现最终的性别平等，而并非针对两性

[①②] 坎迪·达马奇、伊内斯·史密斯、迈阿特伊·穆霍帕德亚：《社会性别分析框架指南》，社会科学文献出版社 2004 年版。

提供相同的政策支持。在一个存在较为严重的性别不平等的领域中，人才政策应该关注到针对特定性别的扶持。例如，在党政人才领域，明显存在女性的弱势和男性的强势，甚至有女性主动退出的情况，这意味着在党政人才发展规划中应直接关注如何鼓励女性在这一领域的发展，而不是所谓的"一视同仁"。

尽管妇联的《中国妇女发展纲要（2011~2020年）》补充强调了县级以上领导班子中至少应有1名女性干部的政策，但这并不能直接弥补国家发展纲要的缺陷。这样一个补偿性政策实际上无法改变党政人才领域男性主导的现实。更重要的是限定了女性的基本角色。所谓的至少1名经常在不平衡的权力关系中解读为"最多1名"。

实际上，在科技领域同样体现出类似的情况。根据2006年的统计，我国女科技工作者占科技人才的比重超过1/3，但高层次人才比例很小。在中国科学院院士中女院士占5%左右，中国工程院院士中女院士占5.5%；"973"计划选聘首席科学家175名，女性8人，占4.6%，"863"计划专家组中没有女性成员；在167个全国性自然科学专业学会的常务理事中女性占8%，在已聘请的537名"长江学者"中女性21人，在中国科学院"百人计划"840名入选者中女性42人；在中国科协及下属的全国性协会、省级学会组织和机构中女性会员比例仅占25%，而在代表各学会组织最高水平的理事会中，女性理事的比例只有10%；中国科协青年科技奖前7届获奖的691人中，女性47人，占7.3%；全国研究机构共有博士18 493人，其中女博士4 072人，占22%。①

这意味着在一个已经失衡人才领域中，中立的人才政策实际上无法改变人才的性别结构，也无法有利于实现"男女平等"的基本国策。因此，从当前人才政策的基本理念来看，与"男女平等"再分配性质的基本国策有所出入。

（二）人才政策的主客体分析

从政策主体和客体的构成来看，当前人才政策的主体和客体都没有明确意识到人才政策中的性别问题，意味着人才群体的发展会忽视性别平等的基本理念。

从政策主体来看，人才政策通过中央和地方政府实施，主要在人力资源和教育部门进行资源分配。如果是在重视性别平等基础上进行资源分配，意味着可能促使更多的女性人才成长并促使高层人才群体进一步打破性别不平等制度的束缚，从而形成榜样效应，进而影响各个领域的人才发展。然而，从目前的政策主体来看，中央和地方政府更多关注的是领先问题、人才贡献问题、人才

---

① 张丽俐、侯典牧、高秀娟、李乐旋：《科技领域女性后备人才成长现状及对策研究》，载于《中国人力资源开发》2010年第3期。

发展效率问题等。各地人才引进规划明显体现了以上特点，地方政府以重金引进海外人才，在短期内大规模引进各类人才是一种基本的做法。"引进人才"的做法实际上忽略了"人才培养"才是人才发展的基本路径。在人才培养过程中能够进行资源再分配，也有可能改变现有的性别不平衡的状况，而引进人才的做法只能根据现有的人力资源状况进行操作，高层人才领域普遍缺乏女性人才是一个基本状况，因而政策主体不可能通过人才引进的过程改变资源在性别之间的分配比例。

从政策客体来看，人才政策的客体实际上也没有意识到性别可能会给自己带来不同的资源分配。在一个中立的人才政策面前，女性群体无法强调传统性别制度给自身职业发展带来的负面影响，也无法因此申请更多的资助，或者增加自己获得资助的机会。在《人才规划》中提出"性别结构合理"的目标，但如果政策客体根本无法通过实际的政策体会到性别补偿问题，缺乏信心的女性群体又如何能主动争取人才发展的资源和机会。高校内部的性别权力和资源相对平衡，高校女生可以获得相对平衡的机会，但这些后备人才终究要在社会生活和未来的职业发展中证明自己的效率，而现有的人才政策没有顾及这一点。

（三）人才政策失效与误区

从现有人才政策与"男女平等"政策的匹配度上来看，人才政策在推动性别平等方面存在失效的可能性。所谓政策失效，指决策方案在实施过程中遇到抵触，不能完全按决策方案的设计执行下去，决策执行结果不同程度地偏离了预订目标[①]。从上面的分析可以发现，从"男女平等"基本国策来看，现有人才政策失效的可能主要是无法实现"性别结构合理"的目标，除非我们将"性别结构合理"解读为目前的性别发展状况。

现有人才政策在性别平等目标上可能失效的基本原因，首先，来源于单纯的性别中立政策理念。其次，人才政策失效的原因也和当前的社会性别意识有关。在职业领域，仍然普遍存在不平等的性别意识，社会观念中仍然认为女性以稳定和家庭为主，尽管女性可以追求自己的事业，但可能只是满足个体价值实现的一种方式而无关性别平等。最后，在具体的政策工具上，比如财税金融、人才工程等方面缺乏针对女性的特殊政策，这会直接导致性别平等意识没有落脚点。

在针对女性的人才政策中，以提高女性受教育程度为主的政策实际上是一个误区。受教育程度仅仅是职业发展的一个重要因素，但并不能决定职业发展。受教育程度在提高个体职业期待的同时，如果没有相应的职业机会，可能会影响个

---

① 张国庆：《公共政策分析》，复旦大学出版社2004年版。

体的劳动参与率。这在调查的数据中也有所体现，那些攻读博士学位的女性更希望进入科研机构、高校等继续从事科研工作，而倾向于成为企业经营管理人才等其他人才的比例则较低。这意味着高层人才的职业发展路径实际上变得狭窄了。因而，仅仅重视提高女性受教育程度，片面地以所谓提高女性素质增强竞争力来参与性别不平等的人才市场竞争，其结果可能是学历越高越倾向退出人才市场，因为大量的高学历女性人才在竞争本来就很少的高层岗位。相反，在其他领域女性也会拱手让出市场，最终的结果不但没有提升女性的职业发展，反而阻碍女性发展，甚至引发高学历女性反而认同传统性别制度的危机。

这种情况在我们的访谈调查中实际上也有体现，某大学的一位女性硕士研究生这样看待学历和职业之间的关系：

"很多，我发现非常多，很少有女博士，她是为了，我对这个学术有超级的激情，所以我留在这儿。或者说我读博士，我是为了全面提升自己，我去创办一个公司，他们很多都不是这样的，都是想的是，我为什么要读博。因为现在留校那个要求，必须是博士，所以我为了找到一个很稳定的，在高校工作的机会，我就读博。"（访谈编号：0511j02）

实际上，她的这一看法在高校女生群体内非常普遍，越是学历高的女性反而越希望去事业单位找一份稳定的工作。用另一种说法讲，越是被认为高效率的女性劳动者反而越希望在不重视工作效率的单位工作，高效的女性人才正在主动退出能证明自己能力的人才领域，这对正在改变的社会性别意识无疑是一种严重的打击。

二、促进女性高层次后备人才发展的政策建议

基于以上对高校女生成才意识和当前人才政策状况的分析，我们认为有必要提出新的女性高层次人才发展政策。

（一）女性高层次后备人才发展政策的基本理念

根据我国"男女平等"基本国策和《国家中长期人才发展规划纲要（2010～2020年）》的基本目标，我们认为女性高层次人才发展政策基本理念是"社会性别再分配"。女性高层次人才发展政策应该考虑到传统性别制度对人才发展的负面影响，应该坚持采用再分配政策来调整人才领域的性别失衡状态。具体来说，社会性别再分配的理念应在以下几个方面得到体现。

（1）在人才发展目标的定位上应明确提出鼓励女性人才发展的宗旨，而不仅仅是"性别结构合理"这样模糊的提法。

（2）在人才队伍统筹发展规划中明确提出支持女性发展的宗旨和目标。尤其是在党政人才队伍规划中，不是强调所谓的至少 1 名女干部，而是强调建立新的具有性别平等意识的干部培养和选拔机制，鼓励女性参与到政府工作之中。女性只有能影响政策决策，才能真正实现性别平等。

（3）在人才培养和发展的支持政策上，应提出明确的鼓励女性发展的人才工程和其他政策工具。尤其应该考虑鼓励高学历女性参与多样化人才领域的竞争，鼓励高学历女性参与到企业、农村、非教育行业等工作领域。

（二）提出女性高层次后备人才发展政策的意义

提出女性高层次后备人才发展政策对当前的人才政策和"男女平等"基本国策，乃至对解决当前严重的就业失衡问题都有重大意义。应该注意到，中国在走向人力资源大国的过程中必须解决其中的性别问题，这是实现人力资源均衡发展的基本条件，同时也是疏导人才市场的基本途径。

（1）女性高层次后备人才发展政策能弥补《人才规划》的不足，有利于国家中长期人才规划目标的实现。人才的分布、层次、类型等结构和性别结构是紧密相关的变量。不同性别的高层人才在不同领域可能会体现出不同的天赋以及才能，人才的分布、层次、类型结构不仅指表面的受教育程度、职称等，更重要的要体现能力、效率、工作方式的多样化和相互匹配，这些变量更多的和性别、天赋能力、生活方式等有关，因而实现性别均衡发展，才能更好体现这些变量的匹配，从而真正实现人才培养和社会贡献的一致性。

（2）女性高层次后备人才发展政策有利于"男女平等"基本国策的实现。传统不平等的性别制度是依赖社会化、制度环境、家庭环境、学校环境、教育等多方面传播和约束人们的。其基本结果就是形成了所谓"男主外、女主内"的分工模式。从根本上来说，打破这种分工模式就有可能改变整个制度体系。而能否打破这一分工模式，最关键的就是女性能否参与到社会劳动中并得到认可。人才发展政策无疑是直接针对这一问题采取的最有力的社会行动。

（3）女性高层次后备人才发展政策有可能缓解目前面临的巨大高校毕业生就业压力问题。2011 年我国高等教育共有毕业生 651 万人，其中研究生中有 48.5% 的女生，本专科生中有 51.1% 的女生。[①] 如果能制定合理的女性高层次人才发展政策，就意味着可能解决高校女生在就业方向、就业意识、职业发展等多方面的问题，从而至少可以疏导半数左右的高校学生缓解就业压力。而女生职业

---

① 依据教育部网站公布的统计数据，http://www.moe.edu.cn/publicfiles/business/htmlfiles/moe/s4958/list.html。

规划的改善无疑对男生职业规划也会产生积极影响。

（4）女性高层次后备人才发展政策有利于改变高层女性人才退行性[①]职业发展的现状，促使高效率的女性提高劳动参与率。我们的调查数据表明女性的退行性职业发展状况是存在的，如果这种情况持续下去，女性就不可能用实际工作能力证明传统性别观念的问题，最重要的是没有实际的工作表现，无论从理论上如何证明男女能力没有差别都是不可能令人信服。

（三）女性高层次后备人才发展政策建议

以前面分析为基础，我们提出一个女性高层次后备人才发展政策体系。这个政策体系包括基本政策理念、政策主体和客体、基本政策工具和政策传递机制。

（1）基本政策理念。女性高层次后备人才政策体系的基本理念是针对高校女生和女性群体的特殊扶持政策。这一政策不仅要体现"再分配"的作用，更要体现直接针对女性的资源扶持。强调国家鼓励接受高等教育的女性在多样的人才领域中谋求发展，奖励那些在各个领域做出杰出贡献的女性人才，尤其是在党政、企业经营、社会服务、农村发展等领域设立特别的奖励和资助政策。总体上应体现资源分配的倾向性，引导女性职业发展多元化。

（2）政策主体和客体。女性高层次后备人才政策的主体不仅是政府，还应通过政府来动员社会各界参与进来，政策主体的多样化有利于丰富政策资源和政策手段，更重要的是有利于各行各业形成鼓励女性职业发展的社会氛围，这对分担男性职业压力，实现性别平等有重要意义。

政策的客体主要应该是各行各业中努力发展职业生涯的女性，而不仅仅是高校女生群体。政策应有利于推动高校女生和社会女性实现良性互动，鼓励高校女生毕业后积极参与到各行各业的生产工作之中，同时也鼓励已经在相关行业从事实际工作的女性重新回到学校提高专业知识从而提高工作效率。

女性高层次后备人才政策的主客体也可以实现相互转化，政策受益者可以根据国家的女性人才发展政策提出更细致的鼓励做法，通过社会组织制定社会政策从而更深入影响各行各业的女性人才。

（3）基本政策工具和政策传递机制。女性高层次后备人才发展政策具体可以包括以下几方面的内容：

性别平等意识引导政策。性别平等意识引导政策主要包括以下具体做法：

---

① "退行性"是医学上用以说明"老化"的术语，一般解释为某种功能或器官无法正常运转的状态。这里用这一名词形容高学历、高效率女性退出某些强调效率的劳动力市场的行为。

第一，进一步提升全社会的社会性别意识。高校女生社会地位的提高不仅关乎女性社会性别意识的改变，也同样关乎全社会男性性别意识的改变。正如本研究在分析过程中所呈现的那样，尽管总体而言高校女生的社会性别意识较为平等，但高校男生的性别意识还相对传统，高校教师、中小学教师和学生家长的性别观念发展并不均衡，部分用人单位还存在各种或明或暗的性别歧视，这些都将影响高校女生群体的自我发展和妇女社会地位的提升。各级政府应逐步将社会性别意识纳入决策主流，通过多层面、多主体的共同努力，最终真正改变传统社会性别观念，为高校女生社会地位的提高创造一个更加良好的外部条件。

第二，将"社会性别意识"课程纳入高校教师培养体系。针对现有高校及其教师群体中社会性别意识水平发展不均的情况，应展开有针对性的性别平等和发展议题的培训。正如此次调查数据所揭示的那样，在一些社会性别意识已得到较好的推广的学校中，针对女性的负面评价显著较低。类似的，在美国密歇根大学，2001年以来所推广的一项女权主义体制改造行动项目——"前进"（Advance Program）也极大地改善了该校女性人才的发展空间和环境。[①] 针对我国当下高校教师性别观念水平发展不均的现状，我们建议在取得全国高校教师资格证书的统一培训过程中，将社会性别议题的相关培训课程引入进来，持续改变和推进教师队伍的社会平等观念。高校教育过程中，重视学生的性别差异教育，改革目前的教学过程和教学内容。有针对性地开发两性潜能。开展对于教育者和受教育者的性别差异教育学、心理学、社会学等学科理论的研究。

第三，进一步倡导就业市场中的性别公正，提升高校女生的就业能力。针对目前就业市场上广泛存在的性别歧视或隐性性别歧视，政府部门应设立专门的机构推动性别公正，强化用人单位消除就业性别歧视的社会责任，引导用人单位认识到女性人才对各行各业发展的重要性和独特价值。

鼓励多种社会参与和职业参与政策。首先，重视女教师参与校园管理。高校应该重视提高和改善女性教师在高校中遇到的各种隔离和障碍。女性在高校担任职务方面的不平等不仅是高等教育领域男女不平等的重要体现，还较易形成不利于女性接受高等教育的环境。女性教师在大学担任的角色，往往成为女大学生效仿的范例。如实际看到大学高层管理岗位、高级职称、各个学科领域都有女教师的参与，而且起着重要作用，将有助于女大学生发挥学习潜力。女性教师处理好家庭和工作的双重压力，有利于女学生正确地看待家庭与事业的矛盾。高校女教师的积极的成就动机，一方面有利于消除传统的不平等的性别角色认知，另一方面是有利于唤起高校女生的成就动机。

---

① 引用自 http://sitemaker.umich.edu/advance/home。

其次，进一步鼓励高校女生参与各种社会活动。从鼓励大学生社会参与的角度来看，在以下方面做出政策性的指引是必要的。第一，大学和国家都应给大学生的社会参与提供更多的经费支持，同时给予更多的政策支持，将社会参与和专业学习重要程度等同看待。当前很多高校采取的压缩专业课，给学生更多课余时间的做法是值得推广的。但事实上目前的课程学习比例仍然较高，这不利于大学生的社会参与。第二，加强大学社会参与和社会生活之间的联系，为学生提供更丰富的社会参与内容。尽管目前各种社会活动都在向校园渗透，但大学生的社会参与内容仍然有限，因而继续鼓励社会机构和大学的合作是非常必要的。第三，在大学中鼓励女性的社会参与是为未来社会实现性别平等的奠定基础。女性在大学的社会参与将促使女性更独立、自主，也更具竞争力。尽管女性可能还是会认同传统性别观念，但良好的社会参与一定程度上可以削弱传统性别观念的影响。第四，应有意识拓宽政治参与的内容，将更多的社会主义民主政治的思想转化为具体的社会活动，从而更有效地实现大学生的政治社会化。大学生入党只是为未来的职业做准备与政治参与的根本目标并不完全契合，政治参与的根本目标是推进社会主义民主政治。因而不能把入党变成一种职业准备，而应让大学生意识到政治参与是在进行社会主义民主政治建设。

最后，鼓励高学历女生积极参与支教、创业、社会服务等多种活动，同时鼓励社会在职人员与高校女生实现人才交流，为在职人员提供与在校生相同的学习机会和校园活动。

加强成才发展指导政策。第一，应提升高校女生的学习方法和综合素质。针对高校女生实践创新能力和心理抗压能力较弱等特点，学校应积极展开有针对性的应对策略。如树立女性人才榜样，开设女性心理知识讲座，设立专门鼓励高校女生科技创新的知识竞赛和项目资助，鼓励高校女生增强自主学习、积极创新、实践操作等综合能力。此外，良好的身体素质是人才未来发展的重要基础。针对高校女生对体育锻炼认识不足、参与度不够的特点，学校应针对高校女生的身体特点和兴趣爱好，开展多样化的体育锻炼活动，培养高校女生强身健体的意识，积极引导她们参与到丰富多样的集体锻炼项目和娱乐活动中，在强健身体的同时，培养良好的合作精神和积极向上的生活态度。倡导和支持大学生开展丰富多样的社会交往活动。调查表明，社会交往对缓解高校女生压力、排解焦虑有较好的作用。通过进一步活跃校园文化，吸引高校女生参与到多种多样的社会活动中，对促进大学生身心健康有良好的作用。

第二，应增强对女研究生群体发展道路的关注和指导。女研究生大多处在22~28岁的年龄阶段，这是女性生命周期中的一个重要的转折点，因而更多的面临着学业工作、婚恋、生育等问题的现实压力。调查发现，女研究生存在社会性别观念更趋保守，职业发展成就动机下降，职业规划准备不足等现象。此外，女研究生和指导教师的交流较少，科研创新能力落后于同等学力的男性。而已经生育子女的女研究生还更多地面临着抚养子女的责任。针对上述现象，我们希望高等教育机构增强对女性研究生群体人才发展道路的研究和关注，制定出符合这一年龄阶段女性人才发展规律的人才培养方案。例如，通过开展成功女性的经验交流、设立女研究生专项科研资助经费、鼓励指导教师对女研究生的培养和关注、开设专门针对女研究生群体的职业规划指导等方式，激励女研究生群体人才发展的潜力和动机；并为已经婚育的女研究生提供必要的弹性学制、社会保障和子女安顿，解除她们人才发展道路的后顾之忧。

第三，目前高校学生的学业和职业生涯规划还存在一定的盲目性。目前就业市场的压力增加，选择继续学业而非直接就业的高校学生增加，但更多的是出于工作压力的需求。这导致了部分学生在研究生阶段的学习动力不足。高等院校需要正确引导学生的升学和就业的选择。改变目前部分院校与专业与就业市场相对脱节的状态，增加就业指导。随着大学扩招带来的就业压力与社会需求岗位少之间的矛盾，和学校招生培养与企事业单位需求人才的脱节，高校需要进一步加强就业指导等功能，使学生具备良好的就业能力。

应该在高校以讲座、展览、见习、实习、法庭观摩、新老生经验交流会等形式，让高校女生了解最新的就业信息、人才需求的趋势，帮助她们分析各个行业的优点和劣势，鼓励她们从多渠道就业，帮助她们坚定职业信心，进行合理的职业规划，做好各种层面的就业准备。更可以充分挖掘在高校学生群体中喜闻乐见的 BBS 展开指导和教育，尤其在 BBS 这种容易滋生不良情绪和宣扬不良性别文化的地方，让高校女生看到更多正面的信息。

对高校女生群体自身而言，也需要继续提升自己的就业能力，主要途径包括：在教师和相关经验人士的帮助下制定更为明确的职业发展规划；以加入各种专业/行业组织等方式努力开拓与各种正式组织和社会群体的社会联系；注重实践能力和操作经验的提升和培养，通过积极参与各种社团活动锻炼自己的组织能力和领导才能等。

关注特殊群体政策。首先，应关注高校贫困女生的成长和发展。高校贫困女生是高校女生中的一个特殊群体，在此次调查中研究者发现：这是一个自尊自强、勤奋努力、细腻敏感、希望通过教育改变自己和家庭命运、懂得感恩和体谅他人的群体。但是在现实的发展环境下，她们也的确面临着来自家庭、学习和就业市场的多重压力和窘迫。在接受高等教育的过程中，时间紧张、疲于应对和高强度的压力是这一群体经常遭遇的情形。因而我们需要找到更具针对性的教育政策和实践，以防止来自贫困家庭的学生在接受高等教育过程中流失或潜在流失——亦即虽然接受了高等教育，但却没有实现社会阶层的向上流动。这种帮助和支持不仅只是局限于经济层面上的资助，更重要的是给这些女性提供社会交往、实践锻炼、发展创新的机会和资源，帮助她们开阔视野、缓解压力、打通她们与中高层人才市场的交流机会。例如，倡导高校、政府与用人单位设立专门针对贫困高校女生的奖学金、创业机会、实践项目、培训安排和出访计划等，真正实现高等教育在推进这部分女性向上流动的过程中所应当起到的作用。

其次，应关注那些在基层岗位从事实际生产工作的女性群体的受教育需求、职业发展需求。基层岗位优秀从业女性有良好的工作能力和学习能力，在日常工作中得到了长足的锻炼，她们经过学习和培训可以成长为优秀的女性人才。但她们可能因为工作关系缺乏学习的时间和机会，应鼓励高校调整教学制度，适应从业女性的学习需要，并提供多样的资助政策，从而鼓励基层岗位优秀从业女性接受教育培训。

经济支持政策。首先，应鼓励和资助女性高等学校的建立和发展。我国自新中国成立以来，高等教育采取的男女同校的方式，体现了教育的平等原则。但是，一定程度而言，以男性需求为中心的高等院校，并未能从女性的特殊需求出发，探索和建立女性高等教育的科学方法、途径和内容。鼓励和发展女性高等学校的建立，并不是隔离两性之间的交流，而是期望为女性学生提供多元化的高等教育选择，从女性特点出发，在教学管理、专业设置、教学计划、教学内容和方法等方面全面考虑女性特点和社会对于女性人才的需要。本研究的调查结果显示，同之前学者的观点相同，女子学院的大学生自主意识较强、传统的性别角色定型观念较弱。女子院校为学生提供了更为宽松的发展环境，提供了更多的实践和锻炼机会，有利于女生自信和自尊的培养。但是目前我国较少的女子院校提供理工科的教育，较为拘囿于传统的文科教育，在今后的高校建设和学科建设中，可以有意识的通过政策鼓励等，培育和发展理工科女子院校，打破传统的专业性别隔离，为国家培养优秀的女性人才。

其次，应为高校女生和社会在职女性提供专门的财政金融支持。鼓励各级政府部门为职业女性和高校女生设立职业发展资助、教育进修资助、创业资助、科技革新资助等资助项目。同时鼓励金融机构为女性提供利率优惠的创业、职业培训等方面的贷款。

最后，实施女性发展人才工程。中央和地方政府应实施女性人才发展工程。尤其应安排实施女性职业发展计划、女性基层优秀工作者计划、女性优秀党政人才培养计划、女工程师发展计划、工商企业优秀女性经营者奖励计划等。鼓励和引导女性积极参与到更广阔的职业发展领域之中，改变女性偏好事业单位、教育机构的偏好。

三、结论与讨论

通过研究我们发现：总体而言，高校女生群体是一支蓬勃向上、健康发展的青年群体，近十年来社会经济的发展以及国家相应教育、就业政策的出台为这一群体的地位发展奠定了良好的外部基础。但是现实环境中仍然或多或少地存在着一些针对高学历女性的怀疑和歧视，高校女生中也存在着一些困惑和迷茫的情绪，需要教育工作者和相关部门进一步加以关注和引导。

(一) 关于发展状况

(1) 通过2000年前后其他社会调查中表现出来的结果相比较，新时期高校女生的社会性别观念也日趋理性、平等。一方面，她们更多地反对传统社会性别观念对女性角色的束缚和压抑，表现出更强的追求男女平等和社会成就的意愿；另一方面，她们也意识到现实环境的多重压力，愿意为成功付出更多的努力。不论是和同样接受高等教育的男性相比，还是和未接受高等教育的女性相比，高校女生的社会性别观念都显得更为先进。

(2) 在学习表现上，高校女生并不落后于男生，甚至还普遍高于一般男生。甚至在人们印象中女生不擅于学习的理工农医等专业，女生的学习成绩也相当好。然而女生的成绩优势在本科阶段更为明显，在研究生阶段则出现下滑趋势。高校女生的实践创新能力还略显不足，抗压能力也落后于高校男生。

(3) 高校女生在参与社团活动和政治活动等方面也并不落后，并表现出自身的一些性别特征。例如，高校女生加入中国共产党的比例高于男生，担任各级班干部的比例基本与男性相当，并且有更多的高校女生以加入社会公益组织，参与捐款、无偿献血和志愿者活动等方式来参与公共事务。在社会关系网络的建立方面，高校女生有更强的和他人主动沟通并建立关系的愿望，更多地建立起基于亲密情感的社会网络关系。但是在加入专业、行业组织，建立更为广阔的次级群体关系上还略显不足。并且与男生相比，高校女生在社团中较少承担创始人和负责人的角色，并发表自己的意见。

(4) 在职业动机和准备方面，绝大部分高校女生都赞同女性也应该有自己的一番事业，并愿意为成就一番事业付出艰辛的努力。相当数量的高校女生已经开始通过寻找兼职或拥有专业资格证书等方式为未来的职业发展道路打下基础。但是在就业准备方面，不少高校女生还缺少明确的职业规划，对自己未来的职业发展道路信心不足。

(5) 在恋爱婚姻方面，绝大部分高校女生能较好地平衡个人情感和学业之间的关系，已婚的女研究生绝大多数对自己的家庭地位感到满意。对部分已经生育子女的女研究生而言，时间紧张和疲于应对是很多人面临的主要问题；孩子的出生也让她们重新认识了生活的意义，并学会更为有效的利用时间。

（6）新时期的高校女生也更多地展现出积极、健康、向上的时代风貌。绝大部分高校女生身体健康，具有一定的自我保护的意识和能力，能主动采取积极方式排解内心焦虑。但是高校女生在体育锻炼的时间和频率上均低于男性，缺少对体育精神和坚持体育锻炼的正确认识。面对现实发展中的一些困境，还有一部分女生感到困惑、迷茫，甚至"生活空虚，缺少目标"。

（二）关于成长环境

（1）国家各级政府在政策上对女性均采取了公平、公正的态度和做法，越来越多的女性进入高等教育机构之中，成为高等教育大众化发展趋势的受益者。但是在女性进入高等教育机构的机会日趋接近男性的同时，也仍然存在一些入学机会较低的群体，例如来自低收入家庭和农村地区的女性在高等教育机构中所占的比例仍然较低。

（2）日益增多的高等教育机构注意到推进性别平等与女性发展的重要性，开始关注高校女生的健康发展和成长，并开设妇女/性别研究的相关课程。在获得各类奖励、荣誉，参加校内外学术活动，保送升学，参加境内外交流等方面，高校男、女生基本实现了机会均等。但是目前在我国高校中还存在教师社会性别观念发展不均的现象，在课堂内、外仍然存在一些针对女性的"冷漠氛围"，部分教师仍然在潜意识中排斥女性进入传统男性主导的专业/领域，或是对女性的发展和研究能力持漠视、冷淡的态度，从而在一定程度上导致部分女生认为教师对自己不够重视，从而会进一步影响其从事科学研究和专业发展的积极性。

（3）越来越多的父母和中小学教师注意到女性通过高等教育实现自我发展的重要性，鼓励女性从事班级管理工作，并对她们寄予较高的发展期望。但是传统的社会性别观念仍然存在，在一些保守落后地区更加盛行，并在社会化过程中对青少年产生一些不利影响。此外，针对女性的性骚扰行为也成为影响高校女生健康成长的不可忽视的因素。

（4）在就业形势整体紧张的局势下，国家高度重视高校女生就业难的问题，采取多种政策措施确保高校女生顺利就业。但是现实就业市场中仍然存在着一些对女性不友好的因素，部分高校女生在求职过程中经历过各种或明或暗的性别歧视，并由此对性别角色分工和职业追求产生了一些彷徨和怀疑的想法。

（三）关于成长规律

（1）与男性强调个体竞争和物质激励不同，情感纽带和亲密关系是激励女性高层次人才发展的重要动力源泉。正是由于在成长过程中更多的体认到父母和其他亲密关系对自己的关怀和付出，青年女性群体也更多地建立起关爱和帮助他人的成就动机。作为教育者应当从高校女生群体这一美好意愿出发，进一步激发她们对美好生活的向往，并通过自己的努力去真正推动这一目标的实现。

（2）家庭是个体社会化过程的第一个主体，成熟理性的父母观念在影响和塑造子女的性别观念和价值伦理上能起到至关重要的作用。中国目前的家庭环境在子女成长的问题上显现出不同的分化趋势。在家长持平等、理性的性别观念环境中成长起来的青年女性往往更多的具有相对健康、理性的性别观念和人生定位，更多的追求自我实现和发展。

（3）作为受教育程度较高、思维活跃、更易接受多元文化观念的青年人群，女性高层次后备人才对传统性别观念持更加批判的态度。无论是和高校男生相比，还是和社会上的一般女性相比，新时期的高校女生都更多的反对传统的社会性别观念。更多的新时期高校女生开始认识到事业成功对女性地位的重要价值，并且这样一种独立自主、自强不息的人格特征成为推进女性高层次后备人才持续追求事业发展和自我实现的内部驱动。

（4）实践创新能力会在指引女性高层次人才发展的道路上起到引领性的突破作用：女研究生的社会性别观念越是先进，在实践创新能力上也越强；反之亦然。社会性别观念之所以会影响女研究生的实践创新能力，是由于这一能力提高的基础要求个体具有一定的批判性思维，不迷信权威，不盲从书本，敢于批判现状。而传统的社会性别观念则要求女性具有温柔顺从、安于现状等特质。因此，具有传统性别观念的女性更容易选择顺从于现有体制和常规，不愿意打破既有约束，从而缺乏实践创新能力培养的基础。相反，具有现代"双性化"或"中性化"的女研究生，则更可能挑战传统权威，提出自己的创新思想和理念，从而具有更强的实践创新精神。

（5）女性导师对女性高层次后备人才的成长和发展起到至关重要的影响作用。这种影响不仅是专业发展上的，更是一种人生发展目标和方向的确立和引领。她们让年轻女性看到了自己发展的未来和可能，正是这些充满人格魅力的高校女教师让我们的年轻女性确立起发展事业的憧憬和理想。尽管如此，访谈中不少学生也提到自己所在的专业中女教师往往职位层次不高，院系的主要领导和核心人才往往还是以男性为主，女性的话语权尚未得到充分体现。

（四）政策建议

（1）全社会性别平等意识的提高对女性高层次后备人才的发展仍然是最重要的环境变量之一。应通过传媒、影视剧、学校乃至企业文化等多方面渠道传播和普及性别平等意识。应注意性别平等意识并不代表片面强调女性发展，强调给予女性以照顾，而是强调为两性提供公平的发展机会。提高性别平等意识应注意开展两项工作：一是鼓励研究和创作符合性别平等意识理念的各种创作；二是引导要切实将性别平等意识有机融合在家庭、单位、学校等各种生活之中，不能只在文字中体现。

（2）鼓励女性高层次后备人才更深入和广泛地参与各种社会活动和职业活动。多样化的社会活动和职业活动对女性成才具有重要意义。尤其是多样化的职业参与有利于打破传统的性别观念，更有利于解决目前的就业问题和科技、政治等领域女性人才缺乏的问题。应鼓励和引导女性后备人才走出传统的事业单位、工作稳定的就业偏好和以家庭为中心的生活偏好，让她们可以实现更充分的发展。同时应加强女性后备人才成长指导，利用高校、企业、传媒等多种渠道开展女性学习、职业发展等方面的规划咨询活动。

（3）改变党政人才选拔机制，鼓励女性后备人才参与各种类型的政治活动。在中央和地方政府的党政领到选拔中注意增加女性人才的发展机会，专门设立女性优秀党政人才培养基金和专项奖励，让女性党政人才可以有更多机会得到社会认同和关注。

（4）加强对特殊女性后备人才的关注。贫困女性群体和基层优秀女性后备人才应成为关注重点。国家应建立基层女性后备人才发展基金，鼓励高校调整教学制度，吸纳更多的贫困女性和基层女性人才进行专业深造和学习。鼓励各级政府为基层女性后备人才建立专项奖励资助，鼓励金融机构为基层和特殊女性后备人才提供优惠的金融服务和资金支持。

（5）实施多样的女性人才工程计划，为各行各业的优秀女性后备人才提供经济支持和发展机会。尤其应在工程、技术、自然科学基础研究、企业经营、社会服务、公务员等领域设立专项的女性人才工程，制定明确的发展目标，奖励那些在上述领域做出特殊贡献的女性，提高她们的社会声望和荣誉，加强社会关注。

参 考 文 献

中文参考文献

[1][德]恩格斯：《家庭、私有制和国家的起源》，见《马克思恩格斯选集》第四卷，人民出版社1995年版。

[2][法]吉尔·里波韦兹基著，田常辉、张峰译：《第三类女性：女性地位的不变性与可变性》，湖南文艺出版社2000年版。

[3][法]皮埃尔·布尔迪厄：《男性统治》，中国人民大学出版社2011年版。

[4][法]西蒙娜·德·波伏娃著，陶铁柱译：《第二性》，中国书籍出版社1998年版。

[5][美]R. W. 康纳尔：《男性气质》，中国社会科学出版社2003年版。

[6][美]艾斯勒，理安著，高铦、汐汐译：《国家的真正财富——创建关怀经济学》，社会科学文献出版社2009年版。

[7][美]德博拉·G. 费尔德：《女人的一个世纪》，新星出版社2006年版。

[8][美]凯特·米利特著，宋伟文译：《性政治》，江苏人民出版社2000年版。

[9][美]埃托奥、布里奇斯著，苏彦捷译：《女性心理学》，北京大学出版社，2003年版。

[10][美]贝尔·胡克斯：《女权主义理论：从边缘到中心》，江苏人民出版社2001年版。

[11][美]程为坤著，杨可译：《劳作的女人——20世纪初北京的城市空间和底层女性的日常生活》，三联书店2015年版。

[12][美]大卫·诺克斯和卡洛琳·沙赫特著，金梓译，《情爱关系中的选择——婚姻家庭社会学入门》，北京大学出版社2009年版。

[13][美]弗里丹，贝蒂：《女性的奥秘》，北方文艺出版社1999年版。

［14］［美］盖尔·埃文斯：《玩似男人赢似女人》，中信出版社、辽宁教育出版社2002年版。

［15］［美］高彦颐：《闺塾师：明末清初江南的才女文化》，江苏人民出版社2005年版。

［16］［美］吉列根著，肖巍译：《不同的声音——心理学理论与妇女发展》，中央编译出版社1999年版。

［17］［美］季家珍著，杨可译：《历史宝筏——过去、西方与中国妇女问题》，江苏人民出版社2011年版。

［18］［美］卡罗尔·帕特曼著，李朝晖译：《性契约》，社会科学文献出版社2004年版。

［19］［美］理安·艾斯勒著，程志民译：《圣杯与剑——我们的历史，我们的未来》（原版1987年），社会科学文献出版社2009年版。

［20］［美］理安·艾斯勒著，黄觉、黄棣光译：《神圣的欢爱——性、神话与女性肉体的政治学》（原版1995年），社会科学文献出版社2009年版。

［21］［美］玫琳凯·艾施：《玫琳凯谈人的管理》，中信出版社2009年版。

［22］［美］苏珊·布朗米勒著，祝吉芳译：《违背我们的意愿：男人、女人和强奸》，凤凰出版传媒集团．江苏人民出版社2006年版。

［23］［美］汤尼·白露著，沈齐齐译：《中国女性主义思想史中的妇女问题》，世纪出版集团和上海人民出版社2012年版。

［24］［美］谢丽斯·克拉马雷和［澳］戴尔·斯彭德主编：《国际妇女百科全书》（上下卷），高等教育出版社2007年版。

［25］［美］约瑟芬·多诺万著，赵育春译：《女权主义的知识分子传统》，江苏人民出版社2003年版。

［26］［日］须藤瑞代著，姚毅译：《中国"女权"概念的变迁》，社会科学文献出版社2010年版。

［27］［英］艾华著，施施译：《中国的女性与性相——1949年以来的性别话语》，凤凰出版传媒集团、江苏人民出版社2008年版。

［28］［英］波兰尼，卡尔著，冯钢、刘阳译：《大转型：我们时代的政治与经济起源》，浙江人民出版社2007年版。

［29］［英］谢若登，迈克尔著，高鉴国译：《资产与穷人——一项新的美国福利政策》，商务印书馆2005年版。

［30］［英］约翰·麦克因斯著，黄菡、周丽华译：《男性的终结》，江苏人民出版社2002年版。

［31］安树芬主编：《中国女性高等教育的历史与现状研究》，高等教育出版

社 2002 年版。

[32] 安树芬主编：《中国女性高等教育研究》，高等教育出版社 2002 年版。

[33] 北京市妇女联合会编写：《责任增添美丽，和谐赢得未来——女性职业发展与挑战应对专题座谈会论文集》，北京出版社 2012 年版。

[34] 边燕杰、吴晓刚、李路路主编：《社会分层与流动——国外学者对中国研究的新进展》，中国人民大学出版社 2008 年版。

[35] 博士学位获得者职业取向调查课题组：《博士学位获得者职业取向》，中国科学技术出版社 2009 年版。

[36] 蔡禾、吴小平：《社会变迁与职业的性别不平等》，载于《社会》2005 年第 6 期。

[37] 陈衡哲：《陈衡哲早年自传》，安徽教育出版社 2006 年版。

[38] 陈瑞生等：《当代中国政坛女杰》，中共中央党校出版社 2005 年版。

[39] 陈煜婷、张文宏：《市场化背景下社会资本对性别收入差距的影响——基于 2009 JSNet 全国数据》，载于《社会》，2015 年第 6 期。

[40] 陈至立：《为女性人才成长创造更好的环境》，载于《中国教育报》2009 年 12 月 1 日。

[41] 陈至立：《在新中国 60 年优秀女性人才社会影响力论坛开幕式上的致辞》，载于《中国妇女报（第 A01 版）》，2009 年 12 月 14 日。

[42] 第二期中国妇女社会地位调查课题组：《第二期中国妇女社会地位抽样调查主要数据报告》，载于《妇女研究论丛》2001 年第 5 期。

[43] 第三期中国妇女社会地位调查课题组：《第三期中国妇女社会地位调查主要数据报告》，载于《妇女研究论丛》2011 年第 6 期。

[44] 杜芳琴、王政主编：《中国历史中的妇女与性别》，天津人民出版社 2004 年版。

[45] 傅颖、王重鸣：《女性继任家族企业研究回顾与展望》，载于《妇女研究论丛》2014 年第 2 期。

[46] 高笑楠：《性别操演理论的经验解释与女性主义方法论反思——以高层两性人才访谈为例》，载于《社会》2015 年第 3 期。

[47] 顾秀莲主编：《20 世纪中国妇女运动史（上下卷）》，中国妇女出版社 2008 年版。

[48] 国际劳工组织：《工作中的平等时代》，国际劳工大会的报告 2003 年版。

[49]《国家中长期人才发展规划纲要（2010～2020）》，人民出版社 2010 年版。

［50］国家统计局人口和社会科技统计司：《中国社会中的女人和男人——事实和数据》，中国统计出版社 1995、1999、2004～2015 年版。

［51］贺光烨、吴晓刚：《市场化、经济发展与中国城市中的性别收入不平等》，载于《社会学研究》2015 年第 1 期。

［52］贺萧、王政：《中国历史：社会性别分析的一个有用的范畴》，载于《社会科学》2008 年第 12 期。

［53］胡剑影、蒋勤峰、王重鸣：《女性企业家领导力模式实证研究》，载于《上海交通大学学报（哲学社会科学版）》2008 年第 6 期。

［54］蒋美华：《转型期中国女性职业变动研究》，天津人民出版社 2010 年版。

［55］蒋永萍：《世纪之交的中国妇女社会地位》，当代中国出版社 2003 年版。

［56］金一虹：《独立女性：性别与社会》，中国劳动社会保障出版社 2008 年版。

［57］金一虹：《中国新农村性别结构变迁研究：流动的父权》，南京师范大学出版社 2016 年版。

［58］康宛竹：《中国上市公司女性高层任职状况调查研究》，载于《妇女研究论丛》2007 年第 2 期。

［59］李春玲：《中国职业性别隔离的现状及变化趋势》，载于《江苏社会科学》2009 年第 3 期。

［60］李慧英主编：《社会性别与公共政策》，当代中国出版社 2002 年版。

［61］李六珍：《企业女性经理人性别角色认同和领导效能感之实证研究》，华东师范大学博士学位论文，2011 年。

［62］李汪洋、谢宇：《中国职业性别隔离的趋势：1982－2010》，载于《社会》2015 年第 6 期。

［63］李鲜苗、罗瑾琏：《企业女性领导者职业成长的进阶规律》，中国社会科学出版社 2015 年版。

［64］李小江等主编：《批判与重建》，三联书店 2000 年版。

［65］李小江主编：《让女人自己说话——独立的历程》，三联书店 2003 年版。

［66］李小云、林志斌：《性别与发展导论》，中国农业大学出版社 2001 年版。

［67］李银河：《女性权力的崛起》，中国社会科学出版社 1997 年版。

［68］李银河主编：《妇女：最漫长的革命》，三联书店 1997 年版。

［69］李英桃、王海媚：《性别平等的可持续发展》，社会科学文献出版社 1996 年版。

［70］联合国开发署：《Human Development Report（2009）》，Gender empowerment measure and its components.

[71] 林聚任：《论中国科学界的性别分化与性别隔离》，载于《科学学研究》2000年第1期。

[72] 刘爱玉、田志鹏：《性别视角下专业人员晋升路径及因素分析》，载于《学海》2013年第2期。

[73] 刘爱玉、佟新：《人力资本、家庭责任与行政干部地位获得研究》，载于《江苏行政学院学报》2013年第3期。

[74] 刘爱玉、佟新：《性别观念现状及其影响因素》，载于《中国社会科学》：2014年第2期。

[75] 刘爱玉、佟新、付伟：《双薪家庭的家务性别分工：经济依赖、性别观念或情感表达》，载于《社会》2015年第2期。

[76] 刘兵、章梅芳：《性别视角中的中国古代科学技术》，科学出版社2005年版。

[77] 刘伯红、杜洁主编：《国际妇女运动和妇女组织（修订本）》，中国妇女儿童出版社2008年版。

[78] 刘利群：《社会性别与媒介传播》，中国传媒大学出版社2004年版。

[79] 刘梦、陈丽云：《小组工作手册 女性成长之路》，中国人民大学出版社2004年版。

[80] 刘云杉、王志明：《女性进入精英集体——有限的进步》，载于《高等教育研究》2008年第2期。

[81] 刘中起、风笑天：《社会资本视阈下的现代女性创业研究：一个嵌入性视角》，载于《山西师大学报（社会科学版）》2010年第1期。

[82] 陆根书等：《高等教育需求及专业选择中的性别差异及其影响因素分析》，载于《高等教育研究》2009年第10期。

[83] 马冬玲、周旅军：《女领导的临界规模与组织性别歧视现象——基于第三期中国妇女社会地位调查数据的实证研究》，载于《社会》2014年第3~4卷。

[84] 马缨：《博士毕业生的性别差异与职业成就》，载于《妇女研究论丛》2009年第6期。

[85] 孟宪范主编：《转型社会中的中国妇女》，中国社会科学出版社2004年版。

[86] 莫文秀：《中国妇女教育发展报告改革开放30年》，中国社会科学文献出版社2008年版。

[87] 欧高敦总编：《女性与领导力》，经济科学出版社2008年版。

[88] 齐良书：《议价能力变化对家务劳动时间配置的影响——来自中国双收入家庭的经验证据》载于《经济研究》2005年第9期。

[89] 强海燕:《关于女性"成功恐惧"心理倾向的研究》,载于《妇女研究论丛》1999年第3期。

[90] 全国妇联妇女研究所编:《中国妇女研究年鉴(1996~2000)》,中国妇女出版社2004年版。

[91] 全国妇联妇女研究所编:《中国妇女研究年鉴(2001~2005)》,社会科学文献出版社2007年版。

[92] 全国妇联妇女研究所课题组编:《社会转型中的中国妇女社会地位》,中国妇女出版社2006年版。

[93] 全国妇联课题组:《新时期女干部成长规律和培养方式研究》,载于《妇女研究内参》2008年第3期。

[94] 全国妇联女性高层人才成长状况研究与政策推动项目课题组:《科技领域女性高层人才成长状况与发展对策——基于五省市定性调查研究报告》,载于《妇女研究论丛》2011年第3期。

[95] 阮曾媛琪著,熊跃根译:《中国就业妇女社会支持网络研究——"扎根理论"研究方法的应用》,北京大学出版社2002年版。

[96] 上海市妇女联合会:《社会性别视角下的公共决策》,上海社会科学院出版社2010年版。

[97] 石彤、李洁:《高等教育过程中性别差异的国际研究——兼论对中国女性高层后备人才培养的启示》,载于《妇女研究论丛》2012年第1期。

[98] 史静寰:《走进教材与教学的性别世界》,教育科学出版社2004年版。

[99] 宋少鹏:《议题性女权主义行动——项目导向的女权主义行动的特点和定位》,载于《山西师大学报(社会科学版)》2010年第6期。

[100] 宋少鹏:《"社会主义妇女解放与西方女权主义的区别:理论与实践"座谈会综述》,载于《山西师大学报(社科版)》,2011年第4期。

[101] 宋少鹏:《回家还是被回家?——市场化过程中'妇女回家'讨论与中国意识形态转型》,载于《妇女研究论丛》2011年第4期。

[102] 宋少鹏:《社会主义女权和自由主义女权:二十世纪二十年代中国妇女运动内部的共识与分歧》,载于《中共党史研究》,2013年第5期。

[103] 宋秀岩、甄砚主编:《新时期中国妇女社会地位调查研究》,中国妇女出版社2013年版。

[104] 宋秀岩主编:《新时期中国妇女地位调查研究》(上下卷),中国妇女出版社2013年版。

[105] 谭琳、姜秀花编:《中国妇女组织发展的理论与实践》,社科文献出版社2008年版。

[106] 谭琳、姜秀花编:《性别平等与文化构建（上下）》,社会科学文献出版社 2012 年版。

[107] 谭琳、姜秀花编:《中国妇女发展与性别平等:历史、现实、挑战》,社会科学文献出版社 2012 年版。

[108] 谭琳、姜秀花主编:《社会性别平等与法律研究和对策》,社会科学文献出版社 2007 年版。

[109] 谭琳、蒋永萍、姜秀花编:《2008～2012 年中国性别平等与妇女发展报告》,社会科学文献出版社 2013 年版。

[110] 谭琳、刘伯红编:《中国妇女研究十年》,社会科学文献出版社 2005 年版。

[111] 谭琳、周颜玲主编:《全球背景下的性别平等与社会转型》,社会科学文献出版社 2011 年版。

[112] 谭琳主编:《中国性别平等与妇女发展报告（1995～2005 年）》,社会科学文献出版社 2006 年版。

[113] 谭琳主编:《"北京+15":中国性别平等与妇女发展回眸与前瞻》,社会科学文献出版社 2011 年版。

[114] 滕静茹:《女性主义建筑学理论》,中国建筑工业出版社 2014 年版。

[115] 佟新:《异化与抗争——中国女工工作史研究》,中国社会科学出版社 2004 年版。

[116] 佟新:《社会性别研究导论》,北京大学出版社 2005 年版。

[117] 佟新:《女性私营企业家状况与企业家精神》,载于《云南民族大学学报（哲学社会科学版）》2010 年第 5 期。

[118] 童梅、王宏波:《市场转型与职业垂直性别隔离》,载于《社会》2013 年第 6 期。

[119] 王金玲:《女性社会学》,高等教育出版社 2007 年版。

[120] 王金玲主编:《领导干部决策大参考·中国妇女发展报告》,社会科学文献出版社 2008 年版。

[121] 王晶、孙瞳:《男女两性休闲时间的差距——基于第三期中国妇女社会地位调查吉林省数据研究》,载于《云南民族大学学报》2013 年第 1 期。

[122] 王政:《女性的崛起——当代美国的女权运动》,当代中国出版社 1995 年版。

[123] 王政、杜芳琴主编:《社会性别研究选译》,三联书店 1998 年版。

[124] 吴小英:《科技发展的性别分析》,载于《科学技术与辩证法》1996 年第 8 期。

[125] 吴小英:《"他者"的经验和价值——西方女性主义社会学的尝试》,载于《中国社会科学》2002年第6期。

[126] 吴愈晓、吴晓刚:《1982-2000:我国非农职业的性别隔离研究》,载于《社会》2008年第6期。

[127] 吴愈晓、吴晓刚:《城镇的职业性别隔离与收入分层》,载于《社会学研究》2009年第4期。

[128] 肖薇、罗瑾琏:《性别身份视角下的有效领导与成功领导研究——以建筑行业女性为例》,载于《妇女研究论丛》,2013年第3期。

[129] 肖薇、罗瑾琏:《驱动女性领导者职业成功的组织情境与变革》,中国社会科学出版社2015年版。

[130] 熊跃根:《中国的社会转型与妇女福利的发展:本土经验及其反思》,载于《学海》2012年第5期。

[131] 熊跃根:《性别视角下论述与转变中的欧洲家庭政策》,载于《学海》2013年第2期。

[132] 徐安琪:《家庭性别角色态度:刻板化倾向的经验分析》,载于《妇女研究论丛》2010年第3期。

[133] 徐安琪、刘汶蓉:《家务劳动的分配及其公平性——一项上海的实证研究》,载于《中国人口科学》2003年第6期。

[134] 徐安琪、张亮:《父亲育儿投入的影响因素》,载于《中国青年研究》2009年第4期。

[135] 徐飞、陶爱民:《中国工程院女性院士特征状况的计量分析》,载于《科技进步与对策》2009年第22期。

[136] 徐午、许平、鲍晓兰、高小贤主编:《社会性别分析:贫困与农村发展》,四川人民出版社2000年版。

[137] 许叶萍、石秀印:《在"社会"上贡献,于"市场"中受损——女性就业悖论及其破解》,载于《江苏社会科学》2009年第3期。

[138] 杨慧:《科技领域女性高层人才成长状况与发展对策——基于五省市定性调查研究报告》,载于《妇女研究论丛》2011年第3期。

[139] 杨慧:《推动男女同龄退休政策的必要性——基于实际退休年龄及性别差异的分析》,载于《人口研究》2012年第6期。

[140] 杨慧:《"官二代"职业发展的性别差异——对第三期中国妇女社会地位调查的实证研究》,载于《人口与发展》2013年第2期。

[141] 杨慧:《她们缘何要求与男性同龄退休?——基于第三期中国妇女社会地位调查数据的分析》,载于《妇女研究论丛》2013年第2期。

[142] 杨慧:《女性高层人才成长面临的挑战——基于职业生涯理论的分析》,载于《山西师范大学学报(社会科学版)》2013年第3期。

[143] 杨慧:《80后女大学生就业状况与性别差异分析》,载于《妇女研究论丛》,2014年第3期。

[144] 杨慧:《大学生招聘性别歧视及其社会影响研究》,载于《妇女研究论丛》2015年第4期。

[145] 杨慧:《中国女性的家务劳动价值研究——对第三期中国妇女社会地位调查的数据分析》,载谭琳、姜秀花主编,《家庭和谐、社会进步与性别平等》,社会科学文献出版社2015年版。

[146] 杨慧、蒋永萍:《新世纪以来中国妇女经济地位的变迁——基于第三期中国妇女社会地位调查数据》,载于《中国妇运》2014年第3期。

[147] 杨菊华:《从家务分工看私人空间的性别界限》,载于《妇女研究论丛》2006年第5期。

[148] 杨菊华:《两性收入差异的长期变动趋势及影响因素的分析》,载于《妇女研究论丛》2008年第4期。

[149] 杨菊华:《传续与策略:1990~2010年中国家务分工的性别差异》,载于《学术研究》2014年第2期。

[150] 杨菊华、翟振武、吴婷娜:《中年高级知识分子健康状况的社会人口学分析》,载于《人口与经济》2007年第5期。

[151] 叶文振、刘建华、夏怡然、杜娟:《女大学生的"同民同工"——2002年大学本科毕业生就业调查的启示》,载于《中国人口科学》2002年第6期。

[152] 于岩平、罗瑾琏、周艳秋:《高星级酒店女性员工工作—家庭平衡研究报告》,载于《妇女研究论丛》2012年第6期。

[153] 於嘉:《性别观念、现代化与女性的家务劳动时间》,载于《社会》2014年第2期。

[154] 於嘉、谢宇:《生育对我国女性工资率的影响》,载于《人口研究》2014年第1期。

[155] 岳昌君、文东茅、丁小浩:《求职与起薪:高校毕业生就业竞争力的实证分析》,载于《管理世界》2004年第11期。

[156] 曾毅等:《老年人口家庭、健康与照料需求成本研究》,科学出版社2010年版。

[157] 张成刚、杨伟国:《中国职业性别隔离趋势与成因分析》,载于《中国人口科学》2013年第2期。

[158] 张建奇：《我国女性参与高等教育的制约因素与发展趋势》，载于《高等教育研究》1997年第4期。

[159] 张今杰、张冬烁：《科学研究中的女性"相对不在场"现象——自然科学中的性别不平等问题研究》，载于《科技进步与对策》2008年第25卷第1期。

[160] 张李玺主编：《中国妇女教育发展报告（No.2 女子院校发展研究2012版）》，社会科学文献出版社2012年版。

[161] 张李玺主编：《追寻她们的人生——女工人和女行政人员卷》，中国妇女出版社2014年版。

[162] 张李玺主编：《追寻她们的人生——女性专业技术人员卷》，中国妇女出版社2014年版。

[163] 张李玺主编：《追寻她们的人生——学前和初等教育女性工作者卷》，中国妇女出版社2014年版。

[164] 张丽俐：《科技领域女性后备人才成长现状分析及对策研究》，载于《中国人力资源开发》，2010年第3期。

[165] 张丽俐：《影响女性科技人才工作——家庭冲突因素分析及其干预对策》，载于《中国人力资源开发》，2010年第12期。

[166] 张丽俐：《性别隔离对女性专业技术人员职业发展的影响》，载于《中国人力资源开发》，2012年第12期。

[167] 张丽俐、侯典牧、高秀娟、李乐旋：《科技领域女性后备人才成长现状及对策研究》，载于《中国人力资本开发》2010年第3期。

[168] 张娜：《女性董事对企业绩效影响的实证研究》，载于《妇女研究论丛》2013年第4期。

[169] 张清涛：《企业女性成就动机的维度研究》，载于《东南亚纵横》2009年第4期。

[170] 张廷君、张再生：《女性科技工作者职业生涯发展模式与对策研究——基于天津的调查》，载于《妇女研究论丛》2009年第5期。

[171] 张晓玲、赵霞、朱庆成：《女大学生心理健康状况调查结果分析》，载于《中国妇幼保健》2007年第4期。

[172] 章梅芳、刘兵：《我国科技发展中性别问题的现状与对策》，载于《哈尔滨工业大学学报（社会科学版）》2006年第3期。

[173] 赵娥君、吕军：《高校女教师科研动力与信心分析》，载于《高校教育研究》2008年第7期。

[174] 赵慧军：《企业人力资源多样化——女性发展问题研究》，首都经济

贸易大学出版社 2011 年版。

［175］赵慧珠：《"回家"是否是女性发展的合理模式？》，载于《社会学研究》1995 年第 3 期。

［176］赵兰香、李乐旋：《女性主观偏好对我国科技界性别分层的影响》，载于《科学学研究》2008 年第 6 期。

［177］郑丹丹：《弥散的低度不平等——对我国性别分层状况的解读》，载于《华中科技大学学报（社会科学版）》2009 年第 2 期。

［178］郑丹丹：《家务劳动社会化促进两性平等》，载于《中国社会科学报》2013 年 3 月 1 日第 A08 版。

［179］郑丹丹、凌智勇：《网络利他行为研究》，载于《浙江学刊》2007 年第 4 期。

［180］郑丹丹、张芳：《社会流动的脉络与机制——以大学生求职为例》，载于《青年研究》2006 年第 5 期。

［181］郑加梅、卿石松：《家务分工与性别收入差距：基于文献的研究》，载于《妇女研究论丛》2014 年第 1 期。

［182］周旅军：《中国城镇在业夫妻家务劳动参与的影响因素分析——来自第三期中国妇女社会地位调查的发现》，载于《妇女研究论丛》2013 年第 9 期。

［183］周颜玲、凯瑟琳·W. 伯海德主编，王金玲等译：《全球视角：妇女、家庭和公共政策》，社会科学文献出版社 2004 年版。

［184］周应江：《论雇主责任在职场性骚扰行为上的适用》，载于《妇女研究论丛》，2010 年第 5 期。

［185］祝延霞、刘渐和、陈忠卫：《创业环境对女性创业的影响——以安徽省为例》，载于《科技与管理》2009 年第 4 期。

［186］左际平、蒋永萍：《社会转型中城镇妇女的工作和家庭》，当代中国出版社 2009 年版。

［187］Appel M. N. Kronberger et al. 2011. Stereotype threat impairs ability building: Effects on test preparation among women in science and technology. European Journal of Social Psychology. 41（7）. 904 – 913.

［188］Astin Alexander W. 1993. What Matters in College? Four Critical Years Revisited. San Francisco: Jossey Bass.

［189］Astin Alexander, W. & Kent. 1983. Gender Roles in Transition: Research and Policy Implication for Higher Education, Journal of Higher Education. Vol（54）.

［190］Astin Alexander, W. 1998. The Changing American College Student: Thirty – Year Trends, 1966 – 1996. The Review of Higher Education. Vol. 21.

［191］Barbezat, D. A. 1987. Salary differentials by sex in the academic labor market. Journal of Human Resources. 22. 422 – 428.

［192］Basu Amrita. 1995. The Challenge of local feminisms: Women's movements in global perspective. Boulder, Col.: Westview.

［193］Baxter Magolda, M. B. 1992. Knowing and Reasoning in College: Gender-related Patterns in Student's Intellectual Development. San Francisco: Jossey Bass.

［194］Beck Ulrich. 2000. The Brave New World of Work. Cambridge: Polity Press.

［195］Beutel Ann M., & Marini, M. Mooney. 1995. Gender and Value. Ameirican Sociology Review. Vol. 60（3）.

［196］Blair – Loy M. & A. S. Warton. 2004. Organizational Commitment and Constraints on Work – Family Policy Use: Corporate flexibility policies in a global firm. Sociological Perspectives.

［197］Buttner E. H., & Moore, D. P. 1997. Women's organizational exodus to entrepreneurship: Self-reported motivations and correlates with success. Journal of Small Business Management.

［198］Chaganti, R. 1986. Management in women-owned enterprises, Journal of Small Business Management.

［199］Charles Maria and David B. Grusky. 2004. Occupational Ghettos: The Worldwide Segregation of Women and Men. Stanford. CA: Stanford University Press.

［200］Chen Feinian, 2005. Employment Transitions and the Household Division of Labor in China. Social Forces, vol. 84, No. 2. 831 – 851.

［201］Cole S. and R. Fiorentine. 1991. Discrimination against Women in Science: The Confusion of Outcome with Process. The Outer Circle: Women in the Scientific Community. 205 – 226.

［202］Connell, R. W. 1987. Gender and Power: Society, the Person and Sexual Politics. Cambridge: Polity.

［203］Crombie et al. 2003. Students Perception of Their Classroom Participation and Instructor as a Function of Gender and Context. Journal of Higher Education. Vol. 74.

［204］DeMartino R. & Barbato, R. J. 2003. Differences among women and men MBA entrepreneurs: Exploring family flexibility and wealth creation as career motivators. Journal of Business Venturing.

［205］Eisenstein, Hester. 2009. Feminism Seduced: How global and elites use women's labor and ideas to exploit the world. Boulder & London: Paradigm Publishers.

[206] Etzkowitz H, Kemelgor C. 2001. Gender inequality in science: a universal condition? Minerva. 39. 153 – 174.

[207] Fassinger, P. A. 1995. Understanding Classroom Interaction: Students' and Professors' Contribution to Students' Science. Journal of Higher Education. Vol. 66.

[208] Ferber, M. A. and B. Kordick. 1978. Sex Differentials in the Earnings of Ph. Ds. Industrial and Labor Relations Review. 31 (2) 227 – 238.

[209] Fiske S. T. 2002. What We Know Now About Bias and Intergroup Conflict, the Problem of the Century, Current Directions in Psychological Science. 11 (4). 123 – 128.

[210] Gilligan, Carol. 1982. In a different Voice: Psychological theory and women's development. Cambridge: Harvard University Press.

[211] Gilligan, Carol. 1995. Hearing the Difference: Theorizing Connection. Hypatia.

[212] Good C, Aronson J, Harder JA. 2008. Problems in the pipeline: Stereotype threat and women's achievement in Advancedmath courses. Journal of Applied Developmental Psychology. 29 (1). 17 – 28.

[213] Grant Carl A. & Sleeter. 1986. Christine E. Race. Class, and Gender in Education Research: An Argument for Integrative Analysis. Review of Educational Research. Vol. 56.

[214] Haberfeld Y., Shenhav? Y. 1990. Are women and blacks crossing the gap? Salary discrimination in American science during the 1970s and 1980s. Industrial and Labor Relations Review. 44, 68 – 82.

[215] Hall R. M., & Sandler, B. R. 1982. The Classroom Climate: A Chilly One for Women? Washington DC: Association of American Colleges.

[216] Hochschild Arlie. 2012. The Outsourced Self: Intimate life in market times. NewYork: Henry Holt and Company.

[217] Hoffman. Lois. 1974. Fear of Success in Males and Females: 1965 and 1971. Journal of Consulting and Clinical Psychology. 42. 353 – 358.

[218] Hyde J. S. & K. C. Kling. 2001. Women, Motivation, and Achievement, Psychology of women quarterly. 25 (4). 364 – 378.

[219] Ironmonger Duncan. 1996. Counting Outputs, Inputs, and Caring Labor: Estimating gross household product. Feminist Economics. Fall 2 (3).

[220] JC Williams. 2000. Unbending gender: Why work and family conflict and what to do about it. New York: Oxford University Press.

[221] Jocabs J. A. 1996. Gender Inequality and Higher Education. Annual Review of Sociology. Vol. 22.

[222] Kaplan E. 1988. Women entrepreneurs: Constructing a framework to examine venture success and failure. In B. A. Kirchhoff.

[223] Kezar A. & Moriarty D. 2000. Expanding our Understanding of Student Leadership Development: A Study Exploring Gender and Ethnic Identity, Journal of College Student Development. Vol. 41 (1).

[224] Komarovsky M. 1985. Women in College: Shaping New Feminine Identities. New York: Basic Books.

[225] Lamber Susan J. 2000. Added Benefits: The Link Between Work-life Benefits and Organizational Citizenship Behavior. Academy of Management Journal 43 (5).

[226] Linda S. Dix (ed.). 1987. Women: Their underrepresentation and career differentials in science and engineering, Washington, DC: National Academy Press.

[227] Long S. 1992. Measures of Sex Difference in Scientific Productivity. Social Forces. 71. 159 – 178.

[228] M. Millman & Rosabeth Moss Kanter. 1975. Another Voice. Gender City. New York: Doubleday-Auchor.

[229] Mary Daly. 1978. Gyn/Ecology: The Metaethics of Radical Feminism. Beacon Press.

[230] N. J. Adler and D. N. Izraeli (eds.) 1994. Competitive Frontiers: Women Managers in a Global Economy. Cambridge. MA.

[231] Noddings Nel. 1984. Caring: A Feminine Approach to Ethic and Moral Education. Berkeley: University of California Press.

[232] Noddings Nel. 2002. Starting at Home: Caring and social policy. Berkeley: University of California Press.

[233] Northouse P. G. 2004. Leadership: Theory and practice. Thousand Oaks, CA: Sage.

[234] Oakes J. 1990. Multiplying Inequalities: The Effects of Race, Social Class, and Tracking on Opportunities to Learn Mathematics and Science.

[235] Prpić K. 2002. Gender and productivity differentials in science. Scientomet-

rics. 55. 32.

[236] R. Kanter. 1977. Men and Women of the Corporation. New York: Basic.

[237] Reskin, B. F. and I. Padavic. 1994. Men and Women at Work, Thousand Oaks, CA: Pine Forge Press.

[238] Rosemary Hennessy. 1992. Materialist Feminism and the Politics of Discouse. New York: Routledge.

[239] Rube Hornstein and M. Wolf. 1989. Revolution Postponed: Women in Contemporary China. Stanford: Stanford University Press.

[240] Salter D. W. & Persaud. 2004. A Women's Views of the Factors that Encourage and Discourage Classroom Participation. Journal of College Student Development. (44).

[241] Sax Linda J. 2008. The Gender Gap in College: Maximizing the Developmental Potential of Women and Men. San Francisco: Jossey-Bass.

[242] Sayer L. C. 2001. Time use, gender and inequality: Differences in men's and women's market, nonmarket, and leisure time. Unpublished doctoral dissertation. Department of Sociology. University of Maryland. College Park.

[243] Sen Amartya. 1999. Development as Freedom. Oxford: Oxford University Press.

[244] Shulamith Firestone. 2003. The Dialectic of Sex: The Case for Feminist Revolution. Morrow.

[245] Sonnert. G. 1995. Who succeeds in science? The gender dimension. New Brunswick. NJ: Rutgers University Press.

[246] Tilly Louise & Joan Scott. 1978. Women, Work, and Family. New york: Holt, Rinehart and Winston.

[247] Umbach PD. 2006. Gender Equity in the Academic Labor Market: An Analysis of Academic Disciplines. In: the 2006 Annual Meeting of the American Educational Research Association. San Francisco. CA.

[248] Walby, Sylvia A. 1990: Theorizing Patriarchy, Oxford: Blackwell.

[249] Wang Zheng. 1998. Feminism and China's New Women of the May Fourth Era. Berkeley and Los Angeles: University of California Press.

[250] Ward Jane. 2010. Gender labor: Transmen, Femmes, and Collective Work of Transgression. Sexualities. 2.

[251] Waring Marilyn. 1988. If Women Counted: A new feminist economics. San Francisco: Harper & Row.

［252］ Xie Yu & Kimberlee A. Shauman. 2003. Women in Science: Career Processes and Outcomes. Cambridge. MA: Harvard University Press.

［253］ Zuckerman J. Cole, J. Bruer (eds.) 1991. The Outer Circle: Women in the Scientific Community. New York: Norton.

后　记

对女性高层次人才的关注源于女性政治参与的议题。女性的政治参与建立在其结社力量和结构性力量两个方面。从结社力量看，是要促进女性利益群体的发展；从结构性的力量看是要致力于推动更多的女性进入到重要岗位。这两方面都需要具有性别平等意识的女性人才的成长，因此了解我国女性人才的现状以及寻找促使其职业发展的因素就成为一项基础性工作。这一研究得到了教育部、全国妇联、科技部、中组部等部门的重视，并直接作用于制度建设和政策出台。

研究团队集中了全国妇女研究所、北京大学社会学系、中国社会科学院社会学所和中华女子学院的专家和学者们，大家展开热烈的讨论和深入研究，展开批评与形成共识的过程是令人难忘的。全国妇联妇女研究所的谭琳所长给予课题重要的支持，研究所的研究员蒋永萍、马冬玲、贾云竹，北京大学的刘爱玉教授、博士生周旅军、李娜、杭苏红、田志鹏、硕士生杨易、高笑楠、叶如诗、焦悦，中华女子学院的张丽俐教授、石彤教授、李乐旋副教授、李洁副教授等，中国社会科学院社会学所的石秀印研究员等参加了课题的调研和写作研究团队以扎实的工作精神和性别平等的意识展开工作。本书的具体作者如下：

佟新　第一章　人才性别结构均衡发展的战略意义

贾云竹　第二章　我国女性高层次人才的总体概况——以人口普查数据为基础的分析

佟新　马冬玲　李乐旋等　第三章　女性高层人才发展规律的研究综述

佟新　刘爱玉等　第四章　理论框架和研究方法

佟新　马冬玲　第五章　女性高层次人才的资本积累

佟新　刘爱玉　第六章　性别平等观推动女性向顶层发展

马冬玲　周旅军　第七章　性别友好型组织环境保障女性人才成长

佟新　周旅军　第八章　女性高层次人才拥有平衡工作和家庭的智慧

佟新　刘爱玉　第九章　影响女性党政人才成长的因素分析
佟新　刘爱玉　第十章　女性人才发展的政党参政机制
李娜　第十一章　转型社会与女性党政人才成长
李娜　第十二章　生命历程视角下女性厅级干部的职业晋升

李乐旋　马冬玲　佟新　第十三章　女性专业技术人才发展状况
刘爱玉　田志鹏　第十四章　女性专业人员的晋升路径及影响因素
李乐旋　第十五章　专业技术领域的性别隔离和组织歧视

佟新　叶如诗　第十六章　对女性企业家的话语建构
周旅军　第十七章　女性企业高管成长规律研究
周旅军　第十八章　女企业家成长规律研究

佟新　周旅军　马冬玲　第十九章　投资女性——中国发展的新引擎
石秀印　佟新　马冬玲等　第二十章　促进女性党政人才发展的对策研究
李乐旋　第二十一章　促进女性专业技术人才发展的对策研究
佟新　周旅军　第二十二章　促进女性经营管理人才发展的对策研究

石彤　李洁　第二十三章　女性高层次后备人才状况
石彤　李洁　第二十四章　女性高层次后备人才成长规律
石彤　王宏亮　李洁　第二十五章　促进我国女性高层次后备人才发展的对策研究

在此，对课题组成员兢兢业业的工作、真挚的讨论和对性别平等的不倦追求致以深深的敬意和感谢。

佟　新
2016 年中秋节

教育部哲学社会科学研究重大课题攻关项目成果出版列表

序号	书　名	首席专家
1	《马克思主义基础理论若干重大问题研究》	陈先达
2	《马克思主义理论学科体系建构与建设研究》	张雷声
3	《马克思主义整体性研究》	逄锦聚
4	《改革开放以来马克思主义在中国的发展》	顾钰民
5	《新时期　新探索　新征程——当代资本主义国家共产党的理论与实践研究》	聂运麟
6	《坚持马克思主义在意识形态领域指导地位研究》	陈先达
7	《当代资本主义新变化的批判性解读》	唐正东
8	《当代中国人精神生活研究》	童世骏
9	《弘扬与培育民族精神研究》	杨叔子
10	《当代科学哲学的发展趋势》	郭贵春
11	《服务型政府建设规律研究》	朱光磊
12	《地方政府改革与深化行政管理体制改革研究》	沈荣华
13	《面向知识表示与推理的自然语言逻辑》	鞠实儿
14	《当代宗教冲突与对话研究》	张志刚
15	《马克思主义文艺理论中国化研究》	朱立元
16	《历史题材文学创作重大问题研究》	童庆炳
17	《现代中西高校公共艺术教育比较研究》	曾繁仁
18	《西方文论中国化与中国文论建设》	王一川
19	《中华民族音乐文化的国际传播与推广》	王耀华
20	《楚地出土戰國簡册〔十四種〕》	陈　伟
21	《近代中国的知识与制度转型》	桑　兵
22	《中国抗战在世界反法西斯战争中的历史地位》	胡德坤
23	《近代以来日本对华认识及其行动选择研究》	杨栋梁
24	《京津冀都市圈的崛起与中国经济发展》	周立群
25	《金融市场全球化下的中国监管体系研究》	曹凤岐
26	《中国市场经济发展研究》	刘　伟
27	《全球经济调整中的中国经济增长与宏观调控体系研究》	黄　达
28	《中国特大都市圈与世界制造业中心研究》	李廉水

序号	书　名	首席专家
29	《中国产业竞争力研究》	赵彦云
30	《东北老工业基地资源型城市发展可持续产业问题研究》	宋冬林
31	《转型时期消费需求升级与产业发展研究》	臧旭恒
32	《中国金融国际化中的风险防范与金融安全研究》	刘锡良
33	《全球新型金融危机与中国的外汇储备战略》	陈雨露
34	《全球金融危机与新常态下的中国产业发展》	段文斌
35	《中国民营经济制度创新与发展》	李维安
36	《中国现代服务经济理论与发展战略研究》	陈　宪
37	《中国转型期的社会风险及公共危机管理研究》	丁烈云
38	《人文社会科学研究成果评价体系研究》	刘大椿
39	《中国工业化、城镇化进程中的农村土地问题研究》	曲福田
40	《中国农村社区建设研究》	项继权
41	《东北老工业基地改造与振兴研究》	程　伟
42	《全面建设小康社会进程中的我国就业发展战略研究》	曾湘泉
43	《自主创新战略与国际竞争力研究》	吴贵生
44	《转轨经济中的反行政性垄断与促进竞争政策研究》	于良春
45	《面向公共服务的电子政务管理体系研究》	孙宝文
46	《产权理论比较与中国产权制度变革》	黄少安
47	《中国企业集团成长与重组研究》	蓝海林
48	《我国资源、环境、人口与经济承载能力研究》	邱　东
49	《"病有所医"——目标、路径与战略选择》	高建民
50	《税收对国民收入分配调控作用研究》	郭庆旺
51	《多党合作与中国共产党执政能力建设研究》	周淑真
52	《规范收入分配秩序研究》	杨灿明
53	《中国社会转型中的政府治理模式研究》	娄成武
54	《中国加入区域经济一体化研究》	黄卫平
55	《金融体制改革和货币问题研究》	王广谦
56	《人民币均衡汇率问题研究》	姜波克
57	《我国土地制度与社会经济协调发展研究》	黄祖辉
58	《南水北调工程与中部地区经济社会可持续发展研究》	杨云彦
59	《产业集聚与区域经济协调发展研究》	王　珺

序号	书名	首席专家
60	《我国货币政策体系与传导机制研究》	刘伟
61	《我国民法典体系问题研究》	王利明
62	《中国司法制度的基础理论问题研究》	陈光中
63	《多元化纠纷解决机制与和谐社会的构建》	范愉
64	《中国和平发展的重大前沿国际法律问题研究》	曾令良
65	《中国法制现代化的理论与实践》	徐显明
66	《农村土地问题立法研究》	陈小君
67	《知识产权制度变革与发展研究》	吴汉东
68	《中国能源安全若干法律与政策问题研究》	黄进
69	《城乡统筹视角下我国城乡双向商贸流通体系研究》	任保平
70	《产权强度、土地流转与农民权益保护》	罗必良
71	《我国建设用地总量控制与差别化管理政策研究》	欧名豪
72	《矿产资源有偿使用制度与生态补偿机制》	李国平
73	《巨灾风险管理制度创新研究》	卓志
74	《国有资产法律保护机制研究》	李曙光
75	《中国与全球油气资源重点区域合作研究》	王震
76	《可持续发展的中国新型农村社会养老保险制度研究》	邓大松
77	《农民工权益保护理论与实践研究》	刘林平
78	《大学生就业创业教育研究》	杨晓慧
79	《新能源与可再生能源法律与政策研究》	李艳芳
80	《中国海外投资的风险防范与管控体系研究》	陈菲琼
81	《生活质量的指标构建与现状评价》	周长城
82	《中国公民人文素质研究》	石亚军
83	《城市化进程中的重大社会问题及其对策研究》	李强
84	《中国农村与农民问题前沿研究》	徐勇
85	《西部开发中的人口流动与族际交往研究》	马戎
86	《现代农业发展战略研究》	周应恒
87	《综合交通运输体系研究——认知与建构》	荣朝和
88	《中国独生子女问题研究》	风笑天
89	《我国粮食安全保障体系研究》	胡小平
90	《我国食品安全风险防控研究》	王硕

序号	书名	首席专家
91	《城市新移民问题及其对策研究》	周大鸣
92	《新农村建设与城镇化推进中农村教育布局调整研究》	史宁中
93	《农村公共产品供给与农村和谐社会建设》	王国华
94	《中国大城市户籍制度改革研究》	彭希哲
95	《国家惠农政策的成效评价与完善研究》	邓大才
96	《以民主促进和谐——和谐社会构建中的基层民主政治建设研究》	徐 勇
97	《城市文化与国家治理——当代中国城市建设理论内涵与发展模式建构》	皇甫晓涛
98	《中国边疆治理研究》	周 平
99	《边疆多民族地区构建社会主义和谐社会研究》	张先亮
100	《新疆民族文化、民族心理与社会长治久安》	高静文
101	《中国大众媒介的传播效果与公信力研究》	喻国明
102	《媒介素养：理念、认知、参与》	陆 晔
103	《创新型国家的知识信息服务体系研究》	胡昌平
104	《数字信息资源规划、管理与利用研究》	马费成
105	《新闻传媒发展与建构和谐社会关系研究》	罗以澄
106	《数字传播技术与媒体产业发展研究》	黄升民
107	《互联网等新媒体对社会舆论影响与利用研究》	谢新洲
108	《网络舆论监测与安全研究》	黄永林
109	《中国文化产业发展战略论》	胡惠林
110	《20世纪中国古代文化经典在域外的传播与影响研究》	张西平
111	《国际传播的理论、现状和发展趋势研究》	吴 飞
112	《教育投入、资源配置与人力资本收益》	闵维方
113	《创新人才与教育创新研究》	林崇德
114	《中国农村教育发展指标体系研究》	袁桂林
115	《高校思想政治理论课程建设研究》	顾海良
116	《网络思想政治教育研究》	张再兴
117	《高校招生考试制度改革研究》	刘海峰
118	《基础教育改革与中国教育学理论重建研究》	叶 澜
119	《我国研究生教育结构调整问题研究》	袁本涛 王传毅
120	《公共财政框架下公共教育财政制度研究》	王善迈

序号	书名	首席专家
121	《农民工子女问题研究》	袁振国
122	《当代大学生诚信制度建设及加强大学生思想政治工作研究》	黄蓉生
123	《从失衡走向平衡：素质教育课程评价体系研究》	钟启泉 崔允漷
124	《构建城乡一体化的教育体制机制研究》	李 玲
125	《高校思想政治理论课教育教学质量监测体系研究》	张耀灿
126	《处境不利儿童的心理发展现状与教育对策研究》	申继亮
127	《学习过程与机制研究》	莫 雷
128	《青少年心理健康素质调查研究》	沈德立
129	《灾后中小学生心理疏导研究》	林崇德
130	《民族地区教育优先发展研究》	张诗亚
131	《WTO主要成员贸易政策体系与对策研究》	张汉林
132	《中国和平发展的国际环境分析》	叶自成
133	《冷战时期美国重大外交政策案例研究》	沈志华
134	《新时期中非合作关系研究》	刘鸿武
135	《我国的地缘政治及其战略研究》	倪世雄
136	《中国海洋发展战略研究》	徐祥民
137	《深化医药卫生体制改革研究》	孟庆跃
138	《华侨华人在中国软实力建设中的作用研究》	黄 平
139	《我国地方法制建设理论与实践研究》	葛洪义
140	《城市化理论重构与城市化战略研究》	张鸿雁
141	《境外宗教渗透论》	段德智
142	《中部崛起过程中的新型工业化研究》	陈晓红
143	《农村社会保障制度研究》	赵 曼
144	《中国艺术学学科体系建设研究》	黄会林
145	《人工耳蜗术后儿童康复教育的原理与方法》	黄昭鸣
146	《我国少数民族音乐资源的保护与开发研究》	樊祖荫
147	《中国道德文化的传统理念与现代践行研究》	李建华
148	《低碳经济转型下的中国排放权交易体系》	齐绍洲
149	《中国东北亚战略与政策研究》	刘清才
150	《促进经济发展方式转变的地方财税体制改革研究》	钟晓敏
151	《中国—东盟区域经济一体化》	范祚军

序号	书　名	首席专家
152	《非传统安全合作与中俄关系》	冯绍雷
153	《外资并购与我国产业安全研究》	李善民
154	《近代汉字术语的生成演变与中西日文化互动研究》	冯天瑜
155	《新时期加强社会组织建设研究》	李友梅
156	《民办学校分类管理政策研究》	周海涛
157	《我国城市住房制度改革研究》	高　波
158	《新媒体环境下的危机传播及舆论引导研究》	喻国明
159	《法治国家建设中的司法判例制度研究》	何家弘
160	《中国女性高层次人才发展规律及发展对策研究》	佟　新
	……	